Beatrice Panebianco
Antonella Varani
Sara Frigato

Caro immaginar
Poesia e teatro

- UN TEMA DA SCOPRIRE
- LEGGERE TRA LE RIGHE
- DALLA LETTURA ALLA SCRITTURA

PER IL COMPUTER E PER IL TABLET

L'eBook multimediale

1 REGÌSTRATI A MYZANICHELLI

Vai su **my.zanichelli.it** e registrati come studente

2 SCARICA BOOKTAB

- Scarica **Booktab** e installalo
- Lancia l'applicazione e fai login

3 ATTIVA IL TUO LIBRO

- Clicca su **Attiva il tuo libro**
- Inserisci la **chiave di attivazione** che trovi sul **bollino argentato** adesivo (qui accanto un esempio di bollino con chiave di attivazione)

4 CLICCA SULLA COPERTINA

Scarica il tuo libro per usarlo offline

Copyright © 2015 Zanichelli editore S.p.A., Bologna [42122]
www.zanichelli.it

I diritti di elaborazione in qualsiasi forma o opera, di memorizzazione anche digitale su supporti di qualsiasi tipo (inclusi magnetici e ottici), di riproduzione e di adattamento totale o parziale con qualsiasi mezzo (compresi i microfilm e le copie fotostatiche), i diritti di noleggio, di prestito e di traduzione sono riservati per tutti i paesi. L'acquisto della presente copia dell'opera non implica il trasferimento dei suddetti diritti né li esaurisce.

Le fotocopie per uso personale (cioè privato e individuale, con esclusione quindi di strumenti di uso collettivo) possono essere effettuate, nei limiti del 15% di ciascun volume, dietro pagamento alla S.I.A.E. del compenso previsto dall'art. 68, commi 4 e 5, della legge 22 aprile 1941 n. 633. Tali fotocopie possono essere effettuate negli esercizi commerciali convenzionati S.I.A.E. o con altre modalità indicate da S.I.A.E.

Per le riproduzioni ad uso non personale (ad esempio: professionale, economico, commerciale, strumenti di studio collettivi, come dispense e simili) l'editore potrà concedere a pagamento l'autorizzazione a riprodurre un numero di pagine non superiore al 15% delle pagine del presente volume. Le richieste per tale tipo di riproduzione vanno inoltrate a

Centro Licenze e Autorizzazioni per le Riproduzioni Editoriali (CLEARedi)
Corso di Porta Romana, n. 108
20122 Milano
e-mail autorizzazioni@clearedi.org e sito web www.clearedi.org

L'editore, per quanto di propria spettanza, considera rare le opere fuori del proprio catalogo editoriale, consultabile al sito www.zanichelli.it/f_catalog.html. La fotocopia dei soli esemplari esistenti nelle biblioteche di tali opere è consentita, oltre il limite del 15%, non essendo concorrenziale all'opera. Non possono considerarsi rare le opere di cui esiste, nel catalogo dell'editore, una successiva edizione, le opere presenti in cataloghi di altri editori o le opere antologiche. Nei contratti di cessione è esclusa, per biblioteche, istituti di istruzione, musei e archivi, la facoltà di cui all'art. 71 - ter legge diritto d'autore. Maggiori informazioni sul nostro sito: www.zanichelli.it/fotocopie/

Realizzazione editoriale:
– Coordinamento redazionale: Isabella Araldi, Andrea Zaninello
– Redazione: Maria Giovanna Zini, Andrea Zaninello, Ingrid Perini
– Correzione bozze: Il Nove Srl, Bologna
– Segreteria di redazione: Rossella Frezzato, Mirca Melletti
– Progetto grafico e impaginazione: Studio Emme Grafica+, Bologna
– Ricerca iconografica e didascalie: Valentina Romagnoli, Orsola Mattioli

Contributi:
– Revisione del *Percorso A – Poesia: i metodi*; stesura delle schede *Da un linguaggio all'altro* e *Un tema/Una figura da scoprire*: Andrea Tarabbia, con la collaborazione di Maria Giovanna Zini
– Stesura della sezione *Perché leggiamo poesia?*, dell'unità C1 (*Giovanni Pascoli*) e collaborazione alla stesura dei Percorsi D ed E: Luciana Saetti
– Stesura delle unità C2 (*Il Futurismo*) e F1 (*Luigi Pirandello*): Wanda Folliero, Raffaello Palumbo Mosca
– Stesura della sezione *Dalla lettura alla scrittura*: Silvia Bertoni
– Collaborazione alla ricerca iconografica: Claudia Patella

Copertina:
– Progetto grafico: Miguel Sal & C., Bologna
– Realizzazione: Roberto Marchetti e Francesca Ponti
– Illustrazione di copertina: Francesco Chiacchio

Prima edizione: marzo 2015

Ristampa:
8   7   2020   2021   2022

Zanichelli garantisce che le risorse digitali di questo volume sotto il suo controllo saranno accessibili, a partire dall'acquisto dell'esemplare nuovo, per tutta la durata della normale utilizzazione didattica dell'opera. Passato questo periodo, alcune o tutte le risorse potrebbero non essere più accessibili o disponibili: per maggiori informazioni, leggi my.zanichelli.it/fuoricatalogo

File per sintesi vocale
L'editore mette a disposizione degli studenti non vedenti, ipovedenti, disabili motori o con disturbi specifici di apprendimento i file pdf in cui sono memorizzate le pagine di questo libro. Il formato del file permette l'ingrandimento dei caratteri del testo e la lettura mediante software screen reader. Le informazioni su come ottenere i file sono sul sito http://www.zanichelli.it/scuola/bisogni-educativi-speciali

Suggerimenti e segnalazione degli errori
Realizzare un libro è un'operazione complessa, che richiede numerosi controlli: sul testo, sulle immagini e sulle relazioni che si stabiliscono tra essi. L'esperienza suggerisce che è praticamente impossibile pubblicare un libro privo di errori. Saremo quindi grati ai lettori che vorranno segnalarceli. Per segnalazioni o suggerimenti relativi a questo libro scrivere al seguente indirizzo:

lineadue@zanichelli.it

Le correzioni di eventuali errori presenti nel testo sono pubblicate nel sito www.zanichelli.it/aggiornamenti

Zanichelli editore S.p.A. opera con sistema qualità
certificato CertiCarGraf n. 477
secondo la norma UNI EN ISO 9001:2015

Questo libro è stampato su carta che rispetta le foreste.
www.zanichelli.it/chi-siamo/sostenibilita

Stampa: Arti Grafiche Battaia F. & C. Srl
Via Papa Giovanni XXIII, 5, 20080 Zibido San Giacomo (Milano)
per conto di Zanichelli editore S.p.A.
Via Irnerio 34, 40126 Bologna

Realizzazione delle risorse digitali:
– Coordinamento redazionale: Andrea Zaninello
– Redazione: Ingrid Perini
– Realizzazione delle risorse digitali: duDAT srl, Bologna
– Registrazione dei brani recitati: Marco Versari, Forlì
– Stesura delle esercitazioni Eugenio: Chiara Stancari

© Eugenio. Tutor di Italiano è un marchio Maieutical Labs

Beatrice Panebianco
Antonella Varani
Sara Frigato

Caro immaginar
Poesia e teatro

- **UN TEMA DA SCOPRIRE**
- **LEGGERE TRA LE RIGHE**
- **DALLA LETTURA ALLA SCRITTURA**

 Eugenio è il tutor online che ti guida nell'**analisi dei testi** e nella preparazione delle prove INVALSI.

Eugenio ti presenta i testi, ti fa le domande e, se sbagli, ti aiuta: così non resti bloccato. **Quando hai finito, puoi stampare il tuo lavoro oppure spedirlo al tuo insegnante.**

Per accedere a Eugenio bastano tre passaggi:

1. **Registrati e attiva il tuo libro**
   Vai su **my.zanichelli.it**, iscriviti come studente e inserisci il **codice di attivazione** che trovi sul bollino argentato nella prima pagina del libro. In questo modo attivi le risorse digitali.

2. **Installa Booktab e scarica il tuo libro**
   Vai su **www.booktab.it** e installa l'applicazione Booktab. Entra con le credenziali **myZanichelli** che hai usato al punto 1 e vedrai il tuo libro nella libreria, pronto per essere scaricato.

3. **Trova il testo e rispondi alle domande**
   Sulle pagine del tuo libro troverai l'icona *Eugenio*. Cliccala, scegli il testo con cui vuoi lavorare ed entra con le tue credenziali **myZanichelli** (punto 1).

Oppure
- Vai su **online.zanichelli.it/caroimmaginar** e clicca sul tasto **TUTOR** per accedere all'elenco dei testi.
- Scegline uno ed entra con le tue credenziali **myZanichelli** (punto 1).

ZANICHELLI

Com'è fatto *Caro immaginar*

Il volume si apre con la sezione *Perché leggiamo poesia?* ed è articolato in **Percorsi**, suddivisi in unità. Il volume si conclude con la sezione *Dalla lettura alla scrittura*.

Ogni **unità** comprende:

- **profilo:**
una trattazione teorica arricchita da **esempi** e **focus lessicali** sulle parole chiave

- **APPROFONDIMENTO ONLINE**
Arte – Il paesaggio simbolico
Percorsi multimediali interattivi di altri linguaggi

- **testi d'esempio:**
brani esemplari con **analisi svolta** passo passo, per mettere subito in pratica quanto studiato

Letture d'attore:
tutti i brani interpretati da attori

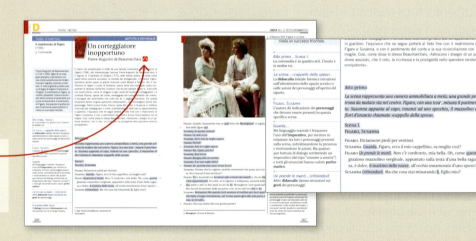

- **antologia:**
una ricca scelta di brani classici e contemporanei, italiani e stranieri, con **Analisi del testo** e approfondimenti su **L'autore e l'opera**

IV

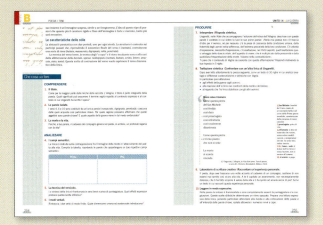

- **Che cosa so:**
alla fine di ogni profilo, attività di verifica delle conoscenze acquisite

- **Che cosa so fare:**
per ogni testo, attività di comprensione, analisi e produzione orale e scritta (laboratorio di scrittura creativa, parafrasi, analisi e commento, ecc.)

- **schede**

Da un linguaggio all'altro:
rubrica sul rapporto fra la letteratura e gli altri linguaggi

Un tema/Una figura da scoprire:
percorsi sull'evoluzione di motivi e figure della letteratura, dalle origini ai giorni nostri

Leggere tra le righe:
introduzione allo studio di documenti e testi critici

Approfondimento:
pagine di espansione sui temi più importanti

Eugenio: il tutor online per l'analisi del testo e la preparazione all'INVALSI

- **laboratorio delle competenze:**
alla fine di ogni unità, attività per la verifica delle **competenze**

Nei Percorsi *I temi, Un autore, un movimento, I generi*, **test** di analisi e comprensione sul **modello INVALSI** e una **Prova autentica** per lo sviluppo delle **competenze chiave di cittadinanza**

V

INDICE

PERCORSO A — Poesia: i metodi

UNITÀ A1 — La struttura del testo poetico

- Le caratteristiche della poesia — 8
- Le parole della poesia — 9
- L'io lirico e l'interlocutore. La comunicazione poetica — 10

Testo d'esempio
Eugenio Montale, *Felicità raggiunta, si cammina* — 13

- I versi e il ritmo — 15
- Musica – Il rap
- Fusione e scissione delle sillabe — 16
- Gli accenti ritmici e l'*ictus* — 17
- Effetti ritmici — 19

Testo d'esempio
Vincenzo Cardarelli, *Autunno* — 21

- Le rime e il metro — 23
- Versi sciolti e versi liberi — 26
- Il metro. I diversi tipi di strofe — 26

Testo d'esempio
Gabriele D'Annunzio, *La pioggia nel pineto* — 31

Antologia
Salvatore Quasimodo, *Specchio* — 36
Umberto Saba, *Trieste* — 39
Francesco Petrarca, *Solo e pensoso* — 42
Giacomo Leopardi, *A Silvia* — 45

Da un linguaggio all'altro Ut pictura poesis: la poesia e la pittura — 50

Laboratorio delle competenze
Giovanni Pascoli, *L'uccellino del freddo* — 52

UNITÀ A2 — Il linguaggio della poesia

- Le parole della poesia — 58

Testo d'esempio
Antonio Porta, *Nel cortile* — 60

- I suoni — 62
- Le figure foniche o di suono — 62

Testo d'esempio
Giorgio Caproni, *Per lei* — 64

- Il linguaggio figurato e le figure retoriche — 66
- Comunicazione – Il linguaggio della pubblicità
- Le figure retoriche di significato — 66

Testo d'esempio
Corrado Govoni, *La trombettina* — 72

- Le figure d'ordine — 74

Testo d'esempio
Giosue Carducci, *Pianto antico* — 78

Antologia
Luigi Groto, *La donna sua è mobile* — 82
Clemente Rebora, *O poesia, nel lucido verso* — 85
Giuseppe Ungaretti, *O notte* — 88
Eugenio Montale, *Meriggiare pallido e assorto* — 92
Edgar Lee Masters, *La collina* — 95

Da un linguaggio all'altro La poesia messa in musica — 98

Laboratorio delle competenze
Ugo Foscolo, *In morte del fratello Giovanni* — 100

INDICE

PERCORSO B — Poesia: i temi

Come si studia un tema 104

UNITÀ B1 — L'amore

- L'amore sofferto 106
  - Arte – Baci celebri
- L'amore felice 107

Testo d'esempio
Pablo Neruda, *Posso scrivere i versi* 109

Antologia
Saffo, *Effetti d'amore* 113
Gaio Valerio Catullo, *Passione d'amore* 116
Approfondimento La lirica greca e latina 120
Francesco Petrarca, *I capelli d'oro* 121
Un tema da scoprire L'amore e la bruttezza 126
Anna Achmatova, *La porta è socchiusa* 128
Approfondimento Voci femminili 131
Umberto Saba, *Ed amai nuovamente* 132
Jacques Prévert, *I ragazzi che si amano* 137
Nazim Hikmet, *Forse la mia ultima lettera a Mehmet* 140
Franco Fortini, *L'edera* 146
Approfondimento Piante simbolo d'amore 148
Eugenio Montale, *Ho sceso, dandoti il braccio* 149
Vivian Lamarque, *Due storie d'amore* 152
Alda Merini, *Elegia* 154

Laboratorio delle competenze
Wizława Szymborska, *L'amore felice* 156

Eugenio — Tutor di italiano

UNITÀ B2 — La natura

- Paesaggi lirici e stati d'animo 164
  - Arte – Il paesaggio simbolico

Testo d'esempio
Andrea Zanzotto, *Nel mio paese* 168

Antologia
Alcmane, *Notturno* 171
Gaio Valerio Catullo, *O Sirmione, bellissima tra le isole* 174
Matsuo Bashō, *Haiku* 177
Giacomo Leopardi, *Alla luna* 180
Leggere tra le righe Pietro Citati, *La luna e Leopardi* 184
Charles Baudelaire, *Corrispondenze* 186
Approfondimento Il Simbolismo 189
Gabriele D'Annunzio, *O falce di luna calante* 190
Sandro Penna, *Il mare è tutto azzurro – Sul molo il vento soffia forte* 193
Attilio Bertolucci, *Idilli domestici* 196

Laboratorio delle competenze
Franco Fortini, *Gli alberi* 199

Eugenio — Tutor di italiano

INDICE

PERCORSO B — Poesia: i temi

UNITÀ B3 — L'oltre

- Oltre lo spazio — 204
- Oltre il tempo — 205

Testo d'esempio
Costantino Kavafis, *Itaca* — 207

Antologia
Anacreonte, *Tremendo è l'abisso di Acheronte* — 211
Giacomo Leopardi, *L'infinito* — 214
Un tema da scoprire Il viaggio, la conoscenza e la fine della meraviglia — 218
Rabindranath Tagore, *La fine del viaggio* — 220
Fernando Pessoa, *Altrove* — 223
Giuseppe Ungaretti, *«Nessuno, mamma, ha mai sofferto tanto»* — 226
Mario Luzi, *Come tu vuoi* — 231
Approfondimento L'Ermetismo — 234
Eugenio Montale, *Come Zaccheo* — 235
David Maria Turoldo, *O infinito Silenzio* — 237

Laboratorio delle competenze
Giorgio Caproni, *Preghiera* — 239

UNITÀ B4 — La guerra

- Un tema antico — 244
- Il poeta testimone tra le due grandi guerre — 245
- I conflitti odierni — 247

Testo d'esempio
Salvatore Quasimodo, *Uomo del mio tempo* — 249

Antologia
Giuseppe Ungaretti, *Veglia* — 252
Approfondimento La Prima guerra mondiale — 256
Clemente Rebora, *Viatico* — 257
Vladimir Majakovskij, *La guerra è dichiarata* — 260
Vittorio Sereni, *Non sanno d'essere morti* — 263
Primo Levi, *Se questo è un uomo* — 266
Un tema da scoprire Cantare il Lager — 269
Ingeborg Bachmann, *Tutti i giorni* — 270
Erri De Luca, *Fiumi di guerra* — 273
Approfondimento Conflitti in corso — 276

Laboratorio delle competenze
Giuseppe Ungaretti, *I fiumi* — 278

INDICE

PERCORSO C — Un autore, un movimento

UNITÀ C1 — Giovanni Pascoli

■ Come si studia un autore	286
■ Giovanni Pascoli: la vita	287
■ Le opere e i temi	288
■ La poetica	293
■ Lo stile	294

Testo d'esempio

Giovanni Pascoli, *Il lampo*	296

Antologia

Giovanni Pascoli, *Lavandare*	300
Leggere tra le righe Renato Serra, *Un ritratto di Pascoli*	303
Giovanni Pascoli, *X Agosto*	304
Giovanni Pascoli, *L'assiuolo*	308
Giovanni Pascoli, *La mia sera*	312
Giovanni Pascoli, *Il gelsomino notturno*	316

Laboratorio delle competenze

Giovanni Pascoli, *Novembre*	320

UNITÀ C2 — Il Futurismo

■ Come si studia un movimento letterario	326
■ Che cos'è il Futurismo	327
■ Il Futurismo, movimento artistico e internazionale	329

Testo d'esempio

Filippo Tommaso Marinetti, *Il bombardamento di Adrianopoli*	331
Approfondimento I *Manifesti* del Futurismo	334

Antologia

Corrado Govoni, *Autunno*	337
Approfondimento Il Crepuscolarismo	340
Corrado Govoni, *Il Palombaro*	341
Da un linguaggio all'altro Il Futurismo nelle arti figurative	344
Aldo Palazzeschi, *E lasciatemi divertire*	346

Laboratorio delle competenze

Aldo Palazzeschi, *La fontana malata*	351

IX

INDICE

PERCORSO D — Teatro: i metodi

UNITÀ D1 — Il testo drammatico

- La struttura del testo — 356
- Il linguaggio drammatico — 359
- Dal testo scritto al testo rappresentato — 362

Testo d'esempio
Pierre-Augustin de Beaumarchais, *Un corteggiatore inopportuno* — 366

Antologia
Henrik Ibsen, *Le spese di Nora* — 371
Anton Čechov, *Nel giardino dei ciliegi* — 376
Samuel Beckett, *Una tragica attesa* — 381

Laboratorio delle competenze
Eugène Ionesco, *Serata inglese con conversazione inglese* — 388

PERCORSO E — Teatro: i generi

UNITÀ E1 — La tragedia

- Le origini della tragedia — 398
- I tragediografi — 399
- Gli attori, il Coro, la struttura — 400
- Gli sviluppi della tragedia — 401

Testo d'esempio
Sofocle, *Antigone* — 403

Antologia
Euripide, *Medea* — 409
William Shakespeare, *Romeo e Giulietta* — 416

Laboratorio delle competenze
Thomas Stearns Eliot, *L'assassinio dell'arcivescovo di Canterbury* — 425

INDICE

Tragedia, commedia e dramma moderno   396

PERCORSO F — Teatro: un autore

UNITÀ E2 — La commedia

■ La commedia greca	434
■ La commedia latina	435
■ Gli sviluppi della commedia	436

Testo d'esempio
Aristofane, *Lisistrata*   438

Antologia
Plauto, *Il soldato fanfarone*   443
Terenzio, *L'educazione dei figli*   448

Laboratorio delle competenze
Carlo Goldoni, *La seduzione di Mirandolina*   453

UNITÀ F1 — Luigi Pirandello

■ La vita	464
■ Le opere	465
■ I temi	470

Testo d'esempio
Luigi Pirandello, *La finta pazzia di Enrico IV*   471
Un tema da scoprire **La follia simulata**   475

Antologia
Luigi Pirandello, *Il professor Toti e Giacomino*   477
Luigi Pirandello, *La rivelazione della signora Frola*   481

Laboratorio delle competenze
Luigi Pirandello, *Arrivano i sei personaggi*   487

XI

INDICE

Dalla lettura alla scrittura

1. La parafrasi
495
Testo d'esempio
Giacomo Leopardi, *Il sabato del villaggio*　497

2. L'analisi e il commento di un testo poetico
501
Testo d'esempio
Giacomo Leopardi, *Il sabato del villaggio*　503

3. L'articolo di giornale e il saggio breve
510
Testo d'esempio
Generazione smart　518
Smartphone a scuola: sì o no?　520

Materiale per le prove autentiche　525

Le parole della letteratura e del teatro　526

Referenze iconografiche　531

Indice degli autori e delle opere　532

Perché leggiamo poesia?

■ Il segreto della poesia

La poesia è nata con l'umanità: la sua origine coincide con quella del **linguaggio**, che è di per sé **poetico**, creativo. La funzione primaria della parola, infatti, è dare significato alle immagini e alle percezioni della mente, proiettandole all'esterno e rendendole concrete attraverso la relazione sociale: il linguaggio, si dice, organizza il pensiero e il mondo.

Nel definire le diverse funzioni della lingua, gli studiosi hanno distinto appunto dalle altre la "funzione poetica", che concentra l'attenzione non sull'emittente, sul destinatario o sul referente della comunicazione, ma sul **messaggio**, ossia sull'enunciato stesso, in quanto formulazione creativa. Nella poesia, il linguaggio funziona al massimo livello delle proprie potenzialità espressive, che ne fanno una fondamentale e insostituibile **forma di conoscenza**. Per questo la poesia è necessaria, come testimoniano le innumerevoli letture di testi dei grandi poeti d'ogni tempo che si fanno in tutte le scuole e le università del mondo. E che sia un bisogno assolutamente attuale è dimostrato, anche, dalla grande diffusione e dal successo dei brani musicali di consumo, che della poesia portano avanti l'eredità, seppure con le dovute differenze:

> il pop e il rap hanno raccolto il bisogno inesauribile di musica verbale, di rimare e ritmare le emozioni, [...] di parole che significhino non soltanto per il senso attestato dai vocabolari ma anche per il loro suono. Di molti cantautori si dice che sono poeti, anche se i più consapevoli tra loro l'hanno sempre negato; paradossalmente, la dote che più spesso manca ai testi di cantautori e rapper è proprio la musica intrinseca alle parole, visto che la musica gli viene da fuori; il segreto più profondo della poesia, che è quello di suggerire significati ignoti al poeta stesso prima che il testo abbia preso forma [...], questo segreto si rivela a pieno se la parola è lasciata sola, nuda, a lottare con le convenzioni e gli appiattimenti del linguaggio.

(W. Siti, *Da Petrarca a Neruda, tutta la poesia del mondo*, "la Repubblica", 4 gennaio 2014)

Nella società attuale, dominata dal linguaggio dei media, presa dalla fretta e allettata dalla facilità, sembrano venir meno le occasioni di darsi il tempo che occorre per scoprire, in una poesia, una visione e un significato, per rifletterci sopra e dialogarci. Ma solo così è possibile riconoscere in essa un momento privilegiato della conoscenza di sé e del mondo: un potente antidoto all'omologazione del pensiero e una risorsa morale nel disagio e nell'insicurezza dei cambiamenti, rapidi e a volte sconvolgenti, della realtà che ci circonda. La poesia è, per questo, così **necessaria all'umanità** che continua a esistere, nonostante tutto.

■ L'«incantamento» del mondo

L'origine del linguaggio è strettamente legata al "pensiero magico": sulla magia della parola sono basate le formule rituali dell'incantesimo e della preghiera, presenti in tutte le civiltà e nel folclore di tutti i popoli. Nell'antichità, la poesia – che invoca e convoca l'invisibile – era considerata infatti un dono divino, e il poeta una figura di "veggente" ispirato dalla divinità: è con *Cantami, o Musa...* che esordisce il poeta cieco, Omero, invocando la visione interiore da cui scaturisce la parola rivelatrice (▶ Epica, p. 150).

Nel testo poetico, in un certo senso si riattiva ogni volta il meccanismo originario del linguaggio e del pensiero, cioè la capacità umana di **produrre senso nominando le cose** per la prima volta:

PERCHÉ LEGGIAMO POESIA?

> I poeti, è ormai chiaro, accostando immagini in modo creativo, rifanno sempre e di nuovo il percorso originario che ha creato la mente, spazio *virtuale* necessario all'uomo per inventare il senso: questa è stata precisamente l'arma che la nostra specie si è creata per vincere la sfida della selezione darwiniana. L'umanità se ne è dimenticata, non lo sa più, ma i poeti ci fanno sempre e di nuovo vedere il meccanismo del senso allo stato nascente, o forse, addirittura, la mente allo stato nascente. Per questo [...] la nostra specie non sarebbe ciò che è senza la poesia.
>
> (G. Manacorda, *Poesia*, in *Lessico del XXI secolo*, www.treccani.it, marzo 2015)

Nella modernità, scomparsi gli dèi nel silenzio dell'universo, ma non l'esigenza di dare un senso al mistero delle cose, l'immagine del poeta-veggente ritorna in autori che, come Charles Baudelaire (► p. 186), hanno sentito e rinnovato la forza primaria e rivelatrice della parola, e che in essa hanno cercato, come Giovanni Pascoli (► p. 286), la magia di un linguaggio perduto e la percezione di una verità interiore.

L'intelligenza dei sentimenti

Le forze potenti e ignote che il pensiero mitico personifica come entità esterne sono, in realtà, gli istinti costitutivi della nostra stessa natura, i modi inconsci di adattamento del nostro corpo-mente all'esperienza del mondo, che percepiamo come emozioni e sentimenti. La loro espressione nel linguaggio poetico è una **forma di conoscenza** su cui si fonda la nostra "intelligenza emozionale", senza la quale saremmo incapaci di empatia e sconosciuti a noi stessi:

> Come faccio a sapere quali sono le mie fantasie, i miei bisogni, se nessuno mi ha insegnato a guardare dentro di me, a frugare nel vocabolario per esprimermi compiutamente e per formulare pensieri altrimenti impensabili? E ancora: [...] come evitare le aree cieche della psiche, quelle che senza le parole adatte a illuminarle diventano sintomo psicosomatico e sofferenza, oscurità o quantomeno insoddisfazione? Non sarà che, esprimendo da millenni le spinte fondamentali della natura, i moti e la musica dei sentimenti o il disagio di vivere, proprio la poesia è adatta a forzare le tante opacità mentali che i tempi ci impongono?
>
> (P. Febbraro, *Perché leggere la poesia a scuola*, Garamond, Roma, 2011)

Quando leggiamo una poesia siamo partecipi, ogni volta, della nascita di un significato che arricchisce la nostra consapevolezza. La poesia ci commuove e ci sorprende perché il poeta ha dato una forma verbale a uno stato affettivo – un sentimento di sé, del mondo, della vita – che prima non era arrivato alla parola; e ci colpisce, perché scopriamo che riguarda anche noi.

Nella creazione delle espressioni che definiamo «figure» (► p. 66) entrano in gioco le facoltà analogiche e intuitive del pensiero, che interagiscono con quelle logiche e razionali: solo nel linguaggio poetico si incontrano e si integrano pienamente queste fondamentali **capacità della mente**.

Le parole della poesia si raccolgono e si richiamano, in mezzo al bianco della pagina, come un picco di significato che emerge dal silenzio, da una profondità sconosciuta che è la profondità stessa della mente e del suo *inesauribile segreto*, come lo definisce Ungaretti (► p. 228).

Sei poeta tu che leggi

I poeti usano le parole in un modo *nuovamente* significativo, e del tutto diverso dall'uso pratico e convenzionale che se ne fa tutti i giorni. La poesia le rinnova, sfruttando con ogni mezzo e a ogni livello le potenzialità e le ambiguità del linguaggio, la sua capacità inesauribile di generare significati:

> Essa [la poesia] si oppone all'uso strumentale della parola, e si configura come una specie di anticorpo, sottraendo i materiali verbali alla mercificazione quotidiana. È questo a renderla di per sé "impegnativa", salutare, etica.
>
> (V. Magrelli, *Che cos'è la poesia?*, Luca Sossella Editore, Roma, 2007)

Dalla natura "impegnativa" dei testi poetici derivano le difficoltà che a volte presenta la loro lettura, e per cui spesso i poeti sono accusati di oscurità, anziché essere apprezzati per la ricerca di una concentrazione espressiva tale da poter esprimere contenuti emozionali complessi e sfuggenti.

Certi poeti sono, sotto questo aspetto, più difficili di altri; a volte l'**oscurità del testo** è programmatica, come nel caso dell'Ermetismo (► p. 234) o nelle avanguardie, dove è il risultato di un voluto e trasgressivo sovvertimento della tradizione (► *Il Futurismo*, p. 326); ma anche l'apparente facilità è il risultato di una complessa ricerca di significatività, come per esempio nelle poesie *Preghiera* (► p. 239) e *Per lei* (► p. 64) di Giorgio Caproni. Già Umberto Saba, nel *Canzoniere* (► p. 133), cercava proprio in certe parole e rime "usate" tutta l'intensità dei sentimenti che vi si sono depositati nei secoli, e la loro verità profonda: *M'incantò la rima fiore*

/ amore, / la più antica difficile del mondo. In ogni caso, nell'offrirsi a noi la poesia richiede un "salto" nella dimensione poetica del linguaggio, e perché il testo diventi poesia è necessario che sia **il lettore stesso a ricreare il suo senso**. L'evento della poesia si rinnova ogni volta in chi la legge: ogni lettore è a tutti gli effetti "un altro poeta".

■ Gabbiani al tramonto

Ogni "luogo" della poesia ha una propria identità originale e inconfondibile, che lo distingue da tutti gli altri e soprattutto dai **luoghi comuni**. Lo ribadisce in questi termini il poeta e critico Valerio Magrelli:

> Conosco poesie che parlano di cibo in scatola, sesso, ferramenta, sapone, fiori, scioperi, violinisti, assenze, lussazioni, droghe o preti. Conosco poesie sulla poesia, su vacanze e omicidi, guerra e pace, cantieri, furti, amori. [...] Dunque in poesia vale tutto? Tutto, tranne il tramonto con i gabbiani. La poesia è come Dracula, ma invece di temere la luce dell'aurora, deve evitare l'ombra del crepuscolo. La poesia è come Superman, ma la sua kriptonite sono i richiami degli uccelli a sera. Quando scende il tramonto, svanisce la poesia. Quando un gabbiano arriva, lei se ne vola via.
>
> (V. Magrelli, *Che cos'è la poesia?*, Luca Sossella Editore, Roma, 2007)

Questa ironica censura non significa, ovviamente, che non abbia diritto di esistere nessuna poesia dove si parli di gabbiani o del tramonto, o delle due cose insieme; tant'è vero che questi volatili o i loro simili attraversano l'orizzonte della grande poesia fin dall'antichità, tra disparati riflessi di luce. A maggior ragione, perciò, è avvisato chi crede ingenuamente che bastino le parole «gabbiani» o «tramonto» per accendere l'interruttore della poesia (o i riflettori su di sé). Scrivere per sentito dire non basta ad autenticare uno stato d'animo, l'intensità di un turbamento che la natura stessa quasi ci rinfaccia, sfidandoci a trovare il modo di dirlo.

Sono innumerevoli gli aspiranti poeti che si affollano in rete per dar prova di sé "postando" le proprie creazioni, spesso però inadeguate: molti di loro non sembrano nemmeno accorgersi che i propri modelli, probabilmente i testi delle canzoni preferite, sono assai più riusciti perché quegli autori hanno ben presenti le opere dei grandi poeti e appunto per questo cercano di evitare i facili sentimentalismi e le banalità paesaggistiche.

■ La memoria "nel cuore"

L'enunciato poetico è memorabile, nel senso che tende a imprimersi nella memoria. L'espressione francese *apprendre par coeur* ("imparare a memoria", ma letteralmente "imparare col cuore") rende questo fatto meglio dell'equivalente italiano – che fa pensare al solo esercizio meccanico di memorizzazione –, suggerendo che la poesia si apprende "in cuore": ossia attraverso il sentimento, per attrazione immediata nella sfera emotiva della mente.

La facilità con cui si ricorda una poesia è dovuta soprattutto alla sua forma sonora, all'organizzazione ritmica, alle rime e ad altri elementi ripetitivi, che non sono artifici esteriori ma componenti costitutive della sua stessa natura, della sua **origine orale di canto e incanto**. Ogni lettore di poesia tiene a mente i versi che lo hanno colpito, perché li ha letti e riletti, tornando a "guardarli" sulla pagina. È così che la loro voce rimane nel nostro "sentire" mentale, e ci torna a parlare come parte attiva della nostra identità, come preziosa risorsa per non smarrire noi stessi quando la vita ci mette alla prova.

■ La poesia aiuta a vivere

Primo Levi ricorda, in *Se questo è un uomo* (▶ p. 266), un momento molto significativo della sua lotta per la sopravvivenza nell'orrore indicibile del campo di Auschwitz. L'episodio è quello in cui egli decide di recitare e spiegare a un compagno – uno studente francese detto «Pikolo» perché il più giovane del gruppo – un canto della *Divina commedia*. Con lui sta trasportando, come ogni giorno, una pesante marmitta del rancio infilata in due stanghe. Durante il faticoso percorso, Levi si sforza di ripetere tutti i versi con precisione, finché arriva a quelli più importanti del canto di Ulisse, emblematici della dignità umana che si afferma e si fortifica nell'aspirazione alla conoscenza e alla libertà:

> Ecco, attento Pikolo, apri gli orecchi e la mente, ho bisogno che tu capisca:
>
> Considerate la vostra semenza:
> Fatti non foste a viver come bruti,
> Ma per seguir virtute e conoscenza.
>
> Come se anch'io lo sentissi per la prima volta: come uno squillo di tromba, come la voce di Dio. Per un momento, ho dimenticato chi sono e dove sono.

PERCHÉ LEGGIAMO POESIA?

Pikolo mi prega di ripetere. Come è buono Pikolo, si è accorto che mi sta facendo del bene. O forse è qualcosa di più: forse, nonostante la traduzione scialba e il commento pedestre e frettoloso, ha ricevuto il messaggio, ha sentito che lo riguarda, che riguarda tutti gli uomini in travaglio, e noi in specie; e che riguarda noi due, che osiamo ragionare di queste cose con le stanghe della zuppa sulle spalle.

(P. Levi, *Se questo è un uomo*, Einaudi, Torino, 1990)

■ Egregio signor Montale

La scuola assume un compito molto importante nel proporre lo studio dei testi poetici: aiuta a familiarizzare con il loro particolare uso del linguaggio e a potenziare la capacità di mettersi in relazione con la visione del poeta. Nessuno, certamente, si augura che tutto ciò approdi a una disfatta come quella che denuncia la seguente "lettera all'autore":

Egregio signor Montale,
mi dispiace ma devo dirle che sono molto arrabbiata con Lei! La colpa è Sua se il compito è andato male. La Carminati, la prof di italiano, giovedì scorso ci ha rifilato una Sua poesia fotocopiata dicendoci di fare un tema. Glielo mando, così vede cosa mi è venuto in mente. Non è molto. Ma sinceramente non so cosa le passasse per la testa! Naturalmente la Carminati s'è incavolata. Mi ha detto che ero «fuori tema», e ha riempito tutto il foglio di segni rossi. Da allora non voglio più avere a che fare con le poesie! Ne ho fin sopra i capelli! Mi scusi! Forse non è nemmeno colpa Sua, forse è tutta colpa della Carminati.
Aiuto!

(H.M. Enzensberger, A. Berardinelli, *Che noia la poesia. Pronto soccorso per lettori stressati*, trad. di E. Ganni, Einaudi, Torino, 2006)

Tragicomica conclusione di un incontro mancato, dove la poesia c'era ma la sua potenziale lettrice non l'ha vista. D'altra parte, i poeti stessi sono consapevoli che forse le loro parole passeranno inosservate o che, nell'accorgersi di quella presenza strana, ci si chiederà da dove mai arrivano. C'è una poesia di Montale che gioca ironicamente su questo interrogativo:

L'angosciante questione
se sia a freddo o a caldo l'ispirazione
non appartiene alla scienza termica.
Il raptus non produce, il vuoto non conduce,
non c'è poesia al sorbetto o al girarrosto.
Si tratterà piuttosto di parole
molto importune
che hanno fretta di uscire
dal forno o dal surgelante.
Il fatto non è importante. Appena fuori
si guardano d'attorno e hanno l'aria di dirsi:
che sto a farci?

(E. Montale, *Tutte le poesie*, Mondadori, Milano, 1984)

Le parole insistono per farsi poesia, e quando ciò accade la poesia sembra un po' perplessa per il fatto di esistere. Ma è anche generosa: è disposta all'attesa nelle pagine dei libri, perché sa di essere qualcosa che ci spetta.

Poesia: i metodi

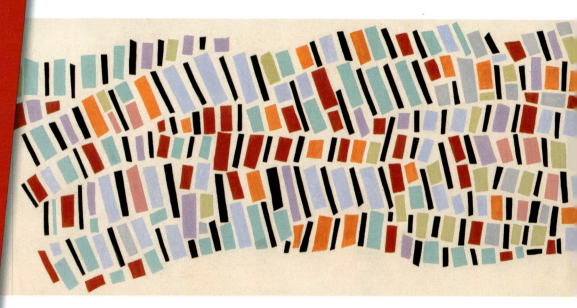

1. La struttura del testo poetico
2. Il linguaggio della poesia

UNITÀ
A1

La struttura del testo poetico

Testi d'esempio
E. Montale *Felicità raggiunta, si cammina*
V. Cardarelli *Autunno*
G. D'Annunzio *La pioggia nel pineto*

Antologia
S. Quasimodo *Specchio*
U. Saba *Trieste*
F. Petrarca *Solo e pensoso*
G. Leopardi *A Silvia*

Laboratorio delle competenze
G. Pascoli *L'uccellino del freddo*

In questa unità:

- scoprirai le caratteristiche della poesia, la distinzione tra significante e significato, tra denotazione e connotazione
- imparerai a classificare i versi, a conoscere le rime e i principali componimenti metrici
- leggerai poesie italiane
- vedrai in che modo la poesia si lega all'arte
- produrrai brevi composizioni in versi
- esporrai le caratteristiche di un testo che hai letto

PERCORSO A

POESIA: I METODI

1 La struttura del testo poetico

■ Le caratteristiche della poesia

CHE COS'È LA POESIA? Osserva i due testi seguenti: sapresti dire a colpo d'occhio qual è la poesia e quale il testo in prosa?

> Camminiamo una sera sul fianco di un colle,
> in silenzio. Nell'ombra del tardo crepuscolo
> mio cugino è un gigante vestito di bianco,
> che si muove pacato, abbronzato nel volto,
> taciturno. Tacere è la nostra virtù.

(C. Pavese, I mari del Sud, in Poesie, Einaudi, Torino, 1998)

> La composizione della raccolta è durata tre anni.
> Tre anni di giovinezza e di scoperte, durante i quali è naturale che la mia idea di poesia e insieme le mie capacità intuitive si sian venute approfondendo. E anche ora, benché quella profondità e quel vigore siano molto scaduti ai miei occhi, non credo che tutta, assolutamente tutta, la mia vita si sia appuntata per tre anni nel vuoto.

(C. Pavese, Il mestiere di poeta, in Poesie, Einaudi, Torino, 1998)

La risposta è facile. Il primo testo è in versi, quindi è una poesia, come appare dal suo aspetto grafico: la scrittura non è continua, ma va a capo prima della fine della riga, lasciando spazi bianchi che segnalano i "confini" delle singole righe di testo. Il secondo, invece, scorre senza interruzioni e occupa l'intero spazio disponibile: è quindi in prosa.

In sintesi:

- la poesia è caratterizzata dalla scansione grafica dei versi;
- la prosa è caratterizzata dalla continuità dei periodi sintattici.

Ma le differenze non si esauriscono qui. La pagina lasciata in parte libera dalla scrittura suggerisce l'idea della pausa, del tempo necessario per avvertire ciò che le immagini e le situazioni evocate dai versi lasciano nell'animo, favorisce l'emergere di sensazioni prodotte dall'incontro fra le parole del testo e il nostro vissuto. Infatti, una lirica è efficace quando il lettore trova modo di arricchire e

UNITÀ A1 ■ LA STRUTTURA DEL TESTO POETICO

integrare il significato dei versi con qualcosa che gli appartiene profondamente: vale a dire che, in poesia, la "collaborazione" del lettore è fondamentale perché il testo acquisti pienamente significato.

VERSI E STRUTTURA GRAFICA. La poesia può dire tante cose con poche parole e la sua particolare struttura, fatta di a capo e spazi bianchi, costringe il lettore a porre grande attenzione su ogni singolo vocabolo: isolate nello spazio bianco della pagina, infatti, le frasi amplificano la loro forza espressiva e la loro significatività.

Attraverso l'accostamento evocativo di suoni, immagini, concetti e significati i versi comunicano emozioni, sensazioni, stati d'animo, anche utilizzando i "silenzi" (lo spazio bianco) introdotti dalla particolare struttura grafica, come avviene, per esempio, in *Rinunzia* di Giorgio Caproni:

> L'ho seguito.
>   L'ho visto.
> Non era lui.
>   Ero io.
> L'ho lasciato andare.
>   Incerto,
> ha preso il viottolo erboso.
>   Con un balzo è sparito
> (ero io, non lui)
> nel fitto degli alberi, bui.

(G. Caproni, Rinunzia, in L'opera in versi, Mondadori, Milano, 1998)

■ Le parole della poesia

SIGNIFICANTE E SIGNIFICATO. Ogni lingua è caratterizzata dalla corrispondenza tra determinati suoni o lettere (che costituiscono la sostanza "fisica" delle parole) e il significato a essi associato: di fronte a una frase come "il fiume è in piena", so quale significato attribuire a ogni gruppo di suoni-lettere e al loro insieme. La parola è infatti un simbolo, sonoro o grafico, che richiama alla mente un oggetto concreto o un'idea astratta: è tale in quanto costituita da un *significato* e un *significante*.

Nel caso della parola "fiume" il **significante** è costituito dalla successione di suoni o dei segni grafici che li rappresentano (f + i + u + m + e); il **significato** è l'immagine concettuale (l'idea di fiume) collegata a quella determinata sequenza di segni o suoni.

DENOTAZIONE E CONNOTAZIONE. Nell'uso, il significato delle parole può assumere un **valore denotativo** o **connotativo**. Di per se stessa, la parola "fiume" definisce una precisa realtà naturale, senza incertezza o ambiguità. Questo chiaro e ristretto significato è detto tecnicamente **denotazione**: "fiume" denota (significa letteralmente) "un corso di acque provenienti da vari corsi minori, nati da sorgenti o da laghi o ghiacciai, che scorre verso il mare, verso un lago o verso un fiume più grande nel quale s'immette".

POESIA: I METODI

Diverso è il caso della **connotazione**. Di fronte all'espressione "il fiume dei pensieri", il significato della parola "fiume", entrando in combinazione con "pensieri", si arricchisce e allude a una realtà psicologica. Il significato della parola assume così un valore connotativo, i cui tratti sono "inarrestabilità, fluidità".

POLISEMIA. La connotazione arricchisce quindi le possibilità comunicative delle parole, caratteristica specifica del testo letterario. Il fascino della poesia, in particolare, consiste nella parola **polisemica** (dal gr. *polys*, "molteplice", e *sema*, "segno, significato"), ossia ricca di significati e aperta a letture sempre nuove. Un esempio di polisemia si trova nella lirica *Universo* di Giuseppe Ungaretti:

> Col mare
> mi sono fatto
> una bara
> di freschezza.
>
> (G. Ungaretti, *Universo*, in *Vita d'un uomo. Tutte le poesie*, a cura di L. Piccioni, Mondadori, Milano, 1969)

■ L'io lirico e l'interlocutore. La comunicazione poetica

IO LIRICO. Nell'antica Grecia poeti e poetesse componevano versi per esprimere il proprio mondo interiore e accompagnavano i testi con il suono di uno strumento chiamato lira, che ha dato il nome al genere della **lirica**. Con il passare dei secoli la poesia è stata separata dalla musica e destinata alla recitazione e alla lettura, ma il nome di lirica è rimasto per indicare versi che esprimono emozioni e sentimenti. Da questa forma letteraria è stata distinta culturalmente la lirica popolare, che fonde poesia e musica, e alla quale si può far risalire la canzone d'autore dei giorni nostri.

Nella poesia lirica, l'autore esprime il proprio modo di sentire e le proprie riflessioni su temi universali e sempre attuali: sentimenti amorosi, affetti familiari, rapporto con se stesso e con il mondo, ricerca del significato della vita. L'enunciazione di tali contenuti è affidata all'**io lirico**, cioè a una voce che parla (in prima persona). Come nella narrativa vanno distinti l'autore reale (persona storicamente esistita) e il narratore (la "voce" che racconta), così nella poesia esiste una distinzione tra l'autore in carne e ossa e colui che nel testo dice "io": nella comunicazione letteraria queste due figure non coincidono, perché l'io lirico è un elemento dell'immaginario poetico, una scelta dell'autore, funzionale alla costruzione del testo.

IO LIRICO E AUTORE REALE. L'io lirico presenta di se stesso un'immagine che rinvia alla persona storica dell'autore reale, ne rispecchia la sensibilità, la cultura, le idee e la poetica; rimane, comunque, un io fittizio creato dalla fantasia dell'autore stesso. La distanza fra queste due figure può essere minima e il loro punto di vista coincidere; oppure l'io lirico può riferire esperienze che l'autore non ha mai sperimentato personalmente.

Poetica. Concezione, implicita o meno, della poesia e della letteratura propria di una certa area culturale, di un gruppo di autori, di una tendenza, o di un singolo autore.

UNITÀ A1 ■ LA STRUTTURA DEL TESTO POETICO

L'INTERLOCUTORE. L'"io" della lirica si rivolge spesso a un "tu" immaginario, al quale indirizza esplicitamente il discorso. Tale figura si definisce **interlocutore** ed è anch'essa interna al testo (si distingue, cioè, dal destinatario reale, il pubblico dei lettori). L'io lirico può rivolgersi anche a una persona particolare, a Dio, a un'entità astratta. Nella tabella sono riportate diverse soluzioni espressive relative all'interlocutore.

L'interlocutore coincide con il lettore.	L'interlocutore è un personaggio di cui non viene specificata l'identità.
Benigno o no, **lettore mio**, Come o quale **tu** sia stato, Da amico voglio dirti addio. (S. Puškin, *Eugenio Onieghin*, trad. di G. Giudici)	Io non sono Nessuno! **Tu chi sei**? Nessuno – neanche tu? Allora siamo in due! Non **dirlo**! Spargeranno la voce! (E. Dickinson, in *Poesie*, trad. di G. Bompiani)
L'interlocutore è un personaggio determinato.	L'interlocutore è una realtà naturale, per esempio il vento.
Signorina Felicita, a quest'ora scende la sera nel giardino antico della **tua** casa. Nel mio cuore amico scende il ricordo. (G. Gozzano, *La signorina Felicita ovvero la felicità*)	**Ritorna** domani più freddo, **vento del nord**, **spezza** le antiche mani dell'arenaria, **sconvolgi** i libri d'ore nei solai, e tutto sia lente tranquilla, dominio, prigione del senso che non dispera! (E. Montale, *Notizie dall'Amiata*)
L'interlocutore è un concetto personificato, per esempio il futuro.	L'interlocutore è Dio.
Futuro, verso te In corsa ci vediamo. Ma sei **tu** che a noi **vieni** E noi siamo immobili In questa illusione di treni. (G. Giudici, *Al futuro*)	**Signore**: è tempo. Grande era l'arsura, **deponi** l'ombra sulle meridiane, **libera** il vento sopra la pianura. (R.M. Rilke, *Giorno d'autunno*, trad. di G. Pintor)

11

POESIA: I METODI

Un esempio di io lirico, che coincide con l'autrice, e del suo rapporto con l'interlocutore, che parla attraverso un discorso diretto, è dato da questi versi della poetessa greca antica Saffo, qui presentati nella famosa traduzione di Salvatore Quasimodo:

> [...]
> mi disse: «Quanto ci è dato soffrire,
> o Saffo: contro mia voglia
> io devo abbandonarti».
>
> «Allontanati felice» risposi
> «ma ricorda che fui di te
> sempre amorosa.
> [...]
>
> (Saffo, *Vorrei veramente essere morta*, in S. Quasimodo, *Poesie e Discorsi sulla poesia*, Mondadori, Milano, 1971)

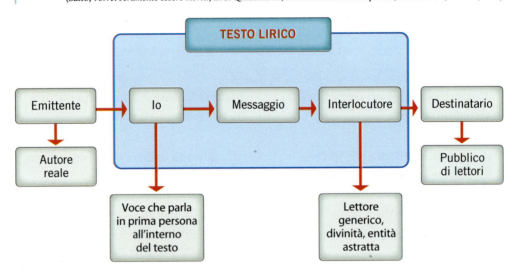

Che cosa so

Indica se le seguenti affermazioni sono vere o false. V F

a. Il **testo poetico** si caratterizza per la presenza di versi.

b. La **connotazione** riguarda il significato letterale del testo.

c. Il **significante** è costituito dal susseguirsi dei suoni-lettere che compongono una parola.

d. Una **parola polisemica** ha molteplici significati.

e. L'**io lirico** corrisponde a quella che nel testo narrativo è la voce narrante.

f. La **denotazione** indica il significato letterale.

g. L'**interlocutore** è sempre lo stesso poeta che esprime il proprio sentire.

h. Il **significato** di una parola è il concetto a cui rimanda la sequenza di lettere di cui si compone la parola.

i. L'**io lirico** può esprimere idee e sentimenti non condivisi dall'autore.

j. Nell'espressione *un fuoco mi divora l'anima* il termine *fuoco* è usato con **significato denotativo**.

UNITÀ A1 ■ LA STRUTTURA DEL TESTO POETICO

LE CARATTERISTICHE DELLA POESIA

Felicità raggiunta, si cammina

Eugenio Montale

Testo d'esempio

Ossi di seppia
(1925)
▶ Lirica

Nella seguente poesia l'io lirico è una proiezione dell'autore stesso, un filtro attraverso il quale egli fa emergere la propria visione della realtà e della vita. Il "tu" al quale l'io lirico si rivolge in questo caso corrisponde a uno stato d'animo: la felicità. Per Montale, infatti, la parola poetica implica l'esigenza di rompere l'isolamento dell'individuo; egli stesso spiegò questo carattere della sua poesia, nella quale il "tu" spesso «presuppone un interlocutore (o interlocutrice) muto, assente, ignaro di me; risponde al desiderio di parlare con qualcuno...».

Eugenio Montale (1896-1981; ▶ *L'autore e l'opera*, p. 150) è uno dei maggiori poeti del Novecento, insignito nel 1975 del premio Nobel per la letteratura.

Felicità raggiunta, si cammina
per te su fil di lama.
Agli occhi sei barlume che vacilla,
al piede, teso ghiaccio che s'incrina;
5 e dunque, non ti tocchi chi più t'ama.

Se giungi sulle anime invase
di tristezza, e le schiari, il tuo mattino
è dolce e turbatore come i nidi delle cimase.
Ma nulla paga il pianto del bambino
10 a cui sfugge il pallone tra le case.

(E. Montale, *Tutte le poesie*, Mondadori, Milano, 1984)

Felicità
La felicità è **l'interlocutore** astratto (uno stato d'animo) a cui **l'io lirico** si rivolge invocandola.

si cammina
Il *si* impersonale dilata a **dimensione universale** la condizione di ricerca della felicità, estendendola a tutto il genere umano.

sei
Il ricorso alla **seconda persona singolare del verbo** mantiene l'attenzione sull'interlocutore.

2. per te: perché tu continui a esistere; **su fil di lama:** come sul filo di una lama (in una condizione di rischio e precarietà).
3. barlume che vacilla: luce o fiammella debole e incerta.
4. teso: sottile.
5. non ti tocchi...t'ama: poiché la felicità è estremamente fragile, va lasciata esistere così com'è, quanto più si tiene a essa.
7. le schiari: le illumini.
8. nidi delle cimase: i nidi degli uccelli sotto i cornicioni delle case.
9. paga: risarcisce.

barlume che vacilla
La felicità è associata a una serie di immagini dal forte significato connotativo (ad es. *barlume che vacilla*: significato **denotativo**, debole luce che oscilla; **connotativo**, la felicità è una condizione passeggera ed effimera).

non ti tocchi chi più t'ama
Il **pronome relativo** *chi* ribadisce la relazione con la felicità non solo **dell'io lirico**, ma di chiunque ami la felicità.

il pallone tra le case
Nella conclusione, *il pallone tra le case* (**significato denotativo**) diventa simbolo della felicità stessa (**significato connotativo**).

◀ **Paul Klee**, *Winter Picture*, 1930. Londra, Collezione privata.

13

POESIA: I METODI

Che cosa so fare

COMPRENDERE

1. **I sentimenti del poeta.**
   - Come viene rappresentata dal poeta la felicità raggiunta? Come un sentimento di totale e sicuro appagamento o come una condizione di cui si avverte tutta la precarietà?
   - Si tratta di uno stato d'animo che può essere governato dalla volontà?
   - La sua perdita è dovuta a una colpa, a un errore, o è legata alla sua inevitabile precarietà?

ANALIZZARE

2. **L'interlocutore.**
   - Chi è l'interlocutore della lirica?
   - Da che cosa si può evincere?

3. **L'io lirico.**
   Facendo riferimento al testo, chiarisci l'immagine che l'io lirico fornisce di sé.
   - Il suo atteggiamento si può definire di rinuncia alla felicità, di protesta contro la crudeltà del dolore, di consapevolezza della realtà delle cose?
   - La sua visione della vita appare pessimistica o ottimistica? Motiva la tua risposta.

4. **Denotazione e connotazione.**
   La felicità raggiunta dalle anime tristi è paragonata a un mattino.
   - Qual è il significato denotativo della parola *mattino*?
   - Quali suggestioni produce se si riflette sul suo significato connotativo?
   - Perché l'immagine del pallone tra le case rappresenta la felicità?
   - Qual è il significato connotativo del pianto?

PRODURRE

5. **Laboratorio di scrittura creativa | Definire in versi la felicità.**
   La felicità è un argomento ricorrente nella poesia, spesso affrontato in modo più sentimentale che problematico. Considera i versi di Trilussa (1871-1950), celebre per le sue poesie in dialetto romanesco.

   > C'è un'ape che se posa
   > su un bottone de rosa:
   > lo succhia e se ne va.
   > Tutto sommato, la felicità
   > è una piccola cosa.

   (Trilussa, *Tutte le poesie*, Mondadori, Milano, 2004)

   Che cos'è, per te, la felicità? Prova a dirlo in 5-7 versi.

I versi e il ritmo

APPROFONDIMENTO ONLINE
Musica – Il rap

IL VERSO E LE SUE REGOLE. Il verso è l'unità fondamentale della poesia: ogni verso è riconoscibile perché è collocato in una singola riga, prima dell'a capo. Per scrivere e per comprendere come è fatto un verso bisogna conoscere le regole che costituiscono la **metrica**. La metrica, cioè l'"arte della misura" (dal gr. *métron*, "misura"), studia le tecniche della scrittura poetica e precisamente il verso, gli accenti, la rima, le strofe, i diversi tipi di componimento.

Il verso ha due unità di misura fondamentali:
- il numero delle **sillabe** che lo compongono;
- l'andamento del **ritmo** determinato dalla posizione degli accenti e dalle cesure (le pause interne).

Da subito, addentrandoci nello studio delle unità di misura, è bene soffermarci sulla **classificazione dei versi**. Ogni verso, infatti, trae il nome dal numero delle sillabe che lo compongono: *binario* o *bisillabo*, *ternario* o *trisillabo*, *quaternario* o *quadrisillabo*, *quinario*, *senario*, *settenario*, *ottonario*, *novenario*, *decasillabo*, *endecasillabo*. I versi più usati nella tradizione poetica italiana sono il settenario e l'endecasillabo. Ma esistono numerose variabili, eccezioni e combinazioni che spesso non rendono immediata la comprensione del numero di sillabe del verso.

Per esempio, oltre ai versi tradizionali ci sono versi doppi, formati dalla combinazione di due versi fondamentali accostati in uno solo, come il doppio senario o dodecasillabo (*intende l'orecchio, // solleva la testa*, A. Manzoni) o un doppio ottonario (*Guardiano della stazione // di San Giovanni o San Siro*, M. Moretti). Nella lirica moderna si trovano versi la cui misura non è riconducibile ad alcuno dei versi regolari, da quelli di una sola sillaba (*Sto / addossato a un tumulo*, G. Ungaretti) a versi di sedici sillabe (*Convincevo il mostro ad appartarsi / Nelle stanze pulite d'un albergo immaginario / V'erano nei boschi piccole vipere imbalsamate...*, A. Rosselli).

L'ACCENTO TONICO E IL COMPUTO DELLE SILLABE. In italiano ogni parola si pronuncia articolando con maggiore intensità della voce una sola sillaba, per darle "tono": è appunto su quella che cade l'accento tonico. A seconda della collocazione dell'accento tonico le parole si distinguono in **piane**, **sdrucciole**, **tronche**.

Parole piane	L'accento tonico cade sulla penultima sillaba	fi/**nè**/stra
Parole sdrucciole	L'accento tonico cade sulla terz'ultima sillaba	**tà**/vo/lo
Parole tronche	L'accento tonico cade sull'ultima sillaba	co/**mò**

Le sillabe prive di accento si dicono **àtone** (nella parola *divano* sono atone le sillabe *di* e *no*).

Anche i versi si dicono piani, sdruccioli o tronchi, a seconda che sia piana, sdrucciola o tronca la loro ultima parola. Per calcolare il numero delle sillabe che compongono un verso bisogna sommare quelle di tutte le parole fino alla sillaba che segue l'ultimo accento tonico.

VERSI PIANI, SDRUCCIOLI, TRONCHI. Nel computo delle sillabe dei versi si deve tener conto dei seguenti casi.

- Se l'ultima parola è *piana* (accento sulla penultima sillaba), il numero di sillabe corrisponde al numero delle sillabe presenti e il verso si definisce **piano**:

  e / di / pie/tà / pro/**fòn**/da (A. Manzoni, *Il cinque maggio*)

  7 sillabe = settenario piano
  (accento tonico sulla 6)

1	2	3	4	5	6	7
e	di	pie	tà	pro	fòn	da

- Se l'ultima parola è *sdrucciola* (accento sulla terzultima sillaba), si conta una sillaba in meno rispetto a quelle effettivamente presenti e il verso si definisce **sdrucciolo**:

  dal/le / squar/cia/te / **nù**/vo/le (A. Manzoni, *Adelchi*)

  8 sillabe − 1 = settenario sdrucciolo
  (accento tonico sulla 6, non si conta l'ultima sillaba)

1	2	3	4	5	6	7	0
dal	le	squar	cia	te	nù	vo	le

- Se l'ultima parola è *tronca* (accento sull'ultima sillaba), si aggiunge nel conto una sillaba che di fatto non c'è e il verso si definisce **tronco**:

  di / più / se/re/no / **dì**. (A. Manzoni, *Adelchi*)

  6 sillabe + 1 = settenario tronco
  (accento tonico sulla 6, si aggiunge 1 = 7 anche se la settima sillaba non esiste)

1	2	3	4	5	6	7
di	più	se	re	no	dì	+1

Tuttavia, bisogna tenere a mente che per analizzare un verso non basta saper dividere le parole in sillabe, come nella prosa, perché possono verificarsi casi particolari: una sola sillaba può avere valore doppio oppure due sillabe possono essere contate come una sola. Si tratta di **figure metriche** di fusione e di scissione che modificano il conteggio in base a regole precise.

■ Fusione e scissione delle sillabe

FIGURE METRICHE DI FUSIONE. Due sillabe si possono unire in una sola quando una parola finisce per vocale e la successiva inizia per vocale (*sinalefe*); lo stesso può avvenire fra due vocali interne alla stessa parola (*sineresi*) quando formerebbero altrimenti due sillabe distinte. Anche le parole con l'apostrofo si considerano terminanti per vocale e la sillaba si unisce alla successiva.

- **Sinalèfe.** Il verso di Leopardi *Tor/**na az**/zur/**ro il** / se/re/**no e** / tor/nan /**l'om**/bre* è di undici sillabe (e non di quindici), in quanto si applica la sinalefe quattro volte.

- **Sinèresi.** Il verso di Leopardi *Ed / er/ra / l'ar/mo/**nia** / per / que/sta / val/le* è di undici sillabe (e non di dodici), in quanto si applica una volta la sineresi.

FIGURE METRICHE DI SCISSIONE. In altri casi, quando la prima delle due vocali confinanti è accentata, per mettere in evidenza il primo termine le due parole si separano (*dialefe*); analogamente, all'interno di una parola, due vocali possono formare due sillabe distinte (*dieresi*) e in tal caso la scissione è indicata da due punti posti sopra la prima vocale.

- **Dialèfe.** Nel seguente verso di Dante *Co/min/**ciò** / **a** / crol/lar/si / mor/mo/ran/do*, la parola *Cominciò* e la preposizione *a* rimangono separate.

- **Dièresi**. Il verso di D'Annunzio *la / ba/cia / con / im/pe/**tü**/**o**/sa / bra/ma* è di undici sillabe (e non di dieci), in quanto si applica la dieresi tra la *u* e la *o* della parola *impetuosa*.

■ Gli accenti ritmici e l'*ictus*

Gli accenti tonici delle parole, in poesia, si combinano tra loro dando vita a una cadenza ritmica che caratterizza il tipo di verso: diventano insomma degli accenti ritmici. Vale a dire che, se per esempio leggiamo una poesia ad alta voce, ci accorgiamo che alcune sillabe, appunto quelle toniche, chiedono di essere pronunciate con più forza ed enfasi rispetto a quelle atone. In questo modo si determina l'andamento ritmico del verso.

Il **ritmo** (dal gr. *rytmós*, "successione") è infatti una ripetizione cadenzata di accenti (o **ictus**, dal lat. *icere*, "colpire") che marcano con diversa intensità alcune sillabe del verso. Si crea così, all'interno di ogni singolo verso, una trama di sillabe toniche e atone: sulle prime la voce si eleva pronunciandole con più forza per metterle in rilievo rispetto alle altre.

POESIA: I METODI

Le posizioni degli *ictus* sono fisse nei versi parisillabi (binario, quaternario, senario, ottonario, decasillabo), che hanno un ritmo regolare e orecchiabile; mentre sono variabili negli imparisillabi (ternario, quinario, settenario, novenario, endecasillabo), soprattutto nell'endecasillabo. In ogni tipo di verso, comunque, l'ultimo accento ritmico, in caso di versi piani, è sempre fisso sulla penultima sillaba.

Nella tabella sono indicati i tipi di versi, il numero delle sillabe corrispondenti, gli accenti ritmici o *ictus* che contraddistinguono ciascun verso.

Tipo di verso	Numero di sillabe	Accento ritmico	Esempio
Binario / Bisillabo	2	L'accento ritmico cade sulla 1ª sillaba.	**pià**/no **fràn**/ta (G. Ungaretti, *Vanità*)
Ternario / Trisillabo	3	L'accento ritmico cade sulla 2ª sillaba.	La /**mòr**/te si / **scón**/ta vi/**vèn**/do (G. Ungaretti, *Sono una creatura*)
Quaternario / Quadrisillabo	4	L'accento ritmico cade sulla 1ª sillaba (non sempre) e sulla 3ª.	**Sé** / d'a/**mó**/re **pèr**/di il / **fió**/re (T. Solera, *Giovanna d'Arco*) Da/mi/**gèl**/la Tut/ta / **bèl**/la (G. Chiabrera, *Damigella*)
Quinario	5	L'accento ritmico può cadere sulla 1ª o sulla 2ª e sulla 4ª sillaba.	**Vì**/va Ar/lec/**chì**/ni e / bu/rat/**tì**/ni (G. Giusti, *Il brindisi di Girella*) **Òc**/chi a/mo/**ró**/si, mie / **stél**/le a/**mà**/te (G. Chiabrera, *Le canzonette*)
Senario	6	L'accento ritmico cade sulla 2ª e sulla 5ª sillaba.	nel / **tèm**/po / che / **tà**/ce (G. Pascoli, *La canzone dell'ulivo*)
Settenario	7	L'accento ritmico cade sulla 6ª sillaba e uno o due accenti mobili (sulla 1ª, la 2ª, la 3ª o la 4ª).	nel/la / **sé**/ra au/tun/**nà**/le io / **lèn**/to / **vìn**/to e / **só**/lo (D. Campana, *Boboli*) Tra / le / ros/**sá**/stre / **nú**/bi stor/mi / d'uc/**cél**/li **né**/ri com'**é**/su/li / pen/**sié**/ri nel **vé**/spe/ro / mi/**grár** (G. Carducci, *San Martino*)
Ottonario	8	L'accento ritmico cade sulla 3ª e sulla 7ª sillaba.	lun/go un / **dól**/ce / ru/scel/**lèt**/to (G. Chiabrera, *Canzonette eleganti e amorose*)
Novenario	9	L'accento ritmico, nella forma più comune, cade sulla 2ª, sulla 5ª e sulla 8ª sillaba.	tra/**fìt**/to / da un / **ràg**/gio / di / **só**/le (S. Quasimodo, *Ed è subito sera*)
Decasillabo	10	L'accento ritmico cade sulla 3ª, sulla 6ª e sulla 9ª sillaba.	Ri/tor/**nà**/va u/na / **rón**/di/ne al / **tét**/to (G. Pascoli, *X Agosto*)
Endecasillabo	11	L'accento ritmico cade fisso sulla 10ª sillaba e gli altri accenti sono mobili (per esempio 6ª e 10ª; 1ª, 4ª, 6ª, 10ª; 2ª, 6ª, 10ª; 4ª, 8ª e 10ª; 4ª, 7ª e 10ª molto raro).	Nel / **mèz**/zo / del / cam/**mìn** / di / **nò**/stra / **vì**/ta Mi / ri/tro/**vài** / per / u/na / **sél**/va o/**scù**/ra (D. Alighieri, *Inferno* I, 1-2)

18

UNITÀ A1 ■ LA STRUTTURA DEL TESTO POETICO

■ Effetti ritmici

L'andamento ritmico dei versi può essere veloce (quando gli accenti sono frequenti e ravvicinati) oppure lento e cadenzato (quando gli accenti ritmici sono lontani e rari). Vediamo qualche esempio:

Ritmo	Accenti	Esempio
Veloce	Ravvicinati, rapidi.	*di quà di là di giù di sù li ména* (D. Alighieri, *Inferno* V, 43)
Martellante	Rapidissimi e fortemente marcati.	*L'han giuráto. Li ho vísti in Pontída* *convenúti dal mónte e dal piáno* (G. Berchet, *Il giuramento di Pontida*)
Lento	Distanziati.	*e chiàro nella vàlle il fiume appàre* (G. Leopardi, *La quiete dopo la tempesta*)
	Sempre nelle medesime posizioni (1ª, 4ª, 8ª, 10ª sillaba).	*Voi ch'ascoltàte in rime spàrse il suòno* *di quei sospìri ond'io nudrìva 'l còre* *in sul mio prìmo giovenìle erróre* (F. Petrarca, *Voi ch'ascoltate*)
	Rafforzati dall'espressione iniziale.	*già tàce ogni sentièro e pei balcòni* *ràra tralùce la nottùrna làmpa* (G. Leopardi, *La sera del dí di festa*)
Disteso	Gli accenti conferiscono un tono quasi prosastico ai versi.	*Sei quasi brútta, priva di lusínga* *nelle tue vésti quasi campagnóle* (G. Gozzano, *La signorina Felicita ovvero la felicità*)
Vario	In posizione mobile (4ª e 6ª; 2ª e 6ª; 4ª e 6ª; 2ª e 6ª sillaba).	*Dolce declìna il sóle* *dal giórno si distàcca* *un cielo tròppo chiàro* *diràma solitùdine* (G. Ungaretti, *Auguri per il proprio compleanno*)

Oltre agli accenti, un poeta può ottenere particolari effetti ritmici anche attraverso l'uso delle cesure e dell'*enjambement*.

- **Cesura.** La cesura (dal lat. *caedere*, "tagliare") è una pausa interna al verso che ne rallenta il ritmo. La cesura divide il verso in due unità più piccole dette *emistichi* e può coincidere con una pausa sintattica, spesso indicata dalla punteggiatura:

  Oggi non faccio nulla. // Faccio festa. (U. Saba)

  Oppure contraddice la pausa sintattica per mettere in risalto una parola-chiave:

  e di terra la forma e // la speranza. (A. Onofri)

  O, ancora, potenzia il significato della parola che la precede e che la segue:

  per far piú bello // l'ultimo trofeo (U. Foscolo)

- ***Enjambement.*** Il verso può coincidere con una frase, ma spesso accade che essa continui nel verso successivo, creando un ritmo particolarmente sostenuto: in questo caso si parla di *enjambement*, una parola francese che significa "inarcatura". L'*enjambement* conferisce un rilievo particolare alle parole così collegate e contemporaneamente dilata il ritmo del verso. Quando la frase continua non solo oltre il verso, ma anche oltre la strofa, l'*enjambement* viene definito strofico.

POESIA: I METODI

Ma sedendo e mirando, **interminati** ⌐ ↳ **spazi** di là da quella, e **sovrumani** ⌐ ↳ **silenzi**, e profondissima quiete (G. Leopardi, *L'infinito*)	**aggettivo-nome**
Move la greggia oltre pel campo, e **vede** ⌐ ↳ **greggi, fontane ed erbe** (G. Leopardi, *Canto notturno di un pastore errante dell'Asia*)	**predicato-complemento oggetto**
che vanno al nulla eterno; e intanto **fugge** ⌐ ↳ **questo reo tempo**, e van con lui le torme delle cure onde meco egli si strugge; e mentre io guardo la tua pace, **dorme** ⌐ ↳ **quello spirto guerrier** ch'entro mi rugge. (U. Foscolo, *Alla sera*)	**predicato-soggetto** **predicato-soggetto**
Nella mia giovinezza ho navigato lungo le coste dalmate. **Isolotti** ⌐ ↳ a fior d'onda **emergevano**, ove **raro** ⌐ ↳ **un uccello** sostava intento a prede (U. Saba, *Ulisse*)	**soggetto-predicato** **aggettivo-nome**
[...] E pur mi **giova** ⌐ ↳ **la ricordanza**, e il noverar **l'etate** ⌐ ↳ **del mio dolore**. [...] (G. Leopardi, *Alla luna*)	**predicato-soggetto** **nome-complemento di specificazione del nome**

Che cosa so

Indica se le seguenti affermazioni sono vere o false.

	V	F
a. Il **novenario** tronco ha nove sillabe.	☐	☐
b. La **cesura** è un particolare tipo di accento.	☐	☐
c. La **sinalefe** è una figura metrica di fusione.	☐	☐
d. Il verso *La papera vispa nel cielo volò* è **piano**.	☐	☐
e. Un **settenario sdrucciolo** è composto da 7 sillabe.	☐	☐
f. Un **endecasillabo piano** è composto da 11 sillabe.	☐	☐
g. Se un verso termina con la parola *candido* è **tronco**.	☐	☐
h. L'*enjambement* collega strettamente due versi successivi.	☐	☐
i. L'*enjambement* influisce sul ritmo del testo rendendolo più vario.	☐	☐
j. La posizione degli accenti contribuisce a determinare il **ritmo** del verso.	☐	☐

UNITÀ A1 ■ LA STRUTTURA DEL TESTO POETICO

I VERSI E IL RITMO

Autunno
Vincenzo Cardarelli

Testo d'esempio

Poesie
(1936)
▶ Lirica

Vincenzo Cardarelli affida a questi versi di varia lunghezza il tema dello scorrere del tempo della vita, attraverso la metafora dell'alternarsi delle stagioni.
Come le piogge d'autunno sembrano esprimere la tristezza della natura preannunciando i rigori dell'inverno, così l'uomo si avvia verso il freddo della vecchiaia. Rimane nella memoria la felicità degli entusiasmi giovanili, cui corrisponde l'estate, la stagione più rigogliosa dell'anno (*il miglior tempo della nostra vita*), ma quel ricordo non riesce più a dare slancio al presente che procede lentamente verso la fine. L'uso della prima persona plurale (*Già lo sentimmo venire*; *della nostra vita*; *ci dice addio*) stabilisce un tono colloquiale e coinvolgente per il lettore.

Vincenzo Cardarelli (pseudonimo di Nazareno Caldarelli) nasce in provincia di Viterbo, nel 1887. Nel 1911 si trasferisce a Firenze dove collabora alle riviste letterarie "Il Marzocco" e "La Voce". Nel 1916 pubblica *I prologhi*, dove alterna poesie a prose. Nel 1919 fonda la rivista "La Ronda". Nel 1934 pubblica la sua prima raccolta di versi, *Giorni in piena*, poi confluita nel 1936 nel volume *Poesie*. Muore nel 1959.

Autunno.// Già lo sentimmo venire
nel vento d'agosto,
nelle piogge di settembre
torrenziali// e piangenti,
5 e un brivido percorse la terra
che ora, //nuda e triste,
accoglie un sole smarrito.
Ora passa //e declina,
in quest'autunno che incede
10 con lentezza indicibile,
il miglior tempo della nostra vita
e lungamente ci dice addio.

(V. Cardarelli, *Poesie*, Mondadori, Milano, 1996)

---

7. smarrito: indeciso, pallido.   **8. declina:** tramonta.

Il testo è costituito da due periodi: il primo ha carattere descrittivo (immagini dell'autunno), il secondo comunica una condizione psicologica.

pioggie…piangenti, terra…triste, sole smarrito
Gli aggettivi che umanizzano le manifestazioni della natura suggeriscono, attraverso **la connotazione**, la corrispondenza tra stagioni e stati d'animo.

torrenziali, indicibile, lungamente
La lentezza con cui trascorrono le ore è sottolineata da **parole lunghe**.

Le **cesure** (vv. 1, 4, 6, 8) rallentano il ritmo e insieme agli *enjambement* (vv. 1-2, 3-4, ecc.) concorrono a dare l'impressione di un movimento lento e sempre uguale.

il miglior tempo della nostra vita
Il ritmo generalmente lento presenta un'accelerazione in corrispondenza del verso 11, riferito al breve tempo della giovinezza.

◀ **Egon Schiele**, *Quattro alberi*, 1917. Vienna, Österreichische Galerie Belvedere.

POESIA: I METODI

Che cosa so fare

COMPRENDERE

1. **Il tema.**
   Qual è il tema della lirica?
2. **I sentimenti.**
   Quali sentimenti sono trasmessi dalla lirica?
3. **Il tempo.**
   Quale percezione del trascorrere del tempo dimostra di avere il poeta?
4. **L'io lirico.**
   Il poeta esprime la sua idea di vecchiaia ricorrendo all'utilizzo della prima persona plurale. Che significato assume tale scelta?

ANALIZZARE

5. **La versificazione.**
   Indica il nome dei versi della lirica e segnala se sono presenti figure di fusione e di scissione tra le sillabe. Poi segnala graficamente gli *enjambement* con il simbolo corrispondente e completa l'indicazione degli accenti ritmici (*ictus*) negli ultimi sette versi.

Testo	Nome del verso	Figure di fusione	Figure di scissione
Au/**tùn**/no. / **Già** / lo / sen/**tìm**/mo / ve/**nì**/re			
nel / **vèn**/to / d'a/**gò**/sto,			
nel/le / **piòg**/gie / di / set/**tèm**/bre			
tor/ren/**zià**/li e / pian/**gèn**/ti,			
e / un / **brì**/vi/do / per/**cór**/se / la / **tèr**/ra			
che / o/ra, / nu/da e / tri/ste,			
ac/co/glie un / so/le / smar/ri/to.			
O/ra / pas/sa /e / de/cli/na,			
in / que/st'au/tun/no / che in/ce/de			
con / len/tez/za in/di/ci/bi/le,			
il / mi/glior / tem/po / del/la / no/stra / vi/ta			
e / lun/ga/men/te / ci / di/ce / ad/di/o.			

PRODURRE

6. **Laboratorio di scrittura creativa | Descrivere l'autunno.**
   Dopo aver scelto un paesaggio autunnale, descrivilo attraverso brevi versi cercando di produrre qualche immagine suggestiva. Fa' in modo che alcuni versi si concludano con un segno di interpunzione, mentre in altri ricorri all'utilizzo dell'*enjambement*.

7. **Esporre | Presentare la lirica.**
   Presenta la poesia *Autunno* lasciando spazio alla tua sensibilità interpretativa. Specifica:
   - la forma del testo (di che tipo sono i versi, qual è la loro disposizione);
   - il rapporto tra significante e significato (in che modo la misura dei versi, la lunghezza delle parole e il ritmo potenziano il significato delle parole e delle immagini);
   - il messaggio che il poeta vuole comunicare.

Le rime e il metro

I DIVERSI TIPI DI RIME. La rima è un procedimento tipico della poesia, che utilizza gli elementi fonici per potenziare il legame tra i versi. Due versi si dicono in rima quando presentano identità di suono alla fine, a partire dall'ultima vocale tonica. Anche nel caso delle rime, perciò, si usa parlare di *piane, tronche* e *sdrucciole*:

- Rima piana: n**àstro** / alab**àstro**
- Rima tronca: torner**à** / chiss**à**
- Rima sdrucciola: rid**ìcolo** / art**ìcolo**

I versi rimano tra loro creando combinazioni differenti il cui schema si definisce con le lettere dell'alfabeto: la stessa lettera indica i versi che terminano nello stesso modo.

> La vecchia canta: Intorno al tuo lettino   **A**
> c'è rose e gigli, tutto un bel giardino.   **A**
> Nel bel giardino il bimbo s'addormenta.   **B**
> La neve fiocca lenta, lenta, lenta.   **B**
>
> (G. Pascoli, *Orfano*, in *Poesie*, Mondadori, Milano, 1968)

Le rime danno luogo a combinazioni diverse a seconda del modo in cui sono distribuite nel componimento poetico. Gli schemi maggiormente utilizzati nella poesia italiana sono a rima baciata (AA BB), alternata (ABAB), incrociata (ABBA), incatenata (ABA-BCB-CDC), ripetuta (ABC ABC). Per convenzione si utilizzano le lettere maiuscole per indicare il verso endecasillabo e le minuscole per i versi che presentano un numero di sillabe inferiore.

Tipo di rima	Esempio	Schema
Rima baciata	O cavallina, cavallina st**orna**,	A
	che portavi colui che non rit**orna**	A
	tu capivi il suo cenno ed il suo d**etto**!	B
	Egli ha lasciato un figlio giovin**etto**	B
	(G. Pascoli, *La cavalla storna*)	
Rima alternata	I cipressi che a Bolgheri alti e schi**etti**	A
	van da San Guido in duplice fil**ar**,	B
	quasi in corsa giganti giovin**etti**	A
	mi balzarono incontro e mi guard**ar**.	B
	(G. Carducci, *Davanti a San Guido*)	
Rima incrociata	Quando la terra è d'ombre ricov**erta**	A
	e soffia il vento, e in su l'arene estr**eme**	B
	l'onda va e vien che mormorando g**eme**,	B
	e appar la luna tra le nubi inc**erta**.	A
	(U. Foscolo, *Notturno*)	

POESIA: I METODI

Rima incatenata	Nel mezzo del cammin di nostra v**ita**	A
	mi ritrovai per una selva osc**ura**,	B
	ché la diritta via era smarr**ita**.	A
	Ahi quanto a dire qual era è cosa d**ura**	B
	esta selva selvaggia e aspra e f**orte**	C
	che nel pensier rinnova la pa**ura**.	B
	(D. Alighieri, *Inferno* I, 1-6)	
Rima ripetuta	e viene a Roma seguendo 'l des**io**,	A
	per mirar la sembianza di col**ui**	B
	ch'ancor lassù nel ciel vedere sp**era**:	C
	così, lasso, talor vo cercand'**io**,	A
	donna, quanto è possibile, in alt**rui**	B
	la disïata vostra forma v**era**.	C
	(F. Petrarca, *Movesi il vecchierel*)	

LA DISPOSIZIONE ANOMALA DELLE RIME. Bisogna però tenere a mente che i versi possono rimare anche in modo anomalo: questo succede quando la rima non si trova a fine verso. Vediamo degli esempi.

- La **rimalmezzo** si trova tra la parola finale di un verso e una parola posta nel mezzo di un altro verso, generalmente del successivo, in cui coincide con la cesura. Una fitta trama di suoni conferisce ai versi un tono solenne.

> Odi greggi belar, // muggire arm**enti**;
> gli altri augelli cont**enti**, // a gara insieme
> per lo libero ciel // fan mille giri
>
> (G. Leopardi, *Il passero solitario*, in *Tutte le opere*, a cura di F. Flora, Mondadori, Milano, 1968)

- La **rima interna** è presente quando rimano fra loro l'ultima parola del verso e un'altra che si trova all'interno del medesimo verso. Nell'esempio proposto la rima interna prolunga la sensazione uditiva del rumore dei panni risciacquati nel canale (*gora*) dalle lavandaie.

> E cadenzato dalla gora viene
> lo sciabord**are** delle lavand**are**
> con tonfi spessi e lunghe cantilene.
>
> (G. Pascoli, *Lavandare*, in *Poesie*, Mondadori, Milano, 1968)

- La **rima ipermetra** è presente quando una parola piana (ossia con l'accento sulla penultima sillaba) rima con una sdrucciola (accento sulla terzultima), la quale ha una sillaba in più rispetto alla misura del verso. La sillaba in più viene considerata parte del verso successivo, come nell'esempio seguente per la sillaba *-no* di *intrecciano*.

> Nelle crepe del suolo o su la véccia
> spiar le file di rosse formìche
> ch'ora si rompono ed ora s'intrécciano
> a sommo di minuscole bìche
>
> (E. Montale, *Meriggiare pallido e assorto*, in *Tutte le poesie*, Mondadori, Milano, 1984)

L'ASSONANZA. L'assonanza (dal lat. *assonare*, "rispondere al suono") si realizza quando due parole, dall'accento tonico in poi, hanno uguali le vocali ma non le consonanti. Per esempio nei seguenti versi:

> E il pino
> ha un suono, e il mirto
> altro suono
>
> (G. D'Annunzio, *La pioggia nel pineto*, in *Alcyone*, Mondadori, Milano, 1995)

le parole *pino* e *mirto* hanno, nella parte finale, uguali le vocali (*i...o*) e diverse le consonanti (*n* nella prima parola e *rt* nella seconda). Le parole in assonanza possono anche essere all'interno del verso, come nell'esempio che segue:

> Il sole, in alto, – e un secco greto
>
> (E. Montale, *Gloria del disteso mezzogiorno*, in *Tutte le poesie*, Mondadori, Milano, 1984)

LA CONSONANZA. La consonanza (dal lat. *consonare*, "risuonare") si produce se due parole, dall'accento tonico in poi, hanno uguali le consonanti e non le vocali, come si può osservare nei versi che seguono:

> Poi tra il cantare delle raganelle
> Guizzò sui campi un raggio lungo e giallo
>
> (G. Pascoli, *Pioggia*, in *Poesie*, Mondadori, Milano, 1968)

◀ **Alberto Burri**, *Il viaggio*, 1979. Città di Castello, Collezione Burri.

POESIA: I METODI

■ Versi sciolti e versi liberi

Le poesie, soprattutto quelle del Novecento, non sempre seguono uno schema preciso di rime e non sempre comprendono versi della stessa lunghezza. Come si definiscono, allora, dal punto di vista metrico, tali componimenti? Sono in **versi sciolti** i testi poetici che hanno versi della stessa misura e nessuno schema prestabilito di rime e in **versi liberi** quelli che non hanno neppure versi della stessa lunghezza. Di seguito sono presentati due esempi: la prima poesia è in endecasillabi sciolti, la seconda in versi liberi.

Versi sciolti (endecasillabi)

> E di quell'altra volta mi ricordo
> che la sorella mia piccola ancora
> per la casa inseguivi minacciando
> (la caparbia aveva fatto non so che).
> Ma raggiuntala che strillava forte
> dalla paura ti mancava il cuore:
> ché avevi visto te inseguir la tua
> piccola figlia, e tutta spaventata
> tu vacillante l'attiravi al petto,
> e con carezze dentro le tue braccia
> l'avviluppavi come per difenderla
> da quel cattivo ch'eri il tu di prima.
>
> (C. Sbarbaro, *Padre, se anche tu non fossi il mio*, in *L'opera in versi e in prosa*, Garzanti, Milano, 1999)

Versi liberi

> Signori! Ha principio la vendita
> delle mie idee.
> Avanti! Chi le vuole?
> Idee originali
> a prezzi normali.
> Io vendo perché voglio
> raggomitolarmi al sole
> come un gatto a dormire
> fino alla consumazione
> de' secoli. Avanti! L'occasione
> è favorevole. Signori,
> non ve ne andate, non ve ne andate;
> vendo a così poco prezzo!
>
> (G. Gozzano, *Bando*, in *Poesie*, Rizzoli, Milano, 1999)

■ Il metro. I diversi tipi di strofe

Nel testo poetico più versi si raggruppano in unità metriche chiamate **strofe**, dotate di senso compiuto e di autonomia ritmica. Le strofe prendono il nome dal numero dei versi che le compongono e nella tradizione letteraria italiana che ar-

UNITÀ A1 ■ LA STRUTTURA DEL TESTO POETICO

riva fino all'Ottocento hanno anche un prestabilito schema di rime. Le strofe tradizionali della poesia italiana sono cinque: *distico, terzina, quartina, sestina, ottava*.

A partire dall'Ottocento alle strutture fisse sono state sostituite strofe a schema libero, in numero variabile (*polimetro*), in cui la misura dei versi e lo schema delle rime non si attengono più a un modello prestabilito, ma assecondano le esigenze espressive dell'autore.

Tipo di strofa	Descrizione	Esempio	
Distico	Due versi, solitamente endecasillabi, a rima baciata.	Su un'asse, contro una vetriata chiusa	A
		dietro a cui forse un micio fa le fusa	A
		(C. Govoni, La pioggia scende la sua veletta)	
Terzina	Tre versi, solitamente endecasillabi, a rima incatenata (come nella terzina dantesca) o rimati in altro modo, come nell'esempio: sono in rima, in ogni terzina, il primo e il terzo verso, mentre il secondo verso è in rima con il secondo della terzina seguente.	Come scorrea la calda sabbia lieve	A
		Per entro il cavo della mano in ozio,	B
		Il cor sentì che il giorno era più breve.	A
		E un'ansia repentina il cor m'assalse	A
		Per l'appressar dell'umido equinozio	B
		Che offusca l'oro delle piagge salse.	A
		(G. D'Annunzio, La sabbia del tempo)	
Quartina	Quattro versi endecasillabi (o settenari) a rima alternata o incrociata.	I cipressi che a Bólgheri alti e schietti	A
		Van da San Guido in duplice filar,	B
		Quasi in corsa giganti giovinetti	A
		Mi balzarono incontro e mi guardâr.	B
		(G. Carducci, Davanti a San Guido)	
Sestina	Sei versi settenari (o endecasillabi) di cui i primi quattro a rima alternata e gli ultimi due a rima baciata.	Io de' miei colli ameni	A
		Nel bel clima innocente	B
		Passerò i dì sereni	A
		Tra la beata gente,	B
		Che di fatiche onusta	C
		È vegeta e robusta.	C
		(G. Parini, La salubrità dell'aria)	
Ottava	Otto versi endecasillabi, i primi sei a rima alternata e gli altri due a rima baciata. (L'ottava diventa la strofa caratteristica del poema cavalleresco)	Le donne, i cavallier, l'arme, gli amori,	A
		le cortesie, l'audaci imprese io canto,	B
		che furo al tempo che passaro i Mori	A
		d'Africa il mare, e in Francia nocquer tanto,	B
		seguendo l'ire e i giovenil furori	A
		d'Agramante lor re, che si diè vanto	B
		di vendicar la morte di Troiano	C
		sopra re Carlo imperator romano.	C
		(L. Ariosto, Orlando furioso)	

27

POESIA: I METODI

I COMPONIMENTI METRICI. Più strofe dello stesso tipo o di tipo diverso raggruppate insieme danno vita a un componimento metrico. Tra i tipi di componimento della poesia lirica tradizionale sono da ricordare il sonetto e la canzone. Meno utilizzati, nella tradizione lirica italiana, sono l'ode, il madrigale e la ballata.

- **Il sonetto.** È la forma metrica più diffusa nella lirica italiana, perché la sua brevità lo rende particolarmente duttile e consente di trattare qualsiasi argomento, da quello amoroso a quello politico. La sua invenzione viene attribuita a Giacomo da Lentini (▶ p. 590), probabilmente da una rielaborazione della *cobla esparsa*, la strofa singola di canzone utilizzata nella poesia provenzale: quattordici endecasillabi, suddivisi in due quartine e due terzine. Un esempio classico di sonetto è la poesia di Dante Alighieri *Tanto gentile e tanto onesta pare*, il cui schema di rime è ABBA - ABBA | CDE - EDC:

> Tanto gentile e tanto onesta pare
> la donna mia quand'ella altrui saluta,
> ch'ogne lingua deven tremando muta,
> e li occhi no l'ardiscon di guardare.
>
> Ella si va, sentendosi laudare,
> benignamente d'umiltà vestuta;
> e par che sia una cosa venuta
> da cielo in terra a miracol mostrare.
>
> Mostrasi sì piacente a chi la mira,
> che dà per li occhi una dolcezza al core,
> che 'ntender no la può chi no la prova:
>
> e par che de la sua labbia si mova
> un spirito soave pien d'amore,
> che va dicendo a l'anima: Sospira.

(D. Alighieri, *Rime*, in *Opere*, Mondadori, Milano, 2011)

▶ **Dante Gabriel Rossetti**, *Il sogno di Dante all'epoca della morte di Beatrice*, 1871. Liverpool, National Museums, Walker Art Gallery.

Le quartine presentano diverse combinazioni di rime. Oltre alla rima incrociata, come nel caso di *Tanto gentile e tanto onesta pare*, possono essere a rima alternata ABAB/ABAB, come in questo testo di Cecco Angiolieri (1260-1312):

La mia malinconia è tanta e tale,	A
ch'i' non discredo che, s'egli sapesse	B
un che mi fosse nemico mortale,	A
che di me di pietade non piangesse.	B

(C. Angiolieri, in *Poeti del Duecento*, a cura di G. Contini, Ricciardi, Milano-Napoli, 1960)

Nelle terzine la forma originaria prevedeva rime alternate CDC/DCD, come in questi versi di Compiuta Donzella (XIII sec.):

Ca lo mio padre m'ha messa 'n errore	C
E tenemi sovente in forte doglia;	D
donar mi vole a mia forza segnore,	C
ed io di ciò non ho disio né voglia,	D
e 'n gran tormento vivo a tutte l'ore;	C
però non mi rallegra fior né foglia.	D

(Compiuta Donzella, in *Poeti del Duecento*, a cura di G. Contini, Ricciardi, Milano-Napoli, 1960)

ma si trovano altre forme: c'è lo schema CDE/EDC, seguito da Dante in *Tanto gentile e tanto onesta pare*, ma anche la rima ripetuta CDE/CDE, che Francesco Petrarca usa nelle terzine finali del sonetto *Solo e pensoso*:

sí ch'io mi credo omai che monti e piagge	C
e fiumi e selve sappian di che tempre	D
sia la mia vita, ch'è celata altrui.	E
Ma pur sí aspre vie né sí selvagge	C
cercar non so ch'Amor non venga sempre	D
ragionando con meco, et io co'llui.	E

(F. Petrarca, *Rime e Trionfi*, a cura di F. Neri, UTET, Torino, 1968)

- **La canzone.** Inventata dai poeti provenzali (▶ p. 540), la canzone fu giudicata da Dante Alighieri il canto per eccellenza e la forma di poesia più illustre. Con Francesco Petrarca raggiunse la struttura esemplare: cinque strofe (dette *stanze*) in endecasillabi e settenari, seguite da una chiusura o *commiato* che può essere più breve. Ciascuna stanza è così suddivisa:

– *fronte*, divisa in *primo piede* e *secondo piede*;
– *sìrima* (o *sirma*), indivisa o divisa in *prima volta* e *seconda volta*;
– *chiave*, che collega la fronte alla sirima, in rima con l'ultimo verso della fronte.

Ecco un esempio: è la prima stanza della canzone *Di pensier in pensier,* tratta dal *Canzoniere* di Francesco Petrarca:

POESIA: I METODI

Testo	Rime	Suddivisione	
Di pensier in pensier, di monte in monte	A		
mi guida Amor, ch'ogni segnato calle	B	*I piede*	
provo contrario a la tranquilla vita.	C		
			Fronte
Se 'n solitaria piaggia, rivo, o fonte,	A		
se 'nfra duo poggi siede ombrosa valle,	B	*II piede*	
ivi s'acqueta l'alma sbigottita;	C		
e come Amor l'envita,	C →	*Chiave*	
or ride, or piange, or teme, or s'assecura;	D		
e 'l volto che lei segue ov'ella il mena	E	*I volta*	
si turba et rasserena,	E		
			Sirima (o sirma)
et in un esser picciol tempo dura;	D		
onde a la vista huom di tal vita experto	F	*II volta*	
diria: Questo arde, et di suo stato è incerto.	F		
(F. Petrarca, *Rime e Trionfi*, a cura di F. Neri, UTET, Torino, 1968)			

- **La canzone libera.** Nel corso dei secoli la struttura della canzone petrarchesca venne più volte modificata. Ai poeti dell'Ottocento apparve condizionante per il gioco di versi raffinato ma rigido e per la divisione delle strofe in sezioni minori, con rime preordinate. Giacomo Leopardi adottò la canzone, di cui apprezzava l'ampiezza, modificandone l'organizzazione interna e creando la canzone "libera", in cui la lunghezza delle strofe è liberamente variata e al loro interno non c'è uno schema fisso di rime. Un esempio tipico di canzone libera è *A Silvia* (▶ p. 45), composta di sei strofe di endecasillabi e settenari. Attenuatasi la rigidità delle forme, la canzone diede vita, a fine Ottocento e nel Novecento, alla produzione di componimenti a strofa libera.

Che cosa so

Indica se le seguenti affermazioni sono vere o false.

		V	F
a.	La **strofa** è un particolare tipo di verso.	☐	☐
b.	La **fronte** fa parte del testo della **canzone**.	☐	☐
c.	La **rima baciata** si ha fra due versi consecutivi.	☐	☐
d.	La **consonanza** e l'**assonanza** sono la stessa cosa.	☐	☐
e.	Nella **canzone libera** rimane fisso il numero dei versi.	☐	☐
f.	Il **sonetto** è un testo poetico costituito da quattro strofe.	☐	☐
g.	La **rimalmezzo** cade all'interno del verso.	☐	☐
h.	I **versi sciolti** non rispettano un prestabilito schema di rime.	☐	☐
i.	La **rima interna** cade dove c'è la cesura.	☐	☐
j.	Le **strofe** prendono nome dal numero di parole che le compongono.	☐	☐
k.	La **sestina** è una strofa composta da sei settenari oppure endecasillabi.	☐	☐
l.	La **rima ipermetra** si ha quando due parole sdrucciole rimano fra di loro.	☐	☐

UNITÀ A1 ■ LA STRUTTURA DEL TESTO POETICO

IL METRO, LE RIME E IL RITMO

La pioggia nel pineto

Gabriele D'Annunzio

Testo d'esempio

Alcyone
(1903)
▶ Lirica

La lirica coglie un momento suggestivo dell'estate, ed è un esempio tra i più celebri della capacità dannunziana di trasformare la parola in musica.
Il poeta e la donna amata si trovano in una pineta della Versilia sotto la pioggia estiva e, vagando senza meta, si immedesimano nella natura e nelle sue voci. Nella lirica si intrecciano i temi della metamorfosi (cioè della trasformazione di un essere in un'altra creatura), dell'amore, della funzione musicale ed evocatrice della parola poetica. Il linguaggio poetico traduce in parola i suoni della natura e la parola è lo strumento che conduce alla realtà.

Gabriele D'Annunzio (1863-1938; ▶ *L'autore*, p. 191) è uno dei maggiori esponenti del Decadentismo italiano ed europeo, un movimento letterario, ma anche un gusto, diffuso a fine Ottocento, caratterizzato da un raffinato estetismo.

    Taci. Su le soglie
    del bosco non odo
    parole che dici
    umane; ma odo
5   parole più nuove
    che parlano gocciole e foglie
    lontane.
    Ascolta. Piove
    dalle nuvole sparse.
10 Piove su le tamerici
    salmastre ed arse,
    piove su i pini
    scagliosi ed irti,
    piove su i mirti
15 divini,
    su le ginestre fulgenti
    di fiori accolti,
    su i ginepri folti
    di coccole aulenti,
20 piove su i nostri vólti
    silvani,

Taci
La prima parola converge immediatamente l'attenzione del lettore sull'**interlocutore** che è **Ermione**, nominata solo al verso 32. Viene introdotto poi **l'ambiente**, il bosco, con il suo **nuovo linguaggio**.

lontane
Il componimento presenta versi di **lunghezza varia** e, talora, **una sola parola costituisce un verso**, come per esempio *lontane* (v. 7).

Ai versi 1, 8, 33, 40, 65 **la cesura** spezza il verso evidenziando i **due emistichi** e il loro significato: **nel primo** emerge la richiesta di attenzione, **nel secondo** si introduce la situazione che si presenterà nei versi successivi.

accolti...folti...vólti
Emergono **rime**, per esempio ai versi 17-18, 20, ma senza uno schema preciso.

piove...o Ermione
I versi compresi tra il verso 20 e il verso 32 costituiscono un **ritornello** che circolarmente chiuderà il componimento.

---

1. Taci: il poeta si rivolge alla donna amata alla quale attribuisce il nome di Ermione, simbolo di bellezza in quanto evoca la mitica figlia di Elena e Menelao.
3-4. che dici umane: pronunciate da esseri umani.
5. più nuove: inusuali.
6-7. che parlano...lontane: sussurrate da gocciole e foglie lontane, avvertite dalle soglie del bosco.
8. Piove...: il poeta ripete il verbo *piove* nei versi 10, 12, 14, 20, 22. Egli considera la pioggia una manifestazione della natura, che avvolge tutto nella sua vitalità.
9. nuvole sparse: la pioggia è sottile.
10-11. tamerici salmastre ed arse: arbusti sempreverdi che crescono vicino al mare e per questo sono salmastri e riarsi dal sole.
13. scagliosi ed irti: scagliosa è la corteccia del tronco, irte le foglie aghiformi del pino.
15. divini: perché sacri a Venere.
16-17. fulgenti di fiori accolti: il colore della ginestra è giallo; questi fiori raccolti in grappoli rifulgono in tutto il loro splendore nel pieno rigoglio dell'estate.
18-19. su i ginepri...aulenti: sui ginepri fitti di bacche profumate. Il ginepro selvatico ha un odore forte e aspro e i suoi frutti hanno la forma di piccole bacche violacee.
21. silvani: il poeta ed Ermione stanno diventando creature silvestri, dello stesso colore e della stessa sostanza del bosco.

31

POESIA: I METODI

piove su le nostre mani
ignude,
su i nostri vestimenti
25 leggieri,
su i freschi pensieri
che l'anima schiude
novella,
su la favola bella
30 che ieri
t'illuse, che oggi m'illude,
o Ermione.

Odi? La pioggia cade
su la solitaria
35 verdura
con un crepitìo che dura
e varia nell'aria
secondo le fronde
più rade, men rade.
40 Ascolta. Risponde
al pianto il canto
delle cicale
che il pianto australe
non impaura,
45 né il ciel cinerino.
E il pino
ha un suono, e il mirto
altro suono, e il ginepro
altro ancóra, stromenti
50 diversi
sotto innumerevoli dita.
E immersi
noi siam nello spirto
silvestre,
55 d'arborea vita viventi;

Odi? La pioggia cade
L'attenzione si sposta sugli effetti fonici provocati dal **rumore della pioggia**.

solitaria...varia...aria
Solitaria rima con *aria*, ma è anche in **rima interna** con *varia*.

il canto delle cicale
Si introduce il mondo animale.

E il pino...dita
Si descrive **l'armonia della natura** che come un'orchestra produce sotto la pioggia rumori diversamente suggestivi.

immersi...d'arborea vita viventi
Si definisce **la condizione dei due innamorati** che si sentono **un tutt'uno con la natura** circostante al punto da subire una sorta di metamorfosi (*d'arborea vita viventi*).

22-25. piove...leggieri: il contatto diretto con la pioggia (le *mani ignude*, i *vestimenti leggieri*) accomunano sempre più il poeta ed Ermione alle piante, fino a farli sentire della stessa sostanza arborea.

28. novella: rinnovata dall'amore come la selva dalla pioggia.

29. su la favola bella: sui sogni e sulle illusioni di cui è intessuta la vita.

32. Ermione: Ermione può essere identificata con Eleonora Duse, grande attrice dell'epoca, o con Alessandra di Rudinì, un'altra donna amata dal poeta.

34-35. su la solitaria verdura: sugli alberi della selva. Il pineto è lontano da luoghi abitati e l'aggettivo *solitaria* sottolinea il senso di silenzio e di solitudine del luogo.

36-39. con un crepitìo...men rade: il crepitìo della pioggia varia a seconda che le foglie siano più o meno folte.

43. pianto australe: pioggia recata dal vento caldo-umido di Austro, che spira da Sud.

45. né il ciel cinerino: le cicale continuano a frinire senza lasciarsi impaurire dalla pioggia e dal cielo grigio.

46-51. E il pino...dita: il poeta è teso a cogliere le sfumature più diverse, i vari timbri dei suoni che le gocce di pioggia producono sulle foglie di ogni albero; **innumerevoli dita**: innumerevoli sono le gocce della pioggia.

52-55. E immersi...viventi: la compenetrazione con la vita della selva è ormai totale e dà un senso di ebbrezza.

e il tuo vólto ebro
è molle di pioggia
come una foglia,
e le tue chiome
60 auliscono come
le chiare ginestre,
o creatura terrestre
che hai nome
Ermione.

65 Ascolta, ascolta. L'accordo
delle aeree cicale
a poco a poco
più sordo
si fa sotto il pianto
70 che cresce;
ma un canto vi si mesce
più roco
che di laggiù sale,
dall'umida ombra remota.
75 Più sordo e più fioco
s'allenta, si spegne.
Sola una nota
ancor trema, si spegne,
risorge, trema, si spegne.
80 Non s'ode voce del mare.
Or s'ode su tutta la fronda
crosciare
l'argentea pioggia
che monda,
85 il croscio che varia
secondo la fronda
più folta, men folta.
Ascolta.
La figlia dell'aria
90 è muta; ma la figlia
del limo lontana,
la rana,
canta nell'ombra più fonda,

Ascolta, ascolta
Dopo la metamorfosi si torna alla richiesta di ascolto e l'attenzione si sposta sul mondo animale.

▲ Henri Jules Ferdinand Bellery-Defonaines, *L'Enigma*, 1898. Tratto da "L'Estampe Moderne", pubblicato a Parigi nel 1897-1899. Collezione privata.

56. ebro: inebriato.
59-61. e le tue chiome...ginestre: le chiome, quasi disciolte nella sostanza silvestre, emanano il profumo delle ginestre.
66. aeree cicale: la cicala è figlia dell'aria (v. 89).
68-70. più sordo...che cresce: si attutisce, si va spegnendo sotto la pioggia più fitta.
71. un canto vi si mesce: il gracidare delle rane vi si mescola.
73. di laggiù: da una lontananza indeterminata, che contribuisce a rendere più musicale questo suono.
76. s'allenta: si va diradando. È il canto delle *aeree cicale* che già si era fatto più sordo.
80. Non s'ode voce del mare: il ritmo lento e piano del verso rende la sensazione di calma e di silenzio.
84. che monda: che purifica, che pulisce.
89. La figlia dell'aria: la cicala.
91. limo: fango.

POESIA: I METODI

chi sa dove, chi sa dove!
95 E piove su le tue ciglia,
Ermione.
Piove su le tue ciglia nere
sì che par tu pianga
ma di piacere; non bianca
100 ma quasi fatta virente,
par da scorza tu esca.
E tutta la vita è in noi fresca
aulente,
il cuor nel petto è come pèsca
105 intatta,
tra le pàlpebre gli occhi
son come polle tra l'erbe,
i denti negli alvèoli
son come mandorle acerbe.
110 E andiam di fratta in fratta,
or congiunti, or disciolti
(e il verde vigor rude
ci allaccia i mallèoli
c'intrica i ginocchi)
115 chi sa dove, chi sa dove!
E piove su i nostri vólti
silvani,
piove su le nostre mani
ignude,
120 su i nostri vestimenti
leggieri,
su i freschi pensieri
che l'anima schiude
novella,
125 su la favola bella
che ieri
m'illuse, che oggi t'illude,
o Ermione.

(G. D'Annunzio, *Alcyone*, Mondadori, Milano, 1995)

ma quasi fatta virente, par da scorza tu esca
Torna il tema della **metamorfosi**.

E piove...o Ermione.
Il ritornello **chiude in modo circolare** il componimento. Dal punto di vista connotativo questa scelta sta a indicare che il **tema dell'amore inteso come favola bella** è motivo che ricorre ciclicamente nella vita.

▲ **Sir Edward Coley Burne-Jones**, *The Tree of Forgiveness*, 1881-1882. Liverpool, National Museums, Lady Lever Art Gallery.

99. ma di piacere: il volto ebro di pioggia pare inondarsi di un pianto di gioia sensuale.
100. virente: verdeggiante. Ermione sembra aver assunto l'aspetto di una pianta.
101. par da scorza tu esca: come una mitica creatura dei boschi, una ninfa.
105. intatta: non colta; anche il cuore nella selva vive di una nuova vita.
106-109. tra le pàlpebre...mandorle acerbe: tutte queste espressioni rendono il senso di immedesimazione delle due creature umane nella vita della selva; **polle**: sorgenti, vene d'acqua.
110. di fratta in fratta: di cespuglio in cespuglio.
111. or congiunti, or disciolti: ora per mano, ora separati.
112-114. il verde vigor rude...i ginocchi: i verdi rami tenaci e aggrovigliati ci stringono le caviglie (i malleoli), ostacolando il movimento delle ginocchia.
115. chi sa dove...dove!: di cespuglio in cespuglio, i due si addentrano ormai nella selva senza meta, completamente immersi nello spirito silvestre.
116-128. E piove...o Ermione: va notata la corrispondenza con la prima strofa, dove alla formulazione *che ieri / m'illuse, che oggi t'illude*, corrisponde *che ieri / t'illuse, che oggi m'illude*. È l'unica differenza tra i versi iniziali e questa ripresa, che ha valore di pura ripetizione musicale, di *refrain* malinconico che fa coincidere in un unico destino l'io e il tu della lirica.

UNITÀ A1 ■ LA STRUTTURA DEL TESTO POETICO

Che cosa so fare

COMPRENDERE

1. Il tema.

Qual è, secondo te, il tema centrale della lirica (la donna, l'amore, la fusione dell'uomo con la natura…)? Motiva la tua risposta.

2. Ermione.

La figura femminile che appare nel testo è appena accennata.
- Con quali immagini ci viene presentata?
- Quali dati fisici di lei conosciamo?

ANALIZZARE

3. Il componimento.
- Quanti versi compaiono nel componimento?
- Quali tipi di versi?

4. La forma metrica.

Perché viene definita canzone libera?

5. Rime, assonanze, consonanze →.

La parola è usata più per la sua musicalità che per il suo significato e il testo realizza costanti accordi e rimandi fonici anche attraverso rime; individua esempi corrispondenti a
- rime interne (sofferma la tua attenzione sui vv. 4/7; 40/45; 51/55)
- assonanze (sofferma la tua attenzione sui vv. 5; 31)
- consonanze (sofferma la tua attenzione sul v. 38)

6. Le sensazioni uditive.

Le sensazioni uditive sono prevalenti nel testo. Indica quali suoni vengono prodotti dalla pioggia e quali termini riferiti ad animali rimandano a sensazioni uditive.

7. Il registro.

Il testo presenta un registro stilistico
- **a.** popolare.
- **b.** aulico.
- **c.** medio.
- **d.** colloquiale.

8. Il ritmo.

Come definiresti il ritmo della lirica?

PRODURRE

9. Risposta breve | L'unione con la natura.

Nella lirica *La pioggia nel pineto* la pioggia e il luogo sono elementi attraverso i quali l'io lirico trova un'unione istintiva con la natura. Per quale motivo? Rispondi in 5 righe.

10. Laboratorio di scrittura creativa | Laboratorio esperienziale.

In una giornata piovosa recati in un giardino, chiudi gli occhi e ascolta i rumori, senti i profumi, poi apri gli occhi e osserva gli elementi naturali e i loro colori. Annota liberamente le tue sensazioni, quindi, una volta rientrato a casa, in silenzio, trascrivile dando loro la forma di versi e cercando di riprodurre attraverso rime, assonanze e consonanze i rumori che hai potuto sentire durante l'esperienza.

35

PERCORSO **A**

POESIA: I METODI

Salvatore Quasimodo
Specchio

da *Ed è subito sera* (1942)

▶ Lirica

Metro ▶ versi liberi, di senari e novenari

La poesia di Salvatore Quasimodo (1901-1968, ▶ p. 249) delinea il risveglio della natura a primavera, anche dove la vita sembrava ormai finita.

Ed ecco sul tronco
si rompono gemme:
un verde più nuovo dell'erba
che il cuore riposa:
5 il tronco pareva già morto,
piegato sul botro.

E tutto mi sa di miracolo;
e sono quell'acqua di nube
che oggi rispecchia nei fossi
10 più azzurro il suo pezzo di cielo,
quel verde che spacca la scorza
che pure stanotte non c'era.

(S. Quasimodo, *Poesie e Discorsi sulla poesia*, Mondadori, Milano, 1971)

2. si rompono: si aprono con forza sotto l'incalzare irresistibile della primavera.
3-4. più nuovo dell'erba... riposa: il verde delle gemme appare più brillante di quello dell'erba che suscita calma e serenità nel cuore.
6. botro: fossato scosceso in cui scorre un piccolo corso d'acqua.
8. acqua di nube: acqua piovana che si è raccolta nei fossi.

▶ **Ennio Morlotti**, *L'Adda a Imbersago*, 1955. Collezione privata.

UNITÀ A1 ■ LA STRUTTURA DEL TESTO POETICO

Analisi del testo

Il contenuto del testo

Un vecchio albero pareva già secco, ma il vigore della nuova stagione lo ridesta e le gemme con forza sembrano fendere la corteccia sotto la pressione di un inaspettato e miracoloso vigore (*quel verde che spacca la scorza*, v. 11). Tutta la natura si riveste di nuovi colori, il verde dell'erba tenera, appena nata tra le dure zolle della terra, e il cielo che si rispecchia nell'acqua dei fossati con nuova luce.

L'io lirico

L'io lirico contempla con emozione quello spettacolo e sembra trovare in sé nuova linfa vitale: una rinascita interiore lo rende puro come la limpida acqua piovana che riflette il cielo. L'albero è simbolo del poeta stesso: entrambi, come ogni creatura che popola la terra, si avviano verso la morte, che già si annuncia nel vecchio tronco della pianta, ma la speranza ciclicamente ritorna con la primavera per tutti gli esseri viventi.

Che cosa so fare

COMPRENDERE

1. **Il rapporto fra il poeta e la natura.**
   La lirica delinea una profonda consonanza fra la natura e l'animo del poeta: quale rapporto si crea?

2. **La purezza.**
   Nella seconda strofa l'"io" si sofferma sulla sensazione di nuova purezza che egli avverte come il manifestarsi di un miracolo. Quali immagini della natura sono collegate a tale percezione? Quali colori?

3. **Il titolo.**
   A che cosa si riferisce la parola *specchio*? Motiva la scelta del titolo di questa lirica.

ANALIZZARE

4. **Vita e morte.**
   Il tronco d'albero offre immagini antitetiche di vita e morte: riporta nella tabella i versi che appartengono ai due significati.

Immagini di vita	Immagini di morte

5. **I versi e il ritmo.**
   La lirica è composta di senari e novenari. Utilizzando la tabella di p. 38, svolgi le attività che seguono:
   - dividi in sillabe i versi e segna quelle su cui cadono gli accenti ritmici come indicato a p. 18;
   - indica se sono state inserite figure di fusione (sinalefe, sineresi, unione della sillaba apostrofata con la successiva) o di scissione (dialefe, dieresi) inserendo una X nella casella corrispondente;
   - al termine sottolinea l'unico verso sdrucciolo della poesia.

37

POESIA: I METODI

	Nome del verso	Figure di fusione	Figure di scissione
Ed ecco sul tronco / si rompono gemme: / un verde più nuovo dell'erba / che il cuore riposa: / il tronco pareva già morto, / piegato sul botro.			
E tutto mi sa di miracolo; / e sono quell'acqua di nube / che oggi rispecchia nei fossi / più azzurro il suo pezzo di cielo, / quel verde che spacca la scorza / che pure stanotte non c'era.			

Ora esponi alcune considerazioni sul ritmo.
- Gli accenti sono ricorrenti nelle stesse posizioni, cioè cadono sulle stesse sillabe (prima, seconda, terza) in ogni verso oppure hanno una disposizione sempre diversa?
- Vi sono *enjambement* oppure vi è una sostanziale coincidenza fra struttura sintattica e versi?
- Il ritmo appare, quindi, cadenzato oppure vario e mutevole?

6. Le cesure →.

Indica nei versi 10 e 11 il punto in cui si inserisce la cesura: quali parole vengono messe in risalto dalla breve pausa? Quali sensazioni suscitano nel lettore?

PRODURRE

7. Esporre | Presentare la lirica.

Spiega ai tuoi compagni e all'insegnante il significato della lirica, soffermandoti sulla relazione fra la natura e il poeta. Delinea poi la struttura: il tipo di versi e il ritmo determinato dalla disposizione degli *ictus*. Concludi esprimendo impressioni personali sul rapporto fra significato e significante: le immagini create dal poeta comunicano in modo suggestivo il messaggio dell'autore?

8. Trovare l'errore.

I seguenti versi sono stati ottenuti modificando una lirica di Guido Gozzano: alcuni endecasillabi dell'originale sono stati alterati. Individua i versi metricamente "sbagliati". Potrai poi verificare la tua correzione con il testo originale fornito dall'insegnante.

I Colloqui – III

L'immagine di me stesso voglio che sia
sempre ventenne, come in un ritratto.
Cari amici miei, non mi vedrete in via,
curvo dagli anni, tremulo e disfatto.
5 *Col mio silenzio sarò l'amico*
che vi fu caro, un poco mentecatto;
il bimbo tenero e antico
che sospirava al raggio delle stelle,
che meditava Arturo e Federico,
10 *ma lasciava spesso la pagina ribelle*
per seppellir le rondini insepolte,
per dare un filo d'erba alle zampine delle
disperate cetonie capovolte.

6. mentecatto: pazzo.
9. Arturo e Federico: si tratta di due filosofi tedeschi, Arthur Schopenhauer (1788-1860) e Friedrich Nietzsche (1844-1900). I loro scritti sono definiti *ribelli* poiché non in linea con la morale comune dei benpensanti.
13. cetonie: insetti dal colore verde dorato.

Umberto Saba
Trieste

da *Canzoniere* (1921-1961)

▶ Lirica

Metro ▶ strofe irregolari di endecasillabi, settenari e quinari

Alla sua città natale Umberto Saba (1883-1957; ▶ *L'autore e l'opera*, p. 133) ha sempre dedicato molte attestazioni di affetto. In questa lirica Trieste è descritta secondo il punto di vista del poeta, che esprime in una dimensione contemplativa i suoi sentimenti e la sua emotività.

Ho attraversata tutta la città.
Poi ho salita un'erta,
popolosa in principio, in là deserta,
chiusa da un muricciolo:
5 un cantuccio in cui solo
siedo; e mi pare che dove esso termina
termini la città.

Trieste ha una scontrosa
grazia. Se piace,
10 è come un ragazzaccio aspro e vorace,
con gli occhi azzurri e mani troppo grandi
per regalare un fiore;
come un amore
con gelosia.
15 Da quest'erta ogni chiesa, ogni sua via
scopro, se mena all'ingombrata spiaggia,
o alla collina cui, sulla sassosa
cima, una casa, l'ultima, s'aggrappa.
Intorno
20 circola ad ogni cosa
un'aria strana, un'aria tormentosa,
l'aria natia.

La mia città che in ogni parte è viva,
ha il cantuccio a me fatto, alla mia vita
25 pensosa e schiva.

(U. Saba, *Canzoniere*, Einaudi, Torino, 1978)

▲ Trieste, Via della Cattedrale, XX secolo. Trieste, Biblioteca Civica A. Hortis.

---

2. erta: strada ripida in salita.
3. popolosa: affollata.
5. cantuccio: angolino.
10-11. aspro...grandi: con impulsi e sentimenti contraddittori, rude e scontroso nel comportamento, ma ardente e vitale. Le mani troppo grandi indicano una maschia rozzezza ma gli occhi azzurri esprimono gentilezza e tenerezza.
vorace: ingordo, goloso.
16. mena: porta; **ingombrata**: affollata.
24. a me fatto: a me adatto e congeniale.

POESIA: I METODI

Analisi del testo

La struttura del testo

La prima strofa presenta uno spunto narrativo: il poeta raggiunge la parte alta della città e si ferma in un angolo solitario a contemplarla. Nella seconda strofa è descritto il fascino di Trieste mediante l'espressione *scontrosa grazia* (vv. 8-9): la città è di una bellezza delicata, ma nel contempo ritrosa e sfuggente. Tale concetto è ripreso nell'immagine del ragazzaccio dagli occhi azzurri come il mare, generoso e avido, che offre un fiore, ma con rozza gentilezza; infine in quella di un amore, che è gelosia e possesso, dolore e gioia.

L'io lirico

Dal suo angolo di osservazione il poeta può vedere la Trieste marina, con la sua spiaggia chiassosa e in ogni parte viva, e la Trieste collinare, solitaria e silenziosa, come suggerisce quella casa aggrappata sulla sassosa cima. Alla descrizione subentra la riflessione: l'atmosfera della terra natia è strana, è fatta di felicità e di dolore insieme.

Il messaggio del testo

Nella strofa conclusiva si precisa il messaggio della lirica: il conflitto che il poeta vive tra il bisogno di solitudine (*un cantuccio in cui solo / siedo*, vv. 5-6; *il cantuccio a me fatto, alla mia vita / pensosa e schiva*, vv. 24-25) e la voglia di aderire alla vita. La sua vita pensosa e schiva rispecchia la scontrosa grazia della città, ambivalente anch'essa, allo stesso tempo familiare e strana, tormentosa e affettuosa insieme.

Che cosa so fare

COMPRENDERE

1. **L'amore.**
   Perché i versi *come un amore / con gelosia* (vv. 13-14) contribuiscono a definire l'aspetto contraddittorio della città?

2. **L'immagine dell'io lirico.**
   Quale legame s'instaura tra il contenuto della prima e dell'ultima strofa della lirica? Quale immagine, cioè, è presente in entrambe le strofe e sottolinea uno stato d'animo del poeta?

ANALIZZARE

3. **Le caratteristiche della città.**
   La città di Trieste è delineata attraverso aspetti contraddittori che la rendono unica e inconfondibile. Individua le espressioni e i termini relativi ai significati contrastanti della vivacità e della solitudine.

4. **I versi.**
   La lirica è composta da versi di varia lunghezza (endecasillabi, settenari, quinari, trisillabo solo il v. 19). Procedi alla divisione in sillabe dei versi proposti (è possibile effettuare la sinalefe anche fra due parole separate da un segno di interpunzione), indicane il nome specificando se sono piani, tronchi o sdruccioli.

UNITÀ A1 ■ LA STRUTTURA DEL TESTO POETICO

	Nome del verso	Piano	Tronco	Sdrucciolo
Ho attraversata tutta la città.				
Poi ho salita un'erta,				
popolosa in principio, in là deserta,				
chiusa da un muricciolo:				
un cantuccio in cui solo				
siedo; e mi pare che dove esso termina				
termini la città.				

5. **Gli *enjambement* →.**

Attraverso gli *enjambement* si attira l'attenzione del lettore sulle parole collegate tra la fine del verso e l'inizio del successivo (come *scontrosa / grazia*).

● Quali versi sono collegati da *enjambement*? Indicali nel testo.
● Con questo procedimento, quali termini vengono messi in evidenza? Quali concetti acquistano rilevanza?

6. **Il ritmo.**

Segna gli accenti ritmici nei versi della prima strofa e poni attenzione agli *enjambement*.
Il ritmo risulta lento o veloce? Vario o regolare?

PRODURRE

7. **Laboratorio di scrittura creativa | La mia terra.**

Usa versi di varia lunghezza per celebrare il tuo luogo d'origine: una città, un paese, un angolo vicino al mare. Non limitarti a un testo descrittivo, ma, per contrasto o analogia, con il paesaggio fa' emergere aspetti della tua personalità. Come Saba, varia il ritmo inserendo degli *enjambement*. L'inizio potrebbe essere:

Da solo percorrevo le sue strade / aperte verso il mare...
(continua tu...)

41

PERCORSO A

POESIA: I METODI

Francesco Petrarca
Solo e pensoso

da *Canzoniere* (1342-1374)
▶ Lirica

Metro ▶ sonetto

Francesco Petrarca (1304-1374; ▶ *L'autore e l'opera*, p. 122) è autore del *Canzoniere*, una raccolta di 366 componimenti in metri vari (tra cui sonetti e canzoni) ispirati da Laura, la donna amata. Laura è il simbolo della femminilità e dell'eterna bellezza, ma anche del contrasto tra ciò che è terreno (l'amore, la tentazione del peccato) e ciò che è eterno (il Bene e l'avvicinamento a Dio); per questo il poeta, sorretto da una profonda fede religiosa, vive il sentimento per Laura, come fonte di beatitudine e, contemporaneamente, di forte sofferenza interiore.

Solo e pensoso i più deserti campi
vo mesurando a passi tardi e lenti,
e gli occhi porto per fuggire intenti
ove vestigio human l'arena stampi.

5 Altro schermo non trovo che mi scampi
dal manifesto accorger de le genti,
perché negli atti d'allegrezza spenti
di fuor si legge com'io dentro avampi:

sì ch'io mi credo omai che monti e piagge
10 e fiumi e selve sappian di che tempre
sia la mia vita, ch'è celata altrui.

Ma pur sì aspre vie né sì selvagge
cercar non so, ch'Amor non venga sempre
ragionando con meco, et io con lui.

(F. Petrarca, *Rime e Trionfi*, a cura di F. Neri, UTET, Torino, 1968)

2. vo mesurando: percorro con lentezza.
3-4. e gli occhi...stampi: e volgo (*porto*) gli occhi attentamente per fuggire i luoghi in cui il suolo è segnato da impronte umane.
5. schermo: riparo.
5-6. mi scampi...genti: mi eviti che la gente mostri di accorgersi (*manifesto accorger*) della mia sofferenza.
7. atti...spenti: gesti senza gioia.
8. si legge...avampi: dall'esterno si comprende come io dentro sia consumato dalla fiamma dell'amore.
9. piagge: campi.
10. di che tempre: di quale genere.
12-14. Ma pur...io con lui: tuttavia non riesco a trovare luoghi così impervi, né così deserti da impedire che Amore continui a seguirmi, parlando con me e io con lui.

▶ **Arnold Böcklin**, *Petrarca alla fonte di Valchiusa*, 1867. Basilea, Kunstmuseum.

UNITÀ A1 ■ LA STRUTTURA DEL TESTO POETICO

Analisi del testo

La parafrasi

Solo e assorto nei pensieri percorro con lentezza, a passi faticosi e lenti, i luoghi di campagna più isolati e osservo attentamente per sfuggire i luoghi dove la terra conservi impressa traccia di impronta umana.

Non trovo altro rifugio che mi protegga dalla gente che dimostra di accorgersi della mia sofferenza, poiché, nell'atteggiamento privo di vitalità, dall'esterno si comprende come io sia intimamente consumato dal fuoco d'Amore, al punto tale che sono convinto che ormai i monti, le spiagge, i fiumi e le selve conoscano di quale genere sia la mia vita, che resta sconosciuta agli altri.

Tuttavia, non riesco a rintracciare luoghi così impervi, né così isolati, da impedire ad Amore di inseguirmi sempre, ragionando senza tregua con me e io con lui.

La relazione tra struttura e contenuto

Nelle due quartine e nella prima terzina la solitudine della natura fa da sfondo all'esigenza del poeta di allontanarsi dal tumulto della vita. L'immagine della terzina finale esprime il profondo contrasto interiore di Petrarca: quei luoghi solitari non possono comunque fare *schermo* ad Amore, personificato in compagno e signore inseparabile, con cui l'animo instaura un ideale colloquio. L'abilità tecnica dell'autore si manifesta in una particolare costruzione dei versi che esprime la corrispondenza tra l'andamento ritmico del sonetto e lo stato d'animo dell'io lirico.

La corrispondenza tra stato d'animo e paesaggio

La malinconia del poeta, che non vuole rivelare agli altri le proprie pene d'amore e va alla ricerca di luoghi remoti, trova rispondenza nell'aspetto del paesaggio (alla solitudine corrispondono espressioni come *solo e pensoso; deserti campi; passi tardi e lenti; occhi... per fuggire intenti; monti e piagge / e fiumi e selve sappian di che tempre / sia la mia vita*).

Ma nessun luogo aspro e selvaggio può liberare il solitario innamorato dal suo intimo tormento (al sentimento dell'«amore come sofferenza e come compagnia» corrispondono espressioni come *cercar non so, ch'Amor non venga sempre / ragionando con meco, et io con lui*).

Che cosa so fare

COMPRENDERE

1. **La condizione dell'io lirico.**

   Nella prima strofa l'io lirico si definisce *solo*, mentre nell'ultima dichiara di essere sempre in compagnia di Amore. Il discorso risulta perciò contraddittorio oppure le due affermazioni sono compatibili? Se sì, in che senso?

2. **La donna.**

   Il sonetto suggerisce un'immagine precisa della donna amata oppure la sua figura rimane indefinita? Perché, a tuo parere, il nome di Laura, cioè della donna amata, non è mai citato nella poesia?

POESIA: I METODI

ANALIZZARE

3. **La costruzione dei versi.**

   Dividi in sillabe le due quartine, indica le sinalefe e segna gli accenti ritmici.
   - Di quali versi si tratta?
   - Sono tutti versi piani oppure rilevi anche versi tronchi o sdruccioli?

4. **Il componimento.**
   - Di che componimento si tratta?
   - Indica lo schema delle rime.

5. **La relazione tra forma e contenuto.**

   Il poeta delinea una situazione permanente del proprio animo che corrisponde al costante e malinconico errare nei grandi spazi della natura: tale ripetitività delle azioni è resa anche attraverso la riproposizione degli stessi suoni, particolarmente evidente nelle prime due strofe. Quali suoni risultano ripetuti nelle ultime parole di ciascun verso? Evidenziali nel testo utilizzando colori diversi: poni attenzione alle vocali e ai gruppi consonantici.

6. **Il ritmo.**

   Il ritmo del testo rispecchia lo stato d'animo dell'io lirico che è alla ricerca di solitudine e pace. Come definiresti il ritmo della lirica? Lento e costante o vario e veloce?

PRODURRE

7. **Laboratorio di scrittura creativa | Scrivere una poesia.**

   Componi un breve testo poetico in endecasillabi piani, sdruccioli e tronchi, dal titolo *Una giornata particolare.* Segui lo schema che ti viene proposto: sostituisci ad ogni *O* una sillaba; le sillabe dopo l'accento distinguono il verso piano da quello tronco e da quello sdrucciolo.

   Una giornata particolare
   O O O O O O O O O Ò O
   O O O O O O O O O Ò O
   O O O O O O O O O Ò O O
   O O O O O O O O O Ò O
   O O O O O O O O O Ò

   Eccoti alcune parole sdrucciole che puoi usare per il terzo verso: flebile, miserabile, degradabile, irascibile, udibile, solubile, dattero, elicottero, papavero, numero, effimero, tenero, genero, cocomero, ossigeno, allucinogeno, idrogeno, schiumogeno, cancerogeno, aborigeno, energumeno, tavola, favola, ridere, rogito, abito, tacito, subito, lecito, illecito, solletico, medico, turbine.

   Il primo verso potrebbe essere: *Sembrava proprio un giorno come un **à**ltro...* (continua tu...)

UNITÀ A1 ■ LA STRUTTURA DEL TESTO POETICO

Giacomo Leopardi
A Silvia

da *Canti* (1831)
► Lirica

Metro ► canzone libera

Giacomo Leopardi (1798-1837; ► *L'autore*, p. 181) scrive questa lirica durante il suo soggiorno a Pisa nel 1828. Silvia è per tradizione identificata con Teresa Fattorini, figlia del cocchiere di casa Leopardi, morta prematuramente di tisi a diciotto anni. Il ricordo del poeta diventa l'occasione per riflettere sul tema, a lui caro, della caduta delle illusioni: Silvia è come ogni giovane piena di speranze, di illusioni, che vengono drammaticamente spezzate dalla realtà, ma insieme alla ragazza cadono anche le illusioni dello stesso poeta che in lei aveva riposto i suoi sogni, quei sentimenti che davano senso ai suoi giorni recanatesi. Il vero protagonista del componimento, dunque, è lo stesso Leopardi con il suo sentire e la sua concezione della vita.

Silvia, rimembri ancora
Quel tempo della tua vita mortale,
Quando beltà splendea
Negli occhi tuoi ridenti e fuggitivi,
5 E tu, lieta e pensosa, il limitare
Di gioventù salivi?

Sonavan le quiete
Stanze, e le vie dintorno,
Al tuo perpetuo canto,
10 Allor che all'opre femminili intenta
Sedevi, assai contenta
Di quel vago avvenir che in mente avevi.
Era il maggio odoroso: e tu solevi
Così menare il giorno.

15 Io gli studi leggiadri
Talor lasciando e le sudate carte,
Ove il tempo mio primo
E di me si spendea la miglior parte,
D'in su i veroni del paterno ostello

---

1. Silvia: nome frequente nella poesia pastorale; **rimembri**: ricordi.
2. Quel tempo...mortale: il tempo della giovinezza.
3. beltà splendea: risplendeva la bellezza.
4. fuggitivi: pudichi e innocenti, pronti a evitare gli sguardi.
5. tu, lieta e pensosa: quella di Silvia è una letizia malinconica e assorta. Lieta e pensosa è un ossimoro.
5-6. il limitare di gioventù: la soglia della giovinezza.
6. Sonavan: risuonavano
11-12. assai contenta...avvenir: gli occhi luminosi riflettevano la speranza di un futuro felice, appagante, anche se ancora indefinito; **assai contenta**: già paga; **vago**: bello.
13. odoroso: profumato.
14. menare: trascorrere.
15. leggiadri: graditi.
16. sudate carte: è una metonimia: i libri sui quali mi affaticavo. Allude al periodo degli studi eruditi del poeta.
17-18. Ove il tempo...la miglior parte: sui quali consumavo la mia giovinezza e la parte migliore delle mie energie.
19. D'in su i veroni...ostello: dai balconi della casa paterna.

45

PERCORSO A

POESIA: I METODI

▶ **Franz Dvorak**, *Purezza e Passione*, secolo XIX. Londra, Collezione privata.

20 Porgea gli orecchi al suon della tua voce,
Ed alla man veloce
Che percorrea la faticosa tela.
Mirava il ciel sereno,
Le vie dorate e gli orti,
25 E quinci il mar da lungi, e quindi il monte.
Lingua mortal non dice
Quel ch'io sentiva in seno.

Che pensieri soavi,
Che speranze, che cori, o Silvia mia!
30 Quale allor ci apparia
La vita umana e il fato!
Quando sovviemmi di cotanta speme,
Un affetto mi preme
Acerbo e sconsolato,
35 E tornami a doler di mia sventura.

21-22. Ed alla man veloce...tela: e al suono che produceva la tua mano nel muoversi veloce sul telaio. Si noti la corrispondenza *faticosa tela* (metafora) / *sudate carte*. L'espressione *man veloce* è una metonimia: la mano veloce al posto del suono.
23. Mirava: contemplavo.
24. dorate: illuminate dal sole.
25. quinci...e quindi: da una parte... dall'altra.
26-27. Lingua mortal...seno: le sensazioni di struggente dolcezza sono irripetibili, indicibili; **non dice**: non è in grado di esprimere.
29. che cori: che sensazioni, che sentimenti erano nei nostri cuori. Il climax (*Che pensieri soavi, / che speranze, che cori*) esprime l'abbandono del poeta ai sentimenti dell'animo.
30-31. Quale allor...il fato: come ci apparivano ricchi di seduzioni, di speranze, la vita e il destino degli uomini!
32. Quando...speme: quando mi ricordo di una così grande speranza.
33-34. Un affetto...e sconsolato: mi opprime un sentimento doloroso e inconsolabile.
35. E tornami...sventura: si rinnova e acutizza il dolore per la mia vita sventurata.

UNITÀ A1 ■ LA STRUTTURA DEL TESTO POETICO

O natura, o natura,
Perché non rendi poi
Quel che prometti allor? perché di tanto
Inganni i figli tuoi?

40 Tu pria che l'erbe inaridisse il verno,
Da chiuso morbo combattuta e vinta,
Perivi, o tenerella. E non vedevi
Il fior degli anni tuoi;
Non ti molceva il core
45 La dolce lode or delle negre chiome,
Or degli sguardi innamorati e schivi;
Né teco le compagne ai dì festivi
Ragionavan d'amore.

Anche peria fra poco
50 La speranza mia dolce: agli anni miei
Anche negaro i fati
La giovanezza. Ahi come,
Come passata sei,
Cara compagna dell'età mia nova,
55 Mia lacrimata speme!
Questo è quel mondo? questi
I diletti, l'amor, l'opre, gli eventi
Onde cotanto ragionammo insieme?
Questa la sorte dell'umane genti?
60 All'apparir del vero
Tu, misera, cadesti: e con la mano
La fredda morte ed una tomba ignuda
Mostravi di lontano.

(G. Leopardi, *Tutte le opere*, a cura di F. Flora, Mondadori, Milano, 1968)

---

37. non rendi poi: non mantieni negli anni della maturità.
38. allor: negli anni giovanili.
40. pria che...il verno: prima che l'inverno facesse seccare l'erba, cioè in autunno.
41. Da chiuso...vinta: consumata e vinta, sopraffatta da un male occulto (la tisi).
43. Il fior: il pieno fiorire degli anni giovanili.
44. molceva: lusingava, addolciva.
46. sguardi...schivi: riprende l'analoga immagine degli *occhi...fuggitivi* (v. 4).
48. Ragionavan: discorrevano.
49-50. Anche...mia dolce: di lì a poco sarebbe venuta meno anche la mia dolce speranza. L'anafora *Anche... anche* sottolinea la somiglianza tra il destino di Silvia e del poeta.

50-52. agli anni miei... giovanezza: il destino ha negato anche a me la giovinezza.
54-55. cara compagna...speme: i versi dell'ultima strofa sovrappongono alla caduta della speranza l'immagine-simbolo della fanciulla: cara compagna ambiguamente vale per entrambe; **lacrimata speme**: rimpianta speranza.
57. opre: attività.
58. onde cotanto: di cui così frequentemente.
60. All'apparir del vero: quando ti apparve la realtà della vita, quando i sogni svanirono.
61-63. e con la mano...di lontano: l'aggettivazione è scarna: restano solo la *fredda morte* e una *tomba ignuda*, cioè spoglia ormai di ogni illusione e di ogni conforto terreno.

47

Analisi del testo

Il tema

La lirica sviluppa in parallelo due vicende biografiche, quella di Silvia e quella del poeta, rivissute non attraverso i fatti ma tramite la loro interpretazione emozionale; soltanto un avvenimento viene proposto al lettore: la morte prematura di Silvia.

Silvia

Silvia è l'interlocutrice della lirica, ma in realtà l'io lirico si rivolge a se stesso e ripensa al cambiamento del proprio mondo interiore: dalle illusioni dell'adolescenza al disinganno dell'età adulta.

La poetica della rimembranza

Il testo si apre con il ricordo, anzi con l'invito a ricordare (*Silvia, rimembri ancora*, v. 1) le speranze e gli entusiasmi dell'adolescenza e dal ricordo emerge, tratteggiato con poche linee, il ritratto psicologico della fanciulla (*occhi ridenti e fuggitivi... lieta e pensosa*, vv. 4-5). L'adolescenza richiama la primavera, stagione nella quale Silvia svolgeva spensieratamente (*al tuo perpetuo canto*, v. 9) il lavoro quotidiano sognando il proprio futuro, una realtà non ancora definita ma ricca di promesse (*vago avvenir*, v. 12), fra le quali sicuramente quella dell'amore.

La dimensione dell'io

Il ritmo sostenuto della prima strofa, collegato alle inquietudini adolescenziali, rallenta nella seconda e dilata il tempo del ricordo. Infatti l'attenzione si sposta sulla vita interiore del poeta: anch'egli intento alle proprie occupazioni (*gli studi leggiadri*, v. 15), sentiva, come Silvia, il fascino di quel vago avvenir nel quale riponeva le proprie speranze. La realtà appariva felice allora, poiché la vita offriva delle prospettive (*Lingua mortal non dice / quel ch'io sentiva in seno*, vv. 26-27).

La caduta delle illusioni

La rievocazione dell'adolescenza, alimentata dalle illusioni, lascia il posto alla consapevolezza del presente: cadute le speranze della prima giovinezza, la vita si manifesta nella sua dimensione reale, quella del dolore provocato dalla disillusione. La natura ha infatti dato agli esseri umani il desiderio della felicità ma non i mezzi per ottenerla, quindi ha ingannato e continua a ingannare i suoi figli.

La morte di Silvia

Il ritmo lento accompagna le meditazioni del poeta: prima dell'inverno Silvia è morta e non ha potuto godere nemmeno delle piccole gioie che la giovinezza concede, come passeggiare nei giorni di festa per le strade del paese, parlando degli innamorati con le compagne (*né teco le compagne ai dì festivi / ragionavan d'amore*, vv. 47-48).

La morte delle illusioni

Silvia ora non è più l'adolescente coetanea del poeta, ma diviene il simbolo della speranza: la sua morte fisica rappresenta la fine delle illusioni, definitiva e irrevocabile quando subentra la consapevolezza di ciò che è veramente la vita (*All'apparir del vero / tu, misera, cadesti*, vv. 60-61). Ciò che resta agli esseri umani è solo la desolante coscienza del proprio destino: *la fredda morte ed una tomba ignuda* (v. 62).

UNITÀ A1 ■ LA STRUTTURA DEL TESTO POETICO

Che cosa so fare

COMPRENDERE

1. **L'immagine di Silvia.**

   Imposta il confronto tra le prime due strofe e la quinta.
   - Nei versi 1-14 sono rievocate le speranze giovanili di Silvia. Spiega le espressioni che delineano il ritratto della fanciulla.
   - Nei versi 40-48 il poeta rievoca la morte di Silvia e la fine di ogni sua speranza. Spiega le espressioni relative a questo tema.
   - Anche le diverse stagioni di cui si parla nella lirica hanno particolare significato. A quale stagione è collegata l'età delle speranze per Silvia? A quale il momento della disillusione?

2. **Il poeta e Silvia.**

   La poesia istituisce un parallelismo fra il poeta e Silvia.
   Completa la tabella con le informazioni richieste.

Quali caratteristiche li accomunano?	Quali differenze esistono fra di loro?

ANALIZZARE

3. **La struttura del componimento.**

   Sofferma la tua attenzione sulla struttura del componimento.
   - Nella lirica si può individuare una precisa struttura metrica oppure i versi possono definirsi liberi?
   - Sono presenti delle rime baciate? Se sì, indica i versi corrispondenti.

4. **Il ritmo.**

   Dividi in sillabe e segna gli accenti ritmici nella strofa corrispondente ai versi 15-27. Il ritmo risulta lento o veloce? Vario o costante?

PRODURRE

5. **Esporre | La relazione orale.**

   La figura di Silvia dà modo al poeta di esprimere la sua concezione del destino degli uomini. Spiega in un breve intervento orale di 5 minuti quale condizione del genere umano si delinea nella lirica, soffermandoti sulla contrapposizione fra le illusioni e la realtà. Per prepararti puoi esporre prima per iscritto le tue idee su una pagina di quaderno.

PERCORSO A — POESIA: I METODI

DA UN LINGUAGGIO ALL'ALTRO

■ *Ut pictura poesis*: la poesia e la pittura

A lungo, soprattutto nel Rinascimento, si è discusso del rapporto che esiste tra poesia e pittura, e lo si è fatto anche sulla base di un motto che il poeta latino Orazio (65-8 a.C.) aveva scritto nella sua *Ars poetica*: «ut pictura poesis», vale a dire "come in pittura, così in poesia" (Epistola II, 3, v. 361).
Spesso poeti e scrittori sono talmente abili nella rappresentazione di oggetti o personaggi o paesaggi che chi legge riesce a figurarseli, letteralmente a "vederli" come se si trovasse di fronte a un dipinto o a una scultura. Allo stesso modo, i pittori e gli artisti riescono a volte a trasmettere i propri sentimenti alle figure o agli spazi che dipingono o scolpiscono; un quadro o una scultura dice di più di ciò che rappresenta, comunica uno stato d'animo, un concetto astratto. Pittura e poesia sono, quindi, due arti vicine, che si parlano e che raccontano l'animo umano.
Il rapporto di vicinanza tra la poesia e la pittura ha inoltre, secondo Orazio, a che vedere con la **fruizione**: egli infatti sostiene che esiste un tipo di poesia che piace maggiormente se vista da vicino, e un'altra che piace solamente se guardata da lontano, o riosservata una seconda volta, o analizzata con un occhio critico, come avviene per la pittura. Ci sono dunque versi che non sono immediatamente comprensibili a chi legge, ma hanno bisogno di essere pensati e riletti; allo stesso modo quando ci troviamo davanti a un quadro non ne riusciamo a cogliere immediatamente tutte le sfumature e i particolari.

Pittori e poeti

Forse proprio a causa di questa vicinanza tra le due arti, molti poeti hanno dipinto dei quadri e molti pittori si sono scoperti poeti. Uno dei casi più noti è quello del poeta inglese **William Blake** (1757-1827): scrittore visionario e pieno di immaginazione, egli ha prodotto alcuni tra i versi più noti e belli della poesia europea e li ha spesso accompagnati con delle incisioni e dei quadri di argomento biblico, apocalittico e profetico. Le sue opere più famose, *Canti dell'innocenza* (1789), *Il matrimonio del cielo e dell'inferno* (1790-1793) e *Canti dell'esperienza* (1794), sono illustrate da disegni che Blake stesso realizzava mentre scriveva: non si può capire e conoscere a fondo la sua poetica senza "guardarlo" mentre lo si legge. Anche uno dei più grandi pittori di tutti i tempi, Michelangelo Buonarroti (1475-1564), fu anche poeta. Sugli **abbozzi** per il grande affresco del *Giudizio universale* sono stati trovati dei versi: egli dunque scriveva dei sonetti mentre si preparava a dipingere la volta della cappella Sistina. Come l'opera pittorica, le sue poesie avevano per tema il peccato e la salvezza. Ecco un esempio:

> Vivo al peccato, a·nme morendo vivo;
> vita già mia non son, ma del peccato:
> mie ben dal ciel, mie mal da·mme m'è dato,
> dal mie sciolto voler, di ch'io son privo.
> Serva mie libertà, mortal mie divo
> a·mme s'è facto. O infelice stato!
> a che miseria, a che viver son nato!
>
> (Michelangelo, *Rime e lettere*, a cura di P. Mastrocola, UTET, Torino, 1992)

È come se Michelangelo elaborasse i grandi temi del suo lavoro di pittore attraverso le parole: versi e affresco, dunque, sono da "leggere" come un'unica grande opera, un gioco di rimandi tra le due arti.

▲ **William Blake**, *La rosa malata*, incisione acquerellata tratta da *Canti dell'innocenza e dell'esperienza*, 1815-1826 ca. Cambridge, Cambridge University, Fitzwilliam Museum.

Glossario

Fruizione: è il processo grazie a cui si entra in contatto con un prodotto estetico. Gli spettatori di una mostra, per esempio, ne sono i fruitori.

Abbozzi: la prima forma incompiuta e provvisoria di un'opera.

Poesia che si vede, pittura da leggere

Tra il XIX e il XX secolo, il rapporto tra poesia e pittura si salda ulteriormente, e in modo piuttosto particolare: i poeti cominciano a sentire come insufficienti le "gabbie" dei versi, la divisione in strofe ecc. Cominciano così a immaginare di organizzare il discorso poetico come se la pagina fosse una tela dove eseguire un dipinto. Il poeta francese Stéphane Mallarmé (1842-1898), per esempio, nel 1897 pubblica una delle sue poesie più famose, *Un colpo di dadi mai abolirà il caso*, la cui novità fondamentale è data dalla disposizione delle parole. Distribuiti sulla pagina con apparente disordine, i versi del *Colpo di dadi* rispondono in realtà a un criterio spaziale: ogni parola è una sorta di pennellata che ha senso solo se si trova in un punto particolare della pagina e, come scrisse il poeta Paul Valéry, ogni pagina della poesia è «come il cielo stellato».
Si tratta di uno dei primi casi di *poesia visiva*, un modo di pensare i versi che verrà ripreso (ed esasperato) da certe avanguardie come il Futurismo, movimento fondato da **Filippo Tommaso Marinetti** (▶ p. 326).
Nel Novecento, dunque, la poesia non sarà più la stessa: se la rivoluzione del secolo precedente era stata la scoperta del verso libero, il Novecento elimina tutti gli ostacoli e consente ai suoi poeti di sperimentare, mescolando le tecniche poetiche con quelle pittoriche e stravolgendo il concetto di pagina, di verso e, in definitiva, di poesia.
Anche nelle arti figurative, del resto, si sperimentano forme di commistione tra immagine e parola e sono frequenti i casi di artisti, come **Niki de Saint Phalle** (1930-2002), che affidano a composizioni di disegni e frasi il racconto delle loro esperienze e delle loro emozioni.

▲ **Filippo Tommaso Marinetti**, *Parole, consonanti, vocali, numeri in libertà*, 1915. Hannover, Sprengel Museum.

◀ **Niki de Saint Phalle**, *Why don't you love me*, 1968. Hannover, Sprengel Museum.

PERCORSO A

POESIA: I METODI

da *Canti di Castelvecchio* (1903)

▶ Lirica

Giovanni Pascoli
L'uccellino del freddo

Questa poesia di Giovanni Pascoli (▶ p. 286) fa parte della raccolta *Canti di Castelvecchio* (1903). "Uccellino del freddo" è una denominazione popolare dello scricciolo, un piccolo volatile dal verso acuto e prolungato.

I
Viene il freddo. Giri per dirlo
    tu, sgricciolo, intorno le siepi;
e sentire fai nel tuo zirlo
    lo strido di gelo che crepi.
5 Il tuo trillo sembra la brina
    che sgrigiola, il vetro che incrina...
    trr trr trr terit tirit...

II
Viene il verno. Nella tua voce
    c'è il verno tutt'arido e tecco.
10 Tu somigli un guscio di noce,
    che ruzzola con rumor secco.
T'ha insegnato il breve tuo trillo
    con l'elitre tremule il grillo...
    trr trr trr terit tirit...

III
15 Nel tuo verso suona scrio scrio,
    con piccoli crepiti e stiocchi,
il segreto scricchiolettio
    di quella catasta di ciocchi.
Uno scricchiolettio ti parve
20   d'udirvi cercando le larve...
    trr trr trr terit tirit...

IV
Tutto, intorno, screpola rotto.
    Tu frulli ad un tetto, ad un vetro.
Così rompere odi lì sotto,
25   così screpolare lì dietro.
Oh! lì dentro vedi una vecchia
    che fiacca la stipa e la grecchia...
    trr trr trr terit tirit...

2. sgricciolo: variante (oggi in disuso) di «scricciolo».
3. zirlo: verso breve e acuto tipico di alcuni uccelli.
4. strido: verso acuto; **crepi:** in senso intransitivo (= "si crepi"). Allo stesso modo sono usati, più oltre, *incrina* (v. 6), *screpola* (v. 22), *rompere* (v. 24).
6. sgrigiola: variante toscana del termine "scricchiola".
8. verno: inverno.
9. tecco: intirizzito (termine popolare della Garfagnana).
10. somigli un guscio di noce: Pascoli stesso informa nelle sue note che lo scricciolo (di dimensioni molto piccole) è «detto *cocla* o guscio di noce dai romagnoli».
13. elitre: le ali esterne, dure e membranose, di cui il grillo si serve per produrre il suo verso caratteristico.
15. scrio scrio: in toscano "schietto, puro".
16. stiocchi: variante popolare toscana di "schiocchi" (rumori secchi).
17. scricchiolettio: scricchiolio, con suffisso diminutivo.
17-18. il segreto... ciocchi: (risuona nel tuo verso) lo scricchiolio che proviene dall'interno (*segreto*) di una catasta di *ciocchi* (grossi pezzi di legna da ardere).
20. cercando le larve: l'uccellino fruga la catasta alla ricerca di larve di insetti da mangiare.
26. lì dentro: all'interno della casa.
27. fiacca: spezza; **stipa... grecchia:** foglie e rametti secchi da bruciare. *Stipa* è, in questa accezione, termine letterario; *grecchia* è un termine botanico.

LABORATORIO DELLE COMPETENZE

UNITÀ A1 ■ LA STRUTTURA DEL TESTO POETICO

◄ **Alekseij Savrasov**, *Son tornate le cornacchie*, 1871. Mosca, Galleria Statale Tretyakov.

V
Vedi il lume, vedi la vampa.
30   Tu frulli dal vetro alla fratta.
Ecco un tizzo soffia, una stampa
   già croscia, una scorza già scatta.
Ecco nella grigia casetta
   rallegra fiammata scoppietta...
35   *trr trr trr terit tirit...*

VI
Fuori, in terra, frusciano foglie
   cadute. Nell'Alpe lontana
ce n'è un mucchio grande che accoglie
   la verde tua palla di lana.
40   Nido verde tra foglie morte,
   che fanno, ad un soffio più forte...
   trr trr trr terit tirit...

(G. Pascoli, *Poesie*, Mondadori, Milano, 1968)

29. vampa: fiamma viva (del fuoco che la vecchia ha acceso nel camino).
30. frulli: voli facendo rumore con le ali; **fratta**: macchia di fitta vegetazione selvatica.
31. un tizzo soffia: un pezzo di legna che sta bruciando fa un rumore di soffi (per i vapori che si liberano dall'interno); **una stampa**: grossa scheggia di legna (dalla variante toscana del verbo "schiantare").
32. croscia: fa un rumore come di uno scroscio d'acqua; **scorza...scatta**: un pezzo di corteccia si stacca di colpo per effetto del fuoco. Ma *scatta* suggerisce soprattutto il rumore, come i precedenti *soffia* e *croscia*.
37. Alpe: montagna (forse con riferimento alle Alpi Apuane, che delimitano la Garfagnana).
39. verde...lana: il nido dello scricciolo.

53

PERCORSO A — POESIA: I METODI

ATTIVITÀ

COMPRENDERE E ANALIZZARE

Competenza:
- leggere, comprendere e interpretare testi scritti di vario tipo

1. ESEGUI LE ATTIVITÀ SUL TESTO

1. Il contenuto.
Cancella l'opzione sbagliata tra quelle indicate in corsivo.

La lirica è una *descrizione / riflessione* che prende spunto dalla presenza *di una vecchietta / dello scricciolo* nel paesaggio invernale *della montagna / della campagna*. Tutto il testo è costruito in modo da rendere *i suoni / i silenzi* che vi si percepiscono. Lo spazio è presentato sia come dimensione *aperta / soffocante* sia come luogo *confuso / raccolto*, in un alternarsi di *prospettive / personaggi*.

2. L'interlocutore.
- Individua l'interlocutore esplicito al quale si rivolge l'io lirico: quante volte viene nominato nel testo e in quale/i verso/i?
- Evidenzia nel testo tutti i pronomi e i verbi che ne indicano la presenza.

3. La nota metrica.
Completa la struttura metrica del componimento.

Il componimento è costituito da sei .... In ognuna i primi .... versi sono ...., rimati secondo lo schema ...., le rime sono quindi .... e ....

4. La struttura del verso.
- Dividi in sillabe il verso 13 (*con l'elitre tremule il grillo*), segnalando la presenza di una figura metrica di fusione.
- Segna gli accenti ritmici nel verso 4 (*lo strido di gelo che crepi*) e indica il numero d'ordine delle sillabe su cui cadono rispettivamente.

5. Il verso dello scricciolo.
- La sequenza di consonanti *trr trr trr terit tirit* con cui viene reso il verso dello scricciolo è costituita da una pura associazione di suoni oppure è costituita da parole che hanno un significato?
- Elenca tutti i rumori naturali che vengono via via descritti come simili al verso dello scricciolo.

6. Assonanza e consonanza.
Individua nel testo due parole in assonanza e due in consonanza.

7. Il rapporto tra denotazione e connotazione.
Quali rumori evocano i suoni aspri e secchi disseminati nella lirica? Quali sensazioni suscitano nel lettore in rapporto alla stagione descritta nel testo, alla quale si contrappone lo spazio caldo e protetto del nido?

8. Le strutture spaziali del testo.
In questa poesia si contrappongono un "fuori" e un "dentro", che corrispondono rispettivamente al freddo invernale e al calore della casa e del nido. Queste due dimensioni sono collegate tra loro dalla presenza dello scricciolo.
- Spiega quali caratteristiche dell'*uccellino del freddo* (il verso, il volo...) sono descritte nel testo e a quali elementi dell'ambiente sono associate.
- Definisci l'atteggiamento dell'io lirico nei confronti di questa piccola creatura: la sente diversa e distante oppure avverte una perfetta sintonia? Motiva la tua risposta.

INTERPRETARE E PRODURRE

Competenze:
- leggere, comprendere e interpretare testi scritti di vario tipo
- produrre testi di vario tipo in relazione ai differenti scopi comunicativi

2. PARAFRASI

Con l'aiuto delle note al testo e del vocabolario, riscrivi la lirica di Pascoli ricostruendo l'ordine sintattico naturale e semplificando il lessico.

54

LABORATORIO DELLE COMPETENZE

UNITÀ A1 ■ LA STRUTTURA DEL TESTO POETICO

3. ANALISI DI UN VERSO

Dopo aver fatto il computo delle sillabe del seguente verso, prestando attenzione all'eventuale presenza di figure metriche, rispondi alle domande.

> Tre dolci e cari nomi hai in te raccolti
>
> <div style="text-align: right">(F. Petrarca, <i>Rime e Trionfi</i>, a cura di F. Neri, UTET, Torino, 1968)</div>

1. Di che verso si tratta?
2. Compare la sinalefe? Se sì, dove?
3. Compare dialefe? Se sì, dove?

4. ANALISI DELLA STRUTTURA METRICA

Leggi la lirica di Ugo Foscolo *A Zacinto* e rispondi alle domande.

> Né più mai toccherò le sacre sponde
> Ove il mio corpo fanciulletto giacque,
> Zacinto mia, che te specchi nell'onde
> Del greco mar, da cui vergine nacque
>
> 5 Venere, e fea quelle isole feconde
> Col suo primo sorriso, onde non tacque
> Le tue limpide nubi e le tue fronde
> L'inclito verso di colui che l'acque
>
> Cantò fatali, ed il diverso esiglio
> 10 Per cui bello di fama e di sventura
> Baciò la sua petrosa Itaca Ulisse?
>
> Tu non altro che il canto avrai del figlio,
> O materna mia terra; a noi prescrisse
> Il fato illacrimata sepoltura.
>
> <div style="text-align: right">(U. Foscolo, <i>Opere</i>, Einaudi, Torino, 1994)</div>

1. Di quante strofe si compone il testo?
2. Di che tipo?
3. Le rime vanno indicate con la lettera maiuscola, minuscola o con entrambe?
4. Scrivi lo schema di rime.
5. Di che tipo di componimento si tratta?
6. Dove compaiono delle evidenti cesure sintattiche?
7. Come definiresti il ritmo del primo verso?
8. L'utilizzo dell'*enjambement* è sporadico o frequente?
9. Quale strofa presenta il ricorso costante all'*enjambement*?

▲ **Odilon Redon**, *La nascita di Venere*, ca 1912. New York, Museum of Modern Art (MoMA).

5. LABORATORIO DI SCRITTURA CREATIVA

Scrivere una lirica.
La lirica di Pascoli presenta una serie di immagini della campagna in un inverno secco, in cui il gelo screpola la terra e inaridisce ogni cosa. Descrivi in versi un paesaggio naturale a te familiare durante il periodo invernale, cercando di far emergere le emozioni che esso ti suscita. Utilizza il verso libero inserendo alcune rime e assonanze.

55

POESIA: I METODI

ESPORRE E ARGOMENTARE

Competenze:
- padroneggiare gli strumenti espressivi e argomentativi indispensabili per gestire l'interazione comunicativa verbale in vari contesti
- leggere, comprendere e interpretare testi scritti di vario tipo

6. VERSO IL COLLOQUIO ORALE

Sofferma la tua attenzione su uno dei testi dell'unità.
- Precisa il titolo e l'autore della lirica scelta.
- Delinea l'argomento centrale.
- Spiega la struttura metrica del testo (tipo di composizione, misura dei versi, accenti ritmici), individua le rime e poi collega il significante al significato.
- Leggi con espressività la lirica considerando le singole frasi dal punto di vista dell'intonazione del discorso.
- Esamina gli aspetti più importanti della costruzione metrico-sintattica (coincidenza o meno di verso e frase).
- Segna gli accenti ritmici.
- Considera le vocali (suono aperto, chiuso).
- Rileggi alcune volte la lirica ad alta voce, cercando di perfezionare la resa espressiva del testo. Poi confronta la tua esecuzione con quella dei tuoi compagni.

 Per il tuo intervento orale hai a disposizione 15-20 minuti.

UNITÀ A2
Il linguaggio della poesia

Testi d'esempio
- A. Porta *Nel cortile*
- G. Caproni *Per lei*
- C. Govoni *La trombettina*
- G. Carducci *Pianto antico*

Antologia
- L. Groto *La donna sua è mobile*
- C. Rebora *O poesia, nel lucido verso*
- G. Ungaretti *O notte*
- E. Montale *Meriggiare pallido e assorto*
- E.L. Masters *La collina*

Laboratorio delle competenze
- U. Foscolo *In morte del fratello Giovanni*

In questa unità:
- scoprirai l'importanza delle parole e della loro combinazione
- studierai le principali figure retoriche di suono, di significato e di ordine
- leggerai liriche italiane e straniere che ti permetteranno di comprendere le strutture foniche, metriche e sintattiche
- comporrai delle liriche sulla base di un tema oppure seguendo una struttura data
- esporrai le caratteristiche di un testo che hai letto

PERCORSO A

POESIA: I METODI

2 Il linguaggio della poesia

■ Le parole della poesia

L'IMPORTANZA DELLE PAROLE. Per comprendere pienamente i significati "connotati" e profondi del linguaggio poetico non è sufficiente conoscere la struttura di una lirica e le sue rime, ma bisogna imparare a porre grande attenzione alla scelta delle parole: attraverso i loro accostamenti il poeta esprime i propri pensieri, le proprie emozioni. Alcune parole, in particolare, contengono la "chiave di lettura" (ossia costituiscono le **parole chiave**) del componimento e ne riassumono l'idea di fondo.

A volte la parola chiave è addirittura nel titolo: *L'infinito* di Leopardi, per esempio, si riferisce alla vastità illimitata dello spazio e del tempo e funge da chiave di lettura imprescindibile per la comprensione della lirica.

Allo stesso modo, non si può leggere la poesia seguente, che Giuseppe Ungaretti scrisse mentre si trovava in trincea durante la Prima guerra mondiale, senza conoscerne il titolo, perché non se ne coglierebbe appieno il senso:

Soldati
Bosco di Courton luglio 1918

Si sta come
d'autunno
sugli alberi
le foglie

(G. Ungaretti, in *Vita d'un uomo. Tutte le poesie*, a cura di L. Piccioni, Mondadori, Milano, 1969)

I CAMPI SEMANTICI. Quando le parole chiave non sono evidenti, il lettore, per cogliere il messaggio poetico, deve prestare attenzione all'organizzazione del lessico in aree di significato comune, cioè in **campi semantici** (relativi al tempo, allo spazio, al movimento, alle percezioni sensoriali, alla sfera affettivo-emotiva ecc.), ovvero insiemi di parole affini per significato.

In questi versi di Giorgio Caproni sono evidenziate le scelte lessicali relative al campo semantico dell'inverno.

Amore mio, nei vapori d'un bar
all'alba, amore mio che **inverno**
lungo e che **brivido** attenderti! Qua

UNITÀ A2 ■ IL LINGUAGGIO DELLA POESIA

dove il marmo nel sangue è **gelo**, e sa
di rifresco anche l'occhio, ora nell'ermo
rumore oltre la **brina** io quale tram
odo, che apre e richiude in eterno
le deserte sue porte?... Amore, io ho fermo
il polso: e se il bicchiere entro il fragore
sottile ha un **tremitìo** tra i denti, è forse
di tali ruote un'eco. Ma tu, amore,
non dirmi, ora che in vece tua già il sole
sorga, non dirmi che da quelle porte
qui, col tuo passo, già attendo la morte.

(G. Caproni, *Alba*, in *L'opera in versi*, Garzanti, Milano, 1991)

LE COPPIE OPPOSITIVE. Come accade in narrativa, anche la poesia è ricca di coppie oppositive. Le più usate sono alto-basso e luce-buio.

- **Alto-basso**: può avere un significato puramente spaziale, come nella seguente quartina di Giosue Carducci:

> La nebbia a gl'irti colli
> piovigginando **sale**,
> e **sotto** il maestrale
> urla e biancheggia il mar.

(G. Carducci, *San Martino*, in *Giosuè Carducci*, a cura di G. Di Pino, UTET, Torino, 1966)

oppure un senso metaforico, come in questi versi di Eugenio Montale:

> Discendi all'orizzonte che **sovrasta**
> una tromba di piombo, **alta** sui gorghi,
> più d'essi vagabonda

(E. Montale, *Arsenio*, in *Tutte le poesie*, Mondadori, Milano, 1984)

- **Luce-buio**: rinvia all'opposizione giorno-notte e a significati simbolici del tipo: luce = felicità e vita; buio = dolore e morte, come avviene nei seguenti versi di Leopardi, dove alla *tempesta* (buio) succede il *sereno* (luce) che sgombra gli animi da tristi pensieri:

> Passata è la **tempesta**:
> Odo augelli far festa, e la gallina,
> Tornata in su la via,
> Che ripete il suo verso. Ecco il **sereno**
> Rompe là da ponente, alla montagna;
> Sgombrasi la campagna,
> E **chiaro** nella valle il fiume appare.
> Ogni cor si rallegra, in ogni lato
> Risorge il romorio,
> Torna il lavoro usato.

(G. Leopardi, *La quiete dopo la tempesta*, in *Tutte le opere*, a cura di F. Flora, Mondadori, Milano, 1968)

59

POESIA: I METODI

Testo d'esempio

Passi Passaggi
(1980)
▶ Lirica

I CAMPI SEMANTICI

Nel cortile
Antonio Porta

Antonio Porta (1935-1989), pseudonimo di Leo Paolazzi, è un poeta attivo nella neoavanguardia italiana, in particolare nel Gruppo 63, un movimento caratterizzato da un forte sperimentalismo linguistico. Dopo opere inizialmente innovative (*La palpebra rovesciata*, 1960; *Zero*, 1963; *Aprire*, 1964; *I rapporti*, 1965; *Metropolis*, 1971), si orienta verso toni più classici e comunicativi (*Passi Passaggi*, 1980; *Invasioni*, 1984). Ha composto anche opere narrative e teatrali.

Nei versi della poesia di Antonio Porta alle sensazioni di tenerezza, calore e luminosità si oppongono le sensazioni di gelo, buio e paura, generando due campi semantici distinti: caldo e freddo. La poesia, ricca di immagini suggestive, apparentemente associate senza nessuna "logica", racconta la nascita di un bambino che avviene nella notte, in un ambiente di campagna, in cui ci si riscalda con il fuoco del camino, si avverte la presenza dei cavalli nella stalla, si fa il pane in casa.

Nel cortile i due cavalli partono al galoppo
trascinano sulla neve una zattera e sopra la zattera
un pane caldo appena sfornato e dentro il pane caldo
un bambino dorme che sta per nascere e dentro il bambino
5   due tortore dal collare spiccano il volo nella notte
sono congiunte da un filo teso e a questo filo sta appeso
il cuore del bambino che pulsa ancora per poco e si gela
fino a quando si arriva al punto del non-ritorno il cuore
dentro il pane che lo protegge appena sfornato allora i cavalli
10 nella stalla cominciano a masticare il loro fieno e due mani
sbucano dalla notte prendono in custodia il pane caldo
col bambino lo adagiano sopra il letto grande
c'è la luce a guizzi del fuoco del camino e sul cuscino
sono cucite col filo bianco le parole
15 questa è la tua casa.

(A. Porta, *Passi Passaggi*, Mondadori, Milano, 1980)

Nel testo emergono le **coppie oppositive**:
● caldo e freddo
● interno ed esterno.

I due **ambiti semantici** sono, a loro volta, messi in relazione:
● caldo con l'interno
● freddo con l'esterno.

Le parole dei diversi ambiti si **mescolano** nel viaggio straordinario del nascituro che sta per uscire dal caldo ventre materno (*pane caldo*).
Subentra la paura del freddo (*si gela*), della vita sospesa (*filo... appeso*), della difficoltà del parto (*il cuore del bambino che pulsa ancora per poco*). Ma la vita salva il bambino e lo porta in un "nuovo pane caldo": la *casa*.

la tua casa
La casa è connotata alla fine del testo dalla prevalenza di parole relative all'ambito semantico del caldo e dell'interno.

◀ **Marc Chagall**, *Al villaggio*, 1911. St. Paul de Vence, Collezione privata.

1. i due cavalli: è l'inizio del breve ma difficile viaggio (la zattera che parte trainata dai cavalli) che porta il bambino dall'utero della madre al mondo esterno.

14-15. sono cucite...casa: espressione suggestiva che allude all'accoglienza affettuosa del nuovo nato.

UNITÀ A2 ■ IL LINGUAGGIO DELLA POESIA

Che cosa so fare

COMPRENDERE

1. **Il tema.**
   Qual è il tema della lirica?

2. **Il *pane caldo*.**
   Il *pane caldo* è l'immagine cui viene associata l'idea di protezione del bambino. Sai spiegare le motivazioni che sono alla base di tale scelta?

3. **La situazione.**
   Quale situazione descrive l'espressione *mani / sbucano dalla notte prendono in custodia il pane caldo* (vv. 10-11)?

ANALIZZARE

4. **Il lessico.**
   Quali parole del testo comunicano che durante il percorso della nascita il bambino rischia la vita?

5. **Le aree di significato.**
   Il testo è articolato sui campi semantici opposti di caldo e freddo. Completa la tabella, associando a ciascuno di essi i termini del testo evidenziati.

Caldo	Freddo

PRODURRE

6. **Riassumere.**
   Sintetizza in 5 righe il contenuto della lirica.

7. **Laboratorio di scrittura creativa I Comporre una lirica.**
   Scrivi un testo in versi in cui vengano accostate liberamente immagini che si riferiscano a sensazioni di caldo e freddo. Puoi partire dall'idea di un bambino gioioso che scivola con la slitta sulla neve. Ti forniamo una proposta di inizio:

   Fredda bianca luminosa
   discesa di caldi ricordi
   grida gioiose di bimbi
   tra i cristalli...
   (continua tu...)

POESIA: I METODI

■ I suoni

Anche i suoni hanno un significato, in poesia. Ogni parola possiede un proprio **timbro**, ossia un suono che è dato dalle unità minime che la compongono (vocali e consonanti). I singoli suoni (in termine tecnico **fonemi**, dal gr. *fónema*, "espressione vocale") creano effetti ritmico-musicali e corrispondenze che comunicano al lettore suggestioni profonde: a un timbro chiaro e squillante corrisponde un'atmosfera serena e gioiosa; a un timbro cupo uno stato d'animo triste o drammatico. Così parole con vocali dal suono dolce come la *a* e la *o* evocano una sensazione di serenità...

> ... Ecc**o** il seren**o**
> **R**ompe là da p**o**nente, **a**lla m**o**ntagna;
> Sg**o**mbrasi l**a** c**a**mp**a**gna
> E chi**a**ro nell**a** v**a**lle il fiume **a**ppare.
>
> (G. Leopardi, *La quiete dopo la tempesta*, in *Tutte le opere*, a cura di F. Flora, Mondadori, Milano, 1968)

... mentre parole dai suoni aspri e secchi (come quelli dati dalle consonanti *c* e *g*, per esempio) producono l'effetto contrario:

> E andando nel sole **c**he abba**gli**a
> **s**entire **c**on triste meravi**gli**a
> **c**om'è tutta la vita e il suo trava**gli**o
> in questo se**g**uitare una mura**gli**a
> **c**he ha in cima **c**occi a**g**uzzi di botti**gli**a.
>
> (E. Montale, *Meriggiare pallido e assorto*, in *Tutte le poesie*, Mondadori, Milano, 1984)

Alcuni studiosi collegano sensazioni e stati d'animo ai suoni delle lettere dell'alfabeto. Si tratta del **fonosimbolismo**, un procedimento poetico che sfrutta il suono (dal gr. *foné*, "suono") delle parole per conferire significati ulteriori al messaggio. I suoni diventano veicolo di significato e il linguaggio acquista valenze simboliche, anche attraverso suggestioni musicali che trasmettono al lettore sensazioni inattese.

Tuttavia, è bene evitare forzature e rigide applicazioni, perché il valore dei suoni è sempre legato al testo, alla tematica e alle intenzioni del poeta che ne completano il senso.

■ Le figure foniche o di suono

Le figure foniche si realizzano mediante la ripetizione o la variazione dei suoni: esse creano effetti di musicalità e consentono di potenziare il significato della poesia attraverso il significante. Osserviamo di seguito le principali figure di suono.

L'ALLITTERAZIONE. L'allitterazione (dal lat. *adlitterare*, "allineare le lettere") consiste nella ripetizione di suoni o gruppi di suoni uguali in parole diverse. Per esempio, nel verso

> E **c**addi **c**ome **c**orpo morto **c**ade
>
> (D. Alighieri, *Inferno* V, in *Commedia*, a cura di A.M. Chiavacci Leonardi, Zanichelli, Bologna, 2001)

si ripete la consonante *c*.

Nell'esempio seguente i suoni, ripetendosi, creano musicalità: la consonante *s* (anche in combinazione con altre consonanti) riproduce fonicamente le sensazioni uditive date da una natura aspra e riarsa.

> A**s**coltare tra i pruni e gli **s**terpi
> **s**chiocchi di merli, fru**s**ci di **s**erpi
>
> (E. Montale, *Meriggiare pallido e assorto*, in *Tutte le poesie*, Mondadori, Milano, 1997)

LA PARONOMÀSIA. La paronomasia (dal gr. *paranomasía*, "denominazione") è l'accostamento di parole dal suono simile, ma dal significato diverso:

> la luce si fa **avara** - **amara** l'anima
>
> (E. Montale, *I limoni*, in *Tutte le poesie*, Mondadori, Milano, 1997)

L'ONOMATOPEA. L'onomatopea (dal gr. *onóma*, "nome", e *poiéin*, "fare") è basata su una parola o un gruppo di parole normalmente prive di un significato proprio e che riproducono o suggeriscono suoni o rumori naturali, come nei seguenti versi di Pascoli in cui si riproduce il verso di un uccello, l'assiuolo:

> Veniva una voce dai campi:
> **chiù**.
>
> (G. Pascoli, *L'assiuolo*, in *Poesie*, Mondadori, Milano, 1968)

L'onomatopea può essere anche costituita da parole (nomi, verbi) dotate di un significato proprio, il quale viene riproposto anche attraverso i fonemi che compongono la parola. Per esempio il termine *sciacquio* evoca il rumore prodotto dall'acqua che viene agitata o che si frange attraverso il suono stesso della parola (*sciac...*). Altre parole onomatopeiche sono *sibilo, cuculo, sussurro, tintinnio*, ecc.:

> chi **squilla** il suo **tinnulo** invito?
>
> (G. Pascoli, *Le rane*, in *Poesie*, Mondadori, Milano, 1968)

A volte i poeti inventano immagini foniche, come in questi versi che si riferiscono ai rumori strozzati dell'acqua di una fontanella:

> **Clof, clop, cloch,**
> **cloffete,**
> cloppete, clocchete,
> chchch...
>
> (A. Palazzeschi, *La fontana malata*, da *Tutte le opere*, Mondadori, Milano, 2002)

◀ David Mazzucchelli, Paul Auster, Paul Karasik, *Città di vetro*, Coconino Press, Bologna-Roma, 2005.

PERCORSO A

POESIA: I METODI

Testo d'esempio

Il seme del piangere
(1959)
▶ Lirica

LE FIGURE DI SUONO

Per lei
Giorgio Caproni

Giorgio Caproni (1912-1990, ▶ *L'autore*, p. 239) è un poeta, un traduttore e un critico letterario. Tra le sue raccolte di versi ricordiamo *Come un'allegoria* (1936), *Cronistoria* (1943), *Il seme del piangere* (1959), *Congedo del viaggiatore cerimonioso e altre prosopopee* (1965), *Il muro della terra* (1975) e *Il franco cacciatore* (1982).

Il centro ideale di questa lirica di Giorgio Caproni è la madre del poeta, della quale è delineato il ritratto attraverso espressioni che si riferiscono apparentemente alle *rime*.
L'autore ha accostato dei termini per creare determinati effetti musicali e per accentuare la proprietà sonora di quelle parole.

Per lei voglio rime chiare,
usuali: in -are.
Rime magari vietate
ma aperte: ventilate.
5   Rime coi suoni fini
(di mare) dei suoi orecchini.
O che abbiano, coralline,
le tinte delle sue collanine.
Rime che a distanza
10 (Annina era così schietta)
conservino l'eleganza
povera, ma altrettanto netta.
Rime che non siano labili,
anche se orecchiabili.
15 Rime non crepuscolari,
ma verdi, elementari.

(G. Caproni, *L'opera in versi*, Garzanti, Milano, 1991)

rime chiare
Nei primi quattro versi prevalgono le vocali *a* ed *e*; il poeta si propone di usare rime *in -are* per il loro timbro "chiaro" e "aperto" (*ventilate*) e trasmettere così il carattere sereno e positivo che mantiene, nel suo ricordo, l'immagine della madre.

suoni fini
La vocale *i*, che prevale nei versi successivi, è leggermente più chiusa e il suo suono più sottile (*fini*) è associato dal poeta alla semplicità degli orecchini e delle collanine della madre.

orecchini
La vocale *o*, "scura", ma di suono dolce, compare ai versi 5-8 in *orecchini*, *coralline*, *collanine*, riferite a oggetti la cui forma è circolare come la vocale stessa; questa si trova anche isolata, all'inizio del verso 7 (*O che abbiano*).

Annina
La vocale *a* prevale (intrecciandosi con *e* e con *i*) nei versi 9-12, in cui compare il nome della madre, Annina.

crepuscolari
La vocale *u*, la più "scura", risalta nella parola *crepuscolari* (v. 15), aggettivo riferito all'ombra malinconica che il poeta intende escludere dalle sue rime, che vuole invece *verdi, elementari* (v. 16) ossia semplici e fresche.

◀ **Joaquin Sorolla y Bastida**, *Appena fuori dall'acqua*, 1915. Madrid, Museo Sorolla.

3. vietate: perché considerate troppo usuali, scontate.
4. ventilate: aperte, ariose.
13. labili: sfuggenti, effimere.

UNITÀ **A2** ■ IL LINGUAGGIO DELLA POESIA

Che cosa so fare

COMPRENDERE

1. **L'io lirico.**

   Descrivi il sentimento che nutre il poeta nei confronti della madre. Presta attenzione alla ricorrenza del diminutivo e cerca di spiegare in che senso anch'esso contribuisca alla definizione di tale sentimento.

2. **Annina.**

   Quale ritratto emerge di Annina? Rispondi facendo riferimenti al testo.

ANALIZZARE

3. **Le figure di suono.**
   - Le coppie di parole *orecchini* (v. 6) e *coralline* (v. 7), *chiare* (v. 1) e *vietate* (v. 3) cosa determinano?
   - Le parole *coralline* (v. 7) e *collanine* (v. 8), oltre alla rima creano una figura di suono. Quale?

4. **Le rime.**
   - Sofferma la tua attenzione sugli ultimi otto versi. Quali tipi di rime si riscontrano?
   - La poesia presenta un preciso schema di rime che organizza tutto il testo oppure è in versi sciolti o liberi?

5. **La cesura.**

   Inserisci le cesure nei primi quattro versi (//); coincidono con pause sintattiche?

6. **L'*enjambement*.**

   Considera i primi sei versi. In quali posizioni sono inseriti degli *enjambement*?

7. **Il ritmo.**

   Come si può definire il ritmo della lirica? Vario o regolare? Per rispondere considera se i versi che compongono la lirica sono tutti della stessa lunghezza o di diversa misura, la posizione degli accenti, l'eventuale presenza di *enjambement*.

PRODURRE

8. **Laboratorio di scrittura creativa I Riscrittura.**

   Riscrivi la poesia rovesciandone il significato e gli effetti fonici. Trasforma il tono sereno e leggero della lirica di Caproni in un'atmosfera cupa e opprimente, utilizzando termini con vocali "scure". Leggi poi dinanzi alla classe quanto hai scritto, curando la pronuncia così da esprimere il clima negativo che sei riuscito/a a realizzare. Ti forniamo un modello.

   Per lui voglio rime oscure,
   torbide e buie: in -ure.
   Rime pesanti e ottuse,
   soffocanti e chiuse.
   Rime dai suoni cupi
   di tuoni e di ardui dirupi
   (continua tu...)

65

APPROFONDIMENTO ONLINE
Comunicazione – Il linguaggio della pubblicità

■ Il linguaggio figurato e le figure retoriche

Il linguaggio poetico si avvale di figure retoriche, espressioni che implicano uno scarto dalla lingua comune e attribuiscono alle parole un significato diverso da quello letterale. Tale scarto linguistico è frequente anche nella comunicazione quotidiana. Per esempio, se si dice che un impiegato è "il braccio destro del direttore", si trasferisce il significato di un'espressione propriamente riferita all'anatomia del corpo umano nell'area di significato del rapporto di lavoro, per comunicare più efficacemente l'idea di una stretta collaborazione.

Il linguaggio figurato rende il testo suggestivo e cattura l'attenzione del destinatario: arricchisce la lingua e suggerisce una nuova visione delle cose. Le figure retoriche, infatti, creano accostamenti di parole da cui nascono concetti nuovi e caratterizzano in modo originale il testo. Nella poesia, in particolare, potenziano il messaggio e coinvolgono emotivamente il lettore.

Le figure di suono (▶ p. 62) si riferiscono al piano del **significante**, ossia all'aspetto grafico e sonoro dei segni che compongono le parole. Ora ci occuperemo delle figure che si riferiscono all'ambito del **significato**.

■ Le figure retoriche di significato

Osserviamo di seguito le principali **figure di significato** o **trópi** (dal verbo greco *trépein*, "volgere, mutare"): esse comportano un trasferimento di significato da un'espressione a un'altra e accrescono, con associazioni o opposizioni, la carica poetica e suggestiva delle parole.

LA SIMILITUDINE. La similitudine (dal lat. *similitudo*, "somiglianza") mette in relazione due immagini, collegate fra loro grammaticalmente da avverbi di paragone o locuzioni avverbiali: *così... come*; *tale... quale*; *a somiglianza di...*

A differenza del paragone, la similitudine non prevede che i due elementi possano essere intercambiabili, che il confronto valga anche in senso inverso. Per esempio, *Marco è veloce come il fulmine* è una similitudine, poiché non posso dire: *Il fulmine è veloce come Marco*; invece *Marco è veloce come Giovanni* è un paragone, poiché è possibile affermare che *Giovanni è veloce come Marco*: la frase esprime lo stesso concetto della precedente.

> **Come l'albero** ignudo a mezzo inverno
> che s'attrista nella deserta corte
> io non credo di mettere più foglie
> e dubito d'averle messe mai.
>
> (C. Sbarbaro, *Taci, anima mia*, in *L'opera in versi e in prosa*, Garzanti, Milano, 1999)

LA METAFORA. La metafora (dal gr. *metaphorá*, "trasferimento") è una similitudine abbreviata, in cui non è esplicitato il tratto significativo che accomuna i due termini. Riprendendo un esempio proposto precedentemente, la similitudine *Marco è veloce come il fulmine* può essere trasformata in una metafora, stabilendo un rapporto di identità tra i due termini e sottintendendo la caratteristica comune (la velocità): *Marco è un fulmine*.
Ecco un altro esempio:

I tuoi capelli sono lucenti come l'oro > similitudine
I tuoi capelli sono oro (o anche: *d'oro*) > metafora

La metafora è un'espressione più sintetica rispetto alla similitudine, e lo si vede bene in questa poesia che Sandro Penna (1906-1977) dedica al mondo della scuola: nella splendida immagine finale gli alberi, osservati da dentro le classi dagli studenti chini sui libri, si fanno metafora di libertà ed evasione e vengono guardati dai ragazzi con nostalgia.

> Negli azzurri mattini
> le file svelte e nere
> dei collegiali. Chini
> su libri poi. **Bandiere**
> **di nostalgia campestre**
> **gli alberi alle finestre.**
>
> (S. Penna, *Scuola*, in *Poesie*, Garzanti, Milano, 1990)

LA SINESTESIA. La sinestesia (dal gr. *synáisthesis*, "percezione simultanea") è una figura costituita dall'accostamento di termini (generalmente aggettivo + sostantivo oppure aggettivo + aggettivo) che si riferiscono a campi sensoriali diversi (tatto, udito, vista, olfatto, gusto).
Un esempio di sinestesia è nella poesia *Il gelsomino notturno* di Giovanni Pascoli:

> La Chioccetta per l'aia azzurra
> va col suo **pigolìo di stelle**
>
> (G. Pascoli, *Il gelsomino notturno*, in *Poesie*, Mondadori, Milano, 1968)

LA METONIMIA. La metonimia (dal gr. *metonymía*, "scambio di nome") è una figura in cui l'associazione di due termini avviene secondo precise relazioni qualitative. Le relazioni più diffuse sono le seguenti.

- L'effetto per la causa (e viceversa):

> Io gli studi leggiadri
> Talor lasciando e le **sudate carte**...
>
> (G. Leopardi, *A Silvia*, in *Tutte le opere*, a cura di F. Flora, Mondadori, Milano, 1968)

POESIA: I METODI

In questi versi di Leopardi le *sudate carte* sono i testi che il poeta studiava con impegno e fatica, la quale provoca sudore; l'espressione significa "le pagine che erano oggetto del mio faticoso lavoro".

- L'astratto per il concreto (e viceversa):

> La **gioventù** del loco
> Lascia le case e per le vie si spande…
>
> (G. Leopardi, *Il passero solitario*, in *Tutte le opere*, a cura di F. Flora, Mondadori, Milano, 1968)

In questi versi, anch'essi di Leopardi, la parola *gioventù* (termine astratto) vuole indicare i giovani (termine concreto).

- Il contenente per il contenuto:

> e il suo **nido** è nell'ombra che attende…
>
> (G. Pascoli, *X Agosto*, in *Poesie*, Mondadori, Milano, 1968)

In questo verso Pascoli con la parola *nido* intende dire "i rondinini che vivono nel nido", cioè il contenuto. Altre metonimie di questo tipo, diffuse nel linguaggio comune, sono per esempio *mangiare un piatto di minestra* (non si mangia il piatto, ma la minestra che vi è contenuta), *bere un bicchiere d'acqua*, ecc.

- L'autore per l'opera: per esempio nell'espressione *è stato ritrovato il Monet rubato l'anno scorso*, con il termine *Monet* si intende un'opera di quel pittore.

- Lo strumento per la persona che lo usa: per esempio, con l'espressione *è la racchetta migliore d'Italia*, si intende il miglior giocatore di tennis del Paese. Un modo di dire popolare è *essere una buona forchetta*, intendendo con ciò una persona che ama mangiare.

◀ **Auguste Rodin**, *Assemblaggio: maschera di Camille Claudel e mano sinistra di Pierre de Wissant*, ca 1895. Parigi, Musée Rodin.

- La materia per l'oggetto, come il termine *ferro* usato al posto di "spada" o il termine *legno* usato al posto della parola "barca". Virgilio, nell'*Eneide* (Libro I), scrive: *Nettuno vide i legni di Enea*, cioè vide le imbarcazioni dell'eroe Enea.

LA SINEDDOCHE. La sineddoche (dal gr. *synekdéchestai*, "comprendere molte cose") è una figura affine alla metonimia, ma il rapporto fra i due termini in questo caso si basa sulla quantità: si sostituisce un termine con un altro che implica un'estensione maggiore o minore. I casi più diffusi sono i seguenti:

- La parte per il tutto (e viceversa): per esempio, nell'espressione *il mare è solcato da vele* la parola *vele* significa "imbarcazioni" (la vela è una parte dell'imbarcazione). Ecco un esempio tratto da una poesia di Carducci, dove *prora* (la prua) sta per *nave*:

> E quando la fatal **prora** d'Enea
> Per tanto mar la foce tua cercò

(G. Carducci, *Agli amici della Valle Tiberina*, in *Giosuè Carducci*, a cura di G. Di Pino, UTET, Torino, 1966)

- Il genere per la specie (e viceversa), come nell'espressione *il felino* (gatto) *raggiunse la preda,* in cui il termine *felino* (più esteso) sostituisce "gatto" (più circoscritto: indica una specie felina). Allo stesso modo il termine *mortali* può sostituire la parola "uomini" e il termine *macchina* può essere usato in sostituzione di "automobile".

- Il singolare per il plurale, per esempio: *il democratico non accetta la prepotenza*, in cui *democratico* significa "tutti coloro che sono democratici".

- Un numero determinato per l'indeterminato, come nell'espressione *durerà per mille anni*, nella quale *mille anni* significa un tempo lunghissimo e non mille anni esatti.

L'ANALOGIA. L'analogia (dal gr. *analoghía*, "corrispondenza") è una figura retorica che indica una relazione tra due elementi del discorso, indipendentemente dai rapporti logici su cui si basano le normali associazioni. Potremmo dire che si tratta di un implicito paragone tra due termini distanti per significato e tra i quali si coglie il rapporto soltanto ricorrendo all'intuizione. Prendiamo come esempio la poesia *Noia* di Giuseppe Ungaretti:

> Anche questa notte passerà
>
> Questa solitudine in giro
> **titubante ombra dei fili tranviari**
> **sull'umido asfalto**

(G. Ungaretti, *Noia*, in *Vita d'un uomo. Tutte le poesie*, Mondadori, Milano, 1969)

La notte "da passare" coincide con il senso di solitudine esistenziale dell'io lirico. Questa sensazione che egli avverte nell'animo e attorno a sé (nella città, per le strade notturne) sembra concretizzarsi in un'immagine precisa, che non ha nessun rapporto logico con la sua esperienza interiore, ma suggerisce un'analoga condizione di straniamento e di squallore: l'ombra incerta (*titubante*) proiettata sull'asfalto umido dai fili del tram.

POESIA: I METODI

L'IPERBOLE. L'iperbole (dal gr. *hyperballein*, "gettare oltre") esprime un concetto o un'idea in termini eccessivi e non verosimili. Per esempio, nel verso di Eugenio Montale

> Ho sceso, dandoti il braccio, **almeno un milione di scale**
>
> (E. Montale, *Ho sceso, dandoti il braccio*, in *Tutte le poesie*, Mondadori, Milano, 1984)

l'espressione *almeno un milione di scale* è inverosimile, eppure questa formulazione rievoca efficacemente una lunga consuetudine. L'iperbole è usata molto spesso nel linguaggio comune; basti pensare a modi di dire come *è un secolo che non ti vedo*; *quando ci penso mi si spezza il cuore*; *i prezzi sono saliti alle stelle*.

L'ANTITESI. L'antitesi (dal gr. *antíthesis*, "contrapposizione") è una figura retorica che accosta concetti contrastanti. Nei seguenti versi di Petrarca le coppie oppositive sottolineate definiscono lo stato d'animo scisso del poeta.

> **Pace** non trovo, et non ò da far **guerra**;
> e temo, et spero; et **ardo**, et son un **ghiaccio**;
> et volo sopra 'l **cielo**, et giaccio in **terra**;
> et **nulla** stringo, et **tutto 'l mondo** abbraccio.
>
> (F. Petrarca, *Pace non trovo*, in *Rime e Trionfi*, UTET, Torino, 1960)

L'OSSIMORO. L'ossimoro (dal gr. *oxýmoron*, composto di *oxýs*, "acuto" e *morós*, "stupido") consiste nell'accostare, anche sintatticamente, due parole i cui significati si contraddicono; spesso una è sostantivo e l'altra aggettivo.

> Beatrice – costruttrice
> Della mia **beatitudine infelice**.
>
> (G. Giudici, *Alla beatrice*, in *Tutte le poesie*, Mondadori, Milano, 2014)

Il sostantivo *beatitudine* è molto lontano, per significato, dall'aggettivo *infelice*, anzi: ne è proprio l'opposto. I due termini sono logicamente incompatibili e la loro associazione crea, oltre che un senso di straniamento, anche una grande suggestione.

▶ **René Magritte**, *La battaglia delle Argonne*, 1959. New York, Collezione privata.

LA PERSONIFICAZIONE. La personificazione consiste nel considerare oggetti inanimati o concetti astratti come persone reali, che agiscono o parlano, e a cui il poeta si rivolge direttamente, come in questo esempio di Giacomo Leopardi:

> Or poserai per sempre,
> Stanco mio cor.
>
> (G. Leopardi, *A se stesso*, in *Tutte le opere*, a cura di F. Flora, Mondadori, Milano, 1968)

LA LITOTE. La litote (dal gr. *litótes*, "semplicità") consiste nella formulazione attenuata di un giudizio o di un'idea attraverso la negazione del suo contrario.

> I cavallier, di giostra ambi maestri,
> che le lance avean grosse come travi,
> tali qual fur nei lor ceppi silvestri,
> si dieron **colpi non troppo soavi**.
>
> (L. Ariosto, *Orlando furioso*, canto XXXI, Einaudi, Torino, 1992)

L'ELLISSI. L'ellissi (dal gr. *elleípein*, "omettere") consiste nell'omissione, all'interno di un verso, di uno o più termini che possono essere lasciati sottintesi.

> Silenzio, intorno: solo, alle ventate,
> odi lontano, da giardini ed orti,
> di foglie un cader fragile. È l'estate
> fredda, dei morti.
>
> (G. Pascoli, *Novembre*, in *Poesie*, Mondadori, Milano, 1968)

Nel primo verso di questa quartina c'è un'ellissi: Pascoli infatti elimina il verbo essere dalla prima frase.

LA PERIFRASI. La perifrasi (dal gr. *perì*, "intorno" e *phrázein*, "parlare", ovvero "parlare con circonlocuzioni") consiste in un giro di parole per definire qualcosa a cui ci si potrebbe riferire direttamente con un unico termine. Per esempio, ecco come Ludovico Ariosto definisce l'amore in un passo dell'*Orlando furioso*:

> Ma lasciamolo andar dove lo manda
> **il nudo arcier che l'ha nel cor ferito**.
>
> (L. Ariosto, *Orlando furioso*, canto IX, Einaudi, Torino, 1992)

L'APOSTROFE. L'apostrofe (dal gr. *apostréphein*, "volgere altrove") consiste nel rivolgersi direttamente a qualcuno, sia esso reale o immaginario, usando la seconda persona:

> **Ahi serva Italia**, di dolore ostello,
> nave sanza nocchiere in gran tempesta,
> non donna di provincie, ma bordello!
>
> (D. Alighieri, *Purgatorio* VI, in *Commedia*, a cura di A.M. Chiavacci Leonardi, Zanichelli, Bologna, 2001)

▼ **Pontormo**, *San Matteo e l'angelo*, 1525-1528. Firenze, Chiesa di Santa Felicita.

PERCORSO A — POESIA: I METODI

Testo d'esempio

Il quaderno dei sogni e delle stelle
(1924)
▶ Lirica

Corrado Govoni (1884-1965, ▶ *L'autore*, p. 338) aderisce inizialmente ai dettami del Crepuscolarismo (▶ p. 340), poi al Futurismo (▶ pp. 326-354) per proseguire in una linea di ricerca del tutto personale, come in questa lirica tratta da *Il quaderno dei sogni e delle stelle* (1924).

la magia della fiera
L'espressione sintetizza il tema della lirica. Essa è metafora dello stato d'animo di gioia e incanto che si genera nell'animo di una bambina.

in quella nota forzata…lumini
L'accostamento dell'elemento sonoro (*nota forzata, banda d'oro rumoroso, giostra, organo*) alle immagini visive (*i pagliacci, la giostra, lumini*) genera un gioco di sinestesie che evocano il ricordo della fiera paesana.

Come
Il *come* introduce una similitudine costituita da una prima parte (*come, nel sgocciolare…*) e da una seconda parte con l'ellissi del "così" (*nell'umido cerino*). Come il gocciolare di una grondaia evoca da un lato la paura della tempesta e, dall'altro, la bellezza dei lampi e dell'arcobaleno (i due elementi sono in antitesi), così l'effimera luce di una lucciola su di una foglia evoca la bellezza dell'arrivo della primavera.

si sfa su
L'allitterazione della lettera *s* sottolinea il concetto di effimero: la luce della lucciola *si sfa*, scompare velocemente sulla foglia così come, per analogia, le luci e la magia della fiera si sono spente. Resta la *meraviglia della primavera,* con cui, non a caso, si chiude il componimento.

LE FIGURE RETORICHE

La trombettina
Corrado Govoni

La poesia di Corrado Govoni è caratterizzata da una grande ricchezza d'immagini che si rinnovano continuamente, cogliendo impensati rapporti tra le cose e generando immagini fresche e nuove.
La trombettina è un oggetto povero, di latta; i suoi colori vividi sono tutto quello che resta della magica atmosfera della fiera del paese. L'allegria di quei colori contrasta con il contesto uniforme e un po' squallido dei campi in cui si trova la bambina. La nota della trombettina *forzata* fa rivivere, alla bambina, la meraviglia della fiera, la varietà delle sue luci e dei suoi colori, i personaggi, la musica, il movimento.
Tristezza e allegria, così, si confondono, perché nella realtà e nella fantasia c'è sempre qualcosa di vivo e di magico.

Ecco che cosa resta
di tutta la magia della fiera:
quella trombettina,
di latta azzurra e verde,
5 che suona una bambina
camminando, scalza, per i campi.
Ma, in quella nota forzata,
ci son dentro i pagliacci bianchi e rossi,
c'è la banda d'oro rumoroso,
10 la giostra coi cavalli, l'organo, i lumini.
Come, nel sgocciolare della gronda,
c'è tutto lo spavento della bufera,
la bellezza dei lampi e dell'arcobaleno;
nell'umido cerino d'una lucciola
15 che si sfa su una foglia di brughiera
tutta la meraviglia della primavera.

(G. Govoni, *Poesie 1903-1958*, Mondadori, Milano, 2000)

◀ Giulietta Masina in una scena del film *La strada*, 1954. Regia di Federico Fellini.

---

11. nel sgocciolare: licenza poetica, per "nello sgocciolare".

15. brughiera: terreno incolto ricoperto di cespugli.

UNITÀ A2 ■ IL LINGUAGGIO DELLA POESIA

Che cosa so fare

COMPRENDERE

1. **Il sentimento dell'io lirico.**
   Sofferma la tua attenzione sul contenuto della poesia.
   - Definisci il sentimento espresso dall'io lirico attraverso l'immagine iniziale: malinconia, rimpianto, allegria, stupore, solitudine, pena…?
   - Considera quindi l'affermazione successiva: *Ma, in quella nota forzata, / ci…* L'avversativo *ma* segna il passaggio a un sentimento diverso: quale?

2. **Il messaggio.**
   Quale messaggio viene espresso nei versi conclusivi? La gioia è solo un'illusione o la sua magia rimane a lungo dentro di noi? Motiva la tua risposta.

ANALIZZARE

3. **Le aree di significato.**
   Individua nel testo i termini appartenenti rispettivamente ai campi semantici della musica e dei colori.

4. **Le figure retoriche.**
   Considera le scelte dell'autore che danno forza espressiva al testo.
   - Quali figure retoriche riconosci nell'espressione *la banda d'oro rumoroso* (v. 9)? Individuale e spiegane il significato.
   - Al verso 11 il verbo *sgocciolare* costituisce una figura di suono. Quale?
   - Ricerca, negli ultimi sei versi, le seguenti figure retoriche:
   - metafora (spiegane il significato);
   - sinestesia (precisa quali sono i campi sensoriali interessati).

PRODURRE

5. **Laboratorio di scrittura creativa I Descrivere per metafora.**
   Applica il procedimento espressivo della metafora alla descrizione di qualche oggetto quotidiano (un ombrello, un palo della luce, una finestra ecc.) oppure di un elemento naturale (un albero, il vento ecc.), costruendo una similitudine da trasformare poi in metafora.
   Ti forniamo qualche esempio.
   - oggetto: un ombrello nero, aperto e lucido di pioggia → similitudine: gli ombrelli neri sotto la pioggia sono come vedove in fuga → metafora: "sotto la pioggia, vedove in fuga";
   - un ombrello colorato, chiuso, appoggiato in un angolo → gli ombrelli colorati e fradici di pioggia, appoggiati agli angoli dei negozi, sono come fiori appassiti che danno un senso di tristezza → "nella pioggia, fiori recisi intristiscono agli angoli delle vetrine".

   Con lo stesso procedimento, traduci in immagini, come fa Govoni nell'evocazione della fiera, le impressioni sensoriali legate a un ambiente particolare (l'interno di una casa, la galleria di un centro commerciale, una stazione ecc.). Al termine leggi il testo che hai prodotto ai compagni di classe e discuti con loro gli aspetti creativi del tuo lavoro.

6. **Laboratorio di scrittura creativa I Esprimere sentimenti attraverso le figure retoriche.**
   Comunica un sentimento creando similitudini e metafore. Per svolgere l'esercizio ricopia la tabella di pagina seguente sul quaderno e completala.

POESIA: I METODI

	Similitudine	Metafora
Amore	L'amore che tu mi dai è come un ombrello che viene offerto in una giornata di pioggia…	Questo amore è una bomba all'hotel questo amore è una finta sul ring è una fiamma che esplode nel cielo questo amore è un gelato al veleno (Gianna Nannini)
Odio		
Desiderio di libertà		
Malinconia		
Gioia		

■ Le figure d'ordine

Le figure retoriche dell'ordine riguardano la disposizione delle parole o la loro ripetizione nel testo poetico. La libertà espressiva dell'autore può modificare il normale ordine sintattico (soggetto + verbo + oggetto; verbo + complemento; nome + specificazione/aggettivo), attuando quelle trasgressioni della norma linguistica che conferiscono alle parole nuovi significati. Qui esaminiamo le figure più frequentemente usate in poesia.

L'INVERSIONE. L'inversione consiste nell'alterare parzialmente o totalmente l'ordine sintattico della frase, per dare rilievo a un termine portatore di un significato particolare, collocandolo a inizio o fine verso. Esistono due tipi fondamentali di inversione, l'*anastrofe* e l'*iperbato*.

- L'**anastrofe** (dal gr. *anà*, "indietro" e *strèphein*, "volgere") inverte il corretto ordine di due o più parole nella proposizione. Ecco un esempio, tratto da *L'infinito* di Leopardi:

Sempre caro mi fu quest'**ermo colle** → questo **colle solitario** (*ermo*)
mi fu **sempre caro**

(G. Leopardi, *L'infinito*, in *Tutte le opere*, a cura di F. Flora, Mondadori, Milano, 1968)

Le parole che acquistano evidenza sono *Sempre*, *caro* e *colle*: l'inversione dà rilievo sia al sentimento del poeta espresso dal predicato (*caro mi fu*), che risulta ben radicato nell'animo (*Sempre*), sia all'elemento naturale che suscita tale sentimento, il *colle*.

- L'**iperbato** (dal gr. *hypérbaton*, "trasposizione") consiste nel variare il naturale ordine logico delle parole di una frase; ne consegue l'inserimento di uno o più elementi fra altri due che dovrebbero restare uniti, o l'anticipazione di un elemento della frase.

Un esempio è questo di Ugo Foscolo nella poesia *Alla sera*:

Forse perché della fatal quiete
Tu sei l'imago

(U. Foscolo, *Alla sera*, in *Opere*, Einaudi, Torino, 1994)

UNITÀ A2 ■ IL LINGUAGGIO DELLA POESIA

L'ordine naturale sarebbe "forse perché sei l'immagine della quiete fatale", ma il complemento di specificazione (*della fatal quiete*) è posto prima del nome (*imago*) cui si riferisce.

In linea generale i procedimenti di inversione costituiscono una delle maggiori risorse suggestive che la retorica offre alla poesia, come nei versi di Leopardi:

> Dolce e chiara è la notte e senza vento,
> e queta sovra i tetti e in mezzo agli orti
> posa la luna, e di lontan rivela
> serena ogni montagna.
>
> <div align="right">(G. Leopardi, <i>La sera del dì di festa</i>, in <i>Tutte le opere</i>, a cura di F. Flora, Mondadori, Milano, 1968)</div>

Ordine sintattico: la notte è dolce e chiara e senza vento e la luna posa quieta sopra i tetti e in mezzo agli orti e rivela di lontano ogni montagna serena.

La funzione evocativa degli aggettivi *dolce* e *chiara* è accentuata dalla loro posizione privilegiata all'inizio del verso (il soggetto della frase, *la notte*, al quale sono riferiti, viene chiarito a metà del verso). Il predicato *posa* è collocato tra il soggetto (*la luna*) e i complementi. L'effetto, seguendo la norma sintattica, però, sarebbe meno suggestivo.

L'ANAFORA. L'anafora (dal gr. *anaphérein*, "ripetere") consiste nella ripetizione di una parola o di un gruppo di parole all'inizio di versi consecutivi, per enfatizzare l'espressione, cioè per caricarla di significato. Uno degli esempi più celebri di anafora è nel Canto III dell'*Inferno* dantesco:

> **Per me si va** ne la città dolente,
> **Per me si va** ne l'etterno dolore,
> **Per me si va** tra la perduta gente.
>
> <div align="right">(D. Alighieri, <i>Inferno</i> III, in <i>Commedia</i>, a cura di A.M. Chiavacci Leonardi, Zanichelli, Bologna, 2001)</div>

Quando, invece, si ripetono parole o gruppi di parole alla fine di versi consecutivi, si parla di **epifora**.

IL POLIPTOTO. Il poliptoto (dal gr. *polýptotos*, "dai molti casi") consiste nella ripetizione a breve distanza di una parola, con funzioni grammaticali differenti (singolare/plurale, maschile/femminile, modo verbale, tempo verbale ecc.):

> Favola fui gran tempo, onde sovente
> di **me medesmo meco mi** vergogno
>
> <div align="right">(F. Petrarca, <i>Voi ch'ascoltate in rime sparse il suono</i>, in <i>Rime e Trionfi</i>, UTET, Torino, 1960)</div>

IL CHIASMO. Il chiasmo (dal gr. *chiasmós*, dalla forma della lettera greca χ, *chi*) è la disposizione incrociata di elementi in frasi corrispondenti, come nei versi della poesia *Cigola la carrucola nel pozzo* di Montale:

> **Trema un ricordo** nel ricolmo secchio,
> nel puro cerchio **un'immagine ride**.
>
> <div align="right">(E. Montale, <i>Cigola la carrucola nel pozzo</i>, in <i>Tutte le poesie,</i> Mondadori, Milano, 1984)</div>

75

POESIA: I METODI

Trema (predicato)	nel puro cerchio (complemento di luogo)
un ricordo (soggetto)	un'immagine (soggetto)
nel ricolmo secchio (complemento di luogo)	ride (predicato)

IL CLIMAX. Il climax (dal gr. *klímax*, "scala") dispone frasi, sostantivi e aggettivi secondo un ordine basato sulla crescente intensità del loro significato (climax ascendente), per creare un effetto di progressione che potenzia l'espressività del discorso; così in Pascoli:

> Da **me**, da **solo**, **solo e famelico**

(G. Pascoli, *La piccozza*, in *Poesie*, Mondadori, Milano, 1968)

L'ANTICLIMAX. L'anticlimax (o climax discendente) crea una progressiva attenuazione, come avviene, ancora nei versi di Pascoli:

> ... E mi **dicono**, Dormi!
> mi **cantano**, Dormi! **sussurrano**,
> Dormi! **bisbigliano**, Dormi!

(G. Pascoli, *La mia sera*, in *Poesie*, Mondadori, Milano, 1968)

che esprimono il progressivo spegnersi dello stato di coscienza vigile con il sopraggiungere del sonno.

L'ENUMERAZIONE. L'enumerazione è un procedimento retorico molto diffuso che consiste nell'elencazione di termini (persone, oggetti, luoghi). Essa può avvenire per *asindeto* o *polisindeto*.

▶ **Albrecht Altdorfer**, *La battaglia di Isso* (particolare), 1529. Monaco di Baviera, Alte Pinakothek.

UNITÀ A2 ■ IL LINGUAGGIO DELLA POESIA

- L'**asindeto** (dal gr. *asyndetos,* "non legato") consiste nella soppressione delle congiunzioni (sostituite dai segni di interpunzione) tra più parole di un verso. Può creare un effetto di rapidità, come accade nell'*Adelchi* di Alessandro Manzoni:

> Dagli atrii muscosi, dai Fòri cadenti,
> Dai boschi, dall'arse fucine stridenti,
> Dai solchi bagnati di servo sudor,
> Un volgo disperso repente si desta.

(A. Manzoni, Adelchi, III atto, BUR, Milano, 2004)

- Il **polisindeto** (dal gr. *polysyndetos,* "che ha molte congiunzioni") consiste nella coordinazione tra parole o frasi attraverso congiunzioni; nel caso dell'enumerazione di solito la congiunzione è di tipo copulativo (*e*), ma non mancano casi in cui si ricorre anche ad altre tipologie, come nel seguente esempio, tratto dalla *Gerusalemme liberata* di Torquato Tasso in cui compaiono congiunzioni sia copulative che disgiuntive:

> Vinta da l'ira è la ragione **e** l'arte
> **e** le forze il furor ministra **e** cresce.
> Sempre che scende il ferro **o** fora **o** parte
> **o** piastra **o** maglia, e colpo in van non esce.

(T. Tasso, Gerusalemme liberata, Einaudi, Torino, 1993)

Che cosa so

Indica se le seguenti affermazioni sono vere o false.

	V	F
a. Il **climax** può essere ascendente o discendente.	☐	☐
b. "Questo romanzo è spazzatura" è una **similitudine**.	☐	☐
c. "Devo fare una montagna di compiti" è un'**iperbole**.	☐	☐
d. "Carlo è simpatico come suo padre" è una **metafora**.	☐	☐
e. "Questa lampada dà una luce fredda" è una **sinestesia**.	☐	☐
f. "Leggo Leopardi dai tempi della scuola" è un **ossimoro**.	☐	☐
g. "La giovinezza è la primavera della vita" è una **metafora**.	☐	☐
h. "Guadagnarsi la vita col sudore della fronte" è una **metonimia**.	☐	☐
i. L'**anafora** è costituita dalla disposizione incrociata delle parole.	☐	☐
j. I **campi semantici** sono costituiti da congiunzioni e preposizioni.	☐	☐
k. È possibile che in una lirica vi siano **aree di significato** contrapposte.	☐	☐
l. Le **figure retoriche** sono illustrazioni che rendono più chiara la poesia.	☐	☐
m. I versi *son giunto alla disperazione / calma, senza sgomento* contengono un **ossimoro**.	☐	☐
n. I versi *e se da lunge i miei tetti saluto* [e se da lontano saluto la mia casa] contengono un'**iperbole**.	☐	☐

PERCORSO A

POESIA: I METODI

Testo d'esempio

Rime nuove
(1887)
▶ Lirica

LE FIGURE D'ORDINE

Pianto antico
Giosue Carducci

Giosue Carducci nasce in Versilia, a Valdicastello, nel 1835. Nel 1856 si laurea in filosofia e filologia; in seguito concilia l'insegnamento nelle scuole superiori con lo studio e la composizione delle prime opere poetiche (*Rime*, 1857). Nel 1860, alla costituzione del Regno d'Italia, è chiamato alla cattedra di Letteratura italiana dell'Università di Bologna. Nelle *Rime nuove* (composte dal 1861 al 1887) e nelle *Odi barbare* (1877-89) dominano il motivo del paesaggio e della storia, il vagheggiamento di epoche antiche, spunti autobiografici come il dolore per la morte del figlioletto Dante. Nel 1906 il poeta riceve il premio Nobel per la letteratura (è la prima volta per uno scrittore italiano). Muore a Bologna nel 1907.

La lirica trae ispirazione dalla morte del figlioletto del poeta, Dante, di appena tre anni, avvenuta nel novembre 1870. Al di là del motivo autobiografico e della sofferenza personale, i versi sviluppano un argomento centrale della produzione carducciana: il contrasto fra la vita e la morte, rappresentato dalle immagini suggestive del melograno che è di nuovo fiorito e da quella del figlio, fiore caduto che non rinascerà.

Il titolo fa riferimento al fatto che il dolore per la perdita di un figlio ha accompagnato tutte le epoche. Il poeta, infatti, rielabora la propria personale esperienza riprendendo il testo del poeta Mosco (II sec. a.C.) e ricollegandosi, attraverso il simbolo del melograno, anche all'antico mito di Proserpina. Nel racconto di Ovidio, infatti, Cerere, madre di Proserpina, scende nell'Ade per chiedere al dio Plutone la restituzione della figlia. Il dio, commosso dalla donna, accetta, a patto che Proserpina non mangi nulla fin che non sarà risalita dagli inferi alla superficie; Proserpina, invece, perderà per sempre l'opportunità di tornare alla vita perché non resisterà alla tentazione di assaggiare nove chicchi di melograno. Questo frutto, accolto successivamente anche nell'iconografia cristiana, rappresenta la fertilità, la vita, ma anche il legame che collega vita e morte.

Carducci, anche attraverso questo riferimento colto, ricorda che il dolore di un genitore che perde un figlio è lo stesso in ogni tempo e in ogni parte del mondo, rendendo in tal modo universale la sua personale esperienza.

Gli elementi lessicali del testo assumono valore connotativo riferendosi agli ambiti semantici della vita e della morte.

L'albero a cui tendevi
Il testo poggia tutto sulla doppia metafora del padre (*L'albero*, prima *verde melograno*, poi pianta *percossa e inaridita*) e del figlio (*il fior*; *fior de la mia pianta*).

da' bei vermigli fior
L'anastrofe (*vermigli fior* al posto di "fiori vermigli") consente di chiudere la prima strofa sulla metafora del figlio così come, parallelamente, quella del padre la apre. Ma *fior* (v. 4) costituisce anche rima semantica con *calor* del verso 8, a sua volta in rima ancora con *fior* (v. 12) e *amor* (v. 16), che chiude il componimento. L'intreccio semantico delle rime connota con forza l'amore che lega il padre al figlio, tema della lirica (*L'albero* apre e *amor* chiude).

Tu fior de la mia pianta…estremo unico fior
Per sottolineare l'amore per il figlio il termine *fior* si ripete ai versi 9-12, con un chiasmo. L'accentuazione del dolore è rimarcata anche dall'iterazione del *tu* ai versi 9 e 11.

L'albero a cui tendevi
la pargoletta mano,
il verde melograno
da' bei vermigli fior,

5 nel muto orto solingo
rinverdì tutto or ora
e giugno lo ristora
di luce e di calor.

Tu fior de la mia pianta
10 percossa e inaridita,
tu de l'inutil vita
estremo unico fior,

◀ **Gianluigi Toccafondo**, Illustrazione per *Giosuè Carducci. Un poeta a Bologna*, Bononia University Press, Bologna, 2007.

---

2. pargoletta: piccola, infantile.
4. vermigli: di colore rosso intenso.
5. muto orto solingo: giardino silenzioso e solitario.

6. or ora: da poco.
7. ristora: ridà nuova vita, energia.
12. estremo: ultimo.

sei ne la terra fredda,
sei ne la terra negra;
15   né il sol più ti rallegra
né ti risveglia amor.

(G. Carducci, *Rime nuove*, in *Giosuè Carducci*, a cura di G. Di Pino, UTET, Torino, 1966)

16. amor: è il soggetto retto da *ti risveglia*.

sei ne la terra fredda…né ti risveglia amor
La doppia anafora dell'ultima strofa ha un forte valore connotativo: nella prima (*sei ne la terra…sei ne la terra*) c'è la drammatica affermazione dell'assenza del figlio, nella seconda (*né…né*) la morte si esprime come negazione della vita, che è *sol* e *amor*, non a caso disposti a chiasmo: è nella dimensione della luce e dell'amore che si intreccia la vita.

▶ **Gianluigi Toccafondo**, Illustrazione per *Giosuè Carducci. Un poeta a Bologna*, Bononia University Press, Bologna, 2007.

Che cosa so fare

COMPRENDERE

1. **La pianta e il fiore.**

   Il testo contiene le metafore pianta/padre e fiore/figlio. L'immagine non vuole comunicare soltanto che il padre ha generato il bambino, ma arricchisce i due termini di ulteriori significati.
   - Quali caratteristiche dell'albero, o immagini ad esso collegate, vengono trasferite al padre (rifletti sull'espressione *pianta percossa e inaridita*)?
   - Ci sono qualità specifiche che accomunano il figlio e un fiore?

2. **L'interlocutore.**
   - L'interlocutore della poesia è una figura generica o una figura determinata?
   - Perché, a tuo parere, il poeta ha effettuato tale scelta?

ANALIZZARE

3. **La struttura metrica.**

   Descrivi la struttura metrica del testo.
   - Di quante strofe si compone e di che tipo?
   - Da che tipo di versi è formata la lirica?
   - Nella terza quartina c'è una rima interna? Quale?

4. **L'*enjambement* →.**

   Il testo presenta numerosi *enjambement*.
   - Indica tra quali versi.
   - Quale valore connotativo si può assegnare all'*enjambement* tra i versi 5-6? Quali concetti mette in relazione?

POESIA: I METODI

5. **Le aree semantiche.**
La poesia presenta parole ed espressioni che si riferiscono agli ambiti semantici della vita e della morte; si tratta di elementi lessicali che esprimono sensazioni visive (in particolare i colori) e tattili (il calore, il freddo). Nella tabella ne sono indicati alcuni, spiegane il significato connotativo. L'esercizio è avviato.

Ambito semantico della vita	Ambito semantico della morte	Significato connotativo
verde melograno… rinverdì		ritorno della vita
vermigli fior		
luce… calor		
	muto orto solingo	
	terra fredda	
	terra negra	

6. **Le figure dell'ordine.**
   - Nel testo si ricorre a diverse figure dell'ordine. Quali?
   - Al verso 5 quale figura dell'ordine è presente?
   - I versi 9-12 formano un chiasmo: ricostruiscilo individuando le parole che lo costituiscono.

7. **L'ultima strofa.**
   - I distici che compongono la strofa formano
   a. un parallelismo
   b. un'antitesi
   c. una specularità
   - Quale significato connotativo si può assegnare alla scelta di interrompere alla fine del verso tutti i versi dell'ultima strofa?
   - Quale ritmo genera tale scelta insieme all'utilizzo di termini in anafora e alla ricorrenza del monosillabo? Anche nella scelta ritmica si può rintracciare un significato che vada oltre quello fonico?

PRODURRE

8. **Risposta sintetica | Argomentare.**
A tuo parere, in *Pianto antico* di Giosue Carducci il punto di vista da cui l'io tratta il tema della morte riflette una visione religiosa dell'esistenza? Comunica la speranza in una vita ultraterrena, la possibilità di un contatto affettivo fra vivi e defunti oppure sottintende l'idea che l'esistenza dell'individuo si concluda definitivamente con la morte? Rispondi in 8 righe.

9. **Esporre | Esaminare la contrapposizione vita-morte.**
Leggi il passo della lettera di Carducci a Giuseppe Chiarini, in cui il poeta informa l'amico della morte del figlio. Poi esamina le immagini di vita e di morte e spiegane il significato.

> [...] Mi morì a tre anni e quattro mesi; ed era bello e grande e grosso, che pareva per l'età sua un miracolo. Ed era buono e forte e amoroso, come pochi. Come amava la sua mamma [...] E io avevo avviticchiate [strette] intorno a quel bambino tutte le mie gioie, tutte le mie speranze, tutto il mio avvenire: tutto quel che mi era rimasto di buono nell'anima lo aveva deposto su quella testina.

(G. Carducci, *Poesie*, a cura di W. Spiaggiari, Feltrinelli, Milano, 2007)

UNITÀ A2 ■ IL LINGUAGGIO DELLA POESIA

10. Il commento | Confrontare.

Il poeta greco Mosco (II sec. a.C.), cui Carducci si è ispirato per *Pianto antico,* così scriveva:

> Il verde prezzemolo, il florido ricciuto aneto [pianta aromatica] rivivranno ancora domani, ancora germoglieranno in un'altra stagione; ma noi, i grandi, i forti, i saggi, una volta toccati dalla morte, sordi resteremo sotto la cava terra, in un lunghissimo sonno senza fine e senza risveglio; e tu dunque, sepolto dentro la terra, silenzioso starai.

(trad. di B. Panebianco)

Individua le immagini analoghe a quelle di *Pianto antico* e poi spiega in 10 righe il messaggio universale che accomuna le due poesie.

11. Trattazione breve.

Leggi la seguente lirica di Carducci, *Funere mersit acerbo,* e trova affinità e differenze con *Pianto antico* in un testo di 15-20 righe.

> O tu che dormi là su la fiorita
> Collina tósca, e ti sta il padre a canto;
> Non hai tra l'erbe del sepolcro udita
> Pur ora una gentil voce di pianto?
>
> È il fanciulletto mio, che a la romita
> Tua porta batte: ei che nel grande e santo
> Nome te rinnovava, anch'ei la vita
> Fugge, o fratel, che a te fu amara tanto.
>
> Ahi no! giocava per le pinte aiole,
> E arriso pur di visïon leggiadre
> L'ombra l'avvolse, ed a le fredde e sole
>
> Vostre rive lo spinse. Oh, giú ne l'adre
> Sedi accoglilo tu, ché al dolce sole
> Ei volge il capo ed a chiamar la madre.

(G. Carducci, *Giosuè Carducci,* a cura di G. Di Pino, UTET, Torino, 1966)

PERCORSO A

POESIA: I METODI

da *Rime*
(1577)

▶ Lirica

Metro ▶ sonetto

Luigi Groto
La donna sua è mobile

Luigi Groto (1541-1585), noto come "Il Cieco d'Adria" a causa della cecità che lo colpì a pochi giorni dalla nascita, è uno dei massimi interpreti del Manierismo italiano e precursore del Barocco. Poeta e drammaturgo, fu molto apprezzato nell'Europa tra la fine del Cinquecento e il Seicento. Le sue *Rime* (oltre mille e trecento poesie) si caratterizzano per una ricerca formale talora vertiginosa, in cui l'artificio retorico diventa esso stesso oggetto poetico. Anche nel testo proposto sorprende la fitta trama degli espedienti stilistici con cui il poeta definisce l'indole della sua donna, lasciando intuire la condizione di incertezza in cui egli stesso versa a causa di tanta volubilità. Innegabile la sottile ironia che permea l'intero componimento.

Hor sta, or corre, or getami, or ricolge,
Hor m'ancide, or m'avviva, or m'odia, or mi ama,
Or mi frena, or mi sferza, or caccia, or chiama,
Or m'assolve, or mi danna, or lega, or sciolge.

5 Or m'alza, or preme, or sdegnami, or m'accolge,
Or m'affida, or dispera, or spreza, or brama,
Or mi unge, or punge, or lodami, or m'infama,
Or mi promette, or nega, or dona, or tolge.

---

1. **or getami, or ricolge:** ora mi allontana, ora mi accoglie.
2. **Hor m'ancide, or m'avviva:** ora mi uccide, ora mi dà la vita.
3. **Or mi frena, or mi sferza:** ora mi trattiene presso di lei, ora mi tratta male (*sferza*).
5. **or preme:** ora mi schiaccia.
6. **Or m'affida, or dispera, or spreza, or brama:** ora mi dà affidamento, ora mi fa perdere le speranze, ora mi disprezza, ora mi desidera.
7. **mi unge:** mi accarezza.
8. **tolge:** toglie.

▶ Kees van Dongen, *The Moulin de la Galette*, 1904-1906. Collezione privata.

UNITÀ A2 ■ IL LINGUAGGIO DELLA POESIA

Or mi ange, or molce, or m'ammorza, or mi accende,
10 Or fugge, or torna, or mostrasi, or s'asconde,
Or m'impiaga, or mi sana, or lascia, or prende.

Or arde, or gela, or tace, or risponde,
Or m'indubbia, or mi accerta, or fura, or rende,
Questa donna più mobil, che le fronde.

(L. Groto, *Le Rime di Luigi Groto Cieco d'Adria*, a cura di B. Spaggiari, Apogeo, Adria, 2014)

9. **Or mi ange, or molce, or m'ammorza, or mi accende:** ora mi punge come il morso di un serpente, ora è dolce, ora mi spegne, ora mi accende
13. **Or m'indubbia, or mi accerta, or fura, or rende:** ora mi riempie di dubbi, ora mi rassicura, ora ruba, ora restituisce.

Analisi del testo

La volubilità

Il tema del componimento è la volubilità della donna amata. Questa sembra quasi prendersi gioco dell'innamorato con i suoi comportamenti contraddittori e, per ciò, destabilizzanti. Il tema diventa motivo di gioco formale in cui il verso, rispecchiando l'indole della donna, si costruisce anch'esso sull'antitesi e il doppio.

Un raffinato gioco formale

Ogni verso, infatti, presenta una coppia di atteggiamenti della donna e il corrispettivo opposto. Per esempio il verso 2 (*Hor m'ancide, or m'avviva, or m'odia, or mi ama*) è diviso dalla cesura in due emistichi; ogni emistichio presenta una coppia oppositiva (*m'ancide* in antitesi con *m'avviva*), segue una seconda coppia oppositiva: *m'odia* in antitesi con *mi ama*; anche all'interno dei due sintagmi compare una pausa contrassegnata dalla virgola. In tal modo il verso, e di conseguenza il ritmo, risultano estremamente franti, spezzati come il cuore dell'innamorato che si sente diviso e sospeso. Il comportamento instabile dell'amata è ulteriormente rimarcato dalla costante presenza dell'avverbio *Or* in anafora in tutti i versi del componimento e iterato anche al loro interno.

Fulmen in clausula

Come nella satira antica in cui l'ultima battuta, detta *fulmen in clausula* ("fulmine nella conclusione"), confermava e rimarcava l'ironia del componimento, anche Groto riserva all'ultimo verso, oltre che la variazione stilistica (esso non presenta, infatti, la complessa struttura degli altri), la rivelazione del soggetto della lirica: una donna *più mobil*, volubile, delle fronde. Lo spostamento in sede conclusiva dell'oggetto della poesia fa anche in modo che per tutto il testo il vero protagonista, più che la donna, sia l'innamorato, in un certo senso vittima di tanta volubilità, e ciò è confermato dal regolare ricorso all'iterazione, quasi ossessiva, del pronome *mi*.

POESIA: I METODI

Che cosa so fare

COMPRENDERE

1. **L'oggetto poetico.**
   Definisci con alcuni aggettivi l'atteggiamento della donna oggetto della lirica.

2. **L'io lirico.**
   - Con chi si identifica l'io lirico?
   - Qual è il suo stato d'animo intuibile tra le righe del componimento?

3. **L'ultimo verso.**
   Spiega il significato dell'ultimo verso *Questa donna più mobil, che le fronde.*

ANALIZZARE

4. **Il componimento.**
   - Di che tipo di componimento si tratta?
   - Tutti gli endecasillabi sono rigorosamente
   a. tronchi
   b. piani
   c. sdruccioli

5. **La sillabazione.**
   Dividi in sillabe il verso 2 *Hor m'ancide, or m'avviva, or m'odia, or mi ama*; fa' il computo sillabico e stabilisci il numero di casi di sinalefe.

6. **Le rime.**
   - Scrivi lo schema delle rime.
   - Come si definisce lo schema delle rime delle quartine e delle terzine?
   - Tra le parole *accende* e *asconde* (vv. 9-10) c'è
   a. una rima
   b. un'assonanza
   c. una consonanza
   d. una rimalmezzo

7. **Le figure retoriche.**
   - Su quale figura retorica si fonda il componimento?
   - Quale altra figura retorica ricorre più volte?
   - In relazione a quali parole?

8. **La conclusione.**
   - Negli ultimi due versi *Or m'indubbia, or mi accerta, or fura, or rende, / Questa donna più mobil, che le fronde* quali figure retoriche sono presenti?
   - Con quale effetto? Che cosa sottolineano?

PRODURRE

9. **Laboratorio di scrittura creativa | L'anafora.**
   Prova a scrivere un componimento che si fondi sulla ricorrenza dell'anafora.

10. **Laboratorio di scrittura creativa | Riscrittura.**
    Riscrivi la lirica modificando l'oggetto: immagina che il referente sia un tuo compagno di classe, un insegnante, o un altro tuo conoscente. Cerca anche tu di chiudere il componimento con una battuta fulminea.

UNITÀ A2 ■ IL LINGUAGGIO DELLA POESIA

Clemente Rebora
O poesia, nel lucido verso

da *Frammenti lirici* (1913)
▶ Lirica
Metro ▶ versi liberi

In questa lirica di Clemente Rebora (1885-1957; ▶ *L'autore*, p. 258), tratta dalla raccolta *Frammenti lirici*, le sonorità e il gioco sottile delle figure retoriche esaltano un'originale apostrofe alla poesia.

O poesia, nel lucido verso
Che l'ansietà di primavera esalta
Che la vittoria dell'estate assalta
Che speranze nell'occhio del cielo divampa
5 Che tripudi sul cuor della terra conflagra,
O poesia, nel livido verso
Che sguazza fanghiglia d'autunno
Che spezza ghiaccioli d'inverno
Che schizza veleno nell'occhio del cielo
10 Che strizza ferite sul cuor della terra,
O poesia nel verso inviolabile
Tu stringi le forme che dentro
Malvive svanivan nel labile
Gesto vigliacco, nell'aria
15 Senza respiro, nel varco
Indefinito e deserto
Del sogno disperso,
Nell'orgia senza piacere
Dell'ebbra fantasia;
20 E mentre ti levi a tacere
Sulla cagnara di chi legge e scrive
Sulla malizia di chi lucra e svaria
Sulla tristezza di chi soffre e acceca,
Tu sei cagnara e malizia e tristezza,
25 Ma sei la letizia
Che incuora il vicino,
Ma sei la fanfara
Che ritma il cammino,
Ma sei la certezza
30 Del grande destino,
O poesia di sterco e di fiori,
Terror della vita, presenza di Dio,
O morta e rinata
Cittadina del mondo catenata!

(C. Rebora, *Le poesie*, Garzanti, Milano, 1999)

▲ **Constantin Brancusi**, *Musa addormentata*, 1908-1910. Parigi, Centre Pompidou, Musée national d'art moderne.

1-2. O poesia...esalta: O poesia, che sei presente nel verso luminoso che esalta l'attesa della stagione primaverile. Si noti che il predicato verbale anche nei versi a seguire viene posposto rispetto al complemento oggetto, mentre l'ordine logico torna naturale dal verso 7.
4. divampa: che accende speranze.
5. Che tripudi sul cuor della terra conflagra: che accende sulla terra manifestazioni di gioia.
6. livido: scuro, ma anche, in senso figurato, astioso.
13. Malvive: a malapena vive.
18. Nell'orgia senza piacere: nella confusione di piaceri dove, in realtà, ci si perde e nessun piacere è vero piacere, ma solo l'illusione di esso.
19. Dell'ebbra fantasia: della fantasia sfrenata, ubriaca, pazza.
21. cagnara: confusione, frastuono.
22-23. Sulla malizia...acceca: sulla cattiva fede di coloro che traggono guadagno in vario modo giocando sulla tristezza di chi è sofferente e la vita ha reso incapace di sperare ancora.
26. incuora: conforta.
27. fanfara: banda musicale.

PERCORSO A — POESIA: I METODI

Analisi del testo

Un inno alla poesia

La lirica presenta un'accumulazione di immagini analogiche che definiscono e connotano la poesia e la sua funzione. Il testo si apre con l'apostrofe alla poesia che si ripete ai versi 6 e 11: *O poesia, nel lucido verso... O poesia, nel livido verso... O poesia nel verso inviolabile*. L'ellissi del verbo essere rende immediata la relazione tra poesia e verso. Gli aggettivi *lucido* e *livido*, in antitesi, generano una serie di proposizioni relative (in anafora) che precisano questi significati attraverso l'opposizione degli ambiti semantici della "positività", in riferimento a *lucido*, e "negatività" in riferimento a *livido*. La positività è determinata dal riferimento alle stagioni più calde e luminose (*primavera, estate*), così anche i verbi che chiudono i versi trasmettono i concetti di vitalità, calore, luce (*esalta, assalta, divampa, conflagra*) a segnalare che la poesia sa rendere la bellezza della vita; la negatività si evince dalle stagioni fredde (*autunno* e *inverno*), antitetiche alla primavera e all'estate, ma soprattutto dalla frequenza di sonorità taglienti e stridenti delle allitterazioni in *s* e in *z* (*sguazza, spezza, schizza*), ai suoni gutturali *gli*, *ghi* (*fanghiglia, ghiaccioli*), che sottolineano la capacità della poesia di trasmettere anche gli aspetti difficili e dolorosi della vita.

La vita nel verso

Alla terza apostrofe, *O poesia nel verso inviolabile* (v. 11), seguono una serie di immagini astratte che definiscono altri aspetti della poesia: essa è in grado di interpretare anche i lati più oscuri del vissuto. Seguono numerose metafore delle diverse condizioni di fragilità dell'animo umano: *nel labile / Gesto vigliacco, nell'aria / Senza respiro, nel varco / Indefinito e deserto / Del sogno disperso, / Nell'orgia senza piacere / Dell'ebbra fantasia*.

La poesia cittadina del mondo

Si torna alla fine sulla complessità della poesia che si eleva sulle bassezze dell'uomo (*E mentre ti levi a tacere / Sulla cagnara di chi legge e scrive / Sulla malizia di chi lucra e svaria / Sulla tristezza di chi soffre e accieca*, vv. 20-23) ed è in grado di interpretare sempre la realtà, *cittadina*, perché svolge anche una funzione civilizzatrice in un mondo che la incatena alle sue contraddizioni (*O poesia di sterco e di fiori, / Terror della vita, presenza di Dio, / O morta e rinata / Cittadina del mondo catenata*).

Che cosa so fare

COMPRENDERE

1. **L'interlocutore.**
   Chi è l'interlocutore della lirica?

2. **I sentimenti.**
   Dal testo nei confronti della poesia si evince un sentimento di
   a. infelicità
   b. gratitudine
   c. felicità
   d. tristezza

3. **La funzione della poesia.**
   - Qual è la funzione della poesia che si mette in evidenza nella lirica?
   - Spiega i versi 27-28 (*Ma sei la fanfara / Che ritma il cammino*). A che cosa si fa riferimento con i termini *fanfara* e *cammino*? Di quale figura retorica si tratta?

UNITÀ A2 ■ IL LINGUAGGIO DELLA POESIA

ANALIZZARE

4. **Rima, assonanza, consonanza.**
   - Al verso 11 la parola *verso* costituisce con i versi 1 e 6
   a. una rima al mezzo
   b. un'assonanza
   c. una rima interna
   d. una rima ipermetra
   - Che tipo di rima presentano i versi 2-3 *Che l'ansietà di primavera esalta / Che la vittoria dell'estate assalta*?
   - Tra i versi 4 e 5 *Che speranze nell'occhio del cielo divampa / Che tripudi sul cuor della terra conflagra,* c'è assonanza o consonanza?

5. **Le figure retoriche.**
   - Quale figura retorica dell'ordine compare al verso 2 (*Che l'ansietà di primavera esalta*) e ricorre nei successivi?
   - Quale figura retorica collega i versi nel testo? Riporta qualche esempio.

6. **L'antitesi.**
   La lirica si fonda anche sulla ricorrenza dell'antitesi. Rileva quelle presenti in sede conclusiva.

7. **L'*occhio*.**
   Al verso 4 (*Che speranze nell'occhio del cielo divampa*) compare una
   a. allitterazione
   b. onomatopea
   c. apostrofe
   d. personificazione

8. **Gli effetti fonici.**
   - Quali effetti producono i suoni stridenti delle allitterazioni ai versi 7-8-9? Che sensazioni trasmettono al lettore?
   - Quale figura retorica di suono presenta il verso 13 (*Malvive svanivan nel labile*)?

PRODURRE

9. **Scrivere la parafrasi.**
   Dopo aver letto attentamente il testo e controllato sul vocabolario o nelle note i termini più difficili, scrivi la parafrasi ricostruendo il corretto ordine logico dei versi e semplificando il lessico.

10. **Laboratorio di scrittura creativa I Comporre un'apostrofe.**
    Scrivi anche tu un'apostrofe alla poesia, o alla scrittura, alla lettura, alla musica. Utilizza anche tu versi polimetri, ricorri all'utilizzo di strumenti retorici come l'anafora, l'iterazione, la metafora.

PERCORSO A

POESIA: I METODI

da *Sentimento del tempo* (1933)

▶ Lirica
Metro ▶ versi liberi

Giuseppe Ungaretti
O notte

Per Giuseppe Ungaretti (1888-1970; ▶ *L'autore e l'opera*, p. 228) la poesia è una forma di conoscenza «pura», cioè libera dall'esigenza di una rappresentazione oggettiva della realtà, indipendente dalla logica e dalla ragione, volta all'espressione dell'io e alla rappresentazione di immagini interiori. Ungaretti stesso precisò il tema di questa lirica: «lo scorrere del tempo, il mutare del tempo, la brevità di durata del tempo e ciò che del tempo rimane, che è il soffio della poesia».

Il testo si apre con un'immagine dell'alba e si chiude con un'invocazione alla notte, che rimanda al titolo del componimento. Dal buio notturno emergono immagini che rivelano aspetti del reale, privi di precisi riferimenti spazio-temporali e associati alla soggettività dell'io lirico, al suo sentimento della vita, del declino della giovinezza, dell'attesa della morte.

Dall'ampia ansia dell'alba
Svelata alberatura.

Dolorosi risvegli.

Foglie, sorelle foglie,
5 Vi ascolto nel lamento.

Autunni,
Moribonde dolcezze.

O gioventù,
Passata è appena l'ora del distacco.

10 Cieli alti della gioventù,
Libero slancio.

E già sono deserto.

Perso in questa curva malinconia.

Ma la notte sperde le lontananze.

15 Oceanici silenzi,
Astrali nidi d'illusione,

O notte.

(G. Ungaretti, *Vita d'un uomo. Tutte le poesie*, a cura di L. Piccioni, Mondadori, Milano, 1969)

▲ Vasilij Kandinskij, *Dalla luce all'oscurità* (*From Light into Dark*), 1930. Collezione privata.

12. deserto: arido.
14. sperde: annulla.

UNITÀ A2 ■ IL LINGUAGGIO DELLA POESIA

Analisi del testo

Il ritorno alla coscienza

La luce dell'alba mostra la realtà esterna nella sua vera dimensione (*Svelata alberatura*), allo stesso modo la coscienza, emergendo dal sonno notturno, riporta la consapevolezza e con essa il dolore (*Dolorosi risvegli*).

La parola *ansia* fa esplicito riferimento alla dimensione dell'io lirico, nel quale si ridestano le angosce che accompagnano l'esistenza dell'uomo; l'ansia è *ampia*, cioè in grado di pervadere completamente la percezione della realtà.

Il dolore universale

La dimensione del dolore non è soltanto negli esseri umani, ma coinvolge la natura stessa e tutte le forme dell'esistenza: è richiamata anche dal debole rumore delle foglie mosse dal vento (*Foglie... Vi ascolto nel lamento*), che assumono caratteristiche umane (*lamento*). La condivisione della sofferenza trasforma l'ansia iniziale in *Moribonde dolcezze*: non è soltanto la stagione autunnale ad andare verso il sonno dell'inverno, ma è la vita stessa dell'uomo che, come quella di tutte le creature, declina verso la morte attraverso un distacco dolce e graduale.

Il trascorrere della giovinezza e della speranza

La morte richiama per contrasto l'idea della gioventù, che sembra finita da poco (*Passata è appena l'ora del distacco*), espressa dall'immagine di cieli alti e illimitati, metafora degli slanci giovanili animati da una speranza senza confini. Slanci ed entusiasmi che non esistono più (*E già sono deserto*), poiché hanno lasciato il posto alla solitudine, dimensione dolorosa anche se condivisa con gli altri esseri umani, e alla malinconia. L'aggettivo *curva* evoca il ripiegamento interiore dell'io su se stesso e si contrappone per antitesi al libero slancio della giovinezza.

La notte salvifica

Unica salvezza è la notte, poiché annulla tutto nel buio senza confini. Le espressioni *Oceanici silenzi*, *Astrali nidi d'illusione* richiamano, con un procedimento analogico, una dimensione assoluta infinita e consolatoria: il silenzio senza limiti è il tacere della coscienza, dimensione nella quale possono crescere ancora le illusioni; esse trovano la forza di manifestarsi, quasi fossero custodite all'interno dello spazio caldo di un nido proiettato oltre il tempo e lo spazio.

Lo stile

Lo stile nominale (senza uso del verbo) porta a una «scarnificazione» della frase che, nella sua essenzialità, conferisce alla parola intensità di significato e suggestione evocativa. Il discorso non si articola in modo logico-razionale: l'abolizione dei nessi sintattici e l'uso dell'analogia (accostamento di immagini senza espliciti legami di paragone) creano un'interazione tra parole isolate, frammenti di frasi e spazi tipografici bianchi, concentrando l'attenzione sulle improvvise «illuminazioni» dell'io lirico. È quindi facendo ricorso all'intuizione e non a processi razionali che si percepiscono i collegamenti analogici attraverso cui il testo è costruito.

89

POESIA: I METODI

Che cosa so fare

COMPRENDERE

1. **I vocativi.**
   I versi 8 e 17 sono introdotti da vocativi. Quale funzione hanno?

2. **L'espressione dell'io lirico.**
   Individua le espressioni che fanno esplicito riferimento all'io lirico e definisci quali stati d'animo comunicano.

ANALIZZARE

3. **Le aree di significato.**
   Ricopia la tabella sul quaderno e inserisci i termini dei campi semantici dell'alba e della notte.

Campo semantico dell'alba	Campo semantico della notte
ansia	sperde le lontananze

4. **Il significato connotativo.**
   Il linguaggio della lirica è fortemente allusivo.
   - Al verso 4 le foglie vengono definite *sorelle*. Quali immagini suggerisce l'uso di tale termine? Quale significato ha questo accostamento foglie-sorelle?
   - Al verso 12 l'io lirico si definisce *deserto*. Quali sensazioni comunica al lettore tale termine?

5. **La metafora →.**
   Al verso 16 troviamo la metafora *nidi d'illusione*. Spiegane il significato alla luce delle suggestioni che la parola *nido* produce.

6. **Figure retoriche d'ordine.**
   Al verso 9 è presente una figura retorica d'ordine.
   - Di quale figura si tratta?
   - Quale effetto produce?

7. **Altre figure di significato.**
   Ti proponiamo un'altra poesia di Ungaretti di facile comprensione. Spiega con parole semplici l'espressione metaforica che vi è contenuta.

   Santa Maria La Longa il 26 gennaio 1917
   Vorrei imitare
   questo paese
   adagiato
   nel suo camice
   di neve

   (G. Ungaretti, *Vita d'un uomo. Tutte le poesie*, a cura di L. Piccioni, Mondadori, Milano, 1969)

PRODURRE

8. **Laboratorio di scrittura creativa | Esprimere sensazioni e sentimenti attraverso analogie.**
   Scrivi una lirica che esprima un tuo sentimento o una sensazione esclusivamente attraverso immagini che li suggeriscono, creando così delle analogie. Puoi trovare esempio nei seguenti versi

UNITÀ A2 ■ IL LINGUAGGIO DELLA POESIA

di Sandro Penna (1906-1977), i quali traducono un sentimento di solitudine nel tempo vuoto dell'attesa, attraverso immagini accostate l'una all'altra.

> Il treno tarderà di almeno un'ora.
> L'acqua del mare si fa più turchina.
> Sul muro calcinato il campanello
> casalingo non suona. La panchina
> di ferro scotta al sole. Le cicale
> sono le sole padrone dell'ora.

(S. Penna, Poesie, Garzanti, Milano, 1990)

9. **Laboratorio di scrittura creativa I Trasformare una descrizione in prosa in una lirica.**

Prendi spunto dal testo in prosa sotto riportato per comporre una poesia. Utilizza espressioni presenti nel testo (eventualmente aggiungendo altri elementi) e applica i procedimenti usati da Ungaretti in *O notte*: prevalenza di frasi nominali, versi brevi, spazi bianchi, uso di figure retoriche di ordine e di significato.

La scena è ambientata a Parigi durante la guerra: è primavera, sul far dell'alba è suonato l'allarme e tutti sono nei rifugi; il sole sorge sulla città deserta.

> Stava per spuntare il giorno; un riflesso pervinca e argento sfiorava le strade, i parapetti del lungosenna, le torri di Notre-Dame. Sacchi di sabbia coprivano fino a metà altezza gli edifici più importanti [...]. In lontananza, echeggiavano colpi di cannone che via via si facevano più vicini [...]. Abbandonati durante l'allarme, carrettini di frutta e verdure rimanevano in strada con il loro carico di fiori freschi. Il sole, ancora tutto rosso, saliva in un cielo senza nuvole.
> Partì una cannonata così vicina a Parigi che tutti gli uccelli volarono via dalla sommità dei monumenti. Più in alto si libravano grandi uccelli neri, di solito invisibili, spiegavano sotto il sole le ali di un rosa argenteo, poi venivano i bei piccioni grassi che tubavano e le rondini, i passeri che saltellavano tranquillamente nelle strade deserte. Su ogni pioppo del lungosenna c'era un nugolo di uccelletti scuri che cantavano frenetici. Nelle profondità dei rifugi arrivò infine un segnale remoto, attutito dalla distanza, sorta di fanfara a tre toni: il cessato allarme.

(I. Némirovsky, Suite francese, trad. di L. Frausin Guarino, Adelphi, Milano, 2005)

La tua poesia dovrà esprimere, attraverso una serie di immagini, i sentimenti di un io lirico che evoca:
– il senso di spaesamento dato dalla città deserta;
– il rapporto tra la natura primaverile e l'incombente presenza della guerra.
Potresti cominciare così:

> *Sacchi di sabbia*
> *Nelle strade*
> *carretti abbandonati*
> *Pervinca e argento dell'alba*
> *il lungosenna...*
> (continua tu...)

91

POESIA: I METODI

Eugenio Montale
Meriggiare pallido e assorto

da *Ossi di seppia* (1925)

▶ Lirica

Metro ▶ tre quartine e una strofa di cinque versi liberi (novenari, decasillabi, endecasillabi) secondo lo schema AABB CDCD EEFF GHIGH

Questa lirica sviluppa un tema fondamentale di Eugenio Montale (1896-1981; ▶ *L'autore e l'opera*, p. 150): il male di vivere, cioè la consapevolezza del dolore umano senza una prospettiva certa di riscatto e salvezza, simbolicamente rappresentato da un paesaggio arso dal sole (quello della riviera ligure di Monterosso) e linguisticamente espresso da suoni aspri e disarmonici.

Meriggiare pallido e assorto
presso un rovente muro d'orto,
ascoltare tra i pruni e gli sterpi
schiocchi di merli, frusci di serpi.

5 Nelle crepe del suolo o su la veccia
spiar le file di rosse formiche
ch'ora si rompono ed ora s'intrecciano
a sommo di minuscole biche.

Osservare tra frondi il palpitare
10 lontano di scaglie di mare
mentre si levano tremuli scricchi
di cicale dai calvi picchi.

E andando nel sole che abbaglia
sentire con triste meraviglia
15 com'è tutta la vita e il suo travaglio
in questo seguitare una muraglia
che ha in cima cocci aguzzi di bottiglia.

(E. Montale, *Tutte le poesie*, Mondadori, Milano, 1984)

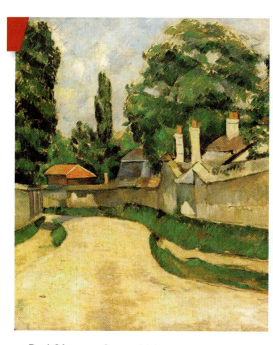

▲ **Paul Cézanne**, *Case sul lato di una strada* (particolare), ca 1881. San Pietroburgo, Museo dell'Ermitage.

1. Meriggiare...assorto: trascorrere il pomeriggio immerso in una meditazione tesa e attonita.
2. rovente muro: bruciato da un sole violento; *muro* si collega all'immagine della *muraglia* (v. 16).
3. i pruni e gli sterpi: le erbe inaridite e i cespugli incolti e spinosi.
4. schiocchi...serpi: il fischio dei merli, il fruscio appena percettibile e sfuggente dei serpi sul suolo riarso (si tratta di termini onomatopeici).
5. crepe: fenditure; **veccia**: è una pianta erbacea rampicante.
7. si rompono...s'intrecciano: s'interrompono e s'intrecciano. Il confuso e incessante movimento delle formiche simboleggia il vano e instancabile affaccendarsi degli uomini.
8. a sommo...biche: in cima a piccoli mucchietti di terra, che si trovano vicino ai formicai (*biche*: letteralmente mucchi di spighe).
9-10. il palpitare...mare: lo scintillio delle onde del mare, visibile attraverso un intrico di rami e fronde, come tanti frammenti dai riflessi metallici. Il *mare* è un simbolo positivo, che esprime con la sua dimensione d'infinito l'ansia del poeta di superare i limiti e le miserie umane.
11. tremuli scricchi: il canto tremulo delle cicale è come uno scricchiolio (onomatopea).
12. dai calvi picchi: dalle cime delle alture aride, prive di vegetazione.
13. andando: seguendo il *rovente muro d'orto*.
15-17. com'è tutta...bottiglia: dall'osservazione alla meditazione: come tutta la vita e il suo dolore (*travaglio*) non siano altro che seguire (*seguitare*) un muro invalicabile, perché sulla sua cima sono infissi cocci di vetro appuntiti e taglienti, simbolo delle difficoltà dell'esistenza.

UNITÀ A2 ▪ IL LINGUAGGIO DELLA POESIA

Analisi del testo

La struttura del componimento

Le prime tre strofe descrivono un paesaggio arido, immerso in una luce accecante, in cui alle immagini visive sono associate percezioni uditive: dal frinire delle cicale, all'indefinito strisciare di una serpe. Le formiche che si affannano sotto il sole torrido stabiliscono un'immediata analogia con la fatica umana: una fatica non fisica ma della coscienza. L'immagine si collega direttamente al tema della lirica: l'impossibilità per l'uomo di cogliere compiutamente il senso della vita e la condanna a una dimensione incerta nella quale sfugge il senso ultimo delle cose. S'intravede appena in lontananza e a frammenti il tremolìo del mare, quasi il manifestarsi di una debole speranza: la possibilità di un accesso all'infinito, alla consapevolezza, che rimane sospesa al confine fra illusione e realtà.

Nella quarta strofa il poeta esprime l'intimo desiderio di giungere alla comprensione dell'esistenza, di andare oltre quel muro d'orto rovente, quella muraglia senza varchi che metaforicamente rappresentano gli impedimenti a ogni esperienza conoscitiva profonda.

Lo stile

I suoni delle parole richiamano il contenuto del testo: termini dall'effetto fonico disarmonico e secco (*meriggiare, muro, pruni, frusci, sterpi, merli, serpi, scricchi*) evocano una realtà esterna e una dimensione della coscienza in cui l'aridità e la durezza sono le caratteristiche dominanti.

Il ritmo della lirica è accelerato attraverso alcune scelte stilistiche:

- il tessuto fonico prodotto dalle rime e dalle consonanze (*assorto-orto, sterpi-serpi, formiche-biche, palpitare-mare*);
- il ricorso a parole di una o di poche sillabe (*che ha in cima cocci aguzzi*).

Ciò lo rende in perfetta sintonia con l'animo inquieto dell'io lirico, sempre alla ricerca della verità ma consapevole che si tratta di una meta velleitaria.

Che cosa so fare

COMPRENDERE

1. Il significato simbolico del paesaggio.

Le *formiche*, il *muro-muraglia*, i *cocci aguzzi di bottiglia*, il *sole che abbaglia* rappresentano alcuni aspetti dell'esistenza umana. Di quali aspetti si tratta?

ANALIZZARE

2. I campi sensoriali.

Il testo è costruito soprattutto su sensazioni visive e uditive. Individua in ciascuna strofa i riferimenti ai due campi sensoriali. Per svolgere l'esercizio ricopia la seguente tabella sul tuo quaderno.

	Sensazioni visive	Sensazioni uditive
I strofa		
II strofa		
III strofa		
IV strofa		

93

POESIA: I METODI

3. **I versi.**

La poesia è costruita con novenari, decasillabi ed endecasillabi. Individuali nel testo.

Sono novenari i versi ....

Sono decasillabi i versi ....

Sono endecasillabi i versi ....

4. **La rima ipermetra.**

I versi 5 e 7 sono legati da una rima ipermetra. Spiega il significato di questa affermazione.

5. **Le figure di suono.**

Sofferma la tua attenzione sulle figure di suono.
- Quali parole del testo hanno valore onomatopeico? Quali sensazioni trasmettono?
- La rima *sterpi / serpi* costituisce anche una figura retorica di suono. Di quale figura si tratta?
- L'ultima strofa non è costruita soltanto sulle rime, ma anche su consonanze e allitterazioni. Quali di queste figure di suono riconosci nel testo? Quale effetto producono?

6. **Il mare.**

Sofferma la tua attenzione sull'immagine del mare.
- Perché il mare, in tale contesto, sembra offrire una possibilità di speranza?
- Ritieni che i suoni presenti nella rima *palpit**are** / **mare*** evidenzino tale significato? Per rispondere ricorda la poesia *Per lei* di Giorgio Caproni (► p. 64).

PRODURRE

7. **Esporre | Spiegare la relazione tra significante e significato.**

Presenta la poesia *Meriggiare pallido e assorto* ai tuoi compagni specificando:
- la struttura metrica;
- la tematica e il significato del testo;
- il rapporto tra significante e significato, in particolare perché i suoni aspri con i quali è costruita la lirica (*sterpi, schiocchi, scricchi, picchi…*) sono in stretta relazione con la tematica della lirica stessa.

Hai a disposizione 7-10 minuti.

8. **Laboratorio di scrittura creativa | Rime e figure di suono.**

Esercitati con le strutture foniche, indicando tre parole che formino rispettivamente una rima, un'assonanza e una consonanza con la prima. L'esercizio è avviato.

	Rima	Assonanza	Consonanza
a. rossore	dolore	remote	valere
b. maglia			
c. zucca			
d. roba			
e. escandescenza			
f. formaggio			
g. gallina			
h. digiuno			

9. **Esporre | Leggere con espressività.**

Leggi ad alta voce la lirica:
- con l'aiuto del vocabolario controlla l'esatta pronuncia delle vocali "e" e "o";
- esamina sulla pagina gli aspetti più importanti della costruzione metrico-sintattica;
- segna gli accenti ritmici;
- considera le figure di suono.

Edgar Lee Masters
La collina

da *Antologia di Spoon River* (1915)

▶ Lirica

Metro ▶ originale e traduzione in versi liberi

Edgar Lee Masters (1869-1950) è uno dei più grandi poeti americani. La sua fama è legata alla celeberrima raccolta *Antologia di Spoon River* (1915), in cui dà voce agli abitanti – tutti defunti – di un'immaginaria cittadina americana. Quasi ogni poesia ha come titolo il nome e il cognome dell'"io lirico" che si racconta. Ne deriva una sorta di narrazione in versi. *La collina* introduce la raccolta presentando le vite e le morti di alcuni personaggi emblematici che torneranno in altre liriche.

Dove sono Elmer, Herman, Bert, Tom e Charley,
l'abulico, l'atletico, il buffone, l'ubriacone, il rissoso?
Tutti, tutti, dormono sulla collina.

Uno trapassò in una febbre,
5   uno fu arso in miniera,
uno fu ucciso in rissa,
uno morì in prigione,
uno cadde da un ponte lavorando per i suoi cari –
tutti, tutti dormono, dormono, dormono sulla collina.

10   Dove sono Ella, Kate, Mag, Edith e Lizzie,
la tenera, la semplice, la vociona, l'orgogliosa, la felice?
Tutte, tutte, dormono sulla collina.

2. abulico: aggettivo che connota una persona svogliata, poco reattiva.
4. trapassò: morì.

◀ Kent Rockwell, *Donegal*, ca 1926-1927. Collezione privata.

POESIA: I METODI

Una morì di un parto illecito,
una di amore contrastato,
15 una sotto le mani di un bruto in un bordello,
una di orgoglio spezzato, mentre anelava al suo ideale,
una inseguendo la vita, lontano, in Londra e Parigi,
ma fu riportata nel piccolo spazio con Ella, con Kate, con Mag –
tutte, tutte dormono, dormono, dormono sulla collina.

20 Dove sono zio Isaac e la zia Emily,
e il vecchio Towny Kincaid e Sevigne Houghton,
e il maggiore Walker che aveva conosciuto
uomini venerabili della Rivoluzione?
Tutti, tutti, dormono sulla collina.

25 Li riportarono, figlioli morti, dalla guerra,
e figlie infrante dalla vita,
e i loro bimbi orfani, piangenti –
tutti, tutti dormono, dormono, dormono sulla collina.

Dov'è quel vecchio suonatore Jones
30 che giocò con la vita per tutti i novant'anni,
fronteggiando il nevischio a petto nudo,
bevendo, facendo chiasso, non pensando né a moglie né a parenti,
né al denaro, né all'amore, né al cielo?
Eccolo! Ciancia delle fritture di tanti anni fa,
35 delle corse di tanti anni fa nel Boschetto di Clary,
di ciò che Abe Lincoln
disse una volta a Springfield.

(E. Lee Masters, *Antologia di Spoon River*, trad. di F. Pivano, Einaudi, Torino, 1943)

16. anelava: aspirava.
23. Rivoluzione: si fa riferimento alla guerra di indipendenza dall'Inghilterra del 1776 che portò alla costituzione degli Stati Uniti d'America.
26. infrante: spezzate.
36. Abe Lincoln: è il Presidente degli Stati Uniti Abraham Lincoln (1809-1865), che a Springfield, pronunciò un discorso in cui disse: «Questi sono brutti tempi e tutto [...] sembra morto, morto, morto; [...]. Al di sotto di questa apparente mancanza di vita e movimento il mondo tuttavia si muove. Sperate».

Analisi del testo

La collina
La collina è il luogo in cui sono sepolti gli abitanti di un'immaginaria cittadina degli Stati Uniti. *Elmer, Herman, Bert, Tom e Charley,* ecc., sono nomi comuni di persone fittizie, ma ispirate a persone realmente vissute. I personaggi dell'antologia, tuttavia, rappresentano piuttosto categorie: il debole di volontà, il forte di braccia, il buffone, l'ubriacone, l'attaccabrighe; si alzano dalla tomba per narrare la loro storia, spesso dolorosa, drammatica ed emblematica di una società perbenista, in realtà logorata dal vizio. La poesia presenta un andamento prosastico, un ritmo lento e cadenzato, incalzato anche dal ricorrere dell'anafora, quasi ossessiva, di *uno/una* e dal procedimento dell'enumerazione interrotto solo dalle reiterate domande.

Ubi sunt
Il testo è caratterizzato da un verso che ritorna alla fine di ogni strofa; la funzione è ricordare che tutti questi uomini dormono sulla collina. *Tutti, tutti, dormono sulla collina*, si ripete con alcune varianti: al femminile al verso 19, o iterando più volte la parola *tutti* e la parola *dormono*. In tal modo il ritornello risponde all'interrogativo che torna, anch'esso

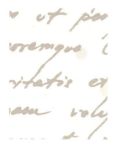

ossessivo: *dove sono?* Tutti, anche se morti, sono pronti a destarsi dal loro sonno per tornare a noi con le loro storie. Questo tema non è nuovo alla letteratura, ma accompagna la lirica dal Medioevo fino all'Ottocento: l'*Ubi sunt* (l'espressione latina cita per intero: *Ubi sunt qui ante nos fuerunt?*, "Dove sono coloro che furono (vissero) prima di noi?") stava a indicare proprio questo tipo di poesia, in cui si chiedeva ai morti di tornare a vivere con le loro storie per essere di monito ai vivi. Nello stesso modo Lee Masters domanda ai morti di tornare per far riflettere i vivi attraverso le loro vicende quotidiane che ridisegnano contesti sociali in fondo mai passati, sempre attuali, vere e proprie chiavi di lettura del mondo.

Che cosa so fare

COMPRENDERE

1. **Una galleria di personaggi.**
   - Chi sono i personaggi della lirica e che cosa rappresentano?
   - Oltre ai defunti, nel testo si fa riferimento anche a persone vive? Se sì, in quali versi?

2. **Il suonatore Jones.**
   A uno dei personaggi, il suonatore Jones, si riserva maggior spazio.
   - Quale personalità si può evincere dal testo?
   - A quale altro personaggio si fa riferimento parlando di lui?

3. **La storia.**
   A quale avvenimento storico si fa riferimento nel testo?

ANALIZZARE

4. **La struttura del testo.**
   Descrivi la struttura metrica.

5. **La domanda.**
   Quale figura retorica domina le strofe in cui è presente la proposizione interrogativa diretta?

6. **Il ritornello.**
   Il verso 3 viene ripetuto ai versi 9, 12, 19, 24, 28 con alcune variazioni. Che effetto produce sul ritmo della lirica questa ripetizione?

7. **Le figure retoriche dell'ordine.**
   Nel testo ricorre per due volte una stessa figura retorica dell'ordine. Quale?

8. **La sintassi.**
   - I versi presentano prevalenza di ipotassi o paratassi?
   - Quale forma di collegamento tra espressioni e frasi si privilegia nel testo?

PRODURRE

9. **Laboratorio di scrittura creativa | L'*Ubi sunt*.**
   Dopo aver condotto una ricerca su internet sul tema dell'*Ubi sunt* in poesia, scrivi anche tu un testo che inizi con il verso *Dove sono* che si ripete più volte o in anafora, o in iterazione. Scegli liberamente il tema della lirica.

10. **Confrontare poesia e canzone.**
    Dopo aver letto la scheda *La poesia messa in musica* (▶ p. 98) confronta il testo della lirica con il testo della canzone di De André e rileva affinità e differenze.

DA UN LINGUAGGIO ALL'ALTRO
La poesia messa in musica

La tartaruga e gli dèi

Pare che sia stato il dio greco Hermes a inventare la lira, uno degli strumenti musicali a corde più antichi del mondo: egli trovò nel fondo di una grotta una tartaruga e l'uccise; nell'incavo del suo carapace tirò sette corde ricavate dal budello di una pecora e le suonò. Aveva costruito uno strumento musicale che sarebbe diventato il preferito di un altro dio, Apollo. Nella Bibbia il primo ad accompagnare i suoi salmi con uno strumento è re Davide: egli però non usa la lira, ma la cetra. Ancora nelle corti del Medioevo e del Rinascimento, i testi poetici venivano cantati e accompagnati dalla musica. Il legame tra parole e canto, o meglio, tra poesia e musica, non si sarebbe mai più spezzato. Dante Alighieri compone i *canti* della *Commedia*, mentre la *canzone* è stata per secoli una forma poetica tra le più usate. Nell'Ottocento, Giacomo Leopardi intitolò la sua raccolta di poesie *Canti* (▶ *L'opera*, p. 215), a sottolineare la musicalità intrinseca dei suoi versi. La poesia, dunque, nasce per essere cantata. È solo con le avanguardie del Novecento che, almeno in apparenza, il rapporto tra poesia e musica si incrina: la poesia moderna, infatti, sembra rifuggire la musicalità; attraverso soluzioni sperimentali se ne allontana cercando di riprodurre i rimbombi e i frastuoni della quotidianità. A ben vedere, però, anche questi suoni poco musicali sono una forma di musica.

Cantare la poesia

Nel 1971, il cantautore italiano Fabrizio De André decise che avrebbe realizzato un disco particolare: anziché scrivere i testi delle proprie canzoni, egli adattò e mise in musica alcune liriche tratte dall'*Antologia di Spoon River* del poeta americano Edgar Lee Masters (▶ p. 95). In questo modo, De André recuperava il rapporto tra musica e versi: le liriche di Lee Masters non erano state scritte per essere musicate ma, con qualche accorgimento e una buona traduzione, il loro andamento ritmico si prestava a farle diventare canzoni. *Non al denaro non all'amore né al cielo* (questo il titolo del disco, "rubato" a un verso della prima poesia della raccolta) contiene nove canzoni che sono altrettante rielaborazioni delle poesie di Lee Masters. De André scelse otto personaggi dell'*Antologia* e musicò i testi. Come aveva fatto il poeta americano, compose un pezzo introduttivo, *Dormono sulla collina*, un adattamento della poesia *La collina*.

> Dove se n'è andato Elmer
> che di febbre si lasciò morire,
> dov'è Herman bruciato in miniera.
> Dove sono Bert e Tom,
> il primo ucciso in una rissa
> e l'altro che uscì già morto di galera.
> E cosa ne sarà di Charley
> che cadde mentre lavorava
> e dal ponte volò, volò sulla strada.
>
> Dormono, dormono sulla collina
> dormono, dormono sulla collina.
>
> Dove sono Ella e Kate
> morte entrambe per errore,
> una di aborto, l'altra d'amore.
> E Maggie uccisa in un bordello
> dalle carezze di un animale
> e Edith consumata da uno strano male.
> E Lizzie che inseguì la vita
> lontano, e dall'Inghilterra
> fu riportata in questo palmo di terra.

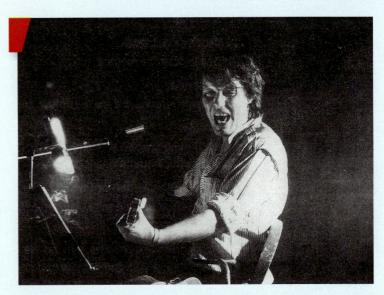

▲ Fabrizio De André in concerto, 1996.

Dormono, dormono sulla collina
dormono, dormono sulla collina.

Dove sono i generali
che si fregiarono nelle battaglie
con cimiteri di croci sul petto,
dove i figli della guerra
partiti per un ideale
per una truffa, per un amore finito male
hanno rimandato a casa
le loro spoglie nelle bandiere
legate strette perché sembrassero intere.

Dormono, dormono sulla collina
dormono, dormono sulla collina.

Dov'è Jones il suonatore
che fu sorpreso dai suoi novant'anni
e con la vita avrebbe ancora giocato.
Lui che offrì la faccia al vento,
la gola al vino e mai un pensiero
non al denaro, non all'amore né al cielo.
Lui sì, sembra di sentirlo
cianciare ancora delle porcate
mangiate in strada nelle ore sbagliate,
sembra di sentirlo ancora
dire al mercante di liquore:
«Tu che lo vendi, cosa ti compri di migliore?»

(F. De André, *Come un'anomalia. Tutte le canzoni*, Einaudi, Torino, 1999)

▲ Fabrizio De André insieme a Fernanda Pivano, 1998. Scrittrice e traduttrice dei maggiori scrittori americani del Novecento – fu addirittura arrestata per la sua traduzione di *Addio alle armi* di Hemingway – Pivano esordì proprio con la traduzione dell'*Antologia di Spoon River*, nel 1943.

De André e Lee Masters si incontrano su *La collina*

Il primo intervento di De André sul testo è stato modificarlo affinché i versi finali delle strofe rimassero tra loro: *miniera/galera, errore/amore, animale/male* sono solo alcuni esempi dell'adattamento del cantautore. Dove non era possibile far rimare perfettamente le parole, De André ha scelto vocaboli il cui suono ha qualche assonanza, come nella coppia *lavorava/strada*.
L'originale di Lee Masters aveva già un ritornello (*dormono, dormono, dormono sulla collina*), che De André ha mantenuto. L'intervento più deciso da parte del cantautore è avvenuto però nella scomposizione delle strofe. Se confrontate i testi, infatti, noterete che la poesia di Lee Masters è costruita alternando strofe in cui si elencano i nomi di alcuni personaggi (e che terminano con il ritornello) a strofe in cui se ne spiegano i destini. De André, per poterli cantare, ha scomposto le strofe: ogni strofa della canzone è dedicata a uno, massimo due personaggi, il cui destino ci è subito raccontato. Ogni tre-quattro strofe arriva il ritornello. Dunque la forma della canzone è molto diversa – anche se, all'ascolto, potrebbe non sembrare così – da quella della poesia originale. Ma ogni cambiamento ha un senso preciso: quello di far diventare cantabile una poesia che, essendo in versi liberi, non rispetta appieno i canoni della musicalità. Nei versi finali il cantautore completa la storia del suonatore Jones con versi che risultano tra i più belli della musica italiana.

PERCORSO A

POESIA: I METODI

Ugo Foscolo
In morte del fratello Giovanni

da *Poesie* (1816)

▶ Lirica

Metro ▶ sonetto con schema ABAB-ABAB-CDC-DCD

La lirica di Ugo Foscolo (1778-1827) ha come tema la morte del fratello, Giovanni Dionigi, che nel 1801 si uccide a causa di un grosso debito di gioco. L'occasione alimenta la riflessione del poeta, che, esule (egli era andato in esilio volontario a seguito della cessione di Venezia all'Austria dopo il Trattato di Campoformio, 1797), lontano dalla patria, sente a tal punto l'avversità del destino da pensare di poter trovar anch'egli pace solo con la morte. In realtà non si suicidò perché, nonostante le difficoltà, egli rimane sempre, coraggiosamente, attaccato alla vita.

Un dì, s'io non andrò sempre fuggendo
di gente in gente, mi vedrai seduto
su la tua pietra, o fratel mio, gemendo
il fior dei tuoi gentili anni caduto.

5 La madre or sol, suo dì tardo traendo,
parla di me col tuo cenere muto:
ma io deluse a voi le palme tendo;
e se da lunge i miei tetti saluto,

sento gli avversi Numi, e le secrete
10 cure che al viver tuo furon tempesta,
e prego anch'io nel tuo porto quiete.

Questo di tanta speme oggi mi resta!
Straniere genti, l'ossa mie rendete
Allora al petto della madre mesta.

(U. Foscolo, *Opere*, Einaudi, Torino, 1994)

▲ Jacques-Louis David, *Il giuramento degli Orazi* (particolare), 1784. Parigi, Louvre.

1-4. Un dì s'io non andrò...dei tuoi gentili anni caduto: Foscolo è in esilio, quindi lontano dalla patria, e si augura un giorno di poter onorare la tomba del fratello. Questi primi versi riprendono un distico del Carme CI di Catullo (I sec. a.C.): *Multas per gentes et multa per aequora vectus/advenio has miseras, frater, ad inferias*, "Dopo essere stato trascinato attraverso molte terre (lett. popoli) e mari, arrivo, o fratello, a questi dolorosi onori funebri".
5-6. La madre...parla di me col tuo cenere muto: la madre, ora rimasta del tutto sola (perché l'altro figlio, Ugo stesso, è lontano), trascinando faticosamente i suoi giorni lenti, i giorni di una vecchiaia infelice, parla di me con te che non ci sei più, che non puoi risponderle. Anche in questi versi vive l'eco del Carme CI di Catullo che in tal segmento è quasi tradotto letteralmente: *et mutam nequiquam alloquerer cinerem*, "a parlare invano al tuo cenere muto".
7. palme: mani.
8. da lunge: da lontano.
9. sento gli avversi Numi: sento l'avversità del destino. Il *numen*, presso gli antichi, era la manifestazione della volontà del dio, per esteso, si intende il dio stesso, o il fato.
9-10. le secrete cure che al viver tuo furon tempesta: e (sento) i motivi d'angoscia, tenuti segreti, che costituirono profonda inquietudine nella tua vita, che ti sconvolsero (al punto da portarti al suicidio).
11. porto: inteso metaforicamente è la morte.
12. Questo di tanta speme oggi mi resta: questo di tante speranze oggi mi resta. Il verso è ispirato a un verso di Francesco Petrarca «questo m'avanza di cotanta speme» (*Canzoniere*, CCLXVIII, v. 32).
13. rendete: restituite.

LABORATORIO DELLE COMPETENZE

UNITÀ A2 ■ IL LINGUAGGIO DELLA POESIA

ATTIVITÀ

COMPRENDERE E ANALIZZARE

Competenza:
- leggere, comprendere e interpretare testi scritti di vario tipo

1. ESEGUI LE ATTIVITÀ SUL TESTO

1. Il contenuto.
Cancella fra le opzioni indicate in corsivo quella sbagliata.

Nella lirica il poeta si augura di poter *andare / tornare* un giorno sulla tomba del fratello morto ormai *vecchio / prematuramente*. I versi successivamente mettono a fuoco la condizione della madre che *determinata / a fatica* continua la sua vita e che dialoga con *il figlio morto del figlio vivo / il figlio vivo del figlio morto*. Il poeta, poi, torna *al fratello / su se stesso* e sul tema *del suicidio / dell'esilio*. Afferma di sentire tutto *il dolore per la perdita del fratello / l'avversità del destino* e si augura di trovare anch'egli quiete *nella morte / in patria*. Negli ultimi versi compare il grido disperato del poeta affinché il *suo corpo morto / corpo del fratello* possa essere restituito all'infelice madre.

2. L'io lirico.
- Definisci l'io lirico. Quali tratti della sua condizione esistenziale si possono trarre dal testo? Quale il suo stato d'animo?
- Ritieni che protagonista della lirica sia il fratello del poeta oppure, piuttosto, il poeta stesso? Motiva la tua risposta.
- Sottolinea i casi in cui si ricorre al pronome personale di prima persona, al possessivo *mio*, alla particella pronominale *mi*.

3. Una *corrispondenza d'amorosi sensi.*
Nel testo si instaura un dialogo che genera una corrispondenza tra vivi e morti.
- Identifica i versi in cui è evidente la ricerca di corrispondenza tra chi è ancora vivo e chi non lo è più e spiegali.
- Il tema del dialogo tra vita e morte da quale figura retorica dell'ordine è evidenziato? Perché?

4. Il tema dell'esilio.
Ai versi 1-2, *fuggendo / di gente in gente* costituisce
- **a.** un'anafora
- **b.** un'enumerazione
- **c.** un *enjambement*
- **d.** un ossimoro

5. Le aree di significato.
Inserisci nella tabella le parole o espressioni, anche metaforiche, appartenenti agli ambiti semantici della morte e dell'esilio.

Morte	Esilio

6. L'apostrofe.
La figura retorica che domina l'intera prima quartina è l'apostrofe al fratello.
- Spiega in che modo questa figura sia messa in evidenza all'interno della quartina.
- Spiega quale effetto essa produca.

7. La pietra.
- Al verso 3 *la tua pietra* è
- **a.** una similitudine
- **b.** una metonimia
- **c.** un'analogia
- **d.** una sineddoche
- Quale effetto produce?
- In quale altro verso si può rintracciare la presenza della stessa figura retorica?

8. La morte prematura.
- Il verso *il fior dei tuoi gentili anni caduto* costituisce
- **a.** una personificazione
- **b.** una metonimia
- **c.** un chiasmo
- **d.** una perifrasi
- All'interno di questo verso compare anche una figura dell'ordine. Quale? Con che effetto?
- Che cosa si intende con l'aggettivo *gentili*?

9. La madre.
- Al verso 5 *La madre or sol, suo dì tardo traendo* da quale figura di suono è rimarcata?
- In quale altro verso troviamo la stessa figura di suono, sempre in riferimento alla madre? In questo ultimo caso che cosa si vuol mettere in rilievo?

101

PERCORSO A — POESIA: I METODI

INTERPRETARE E PRODURRE

Competenze:
- leggere, comprendere e interpretare testi scritti di vario tipo
- produrre testi di vario tipo in relazione ai differenti scopi comunicativi

2. PARAFRASI

Dopo aver controllato sul vocabolario e nelle note i significati dei termini più difficili, ricostruisci il naturale ordine logico-sintattico del testo e scrivi la parafrasi.

3. COMMENTO

Argomentare.
Scrivi un paragrafo di 10 righe dal titolo: Relazioni familiari all'interno di *In morte del fratello Giovanni*. Documenta la tua riflessione facendo chiari riferimenti testuali alla lirica di Foscolo.

4. LABORATORIO DI SCRITTURA CREATIVA

L'artificio.
In questo sonetto di Luigi Groto (▶ p. 82) gli aspetti formali del testo poetico sono stati oggetto di forte sperimentalismo. In questo componimento palindromo ogni verso ha senso anche letto retrocedendo dalla fine all'inizio del verso. Per esempio il primo verso *Fortezza e senno Amor dona, non tolge* significa "Forza e ragione Amore dona, non toglie", ma può essere anche letto al contrario: "Non toglie, dona Amore ragione e forza".
Dopo aver letto attentamente il testo, divertiti con i compagni a comporre qualche verso palindromo.

Sonetto artificioso

Fortezza e senno Amor dona, non tolge,
Giova, non noce; al ben, non al mal chiama.
Trova, non perde onor, costumi, fama;
Bellezza, e castità lega, non sciolge.

5 Dolcezza, non affanno l'uom ne colge.
Nuova perfidia Amor rompe, non trama.
Prova, non crucia; il duol odia, non ama.
Prezza, non scherne; in buon, non in rio volge.

Vita non morte dà; gioia, non pena;
10 Sorte buona, non ria; frutto, non danno.
Invita al ciel, non a l'inferno mena.

Accorte, non cieche hor l'alme si fanno.
Aita, non offende; arma, non svena:
Forte non molle Amor; Dio, non tiranno.

1. senno: ragione. **tolge:** toglie.
4. sciolge: scioglie.
7. Prova, non crucia: Amore dà forza (*prova*), non angustia, non affligge (*non crucia*).
8. Prezza...volge: apprezza non disprezza, volge in bene, non in male.
10. ria: malvagia.
11. mena: porta.
12. alme: anime.
13. Aita: aiuta.

(L. Groto, *Le Rime di Luigi Groto Cieco d'Adria*, Apogeo, Adria, 2014)

ESPORRE E ARGOMENTARE

Competenze:
- padroneggiare gli strumenti espressivi e argomentativi indispensabili per gestire l'interazione comunicativa verbale in vari contesti
- leggere, comprendere e interpretare testi scritti di vario tipo

5. VERSO IL COLLOQUIO ORALE

Sofferma la tua attenzione su uno dei testi dell'unità.
- Precisa il titolo e l'autore della lirica scelta.
- Delinea il tema centrale.
- Spiega se l'io lirico esprime i sentimenti dell'autore reale.
- Spiega il testo individuando le aree di significato.
- Individua le figure retoriche e la loro funzione in relazione al significato.
- Infine istituisci confronti con aspetti che hai potuto rintracciare anche in altri testi di questa unità.

 Per il tuo intervento orale hai a disposizione 15-20 minuti.

PERCORSO B
Poesia: i temi

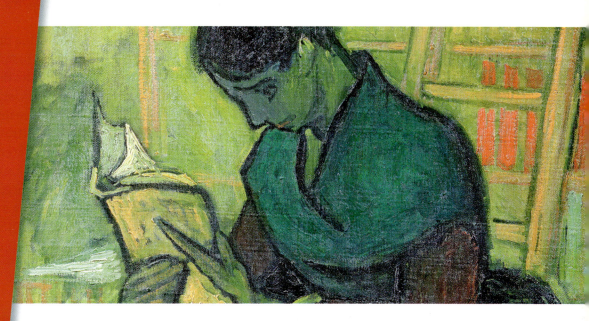

1. L'amore
2. La natura
3. L'oltre
4. La guerra

POESIA: I TEMI

■ Come si studia un tema

Tutta la produzione letteraria può essere raggruppata per grandi temi, strettamente connessi alla natura umana, alle passioni, al mondo del pensiero, delle relazioni e del sentimento, agli avvenimenti della storia e della quotidianità.
Poiché la letteratura tocca aspetti costanti dello spirito e della vita degli esseri umani, ci sono temi che attraversano tutte le epoche, dall'antichità ai giorni nostri (*L'amore*, ▶ p. 106, *La natura*, ▶ p. 164, *L'oltre*, ▶ p. 204, *La guerra*, ▶ p. 244).

ANALISI DI UN TEMA. Per studiare un tema occorre partire da due presupposti:
- i testi sviluppano un argomento in base alle concezioni diffuse in un dato momento storico e ai caratteri di una determinata società. Ne deriva che il confronto tra opere di epoche diverse, omogenee dal punto di vista tematico, consente di osservare i cambiamenti della mentalità e delle idee nel tempo;
- ogni scrittore esprime il proprio individuale modo di sentire attraverso lo stile che lo caratterizza e lo distingue dagli autori coevi, anche se i temi considerati sono i medesimi.

Quindi, affrontare un tema significa verificare come uno stesso argomento sia stato sviluppato da autori di epoche diverse oppure di una stessa epoca. Oltre alle evidenti differenze, emergeranno così idee, valori e sensibilità comuni a narratori e poeti anche molto distanti nel tempo, elementi di continuità e differenze attraverso una prospettiva diacronica e sincronica.

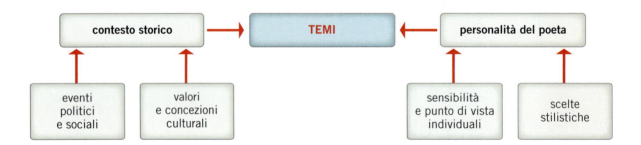

104

UNITÀ B1 L'amore

Testo d'esempio P. Neruda *Posso scrivere i versi*

Antologia
Saffo *Effetti d'amore*
Catullo *Passione d'amore*
F. Petrarca *I capelli d'oro*
A. Achmatova *La porta è socchiusa*
U. Saba *Ed amai nuovamente*
J. Prévert *I ragazzi che si amano*
N. Hikmet *Forse la mia ultima lettera a Mehmet*
F. Fortini *L'edera*
E. Montale *Ho sceso, dandoti il braccio*
V. Lamarque *Due storie d'amore*
A. Merini *Elegia*

Laboratorio delle competenze W. Szymborska *L'amore felice*

In questa unità:
- affronterai il tema dell'amore, dalla lirica antica ai nostri giorni
- analizzerai liriche significative della letteratura italiana e straniera
- individuerai nelle liriche tematiche, situazioni ed elementi espressivi ricorrenti del tema
- approfondirai le tue conoscenze sulla lirica greca e latina, affronterai il tema dell'amore e della bruttezza, scoprirai le voci femminili nella poesia di tutti i tempi
- produrrai testi creativi, inventando o rielaborando temi e situazioni
- esporrai le caratteristiche di una lirica che hai letto
- organizzerai con i tuoi compagni un blog contenente liriche d'amore

105

PERCORSO B

POESIA: I TEMI

1 L'amore

APPROFONDIMENTO ONLINE
Arte
– Baci celebri

L'amore rappresenta sicuramente un aspetto fondamentale della vita di ogni essere umano, causa di felicità incontenibile e di piaceri sconvolgenti, ma anche fonte di dolori e tormenti. È un fenomeno spesso misterioso e sempre complesso e, pur essendo un'**esperienza universale**, ha dato vita a numerose concezioni. Tanti sono i modi di affrontare e vivere un rapporto amoroso quanto molteplici sono i momenti in cui esso si manifesta: dai primi sguardi al corteggiamento, dallo scoppio della passione al suo soddisfacimento, dai dubbi della gelosia ai tormenti del tradimento o della separazione.

È naturale, pertanto, che un'esperienza come l'amore, in cui convivono sentimenti così intensi ma anche apparentemente contraddittori, sia al centro della poesia. Tutti gli aspetti psicologici e fisici della passione d'amore hanno trovato nella poesia una voce attraverso cui esprimersi liberamente e uno strumento di riflessione. Nella poesia di **Pablo Neruda** (1904-1973; ▶ *Posso scrivere i versi*, p. 109) proprio l'atto poetico diventa strumento privilegiato per esprimere non solo il sentimento che lega il poeta alla donna amata, ma anche una sorta di ringraziamento alla parola scritta. Scrivere versi rende possibile esplicitare il sentimento, anche nella sua dimensione dolorosa, e ciò reca sollievo al poeta. La scrittura diventa amica e confidente di un intimo colloquio.

■ L'amore sofferto

L'ESPERIENZA DRAMMATICA DELLA GELOSIA. Le conseguenze dolorose della gelosia sono descritte nella lirica di **Saffo** (VII-VI sec. a.C.; ▶ *Effetti d'amore*, p. 113). I versi della poetessa greca manifestano la sofferenza fisica e spirituale provocata dall'imminente matrimonio di una fanciulla amata. Alla gioia serena dei promessi sposi, l'io lirico, che li osserva accecato dalla passione, contrappone il suo profondo turbamento, tale da sconvolgerne la mente e indurlo a credere di poter morire di angoscia. Anche in *Passione d'amore* (▶ p. 116) del poeta latino **Catullo** (ca 84-54 a.C.) l'amore è ragione di sofferenza: l'io lirico spia la donna amata che, indifferente alla sua infelicità, sorride amorosa a un altro uomo.

GLI AMORI NON CONTRACCAMBIATI. Quando non è corrisposto, l'amore provoca sconforto e malinconia. Nelle liriche *Il signore gentile* e *La signora della neve* (▶

p. 152), pur con disincantata ironia, **Vivian Lamarque** (1946) descrive l'amara esperienza di un inascoltato sentimento d'amore. Nella prima poesia, l'uomo oggetto del desiderio è cortese ma poco disponibile, e lascia che il tempo trascorra senza cogliere l'occasione sentimentale. Nella seconda, l'uomo amato, timoroso di lasciarsi coinvolgere e sommergere dall'amore, viene paragonato a una città coperta dalla neve, che aspetta immobile l'arrivo della primavera.

LA DELUSIONE DELL'ABBANDONO. La poetessa russa **Anna Achmatova** (1889-1966) descrive un amore fonte di solitudine e sofferenza. In *La porta è socchiusa* (▶ p. 128), l'io lirico manifesta la propria dolorosa incredulità dinanzi alla fine incomprensibile di un amore. Però, spente la passione e le gioie di un tempo, rivolgendosi al proprio cuore amareggiato, la donna abbandonata esalta comunque la bellezza della vita e proclama la sua intenzione di lasciare *la porta socchiusa*, ovvero di restare in attesa di una nuova esperienza sentimentale.

L'ETERNITÀ DELL'AMORE. Un amore che il tempo non ha intaccato è quello di **Francesco Petrarca** (1304-1374) per Laura. Nel sonetto *I capelli d'oro* (▶ p. 121) l'io lirico, ricordando il primo incontro con Laura, rappresenta l'inesorabile fluire degli anni attraverso l'opposizione fra la bellezza passata della amata *creatura angelica*, che il tempo ha alterato e cancellato, e l'amore ancora vivo e presente, di cui non muta l'intensità e che continua a tormentare come una ferita inguaribile.

■ L'amore felice

LE GIOIE DELL'AMORE E LA COMPLICITÀ. Ma l'amore è soprattutto gioia. Ne *I ragazzi che si amano* (▶ p. 137) di **Jacques Prévert** (1900-1977) la fresca immagine di due ragazzi che, incuranti degli sguardi altrui, si baciano e si amano riproduce una situazione alla quale spesso ci capita di assistere. L'esclusività dell'amore alimenta la passione che toglie importanza a tutto ciò che capita all'esterno. L'amore è gioia e complicità: in questo si realizza quel legame unico che intreccia le esistenze di due innamorati. Anche **Alda Merini** (1931-2009), nei pochi e intensi versi della sua *Elegia* (▶ p. 154), parla di un sentimento passionale e gioioso, anche se non privo della dimensione del turbamento, che rivive nel ricordo della sua anima pronta ad amare ancora.

▼ **Costantin Brancusi**, *Il bacio*, 1910. Londra, Collezione privata.

LA SCELTA DI UNA VITA. *Ed amai nuovamente* (▶ p. 132) di **Umberto Saba** (1883-1957) è un altro sonetto in cui l'io lirico si rivolge alla donna amata. Il poeta lancia un'accorata dichiarazione di amore imperituro alla moglie Lina, simbolo di forza vitale e generosa passione: egli, pur riconoscendo turbamenti e crisi del rapporto coniugale, afferma la propria fedeltà e riconferma con forza la volontà di continuare a scegliere la donna cui è legato da anni.

PERCORSO B

POESIA: I TEMI

Anche **Eugenio Montale** (1896-1981) ha dedicato numerose poesie alla moglie, soprannominata affettuosamente Mosca a causa degli spessi occhiali da miope che era obbligata a portare. In *Ho sceso, dandoti il braccio* (► p. 149) il poeta ricorda la familiare figura femminile, ormai defunta, con cui ha condiviso la vita e che gli è stata compagna nelle difficoltà degli impegni quotidiani.

Franco Fortini (1917-1994), in *L'edera* (► p. 146), assegna alla pianta rampicante il valore simbolico della forza e della durata dell'amore coniugale. Il poeta ricorda un episodio ormai lontano: il dono di un ramo d'edera alla donna che un giorno sarebbe diventata sua moglie. Dopo venti anni, il tralcio ormai è ingiallito ma continua a restare in vita, immagine di un amore rafforzato dalla condivisione delle gioie e delle fatiche quotidiane. Con i suoi versi, Fortini ci suggerisce che il segreto di un amore capace di sopravvivere alla passione che un tempo lo ha acceso è la disponibilità ad accettare le inevitabili trasformazioni.

L'AMORE: UNA PREZIOSA EREDITÀ. L'amore è un sentimento complesso che presenta mille sfaccettature e caratterizza anche il rapporto tra genitori e figli, il legame con la propria terra e il proprio popolo.

Nell'intensa lirica *Forse la mia ultima lettera a Mehmet* (► p. 140) il poeta **Nazim Hikmet** (1902-1963) invita il figlio proprio ad amare tutto ciò che ci viene dato, perché solo coltivando con amore ogni aspetto del vissuto, noi tutti potremo migliorare noi stessi e la nostra società.

Che cosa so

Indica se le seguenti affermazioni sono vere o false.

	V	F
a. Montale ricorda il senso pratico della moglie.	☐	☐
b. Neruda nella sua poesia stenta a rassegnarsi alla fine della sua storia d'amore.	☐	☐
c. Per Fortini la rosa è il simbolo dell'amore coniugale.	☐	☐
d. *Passione d'amore* descrive gli effetti provocati dalla gelosia.	☐	☐
e. Alda Merini si lamenta per l'abbandono del suo uomo.	☐	☐
f. *Ho sceso, dandoti il braccio* è dedicata alla moglie morta del poeta.	☐	☐
g. In *Forse la mia ultima lettera a Mehmet* il poeta lascia al figlio un'eredità di ideali.	☐	☐
h. *Effetti d'amore* è dedicata a una ragazza in procinto di sposarsi.	☐	☐
i. *La porta è socchiusa* descrive le sensazioni di una donna abbandonata.	☐	☐
j. Nella civiltà greca e romana la poesia celebrava soltanto amori felici.	☐	☐
k. In *I capelli d'oro* l'io lirico ricorda il primo incontro con la donna amata.	☐	☐
l. Per Saffo la passione amorosa può determinare sofferenza fisica e psicologica.	☐	☐
m. Le poesie di Vivian Lamarque narrano la disperazione di chi ha subito un tradimento.	☐	☐
n. Per Saba la figura della moglie rappresenta la forza vitale e la sincerità dei sentimenti.	☐	☐

UNITÀ B1 ■ L'AMORE

Posso scrivere i versi
Pablo Neruda

Testo d'esempio
Venti poesie d'amore e una canzone disperata
(1924)
▶ Lirica

Nel 1923 il poeta Pablo Neruda pubblica i suoi primi versi nella raccolta *Crepuscolario* e, nel 1924, *Venti poesie d'amore e una canzone disperata* da cui è tratta la poesia *Posso scrivere i versi*, ottenendo un grande successo. Amore, natura e interrogativi sul valore dell'esistenza si fondono in questa lirica: una notte illuminata dalle stelle e scossa dal leggero soffio del vento ricorda all'io lirico le notti d'amore trascorse con la sua donna.
La poesia è dominata dalla nostalgia di chi non sa rassegnarsi di aver perso un amore. Scrivere questi versi, attraversati dalla consapevolezza della brevità dell'esistenza, arreca al poeta un sollievo, che non sconfigge però definitivamente la struggente malinconia e la gelosia per la donna perduta.

Pablo Neruda, pseudonimo di Ricardo Neftalí Reyes, nasce in Cile nel 1904. Esiliato dal regime del dittatore Gonzalez Videla a causa delle sue idee vicine al comunismo, la sua poesia si connota per l'impegno civile per i diritti umani e la giustizia (*Canto generale*, 1950; *I versi del Capitano*, 1952). Nel 1953 rientra in patria, dove prosegue la sua attività di poeta (*Odi elementari*, 1954; *Cento sonetti d'amore*, 1959). Premio Nobel per la letteratura nel 1971, muore nel 1973 a Santiago durante il colpo di stato che rovescia il governo democratico di Salvador Allende.

Posso scrivere i versi più tristi questa notte.

Scrivere, ad esempio: «La notte è stellata,
e tremolano, azzurri, gli astri, in lontananza».

Il vento della notte gira nel cielo e canta.

5 Posso scrivere i versi più tristi questa notte.
Io l'amai, e a volte anche **lei mi amò**.

Nelle notti come questa **la tenni** fra le mie braccia.
La baciai tante volte sotto il cielo infinito.

Lei **mi amò**, a volte **anch'io l'amavo**.
10 Come non amare i suoi grandi occhi fissi.

Posso scrivere i versi più tristi questa notte.
Pensare che non l'ho. Dolermi di averla perduta.

Udire la notte immensa, più immensa senza di lei.
E il verso cade sull'anima come sull'erba la rugiada.

15 Che importa che il mio amore non potesse conservarla.
La notte è stellata e lei non è con me.

Posso scrivere i versi più tristi questa notte
Il verso, che si ripete identico al verso 5 e al verso 11, presenta i temi centrali della lirica:
– il dolore per la fine dell'amore dell'io lirico
– il valore della scrittura nella rielaborazione dei sentimenti del poeta
– il valore pregnante della notte che si fa specchio delle riflessioni del poeta e chiave, al contempo, del suo stato.

Io l'amai…lei mi amò…la tenni… La baciai…mi amò
Il passato remoto conferma la conclusione dell'amore.

anch'io l'amavo
L'imperfetto segnala che il sentimento continua a rimanere vivo nel ricordo del poeta.

---

3. tremolano: la parola vuol riprodurre l'effetto delle stelle lontane che alla vista emanano un bagliore e che, per la presenza del vento, sembrano tremare.

10. fissi: immobili. Si riferisce allo sguardo dell'amata mentre lo guarda.

POESIA: I TEMI

▶ **Paul Klee**, *Chiaro di luna*, 1919. Collezione privata.

È tutto. In lontananza qualcuno canta. In lontananza.
La mia anima non si accontenta di averla perduta.

Come per avvicinarla il mio sguardo la cerca.
20   Il mio cuore la cerca, e lei non è con me.

La stessa notte che fa biancheggiare gli stessi alberi.
Noi, quelli di allora, più non siamo gli stessi.

Più non l'amo, è certo, ma quanto l'amai.
La mia voce cercava il vento per toccare il suo udito.

25   D'altro. Sarà d'altro. Come prima dei miei baci.
La sua voce, il suo corpo chiaro. I suoi occhi infiniti.

Più non l'amo, certo, ma forse l'amo.
È così breve l'amore, ed è sì lungo l'oblio.

Perché in notti come questa la tenni fra le mie braccia,
30   la mia anima non si rassegna di averla perduta.

Benché questo sia l'ultimo dolore che lei mi causa,
e questi siano gli ultimi versi che io le scrivo.

(P. Neruda, *Venti poesie d'amore e una canzone disperata*,
a cura di G. Bellini, Passigli, Firenze, 2007)

---

la cerca...la cerca
Iterato ai versi 19 e 20 rimarca il tema della difficile rassegnazione alla fine dell'amore.

Noi, quelli di allora, più non siamo gli stessi
L'iperbato sposta in sede iniziale il *noi* che ora non esiste più.

La sua voce, il suo corpo chiaro. I suoi occhi infiniti.
L'accumulazione in climax ascendente evoca un'immagine intensa per il poeta, che culmina nell'intensità dello sguardo della donna, riprendendo così i suoi *grandi occhi fissi* (v. 10).

Benché questo sia l'ultimo dolore che lei mi causa, e questi siano gli ultimi versi che io le scrivo.
In sede conclusiva l'iterazione dell'aggettivo *ultimo* evidenzia la consapevolezza che è necessario rassegnarsi.

---

21. biancheggiare: il verbo evoca l'immagine degli alberi illuminati dalla luce lunare.

UNITÀ B1 ■ L'AMORE

Analisi del testo

Il significato complessivo

Il poeta dedica dei versi all'amata dopo la fine del loro amore. È notte e l'io lirico riconduce il ricordo e la riflessione alla dimensione notturna del paesaggio. La notte e il verso sono depositari delle intime oscillazioni di un animo che non si vuol rassegnare ad aver perduto la donna amata. Ritornano il ricordo di lei, del suo sguardo e dell'intimità delle effusioni tra i due innamorati. Il poeta percepisce il distacco e la lontananza anche nelle immagini del paesaggio notturno; teme la presenza di un altro accanto a lei e sente di amarla ancora. È difficile rassegnarsi, nonostante la determinazione a far sì che questa sia l'ultima sofferenza causata da questo amore.

I temi

L'intreccio dei temi nell'intimità della scrittura. La lirica si apre con l'affermazione immediata di una condizione di sconforto: *Posso scrivere i versi più tristi questa notte*. Il verso ritorna ai versi 5 e 11 richiamando l'attenzione non solo sul tema centrale della lirica – la tristezza del poeta causata dalla fine della sua storia d'amore –, ma anche su altri due temi: la scrittura, amica e confidente nell'intimo dialogo tra il poeta e il suo sentire, e la notte, che diviene specchio e chiave di lettura dell'animo del poeta. Il sottile intreccio di queste relazioni dichiarato nei versi 2-3 (*Scrivere ad esempio: «La notte è stellata, / e tremolano, azzurri, gli astri, in lontananza»*) introduce il tema dell'assenza.

L'assenza. La sua donna è lontana, così come il legame che li univa. La scelta del passato remoto sottolinea l'aspetto di un'azione non solo passata, ma conclusa (*Io l'amai, e a volte anche lei mi amò*, v. 6); tuttavia lo speculare verso 9 (*Lei mi amò, a volte anch'io l'amavo*) è all'imperfetto: la continuità dell'azione nel passato indica che il sentimento permane nel ricordo e nell'intimità del poeta. Procedendo, l'alternarsi nell'uso temporale del passato e del presente conferma questa volontà di recuperare il sentimento nella memoria (*...la tenni fra le mie braccia. / La baciai...*, vv. 7-8), su cui si innesta la consapevolezza del presente con la sua dolorosa assenza (*Come per avvicinarla il mio sguardo la cerca. / Il mio cuore la cerca, e lei non è con me*, vv. 19-20).

Una difficile rassegnazione. Il poeta manifesta la sua difficoltà a rassegnarsi all'idea di non poter più vivere il sentimento d'amore con la sua donna (*La mia anima non si accontenta di averla perduta*, v. 18) e tutto gli sembra diverso ora (*Noi, quelli di allora, più non siamo gli stessi*, v. 22). Tuttavia il suo animo oscilla, come si può notare al verso 23 (*Più non l'amo, è certo, ma quanto l'amai*) e al verso 27 (*Più non l'amo, certo, ma forse l'amo*). Emerge tutta la complessità del sentimento che, anche se ricondotto alla razionalità, stenta a spegnersi nella difficoltà della rassegnazione (*Benché questo sia l'ultimo dolore che lei mi causa, / e questi siano gli ultimi versi che io le scrivo*, vv. 31-32).

Lo stile

La ricerca di equilibrio. La lirica presenta una struttura in versi liberi in cui il distico → si alterna al verso isolato. Quasi ogni verso è chiuso dal punto fermo e ha in sé una propria compiutezza, è concluso come la storia d'amore oggetto della lirica. In tal modo la punteggiatura assume una valenza connotativa molto forte. Talora il punto fermo interrompe anche il breve respiro di uno stesso verso (v. 12, v. 17, v. 25, v. 26) determinando forti cesure che rendono franto il ritmo, come spezzato è l'animo del poeta. L'impianto sintattico è dominato dalla paratassi che giustappone le immagini; esse, come fotogrammi, si susseguono veloci nel tentativo di ridisegnare la complessità del sentire.

111

POESIA: I TEMI

Che cosa so fare

COMPRENDERE

1. **La fine di un amore.**

   La fine di una relazione d'amore è il tema centrale della lirica. Sapresti descrivere lo stato d'animo del poeta? Che cosa gli manca della sua donna?

2. **La scrittura.**

   Perché il poeta chiude la lirica affermando di aver scritto gli ultimi versi alla sua donna?

3. **La notte.**

   Qual è il rapporto tra la natura e lo stato d'animo dell'io lirico? La bellezza della notte stellata è fonte di sollievo per l'animo del poeta? Perché al verso 13 la notte viene definita *immensa*?

ANALIZZARE

4. **L'esordio.**

   Il primo verso viene iterato per altre due volte (v. 5 e v. 11). Qual è lo scopo?

5. **Il sentimento d'amore.**

   Individua i versi in cui il poeta sottolinea come il sentimento d'amore sia contraddittorio e mostri la consapevolezza della contraddittorietà della vita stessa.

6. **Il paragone.**

   Al verso 14 si accosta l'effetto del verso sull'anima a quello della rugiada sull'erba. Perché? Oltre al paragone nello stesso verso compare un'ulteriore figura retorica. Quale?

7. **La personificazione →.**

   Al verso 4 perché possiamo dire che il vento sia personificato? Con quale effetto?

8. **La cesura →.**

   Che cosa sottolinea la brusca cesura al verso 12 dal punto di vista del significato?

PRODURRE

9. **Laboratorio di scrittura creativa | Scrivere una lettera dal contenuto poetico.**

   Riscrivi liberamente la poesia di Pablo Neruda in prosa, trasformandola in una lettera che l'io lirico invia alla donna un tempo amata. Ti forniamo un modello.

   «Cara Giulia,
   ricordi la notte in cui fra un bacio e l'altro provammo a contare le stelle che illuminavano la distesa verde di Prà Cumba? Era la nostra prima gita in montagna, e neanche il vento ci distolse dal desiderio di aspettare l'alba seduti sull'erba umida. Forse non ci amammo più con quella intensità. E forse è per questo che ti scrivo.»
   (continua tu…)

10. **Laboratorio di scrittura creativa | Riscrittura.**

    Scrivi una poesia d'amore, seguendo il modello fornito dalla lirica di Neruda, ma rovesciando lo stato d'animo dell'io lirico. Immagina che l'amore, anziché finito, sia appena sbocciato. Ti forniamo un modello:

    Posso scrivere i versi più lieti questa notte.
    Scrivere ad esempio: «La notte è limpida.
    Col suo raggio la luna illumina il mondo.
    L'aria sospesa di sogni penetra nel pacato silenzio del pensiero».
    (continua tu…)

UNITÀ B1 ■ L'AMORE

da *Frammenti*
(VII-VI sec. a.C.)
▶ Lirica

Metro ▶ originale:
strofe saffiche→;
traduzione: versi liberi

Saffo
Effetti d'amore

Questo testo ci è pervenuto frammentario in un libretto di critica letteraria di un autore anonimo della prima metà del I sec. d.C., che lo tramanda come esempio di «sublime» per il vigore dei sentimenti espressi. Viene infatti descritto lo sconvolgimento – fisico e interiore – causato dalla passione amorosa e dalla gelosia.

A me pare uguale agli dèi
chi a te vicino così dolce
suono ascolta mentre tu parli

e ridi amorosamente. Subito a me
5   il cuore si agita nel petto
solo che appena ti veda, e la voce

si perde sulla lingua inerte.
Un fuoco sottile affiora rapido alla pelle,
e ho buio negli occhi e il rombo
10   del sangue alle orecchie.

E tutta in sudore e tremante
come erba patita scoloro:
e morte non pare lontana
a me rapita di mente.

(Saffo, *A me pare uguale agli dèi*, in S. Quasimodo, *Poesie e discorsi sulla poesia*, Mondadori, Milano, 1971)

2-3. dolce suono: la voce della fanciulla.
5-7. il cuore...inerte: appena ti vedo il cuore sobbalza nel petto, come preso da sgomento, e non mi riesce più di parlare.
9-10. ho buio...alle orecchie: gli occhi quasi mi si appannano e sento nelle orecchie il pulsare del sangue.
12. patita: sofferente, come erba secca che ha perso il suo colore vivo.

◀ **Lawrence Alma-Tadema**, *Saffo e Alceo*, 1881. Baltimora, Walters Art Museum.

POESIA: I TEMI

L'autrice

Saffo, la prima e la più grande poetessa del mondo greco, nasce alla fine del VII secolo a.C. nell'isola di Lesbo, nel mar Egeo. Di famiglia aristocratica, vive quasi sempre a Mitilene, la principale città dell'isola; nei suoi componimenti si descrive bruna e piccola di statura. Sposa Cercila, dell'isola di Andro, e ha una figlia chiamata Cleide, alla cui bellezza dedica versi famosi.
Nell'isola di Lesbo la condizione della donna era molto più elevata che in altre zone della Grecia, e anche la cultura era più raffinata; Saffo si impone per le sue doti di artista e di maestra, al centro di un tiaso (comunità a sfondo religioso e culturale) di giovani donne che si riunivano presso di lei per imparare la danza, il canto, il suono della lira, l'arte di intrecciare le ghirlande di fiori con cui cingersi il capo, e che partecipavano alle attività del culto in onore di Afrodite, la dea dell'amore.

Il rapporto con le allieve e amiche si esprime nei versi di Saffo in una gamma di sentimenti che vanno dall'amore e dal desiderio alla gelosia e al rimpianto per chi si allontana per sempre perché è giunto il momento delle nozze. La soggettività dell'io autobiografico e le intense emozioni fisiche e spirituali suscitate dall'amore, tema centrale della sua ispirazione, sono espresse con passione e schiettezza. Nel mondo antico l'amore tra persone dello stesso sesso era un aspetto dell'esistenza che non incorreva in sanzioni morali, anzi era considerato essenziale nella formazione degli adolescenti di entrambi i sessi, nell'ambito di un rapporto educativo aristocraticamente raffinato. Gli antichi raccolsero la produzione di Saffo in nove libri; ci sono pervenuti un componimento integro (*Inno ad Afrodite*) e varie citazioni attraverso la tradizione medioevale; la maggior parte dei testi, più o meno frammentari, è stata ritrovata su papiri.

Perché leggiamo Saffo
Perché i suoi versi sono un esempio unico di liricità, per la musicalità intensa e per l'essenzialità delle immagini.

Analisi del testo

I "segni" dell'amore

I versi esprimono la sofferenza, insieme spirituale e fisica, della poetessa, gelosa della fanciulla che lascerà il tiaso (ovvero il suo collegio frequentato solo da ragazze): se Saffo si sente morire (la forza dell'amore turba e offusca i suoi sensi, privandola dell'energia vitale), il promesso sposo accanto alla ragazza amata è *uguale agli dèi* e, beato, ne ascolta la voce e ammira il sorriso. Ciò genera il turbamento tipico del sentimento della gelosia.

Il contrasto tra atmosfera serena e passione sconvolgente

L'atmosfera serena è circoscritta ai primi versi, alla descrizione della contemplazione estatica dell'uomo e della effusione amorosa della fanciulla. Il passaggio ai sentimenti dell'io lirico introduce la passione, lo sconvolgimento totale dei sensi causato dalla visione dell'amata, l'emozione violenta che conduce alla perdita di energia vitale.

Esperienza piena del sentimento d'amore

La rivelazione della potenza dell'amore isola l'io lirico in una consapevolezza dolorosa ma superiore al sereno appagamento dei due amanti; non c'è una sconfitta dell'io lirico, escluso dal godimento dell'amata, ma un'esperienza più piena del sentimento d'amore. «In disparte Saffo, sola col suo smarrimento. Ed ecco che si propone necessariamente il contrasto. L'uomo è felice: può rimanere se stesso, può "vivere" accanto alla fanciulla; lei, Saffo, sol per averla così veduta un attimo, ne è sbigottita fino a morirne. È lo stesso raggio di luce; ma sulla persona ottusa dell'uomo rimbalza in un sorriso esteriore di beatitudine; nella profonda sensibilità di Saffo, penetra a suscitare un turbine di mistero. [...] Ella sa che, di fronte a quella beatitudine divina, questa sua sofferenza umana è tanto più grande e più bella, perché è il privilegio di una ricchezza di anima, di spirito, di sensi, di cui l'altro è povero. Sa che ella sola, in quel dolce volto di fanciulla, sente il brivido di una presenza misteriosa e ineffabile.» (da R. Cantarella-M. Pinto, *Gaio Valerio Catullo*, *Carmi scelti*, Società Dante Alighieri, Roma, 1975).

UNITÀ B1 ■ L'AMORE

Che cosa so fare

COMPRENDERE

1. I due volti dell'amore.

Individua le due parti in cui è suddivisa la lirica e spiega in che modo vi sono rispettivamente descritti i diversi sintomi dell'amore.

2. Il confronto con gli dei.

Quale condizione si vuol indicare paragonando chi vive vicino all'amato con gli dei?

3. La concezione dell'amore.

Quale concezione dell'amore prevale nella lirica?

ANALIZZARE

4. Le similitudini →.

Individua le due similitudini presenti nella lirica e spiega se è possibile stabilire fra esse un rapporto.

5. Il climax →.

La descrizione degli effetti fisici e psichici prodotti dalla passione d'amore si sviluppa attraverso un climax. Spiega le ragioni di questa affermazione.

6. Le aree semantiche dell'amore.

La lirica è caratterizzata dal contrasto fra serenità e passione sconvolgente: individua i termini corrispondenti alle due diverse aree di significato.

Serenità	Passione	
	emozione violenta	perdita di energia vitale

PRODURRE

7. Scrivere la parafrasi.

Scrivi la parafrasi della lirica, avendo cura di utilizzare costruzioni sintattiche più scorrevoli e coerenti con un testo in prosa.

8. Interpretare | Le integrazioni.

Di questa lirica sono state proposte varie integrazioni; una fra le più accolte fa figurare un vocativo con il nome della fanciulla alla quale sarebbe dedicata l'ode (*o Agallide*) e un ultimo verso: *Ma tutto si può sopportare.*

- Quest'ultimo verso rende più drammatico il contrasto oppure crea una rassegnata serenità attraverso una tecnica circolare che legherebbe il primo verso all'ultimo?
- Quale soluzione poetica ritieni più suggestiva? Motiva la tua risposta.

9. Laboratorio di scrittura creativa | Riscrivere la poesia modificando il punto di vista.

Immagina di essere l'uomo di cui parla Saffo. Seguendo la struttura e i temi della lirica originale, descrivi il comportamento della poetessa e gli effetti dell'amore, attraverso il punto di vista dello sposo promesso. Ti forniamo un esempio della parte iniziale.

«A me pare creatura folle
chi sconvolta ci spia con
occhi sbarrati mentre tu parli

e ridi amorosamente. A me subito
però...» (continua tu...)

115

PERCORSO B

POESIA: I TEMI

da *Carmi*
(I sec. a.C.)

▶ Lirica

Metro ▶ originale: strofe saffiche →; traduzione: versi liberi

Gaio Valerio Catullo
Passione d'amore

I versi seguenti sono una libera traduzione catulliana di quelli della poetessa greca Saffo (▶ p. 113). Si tratta di un riadattamento personale: Catullo centra la sua attenzione sulla bellezza dell'amata Lesbia, che scatena in lui profondi sconvolgimenti fisici.

Mi sembra uguale a un dio,
mi sembra, se è lecito, superiore agli dèi,
l'uomo che ti siede di fronte, sempre ti guarda e sente
il tuo riso dolcissimo; questo a me infelice
5 toglie tutti i sensi – appena ti vedo,
Lesbia, non mi riesce
più di parlare, la lingua
si fa torpida, un fuoco sottile
mi corre sotto la pelle,
10 le orecchie rimbombano, gli occhi
sono velati dal buio.

(Catullo, *Carmi*, trad. di G. Paduano, in A. Perutelli, G. Paduano, E. Rossi, *Storia e testi della letteratura latina*, Zanichelli, Bologna, 2010)

▼ Mosaico con storie di Didone ed Enea (particolare), IV sec. Taunton, Somerset County Museum.

UNITÀ B1 ■ L'AMORE

L'autore e l'opera

Gaio Valerio Catullo nasce presumibilmente a Verona intorno all'84 a.C. Giunge a Roma nel 63 a.C. e frequenta l'alta società e i circoli letterari più noti ai tempi. Qui vive un amore tormentato per la bellissima e spregiudicata Clodia, sorella del tribuno della plebe Publio Clodio Pulcro, sostenitore di Cesare, e moglie di Quinto Cecilio Metello, console nel 60 a.C., morto nel 59. La donna (che Catullo cantò dandole il nome di Lesbia, in omaggio alla poetessa greca Saffo, vissuta nell'isola di Lesbo) aveva dieci anni più di lui e, come tante donne dell'alta società romana del tempo, considerava l'amore un volubile gioco; fu probabilmente incuriosita dalla passione del giovane poeta, capace di slanci e di sentimenti profondi; ma non aveva intenzione di legarsi in alcun modo, e la relazione perciò fu presto turbata dalle sue infedeltà, con un susseguirsi di rotture e riavvicinamenti, fino all'abbandono definitivo. Catullo muore nel 54 a.C.

I *Carmi*

La produzione lirica di Catullo appare inconfondibile, per la serietà e la profondità con cui egli vive la propria esperienza umana e poetica. Il *Liber* delle sue poesie comprende 116 carmi (viene perciò citato anche con il titolo *Carmina*). I primi 60 sono definiti dal poeta *nugae* ("cose di poco conto"), in quanto espressione di una poesia nata come per gioco, per passatempo, dalle occasioni della quotidianità, ma alla quale il poeta affida tutti i suoi sentimenti: la passione d'amore, l'amicizia e l'inimicizia, gli affetti familiari, il disprezzo per gli arroganti e i corrotti. Seguono otto componimenti (*carmina docta*) di tono e contenuto più elevato. L'ultima parte della raccolta è costituita da 48 epigrammi, testi brevi, che riprendono in gran parte i temi delle *nugae*.

Il tormento d'amore risuona spesso nelle liriche dei *Carmi* catulliani. I versi in cui il poeta canta il dissidio, razionalmente inspiegabile, dei due sentimenti di odio e amore sono tra i più celebri nella poesia d'amore del mondo e di tutti i tempi: *Io odio e amo. Perché, forse mi chiedi, fai così? / Non so, ma sento che ciò avviene, e mi tormento.*

Perché leggiamo i *Carmi*

Perché, nonostante risentano dell'influsso di importanti modelli greci come Archiloco, Saffo e Callimaco, dimostrano un'espressività unica e limpida.

Analisi del testo

Gelosia e invidia

Per Catullo l'amore è un'esperienza dolorosa. Il poeta insiste anzitutto su una serie di particolari che descrivono l'atteggiamento della donna e dell'uomo a lei vicino; poi elenca i sintomi (riguardanti la sfera fisica, oltre che psicologica) del suo turbamento d'amore, prodotto dalla vista di Lesbia. La lirica si basa su un'antitesi: l'uomo che siede accanto a Lesbia la guarda e non prova lo sconvolgimento del poeta, sui cui occhi, invece, scende la notte. Catullo parla di lui con invidia e gelosia: Lesbia a lui sorride amorosa e l'io lirico si sente dolorosamente escluso. La parola rivelatrice nel testo originale del poeta è *infelice* (v. 4).

L'eredità di Saffo

Catullo, riprendendo Saffo, rende universale un sentimento che nel suo modo di manifestarsi si ripete sempre uguale a distanza di anni, secoli, trascendendo le dimensioni del tempo e dello spazio geografico: in ogni parte del mondo e in ogni tempo l'amore, la gelosia e i suoi effetti si rappresentano uguali. Ciò genera una sorta di intima condivisione tra chi prova lo stesso sentimento d'amore: Catullo trova consolazione nel sentirsi vicino a Saffo, e sa che la sua condizione è anche condizione altrui da sempre, pertanto anch'egli la consegna ai posteri perché chi leggerà il suo testo, forse, potrà, trovandosi nel medesimo stato, trarne consolazione.

117

POESIA: I TEMI

Che cosa so fare

COMPRENDERE

1. **L'infelicità d'amore.**
   Quali sentimenti si agitano nell'animo del poeta?

2. **Lo sconvolgimento del poeta.**
   Quali sono i motivi del turbamento del poeta?

3. **L'esclusione dell'io lirico.**
   Analizza il sentimento di esclusione patito dal poeta e spiegane le ragioni.

ANALIZZARE

4. **La passione amorosa.**
   Riporta nella tabella i versi corrispondenti agli effetti fisici prodotti dalla vista della bellezza di Lesbia.

Incapacità di parlare	non mi riesce / più di parlare, la lingua / si fa torpida
Incapacità di sentire	
Incapacità di vedere	
Brividi di febbre	

5. **L'anafora →.**
   Individua l'anafora presente nella lirica e spiega quale particolare aspetto dello stato d'animo del poeta viene sottolineato dall'uso della figura.

6. **Le metafore →.**
   Individua le due metafore presenti nella parte conclusiva della lirica e trasformale in similitudini.

7. **Confrontare il tema dell'amore con la lirica di Saffo.**
   Il tema dell'amore accomuna questa poesia con quella di Saffo, da cui Catullo ha preso spunto (► *Effetti d'amore*, p. 113). Confronta le due liriche e completa la tabella, soffermandoti sulla condizione psicologica dell'io lirico e sui sintomi fisici dell'amore.

Analogie	Differenze
La rivelazione dell'amore	
Le figure dei due innamorati	
La condizione psicologica dell'io lirico	
Le manifestazioni della passione amorosa	

118

UNITÀ B1 ■ L'AMORE

PRODURRE

8. Parlare | Argomentare la preferenza di una lirica.

Quale poesia preferisci fra quella di Saffo e quella di Catullo? Utilizzando in particolare gli elementi sviluppati nel corso della domanda precedente, prepara una relazione orale in cui argomenti le ragioni della tua scelta. Hai a disposizione 10 minuti.
Ti forniamo uno schema indicativo.

a. La tesi.
b. Almeno due argomenti a favore della tesi.
c. L'antitesi.
d. Almeno un argomento a favore della antitesi.
e. La confutazione che dimostra infondati gli argomenti a favore dell'antitesi.
f. La conclusione.

9. Risposta sintetica | Le reazioni di Catullo al tradimento.

Ti proponiamo alcuni versi tratti dalla lirica *Un tempo dicevi*, che hanno per tema i tradimenti di Lesbia.

> [...] Ora ti ho conosciuta; e anche se brucio più forte,
> tuttavia mi sei molto più vile e leggera.
> «Come è possibile?», dici. Perché tale offesa costringe
> l'amante ad amare di più, ma ne spegne l'affetto.

(Catullo, *Poesie*, a cura di L. Canali, Giunti, Firenze, 1997)

1. **ti ho conosciuta**: ho scoperto la tua natura infedele; **brucio**: di passione.
2. **vile e leggera**: sei diventata meno importante.
3. **tale offesa**: i tradimenti di Lesbia.

In un testo di 5 righe, confronta questi versi con *Passione d'amore*, cercando di spiegare analogie e differenze.

....
....
....
....
....

119

APPROFONDIMENTO

La lirica greca e latina

La lirica greca

La poesia lirica (dal gr. *lyra*, "lira", uno strumento musicale a corda, che si suonava pizzicando le corde con un plettro), nata nelle colonie ioniche dell'Asia Minore tra il VII e il VI secolo a.C., si diffuse in ambienti aristocratici: accompagnandosi con la musica, i poeti esprimevano nei loro versi il sentimento religioso, i propri amori, gli ideali e, anche, le reazioni agli avvenimenti politici del tempo. I componimenti, giunti a noi in forma frammentaria, erano destinati a essere trasmessi oralmente di generazione in generazione. Essi presentano caratteristiche comuni di stesura, tipiche della tradizione orale:

- le similitudini e le metafore creano immagini incisive;
- le associazioni di parole apparentemente elementari hanno intensità evocativa;
- le strutture sintattiche semplici (periodi brevi, proposizioni coordinate) sono più facilmente memorizzabili dagli ascoltatori.

Molteplici sono i temi della lirica greca e i modi d'esecuzione musicale.
Accompagnata dal flauto, la poesia esprime inizialmente temi guerrieri, funebri (Callino e Tirteo, VII sec. a.C.) e politici (Solone, VII-VI sec. a.C.; Teognide, VI sec. a.C.), poi sentimentali, nell'ambito di considerazioni più generali sulla natura (Alcmane e Mimnermo, VII sec. a.C.), sull'esistenza umana, sul rapporto tra uomini e divinità.
La lirica accompagnata da strumenti a corde affronta temi prevalentemente realistico-satirici (Archiloco e Semonide, VII sec. a.C.; Ipponatte, VI sec. a.C.).
La lirica monodica, cioè cantata da una sola persona, esprime sentimenti profondi (Alceo e Saffo, VII-VI sec. a.C.; Anacreonte, VI-V sec. a.C., ▶ *Tremendo è l'abisso di Acheronte*, p. 211). Questi canti erano eseguiti di solito nel simposio (dal gr. *sympósion*, composto di *sýn* "con" e *pósis* "bevanda", banchetto che si svolgeva dopo il pranzo e consisteva in canti, danze, intrattenimento, cui i partecipanti assistevano bevendo abbondantemente), che riuniva componenti di associazioni maschili aristocratiche, politiche ed educative. Nell'isola di Lesbo, di cui la poetessa Saffo è nativa, c'erano parallele associazioni femminili con funzione anche religiosa. Saffo canta, oltre alla forza dell'amore (▶ *Effetti d'amore*, p. 113), la bellezza della natura descrivendo un paesaggio-stato d'animo (*Tramontata è la luna / e le Pleiadi a mezzo della notte; / anche giovinezza già dilegua, / e ora nel mio letto resto sola*).
La lirica corale, cantata da un gruppo guidato dal capocoro, detto corifeo, annovera anch'essa celebri poeti (Alcmane, VII sec. a.C.; Ibico, VI sec. a.C.; Pindaro, VI-V sec. a.C.). È una forma poetica che trova più largo sviluppo nel Peloponneso, soprattutto a Sparta. È legata a feste pubbliche o private. Il pubblico del poeta era costituito da un gruppo familiare (componimenti per una festa nuziale o per un rito funebre) e anche dai cittadini (componimenti in onore di una divinità o per celebrare il vincitore di una gara atletica).

La lirica latina

La nascita della poesia lirica in lingua latina si può collocare verso la fine del II secolo a.C., quando la cultura romana venne a contatto con i modelli greci. Presso i Romani, la lirica si separò dalla musica: il poeta si rivolge a una ristretta cerchia di amici, all'insegna del soggettivismo, dell'individualità, degli affetti privati e della raffinatezza del gusto.
Catullo (▶ *L'autore e l'opera*, p. 117) fu il maggiore esponente del gruppo dei «poeti nuovi», così detti per il loro atteggiamento da innovatori. Fino a quel momento la poesia aveva trovato espressione nell'epica o in forme di vasto respiro, mentre questi poeti prediligono la lirica di pochi versi, ma estremamente curati sotto il profilo formale, che affrontano temi vari, dall'amore, all'amicizia, alla convivialità. L'epoca d'oro è quella di Ottaviano Augusto (I sec. a.C.-I sec. d.C.) e di Mecenate (da cui deriva il termine "mecenatismo"), che favorirono la cultura, proteggendo e incoraggiando gli artisti. Con le *Odi* di Orazio (65-8 a.C.), il poeta più elegante della letteratura latina, la lirica romana raggiunse livelli di classica perfezione, ispirata ai modelli greci. L'espressione di sentimenti generalmente tristi e malinconici trovò voci illustri in Ovidio (43 a.C.-17 d.C.), Albio Tibullo (ca 55-18 a.C.) e Sesto Properzio (50-15 a.C. ca).

◀ Frammento con Apollo. Roma, Antiquarium del Palatino.

UNITÀ B1 ■ L'AMORE

Francesco Petrarca
I capelli d'oro

da *Canzoniere* (1343)

▶ Lirica

Metro ▶ sonetto con quartine a rima incrociata e terzine a rime invertite

Uno dei più celebri sonetti di Petrarca, celebra la bellezza dell'amata, nascosta dietro il *senhal l'aura* (= Laura) e introduce il tema dello scorrere del tempo.

Erano i capei d'oro a l'aura sparsi
che 'n mille dolci nodi gli avolgea,
e 'l vago lume oltra misura ardea
di quei begli occhi, ch'or ne son sì scarsi;

5 e 'l viso di pietosi color farsi,
non so se vero o falso, mi parea:
i' che l'esca amorosa al petto avea,
qual meraviglia se di subito arsi?

Non era l'andar suo cosa mortale,
10 ma d'angelica forma, e le parole
sonavan altro che pur voce umana;

uno spirto celeste, un vivo sole
fu quel ch'i' vidi, e se non fosse or tale,
piaga per allentar d'arco non sana.

(F. Petrarca, *Rime e Trionfi*, a cura di F. Neri, UTET, Torino, 1968)

▲ Sandro Botticelli (bottega), *Ritratto di giovane donna di profilo* (particolare). Berlino, Gemäldegalerie.

1. l'aura: il vento. Il termine, con la sua suggestività, richiama il nome di Laura.
2. avolgea: intrecciava; i dolci nodi indicano i capelli inanellati di Laura che diventano metafora dei nodi d'amore del poeta.
3-4. e 'l vago...scarsi: ardeva straordinariamente la luce leggiadra degli occhi giovanili di Laura, ma ora con il passare degli anni si è offuscata. L'uso di *vago* conferisce allo sguardo e al volto un che di incantevole e di indefinito.
5-6. e 'l viso...mi parea: mi sembrava, non so se fosse vero o se si trattasse di una mia illusione, che il suo volto esprimesse un sentimento di pietà nei miei confronti.
7. i' che l'esca...avea: io che avevo nel cuore la predisposizione (*l'esca*) all'amore; *esca* letteralmente indica la materia infiammabile e qui esprime la metafora fuoco-amore.
9-10. Non era...forma: il suo modo di camminare non era quello di una creatura umana, ma di un angelo.
11. sonavan...umana: il suono delle parole diverso da quello delle creature umane.
13. e...tale: anche se ora la sua bellezza è sfiorita. Sono passati molti anni dal primo incontro del poeta con Laura.
14. piaga...sana: una ferita non guarisce anche se si allenta l'arco da cui è partita la freccia che l'ha provocata. Il poeta ribadisce l'immutabilità del suo amore.

POESIA: I TEMI

L'autore e l'opera

Francesco Petrarca nasce ad Arezzo nel 1304. Dopo un'infanzia trascorsa in Toscana, segue il padre a Carpentras, presso Avignone, dal 1308 al 1377 sede papale. Studia diritto prima a Montpellier e poi a Bologna. Ritornato ad Avignone, conosce Laura, la donna idealmente amata e fonte d'ispirazione per le sue poesie. Abbandonati gli studi giuridici si dedica con passione alla lettura degli autori classici e abbraccia la carriera ecclesiastica che gli consente di viaggiare in Europa alla ricerca di testi letterari e nuove esperienze umane e culturali. Determinante è l'incontro con il monaco agostiniano Dionigi di Borgo San Sepolcro, che gli dona una copia delle *Confessioni* di sant'Agostino. Da quest'opera Petrarca trae ispirazione per il *Secretum* (1342-43), una profonda meditazione spirituale in forma di colloquio con Agostino e alla presenza della Verità. Nel 1337 si stabilisce a Valchiusa (Vaucluse, in Provenza), dove inizia a comporre *Gli uomini illustri* (1338) e il poema *Africa*.
Intanto si afferma la sua notorietà e nel 1341 viene laureato «grande poeta» al Campidoglio di Roma, riconoscimento ufficiale del suo prestigio intellettuale. Al 1343 risalgono le prime rime in volgare, poi confluite nel *Canzoniere*; successivamente (1344-45) si dedica alla stesura dei *Libri di avvenimenti da ricordare*.
Dal 1345 al 1353, dopo un periodo d'intensa attività politica, ritorna a Valchiusa. Qui compone opere di meditazione filosofica (*La vita solitaria*, 1346, che indica nella vita dedita allo studio il mezzo per trovare la serenità, e *De otio religioso*, 1347).
In questi stessi anni sollecita il ritorno del papato da Avignone a Roma e accoglie con favore il tentativo, poi fallito, di Cola di Rienzo, notaio di origine popolana, di restaurare a Roma un governo ispirato all'antica repubblica. Dal 1353 in avanti vive a Milano presso i Visconti; qui riprende la stesura del *Canzoniere* e inizia il trattato sui *Rimedi per la buona e la cattiva fortuna* (1366).
Risale a questo periodo la maggior parte delle sue *Lettere*, raccolta di scritti in latino indirizzati a personaggi del presente e del passato (come Cicerone, Virgilio ecc.) e conclusa dalla *Lettera alla posterità*. Nel giugno del 1361, per evitare la peste, si rifugia a Venezia e più tardi a Padova sotto la protezione dei signori della città, i Carrara. Ricevuto in dono un modesto terreno ad Arquà, sui Colli Euganei, si costruisce una casa dove si trasferisce nel 1370. Qui si dedica allo studio, confortato da pochi amici, tra cui Boccaccio, e completa i *Trionfi*, iniziati nel 1352. Muore nel 1374.

Il *Canzoniere*
La figura di Laura è al centro della sua opera poetica (366 liriche). Questo amore terreno, avvertito nel Medioevo come fonte di peccato che allontana l'uomo da Dio, unico e vero Bene, diviene in Petrarca un'aspirazione insopprimibile dell'animo, nonostante ciò gli causi profondo turbamento. Nei suoi versi, egli esalta la bellezza della donna e le sue doti morali, la descrive come una creatura soave e splendente di giovinezza, vagheggiata per la luce dei biondi capelli e dello sguardo, irraggiungibile e vicina, tormento e consolazione nello stesso tempo.
Il repertorio tematico (amore idealizzato, bellezza femminile), psicologico (tensioni interiori, inquietudini esistenziali) e retorico (metafore, parallelismi, corrispondenze di struttura) del *Canzoniere* è destinato ad avere determinante fortuna nei secoli successivi.

Perché leggiamo Petrarca
Perché è il primo poeta europeo con una visione moderna del mondo, avendo posto l'attenzione sull'interiorità dell'uomo e concepito la poesia come espressione della complessità dell'animo.

Analisi del testo

La bellezza umana della donna

Il ritratto femminile delineato dall'alto verso il basso (i capelli d'oro, gli occhi belli, il volto, l'incedere), lo spirito angelico e la voce diversa da quella umana sono i caratteri della apparizione della donna.
Ma non si tratta di una bellezza statica e astratta, puro oggetto di contemplazione. Petrarca delinea una bellezza femminile che il tempo trasforma e distrugge. Il poeta loda la bellezza di Laura fino a definirla, con un'iperbole, creatura angelica, eppure l'immagine della donna resta reale e terrena, non ha implicazioni religiose, resta legata all'esperienza soggettiva dell'io lirico. Intorno al fluire del tempo è costruita l'opposizione tematica tra le belle sembianze di Laura, che cambiano, e il sentimento interiore del poeta, immutabile e fedele.

UNITÀ B1 ■ L'AMORE

Lessico e sintassi

Il ritratto di Laura resta vago grazie alle scelte lessicali degli aggettivi (*dolci, vago, angelica*) e a quelle retoriche delle metafore (*capei d'oro, dolci nodi, esca amorosa*). L'indeterminatezza dello stile è espressa anche a livello sintattico dall'alternanza dei tempi verbali, che creano i legami tra il presente e il passato:

- gli imperfetti (*erano, avolgea, ardea, parea, sonavan*), posti simmetricamente o all'inizio o alla fine dei versi, acquistano molto rilievo sottolineando la permanenza, la continuità di immagini e sentimenti all'interno dell'animo del poeta;
- i passati remoti (*arsi, fu, vidi*) fissano l'eccezionalità del momento del primo incontro con Laura, ma anche la consapevolezza di un passato che non può più tornare, che si è concluso;
- i presenti indicano la bellezza fugace (*son sì scarsi*), il dubbio che affiora e interrompe l'estasi della rievocazione (*non so*), l'eternità dell'amore del poeta (*non sana*).

Che cosa so fare

COMPRENDERE

1. **I begli occhi di Laura.**
   Il poeta, rievocando lo sguardo dell'amata Laura, afferma ai versi 3-4 *'l vago lume oltra misura ardea / di quei begli occhi, ch'or ne son sì scarsi*. Perché gli occhi di Laura ora non hanno più la stessa luce?

2. **I piani temporali dell'amore.**
   Il sonetto si sviluppa su due piani temporali: il passato e il presente. Individua e riporta nella tabella i versi che si riferiscono all'uno e all'altro piano; poi spiega la funzione svolta da ciascuno dei tre tempi verbali (imperfetto, passato remoto e presente).

	Versi	Funzione
Imperfetto	*Erano i capei d'oro...* (v. 1)	
Passato remoto		Il passato remoto, un tempo puntuale, fissa nel tempo il momento decisivo e immutabile dell'innamoramento.
Presente		

3. **L'io lirico e la celebrazione di Laura.**
   Individua nel sonetto i pronomi personali in prima persona. Alla luce di quanto hai trovato, ritieni che il poeta abbia voluto soltanto celebrare la figura di Laura, oppure, attraverso quell'immagine, parlarci di se stesso? Motiva la tua risposta.

ANALIZZARE

4. **La funzione dell'iperbato →.**
   Individua i numerosi iperbati (per esempio, *Erano i capei d'oro a l'aura sparsi...*) e spiegane la funzione nel determinare il ritmo e l'atmosfera della poesia.

123

POESIA: I TEMI

5. **Le pause nella celebrazione di Laura.**
Nella poesia vi sono tre incisi. Completa la tabella, individuando le tre cesure ritmiche e spiegando la funzione da esse assolta rispetto alla celebrazione di Laura.

v. 4	..., ch'or ne son sì scarsi;	....
v. 6	....	L'inciso sottolinea l'insorgere del dubbio e del disincanto, che interrompono il fluire dei ricordi del passato.
v. ...	....	....

6. **Le metafore** .
Nella poesia vi sono numerose metafore. Individuale, riportale in tabella e spiegane il significato. In alcuni casi ti può essere utile trasformarle in una similitudine (Come...così...).

v. 1	... i capei d'oro...	I capelli biondi di Laura brillano come l'oro.
v. 2	....	....
vv. ...	...esca amorosa... subito arsi...	....
v. ...	....	Laura è paragonata al sole splendente, un sole vivo come una creatura umana
v. ...	....	....

PRODURRE

7. **Trattazione breve | Confrontare due poesie.**
Ti proponiamo *Donna che si pettina* di Giovan Battista Marino (1569-1625), un esempio di poesia della «meraviglia», il cui fine è quello di stupire il lettore attraverso l'uso insistito di metafore, immagini e suoni, giochi di parole. Scrivi un testo di 10 righe, spiegando analogie e differenze fra *Donna che si pettina* e il sonetto di Petrarca.

> Onde dorate, e l'onde eran capelli,
> navicella d'avorio un dì fendea;
> una man pur d'avorio la reggea
> per questi errori preziosi e quelli;
>
> e mentre i flutti tremolanti e belli
> con drittissimo solco dividea,
> l'or de le rotte fila Amor cogliea,
> per formarne catene a' suoi rubelli.
>
> Per l'aureo mar, che rincrespando apria
> il procelloso suo biondo tesoro,
> agitato il mio core a morte gía.
>
> Ricco naufragio, in cui sommerso io moro,
> poich' almen fur, ne la tempesta mia
> di diamante lo scoglio e 'l golfo d'oro!

| Il pettine è una piccola nave d'avorio che un giorno solcava onde dorate, e le onde erano i capelli; una mano bianca come l'avorio guidava il pettine attraverso i vari movimenti di quei capelli preziosi; e, mentre i capelli ondulati e belli divideva con una riga sottile, Amore raccoglieva i biondi capelli spezzati, per farne trecce per chi si ribella al suo dominio.
>
> Il mio cuore agitato andava a morte nel mare dorato che increspandosi rivelava il suo biondo tesoro d'oro che è causa di tempesta.
> Ricco naufragio, in cui io sono travolto e muoio, poiché nella mia tempesta lo scoglio è stato di diamante e il golfo d'oro.

(G. Marino, *Opere scelte di Giovan Battista Marino e dei maristi*, a cura di G. Getto, UTET, Torino, 1962)

UNITÀ B1 ■ L'AMORE

8. **Interpretare | Il tema del sonetto.**

Secondo alcuni critici il tema principale della poesia è l'esaltazione della potenza dell'amore che sopravvive nel tempo ai cambiamenti, anche al declino della bellezza femminile; altri invece ritengono che il concetto fondamentale del sonetto sia l'affermazione della labilità delle cose e delle vicende terrene, della caducità dell'esistenza umana. Scrivi un testo di 15 righe, in cui sostieni una delle due tesi.

9. **Laboratorio di scrittura creativa | Scrivere la parodia.**

Il ritratto petrarchesco della bellezza femminile è stato anche oggetto di parodie. Ti proponiamo ora *Chiome d'argento fino*, un sonetto di Francesco Berni (1497-1535), in cui si rovescia comicamente il modello petrarchesco, celebrando una donna vecchia e brutta.

« Chiome d'argento fino, irte e attorte
senz'arte intorno ad un bel viso d'oro;
fronte crespa, u' mirando io mi scoloro,
dove spunta i suoi strali Amor e Morte;

occhi di perle vaghi, luci torte
da ogni obietto diseguale a loro;
ciglie di neve, e quelle, ond'io m'accoro,
dita e man dolcemente grosse e corte;

labra di latte, bocca ampia celeste;
denti d'ebeno rari e pellegrini;
inaudita ineffabile armonia;

costumi alteri e gravi: a voi, divini
servi d'Amor, palese fo che queste
son le bellezze della donna mia.

Capelli bianchi, contorti e senza cura, intorno a un viso giallo [malaticcio]; fronte piena di rughe, dove guardando impallidisco [per l'orrore], e dove l'Amore e la Morte lanciano inutilmente le loro frecce [la donna non ha più l'età per innamorarsi e tarda a morire]; occhi cisposi e così strabici da guardare soltanto se stessi; ciglia canute e dita e mani grosse e corte, che sono la mia disperazione; labbra emaciate, grossa bocca livida; pochi e traballanti denti, neri come l'ebano; voce incredibile e indescrivibile [tanto è sgradevole]; comportamento arrogante e presuntuoso; a voi, divini servi dell'Amore, dichiaro che queste sono le bellezze della mia donna.

(F. Berni, *Rime*, a cura di D. Romei, Mursia, Milano, 1985)

Ora prova tu a comporre una parodia del modello petrarchesco; per esempio, potresti descrivere ironicamente gli effetti che le recenti tendenze estetiche possono produrre su qualche ragazzo/a. L'inizio potrebbe essere il seguente.

*Erano i capei unti, dal gel o dalla lacca
che in mille creste li avean ridotti,
e lo spento lume oltre misura venia celato
da un paio di oscure lenti a specchio;*

*e 'l viso di terracotta, esser,
per le lampade i' credo, mi parea...*
(continua tu...)

POESIA: I TEMI

UN TEMA DA SCOPRIRE

L'amore e la bruttezza

Era bellissima Laura, la donna che Petrarca amò e mise al centro della propria opera poetica. I suoi capelli, il suo modo di camminare, il suo sguardo: tutto concorreva a renderla qualcosa di simile a un'apparizione angelica. E proprio come un angelo il poeta la descrive, benché non ci sia nessun fervore religioso nella sua contemplazione: Laura è semplicemente una creatura fisicamente e moralmente tanto bella che non si può non caderle ai piedi, non la si può non amare. Anni prima di lui, altri poeti – quelli dello Stilnovo (p. 605) – avevano invece cantato le loro donne come creature angelicate nel senso più letterale del termine: la loro bellezza, e l'amore che i poeti provavano per loro, erano qualcosa di assoluto, di superiore, e il sentimento che li legava a loro era qualcosa di perfetto e di purissimo: attraverso l'amore e la contemplazione della bellezza, i poeti arrivavano a contemplare Dio. La donna amata era un simbolo dell'Assoluto e un tramite con la divinità. È così che, per molto tempo, in poesia si è parlato d'amore: idealizzandolo e rendendolo un simbolo di qualcosa di trascendente. "Io amo te, ma la tua bellezza e la tua perfezione morale non sembrano di questo mondo: devi essere una creatura vicina a Dio e, dunque, amando te io canto lui": ecco cosa sembrano dire i poeti. E questa è, grossomodo, l'idea di amore e di bellezza che i primi testi poetici in volgare ci hanno tramandato.

È stato il drammaturgo e poeta **William Shakespeare** (1564-1616) uno dei primi a riportare le donne sulla terra. Lo ha fatto per esempio in un sonetto, il n. 130, che comincia con il celebre verso «Gli occhi della mia Bella non sono affatto come il sole» e che prende le distanze dalla vecchia tradizione delle donne-angelo facendone la parodia.

> Gli occhi della mia Bella non sono affatto come il sole,
> il rosso del corallo è ben più rosso delle sue labbra;
> se la neve è bianca, oh, i suoi seni sono di un grigio spento,
> e se i capelli sono crini, sono crini neri ch'essa porta in testa.
>
> Ho visto rose damascate rosse e bianche,
> ma nessuna io ho ammirato sulle sue guance,
> e in certi profumi c'è più delizia
> che nell'alito che la mia Bella esala.
>
> Amo sentirla parlare, ma so benissimo
> che la musica ha suoni ben più allettanti.
> Lo ammetto: non ho mai visto come una dea incede,
>
> ma quando cammina, la mia Bella per terra tocca.
> Eppure, per il cielo!, la mia amata è unica,
> quanto ogni donna tradita da falsi confronti.
>
> (W. Shakespeare, *Sonetti*, in *Shakespeare e i poeti elisabettiani*, trad. di G. Cecchin, Mondadori, Milano, 1993)

▲ **Frederic Leighton**, *Pavonia*, 1859 (particolare). Collezione privata.

Shakespeare, infatti, utilizza tutti i *topoi* di quel tipo di lirica e li ribalta, raccontando che la sua donna non è bionda e forse nemmeno bella, che non fa da tramite con Dio ma cammina sulla terra. Eppure, scrive, proprio per questo lei è unica ed è sua. Anzi, si direbbe che è proprio perché non è perfettamente bella che la donna di Shakespeare è meritevole d'amore: non è lontana dagli uomini, ma è qui, con le sue imperfezioni e le sue particolarità. Il poeta l'ha resa di nuovo umana, viva, sgonfiando una volta per tutte quell'enfasi celestiale che per secoli aveva guidato la mano degli altri poeti. Così, a poco a poco, in letteratura la bruttezza si è insinuata come una particolarità, una caratteristica peculiare, degna d'amore e d'attenzione.

Forse l'apice dell'elogio della bruttezza è rappresentato dal romanzo *Fosca* di **Igino Ugo Tarchetti** (1839-1869): Fosca è malata d'isterismo ed è, soprattutto, una donna bruttissima; eppure è sensibile e colta ed emana un fascino che cattura Giorgio, il protagonista, fino a coinvolgerlo in una storia d'amore che lo condurrà alla rovina.

La bruttezza e la deformità sono dunque un *topos* letterario valido quanto quello della bellezza, tanto che, soprattutto in epoca barocca, diventano un tema poetico molto frequentato: la balbuziente, la pidocchiosa, la guercia, la gobba e la zoppa sono infatti personaggi fissi della poesia che si ispira a **Giovan Battista Marino** (1569-1625). Il brutto entra a pieno diritto nella poesia che, nella sua continua ricerca dell'originalità, ha ormai rotto con il petrarchismo sostituendo al modello-Laura una donna concreta, piena di difetti talvolta ripugnanti e tuttavia desiderabile. Ne è un esempio *La bella zoppa* di **Giovan Leone Sempronio** (1603-1646):

> Move zoppa gentil piede ineguale,
> cui ciascuna ineguale in esser bella;
> e così zoppa ancor, del dio che ha l'ale
> può l'alate fuggir dure quadrella.
>
> Tal forse era Euridice, e forse tale
> era Ciprigna, allor ch'a questa e a quella
> morse il candido piè serpe mortale,
> punse il candido piè spina rubella.
>
> Consolisi Vulcan; ché se talora
> mosse il suo zoppicar Venere a riso,
> oggi sa zoppicar Venere ancora.
>
> E certo questa dea, se il ver m'avviso,
> solo il tenero piè si torse a l'ora
> ch'ella precipitò dal paradiso.
>
> (G.L. Sempronio, *La bella zoppa*, in *Poesia italiana del Seicento*, a cura di L. Felici, Garzanti, Milano, 1978)

Possiamo citare anche *Bellissima donna cui manca un dente* di **Bernardo Morando** (1589-1656) o, ancora, *Per i pidocchi della sua donna* di **Anton Maria Narducci** (XVII sec.).

Puoi leggere anche:
Edmond Rostand, *Cyrano de Bergerac*, 1897

Puoi ascoltare anche:
Giuseppe Verdi, *Rigoletto*, 1851

Puoi guardare anche:
Delbert Mann, *Marty*, 1955
Ettore Scola, *Brutti, sporchi e cattivi*, 1976
Mel Gibson, *L'uomo senza volto*, 1993

▲ **Otto Dix**, *Ritratto della giornalista Sylvia Von Harden*, 1926. Parigi, Musée National d'Art Moderne, Centre Pompidou.

Anna Achmatova
La porta è socchiusa

da *Sera* (1912)
► Lirica

Metro ► originale: quartine a rima alternata; traduzione: quartine di versi liberi

In questa lirica il tema dell'amore è affrontato non con toni passionali o gioiosi, ma come stato d'animo di solitudine e sofferenza. La porta *socchiusa* è quella del cuore che, dopo una delusione d'amore, resta in attesa di una diversa esperienza.

La porta è socchiusa,
dolce respiro dei tigli…
Sul tavolo, dimenticati,
un frustino ed un guanto.

5 Giallo cerchio del lume…
Tendo l'orecchio ai fruscii.
Perché sei andato via?
Non comprendo…

Luminoso e lieto
10 domani sarà il mattino.
Questa vita è stupenda,
sii dunque saggio, cuore.

Tu sei prostrato, batti
più sordo, più a rilento…
15 Sai, ho letto
che le anime sono immortali.

(A. Achmatova, *La corsa del tempo*,
trad. di M. Colucci, Einaudi, Torino, 1992)

2. dolce…tigli: il fruscio delle foglie dei tigli.
4. un frustino…un guanto: oggetti che appartenevano all'uomo che se n'è andato.
5. Giallo…lume: il verso indica il cerchio luminoso che la lampada accesa proietta sul tavolo.
13. prostrato: stanco e avvilito.
14. sordo: cupo, smorzato.

► **Nathan Altman**, *Ritratto di Anna Achmatova*, 1914. San Pietroburgo, Museo Statale Russo.

UNITÀ B1 ■ L'AMORE

L'autrice

La poetessa russa Anna Andréevna Gorènko, nota come **Anna Achmatova**, nasce a Odessa nel 1899, ma si trasferisce molto presto con la famiglia a San Pietroburgo e si impegna nella vita letteraria della Russia zarista.

Le sue raccolte liriche (*Sera*, 1912; *Rosario*, 1914) incontrano inizialmente il favore della critica, ma la sua vita è segnata dalla storia dram-matica del suo Paese. Nel 1921 il marito viene accusato di aver partecipato a una cospirazione monarchica e fucilato; il figlio viene colpito, nel 1935, dalle repressioni staliniane e deportato in un campo di lavoro. Nel 1946 il Partito comunista esclude la poetessa (la cui autonomia spirituale mal si conciliava con l'acquiescenza richiesta dal regime) dall'Unione degli scrittori. Solo dopo il 1953, anno della morte di Stalin, vengono pubblicate le raccolte scritte negli anni precedenti (*Lo stormo bianco*, 1917; *Piantaggine*, 1921; *Anno Domini MCMXXI*, 1922). Muore a Mosca nel 1966.

Perché leggiamo Anna Achmatova
Perché descrive contenuti intimi e personali con immagini semplici e una versificazione essenziale. Ne deriva un linguaggio poetico immediato, ma contraddistinto da una profonda riflessione sulla complessità del sentire umano.

Analisi del testo

Fine di un amore e slancio poetico

La porta socchiusa, il frustino e il guanto dimenticati segnalano un "lui" uscito da poco e che ha distrattamente lasciato i suoi oggetti sul tavolo. Il fruscio dei tigli è un *dolce respiro* che corrisponde allo stato d'animo della poetessa e alla sua ansiosa attesa del ritorno dell'uomo (*Tendo l'orecchio ai fruscii*, v. 6).

Ma ogni speranza è delusa: la donna resta sola e smarrita dinanzi a una scelta di separazione che non riesce a capire (*Perché sei andato via? / Non comprendo*, vv. 7-8). Di qui l'appello al cuore prostrato e sgomento, per scacciare il dolore: la vita è comunque bella (*Questa vita è stupenda*, v. 11) e l'io lirico sente di poter colmare il senso di vuoto nella ricerca di una perfezione assoluta (*Sai, ho letto / che le anime sono immortali*, vv. 15-16).

Alternanza di stati d'animo

Questa poesia presenta le scelte tipiche di Anna Achmatova, che predilige la dimensione concreta e quotidiana, senza sacrificare la portata evocativa del verso. L'interrogativa del verso 7 e la pausa dei puntini di sospensione (vv. 2, 5, 8 e 14) spezzano le strofe e mettono in risalto l'avvicendarsi degli stati d'animo, cui corrisponde l'alternanza del concreto e dell'astratto.

Che cosa so fare

COMPRENDERE

1. **La struttura della poesia.**
   Indica a quali strofe corrispondono i diversi stati d'animo dell'io lirico.
   a. Abbandono: versi 1-4
   b. Attesa: versi...
   c. Certezza di solitudine: versi...
   d. Anelito verso un amore totale: versi...

2. **La presenza del tema.**
   Spiega come è affrontato dall'io lirico il tema dell'amore, citando i versi in tal senso significativi.

129

POESIA: I TEMI

ANALIZZARE

3. **L'avvicendarsi del concreto e dell'astratto.**
   Completa lo schema sottostante, inserendo gli elementi che appartengono alle due sfere di significato che si alternano nella poesia: concreto/assenza *vs* (opposto) astratto/superamento del dolore.

Concreto	vs.	Astratto
⇩		⇩
la porta		la luminosità e la gioia
⇧		⇧
Assenza	vs.	Superamento del dolore

4. **La metafora → e l'umanizzazione della natura.**
   Individua la metafora attraverso cui l'io lirico descrive il proprio stato d'animo, umanizzando la natura, e trasformala in una similitudine.

5. **Gli interlocutori dell'io lirico.**
   La lirica contiene due apostrofi, ovvero la poetessa a un certo punto rivolge il discorso prima a uno e poi a un altro interlocutore. Chi sono i destinatari delle sue parole e in quali versi avviene ciò?

6. **L'*enjambement* →.**
   Spiega per quale ragione è particolarmente significativo l'*enjambement* tra il terzo e il quarto verso.

PRODURRE

7. **Scrivere la parafrasi.**
   Scrivi la parafrasi, avendo cura di rendere la struttura sintattica funzionale alle esigenze della prosa, cioè chiarendo i legami e le relazioni logiche impliciti.

8. **Parlare e interpretare | Confrontare la reazione all'abbandono.**
   Prepara un intervento orale di 5 minuti in cui:
   - confronti le reazioni di Saffo (▶ p. 113), Catullo (▶ p. 116) e Achmatova al tradimento e all'abbandono da parte dell'amato/a;
   - spieghi quale reazione è più vicina alla tua sensibilità.

APPROFONDIMENTO

Voci femminili

Dall'antichità all'Ottocento si incontrano rarissime testimonianze di letteratura scritta da donne. Tra le poche giunte fino a noi abbiamo la poetessa greca Saffo (VII sec. a.C.), una poetessa fiorentina del XIII secolo, Compiuta Donzella, e alcune poetesse rinascimentali (XV-XVI sec.).
Saffo (▶ p. 113), prima poetessa di tutta la letteratura occidentale, canta la bellezza della natura e la forza dell'amore (*Tramontata è la luna / e le Pleiadi a mezzo della notte; / anche giovinezza già dilegua, / e ora nel mio letto resto sola*).

Dal Medioevo al Cinquecento

I tre sonetti rimastici di Compiuta Donzella (pseudonimo di una poetessa fiorentina del XIII secolo, ▶ p. 588) appartengono al filone dei lirici toscani (Guittone d'Arezzo, Chiaro Davanzati, Bonagiunta da Lucca) e sono i primi esempi di letteratura italiana scritta da una donna. Particolarmente originale è la lirica *A la stagion che 'l mondo foglia e fiora* (▶ p. 602): accanto al motivo dell'amore raffinato e nobile compare il contrasto tra il risveglio della natura, che invita l'uomo all'amore, e la sofferenza della poetessa, costretta dal padre a sposare un uomo che non ama. La sincerità con cui appare vissuta questa infelice sorte va oltre la convenzione letteraria e testimonia una condizione medioevale in cui le scelte di vita (per esempio la libertà di scegliere il proprio coniuge) non appartengono alle donne a causa del predominio dell'uomo.
Nella colta società dell'Italia del Cinquecento fioriscono numerose voci poetiche femminili (tra cui Vittoria Colonna, Veronica Gambara, Gaspara Stampa), che ricalcano i modi della lirica di Petrarca.

L'Ottocento e il Novecento

Tra la fine dell'Ottocento e la prima metà del Novecento, parallelamente alla conquista della parità con l'uomo sul piano dei diritti politici e di un ruolo socio-culturale non più subalterno (in Europa e negli Stati Uniti si diffondono i movimenti di emancipazione femminile; in Italia, le donne ottengono il diritto di voto nel 1946), la letteratura italiana e straniera è segnata dalla presenza di numerose poetesse, oltre che di narratrici. Esse non solo hanno conteso all'uomo il posto privilegiato che ha sempre avuto anche nella letteratura, ma hanno soprattutto arricchito i temi, il linguaggio, i punti di vista e di rappresentazione del mondo.
Tra le poetesse straniere si ricordano la statunitense Emily Dickinson, la russa Anna Achmatova (▶ p. 128), la cilena Gabriela Mistral, premio Nobel nel 1945, la polacca Wisława Szymborska (▶ p. 156), premio Nobel per la letteratura nel 1996.
Negli ultimi anni del Novecento sono state pubblicate diverse antologie di poesia italiana femminile che, accanto ad Alda Merini (▶ p. 154) e Amelia Rosselli, annoverano testi di Margherita Guidacci, Maria Luisa Spaziani, Vivian Lamarque (▶ p. 152), Patrizia Valduga, Patrizia Cavalli. Le tematiche (l'amore, il desiderio, la solitudine, il rapporto con il quotidiano, il significato dell'esistenza, il valore della poesia) sono esposte con tono colloquiale e originalità stilistica.

◀ **Joan Miró**, *La poetessa*, 1940. New York, Collezione privata.

PERCORSO B

POESIA: I TEMI

da *Canzoniere* (1924)

▶ Lirica

Metro ▶ sonetto con rime alternate nelle quartine e ripetute nelle terzine

Umberto Saba
Ed amai nuovamente

Questa lirica è un omaggio d'amore del poeta alla moglie Lina, donna descritta nella sua concretezza e con la stima più sincera per lei che *tutto seppe, e non se stessa, amare*.

    Ed amai nuovamente; e fu di Lina
    dal rosso scialle il più della mia vita.
    Quella che cresce accanto a noi, bambina
    dagli occhi azzurri, è dal suo grembo uscita.

5   Trieste è la città, la donna è Lina,
    per cui scrissi il mio libro di più ardita
    sincerità; né dalla sua fu fin'
    ad oggi mai l'anima mia partita.

    Ogni altro conobbi umano amore;
10 ma per Lina torrei di nuovo un'altra
    vita, di nuovo vorrei cominciare.

    Per l'altezze l'amai del suo dolore;
    perché tutto fu al mondo, e non mai scaltra,
    e tutto seppe, e non se stessa, amare.

(U. Saba, *Canzoniere*, Einaudi, Torino, 1978)

2. il più: la maggior parte.
4. è dal suo grembo uscita: è stata partorita da lei.
6-7. ardita sincerità: coraggiosa sincerità. I versi alludono alla sezione del *Canzoniere Trieste e una donna*, dedicata, sullo sfondo della sua città, a Lina in un momento di forte crisi coniugale.
8. partita: allontanata.
10. torrei: prenderei, comincerei.
12. l'altezze: l'intensità, la profondità.
13. scaltra: furba, calcolatrice.

▶ **Felix Vallotton**, *La lettura abbandonata*, XX secolo. Lione, Musée des Beaux-Arts.

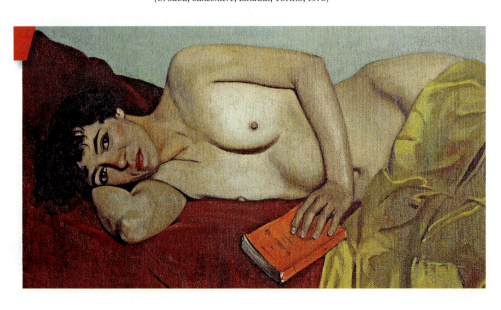

UNITÀ B1 ■ L'AMORE

L'autore e l'opera

Umberto Saba nasce a Trieste nel 1883 da madre ebrea; il padre abbandona la famiglia poco prima della sua nascita. Per questo sostituisce il proprio cognome, Poli, con lo pseudonimo Saba, probabilmente tratto dal nome della nutrice, Sabaz, cui fu affidato per tre anni. Non termina gli studi superiori. Tra il 1905 e il 1906 vive a Firenze, dove entra in contatto con il gruppo della rivista "La Voce" e fa pubblicare a proprie spese la sua prima raccolta, *Poesie* (1911). Nel 1909, tornato a Trieste dopo il servizio militare, sposa Carolina Woefler (che chiama *Lina* nelle sue poesie), dalla quale ha la figlia Linuccia (nata nel 1910). Dopo la Grande guerra apre a Trieste una libreria antiquaria, e in questa città vive, appartato, gli anni del fascismo, pubblicando i suoi versi in riviste e raccolte, tra cui il *Canzoniere* (1921). Le difficili esperienze infantili e adolescenziali sono la causa di quel malessere psichico che lo porta nel 1929 dal dottor Edoardo Weiss, esperto in psicoanalisi. In seguito a ciò Saba comincia a interessarsi anche all'opera di Sigmund Freud, che gli offre, insieme alla terapia, una chiave per comprendere meglio i rapporti fra infanzia e maturità. La promulgazione delle leggi di discriminazione razziale contro gli ebrei lo costringe a trasferirsi a Parigi, poi a Firenze. Dopo la guerra esce la II edizione del *Canzoniere* e il saggio *Storia e cronistoria del Canzoniere* (1948). A partire dal 1950 ha inizio una serie di ricoveri in cliniche per disturbi nervosi. Intanto lavora a un romanzo rimasto incompiuto, *Ernesto*, che uscirà postumo (1975). Muore a Gorizia nel 1957.

Il *Canzoniere*

Il *Canzoniere* costituisce un itinerario completo della poesia di Saba e si snoda come un racconto autobiografico della sua vita interiore e dei suoi rapporti con gli altri. Il titolo della raccolta indica la fedeltà di Saba alla tradizione poetica italiana iniziata da Petrarca (▶ *L'autore e l'opera*, p. 122). Tale scelta avviene all'insegna della semplicità e dell'anticonformismo, in un'epoca in cui il panorama poetico era dominato da accostamenti audaci di parole e dalla rottura delle strutture metriche. Per Saba il mondo «ha più bisogno di chiarezza che di oscurità», perciò il suo linguaggio nasce dal desiderio di comunicare le sue esperienze di vita, che è la vita di tutti, e di cantare l'amore, il dolore, l'amicizia, Trieste, la strada, il porto. La poesia deve essere comunicazione, perciò deve tendere alla semplicità e alla sincerità, avere un andamento discorsivo, un'espressione colloquiale, chiara e limpida, un legame immediato tra le parole e le cose. Il lessico è prevalentemente quotidiano e viene costantemente ricercata la musicalità del verso, mediante un uso particolare della rima.

Perché leggiamo il *Canzoniere*

Perché rappresenta un esempio di «poesia onesta», sincera, unica nel panorama letterario del primo Novecento.

Analisi del testo

Dichiarazione d'amore

Nelle prime tre strofe accanto all'elemento autobiografico c'è la ricerca, da parte del poeta, della propria verità interiore con un atteggiamento di assoluta sincerità. All'immagine di Lina avvolta dallo scialle rosso – simbolo di vitalità e accensione d'amore – si unisce quella di Linuccia, la bambina *dal suo grembo uscita*, che ne completa il ruolo di donna, moglie e madre. L'amore coniugale ha avuto i suoi turbamenti, ma si riconferma duraturo nel tempo (*e fu di Lina... il più della mia vita*, vv. 1-2) e il poeta rinnova alla moglie la propria dichiarazione d'amore (*per Lina torrei di nuovo un'altra / vita, di nuovo vorrei cominciare*, vv. 10-11). L'ultima strofa ritrae la delicata psicologia di Lina, la sua sofferente sensibilità, la sua generosa capacità d'amare.

Lo stile

Le immagini semplici e quotidiane si accompagnano a un lessico comune e a qualche termine letterario (*partita, torrei*). Gli *enjambement* nelle prime tre strofe, le inversioni sintattiche, le costruzioni a chiasmo e i parallelismi conferiscono intensità poetica alla effusione d'amore e alla luminosità interiore di Lina.

POESIA: I TEMI

Che cosa so fare

COMPRENDERE

1. **Il ritratto di Lina.**
   La descrizione di Lina è tutta interiore. Individua le caratteristiche psicologiche della donna ricordate nella lirica. Inoltre, spiega per quale motivo, secondo te, è completamente assente la descrizione fisica.

2. **Le ricorrenze lessicali.**
   Ricerca nel testo sostantivi e forme verbali che ricorrono più di una volta. Esiste tra essi una relazione?

ANALIZZARE

3. **Le inversioni sintattiche.**
   Riporta nella tabella le numerose inversioni sintattiche presenti nella poesia. Poi analizzane l'aspetto grammaticale e riscrivi le frasi nell'ordine normale.

	Versi	Aspetto grammaticale	Riscrittura
vv. 1-2	… fu di Lina / dal rosso scialle il più della mia vita…	Il soggetto è posticipato e c'è un'apposizione anticipata	
vv. 3-4			…Quella bambina dagli occhi azzurri, che cresce accanto a noi, è uscita dal suo grembo…
vv. 7-8			
v. 9			
v. 12			
vv. 13-14			

4. **Gli *enjambement* →.**
   Riporta nella tabella i numerosi *enjambement*. Poi analizzane l'aspetto grammaticale e la funzione espressiva.

134

UNITÀ B1 ■ L'AMORE

Versi	Aspetto grammaticale	Funzione espressiva
vv. 1-2	...fu di Lina / dal rosso scialle ...	Separazione di due complementi indiretti	Si concentra l'attenzione sul *rosso scialle* (simbolo di vitalità e amore)
vv. ...			Si concentra l'attenzione sugli *occhi azzurri* (simbolo di gioia e serenità)
vv. ...	...più ardita / sincerità....		
vv. 7-8			
vv. ...		Separazione dell'apposizione dal complemento oggetto...	

5. I parallelismi.
Completa i due schemi che visualizzano i parallelismi presenti nella prima e nella quarta strofa.

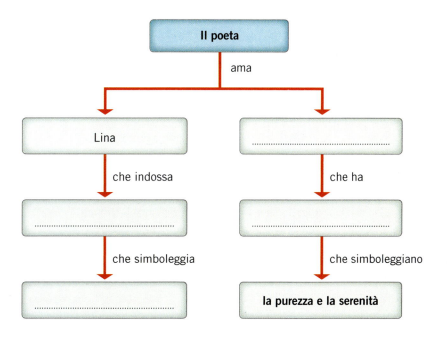

135

POESIA: I TEMI

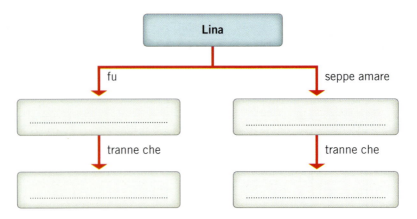

PRODURRE

6. **Scrivere la parafrasi.**
   Scrivi la parafrasi, avendo cura di sostituire il normale ordine sintattico nei versi in cui compaiono delle inversioni.

7. **Confrontare con altre poesie di Saba.**
   Ti proponiamo alcuni versi dedicati alle figure amate da Saba: la moglie e la figlia. Cerca le analogie fra queste immagini di Lina e Linuccia con quelle tratteggiate dal poeta in *Ed amai nuovamente*.

 A mia moglie
[...]
Tu sei come la rondine
70 che torna in primavera.
Ma in autunno riparte;
e tu non hai quest'arte.
Tu questo hai della rondine:
le movenze leggere;
75 questo che a me, che mi sentiva ed era
vecchio, annunciavi un'altra primavera.
[...]

72. non hai quest'arte: non hai questa capacità, abitudine.
75. sentiva: sentivo.

 Ritratto della mia bambina
La mia bambina con la palla in mano,
con gli occhi grandi color del cielo
e dell'estiva vesticciola: «Babbo
— mi disse — voglio uscire oggi con te».
5 Ed io pensavo: Di tante parvenze
che s'ammirano al mondo, io ben so a quali
posso la mia bambina assomigliare.
Certo alla schiuma, alla marina schiuma
che sull'onde biancheggia, a quella scia
10 ch'esce azzurra dai tetti e il vento sperde;
[...]

5. parvenze: forme e fenomeni naturali, aspetti delle cose.
7. assomigliare: paragonare.

(U. Saba, *Canzoniere*, Einaudi, Torino, 1978)

UNITÀ B1 ■ L'AMORE

Jacques Prévert
I ragazzi che si amano

da *Parole* (1946)

▶ Lirica

Metro ▶ originale e traduzione in versi liberi

La lirica che segue, scritta per il film di Marcel Carné *Le porte della notte* (1946) e musicata da Joseph Kosma, celebra il primo sconvolgente amore, un momento magico che trasporta i ragazzi in una dimensione irreale, incurante delle meschinità e del moralismo del resto del mondo.
La poesia è caratterizzata dalla contrapposizione tra l'immagine di due giovani innamorati che si baciano appoggiati ai portoni, approfittando dell'oscurità del tramonto, e i passanti che li osservano con disprezzo e invidia. Ma i ragazzi manifestano liberamente i propri sentimenti e sono ignari di ciò che li circonda: immersi in una dimensione irreale, assaporano l'indefinibile intensità del primo amore che dilata all'infinito quel magico momento. Il messaggio del poeta è che la forza dell'amore rigenera l'esistenza, rende invisibili e senza paura, annulla il resto del mondo e le angustie del quotidiano.

I ragazzi che si amano si baciano
In piedi contro le porte della notte
I passanti che passano se li segnano a dito
Ma i ragazzi che si amano
5 Non ci sono per nessuno
E se qualcosa trema nella notte
Non sono loro ma la loro ombra
Per far rabbia ai passanti?
Per far rabbia disprezzo invidia riso
10 I ragazzi che si amano non ci sono per nessuno
Sono altrove lontano più lontano della notte
Più in alto del giorno
Nella luce accecante del loro primo amore.

(J. Prévert, *Poesie d'amore*, trad. di M. Cucchi e G. Raboni, Guanda, Parma, 1996)

L'autore

Jacques Prévert (1900-1977) è uno dei poeti moderni più popolari tra le giovani generazioni. Poeta e sceneggiatore cinematografico per Jean Renoir e Marcel Carné (*Porto delle nebbie*, 1938), negli anni Quaranta-Cinquanta compose i testi di canzoni, musicate da Joseph Kosma (*Le foglie morte*, *Barbara*) e interpretate da celebrità come Yves Montand, Marlene Dietrich, Juliette Gréco. Le sue raccolte poetiche (*Parole*, 1946; *Spettacolo*, 1951; *La pioggia e il bel tempo*, 1955) affrontano i temi dell'amore, del dolore, della guerra, della religione, delle stagioni, degli animali. I toni semplici e familiari si avvalgono della ricorrenza di poche parole chiave (soprattutto vita, amicizia, amore), dell'originale combinazione di suoni, allitterazioni e metafore (la primavera come metafora dell'innocenza, gli animali della libertà, l'amore della capacità di sognare dell'uomo).

Perché leggiamo Prévert
Perché con testi brevi e di immediata comprensione affronta temi diversi capaci di attirare il lettore di ogni età.

PERCORSO B — POESIA: I TEMI

Analisi del testo

Il tema dell'esclusività

La dimensione esclusiva del sentimento è il tema della lirica. Esclusivo significa sentimento unico, ma anche capace di escludere tutto ciò che vive al di fuori di esso. Il mondo, allora, vive dello spazio in cui i due ragazzi si incontrano che non è luogo fisico, tanto che nel testo si legge *si baciano / In piedi contro le porte della notte* (vv. 1-2)*,* in un luogo qualsiasi, protetti dall'oscurità e incuranti dello sguardo malizioso dei passanti che *li segnano a dito* (v. 3). I ragazzi che si amano vivono la gioia del loro incontro e non permettono agli intriganti, e pettegoli, passanti di intaccare il loro incanto: li escludono anche con un po' di arroganza *per far rabbia disprezzo invidia riso* (v. 9).

Il respiro del testo

Il respiro breve della lirica è, tuttavia, intenso, grazie alla freschezza delle immagini che si rincorrono tra lo snodarsi dei versi privi di punteggiatura, quasi a voler riprodurre l'intensità dei baci dati... senza respiro nella complicità della notte.

Che cosa so fare

COMPRENDERE

1. **La ricorrenza dell'*incipit*.**
   Per quale motivo, a tuo parere, il poeta ripete più volte a inizio verso *I ragazzi che si amano*?

2. **Le contrapposizioni.**
   - Quale effetto produce la contrapposizione tra i ragazzi e i passanti?
   - Quali altre opposizioni sono presenti nella poesia?

3. **Un sentimento esclusivo.**
   Individua nel testo i versi in cui il poeta evidenzia la dimensione esclusiva dell'amore dei ragazzi.

4. **Il poeta e la scena.**
   - A tuo parere, Prévert è un osservatore distaccato della scena o lascia trasparire il suo giudizio nei confronti di quanto descrive? Rispondi facendo riferimento al testo.
   - Spiega con parole tue il significato delle espressioni *In piedi contro le porte della notte* (v. 2) e *Nella luce accecante del loro primo amore* (v. 13). Nel primo caso soffermati sul significato della parola *porte* (entrata, accesso...); nel secondo considera ciò che in comune hanno l'amore e la luce abbagliante (intensità, splendore...).

ANALIZZARE

5. **Le figure retoriche.**
   - Al verso 2 quale figura retorica compare? Che effetto produce nel testo?
   - Quale figura dell'ordine ricorre tra i versi 8 e 9? Quale concetto si evidenzia?

6. **Il climax →.**
   Al verso 9 compare un'enumerazione in climax ascendente. Che cosa vuol mettere in evidenza tale espediente?

UNITÀ B1 ■ L'AMORE

PRODURRE

7. **Risposta sintetica I Riflettere.**

Per quale motivo la scena descritta in *I ragazzi che si amano* si può considerare trasgressiva? Rispondi in 5 righe.

8. **Trattazione breve I Trovare analogie e differenze.**

Il cantautore bolognese Luca Carboni (1962) ha composto una canzone, ispirata alla poesia di Prévert. Confronta i due testi in 10 righe, avendo cura di spiegare analogie e differenze.

> ### I ragazzi che si amano
>
> I ragazzi che si amano davanti allo specchio si stanno facendo belli
> e che i ragazzi si amano lo puoi capire anche ascoltando
> i programmi a dedica e richiesta sulle radio private
> I ragazzi che si amano non hanno tempo e non ci sono per nessuno
> La vita è cambiata, c'è una nuova energia che fa diventare importanti anche
> le sciocchezze.
>
> Si stanno amando...
> Stanno imitando l'amore.
> I ragazzi che si amano si stanno baciando sui pianerottoli della notte
> incertezze, tremori e gesti un poco goffi prima di toccare la confidenza.
> I ragazzi che si amano si stanno spogliando negli abitacoli della notte
> brividi e voglia e rumori nella pancia e parole ascoltandosi la voce
> Ci stiamo amando...
> Stiamo imitando l'amore.
> Ci stiamo amando
> Stiamo inventando l'amore.
>
> (Musica e parole di L. Carboni © Copyright 1989 by UNIVERSAL MUSIC PUBLISHING RICORDI srl / EMI Music Publ.
> Italia srl. Per gentile concessione di UNIVERSAL MUSIC MGB PUBLICATIONS srl)

9. **Laboratorio di scrittura creativa I Scrivere una lettera di protesta.**

Adotta il punto di vista di un passante scandalizzato per lo "spettacolo" offerto dai due ragazzi che si baciano e scrivi una lettera al direttore del giornale locale, in cui ti lamenti e chiedi alle autorità di provvedere affinché si ponga un limite alle effusioni pubbliche degli innamorati. Ti forniamo un esempio.

> *Egregio direttore,*
>
> *mi chiedo fino a quando noi, cittadini rispettosi del senso del pudore, dovremo continuare ad accettare che la nostra ridente cittadina, culla da secoli di cultura e di civiltà, sia oltraggiata dalle vergognose effusioni di giovani coppie, favorite dall'oscurità della sera e dal riparo complice di portoni bui, che la municipalità dovrebbe provvedere a illuminare. Come mai i vigili, invece di multare onesti cittadini parcheggiati in doppia fila, non intervengono per...*

(continua tu...)

139

PERCORSO B

POESIA: I TEMI

da *Poesie d'amore* (1962)

▶ Lirica

Metro ▶ originale e traduzione: versi liberi

Nazim Hikmet
Forse la mia ultima lettera a Mehmet

Hikmet scrive la lirica, forse nel 1955, quando si trova in esilio in Unione Sovietica. Egli si trova qui perché è fuggito dalla Turchia dove era stato incarcerato nel 1938. Nel testo il poeta lascia al figlio un'eredità di ideali, di amore per la vita e per l'uomo, e la speranza che il domani possa essere migliore.

2-3. gli aguzzini tra noi / ci separano come un muro: il poeta si riferisce alla polizia turca (*aguzzini*). Egli si era schierato contro il regime di Kemal Atatürk in Turchia e perciò era stato processato e condannato al carcere dove rimane dal 1938 al 1950, quando fugge nell'ex Unione Sovietica.

5. questo cuore sciagurato: il poeta fa riferimento ad alcuni problemi cardiaci per cui teme di non poter più rientrare in patria anche per un possibile aggravamento delle sue condizioni.

9. m'impedirà di rivederti: il poeta è consapevole che con ogni probabilità non tornerà più in patria.

15-16. uno strascico amaro / di tristezza: le conseguenze che permangono, amare, della tristezza.

Da una parte
   gli aguzzini tra noi
   ci separano come un muro
d'altra parte
5   questo cuore sciagurato
   mi ha fatto un brutto scherzo,
mio piccolo, mio Mehmet
forse il destino
m'impedirà di rivederti.

10 Sarai un ragazzo, lo so,
   simile alla spiga di grano
ero così quand'ero giovane
biondo, snello, alto di statura;
i tuoi occhi saranno vasti come quelli di tua madre
15 con dentro talvolta uno strascico amaro
   di tristezza,

▶ **Jacob Epstein**, *Madre e figlio*, 1913. New York, Museum of Modern Art.

UNITÀ B1 ■ L'AMORE

L'autore e l'opera

Nazim Hikmet nasce a Salonicco (attualmente in Grecia) nel 1902, da una famiglia di alti funzionari. Studia in un primo momento a Istanbul presso una scuola francese e l'Accademia di Marina. In questo periodo appoggia la guerra di indipendenza guidata da Kemal Atatürk, ma tra il 1921 e il 1928, deluso dalle derive autoritarie del politico turco, si trasferisce a Mosca, dove riprende gli studi. Aderisce al partito comunista e, nel 1928, quando torna in Turchia senza il visto, viene incarcerato. L'amnistia del 1935 gli consente di tornare libero, ma nel 1938, a causa di motivi politici e per essersi, soprattutto, schierato contro il regime dell'ormai dittatore turco Atatürk, viene condannato a ventotto anni di prigione. Viene liberato solo nel 1950 a seguito dell'intervento di personalità internazionali come Pablo Picasso e Jean-Paul Sartre. Si sposa, ma nel 1951 è costretto ad allontanarsi dalla patria senza la moglie e il figlio. Sono anni questi in cui il poeta è costretto all'esilio in diversi Paesi d'Europa. Nel 1963 muore a Mosca a causa di un infarto.

Poesie d'amore
Hikmet è noto soprattutto per le sue *Poesie d'amore* che raccolgono le liriche scritte dal 1933 alla sua morte. Egli canta l'amore: per la sua donna, per il suo popolo e la sua terra. Scrive poesie in cui manifesta impegno, a tutela dei diritti umani, ma descrive anche, con originale tenerezza, la relazione tra due persone che si amano. Nella semplicità delle scelte lessicali e della sintassi, ma anche degli elementi poetici (il mare, i tratti del paesaggio o il profilo della persona amata) egli disegna immagini capaci di penetrare l'animo. La poesia è sentita come potente strumento di comunicazione, veicolo di valori che devono arrivare a tutti perché egli la ritiene capace di migliorare l'uomo e, di conseguenza, la società in cui vive. Tra le altre opere si ricordano il poemetto *L'epopea dello sceicco B. figlio del Kadì di Simavna* (1936) e *Autobiografia in versi* (1962).

Perché leggiamo **Hikmet**
Perché la sua produzione lirica è profonda testimonianza di chi ha subìto le conseguenze di un regime e ha cantato, nonostante ciò, l'amore per la sua donna, per la sua terra e per la vita.

la tua fronte sarà chiara infinitamente
avrai anche una bella voce,
   la mia era atroce –
20 le canzoni che canterai
spezzeranno i cuori
sarai un conversatore brillante
in questo ero maestro anch'io
quando la gente non m'irritava i nervi
25 dalle tue labbra colerà il miele
   ah Mehmet,
   quanti cuori spezzerai!

È difficile allevare un figlio senza padre
non dare pena a tua madre
30 gioia non gliene ho potuta dare
   dagliene tu.
Tua madre
   forte e dolce come la seta
tua madre
35 sarà bella anche all'età delle nonne
come il primo giorno che l'ho vista
quando aveva diciassette anni
   sulla riva del bosforo
era il chiaro di luna

PERCORSO B
POESIA: I TEMI

40 era il chiaro del giorno,
era simile a una susina dorata.
Tua madre
un giorno come al solito
ci siamo lasciati: a stasera!
45 Era per non vederci più.
Tua madre
nella sua bontà la più saggia delle madri
che viva cent'anni
che dio la benedica.

50 Non ho paura di morire, figlio mio;
però malgrado tutto
a volte quando lavoro
trasalisco di colpo
oppure nella solitudine del dormiveglia
55 contare i giorni è difficile
non ci si può saziare del mondo
Mehmet
non ci si può saziare.
Non vivere su questa terra
60 come un inquilino
oppure in villeggiatura
nella natura
vivi in questo mondo
come se fosse la casa di tuo padre
65 credi al grano al mare alla terra
ma soprattutto all'uomo.
Ama la nuvola la macchina il libro
ma innanzitutto ama l'uomo.
Senti la tristezza
70 del ramo che si secca
del pianeta che si spegne
dell'animale infermo
ma innanzitutto la tristezza dell'uomo.
Che tutti i beni terrestri
75 ti diano gioia
che l'ombra e il chiaro
ti diano gioia
ma che soprattutto l'uomo
ti dia gioia.
80 La nostra terra, la Turchia
è un bel paese
tra gli altri paesi
e i suoi uomini
quelli di buona lega
85 sono lavoratori

53. trasalisco di colpo: sono sorpreso all'improvviso.
84. quelli di buona lega: coloro che possiedono una buona indole; sono gli uomini che hanno degli ideali e che li portano avanti coraggiosamente.

142

pensosi e coraggiosi
e atrocemente miserabili
si è sofferto e si soffre ancora
ma la conclusione sarà splendida.

90 Tu, da noi, col tuo popolo
   costruirai il futuro
lo vedrai coi tuoi occhi
lo toccherai con le tue mani.
Mehmet, forse morirò
95   lontano dalla mia lingua
lontano dalle mie canzoni
lontano dal mio sale e dal mio pane
con la nostalgia di tua madre e di te
del mio popolo dei miei compagni
100   ma non in esilio
   non in terra straniera
morirò nel paese dei miei sogni
nella bianca città dei miei sogni più belli.

Mehmet, piccolo mio
105   ti affido
   ai compagni turchi
me ne vado ma sono calmo
la vita che si disperde in me
si ritroverà in te
110   per lungo tempo
e nel mio popolo, per sempre.

(N. Hikmet, *Poesie*, trad. di J. Lussu, Mondadori, Milano, 1997)

▶ **Henry Moore**, *Gruppo familiare*, 1945. Firenze, Mostra temporanea "Henry Moore".

Analisi del testo

L'amore come eredità

Il testo è una lettera in forma lirica. Hikmet, prigioniero e in esilio, scrive al piccolo figlio che non è sicuro di poter ancora rivedere: *Forse il destino / m'impedirà di rivederti.* (vv. 8-9). La poesia è composta da sei strofe che ridisegnano i tratti di un sentimento autentico e complesso come è quello dell'amore. Il poeta dimostra di amare, attraverso i versi, il figlio, la moglie, il suo popolo e la sua terra, ma soprattutto l'uomo e la vita. È questa molteplice forma d'amore, insieme ai suoi ideali, che il poeta lascia come eredità più preziosa al piccolo Mehmet.

La struttura del testo

Nella prima strofa l'io lirico esprime in modo diretto e doloroso la condizione di lontananza e il timore più grande, quello di non poter più rivedere i suoi cari. Nella successiva il poeta immagina il futuro del figlio: *Sarai un ragazzo... sarai un conversatore brillante...* (vv. 10-27). La moglie diventa la protagonista della terza strofa; qui la dimensione del ricordo ricostruisce i tratti di un sentimento che rimane intatto, quello dell'amore tra i coniugi, quello del poeta per una donna che, nonostante il destino avverso, rimane sempre presente al suo cuore, anche nell'assenza. Tornando, nella quarta strofa, a se stesso e alla sua difficile condizione, progressivamente l'autore introduce il tema centrale, l'eredità: *Non vivere su questa terra / come un inquilino / oppure in villeggiatura / nella natura / vivi in questo mondo / come se fosse la casa di tuo padre / credi al grano al mare alla terra / ma soprattutto all'uomo* (vv. 59-66). Il poeta invita il figlio ad amare partendo dalle piccole cose che sembrano, ma non sono, insignificanti, come le cose che ci attorniano ogni giorno, fino a quelle più grandi, come il senso di appartenenza alla propria terra, a un popolo, al mondo. Il poeta augura al figlio di trarre gioia dal mondo (*Che tutti i beni terrestri / ti diano gioia*, vv. 74-75), che, tuttavia, deve essere ascoltato con attenzione per cogliere il senso dell'esistenza, e dalla nostra umanità, anche attraversandone il lato doloroso (*Senti la tristezza / del ramo che si secca / del pianeta che si spegne / dell'animale infermo / ma innanzitutto la tristezza dell'uomo*, vv. 69-73). Chiede al figlio, sopra ogni cosa, di amare l'uomo (*ma innanzitutto ama l'uomo*, v. 68). Negli ultimi versi il poeta si congeda con l'affermazione più forte di coraggioso attaccamento alla vita (*la vita che si disperde in me / si ritroverà in te / per lungo tempo / e nel mio popolo, per sempre*, vv. 108-111), questo gli basta per affrontare la morte senza paura.

La lirica venata di struggente malinconia contiene, tuttavia, un deciso messaggio di speranza e di fiducia nell'uomo, nei giovani del futuro che, come Mehmet, potranno cambiare e migliorare il mondo appassionandosi alla vita.

Lo stile

La lirica, ripartita in sei strofe di diversa lunghezza, si sviluppa attraverso una sequenza di versi brevi, interrotti da un'esigua punteggiatura che rende incalzante e scorrevole il ritmo. Frequenti sono le figure retoriche, soprattutto similitudini e anafore, che innalzano lo stile caratterizzato da un lessico comune, semplice, ma attentamente calibrato.

UNITÀ B1 ■ L'AMORE

Che cosa so fare

COMPRENDERE

1. La situazione di partenza.

Hikmet scrive al figlio: forse non potrà vederlo ancora. Perché?

2. L'eredità.

Che cosa lascia in eredità al figlio?

3. Il futuro Mehmet.

Anche se lontano, attraverso la poesia un padre parla al figlio e gli racconta la vita. Come immagina Hikmet il futuro del figlio?

4. La figura materna.

- Che cosa rimprovera a se stesso il poeta in relazione alla moglie?
- Quale ricordo affiora alla mente del poeta?

5. La passione di una vita.

Il poeta dopo aver focalizzato il suo intimo colloquio sulle figure del figlio e della madre, parla al figlio di un altro suo grande amore, di una sua passione mossa da un ideale. Quale?

ANALIZZARE

6. L'anafora →.

- Da quali elementi è costituita l'anafora presente nella prima strofa? Qual è la sua funzione a livello connotativo?
- Nella terza strofa compare la triplice anafora dell'imperfetto del verbo *essere*. Che cosa rimarca la scelta di questo tempo verbale?

7. Il paragone.

Individua le similitudini che compaiono nella seconda strofa e indicane la funzione.

8. L'iterazione.

L'espressione *Tua madre* ricorre più volte all'interno della terza strofa. Quale effetto produce, a tuo avviso, tale scelta?

9. La sintassi.

Il testo presenta una debole presenza di punteggiatura. Con quale effetto? Prevale la paratassi o l'ipotassi?

PRODURRE

10. Risposta breve | Argomentare.

Perché l'eredità che Hikmet lascia al figlio può essere considerata un valore non solo per il piccolo Mehemet, ma per ogni uomo? Rispondi in 8 righe.

11. Laboratorio di scrittura creativa | Una lettera in versi.

Scrivi una lettera in versi, su modello del testo di Hikmet, a un amico lontano, immaginando che forse non vi sarà più possibile rivedervi e ripercorrendo alcuni momenti del passato trascorsi insieme. L'esercizio è avviato.

Da un anno ormai la tua assenza. / Assenza e compagna di dialoghi mancati. / Resti / negli sguardi di un tempo / nelle corse di spiagge / nelle parole amiche.
(continua tu...)

145

PERCORSO B — POESIA: I TEMI

Franco Fortini
L'edera

da *Una volta per sempre* (1963)
▶ Lirica
Metro ▶ versi liberi

Il *fil rouge* di questa lirica è dato dal valore simbolico dell'edera, pianta rampicante che si attacca per mezzo di piccolissime radici sui tronchi d'albero e sui muri. L'espressione "avvinto come l'edera" nell'immaginario popolare significa "strettamente e per sempre".

> Molti anni fa, quando non eravamo
> ancora marito e moglie, in un pomeriggio
> di marzo o aprile, lungo le rive di un lago,
> un poco scherzando, un poco sul serio, colsi
> 5 al piede di un abete un breve ramo di edera,
> simbolo di fedeltà dei sentimenti,
> per ricordo di quella passeggiata tranquilla
> ultima di una età della nostra vita.
>
> Senza turbamento non so guardarla.
> 10 La luce ha scolorito a poco a poco
> le foglie che erano verdi e nere.
> Mutamenti impercettibili, sintesi
> molto lente, alterazioni invisibili
> come se non vent'anni ma molti secoli
> 15 fossero passati. Ora quel ramo somiglia
> tante cose che inutile è qui nominare.
>
> Pure, solo così impallidendo, ha vissuto.
> Se una volta era degno di sorriso
> ora è più somigliante figura d'amore.

(F. Fortini, *Una volta per sempre. Poesie 1938-1973*, Einaudi, Torino, 1978)

8. di un'età...vita: di una fase della vita, la giovinezza.
9. turbamento: commozione.
17. Pure: eppure.
19. figura: immagine simbolica.

L'autore

Franco Fortini (1917-1994), pseudonimo di Franco Lattes, poeta e critico letterario, è stato professore di Storia della critica all'Università di Siena. Egli ha espresso nei suoi versi le inquietudini della nostra epoca, affermando l'esigenza dei veri valori dell'uomo contro ogni forma di violenza e di egoismo. Tra le sue opere si ricordano le raccolte poetiche *Foglio di via e altri versi* (1946), *Poesia e errore* (1959), *Una volta per sempre* (1963, 1978), *Composita solvantur* ("Si dissolva quanto è composto", 1994).

Perché leggiamo Fortini
Perché la sua lirica è impostata su una classica misura e sa cogliere con originalità di sguardo la dimensione privata dei sentimenti.

UNITÀ B1 ■ L'AMORE

Analisi del testo

L'amore coniugale

Il poeta rievoca un episodio del fidanzamento: una tranquilla passeggiata e il dono (tra il serio e lo scherzoso) di un rametto di edera come promessa d'amore, di attaccamento e di fedeltà alla futura moglie. Sono trascorsi venti anni e lo scorrere del tempo ha ingiallito a poco a poco quel tralcio d'erba che, pur trasformato, ha comunque vissuto. Se quel piccolo ramo, quando è stato raccolto e donato, poteva far sorridere, perché simbolo di un sentimento ancora ingenuo, ora è immagine autentica di un amore consolidato tra le gioie e i dolori della vita. In definitiva il messaggio del poeta è che, solo trasformandosi, l'amore coniugale può sopravvivere.

Lo stile

Lo stile è prosastico. Nella prima strofa il tono è narrativo; nella seconda e nella terza più meditativo. Le coppie di sostantivi e di aggettivi conferiscono ai versi un ritmo lento e piano, adatto a esprimere il pacato scorrere del tempo e la commossa riflessione dell'io lirico sulla propria esperienza coniugale.

Che cosa so fare

COMPRENDERE

1. **Le età della vita.**
   Spiega quali sono gli stati d'animo che distinguono le due età della vita descritte nella lirica, la giovinezza e l'età adulta.

2. **Lo sguardo commosso.**
   Per quale motivo, a tuo parere, l'io lirico afferma che non sa guardare senza turbamento il ramo d'edera ormai scolorito? Rispondi con opportuni riferimenti al testo.

3. **Le trasformazioni dell'amore.**
   Individua i versi in cui Fortini sostiene che l'amore può sopravvivere solo trasformandosi.

ANALIZZARE

4. **Gli indicatori temporali.**
   Individua gli avverbi di tempo che aprono e chiudono la lirica e segnalano il passaggio da un'età all'altra della vita.

5. **L'uso di termini polisillabici.**
   Individua i sostantivi e gli aggettivi polisillabici che l'autore impiega per trasmettere la sensazione del lento trascorrere del tempo.

6. **Le coppie di aggettivi e di nomi.**
   Individua le coppie di sostantivi e aggettivi che contribuiscono a determinare il ritmo lento e piano della lirica.

PRODURRE

7. **Scrivere la parafrasi.**
   Elabora la parafrasi della lirica.

147

POESIA: I TEMI

8. **Risposta sintetica | Il valore simbolico dell'edera.**
   Scrivi un testo di 5 righe in cui analizzi il valore simbolico assunto dall'edera, nel corso delle tre strofe.

9. **Trattazione breve | Riflettere sulle trasformazioni dell'amore.**
   Questa lirica di Franco Fortini mette in luce come l'amore per sopravvivere abbia bisogno di trasformarsi. A tuo parere, quali sono le differenze principali fra i momenti iniziali di un amore, quelli del fidanzamento, e la fase successiva, in cui con il passare del tempo il rapporto si consolida e stabilizza? Che cosa perde e che cosa acquista l'amore nel passaggio dall'una all'altra condizione? Rispondi con un testo di 10 righe.

APPROFONDIMENTO
Piante simbolo d'amore

Oltre all'edera sono moltissime le piante e i fiori che fin dall'antichità hanno rappresentato l'amore nelle sue diverse sfaccettature. La rosa, nelle sue varianti di colore (rossa come simbolo di passione, bianca di purezza e amore spirituale, gialla di gelosia, ecc.), è cantata già nella lirica greca e diventa il più noto emblema dell'amore. La troviamo nei lirici greci Archiloco e Saffo, per Guido Cavalcanti è simbolo della bellezza dell'amata (*Fresca rosa novella*), mentre Dante Alighieri sceglie la candida rosa per rappresentare la forma mistica suprema dell'amore, ovvero la beatitudine dei santi che circondano Dio nel Paradiso. Passando attraverso Francesco Petrarca (*L'aura che 'l verde lauro e l'aureo crine*), Angelo Poliziano (*I' mi trovai, fanciulle, un bel mattino*), Ludovico Ariosto, per arrivare al Novecento (con poesie come *Cocotte* di Guido Gozzano, *Concessione* di Giorgio Caproni, *La rosa bianca* di Attilio Bertolucci, ma anche nella musica, con *La canzone dell'amore perduto* di Fabrizio De André o *Con una rosa* di Vinicio Capossela), la rosa assume valenze semantiche diverse: può evocare il lato più sensuale dell'amore oppure il suo aspetto più spirituale, o incarnare la giovinezza e l'amore che fugge, perché è un fiore che appassisce in fretta.

Anche il mirto, un arbusto sempreverde con fiori bianchi e profumati tipico della macchia mediterranea, nella Grecia antica è associato proprio alla dea dell'amore, Venere, e simboleggia la bellezza e la fertilità. In epoca romana il mirto è – con l'alloro – la pianta della gloria poetica, ma anche quella dell'amore eterno, significato che mantiene nel corso dei secoli. Il suo legame con l'eros e con la dea Venere ne motiva il richiamo da parte di Gabriele D'Annunzio ne *La pioggia nel pineto* (▶ p. 31).

Un altro fiore associato all'amore, soprattutto in area orientale, è il tulipano (il suo nome deriva dal turco *tülbend*, "turbante", per via della sua forma); nella celebre raccolta di novelle *Le mille e una notte* il fiore è simbolo della scelta d'amore. A ogni varietà e colore viene attribuito uno specifico significato: il tulipano rosso è perfetto per una dichiarazione d'amore in piena regola, quello giallo è indicato alla donna solare e gioiosa, quello bianco è una richiesta di perdono.

◀ **Jan Davidsz de Heem**, *Vaso di fiori*, XVII secolo. San Pietroburgo, Museo dell'Ermitage.

UNITÀ B1 ■ L'AMORE

Eugenio Montale
Ho sceso, dandoti il braccio

da *Satura* (1971)
▶ Lirica

Metro ▶ versi liberi

La lirica fa parte dell'affettuoso "canzoniere" che Montale dedicò alla moglie Drusilla Tanzi dopo la sua morte. La donna diventa qui una guida che ha sostenuto il poeta nel lungo viaggio della vita e che ha saputo penetrare nelle cose con uno sguardo più profondo.

Ho sceso, dandoti il braccio, almeno un milione di scale
e ora che non ci sei è il vuoto ad ogni gradino.
Anche così è stato breve il nostro lungo viaggio.
Il mio dura tuttora, né più mi occorrono
5   le coincidenze, le prenotazioni,
le trappole, gli scorni di chi crede
che la realtà sia quella che si vede.

Ho sceso milioni di scale dandoti il braccio
non già perché con quattr'occhi forse si vede di più.
10 Con te le ho scese perché sapevo che di noi due
le sole vere pupille, sebbene tanto offuscate,
erano le tue.

(E. Montale, *Satura*, in *Tutte le poesie*, Mondadori, Milano, 1997)

1. almeno un milione di scale: l'iperbole sottolinea la lunga vita in comune e i problemi affrontati insieme.
4. mi occorrono: mi servono.
5. le coincidenze, le prenotazioni: sottinteso, per i viaggi; il poeta allude ai viaggi fatti con la moglie.
6. trappole: inganni.
6. scorni: delusioni.
9. con quattr'occhi: in due.
11. pupille...offuscate: occhi indeboliti dalla miòpia.

▶ Benedetta Cappa Marinetti, *Le comunicazioni telegrafiche e telefoniche* e *Le comunicazioni radiofoniche,* 1934. Palermo, Palazzo delle poste, Sala del Consiglio.

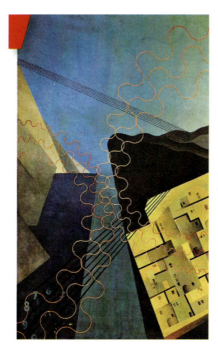 

149

POESIA: I TEMI

L'autore e l'opera

Eugenio Montale nasce a Genova nel 1896 da una famiglia di agiati commercianti. Ultimo di cinque figli, segue gli studi tecnici, che interrompe per motivi di salute. Nel 1917 partecipa al primo conflitto mondiale. Rientrato a Genova nel 1919, si lega ai circoli culturali della città, stringendo amicizia con il poeta Camillo Sbarbaro. Le sue prime poesie vengono pubblicate sulla rivista torinese "Primo Tempo", ma la notorietà gli viene nel 1925 con la raccolta *Ossi di seppia* (▶ *Meriggiare pallido e assorto*, p. 92).

Nel 1927 si trasferisce a Firenze, dove lavora per un anno presso la casa editrice Bemporad, poi come direttore del circolo culturale «Vieusseux»; a Firenze fa parte del gruppo della rivista "Solaria" e frequenta il caffè in cui si ritrovavano i poeti dell'Ermetismo (Le Giubbe Rosse), diventando amico di scrittori come Gadda e Vittorini; vi conosce anche Drusilla Tanzi, che in seguito sposa. Perduto nel 1938 il posto di lavoro per il suo antifascismo, si procura da vivere con le traduzioni di narratori stranieri, soprattutto anglo-americani. Intanto pubblica le raccolte *Occasioni* (1939) e, in Svizzera, *Finisterre* (1943). Nel dopoguerra è redattore del "Corriere della Sera" e pubblica la raccolta *La bufera e altro* (1956). Gli anni Sessanta sono particolarmente fecondi: pubblica *Accordi* (1962), *Auto da fé* (1966, una raccolta di saggi critici), *Lettere* (1966, contenente il carteggio con Svevo), *Fuori di casa* (1969, una raccolta di prose di viaggio).

Nel 1971 pubblica la raccolta poetica *Satura*, cui seguono *Diario del '71 e del '72* (1973; ▶ *Come Zaccheo*, p. 235) e *Quaderno di quattro anni* (1977). Si tratta di appunti in versi, quasi una riflessione quotidiana sul mondo contemporaneo, con la vena ironica che contraddistingue l'ultimo tempo della poesia di Montale.

Analisi del testo

La moglie come guida nel viaggio della vita

Il poeta delinea con tenerezza la figura della moglie in una dimensione di quotidianità: l'accentuata miopia, il buon senso e la saggezza. Montale offriva alla moglie il braccio per scendere le scale (metafora della condivisione delle difficoltà quotidiane nel viaggio della vita) e ora, rimasto solo, ne sente la mancanza.

Previdente e accorta, era Mosca (soprannome datole affettuosamente dal marito) a fargli da guida e le sue *pupille offuscate* erano le uniche a vedere: era lei, cioè, a cogliere con gli occhi dell'anima il senso profondo del reale. La miopia della moglie assume un significato particolare nel momento in cui il poeta sottolinea la propria stanchezza esistenziale: vivendo con lei, egli ha conquistato la capacità di vedere, non teme più gli inganni e gli insuccessi, e ora le preoccupazioni della vita gli appaiono trappole prive di significato. Con la metafora del viaggio, Montale ribadisce la propria concezione dell'esistenza: la realtà non è quella che si vede con gli occhi e si percepisce con i sensi, fatta di impegni e casualità (*coincidenze* e *prenotazioni*), insidie e delusioni (*trappole e scorni*), ma è qualcosa che va al di là delle apparenze e resta misterioso per l'uomo.

Il lessico

Il lessico è prosastico e vicino all'uso comune (*coincidenze* e *prenotazioni* introducono immagini legate alla metafora del viaggio); il registro linguistico è semplice e colloquiale nell'evocare ricordi sollecitati dalle occasioni più disparate.

La trama fonica

La semplicità del linguaggio non esclude una sapiente struttura: la bipartizione delle strofe è sottolineata dalla ripresa dello stesso verso con una variante (vv. 1, 8), i versi 5, 6, 7 sono endecasillabi, le rime (*crede-vede*, *due-tue*) legano gli ultimi versi di ogni strofa, le assonanze creano echi fonici tra le parole-chiave (*scale-offuscate*, *viaggio-braccio*).

UNITÀ B1 ■ L'AMORE

Nel 1975 riceve il premio Nobel per la letteratura. Nel 1980 viene pubblicata l'intera opera poetica (*L'opera in versi*). Muore a Milano nel 1981.

Satura

L'ispirazione di Eugenio Montale nella raccolta *Satura* presenta sfumature di sottile ironia prosastica. Lo stesso titolo richiama la varietà di un antico piatto latino (*satura lanx*) ricolmo di primizie da offrire agli dèi e di un genere satirico-letterario, sempre latino, caratterizzato da un linguaggio semplice, vicino al parlato.

La raccolta comprende poesie di argomento diverso. La prima parte è composta dalle sezioni *Xenia I e II* (in greco significa "doni per gli amici").

Si tratta di ventotto brevi componimenti (scritti tra il 1964 e il 1966), doni memoriali per la moglie Drusilla Tanzi, affettuosamente soprannominata Mosca, morta nel 1963.

Satura è la seconda sezione che dà il nome alla raccolta e comprende le poesie scritte tra il 1968 e il 1971. I componimenti sono giocati sul filo della memoria di momenti di vita familiare semplici ma toccanti, in una continua antitesi vita-morte, tempo-eternità. Il poeta ricorda la moglie e dialoga con lei, ricostruisce il loro mondo di intimità quotidiana e gli oggetti della casa, nel tentativo di esorcizzare il vuoto e lo smarrimento causato dalla sua morte. Timida, gracile, miope, «un po' ingobbita», Mo-

sca è una musa ispiratrice dotata di un'innata, istintiva saggezza («le sole vere pupille, sebbene tanto offuscate, / erano le tue»), e di una acutezza mentale, che le consente di orientarsi nella vita quotidiana senza lasciarsi ingannare dalle apparenze.

Mosca è l'immagine stessa della poesia di Montale che, in questa raccolta, aderisce all'informe vita quotidiana e coglie con immediatezza la realtà senza gli schermi tipici degli intellettuali.

Perché leggiamo Satura

Perché sono "occasioni" comuni della vita umana, molteplici tematiche affrontate con intento ironico e spesso giocoso.

Che cosa so fare

COMPRENDERE

1. **Le difficoltà della vita.**

   Quali versi esprimono le difficoltà pratiche e psicologiche che si incontrano nella vita?

2. **Gli altri.**

   Chi sono, a tuo parere, coloro che credono che la realtà sia quella che si vede? Verso chi, verso quali atteggiamenti è rivolta la critica del poeta?

3. **La donna.**

   La donna ha la capacità di vedere il reale con maggiore autenticità, sebbene i suoi occhi siano indeboliti dalla miopia. Quale significato assume questa affermazione?

ANALIZZARE

4. **L'anafora →.**

   Ciascuna delle due strofe della lirica inizia con l'espressione *Ho sceso*, ripresa anche al verso 10, che indica il percorso della vita. Perché, a tuo parere, il poeta usa il verbo "scendere" e non "salire", che meglio avrebbe espresso l'idea delle difficoltà quotidiane?

5. **La metafora → e l'ossimoro →.**

   Per quale motivo il verso 3, *Anche così è stato breve il nostro lungo viaggio,* contiene una metafora e un ossimoro?

PRODURRE

6. **Trattazione breve | Riflettere sull'amore coniugale.**

   Questa lirica di Eugenio Montale mette in luce come l'amore possa essere soprattutto un percorso di vita, durante il quale l'unione viene consolidata dalla stima per le capacità intellettuali e le doti pratiche dell'altro. Non si fa cenno alla passione e all'attrazione istintiva. A tuo parere, nell'ambito di un rapporto di coppia stabile e duraturo, sono importanti anche gli aspetti razionali, cioè la possibilità di discutere e scambiare idee, oppure è determinante soprattutto il lato emozionale? Rispondi con un testo di 15 righe.

POESIA: I TEMI

da *Il signore d'oro* (1986)
▶ Liriche
Metro ▶ versi liberi

Vivian Lamarque
Due storie d'amore

Queste due brevi liriche, tratte dalla raccolta *Il signore d'oro*, si riferiscono a situazioni quotidiane di un «signore» e una «signora» ma presentate attraverso lo stato d'animo di due donne innamorate di uomini, i quali non ricambiano gli stessi sentimenti.

Il signore gentile
Era un signore come un cielo gentile, gentilmente col suo
gentile cuore la guardava.
E intanto la vita?
Intanto la vita per sempre per sempre se ne andava, intanto
5 la vita come una bella vela quasi era sparita.

La signora della neve
Nevicava tanto, una signora voleva tanto bene a un signore.
La neve si posava sulla città, il bene della signora si posava
sul signore.
Nevicava di giorno e di notte, di giorno e di notte la signora
5 voleva bene al signore.
La città e il signore, semisommersi, subivano la neve e il
bene immobili, aspettavano la primavera.

(V. Lamarque, in *Poesia italiana del Novecento*, a cura di T. Rossi, Skirà, Milano, 1995)

L'autrice

Vivian Lamarque (nata in provincia di Trento nel 1946) ha pubblicato numerose raccolte di poesie (*Teresino*, 1981; *Il signore d'oro*, 1986; *Poesie dando del lei*, *Il libro delle ninne nanne*, 1989; *Il signore degli spaventati*, 1992; *Una quieta polvere*, 1996) e libri di fiabe.
L'amara concezione della vita e il senso di profonda solitudine sono espressi in uno stile raffinato, con esiti di forte contrasto fra tono colloquiale, versi spezzati e inversioni.

Perché leggiamo Lamarque
Perché con uno stile semplice e pulito, quasi prosaico, Lamarque racconta il proprio modo di vivere e riflettere sul mondo.

UNITÀ B1 ■ L'AMORE

Analisi del testo

Lo stato d'animo femminile

Il filo conduttore dei componimenti è la delusione sentimentale di due donne perché l'uomo desiderato è poco coinvolto: l'uno si mostra gentile ma anche troppo prudente, mentre il tempo passa e la vita se ne va per sempre (*Il signore gentile*); l'altro sembra aver paura di amare come una città coperta dalla neve, in passiva attesa della *primavera* (*La signora della neve*).

L'originalità dello stile

L'originalità risiede nella malinconia lieve e nel tono delicato con cui l'io lirico femminile esprime un amore intenso (*di giorno e di notte la signora / voleva bene al signore*, vv. 4-5).

I versi irregolari e frammentati, le inversioni nell'ordine delle parole (*gentilmente col suo / gentile cuore la guardava*, vv. 1-2) si accompagnano alle metafore (il cuore che guarda, la primavera stagione dell'amore e della rinascita della vita) e alle similitudini (tra la *vita* e *la bella vela*) tipiche della tradizione letteraria. Il lessico facile (*gentile cuore, bella vela, voleva bene*) e le ripetizioni da filastrocca conferiscono ai versi un ritmo leggero.

Che cosa so fare

COMPRENDERE

1. **I sentimenti della donna e dell'uomo.**
   Quali sono in ciascuno dei due testi gli stati d'animo della donna e dell'uomo? Rispondi con opportuni riferimenti ai versi.

2. **La gentilezza e la neve.**
   Quali significati simbolici assumono la gentilezza e la neve, rispettivamente nella prima e nella seconda lirica?

3. **La dimensione temporale.**
   Individua nelle due liriche i versi in cui l'autrice sembra suggerire lo scorrere lento ma inesorabile del tempo.

ANALIZZARE

4. **L'uso dell'imperfetto.**
   In entrambe le liriche la poetessa impiega l'imperfetto. Quale ragione determina la scelta di questo tempo verbale? Quale sensazione si propone di creare l'autrice?

5. **Le scelte stilistiche.**
   Quale caratteristica conferiscono ai versi le ripetizioni di parole identiche o simili?

6. **Il chiasmo →.**
   Individua nella seconda lirica il chiasmo e spiega quale effetto espressivo determina.

PRODURRE

7. **Laboratorio di scrittura creativa | Comporre una poesia.**
   Utilizzando come modello la seconda lirica, scrivi una poesia costruita sul rapporto fra un evento meteorologico e l'amore. Ti forniamo un esempio.

   Tirava tanto vento, una signora voleva tanto bene a un signore.
   Il vento soffiava sul mare, il bene della signora soffiava
   sul signore. (continua tu...)

153

PERCORSO B

POESIA: I TEMI

Alda Merini
Elegia

da *Fiore di poesia* (1998)

▶ Lirica

Metro ▶ versi liberi

La lirica è tratta dalla raccolta *Fiore di poesia,* nella sezione dedicata a Michele Pierri che la poetessa sposa nel 1983. Al marito Alda Merini aveva dedicato *Rime petrose* (1983), mentre queste poesie, per la prima volta, furono edite in *Vuoto d'amore* nel 1991 presso Einaudi.
Nel testo la poetessa ripercorre, con pochi tratti suggestivi, il ricordo del loro amore.

O la natura degli angeli azzurri,
i cerchi delle loro ali felici,
ne vidi mai nei miei sogni?
O sì, quando ti amai,
5   quando ho desiderato di averti,
o i pinnacoli dolci del paradiso,
le selve del turbamento,
quando io v'entrai anima aperta,
lacerata di amore,
10 o i sintomi degli angeli di Dio,
i dolorosi tornaconti del cuore.
Anima aperta, ripara le ali:
io viaggio dentro l'immenso
e l'immenso turba le mie ciglia.
15 Ho visto un angelo dolce
ghermire il tuo dolce riso
e portarmelo nella bocca.

(A. Merini, *Fiore di poesia*, Einaudi, Torino, 1998)

▲ **Giovanni Segantini,** *Amore alla sorgente della vita,* 1896. Milano, Galleria d'Arte Moderna.

6. pinnacoli: elemento terminale di una costruzione dalla forma conica. In questo caso sta indicare i punti più alti del paradiso.
16. ghermire: prendere all'improvviso.

L'autrice

Alda Merini nasce a Milano nel 1931. Da sempre sente forte la passione per la poesia e pubblica nel 1953 la raccolta *La presenza di Orfeo,* cui seguiranno *Paura di Dio* (1955) e *Tu sei Pietro* (1961). Negli anni a seguire la poetessa soffrirà moltissimo a causa di un malessere psicologico che la obbliga a un lungo ricovero in un ospedale psichiatrico (dal 1965 al 1972). Tale esperienza segnerà per sempre la sua esistenza; di questi anni lei stessa lascerà testimonianza nell'*Altra verità. Diario di una diversa* (1986) che segue la pubblicazione di *La terra santa* (1984), raccolta considerata la sua prova più alta e che segna anche l'inizio di una nuova fase della sua esistenza sia personale che come scrittrice. Vastissima è la successiva produzione di cui ricordiamo solo alcune delle raccolte più significative: *Testamento* (1988), *Vuoto d'amore* (1991) e *Fiore di poesia* (1998). Muore nel 2009.

Perché leggiamo Alda Merini
Perché nei suoi versi intreccia mirabilmente tematiche amorose e assieme mistiche in uno stile ricercato e suggestivo.

UNITÀ B1 ■ L'AMORE

Analisi del testo

L'elegia

Il titolo richiama un genere della lirica classica, soprattutto latina, caratterizzato dalla spiccata soggettività e da una componente nostalgica collegata al tema d'amore (▶ *La lirica greca e latina*, p. 120). Alda Merini compone per il marito questi versi intrisi della bellezza di un sentimento forte, appassionato, autentico.

Un'invocazione all'amore

La lirica ruota attorno alla ricorrenza del vocativo e si apre sull'immagine suggestiva degli *angeli azzurri* che, con le loro *ali felici*, definiscono metaforicamente i tratti di un sentire alto, come il volo di un'anima che tende alla felicità. Il verso 4 (*O sì, quando ti amai*) afferma la presenza di tale condizione dell'animo, e nella successiva sequenza di proposizioni temporali viene ridisegnato un amore vissuto nella sua complessità tra desiderio (*quando ho desiderato di averti*, v. 5), slancio (*i pinnacoli dolci del paradiso*, v. 6; *o i sintomi degli angeli di Dio*, v. 10) e zone d'ombra (*le selve del turbamento*, v. 7; *lacerata di amore*, v. 9; *i dolorosi tornaconti del cuore*, v. 11).

Il volo e il bacio

Torna anche in chiusura il tema del volo. L'ultima immagine, la più incisiva – un angelo che improvvisamente afferra il sorriso dell'amato per portarlo alla bocca della poetessa – sigilla la lirica con tutta l'intensità del bacio.

Che cosa so fare

COMPRENDERE

1. **L'esordio.**
   Che cosa si chiede la poetessa attraverso la suggestiva immagine dei primi versi?

2. **L'amore.**
   Quali aspetti dell'amore si possono ricostruire nei versi?

3. **L'ultima immagine.**
   Anche negli ultimi versi ricorre un'immagine metaforica. A che cosa fa riferimento la metafora e che impressione lascia nel lettore?

ANALIZZARE

4. **L'invocazione all'amore.**
   Individua i versi in cui è presente un'invocazione.

5. **L'iterazione.**
   L'espressione al verso 8 *anima aperta* viene ripetuta: dove? A che scopo?

6. **Il chiasmo** →.
   Tra il verso 13 e il verso 14 si trova un chiasmo che comporta, contemporaneamente, la ripetizione della stessa parola. Individua questa parola e spiega l'effetto che si produce attraverso questo espediente stilistico.

PRODURRE

7. **Trattazione breve I Opinione personale sul testo.**
   Quale immagine dell'amore è trasmessa da questa lirica? Condividi questo modo di sentire l'amore? Ti è capitato di provare questo sentimento al punto da sentirti come la poetessa? Rispondi in 10 righe.

155

PERCORSO B

POESIA: I TEMI

da *Ogni caso* (1972)

▶ Lirica

Metro ▶ originale e traduzione: versi liberi

Wisława Szymborska
L'amore felice

La lirica, ironica e amara al tempo stesso, ci parla dell'amore felice: un'anomalia in una società regolata da rigide leggi morali, quasi uno scandalo in un mondo dominato dalla casualità e dalla necessità.

    Un amore felice. È normale?
    è serio? è utile?
    Che se ne fa il mondo di due esseri
    che non vedono il mondo?

5   Innalzati l'uno verso l'altro senza alcun merito,
    i primi qualunque tra un milione, ma convinti
    che doveva andare così – in premio di che? Di nulla;
    la luce giunge da nessun luogo –

    Ciò offende la giustizia? Sì.
10 Ciò infrange i princìpi accumulati con cura?
    Butta giù la morale dal piedistallo? Sì, infrange e butta giù.

    Guardate i due felici:
    se almeno dissimulassero un po',
    si fingessero depressi, confortando così gli amici!
15 Sentite come ridono – è un insulto.
    In che lingua parlano – comprensibile all'apparenza.
    E tutte quelle loro cerimonie, smancerie,
    quei bizzarri doveri reciproci che s'inventano –
    sembra un complotto contro l'umanità!

3-4. Che se ne fa il mondo...che non vedono il mondo?: gli innamorati vivono in una loro dimensione che sembra escludere il mondo circostante.
5. Innalzati l'uno verso l'altro: sollevati in virtù dell'amore al di sopra della massa, senza alcun merito: non hanno fatto nulla per avere un tale premio.
6-7. i primi qualunque tra un milione, ma convinti che doveva andare così: il loro incontro è del tutto casuale, ma gli innamorati lo vivono come se fossero stati predestinati ad amarsi.
8. la luce...nessun luogo: nota il contrasto tra il manifestarsi della luce e la negazione del luogo di provenienza: il verso va letto in chiave metaforica, nel senso che l'amore non ha all'origine una volontà superiore, un destino, quindi il sentimento (*luce*) è generato soltanto dal combinarsi delle circostanze.
9. offende la giustizia: la mancanza di merito offende la giustizia, si scontra con i princìpi morali su cui poggia la società, secondo i quali un beneficio deve essere la conseguenza di un impegno.
13. dissimulassero: fingessero.
16. comprensibile all'apparenza: solo apparentemente comprensibile.
17. cerimonie: si allude ai rituali tipici degli innamorati; **smancerie**: moine.
19. sembra...l'umanità: perché il loro atteggiamento, così diverso, viene vissuto quasi come una minaccia.

LABORATORIO DELLE COMPETENZE

UNITÀ B1 ■ L'AMORE

20 È difficile immaginare dove si finirebbe
se il loro esempio fosse imitabile.
Su cosa potrebbero contar religioni, poesie,
di che ci si ricorderebbe, a che si rinuncerebbe,
chi vorrebbe restare più nel cerchio?

25 Un amore felice. Ma è necessario?
Il tatto e la ragione impongono di tacerne
come d'uno scandalo nelle alte sfere della Vita.
Magnifici pargoli nascono senza il suo aiuto.
Mai e poi mai riuscirebbe a popolare la terra,
30 capita, in fondo, di rado.

Chi non conosce l'amore felice
dica pure che in nessun luogo esiste l'amore felice.

Con tale fede gli sarà più lieve vivere e morire.

(W. Szymborska, *Ogni caso*, in *Vista con granello di sabbia*, a cura di P. Marchesani, Adelphi, Milano, 2007)

22. religioni: le religioni (come le ideologie) richiedono sacrifici, rinunce, per realizzare un fine superiore alla felicità immediata dell'individuo; **poesie**: tradizionalmente i poeti si sono ispirati agli amori infelici.
25. Un amore felice. Ma è necessario?: se ci fossero molti amori felici, le religioni e le ideologie perderebbero seguaci.
26. tatto: riguardo, delicatezza, inteso in senso ironico.
27. scandalo: l'amore felice contrasta con una visione del mondo razionalistica e meccanicistica.
28. Magnifici pargoli: per la continuazione della specie non è necessario l'amore.
33. fede: convinzione; **lieve**: leggero, qui nel senso di facile.

◀ **Jim Dine**, *Senza titolo*, 1970. Collezione privata.

L'autrice

Wisława Szymborska nasce a Kornik, in Polonia, nel 1923. Nel 1996 è stata insignita del premio Nobel per la letteratura. Muore nel 2012. Delle sue raccolte poetiche sono state tradotte in italiano *Gente sul ponte* e *La fine e l'inizio*; un'ampia scelta delle sue poesie si trova in *Vista con granello di sabbia*; *25 poesie*; *Taccuino d'Amore*.

Perché leggiamo Wisława Szymborska Perché la sua voce particolarmente acuta prende spunto dal quotidiano per riflettere su temi esistenziali e universali.

PERCORSO B — POESIA: I TEMI

ATTIVITÀ

COMPRENDERE E ANALIZZARE

Competenza:
- leggere, comprendere e interpretare testi scritti di vario tipo

1. VERSO LA PROVA INVALSI

Scegli l'opzione.

1. Secondo il sistema di valori della società, l'amore felice è
   a. giusto
   b. normale
   c. necessario
   d. scandaloso

2. Lo sguardo degli amanti nei confronti del mondo è
   a. curioso
   b. sprezzante
   c. interessato
   d. indifferente

3. Chi osserva un amore felice si sente
   a. escluso
   b. solidale
   c. premuroso
   d. indifferente

4. Il tono della poesia è prevalentemente
   a. dolce
   b. ironico
   c. violento
   d. allarmato

5. Fra i testi seguenti quello più vicino alla poesia è
   a. *I ragazzi che si amano*
   b. *La porta è socchiusa*
   c. *Ed amai nuovamente*
   d. *Ho sceso, dandoti il braccio*

6. In quali versi si sottolinea la casualità di un amore felice?
   a. *gli sarà più lieve vivere* (v. 33)
   b. *la luce giunge da nessun luogo* (v. 8)
   c. *Sì, infrange e butta giù* (v. 11)
   d. *sembra un complotto contro l'umanità* (v. 19)

7. In quale strofa si sottolinea l'appagamento totale degli amanti felici?
   a. La terza
   b. La prima
   c. La quarta
   d. La seconda

8. In quali versi si afferma che un amore felice non risponde alle necessità che regolano le leggi di natura?
   a. *Ciò offende la giustizia?* (v. 9)
   b. *Ciò infrange i princìpi accumulati* (v. 10)
   c. *chi vorrebbe restare più nel cerchio?* (v. 24)
   d. *Mai e poi mai riuscirebbe a popolare la terra* (v. 29)

9. La poesia sostiene che
   a. l'amore felice esiste
   b. l'amore felice non esiste
   c. tutti desiderano un amore felice
   d. la maggior parte degli amori sono felici

10. Quale affermazione sulla poesia non è corretta?
    a. Vi sono alcune metafore
    b. Prevalgono le descrizioni
    c. È composta in versi liberi
    d. Adotta un registro colloquiale

LABORATORIO DELLE COMPETENZE

UNITÀ B1 ▪ L'AMORE

◼ INTERPRETARE E PRODURRE

Competenze:
- leggere, comprendere e interpretare testi scritti di vario tipo
- produrre testi di vario tipo in relazione ai differenti scopi comunicativi

2. ARGOMENTAZIONE

Un amore felice.

Un amore felice è normale? Serio? Utile? Necessario? In base alla tua esperienza, diretta o indiretta, rispondi con un testo alle domande presenti nella poesia, dedicando a ciascuna risposta almeno 5 righe. Ogni risposta dovrà essere motivata con almeno un argomento.
Ti forniamo un modello.

L'altra sera in pizzeria, mentre i miei genitori chiacchieravano di problemi di lavoro, osservavo alcune coppie sedute ai tavoli vicini. Mangiavano quasi tutti in silenzio, senza sorrisi. Ognuno assorbito dai propri pensieri, con lo sguardo stanco e annoiato. Soltanto due ragazzi, in un angolo appartato del locale, parlottavano animatamente occhi negli occhi, ridevano, si cercavano le mani. In effetti, credo che se l'amore felice esiste sia un momento magico di cui godono i giovani. (continua tu…)

3. LABORATORIO DI SCRITTURA CREATIVA

Capovolgere il contenuto della poesia.

Riscrivi la poesia, rovesciandone il tema: interrogati sugli effetti e sulle ragioni di un amore infelice. La poesia dovrà rispettare il modello originale.
Ti forniamo un esempio.

«Un amore infelice. È normale?
è serio? è utile?
Che se ne fa il mondo di due esseri
che si odiano?

Si accusano l'uno verso l'altro senza posa,
pieni di rancore, convinti
che la colpa sia dell'altro - per quale ragione? Nessuna.»
(continua tu…)

4. TRATTAZIONE BREVE

Scrivere una lezione.

Leggi il testo seguente, una singolare lezione sulla poesia tratta dal film di Roberto Benigni *La tigre e la neve*, e svolgi l'attività successiva.

Su su… svelti, veloci, piano, con calma… Poi non v'affrettate, non scrivete subito poesie d'amore, che sono le più difficili, aspettate almeno almeno un'ottantina d'anni. Scrivetele su un altro argomento… che ne so… sul mare, il vento, un termosifone, un tram in ritardo… che non esiste una cosa più poetica di un'altra! Avete capito? La poesia non è fuori, è dentro… Cos'è la poesia, non chiedermelo più, guardati nello specchio, la poesia sei tu… e vestitele bene le poesie, cercate bene le parole… dovete sceglierle! A volte ci vogliono otto mesi per trovare una parola! Sceglietele… che la bellezza è cominciata quando qualcuno ha cominciato a scegliere. Da Adamo ed Eva… lo sapete Eva quanto c'ha messo prima di scegliere la foglia di fico giusta!!! «Come mi sta questa, come mi sta questa, come mi sta questa…» ha spogliato tutti i fichi del paradiso terrestre! Innamoratevi, se non vi innamorate è tutto morto… morto! Vi dovete innamorare e tutto diventa vivo, si muove tutto… dilapidate la gioia, sperperate l'allegria e siate tristi e taciturni con esuberanza! Fate soffiare in faccia alla gente la FELICITÀ! E come si fa?… fammi vedere gli appunti che mi sono scordato… questo è quello che dovete fare… non sono riuscito a leggerli! Per trasmettere la felicità, bisogna essere FELICI e per trasmet-

159

PERCORSO B — POESIA: I TEMI

tere il dolore, bisogna essere FELICI. Siate FELICI!!! Dovete patire, stare male, soffrire... non abbiate paura di soffrire, tutto il mondo soffre! E se non avete i mezzi non vi preoccupate... tanto per fare poesie una sola cosa è necessaria... tutto. Avete capito? E non cercate la novità... la novità è la cosa più vecchia che ci sia... E se il verso non vi viene, da questa posizione, né da questa, né da così, buttatevi in terra! Mettetevi così! Ecco... ohooo... è da distesi che si vede il cielo... guarda che bellezza... perché non mi ci sono messo prima... I poeti non guardano, vedono. Fatevi obbedire dalle parole... Se la parola muro non vi dà retta, non usatela più... per otto anni, così impara! Che è questo, boooh non lo so! Questa è la bellezza, come quei versi là che voglio che rimangano scritti lì per sempre... forza, cancellate tutto che dobbiamo cominciare! La lezione è finita. Ciao ragazzi ci vediamo mercoledì o giovedì... Ciao arrivederci. Arrivederci.

(R. Benigni, *La tigre e la neve*, Einaudi, Torino, 2006)

Scrivi un testo di 20 righe in cui, come l'insegnante del film, spieghi in modo colloquiale i rapporti fra la poesia, l'amore, la felicità e l'infelicità, utilizzando le conoscenze acquisite nell'unità.

Ti forniamo un modello.

> *Perché ragazzi riempite i vostri diari di poesie d'amore? Luisa, tu hai occupato tutto il 28 dicembre... tanto per quel giorno non ci sono compiti da segnare, giusto?* I ragazzi che si amano si baciano in piedi contro le porte della notte... *le porte della notte, quelle che si spalancano per farci entrare nella magia dell'amore. Incominciate a capire perché riempite i vostri diari di poesie d'amore... e non vi limitate a scrivere TVTTTB o 3mSC? Perché solo la poesia vi fa entrare nella luce accecante... e tu Marco non chiudere gli occhi, non aver paura di ferirti gli occhi con tutta questa luce! La poesia e l'amore sono belli perché sono felicità ma anche infelicità, gioia e disperazione...* (continua tu...)

5. ANALISI E INTERPRETAZIONE UN TESTO POETICO

Leggi la poesia seguente di Louis Aragon (1897-1982) e rispondi alle domande.

Non esiste un amore felice

Niente per l'uomo è mai definitivo non la sua forza
non la debolezza né il suo cuore e quando crede
di aprire le braccia la sua ombra è una croce
e quando vuole stringere la sua felicità la sbriciola
5 uno strano doloroso divorzio è la sua vita

       Non esiste un amore felice
La sua vita è come quei soldati disarmati
per altro scopo un tempo equipaggiati
a cosa può servire il loro alzarsi di buon'ora
10 per ritrovarsi a sera disoccupati incerti
dite queste parole la mia vita e trattenete il pianto

       Non esiste un amore felice
Mio bell'amore amore caro mio strazio
ti porto in me come un uccello ferito
15 e quelli senza saperlo ci guardano passare
ripetendo dietro di me le parole che ho intrecciato
e che per i tuoi grandi occhi subito morirono

LABORATORIO DELLE COMPETENZE

UNITÀ B1 ■ L'AMORE

   Non esiste un amore felice
   È troppo tardi ormai per imparare a vivere
20 piangano insieme nella notte i nostri cuori
   quanta infelicità per la più piccola canzone
   quanti rimorsi per scontare un fremito
   quanti singhiozzi per un'aria di chitarra

   Non esiste un amore felice
25 Non c'è amore che non dia dolore
  non c'è amore che non ferisca
  non c'è amore che non lasci il segno
  e non meno l'amore di patria che l'amore per te
  non c'è amore che non viva di pianto

30   Non esiste un amore felice
   ma per noi due c'è il nostro amore

(L. Aragon, *L'ira e l'amore*, a cura di G. Finzi, Guanda, Parma, 1969)

- Scrivi la parafrasi.
- Spiega per quale ragione, secondo Aragon, nessun amore può essere felice.
- L'affermazione che non esistono amori felici provoca nel poeta un inaridimento dei sentimenti o, nonostante il dolore ineluttabile dell'esistenza, egli continuerà ad amare? Rispondi facendo riferimento al testo.
- Confronta la poesia con *L'amore felice* di Szymborska. Quale ritieni più vicina alla tua sensibilità e alla tua concezione dell'amore? Rispondi con un testo di 10 righe, evidenziando le differenze fra le due liriche. Il testo deve contenere:
  – la tesi (La poesia più vicina alla mia concezione dell'amore è *L'amore felice* / *Non esiste un amore felice*);
  – almeno due argomenti a favore della tesi;
  – l'antitesi;
  – almeno un argomento a favore dell'antitesi;
  – la confutazione che dimostra infondati gli argomenti a favore dell'antitesi;
  – la conclusione.
- Tra le poesie che hai letto nell'unità, a tuo parere, quale contiene una concezione dell'amore simile a quella esposta da Aragon?

▮ ESPORRE E ARGOMENTARE

Competenze:
- padroneggiare gli strumenti espressivi e argomentativi indispensabili per gestire l'interazione comunicativa verbale in vari contesti
- leggere, comprendere e interpretare testi scritti di vario tipo

6. VERSO IL COLLOQUIO ORALE

Esponi il significato complessivo di una poesia o di un testo di altro tipo di questa unità.
- Precisa titolo e autore/autrice del testo.
- Esponi gli aspetti tematici.
- Esponi gli aspetti metrico-stilistici più significativi (sintassi, lessico, figure di suono, figure retoriche), se hai scelto una poesia.
- Definisci la tipologia testuale ed eventuali caratteristiche formali e strutturali, se non hai scelto una poesia.
- Metti in evidenza le relazioni con altri testi contenuti nell'unità.
- Esponi sinteticamente un'opinione personale opportunamente motivata.

 Per il tuo intervento orale hai a disposizione 15-20 minuti.

161

POESIA: I TEMI

PROVA AUTENTICA

Competenze:
- padroneggiare gli strumenti espressivi e argomentativi indispensabili per gestire l'interazione comunicativa verbale in vari contesti
- leggere, comprendere e interpretare testi scritti di vario tipo
- produrre testi di vario tipo in relazione ai differenti scopi comunicativi

Competenze chiave di cittadinanza:
1. Imparare ad imparare
2. Progettare
3. Comunicare
4. Collaborare e partecipare
5. Agire in modo autonomo e responsabile
6. Risolvere problemi
7. Individuare collegamenti e relazioni
8. Acquisire ed interpretare le informazioni

UN BLOG D'AMORE

Prodotto: blog con raccolta di poesie.

Destinatari: pubblico di Internet.

Tempi: 2 ore in classe (pianificazione e stesura, condivisione dei prodotti all'interno del gruppo) + ore (non quantificabili) a casa per la produzione dei materiali da inserire e per l'aggiornamento del blog.

Consegna:

Scrittura creativa – Creare un blog sull'amore. Il blog è un sito Internet nel quale l'autore tiene una sorta di giornale personale, trattando argomenti di suo interesse e invitando i visitatori a commentarli. Ora immaginate di creare il vostro blog e di invitare gli internauti, cioè coloro che navigano sulla Rete, a esprimere la loro opinione; il vostro compito è quello di strutturare l'*home page* (cioè la pagina di apertura) del sito, in modo da attirare l'attenzione dei «navigatori».

Istruzioni (attività in *cooperative learning*):
- scrivete un breve testo di presentazione;
- inserite alcune poesie d'amore, ma anche un breve racconto d'amore o un paio di brani estratti da romanzi o racconti d'amore che trovate particolarmente coinvolgenti, oppure frasi e aforismi sull'amore;
- inserite immagini appropriate;
- inserite un elenco di blog e di siti consigliati;
- date una struttura grafica alla pagina disponendo in modo originale immagini e testo scritto.

Per costruire in modo facile e gratuito un blog ti consigliamo il sito www.splinder.com.

UNITÀ
B2 La natura

Testo d'esempio A. Zanzotto *Nel mio paese*

Antologia
Alcmane *Notturno*
Catullo *O Sirmione, bellissima tra le isole*
M. Bashō *Haiku*
G. Leopardi *Alla luna*
C. Baudelaire *Corrispondenze*
G. D'Annunzio *O falce di luna calante*
S. Penna *Il mare è tutto azzurro – Sul molo il vento soffia forte*
A. Bertolucci *Idilli domestici*

Laboratorio delle competenze F. Fortini *Gli alberi*

In questa unità:
- affronterai il tema della natura, dalla lirica antica ai nostri giorni
- analizzerai liriche significative della letteratura italiana e straniera
- individuerai nelle liriche tematiche, situazioni ed elementi espressivi ricorrenti del tema
- approfondirai la tua conoscenza del Simbolismo
- produrrai testi creativi, inventando o rielaborando temi e situazioni
- esporrai le caratteristiche di una lirica che hai letto
- organizzerai con i tuoi compagni una raccolta di poesie

163

PERCORSO B

2

POESIA: I TEMI

La natura

Pitture rupestri. Pitture e incisioni sulle rocce e all'interno delle grotte, risalenti al Paleolitico. Rappresentano figure di animali, generalmente scene di caccia. Le più importanti sono state ritrovate in Africa, Spagna e Francia (nelle grotte di Lascaux).

Sin dai tempi più antichi gli uomini hanno cercato di descrivere e di spiegare la natura, utilizzando svariate forme di espressione artistica: dalle pitture rupestri del Paleolitico ai miti, racconti antichi spesso di tipo eziologico (cercavano di dare una spiegazione delle cause dei diversi fenomeni naturali).

Per gli artisti di tutti i tempi la natura è stata fonte di ispirazione, di contemplazione, a volte gioiosa, a volte tragica o nostalgica. La poesia ha descritto l'atteggiamento dell'uomo di fronte alla natura, lo stupore e la meraviglia dinanzi a un paesaggio, ma anche il terrore, rintracciando corrispondenze tra stato d'animo ed elementi paesaggistici.

■ Paesaggi lirici e stati d'animo

LA NATURA IDILLICA NEL MONDO CLASSICO. La poesia classica ha privilegiato una visione idilliaca della natura, vista come fonte di serenità e riposo.

Idilliaca. Aggettivo che deriva da idìllio (dal gr. *eidýllion*, "quadretto"), propriamente un componimento di genere bucolico e agreste. Per estensione si allude alla rappresentazione idealizzata della vita campestre (tranquilla, lontana dalle fatiche della vita cittadina).

Per esempio, in *Notturno* (▶ p. 171), lirica composta dal poeta greco **Alcmane** (VII secolo a.C.), la descrizione di un paesaggio immerso nella quiete della notte, in cui gli elementi della natura e le creature viventi riposano dalle fatiche del giorno, trasmette una sensazione di pace e di armonia. Si tratta di un *locus amoenus*, espressione latina che si riferisce a un *topos* letterario ricorrente sin dall'antichità, quando viene descritto un luogo immerso nella natura e in un'atmosfera che rasserena l'animo.

Anche in *O Sirmione, bellissima tra le isole* (▶ p. 174) del poeta latino **Catullo** (ca 84-54 a.C.) , il paesaggio naturale, a cui l'io lirico si sente intimamente legato, fa da sfondo alla gioia del riposo e di una ritrovata tranquillità.

LA NATURA NELLA TRADIZIONE DEGLI HAIKU. L'attenzione per il mondo naturale emerge nella secolare tradizione giapponese degli **haiku**, brevi composizioni di diciassette sillabe che fotografano con straordinaria immediatezza la realtà e, in particolare, gli elementi della natura. **Matsuo Bashō** (1644-1694), che è considerato l'iniziatore (▶ *Haiku*, p. 177), ha costituito un modello in grado di influenzare anche la nostra cultura occidentale. Ne è un esempio questo splendido haiku del poeta statunitense Ezra Pound (1885-1972) che coglie la subitanea impressione visiva dei petali di rosa che cadono in una vasca:

164

> Petali cadono nella vasca,
>   petali di rosa color arancio,
> L'ocra che si stringe alla pietra.
>
> (E. Pound, *Ts'ai ch'h*, in *Le poesie scelte*, trad. di A. Rizzardi, Mondadori, Milano, 1961)

LA NATURA ROMANTICA: SPECCHIO DELL'INTERIORITÀ DELL'UOMO.

Nell'Ottocento, il Romanticismo dimostra una sensibilità tutta particolare: la natura si trasforma nello specchio attraverso cui si manifestano lo stato d'animo, i sentimenti e le emozioni del poeta.

Il paesaggio, oggetto di contemplazione e fonte di riflessione, diviene un interlocutore privilegiato del soggetto, il "luogo" nel quale riconoscersi e con cui colloquiare, al quale confessare gioie o dolori, come ha ben sottolineato lo storico dell'arte Flavio Caroli (1945) che scrive: «La rappresentazione della natura – in un percorso perfettamente parallelo alla rappresentazione delle fattezze dell'uomo – è diventata lo schermo sul quale l'uomo ha proiettato le proprie passioni, la propria idea del mondo, e il senso della vita su questo pianeta. Per precisare le valenze soggettive di tale viaggio, a un certo punto della sua storia, esattamente in epoca romantica, l'uomo-artista ha anzi inventato la formula riassuntiva "paesaggio-stato d'animo"» (F. Caroli, *Il volto e l'anima della natura*, Mondadori, Milano, 2009).

È quanto accade per esempio nella lirica *Alla luna* (▶ p. 180) di **Giacomo Leopardi** (1798-1837), in cui il poeta si rivolge alla *graziosa luna*, rievocando il passato doloroso e confessando la sofferenza della propria esistenza presente. Il volto perlaceo dell'astro, invocato con struggente nostalgia, è il ritratto dei sentimenti e delle emozioni dell'io lirico.

LA NATURA E IL SIMBOLISMO.

Ma la natura non è solo il riflesso dell'interiorità dell'io lirico: con il Simbolismo (▶ p. 189) la realtà assume una dimensione che va al di là delle apparenze e che il poeta ha il compito di intuire e di svelare con i suoi versi. Per i simbolisti la natura contiene significati misteriosi, che travalicano i dati oggettivi e realistici: i poeti si sforzano di comprendere il mistero che avvolge una natura all'apparenza sempre più caotica e instabile, stabilendo rapporti analogici fra elementi lontani e affidando valori simbolici a manifestazioni naturali, oggetti e sensazioni.

Romanticismo. Movimento culturale diffuso in tutta Europa dalla fine del sec. XVIII alla metà del XIX. Si oppone al razionalismo illuministico e determina un'inversione della sensibilità e del gusto, caratterizzati dalla attrazione per l'ignoto, il misterioso, l'indefinito, sentiti come essenza profonda della realtà.

APPROFONDIMENTO IN DIGITALE
Arte
– Il paesaggio simbolico

◀ **John Constable**, *Studio di nuvole a cirro*, ca 1822 (particolare). Londra, Victoria and Albert Museum.

PERCORSO B — POESIA: I TEMI

▲ **Giovanni Segantini**, *Il castigo delle lussuriose*, 1891. Liverpool, National Museums Liverpool - Walker Art Gallery.

Nella lirica *Corrispondenze* (▶ p. 186) del poeta francese **Charles Baudelaire** (1821-1867), la natura diviene un organismo sacro, *un tempio* dove si celano oscuri significati simbolici, *foreste di simboli* che pur apparendo familiari sono indecifrabili agli occhi dell'uomo comune. La natura è caratterizzata da un'intima armonia, a cui partecipano tutti gli elementi che la compongono e in cui sensazioni diverse, e anche apparentemente lontane, si ritrovano e si fondono in un'immensa corrispondenza reciproca, che il poeta rappresenta in particolare attraverso l'uso dell'analogia e della sinestesia.

In Italia, anche se con accenti e sensibilità diverse, i temi del Simbolismo vengono ripresi da **Giovanni Pascoli** (1855-1912) e da **Gabriele D'Annunzio** (1863-1938). Pascoli descrive la natura avvalendosi di una forma poetica impressionistica, ovvero attraverso rapide immagini uditive e visive che si giustappongono l'una all'altra (▶ *Giovani Pascoli*, p. 286). L'io lirico dannunziano, invece, si fonde con la natura, dando vita al cosiddetto **panismo** (dal dio Pan, divinità greca dei boschi; ▶ *La pioggia nel pineto*, p. 31). Nella lirica *O falce di luna calante* (▶ p. 190), l'anima del poeta è avvolta in un'atmosfera sensuale di sensazioni e suggestioni musicali; l'uomo diventa elemento integrante del paesaggio, il quale a sua volta si umanizza.

LA NATURA E LA CONDIZIONE ESISTENZIALE. Nel Novecento si accentua il processo di interiorizzazione del paesaggio, che appare sempre più funzionale non solo a rappresentare i sentimenti e le emozioni del soggetto, ma anche a simboleggiare il disagio esistenziale degli uomini contemporanei.

Nelle liriche di **Sandro Penna** (1906-1977), *Il mare è tutto azzurro* e *Sul molo il vento soffia forte* (▶ p. 193), i due paesaggi marini, dominati dalla presenza della intensa luce del sole e del vento, sono caratterizzati da un'atmosfera quasi irreale, che bene sottolinea la condizione estraniante dell'io lirico.

UNITÀ B2 ■ LA NATURA

Nella lirica *Nel mio paese* (► p. 168) **Andrea Zanzotto** (1921-2011) descrive la condizione di sollievo che prova alla vista del paesaggio familiare del paese natale. I luoghi cari e conosciuti gli consentono una *riconciliazione* col mondo, come leggiamo nelle sue stesse parole:

" vi leggerò molto alla buona e confidenzialmente una poesia piena di gioia che riprende il tema della *Quiete dopo la tempesta* di Leopardi. Qui la gioia è come un incendio interiore, io mi identifico addirittura con il sole e immagino che i bagliori che si vedono sulle finestre siano appunto provocati da me; perché sono io che ritorno dopo la tempesta e la gioia è quella di un momento di riconciliazione.

(A. Zanzotto, *Le poesie e prose scelte*, Mondadori, Milano, 2003)

Anche nei suoi *Idilli domestici* (► p. 196) **Attilio Bertolucci** (1911-2000) riconduce il moto del suo animo al sintetico profilo del paesaggio dell'Appennino parmense.

È quindi evidente che in gran parte della produzione poetica novecentesca la natura e i suoi paesaggi divengono sempre meno fisici e maggiormente intessuti di riferimenti simbolici e alludono ad altro, come, per esempio, nell'opera della poetessa austriaca Ingeborg Bachmann (1926-1973, ► *L'autrice*, p. 271): «Con le betulle mi alzo in questi giorni / e ciocche di frumento mi ravvio / dinnanzi a uno specchio di ghiaccio.» (*Giorni nel bianco*).

Che cosa so

Indica se le seguenti affermazioni sono vere o false.

	V	F
a. Catullo è un lirico greco.	☐	☐
b. In *Notturno* l'io lirico si rivolge alla luna.	☐	☐
c. D'Annunzio riprende alcuni aspetti del Simbolismo.	☐	☐
d. *Corrispondenze* è dedicata alla terra natia dell'io lirico.	☐	☐
e. Negli *Idilli* di Bertolucci si fa riferimento alle campagne venete.	☐	☐
f. Gli haiku sono brevi liriche della tradizione cinese.	☐	☐
g. Il Simbolismo stabilisce rapporti analogici fra elementi lontani.	☐	☐
h. Il Romanticismo ha un rapporto distaccato e oggettivo con la natura.	☐	☐
i. Per Leopardi gli elementi della natura sono carichi di significati simbolici.	☐	☐
j. La poesia ha iniziato a trarre ispirazione dalla natura a partire dall'Ottocento.	☐	☐
k. Nelle liriche di Penna, il paesaggio marino fa da sfondo alla condizione esistenziale dell'io lirico.	☐	☐
l. Zanzotto ritrova nel paesaggio una presenza amica che lo aiuta a ritornare alla serenità.	☐	☐
m. In D'Annunzio il panismo fa riferimento a una condizione di fusione totale tra uomo e natura.	☐	☐
n. Nel Novecento i poeti tendono a interiorizzare ulteriormente il paesaggio.	☐	☐

PERCORSO B — POESIA: I TEMI

Testo d'esempio

Dietro il paesaggio
(1951)

▶ Lirica in versi liberi

Nel mio paese
Andrea Zanzotto

Nella seguente poesia Andrea Zanzotto descrive il senso di leggerezza che prova tornando al suo paese natale, Pieve di Soligo, in provincia di Treviso, dopo un periodo di assenza. Il suo stato d'animo si identifica negli elementi di un paesaggio che accoglie il suo ritorno tra i tratti familiari di luoghi, rumori, colori che lo riportano alla vita, anche se, in questo idillio, trova spazio anche un'imprevedibile paura del passato.

Andrea Zanzotto nasce a Pieve di Soligo, in provincia di Treviso, nel 1921, paese da dove non si allontana quasi mai. Insegnante di lettere, scrive su quotidiani e riviste di critica letteraria. La prima raccolta poetica è *Dietro il paesaggio* (1951), cui seguiranno *Vocativo* (1957), *IX Egloghe* (1962), le prose *Sull'Altopiano* (1964), le poesie in dialetto *Filò* (1976), la trilogia *Il Galateo in bosco* (1978), *Meteo* (1996) e *Sovrimpressioni* (2001). Muore a Conegliano nel 2011.

Leggeri ormai sono i sogni
La lirica si apre con il rientro del poeta nel suo paese e con un'immagine di serenità e piacevole leggerezza.

scintillano i vetri / ed i pomi di casa mia
La luce sottolinea metaforicamente la gioia del ritorno nella propria terra.

le colline
i colli che circondano il paese del poeta abbracciano il suo sguardo e sembrano contenere ogni elemento del paesaggio, come viene detto al verso 18, e *fanno rime con le colline*.

e il sole limpido sta chino / su un'altra pagina del vento
La lirica si chiude con due elementi naturali, il sole e il vento, che suggeriscono la fugacità del tempo e l'impossibilità umana di certezze.

Leggeri ormai sono i sogni,
da tutti amato
con essi io sto nel mio paese,
mi sento goloso di zucchero;
5 al di là della piazza e della salvia rossa
si ripara la pioggia
si sciolgono i rumori
ed il ridevole cordoglio
per cui temesti con tanta fantasia
10 questo errore del giorno
e il suo nero d'innocuo serpente

Del mio ritorno scintillano i vetri
ed i pomi di casa mia,
le colline sono per prime
15 al traguardo madido dei cieli,
tutta l'acqua d'oro è nel secchio
tutta la sabbia nel cortile
e fanno rime con le colline

Di porta in porta si grida all'amore
20 nella dolce devastazione
e il sole limpido sta chino
su un'altra pagina del vento

(A. Zanzotto, *Le poesie e prose scelte*, Mondadori, Milano, 2003)

8-11. ed il ridevole cordoglio...serpente: (si scioglie anche) il dolore (*cordoglio*) su cui ora si può sorridere (*ridevole*), quel dolore per cui hai temuto anche successivamente, nel tuo fantasticare, che potesse accadere qualcosa di brutto (*innocuo serpente*) a turbare il giorno.

13. pomi: pomelli, le maniglie delle finestre.
14-15. le colline sono per prime/al traguardo madido dei cieli: le colline sono le prime a raggiungere il cielo. *Traguardi madidi* fa riferimento al cielo che porta pioggia (*madido* significa intriso d'acqua, bagnato).

UNITÀ B2 ■ LA NATURA

Analisi del testo

Il significato complessivo

L'io lirico descrive la sensazione piacevole del ritorno al paese natale. Ogni cosa si scioglie nella dolcezza, si ridimensiona anche la paura che in passato lo sorprendeva e che provocava in lui un senso di smarrimento. Nello scintillio dei vetri e delle maniglie delle finestre di casa, nel paesaggio, racchiuso nell'abbraccio delle colline, si riflette la luce del suo ritorno. In ogni casa vive l'amore, che sconvolge con dolcezza, e il sole tramonta sul nuovo giorno che, come una pagina al vento, è in balia del destino.

Il *nostos*

Nostos è parola del greco antico che significa "ritorno" e che costituisce un *topos* della tradizione letteraria, basti pensare all'*Odissea* che ruota interamente sul ritorno di Odisseo a Itaca. Anche per il poeta tornare all'amato paese è una sorta di ritorno a Itaca, al luogo familiare che lo accoglie infondendogli serenità e pace. Il verso iniziale (*Leggeri ormai sono i sogni*) annuncia il cambiamento interiore del poeta (*ormai*): oggi *i sogni* sono *leggeri*, mentre, in passato, la stessa fantasia gli faceva temere l'*errore del giorno / e il suo nero d'innocuo serpente* (vv. 10-11), un non definito turbamento dell'animo. La prima strofa si chiude significativamente con questa forte metafora, ma in essa dominano le espressioni piene di piacevole ristoro (*da tutti amato*, v. 2; *si ripara la pioggia / si sciolgono i rumori / ed il ridevole cordoglio*, vv. 6-8) e di dolcezza (*mi sento goloso di zucchero*, v. 4).

La quiete dopo la tempesta

La seconda strofa è contraddistinta dalla luce che illumina la vita dopo l'oscurità dell'assenza, dell'allontanamento dal proprio paese. L'apertura (*Del mio ritorno scintillano i vetri*, v. 12) rimanda – dichiaratamente – a uno degli autori più significativi per Zanzotto, a Leopardi de *La quiete dopo la tempesta*: *Ecco il Sol che ritorna, ecco sorride / per li poggi e le ville*.

Eppure negli ultimi versi (*il sole limpido sta chino / su un'altra pagina del vento*, vv. 21-22) il sole che illumina il giorno del ritorno non può eliminare la consapevolezza che questa serenità è *pagina* in balia del vento che può alzarla in volo ovunque, riportando anche la tempesta.

Il paese natale e la sua natura rappresentano per Zanzotto un rifugio quasi materno, da cui richiamare sensazioni e stati d'animo: ciò che avviene *dietro il paesaggio*, come recita il titolo di questa prima raccolta, è, in realtà, ciò che prova dentro di sé il poeta.

La suggestione delle immagini

La lirica è caratterizzata dall'estrema ricercatezza di immagini suggestive e cariche di significati simbolici. Per esempio, l'espressione *goloso di zucchero* (v. 4) racchiude il bisogno del poeta di sentire *tutta* la dolcezza del suo paese (*da tutti amato,* v. 2). Lo stesso aggettivo "tutto" torna in anafora (**tutta** *l'acqua d'oro è nel secchio /* **tutta** *la sabbia nel cortile*, vv. 16-17) a sottolineare il senso di completamento che ogni elemento del suo paesaggio gli trasmette.

Anche le notazioni coloristiche e sensoriali hanno una valenza fortemente simbolica: la *salvia rossa* (v. 5), il *nero d'innocuo serpente* (v. 11), *l'acqua d'oro* (v. 16). L'uso sapiente delle figure retoriche si manifesta nelle metafore (per esempio *Leggeri ormai sono i sogni*, v. 1), nell'allitterazione frequente della lettera *m* come nel caso dell'aggettivo possessivo *mio* (vv. 3, 12, 13), negli ossimori (per esempio *ridevole cordoglio*, v. 8). Tutto ciò concorre a sottolineare la forte appartenenza del poeta alla sua terra, alla sua natura così familiare, come esprime bene l'ultima strofa.

169

POESIA: I TEMI

Che cosa so fare

COMPRENDERE

1. **L'io lirico.**
   Qual è lo stato d'animo dell'io lirico?

2. **L'*innocuo serpente*.**
   L'immagine idilliaca del testo è offuscata dalla metafora del *nero d'innocuo serpente* (v. 11). Qual è il significato connotativo di tale immagine?

3. **Il vento.**
   Che cosa rappresenta il vento del verso conclusivo?

ANALIZZARE

4. **L'allitterazione →.**
   Che cosa rimarca nel testo l'allitterazione della lettera *m*?

5. **L'ossimoro →.**
   Perché l'espressione *ridevole cordoglio* costituisce ossimoro? Spiegane il significato.

6. **La metafora →.**
   Il primo verso contiene la metafora *Leggeri ormai sono i sogni*. Perché i sogni sono definiti *leggeri*?

7. **Lo stile.**
   La lirica presenta un lessico
   a. quotidiano, ma attentamente scelto
   b. arcaico ed elegante
   c. ricercato e metaforico
   d. ricercato e oggettivo

8. **Il ritmo.**
   Il ritmo del testo è
   a. veloce e concitato
   b. franto e spezzato
   c. lento e monotono
   d. lento e fluido

9. **L'atmosfera.**
   L'atmosfera è
   a. serena e nostalgica
   b. malinconica e triste
   c. cupa e angosciante
   d. completamente serena

PRODURRE

10. **Analizzare | Il tema del ritorno.**
    Scrivi un testo di 20 righe facendo emergere in che modo il poeta, attraverso gli strumenti stilistici, analizza il tema del ritorno. Segui la seguente scaletta.
    - Individua dapprima i punti del testo in cui il tema è più evidente.
    - Di questi punti individua le figure retoriche e rifletti sulla posizione delle parole più significative.
    - Controlla l'uso della punteggiatura.
    - Infine scrivi tutti gli aspetti rintracciati in una scaletta cercando di dare un ordine logico alla tua analisi e procedi con la stesura del testo.

11. **Argomentare | Il commento.**
    Scrivi un commento (► p. 631) di 10 righe sul testo argomentando la seguente tesi: nel testo emerge tutto l'amore del poeta per il suo paese.

12. **Laboratorio di scrittura creativa | Il mio paese.**
    Scrivi un componimento in versi liberi sul tuo paese cercando di utilizzare anche qualche figura retorica.

UNITÀ B2 ▪ LA NATURA

da *Frammenti*
(VII sec. a.C.)

▶ **Lirica**

Metro ▶ originale:
trimetri giambici →;
traduzione: versi liberi

Alcmane 🎧

Notturno

In questa lirica la visione notturna della natura addormentata riproduce il sonno e il silenzio di tutto l'universo.

Dormono le cime dei monti e gli abissi
e le colline e le valli
e tutte le stirpi degli animali
che la nera terra nutre,
5 e gli animali feroci che abitano sui monti e le api
e i pesci nella profondità del mare di colore azzurro scuro;
e gli uccelli dalle ampie ali.

(trad. dal greco di B. Panebianco)

▶ **Arianna dormiente**,
Città del Vaticano,
Museo Pio-Clementino.

L'autore

Secondo le poche notizie rimasteci il poeta **Alcmane** nasce alla fine del VII sec. a.C. nella città di Sardi, in Lidia, antica regione dell'Asia minore, sul mar Egeo.
Intorno al 630 a.C. è attivo nella città greca di Sparta, dove condotto come schiavo avrebbe ottenuto la libertà per il suo talento. I suoi canti, prevalentemente destinati a cori rituali di fanciulle, erano composti per le feste pubbliche celebrate a Sparta (all'epoca musica, poesia e danza erano strettamente congiunte e il poeta era autore di musica e testi).
Della sua produzione restano soltanto frammenti di vario argomento, da cui emerge una visione serena della vita (l'uomo è in armonia con il mondo della natura) e l'invito a godere con senso della misura dei piaceri dell'esistenza (il cibo, l'amore).

Perché leggiamo Alcmane
Perché nei pochi frammenti rimasteci Alcmane usa immagini semplici tratte dalla natura e dalla quotidianità, toccando la sensibilità del lettore di ogni tempo.

Analisi del testo

La quiete della notte

L'atmosfera è quella di una natura impervia, ma non ostile, con una visione panoramica che si completa gradatamente: alla descrizione della natura inorganica (*cime dei monti*, *abissi*, v. 1) segue un quadro animato dalle creature viventi, della terra e del mare. L'immagine degli animali feroci si stempera nella visione notturna del riposo degli uccelli che hanno placato nel sonno il battito delle ali. In definitiva il paesaggio appare sereno e comunica una sensazione di pace, perché immerso nel silenzio della notte, dove tutto dorme.

La forza espressivo-evocativa

La suggestione fantastica è probabilmente sollecitata al poeta durante una festa religiosa notturna, il cui sfondo è rappresentato dalle montagne (*le cime dei monti*) del Taigeto, nella regione greca del Peloponneso. I versi si affidano solo all'evocazione e alle immagini, mediante accostamenti apparentemente elementari delle parole.

Che cosa so fare

COMPRENDERE

1. **Una natura personificata.**
   La lirica si apre con il verbo *dormono* che personifica il paesaggio. Quale stato d'animo trasmette l'io lirico attraverso questa scelta?

2. **La potenza della natura.**
   Quali sostantivi e aggettivi trasmettono la visione di una natura che incute rispetto e timore?

3. **L'immensità della natura.**
   Perché si può dire che il poeta abbraccia nei suoi versi l'intero mondo naturale?

ANALIZZARE

4. **I verbi della natura umanizzata.**
   Quali verbi esprimono l'umanizzazione della natura?

5. **Natura inorganica e creature viventi.**
   Nella poesia viene elencato ciò che la notte avvolge in un unico sonno: ambienti naturali e animali. Riporta nella tabella tutti gli elementi che vengono enumerati.

Ambienti naturali	Animali

PRODURRE

6. Laboratorio di scrittura creativa | La parodia.

Stefano Benni (1947) ha composto una poesia ispirata alla lirica di Alcmane, ma rivedendola con occhio divertito. Leggi con attenzione i versi seguenti.

> **Dormi, Liú**
> Dorme la corriera
> dorme la farfalla
> dormono le mucche
> nella stalla
>
> il cane nel canile
> il bimbo nel bimbile
> il fuco nel fucile
> e nella notte nera
> dorme la pula
> dentro la pantera
>
> dormono i rappresentanti
> nei motel dell'Esso
> dormono negli Hilton
> i cantanti di successo
> dorme il barbone
> dentro il vagone
> [...]
>
> dorme la mamma
> dorme il figlio
> dorme la lepre
> dorme il coniglio
> e sotto i camion
> nelle autostazioni
> dormono stretti
> i copertoni
>
> dormono i monti
> dormono i mari
> dorme quel porco
> di Scandellari
> che m'ha rubato
> la mia Liú
> per cui io solo
> [...]
> non dormo più

(S. Benni, *Prima o poi l'amore arriva*, Feltrinelli, Milano, 1981)

Ora prova tu a scrivere una versione parodistica, cercando di inserire rime e giochi di parole. Potresti descrivere una situazione caratterizzata dalla conclusione di un evento e dal raggiungimento di uno stato di quiete e di riposo. Per esempio, la fine dell'anno scolastico potrebbe essere ricca di spunti.

Dormono nello zaino i libri adottati,
i diari firmati,
i quaderni ad anelli,
con le equazioni irrisolte,
le linee rette ma storte,
dormono matite, compassi e righelli.
(continua tu...)

7. Parlare | Lettura espressiva.

I versi di Alcmane erano recitati con l'accompagnamento della musica. Prepara una lettura interpretata della poesia, ponendo particolare attenzione al ritmo e all'accentazione delle parole chiave, e scegli un brano musicale adeguato che accompagni la tua interpretazione. Poi spiega i motivi per cui ritieni il brano musicale adatto all'atmosfera della poesia (hai a disposizione 10 minuti).

POESIA: I TEMI

Gaio Valerio Catullo
O Sirmione, bellissima tra le isole

da *Carmi* (*Carmina*)
(I sec. a.C.)

▶ Lirica

Metro ▶ originale: trimetri giambici →; traduzione: versi liberi.

Rientrato da un viaggio in Asia minore, Catullo (▶ *L'autore e l'opera*, p. 117) esprime la gioia del ritorno nella penisoletta di Sirmione del Garda, località della sua fanciullezza, dove ha una villa paterna.

O Sirmione, bellissima tra le isole
e penisole che nei limpidi laghi
e sul vasto mare l'uno e l'altro
Nettuno sorregge, come torno a vederti
5 felice, quasi incredulo d'avere abbandonato
la Tinia e le pianure di Bitinia,
e d'essere già qui, sano e salvo.
O che c'è di più dolce, affanni e noie
dimenticati, l'animo libero dalle fatiche
10 in terra straniera, giungere stanchi a casa,
e nel nostro letto ritrovare pace?
Questo è il vero compenso a tante fatiche.
Salve, bella Sirmione, sii felice
ch'io sono giunto; e voi, onde del lago,
ridete tutta la gioia della mia casa.

(trad. dal latino di B. Panebianco)

3-4. l'uno e l'altro / Nettuno: Nettuno, dio delle acque terrestri e di quelle marine.
6. Tinia e...Bitinia: regioni della parte nord-occidentale dell'Asia minore.

▶ Gustav Klimt, *Malcesine sul lago di Garda*, 1913.

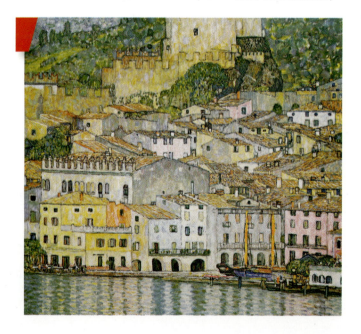

Analisi del testo

Serena intimità del paesaggio

La ridente luminosità del paesaggio naturale, che si specchia nell'azzurro del lago, suscita nel poeta dolci, cari ricordi uniti a un senso di riposo e di intima pace, che solo le realtà più familiari possono donare. Dietro alla stanchezza per le fatiche del viaggio, c'è anche una vena di delusione per le esperienze della vita (*Questo è il vero compenso a tante fatiche*, v. 12) e il ritorno a casa diventa un rifugio nel mondo perduto dell'adolescenza. L'io lirico descrive la propria terra e i molteplici sentimenti che prova nel rivederla:

- la gioia mista a incredulità per il raggiungimento di una cosa a lungo desiderata;
- il senso di sicurezza e di pace dato dal ritrovarsi tra cose familiari;
- il senso di leggerezza e liberazione, che nasce dal confronto tra le fatiche passate e il piacere del riposo presente;
- il tutto si conclude con lo scoppio di allegria e anche la casa deve rallegrarsi con lui.

In definitiva felicità e pace accomunano il poeta e la sua terra.

Che cosa so fare

COMPRENDERE

1. Lo stato d'animo dell'io lirico.
Che cosa prova il poeta al suo ritorno a Sirmione?

2. Luogo di serenità.
Riporta in tabella i versi corrispondenti agli stati d'animo suscitati nel poeta dal ritorno nei luoghi natii e nella propria casa dopo essere stato in terra straniera. L'esercizio è avviato.

gioia e incredulità	*felice, quasi incredulo, d'avere abbandonato*

3. Una gioia venata di malinconia.
Nella poesia, insieme alla felicità per la riconquistata quiete domestica, si fa strada una malinconica disillusione. In quali versi, secondo te, traspare questo sentimento? Motiva la tua risposta in 3 righe.

ANALIZZARE

4. La definizione metaforica di Sirmione.
Il poeta paragona Sirmione alla parte più bella e luminosa del corpo umano, qual è appunto l'occhio (per definirla "bellissima", Catullo usa il termine latino *ocelle*, traducibile con "perla dei miei occhi"). Quale significato assume, a tuo parere, la scelta di questa immagine metaforica?

5. Il confronto con una versione moderna.
Un poeta contemporaneo, Edoardo Sanguineti (1930-2010), ha scritto una versione del carme catulliano molto fedele all'originale per quanto riguarda il contenuto, impiegando però termini e modi di dire del linguaggio attuale, familiare e quotidiano. Dopo aver letto la poesia, trascrivi a fianco delle espressioni riportate in tabella i corrispondenti versi di Catullo.

POESIA: I TEMI

> **Imitazione da Catullo**
>
> pupilletta delle isole, Sirmione,
> e penisole, che in laghetto limpido
> o in mare magno reggono i Nettuni,
> che gioia, che goduria, a rivederti!
> 5 non mi credo a me stesso, io, che ho piantato
> Tinia e Bitinia, e ti contemplo in pace:
> liquidata ogni rogna, è il supergaudio,
> che mi svuoto la testa, che mi scarico,
> stanco degli intertours, qui, a casa mia,
> 10 stravaccato in quel letto che sognavo:
> questo è il vero compenso a tante croci!
> bella Sirmione mia, ciao, fammi festa:
> fatemi festa, etrusche onde lacustri:
> a me, il fou rire più grosso che ci avete!

3. magno: grande.
9. intertours: viaggi internazionali.
13. etrusche onde lacustri: un tempo le rive del lago di Garda erano abitate dagli etruschi.
14. fou rire: riso irrefrenabile.

(E. Sanguineti, *Il gatto lupesco: poesie 1982-2001*, Feltrinelli, Milano, 2002)

che goduria	
non mi credo a me stesso	
ho piantato / Tinia e Bitinia	
liquidata ogni rogna, è il supergaudio	
mi scarico, / stanco degli intertours	
stravaccato in quel letto	
tante croci	
il fou rire più grosso che ci avete	

6. **L'apostrofe** .
   Quale effetto produce l'apostrofe a Sirmione?

PRODURRE

7. **La struttura della lode a Sirmione.**
   Possiamo suddividere in tre parti la poesia: riassumi il contenuto di ognuna di esse.
   Prima parte: versi 1-4 ....
   ....
   Seconda parte: versi 5-12 ....
   ....
   Terza parte: versi 13-15 ....
   ....

8. **Laboratorio di scrittura creativa | Comporre versi per la terra natia.**
   Dedica un breve componimento lirico alla città o alla terra in cui sei nato/a. Se ne sei lontano/a puoi esprimere nostalgia, ricordarne il fascino, soffermarti sugli affetti che vi sono legati; altrimenti puoi manifestare sentimenti di indifferenza oppure odio e il desiderio di andartene altrove.

UNITÀ B2 ■ LA NATURA

(XVII secolo)
▶ Liriche

Matsuo Bashō
Haiku

Gli haiku che seguono presentano semplici aspetti legati a un momento particolare del giorno (l'alba), dell'alternarsi delle stagioni (l'autunno), della natura stessa che si esprime attraverso il profumo dei pruni o gli animali che la abitano: la rana e il corvo.

L'alba
L'alba irrompe:
esche d'argento,
lunghe un pollice.

Antico stagno
Antico stagno:
una rana vi si getta,
suono d'acqua.

Il profumo dei pruni
Al profumo dei pruni,
d'improvviso, appare il sole,
sul sentiero montano!

Il corvo
Su un ramo secco,
si posa un corvo,
crepuscolo autunnale.

Autunno
Quest'autunno,
mi sento vecchio –
uccelli tra le nuvole.

(*Haiku*, a cura di L.V. Arena, BUR, Milano, 1995)

▶ **Katsushika Hokusai**, *Ciuffolotto maggiore e ciliegio piangente*, ca 1834. Boston, Museum of Fine Arts.

177

POESIA: I TEMI

L'autore

Matsuo Bashō, nato a Ueno, vicino a Kyoto, in Giappone, nel 1644 e morto nel 1694, è un monaco zen (una forma di buddismo che pratica la meditazione) e poeta. È considerato l'iniziatore degli haiku, genere poetico giapponese che, nella sua semplicità strutturale, riproduce l'essenza dello spirito nipponico. Alla base di questi componimenti c'è infatti lo *yugen*, parola che deriva da *yu*, che significa "vago, confuso" e *gen*, "occulto, misterioso". Questo termine condensa il senso dell'haiku che, in sole 17 sillabe (5 + 7 + 5 nello schema originario), centrate su di una rapida immagine, presenta un significato che non compare in superficie, ma deve essere colto in profondità attraverso una capacità intima e personale di sentire il mondo e la sua realtà. Per capire un haiku si deve cogliere la bellezza dell'immagine e l'immediatezza della sensazione che essa trasmette.

Perché leggiamo gli *haiku*
Perché in ogni semplice e immediata immagine si condensa il senso della bellezza e dell'intensità dell'esistenza.

Analisi del testo

Una complessa semplicità

Per comprendere l'essenza di questi brevi versi è indispensabile non indagare razionalmente, ma osservare, quasi respirare la potenza dell'immagine. Solo così tali versi hanno la capacità di astrarci dalla frenesia della quotidianità e farci vivere quel silenzio interiore che consente l'ascolto profondo del mondo. Ecco che allora possiamo cogliere: la bellezza dello scintillio della luce al sorgere del sole, il suono dell'acqua di uno stagno immerso nel silenzio, interrotto per un istante dal tuffo della rana nell'acqua, l'esplosione del cuore all'apparizione del sole mentre si sale un sentiero montano, respirando a fondo il profumo dei pruni. Possiamo, però, anche sentire tutta la malinconia di un incipiente autunno, annunciato, sul far della sera, dal corvo, che si appoggia sul ramo secco con struggente tristezza.

Da Mimnermo a Bashō

Nell'ultimo haiku, Bashō si ricollega alla tradizione che sin dall'antichità identifica l'autunno con la vecchiaia e richiama alla memoria, per esempio, la nota lirica di Mimnermo di Colofone (VII-VI sec. a.C.).

> Come le foglie nate nelle stagioni dei fiori,
> che crescono rapide sotto i raggi del sole,
> così, simili ad esse, per breve tempo godiamo
> i fiori della giovinezza, e dagli dei non sappiamo
> né il bene né il male. Ma ci stanno accanto i neri destini:
> l'uno il termine della vecchiaia penosa,
> l'altro di morte: il frutto della giovinezza
> dura un attimo – quanto il sole si stende sopra la terra.
> E quando è passato il tempo di questa stagione,
> allora davvero è meglio essere morti che vivi;
> molti mali assalgono il cuore; uno ha la casa
> che si consuma e le angustie della miseria;
> un altro non ha figli e, desiderandoli più che ogni cosa,
> scende sottoterra nel regno dei morti;
> un altro ha una malattia che lo uccide, e non c'è nessuno
> tra gli uomini al quale Zeus non assegni molte sciagure.

(Mimnermo, Frammento 8, in *Il racconto della letteratura greca*, trad. di G. Paduano, Zanichelli, Bologna, 1991)

UNITÀ B2 ■ LA NATURA

Che cosa so fare

COMPRENDERE

1. **L'alba.**
   Che cosa rappresentano le *esche d'argento*?

2. **Antico stagno.**
   Quale sfera sensoriale è coinvolta in questo testo?

3. **Il profumo dei pruni.**
   Quali sfere sensoriali vengono coinvolte in questo haiku?

4. **Il corvo e Autunno.**
   Che tipo di sentimento accomuna questi due testi?

ANALIZZARE

5. **L'alba e Il profumo dei pruni.**
   Quali parole rendono evidente l'idea di immediatezza dell'immagine?

6. **Autunno.**
   In questo testo compare un elemento lirico che non è presente negli altri haiku. Quale?

7. **La struttura.**
   Che tipo di struttura accomuna questi testi?

PRODURRE

8. **Laboratorio di scrittura creativa | Scrivere haiku.**
   Esci in un giardino, guardati attorno in silenzio, ascolta i suoni, osserva la natura e sentine il profumo, poi descrivi in tre brevi versi un'immagine che ti colpisce particolarmente cercando di rappresentare nell'immagine stessa la sensazione che produce sui tuoi sensi. Condividi con altri tuoi compagni questa esperienza e la lettura degli haiku prodotti.

9. **Laboratorio di scrittura creativa | Ascoltare musica e scrivere.**
   Trovate delle musiche tradizionali giapponesi, caratterizzate da un ritmo lento e cullante e, come gli haiku, da pause. Seduti a terra, possibilmente all'aperto o in un luogo luminoso (è importante il contatto con il suolo, potete utilizzare dei tappeti), respirate a fondo a occhi chiusi concentrandovi sul ritmo del vostro respiro e ascoltando la musica. Di seguito scrivete degli haiku frutto delle immagini che si sono create nella vostra mente attraverso l'esercizio.

179

PERCORSO B

POESIA: I TEMI

Giacomo Leopardi
Alla luna

da *Canti* (1831)

▶ Lirica

Metro ▶ endecasillabi sciolti

La lirica, composta da Leopardi nel 1819, fu pubblicata nel 1826 in "Il Nuovo Ricoglitore" con il titolo *La Ricordanza*; nei *Canti* del 1831 (▶ *L'opera*, p. 215) compare con il titolo *Alla luna*.

▲ René Magritte, *Il pensiero che vede*, 1965. New York, Museum of Modern Art.

O graziosa luna, io mi rammento
Che, or volge l'anno, sovra questo colle
Io venia pien d'angoscia a rimirarti:
E tu pendevi allor su quella selva
5   Siccome or fai, che tutta la rischiari.
Ma nebuloso e tremulo dal pianto
Che mi sorgea sul ciglio, alle mie luci
Il tuo volto apparia, che travagliosa
Era mia vita: ed è, né cangia stile,
10 O mia diletta luna. E pur mi giova
La ricordanza, e il noverar l'etate
Del mio dolore. Oh come grato occorre
Nel tempo giovanil, quando ancor lungo
La speme e breve ha la memoria il corso,
15 Il rimembrar delle passate cose,
Ancor che triste, e che l'affanno duri!

(G. Leopardi, *Canti*, in *Tutte le opere*, a cura di F. Flora, Mondadori, Milano, 1968)

1. **graziosa**: bella a contemplarsi, ma anche gradita, benevola.
2. **or volge l'anno**: un anno fa; letteralmente: ora si compie l'anno; **questo colle**: è il colle Tabor, citato nell'*Infinito* (▶ p. 214).
3. **venia**: venivo. **rimirarti**: contemplarti.
4. **tu pendevi...selva**: la luna illuminava dall'alto la selva; **pendevi**: sovrastavi.
5. **Siccome**: così come.
6-8. **nebuloso e tremulo...apparia**: il tuo volto appariva ai miei occhi (*luci*) velato e tremolante, a causa delle lacrime che mi sorgevano dalle ciglia.
8. **che travagliosa**: perché travagliata, piena di affanni.
9. **né cangia stile**: non cambia modo.
10. **diletta**: benevola. Ancora una connotazione positiva riferita alla luna.
10-12. **E pur...dolore**: eppure mi procura diletto ricordare e richiamare alla memoria (*noverar*) il tempo del mio dolore.
12-16. **Oh come...duri!**: nella giovinezza, quando la speranza ha dinanzi una lunga serie di anni e la memoria ha pochi ricordi, come torna gradito (*grato occorre*) ricordare (*rimembrar* è soggetto di *occorre*) il passato, sebbene il ricordo sia doloroso e le sofferenze ancora durino.

UNITÀ B2 ■ LA NATURA

L'autore

Giacomo Leopardi

nasce a Recanati, nelle Marche, il 29 giugno 1798, dal conte Monaldo e da Adelaide dei marchesi Antici.

Il padre, un aristocratico reazionario, aveva raccolto una biblioteca vastissima per soddisfare i propri interessi. Giacomo, precocemente dedito a intensi studi, impara il greco, il latino, l'ebraico e compone saggi eruditi, in cui manifesta cioè la sua cultura specialistica.

La conversione letteraria: dall'«erudizione» al «bello» (1816-1818)

Nel 1815, gravemente ammalato agli occhi, vive una profonda crisi che lo porta dall'«erudizione» al «bello», ossia alla poesia. Dalle pagine dello *Zibaldone* (un diario in cui fino al 1832 registrerà riflessioni, impressioni, spunti di opere, per 4526 pagine complessive) sappiamo delle sue letture dei classici (Dante, Petrarca, Tasso) e dei poeti romantici (Alfieri, Foscolo, Berchet, Goethe). Nel 1817 Leopardi avvia una fitta corrispondenza con Pietro Giordani, intellettuale avverso alla Restaurazione, maturando un rifiuto per le idee reazionarie del padre e un sempre maggiore interesse per la letteratura.

La conversione filosofica: dal «bello» al «vero» (1819-1822)

In questo periodo l'oppressione dell'ambiente semi-feudale di Recanati e i difficili rapporti con la famiglia inducono il poeta, dopo un tentativo di fuga, a chiudersi in un isolamento quasi completo, in una solitudine resa più grave dalla malattia. Furono questi gli anni in cui nascono i primi *Idilli* (così egli definisce i propri componimenti poetici). Si tratta di liriche in cui il poeta, partendo da quadretti naturali in cui è spesso presente la figura umana,

affronta i temi dell'infelicità, dell'illusione nei confronti della realtà, del ricordo e della contemplazione della natura. Lo sforzo di comprensione della condizione umana lo porta a maturare interessi filosofici, con il conseguente passaggio dal «bello» (la poesia) al «vero» (la filosofia).

I viaggi e la ricerca di un lavoro (1822-1827)

Nel 1822 il conte Monaldo consente al figlio di trasferirsi dagli zii a Roma. Ma l'arretratezza e la povertà dell'ambiente culturale romano deludono profondamente il poeta, e anche la sua speranza di ottenere un posto di bibliotecario naufraga per le sue cattive condizioni di salute. Rientrato a Recanati nel 1823, si dedica esclusivamente allo *Zibaldone* e alle *Operette morali*, testi in prosa di argomento filosofico, in forma di dialogo o di racconto. Frattanto l'editore milanese Stella gli offre un contratto, invitandolo a proprie spese a Milano. Il suo soggiorno è breve e deludente; riparte per Bologna, dove spera di potersi stabilire e dove si sostiene con gli assegni dell'editore e con lezioni private. Pubblica gli *Idilli* (1825) e, due anni dopo, le *Operette morali*. Il 1827 è anche l'anno in cui, dopo un accordo con l'editore Stella, si reca a Firenze, dove entra in contat-

to con i cattolici liberali del circolo fondato dal Vieusseux (tra cui intellettuali come Capponi, Tommaseo e Manzoni), che lo aiutano economicamente, anche se il poeta non ne condivide l'ottimismo progressista e la fiducia nelle riforme. Nel 1827, a Pisa, dove i suoi disturbi di salute sono alleviati dalla mitezza del clima, ritrova l'ispirazione poetica e scrive *A Silvia* (► p. 45).

Tra Recanati, Firenze e Napoli (1828-1837)

Esaurito ogni sussidio economico, il poeta è costretto a ritornare a Recanati, dove compone altre liriche. Solo grazie all'amicizia del "gruppo Vieusseux", nel 1830 Leopardi lascia definitivamente Recanati per Firenze, dove nel 1831 pubblica i *Canti*, raccolta della sua produzione poetica. Legato ai "liberali" fiorentini, stringe amicizia con l'esule napoletano Antonio Ranieri e nutre una passione amorosa non corrisposta per Fanny Targioni Tozzetti, che gli ispira i versi di *Aspasia*. Nel 1833 si stabilisce a Napoli dove, assistito dall'amico Ranieri, inizia a comporre i *Pensieri*. Al limite delle forze per i gravi disturbi di salute, pubblica la seconda edizione delle *Operette morali*. Nel 1836, afflitto da crisi respiratorie, si trasferisce a Torre del Greco, in una villa sulle falde del Vesuvio, e in questo paesaggio di lave vulcaniche e fiori mediterranei scrive *La ginestra*. Tornato a Napoli, muore il 14 giugno 1837, a soli 39 anni.

Perché leggiamo Leopardi

Perché le sue opere hanno un valore descrittivo e storico e il suo stile ha influenzato la lirica italiana (e non solo) nei secoli successivi.

◄ **Giacomo Leopardi**, Manoscritto autografo di *Alla luna*, 1819-1821. Napoli, Biblioteca Nazionale.

POESIA: I TEMI

Analisi del testo

L'idillio

Leopardi definisce «idilli» (dal greco *eidýllion*, quadretto o "piccola visione") i componimenti in cui associa la visione del paesaggio all'espressione del proprio stato d'animo e a una riflessione di carattere universale. L'idillio è il termine con cui i greci e latini designarono brevi e raffinati bozzetti paesaggistici, tradotti in componimenti lirici di tematica agreste o pastorale.

Leopardi, che tradusse numerosi idilli del poeta Mosco (II sec. a.C.), conferì al genere assoluta originalità. Nei greci l'intento descrittivo della natura esauriva il componimento poetico; nei versi leopardiani, al contrario, la percezione visiva e uditiva della realtà esterna è occasione per creare una poesia dell'immaginazione e del sentimento, del ricordo e dell'indefinito.

La natura rasserenatrice

Il poeta si rivolge alla luna, sua confidente, con una tenera invocazione e le parla come a una creatura cara. Egli rammenta che anche l'anno prima era salito su quel colle, ma il volto della luna era apparso tremolante ai suoi occhi velati di pianto. Nulla è cambiato, il suo animo è ancora ricolmo di sofferenza, eppure ricordare nel presente il dolore di allora gli arreca sollievo.

La struttura del componimento

La struttura del componimento può essere suddivisa in due sezioni: nella prima il poeta rievoca l'angoscia, il pianto e la propria immutata situazione (vv. 1-10); nella seconda la riflessione sulla dolcezza del ricordo trasforma l'angoscia in malinconia (vv. 10-16).

Nei primi cinque versi prevale la funzione persuasiva della lingua, con l'invocazione alla luna (*O graziosa luna*), simbolo della forza rasserenatrice della natura; poi gradualmente si afferma la componente emotiva (*Ma nebuloso e tremulo dal pianto...*, v. 6). In particolare, l'*enjambement* dei versi 8-9 conferisce forza connotativa all'aggettivo (*travagliosa / Era mia vita*) e dà rilievo al dolore: è più importante il carattere «travagliato» della vita che la vita in sé medesima.

In questa scelta stilistica emerge la tendenza, tipicamente leopardiana, a considerare il dolore come valore assoluto. Il verso 9, nella sua rapida sintesi dell'immutato tormento del poeta (*Era mia vita: ed è, né cangia stile*), corrisponde al momento di maggiore drammaticità.

La lirica si chiude in perfetta simmetria, riprendendo nel verso 15 il motivo del ricordo (*Il rimembrar delle passate cose*) introdotto nell'*incipit* (*O graziosa luna, io mi rammento*).

Che cosa so fare

COMPRENDERE

1. **La natura e lo stato d'animo del poeta.**

   Come viene caratterizzata la natura? Il paesaggio trova corrispondenza nello stato d'animo del poeta oppure suscita sentimenti contrastanti? Motiva la tua risposta con citazioni opportune.

2. **Il contenuto.**

   Il testo si divide in due parti: la prima descrive una situazione e uno stato d'animo, la seconda espone una riflessione. Individuale ed esponi brevemente il contenuto di ciascuna.

UNITÀ B2 ■ LA NATURA

3. **La suggestione poetica dell'indefinito.**

Nello *Zibaldone*, Leopardi scrive: «La rimembranza è essenziale e principale nel sentimento poetico, non per altro, se non perché il presente, qual ch'egli sia, non può esser poetico; e il poetico, in uno o in altro modo, si trova sempre consistere nel lontano, nell'indefinito, nel vago» (14 dicembre 1828). Ritieni che la poesia sia coerente con questa affermazione? Motiva la risposta.

ANALIZZARE

4. **Le parole chiave.**

Le parole chiave della lirica rinviano all'area semantica del ricordo, del dolore e della natura. Rintraccia le parole corrispondenti a ciascuna area di significato e riportale nella tabella, dopo averla trascritta sul tuo quaderno.

Ricordo	Dolore	Natura

5. **Gli *enjambement* →.**

I temi del ricordo e del dolore sono evocati da ben undici *enjambement*, che legano gli endecasillabi. Individuali nel testo.

6. **Il lessico.**

La lirica è caratterizzata da un lessico «alto», ricco cioè di termini colti. Individuane alcuni.

7. **Le figure retoriche.**

Nei versi 6-9 vi sono due metonimie e una metafora: individuale e spiegale.

8. **L'uso dei pronomi e degli aggettivi.**

Nei versi 1-12 compaiono numerosi pronomi personali in 1ª e 2ª persona e aggettivi possessivi. Dopo averli individuati, spiega per quale motivo scompaiono nei versi conclusivi.

9. **L'uso dell'imperfetto.**

Quando ricorda il suo stato d'animo dell'anno precedente, Leopardi utilizza sempre l'imperfetto. Quale effetto produce la scelta di questo tempo verbale?

PRODURRE

10. **Scrivere la parafrasi.**

La lirica è composta da quattro periodi. Fai la parafrasi, rispettando la costruzione sintattica.

11. **Risposta sintetica | Spiegare la funzione del ricordo.**

Nei versi 13-16, il poeta sostiene che la dolcezza del ricordo è particolarmente intensa e piacevole durante la giovinezza. Secondo te, che cosa accade nell'età adulta che rende meno gradevole il ricordo? Rispondi con un breve testo di 4 righe.

12. **Laboratorio di scrittura creativa | Descrivere i luoghi dell'anima.**

Nei primi versi, Leopardi afferma che anche in passato andava sul colle a contemplare la luna. Hai anche tu un luogo dove ti rechi spesso, magari sin dall'infanzia, e che desta in te ricordi ed emozioni?
Scrivi un testo di 10 righe in cui descrivi:
- il paesaggio;
- i gesti che solitamente compi;
- i cambiamenti del tuo stato d'animo nel corso del tempo.

183

POESIA: I TEMI

LEGGERE TRA LE RIGHE

 Pietro Citati
La luna e Leopardi
Leopardi (2010) **Saggio critico**

Pietro Citati, critico letterario e scrittore, ripercorre la vita e l'opera di Leopardi, seguendo temi e impulsi testuali, come in questo brano sulla luna, che tanto spesso compare nelle opere del poeta di Recanati.

Come racconta Plinio[1], gli antichi studiosi e i semplici viandanti che, la notte, amavano errare sotto il puro chiarore di un cielo senza nuvole, contemplavano la luna con una mescolanza di ammirazione e di angoscia. Tutti gli altri astri – il sole che splende nel culmine dello spazio, Saturno bianco, freddo e ghiacciato, Giove mite e benefico, Marte ardente come il fuoco, Venere dai raggi luminosissimi e Mercurio – rimangono eguali a se stessi, mentre chi può calcolare la varietà incessante, la molteplicità inquieta delle metamorfosi della luna? Mai immobile, sempre in aumento o in diminuzione, ora disegna una lieve falce delicata, ora mostra la rotondità di un cerchio perfetto, ora la metà di se stessa: ora scompare completamente alla vista, come se non avesse mai consolato i nostri sonni. Talvolta ci rivela una superficie caliginosa[2], coperta di ombre e di macchie, offuscata da qualche malattia ignota: talvolta ci illumina con una luce così tersa e radiosa, che nessuna ombra sembra poter offuscare: ora veglia tutta la notte; ora si leva tardi, come se la opprimesse un peso o una immane fatica. In certi periodi del mese, sale negli spazi: in altri, discende; ma non è regolare nemmeno in questo, perché eccola condotta verso la sommità del cielo, poi vicino alle montagne, elevata verso il Nord oppure abbassata verso il Sud.

Molti credevano che la regina delle notti fosse una vera divinità, come il sole e altre stelle. [...]

Molti pensavano che fosse soltanto un essere demoniaco, misto di cose uguali e disuguali, di passioni mortali e di virtù divine. Macrobio[3] scrive che dobbiamo scorgere in lei la signora della *Tyche*[4], e aspettarci tutti gli innumerevoli giochi e capricci del caso. Quando alziamo gli sguardi verso Selene, vi vediamo riflessa la miseria delle passioni e delle cose umane, le quali cambiano, crescono e diminuiscono, salgono dal nulla alla perfezione per consumarsi e distruggersi, assumono sempre nuovi volti, aspetti e incarnazioni, sottoposte – come la luna – all'unica legge dell'incostanza. [...]

La luna occupa una posizione limite nel gioco delle forze astrali. Sopra di lei, comincia il chiarore senza ombre e senza notti dell'etere, dove tutto è immutabile, incorrotto e divino. Sotto di lei, ha inizio il regno terrestre delle ombre, nel quale vivono gli oggetti mutabili, menzogneri e pieni d'errore. Così, ultima fra le stelle ma vicina alla terra, essa svolge un compito duplice. Da un lato, sovrintende al mondo sublunare della nascita e della morte, della generazione e della corruzione. Dall'altra, media tra l'universo

1. **Plinio**: lo scrittore latino Plinio il Vecchio (23-79 d.C.), autore della *Naturalis Historia*, un'opera enciclopedica sul cosmo, la geografia, e altre scienze.
2. **caliginosa**: del colore della caligine, grigio.
3. **Macrobio**: scrittore latino del V secolo d.C.
4. ***Tyche***: nella mitologia greca è la personificazione della fortuna.

UNITÀ B2 ■ LA NATURA

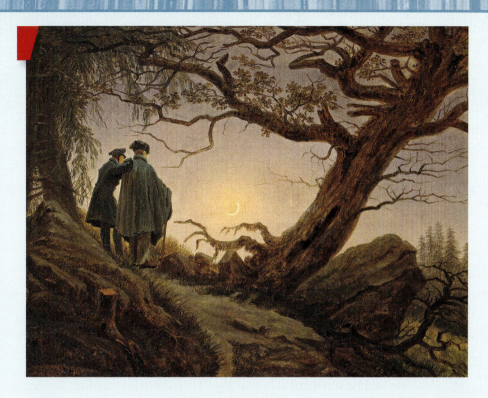

◀ **Caspar David Friedrich**, *Due uomini contemplano la luna*, 1830. New York, Museum of Modern Art.

stellare e la vita umana: distrugge tutto ciò che il nostro mondo comporta di selvaggio e di confuso; trasmette alle nostre menti, alle nostre anime e ai nostri corpi i benefici lasciati cadere dall'intelligenza sopraceleste. Posidonio[5] le attribuisce un'altra virtù mediatrice. Se il sole è il cuore dell'universo e disperde fuori di sé il calore e la luce, quasi fosse sangue e respiro, la terra e il mare servono il cosmo come le viscere e la vescica servono gli animali. A metà tra questi poli sta la luna, che esercita le stesse funzioni del fegato nel corpo umano. Trasmette a noi il calore solare e alle stelle l'umidità terrena: mentre elabora, purifica e raffina tutto quanto l'alto e il basso inviano continuamente verso di lei. [...]

[In Leopardi] quasi tutto quello che abbiamo visto scompare. Non c'è più l'immensa forza fecondatrice dell'umidità e della rugiada: non c'è il rapporto con le maree, e le crescite e le decrescite del nostro mondo. Scompare la mutabilità: la luna non ha cicli, né superfici diverse; non conosce le sfumature dell'iride, il ceruleo o il bluastro o il colore del vino, o il verde o le macchie. È sempre candida, argentea, bianca, canuta, perché sta al di sopra o al di fuori del gioco dei colori che varia e allieta la terra.

La luna non ha molti nomi, come nell'antichità classica, ma è sempre e soltanto *la luna* – la *graziosa*, la *diletta*, la *cara*, la *tacita*, la *silenziosa*, la *vergine*, la *intatta* luna. [...] La vera bellezza del mondo è notturna: si svela specialmente quando la luce della luna appare o sta per scomparire; nei crepuscoli, nei passaggi, negli intervalli, avvolti dall'indefinito. [...] Sebbene la luna sia o possa essere una illusione, essa resta il culmine del mondo di Leopardi.

(P. Citati, *Leopardi*, Mondadori, Milano, 2010)

5. Posidonio: scienziato greco del II secolo a.C.

PERCORSO B

POESIA: I TEMI

Charles Baudelaire
Corrispondenze

da *I fiori del male* (1857)

Metro ▶ originale: sonetto; traduzione: endecasillabi sciolti senza rispettare la struttura strofica

Il componimento del poeta francese Baudelaire contiene una dichiarazione di poetica, che troverà largo sviluppo nella poesia contemporanea: la percezione della realtà come "foresta" di simboli.

È un tempio la Natura ove viventi
pilastri a volte confuse parole
mandano fuori; la attraversa l'uomo
tra foreste di simboli dagli occhi
5 familiari. I profumi e i colori
e i suoni si rispondono come echi
lunghi che di lontano si confondono
in unità profonda e tenebrosa,
vasta come la notte ed il chiarore.
10 Esistono profumi freschi come
carni di bimbo, dolci come gli òboi,
e verdi come praterie; e degli altri
corrotti, ricchi e trionfanti, che hanno
l'espansione propria alle infinite
15 cose, come l'incenso, l'ambra, il muschio,
il benzoino, e cantano dei sensi
e dell'anima i lunghi rapimenti.

(C. Baudelaire, *I fiori del male*, trad. di L. De Nardis, Feltrinelli, Milano, 1964)

1-2. È un tempio...parole: la Natura è un tempio e, agli occhi del poeta, gli alberi si trasformano in colonne, che lasciano intuire misteriose rivelazioni.
3-5. la attraversa...familiari: l'uomo vive ignaro in una realtà di cui è compartecipe (*dagli occhi familiari*), ma che allude (*foreste di simboli*) a qualcosa di misterioso.
5-9. I profumi...chiarore: fra le sensazioni esistono delle corrispondenze che, come echi che svaniscono lontano, si confondono e diventano una sola cosa, vasta come le tenebre o la luce: così un suono può rinviare a un colore, un colore a un profumo.
10-15. profumi...cose: i profumi possono richiamare l'immagine delicata di bimbi o quella di strumenti musicali dal suono dolce, come l'oboe, o quella dei prati, oppure sensazioni più violente dei sensi e dell'anima (corruzione, bisogno di ricchezze, ansia di trionfi), che si espandono all'infinito.
15. l'incenso...muschio: l'incenso è una resina profumata; l'ambra è una sostanza animale utilizzata per i profumi; il muschio è una sostanza aromatica.
16. benzoino: è una pianta originaria della Malesia, dalla quale si ottiene una resina balsamica nota come incenso di Giava.

▶ Vincent Van Gogh, *Sottobosco con due figure*, 1890. Cincinnati, Cincinnati Art Museum.

186

L'autore e l'opera

Charles Baudelaire nasce a Parigi nel 1821. All'età di sei anni perde il padre e la madre si risposa con un uomo autoritario e severo. Il trauma che ne segue è forse all'origine della vita inquieta e sregolata che conduce fin dall'adolescenza. Studia prima a Lione e poi in un collegio di Parigi, da cui viene espulso nel 1839. Divenuto maggiorenne entra in possesso dell'eredità paterna, che gli consente di vivere libero: ostile verso qualsiasi conformismo borghese e attratto dall'attività artistica, conduce una vita da ricco ostentando raffinatezza e compiacenza. Inizia un periodo di amori burrascosi, affascinato dai "paradisi artificiali" dell'alcol e della droga e finisce per sperperare l'eredità paterna. Baudelaire scopre l'opera dello scrittore americano Edgar Allan Poe dopo il 1846, e fino al 1855 è impegnato a tradurne i *Racconti*. Per vivere si dedica anche alla critica d'arte, scrivendo *Curiosità estetiche*, *L'arte romantica* e poemetti in prosa raccolti nello *Spleen di Parigi* (pubblicati postumi nel 1868-69). Nel 1857 pubblica la sua principale opera poetica, *I fiori del male*, ma la spregiudicatezza e la sensualità della sua poesia suscitano scandalo: condannato per immoralità, viene costretto a cancellare sei poesie della raccolta. Umiliato dalla condanna, indebolito nel fisico per l'abuso di oppio e di hashish, deve comunque lavorare febbrilmente per far fronte alla miseria e ai debiti. Colpito da una paralisi nel 1865, muore in clinica a Parigi nel 1867.

I fiori del male e la poesia "pura"

Nasce con Baudelaire la figura dell'artista "maledetto", che si oppone alla società borghese. L'impossibilità di raggiungere la perfezione, da cui si sente fortemente attratto e respinto insieme, porta il poeta a perseguire il gusto del peccato, della decadenza e del male. Di qui il titolo della raccolta *I fiori del male*: il fiore è simbolo della perfezione e dell'inutilità dell'arte. L'arte nasce dalla sofferenza e dal male della vita, come il fiore nasce dalla terra putrida per sbocciare poi verso il cielo; l'arte, come il fiore, vale solo per la sua assoluta bellezza e non ha un'utilità pratica. Ne consegue una poesia "pura", cioè priva di caratteri di impegno politico o sociale, autonoma dalla morale, libera da una rappresentazione oggettiva della realtà.

Perché leggiamo *I fiori del male*

Perché si tratta di un tipo di poesia che traduce in linguaggio la profondità della vita interiore dell'autore ed è il risultato di un impegno rigoroso e sofferto e di una raffinata ricerca formale.

Analisi del testo

L'uomo e la natura

La natura è un "tempio", un luogo sacro da decifrare. Il poeta non si affida all'indagine razionale, ma a una sensibilità superiore a quella comune che, al di là delle immagini superficiali (gli *occhi familiari*), penetra il profondo senso delle cose e coglie i legami – le corrispondenze – fra i profumi della natura, i colori, i suoni e gli stati d'animo.

Il linguaggio segreto dell'universo

Dalla sacralità della natura e dal carattere simbolico della realtà deriva anche, come conseguenza, il carattere sacro della poesia, perché rivela il linguaggio segreto dell'universo, cogliendo le corrispondenze tra apparenza e realtà. Solo la parola poetica può esprimere queste misteriose corrispondenze e il poeta sceglie dei simboli, che costituiscono una specie di travestimento, per rappresentare alcune sue intuizioni: il lettore è così sollecitato a cogliere il rapporto tra il simbolo e l'intuizione che il poeta vuole esprimere.

La sinestesia

Il messaggio che proviene dalla natura è misterioso e per scoprire l'unità che si nasconde dietro le molteplici apparenze è necessaria una compenetrazione dei sensi. I profumi, colori e suoni si richiamano tra loro e rimandano a un tutto immenso e segreto, grazie a una combinazione infinita di corrispondenze. La sinestesia mette in relazione una sensazione olfattiva (*profumi*) con una tattile (*freschi come carni di bimbo*), una uditiva (*dolci come gli òboi*), una visiva (*verdi come praterie*). L'impalpabile presenza di profumi provocanti, preziosi e intensi evoca una corrispondenza fra l'estasi dei sensi e quella dell'animo.

PERCORSO B · POESIA: I TEMI

Che cosa so fare

COMPRENDERE

1. Il linguaggio della natura.

Che cosa sono le *confuse parole*, che costituiscono il linguaggio della natura? In quali versi è specificato? Che cosa indica l'aggettivo *confuse*?

2. L'uomo e i "messaggi" della natura.

Secondo Baudelaire, gli uomini comuni che attraversano le *foreste di simboli* comprendono con facilità il vero significato dei messaggi che giungono loro dalla natura, oppure si fermano spesso alla superficie delle cose? Motiva la tua risposta, con precisi riferimenti testuali.

3. La poesia e i "messaggi" della natura.

La poesia può rivelarsi per l'uomo un importante strumento di conoscenza che non avviene attraverso la razionalità, ma tramite l'intuizione. In che modo, in tale processo, la sinestesia si rivela fondamentale?

ANALIZZARE

4. Le figure retoriche.

Per sottolineare la sua visione della natura ed evidenziare le corrispondenze che ne collegano i diversi elementi, Baudelaire ha utilizzato numerose figure retoriche: dopo averle ricercate, riporta i versi in questione nella tabella. Attenzione: in alcuni casi il poeta impiega due figure contemporaneamente.

	Metafore	Similitudini	Sinestesie
v. 1			
vv. 1-2			
v. 4			
vv. 5-7			
vv. 8-9			
vv. 10-12			

5. L'esotico.

La suggestione della lirica è accentuata dal richiamo all'esotico. Quali versi portano l'eco di paesi lontani? Che cosa evocano tali riferimenti?

PRODURRE

6. Scrivere la parafrasi.

Scrivi la parafrasi, avendo cura di rendere chiare le espressioni di più complessa interpretazione.

7. Argomentare | Spiegare il significato della notte e del chiarore.

L'unità profonda esistente fra i "messaggi" che la natura invia è definita *vasta come la notte ed il chiarore* (v. 9). Come possiamo spiegare l'unione di questi due termini, che rimandano a significati opposti? Ti forniamo due possibili spiegazioni. Scegli quella che ti sembra più convincente e motiva la risposta con un testo di 5 righe.

a. L'unità della natura è tale da conciliare anche gli opposti (*notte/chiarore*).

b. L'unità misteriosa della natura (*notte*), una volta compresa appare con chiarezza (*chiarore*).

APPROFONDIMENTO

Il Simbolismo

Negli ultimi decenni dell'Ottocento si sviluppa in Francia la poesia simbolista, che è alla base dell'intera esperienza poetica moderna e contemporanea.
La raccolta di saggi *I poeti maledetti* di Paul Verlaine (1884) fu un testo fondamentale. In quegli anni, a Parigi, i caffè pittoreschi sulla riva sinistra della Senna (la *Rive gauche*) erano luogo di incontro di artisti, cosiddetti *bohémiens*, per la vita disordinata e stravagante che conducevano.
La cultura ufficiale attribuì loro l'etichetta dispregiativa di «decadente», cioè corrotto, sia per il rifiuto della società borghese sia per la loro vita "maledetta". Ma i poeti ne fecero polemicamente il titolo di una loro rivista, *Le Décadent*. Il precursore dei "poeti maledetti" è Charles Baudelaire (▶ p. 187), seguito, in Francia, da Paul Verlaine (1844-1896), Arthur Rimbaud (1854-1891) e Stéphane Mallarmé (1842-1898).

Un nuovo concetto di natura

Charles Baudelaire, nella sua raccolta *I fiori del male*, inaugura un nuovo concetto di natura, misteriosa e indivisibile, dove si fondono il chiarore e la notte e dove si corrispondono elementi lontanissimi. La verità non è quella che appare ai sensi, ma va ricercata al di là dell'aspetto realistico delle cose. Tutto ciò che ci circonda è simbolo e ha, in quanto tale, un significato nascosto, che va al di là della percezione oggettiva: il poeta osserva la realtà e coglie le misteriose relazioni (le *correspondances*, "corrispondenze") fra gli aspetti della natura (i profumi, i colori, i suoni), i sensi e gli stati d'animo. In definitiva, ogni sensazione esprime anche qualche altra cosa, oltre ciò che rappresenta.

La musicalità della poesia

Per rivelare il mistero che circonda la realtà, la parola si fa musicale, plurivalente e allusiva, per l'infinita ricchezza di significati che contiene, capace di produrre emozioni per il suo stesso suono. La parola poetica non ha più bisogno della comunicazione logica e della conoscenza razionale del mondo. Baudelaire ne potenzia il valore allusivo, per esprimere la profondità della vita interiore dell'autore. Ne deriva una poesia nuova, ricca di analogie e di sinestesie che creano legami impensati tra le cose e intrecciano gli stimoli sensoriali. Il verso è libero da vincoli metrici.

Il Simbolismo in arte

Baudelaire fu di importanza decisiva anche nell'arte: la poetica delle corrispondenze interessò anche i pittori delle generazioni a lui contemporanee. Il procedimento di contaminazione di linguaggi, le analogie tra colori e sensazioni vennero condivise da numerosi artisti, tra i quali Paul Gauguin (1848-1903) può essere considerato il più acuto interprete di questa nuova tendenza. Un saggio del critico Albert Aurier (*Le Symbolisme en peinture: Paul Gauguin*, 1891) precisava che il Simbolismo, in arte, avrebbe dovuto essere espressione di idee attraverso molteplici combinazioni di elementi offerti dalla realtà.
Tra i simbolisti francesi Gustave Moreau (1826-1898) eccelse per una raffinata sensibilità cromatica, mentre Odilon Redon (1840-1916) dipinse opere che rielaboravano la letteratura fantastica e la poesia a lui contemporanee. Anche nel resto d'Europa si affermarono, tra gli anni Ottanta e Novanta dell'Ottocento, tendenze simboliste; il rappresentante più significativo fu Arnold Böcklin (1827-1901), con una "pittura di stati d'animo".

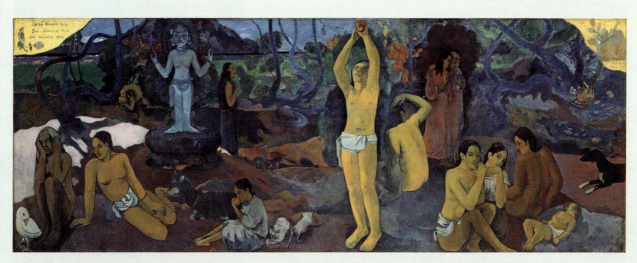

▲ **Paul Gauguin**, *Da dove veniamo? Chi siamo? Dove andiamo?*, 1897-1898. Boston, Museum of Fine Arts.

PERCORSO B — POESIA: I TEMI

da *Canto novo* (1882)

▶ Lirica

Metro ▶ tre strofe formate da due novenari e due dodecasillabi, l'ultimo dei quali tronco

Gabriele D'Annunzio
O falce di luna calante

L'ispirazione naturalistica che si stempera in stato d'animo, la sensualità e il languore (il piacere che può essere anche stanchezza), l'umanizzazione della natura sono le caratteristiche della poesia dannunziana, che in questi versi anticipano le soluzioni di altre liriche delle *Laudi* come *La pioggia nel pineto* (▶ p. 31).

O falce di luna calante
che brilli su l'acque deserte,
o falce d'argento, qual messe di sogni
ondeggia 'l tuo mite chiarore qua giù!

5 Aneliti brevi di foglie
sospiri di fiori da 'l bosco
esalano al mare: non canto, non grido
non suono pe 'l vasto silenzïo va.

Oppresso d'amor, di piacere,
10 il popol de' vivi s'addorme...
O falce calante, qual messe di sogni
ondeggia al tuo mite chiarore qua giù!

(G. D'Annunzio, *Canto novo*, in *Versi d'amore e di gloria*,
a cura di A. Andreoli e N. Lorenzini, Mondadori, Milano, 1982)

▶ Alphonse Marie Mucha, *La luna e le stelle: la luna*, 1902. Praga, Mucha Trust Collection.

1. falce di luna: la luna all'ultimo quarto ha la forma di una falce.
2. su...deserte: sulle acque del mare senza imbarcazioni.
3. messe: mietitura.
4. qua giù!: sulla terra.
5. Aneliti: respiri.
6. sospiri: profumi come fruscii.
7. esalano al mare: vanno verso il mare.
9. Oppresso: affaticato.
10. il popol de' vivi s'addorme: tutti gli esseri viventi si addormentano.

L'autore

Gabriele D'Annunzio nasce a Pescara nel 1863. Dopo un precoce debutto con la raccolta *Primo Vere* (1879), giunge a Roma diciottenne; qui si segnala negli ambienti colti, pubblicando la raccolta di versi *Canto novo* (1882). Nel 1883 sposa la duchessina Maria Hardouin di Gallese e collabora a riviste come "Cronaca bizantina" e "La Tribuna". Al 1889 risale il suo primo romanzo, *Il piacere*, seguito a breve distanza da *L'innocente* (1892).

L'estetismo dannunziano trova espressione nell'impegno a "fare della propria vita un'opera d'arte", nel culto della bellezza come valore assoluto, tanto nell'arte e nella letteratura quanto nelle manifestazioni della quotidianità. Intorno al 1892 D'Annunzio si appassiona al pensiero di Nietzsche, dei cui temi (superuomo, volontà di potenza) si appropria in maniera superficiale e sommaria. Egli desume dal filosofo tedesco l'annuncio profetico di una nuova generazione di superuomini, tesi alla piena realizzazione della propria individualità.

Diversamente da Baudelaire (▶ p. 187), egli avverte la solitudine dell'artista nella società industriale non con un sentimento di sofferenza e frustrazione, ma come una condizione di superiorità, che gli assegna la supremazia culturale sulle masse e il ruolo di guida «profetica». In questo contesto nascono gli altri romanzi: *Il trionfo della morte* (1894), *Le vergini delle rocce* (1895), *Il fuoco* (1900). Nel 1895 conosce l'attrice Eleonora Duse, che diventa la sua ispiratrice e lo porta a scrivere per il teatro (*La città morta*, 1897). Nel 1897 viene eletto deputato nelle fila della Destra e si stabilisce nella villa La Capponcina a Settignano, vicino a Fiesole. Qui compone le *Laudi* (1903) e le tragedie *Francesca da Rimini* (1902) e *La figlia di Iorio* (1904). Travolto dai debiti, è costretto a rifugiarsi in Francia (1910-1915). Rientrato in Italia allo scoppio della Prima guerra mondiale, è interventista e poi audace combattente. In un incidente di volo perde l'uso dell'occhio destro; nel periodo in cui è costretto al buio compone il romanzo *Notturno* (pubblicato nel 1921). A guerra finita, scontento delle condizioni di pace, occupa con un piccolo esercito la città croata di Fiume (1919-1921).

Trascorre l'ultima parte della sua vita a Gardone, in una villa che arreda fastosamente e che chiama "Vittoriale degli Italiani". Muore nel 1938.

Perché leggiamo D'Annunzio

Perché, attraverso raffinati procedimenti stilistici, ha saputo creare liriche dove dominano la musicalità della parola e le sollecitazioni sensoriali.

Analisi del testo

Un notturno lunare

Il paesaggio (il mare, la campagna) giace immobile al chiaro di luna, in un silenzio interrotto solo dalle vibrazioni impercettibili delle piante e dei fiori, che sembrano emanare un'ansia di desiderio (*aneliti, sospiri*). Manca nella lirica uno sviluppo di idee, tutto si risolve in sensazioni e suggestioni musicali: la notte è piena solo di desiderio. L'accenno al riposo di uomini e animali dopo le fatiche del giorno, qui si carica di vitalità sensuale, perché la stanchezza viene dopo la notte densa di piaceri.

L'umanizzazione della natura

L'umanizzazione della natura (aneliti e sospiri si addicono a esseri umani più che a dati naturali) e il gusto per l'accostamento analogico (la *luna-falce* si collega per analogia alla messe da falciare) testimoniano l'influenza dei simbolisti francesi (▶ *Il Simbolismo*, p. 189).

La musicalità

La frase esclamativa della conclusione riprende l'inizio con una leggera variante (*O falce calante*) e l'andamento circolare conferisce al tema dell'incanto sensuale un ritmo da ninna nanna. La triplice anafora del *non* esclude ogni rumore (*non canto non grido / non suono*, vv. 7-8) e approfondisce l'atmosfera di silenzio. Il tono cullante è accentuato dal ritmo ternario, ampio e disteso dei versi (un accento ogni tre sillabe), e dalla separazione grafica tra preposizione e articolo (*su l'acque, da 'l bosco, pe 'l vasto*). L'allitterazione delle consonanti liquide (la *-l* e la *-m*) sottolinea la sensualità.

POESIA: I TEMI

Che cosa so fare

COMPRENDERE

1. **La natura addormentata.**
   Un paesaggio silenzioso e immobile è protagonista anche della lirica di Alcmane, precedentemente analizzata (▶ *Notturno*, p. 171). Quale diversa sensazione, però, desta nei poeti la natura dormiente?

2. **Le presenze della notte.**
   Quali sono e come si manifestano gli impercettibili movimenti che animano la notte addormentata?

3. **La sensualità.**
   Il poeta coglie l'incanto lunare per le sue componenti sensuali: in quali versi emergono più esplicitamente? Quale significato assume il termine *oppresso* al verso 9?

ANALIZZARE

4. **La personificazione della natura.**
   Individua i versi in cui, come in molte altre opere di D'Annunzio, la natura viene personificata ed evidenzia le espressioni che il poeta utilizza per tale scopo.

5. **L'analogia →.**
   Spiega il significato della doppia analogia *falce-luna* (v. 1) e *messe-sogni* (v. 3), esplicitando il collegamento che esiste tra di esse.

6. **La musicalità.**
   La poesia, grazie alla sua gradevole armonia, venne musicata da due noti musicisti contemporanei di D'Annunzio, Francesco Paolo Tosti e Ottorino Respighi. In che modo il poeta consegue questi effetti di suadente musicalità?

PRODURRE

7. **Scrivere la parafrasi.**
   Scrivi la parafrasi, avendo cura di rendere chiari l'analogia iniziale e i periodi in cui c'è una costruzione sintattica per iperbato.

8. **Risposta sintetica | Gli aspetti della natura.**
   Individua e scrivi, in un testo di 5 righe, analogie e differenze tra *O falce di luna calante* e *La pioggia nel pineto* (▶ p. 31).

UNITÀ B2 ■ LA NATURA

Sandro Penna 🎧

da *Tutte le poesie* (1970)

▶ **Liriche**

Metro ▶ settenari a rima alternata; endecasillabi e settenari

Il mare è tutto azzurro Sul molo il vento soffia forte

Nella prima lirica il poeta associa un paesaggio marino a uno stato d'animo intenso. Nella seconda descrive una giornata estiva di sole sul mare.

Il mare è tutto azzurro

Il mare è tutto azzurro.
Il mare è tutto calmo.
Nel cuore è quasi un urlo
di gioia. E tutto è calmo.

Sul molo il vento soffia forte

Sul molo il vento soffia forte. Gli occhi
hanno un calmo spettacolo di luce.
Va una vela piegata, e nel silenzio
la guida un uomo quasi orizzontale.
5   Silenzioso vola dalla testa
di un ragazzo un berretto, e tocca il mare
come un pallone il cielo. Fiamma resta
entro il freddo spettacolo di luce
la sua testa arruffata.

(S. Penna, *Poesie*, Garzanti, Milano, 1990)

L'autore

Sandro Penna, nato a Perugia nel 1906 da famiglia borghese, dopo studi irregolari, si diploma in ragioneria. Dal 1929 vive stabilmente a Roma, dove esercita solo occupazioni saltuarie (mercante d'arte, commesso di libreria, traduttore). Schivo e anticonformista, collabora ad alcune riviste, ma senza frequentare alcun ambiente letterario; pur essendosi affermato con la sua opera poetica, vive in povertà e solitudine. Muore nel 1977.
La prima raccolta, *Poesie* (1939), esce a Firenze nella collana di "Letteratura", seguita da *Appunti* (1950) e da *Una strana gioia di vivere* (1956). Nel 1957 pubblica la nuova edizione ampliata delle *Poesie* (Garzanti), che ottengono nello stesso anno il Premio Viareggio. Nel 1970 riunisce la sua produzione in *Tutte le poesie*, raccolta comprendente anche i versi di *Croce e delizia* (1958) e numerosi inediti. Negli anni Settan-

ta cura un'antologia delle sue liriche (*Poesie*, 1973), un volume di prose (*Un po' di febbre*, 1973) e l'ultima raccolta di versi pubblicata in vita, *Stranezze* (1976). Postume sono le pubblicazioni delle cento liriche di *Confuso sogno* (1980) e delle ventisei di *Peccato di gola* (1989).

Perché leggiamo Penna
Perché ha saputo creare un proprio stile personale, caratterizzato da libertà di sguardo sul mondo e di pensiero.

PERCORSO B

POESIA: I TEMI

Analisi del testo

Il trionfo della natura

L'io lirico contempla il mare azzurro e immobile: un grido di gioia prorompe dal suo animo, calmo come il mare. I termini *urlo* (v. 3) e *calmo* (v. 4), antitetici per significato, delineano un sentimento di esultanza vissuto totalmente nella dimensione interiore, che non trapela negli atteggiamenti e che si stempera nella calma del paesaggio. Il paesaggio marino è inondato dalla luce che il mare amplifica e riflette, ed è la luce che entra in perfetta sintonia con il forte sentimento di gioia dell'io lirico.

Lo stile

La struttura del componimento è sintatticamente semplice e lineare; il ritmo, regolare nei primi due versi, è alterato dalla presenza di un *enjambement* fra terzo e quarto verso (la frase non finisce al termine del verso, ma in quello successivo: *quasi un urlo / di gioia*), che mette in particolare risalto le parole *urlo* e *gioia*, strettamente collegate al tema della lirica: il calmo trionfo della Natura.

Il bozzetto marino

Come nel testo precedente, anche nel secondo componimento il mare è il centro d'attenzione dell'io lirico e il tema è sviluppato con la modalità descrittiva. È una giornata ventosa e luminosissima: sebbene il vento suggerisca l'idea del movimento, l'immagine trasmette soprattutto, attraverso la massa del mare e la luce uniforme del paesaggio, una sensazione di calma diffusa, comunicata anche dal sostantivo *silenzio* (*e nel silenzio / la guida un uomo*, vv. 3-4) e dall'aggettivo *silenzioso* (*Silenzioso vola dalla testa / di un ragazzo*, vv. 5-6). La contraddizione logica tra questo silenzio e la presenza del vento che soffia (*Sul molo il vento soffia forte*), quindi di un rumore di fondo che si impone all'attenzione, sembra collocare questo scorcio marino in un'atmosfera rarefatta e quasi irreale, più vissuta nella memoria che contemplata nella realtà.

Due le presenze umane: l'uomo che governa la barca con il corpo teso per mantenere la rotta e il ragazzo sul molo, i cui capelli, colpiti dalla luce e mossi dal vento, sembrano una fiamma scintillante. Il berretto del ragazzo vola via dalla testa e cade in mare, simile a un pallone che, in prospettiva capovolta, vola verso il cielo. Nell'atmosfera quasi estraniante, l'unica nota di calore e di colore è l'arruffata chioma del ragazzo, *fiamma* in un paesaggio di fredda luce.

La struttura

Il testo è costruito con immagini giustapposte, che creano un'atmosfera al confine fra il reale e il metafisico. La lirica non è costruita secondo un preciso schema di rime, ma esiste comunque una corrispondenza di suoni, come la rima *testa/resta* e le assonanze (*orizzontale /mare*).

Che cosa so fare

COMPRENDERE

1. **Lo sviluppo del tema.**

   Le due liriche sono costruite essenzialmente attraverso descrizioni, manifestazione dei sentimenti o racconto di episodi? Rispondi con opportuni riferimenti testuali.

2. **Il tema della natura.**

   In che modo le due liriche sviluppano il tema della natura? Essa appare in armonia con l'uomo oppure ostile? Motiva adeguatamente la tua risposta.

UNITÀ B2 ■ LA NATURA

ANALIZZARE

3. **Immagini antitetiche.**

Entrambe le liriche sono costruite intorno a immagini apparentemente contraddittorie. Individua le espressioni delle rispettive antitesi e trascrivile.

4. **La luce.**

Nella seconda lirica si fa cenno due volte allo spettacolo di luce che offre la Natura. Al verso 8 esso viene definito *freddo*. Che cosa giustifica l'uso di tale aggettivo?

5. **La struttura fonica.**

La prima lirica ha strutture di suono che collegano i versi fra di loro. Come vengono collegati il primo e il terzo verso dal punto di vista fonico? In che modo il primo e il secondo? In che modo il primo e il terzo?

6. **Gli *enjambement* →.**

Nella seconda lirica sono presenti numerosi *enjambement*. Quali versi collegano?

7. **La sintassi.**

Osserva la costruzione sintattica delle due liriche: è ipotattica o paratattica? Quale effetto produce sul piano ritmico tale scelta stilistica?

PRODURRE

8. **Risposta sintetica I Analogie e differenze nelle liriche.**

Pur riferendosi entrambe a paesaggi marini, le liriche pongono all'attenzione del lettore situazioni diverse. Delinea in un testo di 5 righe analogie e differenze.

9. **Laboratorio di scrittura creativa I Dare un titolo.**

Le liriche hanno come titolo il loro primo verso. Prova tu a inventarne un altro che rispecchi l'atmosfera creata dal poeta e poi confronta le tue soluzioni con quelle dei compagni.
Per esempio:
Il mare è tutto azzurro → Gioia davanti al mare
Sul molo il vento soffia forte → Vento e luce

10. **Laboratorio di scrittura creativa I Comporre una poesia.**

Prova a comporre un testo, anche di gusto parodistico che, come *Il mare è tutto azzurro*, abbia queste caratteristiche:
- quattro versi;
- un parallelismo fra i primi due versi;
- un capovolgimento emotivo nel terzo;
- un *enjambement* tra il terzo e il quarto verso;
- la riproposizione del tema dei primi due versi nel quarto.

Per esempio:
Il film è proprio interminabile,
Il film è proprio noioso.
Trattenuta a stento una risata
spazientita. È proprio noioso!

PERCORSO B — POESIA: I TEMI

Attilio Bertolucci
Idilli domestici

da *Lettera da casa* (1951)

▶ Liriche

Metro ▶ versi liberi

Queste liriche, come gli idilli della poesia antica, colgono gli aspetti della natura e del suo paesaggio. Tuttavia, come accade spesso nella produzione novecentesca, inevitabilmente gli elementi del paesaggio divengono simbolo della condizione esistenziale del poeta, ma anche dello stretto legame tra uomo e natura.

I
Questo è il dolce inverno di qui
che porta fumo tra le gaggìe, vecchi vagabondi
giù dall'Appennino per la strada che va in città,
un così allegro silenzio intorno.

5 Sole o nebbia, non importa, la dolce sera
vede fanciulli in mesti giochi gridare
sul cielo occidentale, sia cenere o oro,
tardi, tardi, sino alle luci che si accendono.

II
Così intimamente la giornata comincia
nel grigio autunno, così lenta passa
la mattina di là dai vetri tersi
ove la luce tarda s'assopisce.

5 È questo argenteo silenzio il declinare
dell'anno, la nostra vita
variano appena le dolorose feste del cuore,
le memorie che migrano come nuvole.

(A. Bertolucci, *Opere*, Mondadori, Milano, 1997)

I
2. **gaggìe:** arbusti della famiglia delle Mimose dai fiori gialli molto profumati.
6. **mesti:** malinconici.

II
3. **tersi:** trasparenti, nitidi.
4. **s'assopisce:** diviene più debole. *Assopirsi* letteralmente significa "addormentarsi", ma in riferimento alla luce, il verbo indica l'indebolirsi dell'intensità della luce invernale che ritarda il momento dell'alba.
5. **declinare:** flettere; in questo caso il verbo fa riferimento all'autunno, il momento in cui l'anno volge verso la conclusione.

▶ **Laurence Stephen Lowry**, *Strada di campagna, nei pressi di Lytham* (particolare), 1952. Collezione privata.

UNITÀ B2 ■ LA NATURA

L'autore e l'opera

Attilio Bertolucci nasce in provincia di Parma nel 1911. Affianca all'insegnamento l'attività di poeta e la collaborazione ad alcune riviste letterarie. Nel 1929 pubblica la prima raccolta *Sirio* cui segue, nel 1934, *Fuochi di Novembre*. Dopo la Seconda guerra mondiale, si trasferisce a Roma dove, oltre a continuare la sua attività di scrittore, collabora con la Rai, e svolge attività di redattore di riviste come "L'approdo letterario" e "Nuovi Argomenti". Tra le sue opere *La capanna indiana* (1951), *Lettera da casa* (1951), *In un tempo incerto* (1955), *Viaggio d'inverno* (1971), *Verso le sorgenti del Cinghio* (1993), il romanzo in versi *La camera da letto* (1988). Muore a Roma nel 2000.

Lettera da casa
L'opera si caratterizza per la forte componente impressionista – che si rifà a una tradizione che vede in Pascoli un maestro – capace di cogliere in pochi tratti del paesaggio le sfumature degli stati d'animo del poeta.

Perché leggiamo Bertolucci
Perché la sua poesia fonde l'ereditarietà classica ed ermetismo interiore in versi eleganti e naturali.

Analisi del testo

I idillio

Malinconiche corrispondenze tra poeta e paesaggio. L'atmosfera elegiaca connota di malinconica dolcezza il paesaggio invernale dell'Appennino parmense. Pochi tratti, come rapide pennellate di un pittore impressionista, delineano un quadro in cui si specchia l'anima dell'io lirico. Nei versi, all'immagine naturale corrisponde quella connessa alla presenza umana; così, al giallo luminoso dei fiori che si staglia nella bruma invernale (*fumo tra le gaggìe*, v. 2), corrisponde l'immagine dei *vecchi vagabondi* (v. 2) che scendono dall'Appennino. L'allitterazione in *v* (*vecchi vagabondi*) rimanda fonicamente alla parola *inverno*, creando così un'intima corrispondenza tra la stagione invernale, la natura e l'uomo. Questo legame culmina nell'espressione, quasi ossimoro, *un così allegro silenzio intorno* (v. 4), che conferma ulteriormente la significativa relazione uomo-natura, riferendo la sensazione interiore di allegria del poeta all'accogliente silenzio del paesaggio.

Luci e ombre. L'apertura della seconda quartina, *Sole o nebbia* (v. 5), riprendendo l'iniziale *fumo tra le gaggìe* (v. 2), e ricollegandosi al verso 7 *sia cenere o oro*, riflette la condizione esistenziale del poeta, segnata da luci e ombre. Sulla *dolce sera* (v. 5) compare ancora l'elemento umano (*fanciulli in mesti giochi gridare*, v. 6). L'allitterazione in g (*giochi gridare*) sottolinea l'immagine gioiosa del gioco e delle grida dei *fanciulli* che si prolunga fino alla fine del giorno (*tardi, tardi, sino alle luci che si accendono*, v. 8) senza poter, tuttavia, eliminare una nota malinconica nell'animo del poeta. L'ossimoro *mesti giochi* evoca la tristezza del poeta, che viene evidenziata proprio dal contrasto dell'immagine gioiosa dei bambini festosi.

II idillio

L'intima tristezza delle memorie del cuore. Il secondo testo ruota attorno al tema dello scorrere del tempo. L'avverbio *intimamente* (v. 1) sottolinea l'impressione di intima e struggente malinconia dell'animo del poeta nel cogliere, nello scorrere del tempo, delle ore, dei giorni e degli anni, anche *il declinare* (v. 5) della stessa vita. Nella prima quartina i riferimenti allo spegnersi della stagione estiva (*grigio autunno, lenta*, v. 2; *la luce tarda s'assopisce*, v. 4) connotano il tema della lentezza del tempo, che pare non passare mai nel momento della tristezza. Nella seconda quartina, nell'*argenteo silenzio* (v. 5), dominano *le memorie che migrano come nuvole* (v. 8), ricordi, che passano nella mente come nuvole nel cielo, ricordi di una vita in cui *variano appena le dolorose feste del cuore* (v. 7). La forza dell'ossimoro *dolorose feste* scaturisce proprio dallo stesso ricordo di bei momenti che, nella attuale condizione di tristezza, non possono che risultare dolorosi. Torna in questi versi la stessa impressione che, nel I idillio, generavano, nel poeta malinconico, i bambini che giocavano gioiosi.

197

POESIA: I TEMI

Che cosa so fare

COMPRENDERE

1. **I idillio.**
   Nel primo idillio si descrivono le sensazioni evocate da alcuni elementi del paesaggio.
   - In quale momento dell'anno si colloca tale descrizione?
   - In quale momento del giorno?
   - Qual è lo stato d'animo del poeta?
   - Perché l'inverno nel primo verso è definito *dolce*?

2. **II idillio.**
   Il secondo idillio ruota tutto sul tema del tempo.
   - Quale effetto producono sull'animo del poeta il grigio autunno e il lento scorrere del tempo?
   - A che cosa si riferisce l'espressione *dolorose feste del cuore* (v. 7)?

ANALIZZARE

3. **Il paesaggio.**
   Individua nel I Idillio tutte le parole o espressioni che fanno riferimento al paesaggio.

4. **Luce e ombra.**
   Nella seguente tabella inserisci le parole o espressioni che si riferiscono alla luce e quelle che rimandano all'idea dell'ombra.

Luce	Ombra

5. **Lo spazio e il tempo.**
   Individua nel II idillio gli elementi che si riferiscono ai luoghi e alla natura, e quelli che si riferiscono al tempo e completa la seguente tabella.

Luoghi-elementi della natura	Tempo

6. **L'ossimoro →.**
   Perché, nel primo componimento, l'espressione *mesti giochi* (v. 6) costituisce ossimoro?

7. **Il paragone.**
   Individua e spiega il paragone presente nel II idillio.

PRODURRE

8. **Laboratorio di scrittura creativa | Comporre una lirica.**
   Componi un breve testo cercando di trasferire negli elementi del paesaggio il tuo stato d'animo. Utilizza i versi liberi e, se riesci, inserisci qualche figura retorica che renda più suggestivo il tuo testo.

9. **Laboratorio di scrittura creativa | Rovesciare il testo.**
   Riscrivi il II idillio cercando di trasmettere, anziché un senso di tristezza, una sensazione di serena dolcezza. L'esercizio è avviato.
   Così intimamente la giornata comincia
   Nel dolce autunno, così piacevole il giorno
   Nella tenue luce dell'alba (continua tu…)

LABORATORIO DELLE COMPETENZE

UNITÀ B2 ■ LA NATURA

da *Una volta per sempre* (1963)

▶ Lirica

Franco Fortini
Gli alberi

Franco Fortini (▶ *L'autore*, p. 146), poeta e critico letterario, ha espresso nei suoi versi le inquietudini della nostra epoca, affermando l'esigenza dei veri valori dell'uomo contro ogni forma di violenza e di egoismo.

Gli alberi sembrano identici
che vedo dalla finestra.
Ma non è vero. Uno grandissimo
si spezzò e ora non ricordiamo
5   più che grande parete verde era.
Altri hanno un male.
La terra non respira abbastanza.
Le siepi fanno appena in tempo
a metter fuori foglie nuove
10 che agosto le strozza di polvere
e ottobre di fumo.
La storia del giardino e della città
non interessa. Non abbiamo tempo
per disegnare le foglie e gli insetti
15 o sedere alla luce candida
lunghe ore a lavorare.
Gli alberi sembrano identici,
la specie pare fedele.
E sono invece portati via
20 molto lontano. Nemmeno un grido,
nemmeno un sibilo ne arriva.
Non è il caso di disperarsene,
figlia mia, ma di saperlo
mentre insieme guardiamo gli alberi
25 e tu impari chi è tuo padre.

(F. Fortini, *Una volta per sempre*, Einaudi, Torino, 1978)

▲ **Ottone Rosai**, *La casa del vento*, 1922. Collezione privata.

POESIA: I TEMI

ATTIVITÀ

COMPRENDERE E ANALIZZARE

Competenza:
- leggere, comprendere e interpretare testi scritti di vario tipo

1. **VERSO LA PROVA INVALSI**
   Scegli l'opzione.
   1. Il tema principale della poesia è la denuncia
      a. delle condizioni di vita nelle metropoli
      b. della distruzione dell'ambiente naturale
      c. delle condizioni di lavoro nelle grandi industrie
      d. del deterioramento del rapporto tra genitori e figli

   2. Nella poesia viene espressa la speranza che
      a. gli uomini decidano di lavorare di meno
      b. la natura possa salvarsi nonostante l'inquinamento
      c. i politici attuino scelte in favore dell'ambiente
      d. gli uomini prendano coscienza del problema ambientale

   3. La poesia è pensata come un discorso
      a. alla figlia
      b. agli alberi
      c. a tutti gli uomini
      d. ai responsabili della politica ambientale

   4. Fra i testi seguenti quello più vicino alla poesia è
      a. *Nel mio paese*
      b. *Alla luna*
      c. *Notturno*
      d. *Corrispondenze*

   5. In quali versi si denuncia l'indifferenza degli uomini nei confronti della natura?
      a. *Non è il caso di disperarsene* (v. 22)
      b. *La terra non respira abbastanza* (v. 7)
      c. *La storia del giardino e della città / non interessa* (vv. 12-13)
      d. *Uno grandissimo / si spezzò e ora non ricordiamo* (vv. 3-5)

   6. In quali versi si afferma che l'uomo è troppo occupato dal lavoro per preoccuparsi della natura?
      a. *Gli alberi sembrano identici* (v. 1)
      b. *Nemmeno un grido, / nemmeno un sibilo* (vv. 20-21)
      c. *Non abbiamo tempo / per disegnare le foglie* (vv. 13-14)
      d. *e ora non ricordiamo / più che grande parete verde era* (vv. 4-5)

   7. Qual è il significato dei versi ...*(gli alberi) sono invece portati via / molto lontano* (vv. 19-20)?
      a. Gli alberi vengono abbattuti
      b. Gli alberi rischiano di scomparire
      c. Gli uomini si disinteressano degli alberi
      d. Gli alberi ormai si trovano solo in campagna

   8. Quale affermazione sulla poesia non è corretta?
      a. Il lessico è di uso comune
      b. È composta in versi liberi
      c. Contiene numerose metafore
      d. La sintassi è prevalentemente paratattica

   9. I versi 1-2 *Gli alberi sembrano identici / che vedo dalla finestra* contengono
      a. un'anastrofe
      b. una personificazione
      c. un iperbato
      d. una sinestesia

   10. Il componimento si chiude con
       a. un'apostrofe
       b. una metonimia
       c. un'onomatopea
       d. una metafora

LABORATORIO DELLE COMPETENZE

UNITÀ B2 ■ LA NATURA

■ INTERPRETARE E PRODURRE

Competenze:
- leggere, comprendere e interpretare testi scritti di vario tipo
- produrre testi di vario tipo in relazione ai differenti scopi comunicativi

2. RIELABORAZIONE

La lettera.
Immagina di essere il/la figlio/a al/alla quale è rivolta la poesia di Fortini. Rispondi con una lettera di 20-30 righe, che contenga precisi riferimenti ai versi. Il testo dovrà presentare:
- la descrizione dell'atteggiamento dei giovani nei confronti della natura;
- ciò che, a tuo giudizio, dovrebbero fare i giovani nei confronti della Natura;
- ciò che ti attendi dagli adulti;
- ciò che, più specificatamente, ti attendi dagli uomini politici.

Ti forniamo un modello.

«Caro papà,
l'altro giorno con la prof. di scienze siamo andati a visitare una cascina, a quaranta chilometri da (*decidi tu il luogo…*), gestita da un gruppo di giovani. Hanno lasciato la città dove – come dici tu – la terra non respira, per vivere in campagna e hanno fondato un'azienda agricola. È stata un'esperienza molto interessante. Eravamo felici e stupiti di trovarci immersi in un mondo sconosciuto, a contatto diretto con alcuni aspetti della natura che avevamo soltanto studiato sui libri di storia. Contemporaneamente, però, ci siamo resi protagonisti di alcuni episodi di scarso rispetto nei confronti della Natura.»
(continua tu…)

■ ESPORRE E ARGOMENTARE

Competenze:
- padroneggiare gli strumenti espressivi e argomentativi indispensabili per gestire l'interazione comunicativa verbale in vari contesti
- leggere, comprendere e interpretare testi scritti di vario tipo

3. VERSO IL COLLOQUIO ORALE

Esponi il significato complessivo di una poesia o di un testo di altro tipo di questa unità.
- Precisa titolo e autore/autrice del testo.
- Esponi gli aspetti tematici.
- Precisa gli aspetti metrico-stilistici più significativi (sintassi, lessico, figure di suono, figure retoriche).
- Metti in evidenza le relazioni tematiche con altri testi dell'unità.
- Esponi sinteticamente un'opinione personale opportunamente motivata.

Per il tuo intervento orale hai a disposizione 15-20 minuti.

POESIA: I TEMI

PROVA AUTENTICA

Competenze:
- padroneggiare gli strumenti espressivi e argomentativi indispensabili per gestire l'interazione comunicativa verbale in vari contesti
- leggere, comprendere e interpretare testi scritti di vario tipo
- produrre testi di vario tipo in relazione ai differenti scopi comunicativi

Competenze chiave di cittadinanza:

1. Imparare ad imparare
2. Progettare
3. Comunicare
4. Collaborare e partecipare
5. Agire in modo autonomo e responsabile
6. Risolvere problemi
7. Individuare collegamenti e relazioni
8. Acquisire ed interpretare le informazioni

ATTRA-*VERSO* LA NATURA, ATTRA-*VERSO* ME

Prodotto: fascicolo di raccolta di poesie.

Destinatari: studenti.

Tempi: 2 ore in classe (pianificazione, distribuzione dei compiti, ricerca, condivisione dei prodotti) + 2 ore a casa (produzione) + 2 ore (1 ora prima fase + 1 ora seconda fase) di lettura condivisa in classe + 2 ore per l'organizzazione del fascicolo (tot 4 ore in classe + 4 ore a casa).

Consegna: dopo aver scelto alcuni testi sul tema della natura relativi ai seguenti ambiti: *la tua terra e l'ambiente che ti circonda, la notte e il cielo, il mare, un elemento naturale specifico* (un albero, un fiore, ecc), leggeteli insieme. Di seguito scrivete i testi sullo stesso tema che avete scelto per la lettura. Quindi leggete le vostre produzioni corredate da una presentazione video di opere d'arte o accompagnando la lettura con un sottofondo musicale.
Infine organizzate in un fascicolo la raccolta di tutti i testi, sia quelli individuati per la prima fase di lettura sia quelli da voi prodotti.

Istruzioni (attività in *cooperative learning*):

1. **Pianificazione.** Dividetevi in **4 gruppi** e assegnate a ogni gruppo uno dei quattro ambiti tematici indicati nella consegna.
2. **Ricerca. Su internet** individuate alcuni poeti che hanno scritto testi relativi al vostro ambito e consultate **in biblioteca** i testi; sceglietene alcuni per la lettura.
3. **Prima fase di lettura.** Tutti i gruppi insieme. In un momento di condivisione in classe, seduti per terra in cerchio, **leggete i testi, ascoltando** attentamente anche la lettura dei compagni.
4. **Produzione.** All'interno di ciascun gruppo, questa volta **individualmente**, scrivete un testo relativo al vostro ambito tematico; potete partire dalla rielaborazione di uno dei testi che avete individuato per la lettura (vedi la tipologia degli esercizi di laboratorio di scrittura creativa dell'unità) oppure produrre un testo nuovo e originale.
5. **Ricerca.** Insieme ricercate **immagini di opere d'arte o musiche** che siano attinenti alla sensibilità e al tema espressi nel vostro testo.
6. **Seconda fase di lettura.** Tutti insieme, disposti a cerchio, **leggete i vostri testi proiettando le slide con le opere d'arte individuate o leggendo con il sottofondo musicale.**
7. **La raccolta.** Infine mettete insieme in un **fascicolo** sia i testi individuati per la prima fase di lettura sia le vostre produzioni corredate dalle immagini che avete scelto, e date un **titolo alla raccolta**.

UNITÀ B3 — L'oltre

Testo d'esempio
C. Kavafis *Itaca*

Antologia
Anacreonte *Tremendo è l'abisso di Acheronte*
G. Leopardi *L'infinito*
R. Tagore *La fine del viaggio*
F. Pessoa *Altrove*
G. Ungaretti *«Nessuno, mamma, ha mai sofferto tanto»*
M. Luzi *Come tu vuoi*
E. Montale *Come Zaccheo*
D.M. Turoldo *O infinito Silenzio*

Laboratorio delle competenze
G. Caproni *Preghiera*

In questa unità:
- affronterai il tema dell'oltre, dalla lirica antica ai nostri giorni
- analizzerai liriche significative della letteratura italiana e straniera
- individuerai nelle liriche tematiche, situazioni ed elementi espressivi ricorrenti del tema
- approfondirai il tema del viaggio in poesia e comprenderai che cos'è l'Ermetismo
- produrrai testi creativi, inventando o rielaborando temi e situazioni
- esporrai le caratteristiche di una lirica che hai letto
- organizzerai con i tuoi compagni un caffè letterario

PERCORSO **B**

3

POESIA: I TEMI

L'oltre

Il desiderio di esplorare "l'oltre" è radicato negli uomini e li accompagna per tutta la vita: la spinta a superare l'orizzonte limitato delle proprie percezioni sensoriali e a volgere lo sguardo verso l'infinito nasce sin dall'infanzia e si protrae per l'intera esistenza.

La ricerca dell'oltre, che non trova risposta in nessuna realtà finita, può essere determinata da molteplici ragioni e manifestarsi attraverso forme e dimensioni molto lontane tra loro. La tensione verso l'infinito nasce dalla difficoltà di trovare nel presente una ragione all'esistenza, ma anche dal desiderio di placare l'ansia e la paura per ciò che potrà accadere o, al contrario, dal fascino esercitato da tutto ciò che non è conosciuto, che non è ancora avvenuto. L'uomo può cercare nella dimensione spirituale quella felicità che sentimenti superficiali e beni materiali non sono in grado di offrirgli o un equilibrio tra la fragilità della sua condizione terrena e la sua aspirazione all'eternità.

La poesia ha dato fin dai tempi antichi voce a questa innata aspirazione dell'uomo, al tema della ricerca dell'oltre. I dubbi e le angosce che accompagnano il passaggio dalla vita alla morte, l'ansia di infinito, l'attesa e la ricerca dell'Assoluto, il desiderio di superare le dimensioni spaziali e temporali, l'aspirazione a una vita che si innalzi al di sopra della banale quotidianità sono gli argomenti che possiamo ritrovare nella produzione poetica di tutte le epoche.

■ Oltre lo spazio

LA METAFORA DEL VIAGGIO. Il poeta **Costantino Kavafis** (1863-1933), nella lirica *Itaca* (► p. 207), invita l'uomo ad affrontare il viaggio della vita per spingersi sempre più oltre se stesso, allargando gli orizzonti della conoscenza senza temere di affrontare mondi sconosciuti che, invece, si riveleranno fonte di ricchezza. Ma il viaggio è, soprattutto, esperienza interiore che, attraverso il superamento delle difficoltà, reca maturazione e saggezza.

Fiduciosa è la visione esistenziale che **Rabindranath Tagore** (1861-1941) espone nella lirica *La fine del viaggio* (► p. 220). Per il poeta indiano, influenzato nella complessità della sua religiosità anche dal buddismo, la vita è un viaggio verso la conoscenza dell'infinito e la conquista dell'eternità, che si trova in ogni uomo. La lirica contiene un invito a non disperare anche nei momenti più drammatici e a continuare fiduciosi il proprio percorso esistenziale, nella con-

---

Buddismo. Forma di religione, diffusa in India e nell'Estremo Oriente, che ha origine dal pensiero etico e filosofico di Budda. Partendo dal presupposto che il dolore fa parte della vita, il buddismo individua in un'assoluta purificazione interiore il modo per evitare ogni forma di turbamento, fino alla totale liberazione nel nirvana.

204

vinzione che la vita è un progressivo rinnovamento interiore che condurrà l'individuo a unirsi all'armonia universale.

IL NAUFRAGIO NELL'INFINITO. **Giacomo Leopardi** (1798-1837) guarda affascinato verso l'infinito (► *L'infinito*, p. 214), che nasce in lui dalla contemplazione di un paesaggio reale. L'io lirico, ostacolato da una siepe, non può vedere aldilà dell'orizzonte e con l'immaginazione dà vita a un "viaggio" che lo conduce prima alla visione *di interminati spazi*, *sovrumani silenzi* e *profondissima quiete*, successivamente all'ascolto del suono delle stagioni passate e presenti e infine a *naufragar* dolcemente in un mare in cui si fondono finito e infinito, realtà e immaginazione, e si abbattono le barriere del tempo e dello spazio.

L'APPRODO NELL'*ALTROVE*. Un altro viaggio nell'immaginazione che spinge l'uomo a oltrepassare i confini della realtà è quello dello scrittore portoghese **Fernando Pessoa** (1888-1935) nella poesia *Altrove* (► p. 223). L'io lirico invita la persona amata a trovare rifugio in un *altrove*, un luogo indefinito dell'anima dove i sogni vivono e prendono forma. L'altrove si identifica anche con la speranza che sola può alimentare e mantenere vivo il sentimento e la vita stessa dell'uomo.

■ Oltre il tempo

UN VIAGGIO OLTRE LA DIMENSIONE DEL TEMPO. Il poeta greco **Anacreonte** (ca 570-485 a.C.) nella lirica *Tremendo è l'abisso di Acheronte* (► p. 211), affronta il tema della paura della morte, che sente ormai vicina con l'arrivo della vecchiaia e della inarrestabile decadenza fisica. L'io lirico rappresenta la vita ultraterrena come un orrido baratro in cui l'uomo precipita senza la speranza di risalire e rivolge uno sguardo impaurito e sconsolato oltre l'esistenza terrena, verso lo spazio e il tempo infiniti della morte.

Così, attraverso i secoli, l'uomo, e in particolare il poeta, ritorna sul tema della morte. **Giuseppe Ungaretti** (1888-1970) si interroga sul senso della morte (e della vita) nella lirica «*Nessuno, mamma, ha mai sofferto tanto*» (► p. 226), in cui affida al verso la drammatica esperienza della perdita prematura del figlio. Ripercorrendo, attraverso la dimensione del ricordo, il momento della morte del figlio Antonietto, Ungaretti si chiede come potrà la sua vita andare oltre questa lacerante assenza e, nella difficoltà più estrema, affida la propria esistenza a Dio.

Desidera trasgredire le leggi del tempo **Giorgio Caproni** (1912-1990) in *Preghiera* (► p. 239). L'io lirico si rivolge con affetto e leggerezza alla propria anima e la prega di andare a Livorno, a cercare tracce della madre che non c'è più. Il poeta sembra coltivare il sogno di ricongiungersi, attraverso alcuni particolari descrittivi (una camicetta, un gioiello, il calore del petto), all'immagine della madre, risvegliandola dall'oblio della morte.

L'ATTESA DI DIO E LA SOLITUDINE DEL PRESENTE. La ricerca di risposte agli interrogativi esistenziali spinge l'uomo alla ricerca di risposte nella dimensione trascendente, che va oltre l'uomo. In *Come tu vuoi* (► p. 231) di **Mario Luzi**

PERCORSO B

POESIA: I TEMI

(1914-2005), i temi dominanti sono l'attesa e la ricerca di un segno da parte di un essere sovrannaturale, che possa consolare la solitudine e la sofferente monotonia dell'esistenza, simboleggiata da una triste e fredda giornata invernale. L'io lirico rivolge a Dio la propria invocazione affinché porti conforto alla sua anima afflitta, riconoscendo e accettando che la volontà divina prevede sia il dolore della solitudine, sia la speranza della consolazione.

LA RICERCA DI DIO E LA LIMITATEZZA DELL'UOMO. Uomo di Chiesa, **David Maria Turoldo** (1916-1992) ha celebrato Dio attraverso i suoi versi. In *O infinito Silenzio* (► p. 237), affronta il tema della ricerca dell'Eterno, che conferisce all'uomo contemporaneo la consapevolezza della propria fragilità e della precarietà della sua condizione ma, nel contempo, valorizza quanto la persona ha in sé di più grande. Nella poesia l'io lirico manifesta con rammarico l'inadeguatezza della parola poetica, incapace di riportare adeguatamente la parola di Dio.

IL GRANDE ASSENTE. Nella poesia *Come Zaccheo* (► p. 235), ispirata a un episodio del Vangelo, **Eugenio Montale** (1896-1981) presenta il conflitto irrisolto tra l'assenza e la presenza di Dio, che non sfocia nella cieca negazione, anzi si alimenta della tensione verso il "Grande Assente". La sofferta e vana spinta al divino, avvertita da Montale nonostante le sue convinzioni laiche e razionaliste, traduce la sconfitta dell'uomo contemporaneo che anela verso la verità: ne deriva un'atmosfera sospesa, carica di drammaticità ma ricca di fascino.

Che cosa so

Indica se le seguenti affermazioni sono vere o false.

		V	F
a.	Mario Luzi è un uomo di Chiesa.	☐	☐
b.	Il tema dominante di *Come tu vuoi* è l'attesa di Dio.	☐	☐
c.	Costantino Kavafis invita l'uomo a non temere il viaggio della vita.	☐	☐
d.	*La fine del viaggio* risente dell'influenza della religione islamica.	☐	☐
e.	*Come Zaccheo* è ispirato a un episodio dell'Antico Testamento.	☐	☐
f.	Leopardi ha un approccio laico al tema della ricerca dell'oltre.	☐	☐
g.	In *Preghiera* l'io lirico si rivolge all'anima, pregandola di recarsi dalla madre morta.	☐	☐
h.	L'io lirico di *Tremendo è l'abisso di Acheronte* è un uomo vecchio e prossimo alla morte.	☐	☐
i.	In *Come Zaccheo* viene celebrata la vittoria dell'uomo contemporaneo, che grazie alla fede raggiunge la verità.	☐	☐
j.	Per Turoldo la poesia è uno strumento efficace con cui gli uomini possono trasmettere fedelmente la parola di Dio.	☐	☐
k.	Per Fernando Pessoa l'altrove è l'Aldilà.	☐	☐
l.	Giuseppe Ungaretti si interroga sul senso della sua vita dopo la morte del figlio.	☐	☐

UNITÀ B3 ■ L'OLTRE

Itaca
Costantino Kavafis

Testo d'esempio

Poesie
(1935)
▶ Lirica

In questa lirica il poeta si rivolge all'uomo spronandolo a viaggiare nell'esistenza, a spingersi oltre per scoprire il mondo e se stesso in un altrove sconosciuto, ma foriero di nuove esperienze, emozioni, conoscenza.

Costantino Kavafis, giornalista e poeta, nasce ad Alessandria d'Egitto nel 1863. Nel 1873 la famiglia si trasferisce in Inghilterra, ma lui rientra ad Alessandria nel 1885, dove rimarrà fino alla morte, nel 1933. Le sue poesie vengono pubblicate postume nel 1935.

Quando ti metterai in viaggio per Itaca
devi augurarti che la strada sia lunga
fertile in avventure e in esperienze.
I Lestrigoni e i Ciclopi
5   o la furia di Nettuno non temere,
non sarà questo il genere d'incontri
se il pensiero resta alto e il sentimento
fermo guida il tuo spirito e il tuo corpo.
In Ciclopi e Lestrigoni, no certo
10   né nell'irato Nettuno incapperai
se non li porti dentro
se l'anima non te li mette contro.

Devi augurarti che la strada sia lunga.
Che i mattini d'estate siano tanti
15   quando nei porti – finalmente, e con che gioia –
toccherai terra tu per la prima volta:
negli empori fenici indugia e acquista
madreperle coralli ebano e ambre
tutta merce fina, anche profumi
20   penetranti d'ogni sorta, più profumi
inebrianti che puoi,

Quando ti metterai in viaggio per Itaca
La lirica si apre con l'idea di un viaggio verso Itaca, meta il cui significato verrà spiegato nel corso del componimento.

I Lestrigoni e i Ciclopi...Nettuno
Riferimenti classici che fungono da metafore delle paure dell'uomo.

Devi augurati che la strada sia lunga
Il poeta augura un lungo percorso di conoscenza al lettore che rappresenta l'uomo in generale. L'espressione, già usata al verso 2, torna ripetuta al verso 13.

---

4. Lestrigoni...Ciclopi: nella mitologia greca, i Lestrigoni erano un popolo di giganti divoratori di uomini presso i quali, secondo l'*Odissea*, approda Odisseo in una delle tappe del suo lungo viaggio verso Itaca. I Ciclopi invece erano mostri con un solo occhio situato in mezzo alla fronte. Uno dei passi più celebri dell'Odissea (libro IX) narra proprio del terribile incontro di Odisseo e dei suoi compagni nella grotta di uno di essi, Polifemo.
5. la furia di Nettuno: dio greco del mare; è infuriato perché nell'*Odissea* costituirà il principale antagonista di Odisseo.

17. empori fenici: l'emporio è un centro di attività commerciale; l'espressione si riferisce ai famosi mercati dei Fenici dove si scambiavano merci di ogni genere, tra queste anche spezie e materiali preziosi.
18. madreperle: formazioni marine simili al corallo, di sostanza calcarea bianca e pietrosa; **ebano**: albero tipico delle zone orientali, in particolare dell'India e della Malesia; il suo legno è particolarmente pregiato; **ambre**: resina fossile di color giallo-arancio utilizzata per creare ornamenti.

207

PERCORSO B — POESIA: I TEMI

Thomas Moran, *Bahama Island Light*, 1883. Collezione privata.

va in molte città egizie
impara una quantità di cose dai dotti.

Sempre devi avere in mente Itaca – / raggiungerla sia il pensiero costante
Itaca, personificata, è anche il movente del viaggio.

Sempre devi avere in mente Itaca –
25 raggiungerla sia il pensiero costante.
Soprattutto, non affrettare il viaggio;
fa che duri a lungo, per anni, e che da vecchio
metta piede sull'isola, tu, ricco
dei tesori accumulati per strada
30 senza aspettarti ricchezze da Itaca.

Itaca ti ha dato il bel viaggio,
senza di lei mai ti saresti messo
in viaggio: che cos'altro ti aspetti?

Fatto ormai savio, con tutta la tua esperienza addosso / già tu avrai capito ciò che Itaca vuole significare
Quello che è importante non è la meta, ma il viaggio stesso.

E se la trovi povera, non per questo Itaca ti avrà deluso.
35 Fatto ormai savio, con tutta la tua esperienza addosso
già tu avrai capito ciò che Itaca vuole significare.

(C. Kavafis, *Settantacinque poesie*, a cura di N. Risi e M. Dalmàti, Einaudi, Torino, 1992)

Analisi del testo

Il significato complessivo

Il poeta si rivolge all'uomo che sta per intraprendere il viaggio della vita invitandolo a non temere le difficoltà che inevitabilmente lo aspettano e augurandogli che il cammino sia lungo. Solo così potrà arricchirsi di nuova conoscenza, attraversando luoghi sconosciuti. Per questo gli raccomanda di non essere precipitoso, ma, tenendo sempre ben ferma la meta che la sorte gli ha assegnato, gli augura un lungo percorso che gli permetterà di diventare sempre più ricco di esperienza, e pertanto saggio. Potrà allora anche comprendere il senso di Itaca: essa costituisce la meta e, nel contempo, il movente del viaggio. Non importa se Itaca, una volta raggiunta, lo deluderà, perché sarà quello che avrà imparato durante il percorso a costituirne il valore. Itaca, in fondo, è la curiosità, il desiderio di conoscenza che spinge l'uomo ad andare oltre.

I temi

La Grecia classica. Il componimento mescola riferimenti colti e la semplicità dell'invito. Emerge la Grecia classica, con la sua cultura e il suo mondo caro a Kavafis, che egli rende emblema di una condizione esistenziale universale che, trascendendo tempo e spazio, individua nella classicità la matrice del pensiero e del sentire occidentale. In questa prospettiva va interpretata la scelta dei riferimenti all'*Odissea* (i Lestrigoni, i Ciclopi, Nettuno), ai popoli antichi (*empori fenici*) e ai loro contesti geografici (*città egizie*).

L'invito a non cedere alla paura. Con la metafora iniziale *I Lestrígoni e i Ciclopi / o la furia di Nettuno non temere* (vv. 4-5) il poeta invita a non avere paura delle difficoltà che vengono dal mondo esterno perché sarà attraverso il loro superamento che si potrà crescere. Per superarle dovremo tenere il pensiero alto, essere razionali; l'unica vera difficoltà può arrivare, infatti, da dentro noi stessi, dalla paura dell'ignoto: *In Ciclopi e Lestrigoni, no certo / né nell'irato Nettuno incapperai / se non li porti dentro / se l'anima non te li mette contro* (vv. 9-12). Importante è tener sempre ben salda la meta, cioè sapere dove e perché stiamo viaggiando.

Un percorso di conoscenza. Nella seconda strofa emerge il tema centrale della lirica: l'invito a conoscere, a esplorare porti sconosciuti prima, a fare esperienza di nuovi mondi, vivendone appieno le suggestioni (*negli empori fenici indugia e acquista / madreperle coralli ebano e ambre / tutta merce fina, anche profumi / penetranti d'ogni sorta, più profumi / inebrianti che puoi*, vv. 17-21). Non dovremmo aver fretta, ma saper attendere e goderci la bellezza della scoperta con l'atteggiamento umile di chi sa e vuole ascoltare il mondo, e l'uomo, imparando (*va in molte città egizie / impara una quantità di cose dai dotti*, vv. 22-23).

Itaca, ovvero la sete di conoscenza. Itaca è un simbolo: è l'agognata patria, meta del viaggio per eccellenza, quello di Odisseo che, con determinazione, affronta mille prove prima di approdare all'amata Itaca, anche se da qui, come racconta Dante Alighieri, il nostro eroe, assetato si conoscenza («Considerate la vostra semenza: /fatti non foste a viver come bruti, / ma per seguir virtute e canoscenza», *Commedia, Inferno* XXVI, vv. 118-120), ripartirà per scoprire nuovi mondi, spingendosi, così, oltre le colonne d'Ercole, perdendo la vita (e anche l'anima per l'eternità, secondo Dante e l'interpretazione medioevale). Itaca è il senso della ricerca dell'uomo (*Itaca ti ha dato il bel viaggio, / senza di lei mai ti saresti messo / in viaggio*, vv. 31-33), obiettivo e traguardo che ci spinge a rintracciare nuove vie, a esperire nuovi aspetti del nostro carattere che, messo alla prova, matura e si arricchisce.

Quello che conta allora non è tanto la meta, che di per sé può anche deludere, ma l'esperienza del viaggio: *E se la trovi povera, non per questo Itaca ti avrà deluso. / Fatto ormai savio, con tutta la tua esperienza addosso / già tu avrai capito ciò che Itaca vuole significare* (vv. 34-36).

Lo stile

La lirica è composta da cinque strofe di diversa lunghezza e si apre con la prospettiva di un ipotetico e imprecisato viaggio verso Itaca (*Quando ti metterai in viaggio...*). La scelta di rivolgersi direttamente al lettore determina un colloquio intimo, personale, tra poeta e lettore. La metafora caratterizza l'intero componimento a più livelli: un primo più immediato e generale del viaggio, un secondo che riguarda elementi più specifici, come i Lestrigoni e i Ciclopi, o Nettuno – metafore simboliche di paure che vengono dall'esterno, ma anche dall'interno di noi stessi –, i porti dei Fenici e le successive immagini che rimandano alle possibili esperienze del viaggio.

Il ritmo è scorrevole e suggestiva è la potenza delle immagini.

POESIA: I TEMI

Che cosa so fare

COMPRENDERE

1. **L'invito a un viaggio senza paura.**
   - Il poeta invita l'uomo a viaggiare senza paura, ma gli chiede di tenere il *pensiero alto* (v. 7). Che cosa intende con questa espressione?
   - Da che cosa si deve difendere in realtà l'uomo?

2. **Il viaggio.**
   Il viaggio è una metafora, in questo testo come nella narrazione dell'*Odissea*. Che cosa rappresenta?

3. **Itaca.**
   - Itaca è la meta. Perché è importante avere una meta?
   - Perché, tuttavia, alla fine del componimento, il poeta dice che non è tanto aver raggiunto Itaca ciò che conta, quanto piuttosto aver compiuto il viaggio?

ANALIZZARE

4. **Le figure retoriche.**
   Quale figura retorica è presente ai versi 18-19?

5. **La struttura circolare.**
   Quali elementi presenti in sede iniziale vengono richiamati in sede conclusiva? A quale scopo?

6. **Il ritmo.**
   Come definiresti il ritmo del componimento?

7. **Il lessico.**
   La lirica presenta un lessico
   a. semplice.
   b. arcaico.
   c. ricercato.
   d. quotidiano.

PRODURRE

8. **Scrivere la parafrasi.**
   Elabora la parafrasi della poesia.

9. **Ricercare | I riferimenti all'*Odissea*.**
   Nel testo emergono riferimenti all'*Odissea*. Dopo esservi divisi in tre gruppi, ricercate nel poema omerico i passi in cui si fa riferimento ai Lestrigoni, ai Ciclopi, e al dio Nettuno (ogni gruppo affronterà uno dei tre riferimenti) e presentate i risultati della ricerca attraverso un power point.

10. **Laboratorio di scrittura creativa | Dalla lirica alla lettera.**
    Riprendendo i motivi presenti nella lirica, scrivi una lettera fingendo di essere un padre che scrive al figlio. Inizia così:
    Caro figlio mio,
    ora che sei cresciuto ti auguro che la tua vita sia un viaggio. Apriti a orizzonti lontani e non temere... (continua tu...)

UNITÀ B3 ■ L'OLTRE

Anacreonte
Tremendo è l'abisso di Acheronte

da *Frammenti* (VI-V sec. a.C.)
▶ Lirica

Metro ▶ originale: metri giambici →; traduzione: versi liberi

In questi versi il poeta esprime con sincerità i propri sentimenti: nella vecchiaia, età delle privazioni, egli avverte il brivido della morte e del baratro "dell'oltre".

    Biancheggiano già le mie tempie
    e calvo è il capo;
    la cara giovinezza non è più,
    e devastati sono i denti.
5 Della dolce vita ormai
    mi resta breve tempo.

    E spesso mi lamento
    per timore dell'Ade.

    Tremendo è l'abisso di Acheronte
10 e inesorabile la sua discesa:
    perché chi vi precipita
    è legge che più non risalga.

(Anacreonte, frammento 44 D., in *Lirici greci*, trad. di S. Quasimodo, Mondadori, Milano, 1960)

◀ **Arnold Böcklin**, *L'isola dei morti*, 1880. Basilea, Kunstmuseum, Öffentliche Kunstsammlung.

211

POESIA: I TEMI

L'autore

Anacreonte (ca 570-485 a.C.) nasce a Teo, città sulle coste dell'Asia Minore; costretto a emigrare quando la città viene conquistata dai Persiani (545 a.C.), si rifugia ad Abdera, nella regione balcanica della Tracia, e poi nell'isola di Samo, nell'Egeo, dove è ospitato dal tiranno Polìcrate. Si sposta poi ad Atene, accolto da Ippia e Ipparco, figli del tiranno Pisìstrato, e in Tessaglia alla corte della dinastia degli Alevadi, dove rimane fino alla morte.

I tiranni, espressione dei contrasti tra la vecchia aristocrazia terriera e la nascente classe sociale degli artigiani e dei commercianti, cercavano di accrescere il consenso dei cittadini mediante la protezione di poeti e artisti e l'organizzazione delle cerimonie civili e religiose. Anacreonte opera in questo contesto e svolge un ruolo sociale, componendo versi su argomenti adatti al pubblico delle splendide corti in cui era ospitato. Di lui restano circa cento frammenti sui temi dell'esistenza umana, trattati con pacato distacco. Anche il tema della morte non è tragico, ma rappresentato con malinconia.

Perché leggiamo Anacreonte
Perché è uno dei poeti più rappresentativi della lirica greca e, nonostante i pochi frammenti rimasti, egli esprime con capacità di sintesi e passione il proprio sentire.

Analisi del testo

Il timore della morte

Anacreonte esprime con realismo e amarezza il timore per il sopraggiungere della vecchiaia, che priva l'uomo della bellezza e concede poco tempo alla dolce vita. Il poeta, però, teme soprattutto la morte ed esprime sgomento per la paura del terribile baratro da cui è stabilito che chi vi scende non risalga.

Un viaggio senza speranza nell'aldilà

Nella poesia sono presenti enunciati in prima persona e altri in cui c'è l'uso della terza persona verbale: nel primo caso l'io lirico esprime le proprie riflessioni sulla fugacità dell'esistenza (vv. 5-8); all'io è riferita anche la descrizione della decadenza fisica della vecchiaia (vv. 1-4); nel secondo caso si evoca il viaggio senza speranza nell'abisso della morte (vv. 9-12); negli ultimi due versi l'antitesi dei verbi – chi precipita non risale – dà alla frase un andamento di proverbio.

Le aree di significato vita-morte

Nella lirica si contrappongono i campi semantici di parole riferite a vita-morte, luce-buio e che rinviano rispettivamente ai significati morali di felicità e dolore.

Che cosa so fare

COMPRENDERE

1. **La vecchiaia.**
   Quali immagini sono associate dal poeta alla vecchiaia? In quale strofa sono collocate?

2. **Il timore dell'aldilà.**
   Perché il poeta esprime timore per il mondo dell'Ade?

3. **Il mondo dei morti.**
   Perché all'Acheronte è associata l'idea dell'abisso?

ANALIZZARE

4. Le coppie oppositive.
Completa la tabella, segnalando i versi in cui si evidenziano le parole di significato comune che riguardano vita-morte e luce-buio.

Vita, luce = felicità	Morte, buio = dolore
.... gioie della vita	*resta breve tempo* (v. 6) vecchiaia e fugacità della vita
.... piaceri terreni	timore della morte
....	morte come regno di angoscia
....	inevitabilità della morte

PRODURRE

5. Trattazione breve | La lirica greca.
Leggi la scheda *La lirica greca e latina* (▶ p. 120) e poi spiega perché i sentimenti e le immagini di questi versi si inseriscono nel filone della poesia lirica greca. Analizza i seguenti aspetti.
- La relazione tra l'espressione di sentimenti ed esperienze personali e il contesto storico-sociale.
- Le caratteristiche retoriche e sintattiche legate alla comunicazione orale.

Rispondi in 20 righe.

6. Interpretare | Temi a confronto.
Scrivi un testo di 30 righe in cui analizzi analogie e differenze fra la lirica di Anacreonte e *Il tempo ci rapisce* del poeta Carlo Betocchi (1899-1986), ponendo particolare attenzione agli elementi tematici del tempo che fugge e della brevità della vita.

> Il tempo ci rapisce, e il cielo è solo
> anche di queste rondini che il volo
> intrecciano, pericolosamente,
> come chi va cercando nella mente
>
> 5   qualche nome perduto... e il ritrovarlo
> nemmeno conta, poiché ormai è già sera.
> Eh sì! s'invecchia, e ritorna più vera la vita
> che già fu, rosa da un tarlo...
>
> un tarlo che la monda. E vien la sera.
> 10   E i pensieri s'intrecciano, e le rondini.
> E non siamo più noi; siamo i profondi
> cieli dell'esistenza, ahi come intera
>
> e profondissima, cupa, nel suo indaco.

(C. Betocchi, *L'estate di San Martino*, Mondadori, Milano, 1961)

1. **solo**: solitario.
8. **rosa**: consumata.
9. **monda**: purifica.
11. **non siamo più noi**: si perde la coscienza di sé.
13. **indaco**: viola scuro.

PERCORSO B

POESIA: I TEMI

Giacomo Leopardi
L'infinito

da *Canti* (1831)

▶ Lirica

Metro ▶ endecasillabi sciolti

In questi versi, tra i più celebri della letteratura italiana, il poeta, partendo da una situazione di realtà (egli si trova sul monte Tabor e guarda l'orizzonte), si immerge tra i suoi pensieri accompagnato dalle immagini e dai suoni della natura.

1. ermo colle: colle solitario. È il colle Tabor, vicino a Recanati, dove spesso si recava Leopardi.
2-3. che da tanta... esclude: che sottrae alla mia vista tanta parte dell'estremo orizzonte.
4-7. Ma sedendo...mi fingo: ma stando seduto e contemplando, immagino nella mia mente sconfinati spazi al di là di quella siepe e sovrumani silenzi e una profondissima quiete.
7-8. ove...spaura: tanto che il cuore quasi (*per poco*) si smarrisce (*si spaura*).
8. E come: e quando.
9-11. io...comparando: io paragono quel silenzio infinito alla voce del vento.
11-13. mi sovvien...di lei: mi viene alla mente il pensiero dell'eternità, del tempo passato e del presente che vive con il suono dei suoi avvenimenti.
14. s'annega: si perde.
15. naufragar...dolce: il naufragio nell'infinito ha in sé la dolcezza dell'abbandono.

Sempre caro mi fu quest'ermo colle,
E questa siepe, che da tanta parte
Dell'ultimo orizzonte il guardo esclude.
Ma sedendo e mirando, interminati
5 Spazi di là da quella, e sovrumani
Silenzi, e profondissima quiete
Io nel pensier mi fingo; ove per poco
Il cor non si spaura. E come il vento
Odo stormir tra queste piante, io quello
10 Infinito silenzio a questa voce
Vo comparando: e mi sovvien l'eterno,
E le morte stagioni, e la presente
E viva, e il suon di lei. Così tra questa
Immensità s'annega il pensier mio:
15 E il naufragar m'è dolce in questo mare.

(G. Leopardi, *Canti*, in *Tutte le opere*, a cura di F. Flora, Mondadori, Milano, 1968)

▶ **Gerhard Ricther**, *Senza titolo*, 1969. Londra, Collezione privata.

214

L'opera

I *Canti*
I *Canti* sono senza dubbio il capolavoro di Giacomo Leopardi (▶ *L'autore*, p. 181) e «tra gli approdi capitali della poesia di ogni tempo» (Francesco Flora). Il nucleo dell'opera è costituito da diversi gruppi di liriche.

Le *Canzoni*
La raccolta si apre con le *Canzoni civili e filosofiche* in cui il poeta esalta le età antiche e condanna l'epoca presente. Il linguaggio è ricercato e classicheggiante (*All'Italia*, 1818; *Ad Angelo Mai*, 1820; *Nelle nozze della sorella Paolina*, 1822; *Bruto minore*, 1821; *Alla Primavera, Ultimo canto di Saffo*, 1822; *Il primo amore*, 1817).

Gli *Idilli*
Leopardi abbandona gradualmente l'ispirazione storico-mitologica e politica per temi più personali. Segue, infatti, il gruppo degli *Idilli* (detti anche *Piccoli idilli*), quadretti poetici composti tra il 1819 e il 1821 (*L'infinito*, 1819; *La sera del dì di festa*, 1820; *Alla luna*, 1819; *Il sogno*, 1820; *La vita solitaria*, 1821). È questa la fase del cosiddetto "pessimismo storico", una concezione negativa della condizione umana che mette in relazione l'infelicità degli individui con la decadenza della società moderna, dunque con un processo storico. *Alla luna* è l'idillio della ricordanza che, come l'immaginazione, abbellisce il seppur triste passato (▶ p. 180). Nell'*Infinito* la siepe che impedisce alla vista di giungere fino all'estremo orizzonte e il fruscio del vento tra le foglie creano l'idea d'infinito spaziale e temporale. *La sera del dì di festa* descrive, con uno stile vago e indeterminato, il notturno lunare, sviluppando i motivi dell'infelicità, della solitudine e della vanità delle cose umane.
A questo gruppo di liriche, ricche di motivi paesaggistici, spunti autobiografici e riflessioni a carattere universale, Leopardi volle preporre *Il passero solitario*, composta tra il 1832 e il 1835: infatti la lirica è riconducibile agli anni giovanili in cui il dolore è visto come sorte particolare ed esclusiva del poeta.

I *Canti pisano-recanatesi*
Nell'aprile del 1828, a Pisa, inizia il secondo tempo della creazione poetica, quello dei canti pisano-recanatesi. Tutti (tranne *A Silvia*) composti a Recanati, sono definiti dai critici *Grandi idilli*, per indicarne l'ideale legame con i modi e i temi degli *Idilli* giovanili (*A Silvia*, 1828; *Le ricordanze*, 1829; *Canto notturno di un pastore errante dell'Asia*, 1830; *La quiete dopo la tempesta, Il sabato del villaggio*, 1829).
Crollate le illusioni giovanili, ai temi del ricordo e dell'immaginazione si accompagna la consapevolezza della morte e dell'infelicità, condizione immutabile degli esseri viventi. È la fase del "pessimismo cosmico", una concezione secondo la quale la negatività della condizione umana è dovuta non al processo storico ma alla natura stessa, governata dalle leggi meccanicistiche di un perenne ciclo di distruzione e riproduzione.
A Silvia rievoca una figura femminile, simbolo della speranza di felicità delusa dalla dolorosa realtà (▶ p. 45). *Il sabato del villaggio* affronta il tema della felicità: essa esiste solo nell'immaginazione, perché quando sopraggiunge il momento di realizzarla, svanisce. Nel *Canto notturno di un pastore errante dell'Asia* il paesaggio notturno e sconfinato fa da sfondo al lamento del pastore-poeta per la condizione degli esseri viventi afflitti dal dolore fin dalla nascita.

Il *Ciclo di Aspasia*
Queste meditazioni preludono alla nuova e ultima fase del *Ciclo di Aspasia* (*Il pensiero dominante*, 1831; *Amore e morte, Consalvo*, 1832; *A se stesso*, 1833; *Aspasia*, 1834), una poetica d'impegno etico, espresso nella *Ginestra* (*La ginestra o il fiore del deserto*, 1836; *Il tramonto della luna*, 1837).

Perché leggiamo i *Canti*
Perché Leopardi riesce a esprimere in forme poetiche anche nuove (come la canzone libera "leopardiana") la propria eccezionale sensibilità intellettuale e spirituale.

▲ La biblioteca di casa Leopardi, a Recanati.

PERCORSO **B** POESIA: I TEMI

Analisi del testo

La tensione dell'io lirico verso l'infinito

La lirica esprime il tema romantico della tensione dell'io verso l'infinito. La siepe che impedisce la visione dell'orizzonte più lontano sollecita la mente del poeta, che dapprima immagina gli spazi infiniti dell'universo, poi viene ricondotto dalla voce del vento alla dimensione limitata del presente; infine il suo pensiero si perde nel mare dell'immensità.

La struttura

Nella poesia l'io lirico descrive il proprio "viaggio" dalla realtà all'infinito in tre parti. Nella prima parte la quiete del colle e l'impedimento visivo, causato dalla siepe, consentono all'io lirico di allontanarsi con la mente dagli oggetti concreti e di immaginare spazi che vanno oltre l'esperienza e la conoscenza umane. Successivamente i rumori prodotti dallo stormire della vegetazione stimolano l'immaginazione e preannunciano l'annullamento nell'infinito. Infine, l'io lirico avverte una sensazione di piacere, di morbido abbandono: è dolce naufragare nell'immensità di un mare che è metafora dell'infinito.

Gli indicatori temporali

La lirica, dunque, procede da una situazione reale e sensibile (l'*ermo colle*, la *siepe*) a una situazione astratta e indeterminata; a ciò contribuiscono gli indicatori spaziali *questo* e *quello*:

*   *questo* esprime il qui e ora, le cose concrete;
*   *quello* esprime il vago, l'indeterminato che sta al di là delle cose.

Lo stile

Per esprimere i concetti di finito e di infinito Leopardi crea un flusso di immagini mediante numerosi *enjambement* (10 su 15 versi), cioè sfasature tra periodo metrico e periodo sintattico che dilatano la lunghezza del verso, determinano particolari effetti ritmici e conferiscono intensità di significato alla parola posta a fine verso. Per esempio, nei versi 4-5, 5-6 la separazione metrica tra aggettivo e sostantivo (*interminati / spazi, sovrumani / silenzi*) comunica la sensazione del dilatarsi dello spazio e la tensione verso l'infinito e nei versi 9-10 l'aggettivo *quello*, fortemente isolato a fine verso, esprime la volontà di superamento della limitatezza del presente e del concreto (*quello / infinito silenzio a questa voce*).

Dal punto di vista lessicale emergono termini che Leopardi stesso nello *Zibaldone* definisce tipicamente poetici perché indefiniti, sono quelli costituiti dai prefissi *in-* e *sovr-* o altri dal significato vago. Anche a livello fonico l'uso di parole con la vocale -*a* tonica, dal suono ampio e aperto (*càro, tànta pàrte, interminàti, sovrumàni, immensità, naufragàr, màre*), concorre a esprimere l'idea dell'infinito, così come i gerundi *sedendo* e *mirando* rimarcano l'aspetto iterativo di un'azione che si ripete all'infinito.

Che cosa so fare

COMPRENDERE

1. **Il tema.**
    Spiega qual è il tema della lirica e quale relazione si instaura con il mondo della natura.
2. **L'infinito.**
    La siepe che impedisce la vista dell'orizzonte e il vento che fa stormire le foglie fanno vagare la mente del poeta verso due dimensioni diverse d'infinito. Di quali dimensioni si tratta?

UNITÀ B3 ■ L'OLTRE

3. Gli aggettivi dimostrativi.

Nel secondo verso il poeta accompagna la parola *siepe* all'aggettivo dimostrativo *questa* (v. 2), a stabilirne la vicinanza con l'io lirico (la voce che parla in prima persona), mentre nel verso 5 il termine *siepe* è sostituito dal pronome *quella*, a indicare invece un rapporto di maggiore lontananza. A tuo avviso, l'aumento di distanza che la scelta del pronome crea è riferito allo spazio concreto oppure a una condizione psicologica?

ANALIZZARE

4. Il lessico.

Nello *Zibaldone*, diario poetico scritto da Leopardi, l'autore afferma che sono poetiche le parole che «destano idee vaghe, e indefinite, e non determinabili, e confuse» e che contengono «un'idea vasta, indefinita e incerta». Quali aggettivi dell'*Infinito* rimandano a tale concezione?

5. Gli *enjambement* →.

Individua nel testo gli *enjambement* composti da aggettivo e sostantivo. Riscontri un collegamento fra i sostantivi e il tema della lirica?

6. La metafora e l'ossimoro →.

Gli ultimi tre versi della lirica contengono una metafora (*Così tra questa / Immensità s'annega il pensier mio*, vv. 13-14) e un ossimoro (*il naufragar m'è dolce*, v. 15). Spiega il significato di entrambe le figure.

7. I tempi verbali.

Quale tempo verbale viene impiegato nella lirica, tranne una sola eccezione? In cosa consiste e come spieghi questa apparente "irregolarità"? Prima di rispondere, prendi in considerazione anche la funzione del *Ma*, con cui inizia il quarto verso.

PRODURRE

8. Scrivere la parafrasi.

Elabora la parafrasi della lirica.

9. Confrontare con la prosa.

Leggi il seguente passo tratto dallo *Zibaldone*.

> L'anima si immagina quello che non vede, che quell'albero, quella siepe, quella torre gli nasconde, e va errando [vaga] in uno spazio immaginario, e si figura cose che non potrebbe, se la sua vista si estendesse da per tutto, perché il reale escluderebbe l'immaginario.
>
> (G. Leopardi, *Zibaldone di pensieri*, Garzanti, Milano, 1991)

Scrivi 5 righe in cui evidenzi quali elementi comuni esistono fra il testo in prosa e la lirica.

217

POESIA: I TEMI

UN TEMA DA SCOPRIRE

Il viaggio, la conoscenza e la fine della meraviglia

Il viaggio è da sempre, in letteratura, una metafora della conoscenza: è viaggiando che si incontra l'altro, il diverso, ed è viaggiando che si impara del mondo qualcosa che prima non si conosceva. È per questo che chi ritorna da un viaggio non è mai uguale a quando è partito: perché il bagaglio di esperienze e di visioni che si porta dietro lo ha modificato e arricchito.

Così, ogni viaggio è una scoperta, e allo stesso tempo anche una fonte di meraviglia: per secoli, attraverso le parole di poeti e viaggiatori i lettori hanno conosciuto luoghi ignoti del mondo, esplorando terre lontane e vivendo la meraviglia di stare davanti a qualcosa che non sapevano immaginare e che, per così dire, osservavano per la prima volta.

È stato Leopardi uno dei primi poeti italiani a ribaltare questa concezione e a dare del viaggio un'interpretazione moderna. Anzitutto, egli non era un poeta viaggiatore nel vero senso della parola: viaggiò, ma non molto, e rimase legato al paese in cui era nato. È da lì, da una finestra di casa, che Giacomo contempla *L'infinito* (▶ p. 214). Non gli serve andarlo a cercare chissà dove: gli bastano una siepe e le proprie illusioni. Ma non è nell'Infinito che Leopardi compie uno scatto in senso moderno nella concezione del viaggio: è nella canzone dedicata *Ad Angelo Mai* (1820), teologo e filologo scopritore di ampi frammenti del *De re publica* di Cicerone. Qui, Leopardi mette in scena, a proposito del viaggio, un sentimento di meraviglia perduta: la civiltà progredisce e con essa si raffinano le conoscenze geografiche e scientifiche: tutto a poco a poco si fa vicino, scompare l'ignoto, e...

▲ **Galileo Chini**, *Capodanno cinese in Bangkok*, 1913. Collezione privata.

> Nostri sogni leggiadri ove son giti
> Dell'ignoto ricetto
> D'ignoti abitatori, o del diurno
> Degli astri albergo, e del rimoto letto
> Della giovane Aurora, e del notturno
> Occulto sonno del maggior pianeta?
> Ecco svaniro a un punto,
> E figurato è il mondo in breve carta;
> Ecco tutto è simile, e discoprendo,
> Solo il nulla s'accresce. A noi ti vieta
> Il vero appena è giunto,
> O caro immaginar; da te s'apparta
> Nostra mente in eterno; allo stupendo
> Poter tuo primo ne sottraggon gli anni;
> E il conforto perì de' nostri affanni

(G. Leopardi, *Tutte le opere*, a cura di F. Flora, Mondadori, Milano, 1968)

Più gli uomini conoscono il mondo più vien meno la meraviglia della scoperta: è questo che dice la strofa. Non possiamo più fantasticare di terre lontane e meravigliose, perché ormai, grazie al progresso, le conosciamo, sappiamo come realmente sono. Soprattutto sappiamo che gli *ignoti abitatori* (qui Leopardi allude a creature mitologiche come giganti, centauri, ciclopi) non esistono davvero, e dunque anche la nostra immaginazione è mortificata. Tutto il mondo sta ormai in una carta geografica, e ogni cosa che si scopre toglie qualcosa a ciò che di esso potevamo immaginare e inventare. Così, molti dei viaggiatori leopardiani si trovano a vagare senza meta in un mondo che non devono più scoprire, e che non ha niente di nuovo da insegnar loro: anche il pastore del *Canto notturno di un pastore errante dell'Asia* (1829-1830) è intriso di questa disillusione.

Anche in Pascoli il viaggio è spesso sinonimo di fine della meraviglia: nel poemetto *Alexandros* (1904), dedicato ad Alessandro Magno, il re di Macedonia ha ormai conquistato tutto ciò che poteva far suo. Non esistono più terre che non abbia attraversato, né popoli che non abbia conosciuto e assoggettato: egli si rende conto che non può andare oltre. Ha visto tutta la terra e adesso gli pare piccola, ma soprattutto si rende conto che non gli rimane più nulla da fare e da scoprire e capisce che la vera felicità, per lui, era quando *più cammino / m'era dinanzi*, ossia quando era ancora in viaggio e aveva molto del mondo ancora da conoscere.

Allora, forse, per vincere la disillusione la soluzione è trasformare i luoghi che si incontrano viaggiando in incanti, apparizioni: così fa spesso Dino Campana (1885-1932) nell'opera di una vita, i *Canti orfici* (1914). Ecco come descrive la capitale dell'Uruguay, Montevideo:

▲ **Galileo Chini**, *La pace*. Firenze, Galleria d'arte moderna.

> Noi vedemmo sorgere nella luce incantata
> Una bianca città addormentata
> Ai piedi dei picchi altissimi dei vulcani spenti
> Nel soffio torbido dell'equatore [...].
>
> (D. Campana, *Viaggio a Montevideo*, in *Poeti italiani del Novecento*, a cura di P.V. Mengaldo, Mondadori, Milano, 2010)

I viaggi di Campana sono allo stesso tempo reali e sognati, e la città, realmente visitata, viene cantata come un luogo fantastico, di sogno, che non va conosciuto o conquistato, ma trasfigurato e reso parte della propria immaginazione.

Puoi leggere anche:

Omero, *Odissea*, VI sec. a.C.
Eugenio Montale, *Casa sul mare*, in *Ossi di seppia*, 1925
Eraldo Affinati, *Peregrin d'amore*, 2010

Puoi guardare anche:

Theo Angelopoulos, *Lo sguardo di Ulisse*, 1995
David Lynch, *Una storia vera*, 1999

Puoi ascoltare anche:

Francesco De Gregori, *Titanic*, 1982

PERCORSO B — POESIA: I TEMI

da *Gitanjali* (1913)

▶ Lirica

Metro ▶ traduzione: versi liberi

Rabindranath Tagore
La fine del viaggio

Il tema di questa lirica del poeta indiano Tagore è la vita come viaggio di conquista verso la conoscenza dell'infinito e come espressione dell'eterno in noi.

Credevo che il mio viaggio
fosse giunto alla fine
all'estremo delle mie forze,
che la vita davanti a me fosse sbarrata,
5 che le provviste fossero finite
e fosse giunta l'ora di ritrarmi
nel silenzio e nell'oscurità.

Ma ho scoperto che la tua volontà
non conosce fine per me.
10 E quando le vecchie parole sono morte,
nuove melodie sgorgano dal cuore;
dove i vecchi sentieri son perduti,
appare un nuovo paese meraviglioso.

(R. Tagore, *Poesie: Gitanjali* e *Il giardiniere* trad. di G. Mancuso, Newton Compton, Roma, 1976)

▶ **Alberto Pasini**, *Veduta persiana*, XIX secolo. Collezione privata.

UNITÀ B3 ■ L'OLTRE

L'autore e l'opera

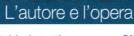

Rabindranath Tagore

nasce a Calcutta nel 1861 da una famiglia di intellettuali. A sedici anni viene mandato a studiare in Inghilterra. Tornato in India nel 1878, scrive romanzi, racconti e drammi. La sua notorietà si diffonde in Europa quando nel 1913 pubblica, nella traduzione inglese da lui stesso compiuta, le due raccolte *Il paniere di frutta* e *Gitanjali* (scritte originariamente in bengali), che gli valgono, in quello stesso anno, il premio Nobel per la letteratura. Muore nel 1941.

Gitanjali (Canti di offerta)

L'armonia tra gli elementi della natura e tra individui e creato viene espressa nei 103 canti di offerta, composti tra il 1907 e il 1910, e confluiti nella raccolta *Gitanjali*. Si tratta di canti di lode dedicati a Dio, gioioso ritrovamento dell'assoluto: di fronte al dolore e alla sofferenza (tra il 1902 e il 1907 muoiono la moglie e due figli), Tagore riesce a risollevarsi grazie alla fede religiosa. La felicità coincide con l'essere consapevoli della propria ricchezza inesauribile, un tesoro che porta il nome di infinito in ciascun individuo: «Hai fatto prigioniero il mio cuore nelle infinite reti del tuo canto, o mio Signore» (*Gitanjali*).

Le poesie indiane sono scritte per essere cantate e non lette; la tecnica sapiente e la raffinata cultura di Tagore seppero adattare la lingua bengali alle multiformi esigenze espressive, imprimendo ai versi una modernità e un alone di suggestivo incanto.

Perché leggiamo Tagore

Perché la sua opera è percorsa dall'invito a cercare il significato dell'esistenza nella riconciliazione con l'universo.

Analisi del testo

Un paese meraviglioso

Il poeta pensa di essere giunto alla fine del suo viaggio, ma, invece del silenzio e del buio, recuperando la consapevolezza di non essere solo e sentendo la presenza di Dio, scopre nuovi sentieri che lo conducono a un paese meraviglioso, e al posto delle vecchie parole sgorgano nel cuore nuove melodie.

Il tesoro della vita

Il messaggio di rinnovamento interiore acquista valore universale al di là delle singole "fedi", religiose o atee che siano. E il poeta affida ai versi il compito di far conoscere a tutti queste parole di vita e di speranza, che come *nuove melodie sgorgano dal cuore* (v. 11).

Ciascuno di noi nei momenti di rabbia, di delusione, di dolore, quando crede che "le provviste siano finite", può scoprire il modo per superare le insidie dell'esistenza e per ritrovare le coordinate del cammino.

Dopo le fatiche della strada, se siamo capaci di ascoltare dentro di noi e non ci facciamo imprigionare dalle nostre paure, si può scoprire un nuovo percorso verso la gioia. In questa lirica emerge il tema, caro e costante nel poeta indiano, del superamento della difficoltà grazie alle risorse che l'uomo possiede, nella consapevolezza che egli non è solo, ma Dio lo accompagna sempre lungo il viaggio della vita: *Nella impetuosa lotta del bene e del male / mi abbandonerò al tuo petto, / e in mezzo al frastuono delle voci umane / sentirò la tua voce. / Quando potrò abbattere la prigione della mia casa* (*Canti*, in *Gitanjali*, Guanda, Milano, 1988).

Lo stile

Il significato del testo si delinea fin dalla prima strofa, dominata dall'ambito semantico collegato al concetto di fine (*fine*, v. 2; *estremo*, v. 3; *sbarrata*, v. 4; *finite*, v. 5; *ritrarmi*, v. 6). Nella seconda strofa la forte congiunzione avversativa (*Ma*, v. 8) introduce il concetto opposto,

221

POESIA: I TEMI

quello di una possibile rinascita, attraverso il relativo ambito semantico (*Non conosce fine per me*, v. 9; *nuove melodie sgorgano*, v. 11; *paese meraviglioso*, v. 13). I versi che compongono la strofa aprono sul tema del recupero della consapevolezza che Dio genera continue occasioni di rinascita per l'uomo, mentre i versi 10 e 12 sottolineano la condizione di tristezza come ormai appartenente al passato (iterazione con poliptoto della parola *vecchie / vecchi*) in antitesi con la situazione presente che schiude il cuore a nuove possibilità di vita (iterazione con poliptoto *nuove / nuovo*, vv. 11 e 13).

Che cosa so fare

COMPRENDERE

1. **Il messaggio.**
   Spiega qual è il messaggio che il poeta comunica nella lirica.

2. **Il destinatario.**
   L'io lirico nella seconda strofa si rivolge a un interlocutore (*ho scoperto che la tua volontà*). Chi è, a tuo parere, il destinatario di questi versi di Tagore?

3. **L'età dell'io lirico.**
   Nella poesia vi sono elementi che permettano di comprendere con sicurezza quale periodo dell'esistenza stia vivendo l'io lirico? Secondo te, le parole di Tagore possono appartenere soltanto a una fase della vita?

ANALIZZARE

4. **La struttura.**
   Completa la mappa che visualizza la struttura della poesia, suddivisa in due strofe simmetriche.

5. **La metafora del viaggio.**
   Individua nei versi le parole e le espressioni che rimandano alla metafora iniziale della vita come viaggio.

PRODURRE

6. **Risposta sintetica | Il viaggio.**
   Confronta questa lirica con *Itaca* di Costantino Kavafis (▶ p. 207). Individua le affinità tra i due poeti sulla loro concezione di viaggio come metafora della vita. Rispondi in 10 righe.

7. **Risposta sintetica | La scoperta.**
   Che cosa significa per te scoprire un *nuovo paese meraviglioso* che ridia speranza al corso dell'esistenza? Rispondi in 10 righe e poi confronta le tue riflessioni con quelle dei compagni di classe.

UNITÀ B3 ■ L'OLTRE

da *Il violinista pazzo* (1917)

▶ Lirica

Metro ▶ traduzione: versi liberi

Fernando Pessoa
Altrove

Il poeta portoghese Pessoa invita una persona particolarmente cara a rifugiarsi in un mondo immaginario, un *Altrove* dove tutto risplende nella luce amica della luna per l'eternità, e dove si realizzano sogni e speranze.

Andiamo via, creatura mia,
via verso l'Altrove.
Lì ci sono giorni sempre miti
E campi sempre belli.

5 La luna che splende su chi
là vaga contento e libero
ha intessuto la sua luce con le tenebre
dell'immortalità.

Lì si incominciano a vedere le cose,
10 le favole narrate sono dolci come quelle non raccontate, …
là le canzoni reali-sognate sono cantate
da labbra che si possono contemplare.

Il tempo lì è un momento d'allegria,
la vita una sete soddisfatta,
15 l'amore come quello di un bacio
quando quel bacio è il primo.

Non abbiamo bisogno di una nave, creatura mia,
ma delle nostre speranze finché saranno ancora belle,
non di rematori, ma di sfrenate fantasie.
20 Oh, andiamo a cercar l'Altrove!

(F. Pessoa, *Il violinista pazzo*, trad. di A. Di Munno, Lucarini, Roma, 1989)

▶ **Arturo Martini**, *La moglie del marinaio*, XX secolo. Collezione privata.

PERCORSO B

POESIA: I TEMI

L'autore

Fernando Pessoa nasce a Lisbona nel 1888. Scrive le sue opere adottando vari pseudonimi (Alberto Caeiro, Álvaro de Campos, Ricardo Reis), ognuno con diverse caratteristiche stilistiche e visione del mondo (colpisce il fatto che in portoghese *pessoa* significhi "persona", e *persona* in latino si-gnifica "maschera"). Questa scelta è la manifestazione concreta della crisi dell'essere e della frantumazione dell'io, che caratterizzano la sua produzione poetica. Tra le sue opere più importanti ricordiamo *Sonetti*, 1913; *Epitalamio*, 1913; *Il libro dell'inquietudine*, 1914; *Messaggio*, 1933. La raccolta *Il violinista pazzo* viene pubblicata per la prima volta in Inghilterra nel 1917 e raccoglie 53 poesie dove emergono i temi ricorrenti nel poeta: il carattere introspettivo della riflessione sull'esistenza, il rapporto con Dio, la complessità dell'amore. Muore a Lisbona nel 1935.

Perché leggiamo Pessoa
Perché è un autore caleidoscopico e difficilmente classificabile, che ci ha lasciato molteplici visioni dell'esistente.

Analisi del testo

La fuga nell'immaginario

Il poeta invita la persona amata a evadere dalla realtà, rifugiandosi in un immaginario dove non esistono più confini spazio-temporali, né quelli che distinguono la dimensione del sogno dalla realtà. L'altrove è un "non luogo" in cui riporre la speranza di felicità, dove spiegare le vele della fantasia per alimentare il sogno.

La struttura della lirica

Il componimento, formato da cinque strofe di versi liberi, si apre e chiude sul tema centrale della lirica, l'esortazione ad andar via, a cercare un *Altrove* (*Andiamo via, creatura mia, / via verso l'Altrove*, vv. 1-2; *Oh, andiamo a cercar l'Altrove*, v. 20). *Altrove* è parola che successivamente non compare nel corpo centrale del testo, ma la sua definizione si realizza attraverso una serie di immagini di forte impatto emotivo.

Particolarmente suggestiva si staglia nella seconda strofa la luna che splende sulla libera felicità di chi accede a questo non luogo in cui tenebre e luce si fondono nell'eternità. L'iterazione degli avverbi di stato in luogo (*lì*, vv. 3, 9, 13; *là*, v. 6) rimarca che solo nell'Altrove è possibile vivere tale condizione. Nella terza strofa l'oggettività delle cose (*Lì si incominciano a vedere le cose*, v. 9) si fonde con la dimensione soggettiva delle favole, dei racconti, delle *canzoni reali-sognate*. Questo ossimoro esplicita l'assenza di confine tra realtà e sogno. A seguire tempo, vita, amore vengono definiti: il tempo attraverso la secca affermazione *Il tempo lì è un momento d'allegria* (v. 13), la vita attraverso l'analogia *una sete soddisfatta* (v. 14), e l'amore attraverso il paragone col sentimento che genera il primo bacio (*quando quel bacio è il primo*, v. 16).

Infine il testo si chiude circolarmente tornando sul vocativo iniziale *creatura mia* (v. 17) e, come si è detto, sull'invito a fuggire *Altrove* (v. 20).

Che cosa so fare

COMPRENDERE

1. **L'Altrove.**
   - Per quale motivo possiamo affermare che l'*Altrove* per l'io lirico non è un luogo fisico? Rispondi facendo opportuni riferimenti al testo.

UNITÀ B3 ■ L'OLTRE

- Lo stato d'animo di chi ha raggiunto l'*Altrove* è caratterizzato da
  a. timore.
  b. felicità.
  c. stupore.
  d. incredulità

- Distingui fra le seguenti affermazioni che riguardano la poesia quelle corrette.
  a. L'io lirico è alla ricerca di piaceri fisici.
  b. Nell'*Altrove* si realizzano i sogni terreni.
  c. L'*Altrove* è il luogo di chi ha fede in Dio.
  d. L'*Altrove* è un luogo senza affanni e dolori.
  e. L'*Altrove* non esiste ma si può solo immaginare.

2. L'esperienza dell'Altrove.

Quando afferma che *si incominciano a vedere le cose* (v. 9), l'io lirico intende dire che nell'*Altrove*
a. non ci sono più bugie e ipocrisie.
b. gli uomini mostrano la loro vera anima.
c. si coglie il significato segreto dell'esistenza.
d. gli avvenimenti si svolgono con più chiarezza.

3. L'amore *altrove*.

Qual è la concezione dell'amore nell'Altrove? Rispondi facendo opportuni riferimenti al testo.

ANALIZZARE

4. L'io lirico.

- Qual è il tono con cui l'io lirico si rivolge all'interlocutore?
  a. Esortativo.
  b. Premuroso.
  c. Minaccioso.
  d. Supplichevole.

- L'io lirico sottolinea il superamento della precarietà dell'esistenza nel verso
  a. *la vita una sete soddisfatta*
  b. *non abbiamo bisogno di una nave*
  c. *ha intessuto la sua luce con le tenebre*
  d. *là le canzoni reali-sognate sono cantate*
  e. *le favole narrate sono dolci come quelle non raccontate*

5. L'iterazione.

Quale funzione svolge la ripetizione di *sempre* nei versi 3-4?

6. L'armonia.

Quali sono i versi in cui l'io lirico sottolinea l'armonia che regna nell'*Altrove*, dove vita e morte sono serenamente intrecciate?

7. Il lessico.

Nella poesia, l'*Altrove* è immaginato come un aldilà contrapposto alla vita terrena. Attraverso quali indicatori linguistici l'io lirico segnala questa dimensione?

PRODURRE

8. Riassumere.

Sintetizza in 8 righe il contenuto della lirica.

9. Laboratorio di scrittura creativa I Rielaborare il tema.

Crea anche tu un altrove in cui immaginare la tua felicità insieme a una persona che ti è particolarmente cara. Avvia anche tu, come il poeta, la tua lirica con un invito alla persona amata.

225

POESIA: I TEMI

Giuseppe Ungaretti
«Nessuno, mamma, ha mai sofferto tanto»

da *Il dolore* (1947)

▶ Lirica

Metro ▶ endecasillabi e settenari liberamente alternati

La lirica – di cui presentiamo alcune strofe – si trova in *Giorno per giorno*, la seconda sezione della raccolta *Il dolore*, composta da diciassette liriche dedicate da Ungaretti al figlio Antonietto, morto a soli nove anni a causa di una appendicite.

I
«Nessuno, mamma, ha mai sofferto tanto...»
E il volto già scomparso
ma gli occhi ancora vivi
dal guanciale volgeva alla finestra,
5 e riempivano passeri la stanza
verso le briciole dal babbo sparse
per distrarre il suo bimbo...

II
Ora potrò baciare solo in sogno
le fiduciose mani...
10 E discorro, lavoro,
sono appena mutato, temo, fumo...
Come si può ch'io regga a tanta notte?...

III
Mi porteranno gli anni
chissà quali altri orrori,
15 ma ti sentivo accanto,
m'avresti consolato...

IV
Mai, non saprete mai come m'illumina
l'ombra che mi si pone a lato, timida,
quando non spero più...

---

2. volto già scomparso: vicino alla morte.
3. vivi: luminosi.
8. solo in sogno: poiché il bimbo è morto.
9. fiduciose mani: del figlio.
11. sono appena mutato: la mia vita è cambiata dolorosamente da poco tempo.
12. tanta notte: un dolore così profondo, che richiama il buio di una notte che non sembra avere fine.
17. m'illumina: riaccende la speranza.
18. l'ombra: il ricordo del figlio.

V

20 Ora dov'è, dov'è l'ingenua voce
che in corsa risuonando per le stanze
sollevava dai crucci un uomo stanco...?
La terra l'ha disfatta, la protegge
un passato di favola...

VI

25 Ogni altra voce è un'eco che si spegne,
ora che una mi chiama
dalle vette immortali...

VII

In cielo cerco il tuo felice volto,
ed i miei occhi in me null'altro vedano
30 quando anch'essi vorrà chiudere Iddio...

VIII

E t'amo, t'amo, ed è continuo schianto!...

(G. Ungaretti, *Vita d'un uomo. Tutte le poesie*, a cura di L. Piccioni, Mondadori, Milano, 1998)

20-22. l'ingenua...stanco: le grida gioiose di Antonietto rallegravano la casa e allieviavano le preoccupazioni e la stanchezza del poeta.
24. un passato di favola: l'infanzia, l'età dei sogni, avvolta in un'atmosfera incantata.
25-27. Ogni altra voce...immortali: il ricordo del figlio, che il poeta immagina vicino a Dio (*dalle vette immortali*) è più forte di qualsiasi richiamo che provenga dal presente.
31. E t'amo...schianto!: il poeta continua ad amare il figlio e il dolore non cessa neppure per un attimo.

◀ **Gerhard Ricther**, *S. con bambino*, 1995. Amburgo, Kunsthalle.

POESIA: I TEMI

L'autore e l'opera

Giuseppe Ungaretti nasce nel 1888 ad Alessandria d'Egitto. Il padre, emigrato per fare lo sterratore durante i lavori per la costruzione del canale di Suez, muore presto (1890) e il poeta cresce con la madre. Frequenta le scuole francesi, dove conosce le opere poetiche di Baudelaire e la filosofia di Nietzsche e inizia a leggere con passione Leopardi e le liriche del poeta simbolista Mallarmé (▶ *Il Simbolismo*, p. 189), sedotto dalla musicalità dei suoi versi. A 24 anni Ungaretti va a Parigi, si iscrive alla Facoltà di Lettere dell'Università della Sorbona, è allievo del filosofo Henri Bergson, che lo influenzerà profondamente, e frequenta i caffè letterari, dove conosce i rappresentanti delle Avanguardie. Durante la Prima guerra mondiale (▶ *La Prima guerra mondiale*, p. 256), parte volontario e combatte prima sul Carso (1915), poi in Francia (1917) con le truppe del corpo d'armata italiano. In trincea scrive le liriche di *Il porto sepolto* (1916), poi confluite nella raccolta *Allegria di naufragi* (1919). L'esperienza della guerra è determinante per la presa di coscienza di una nuova dimensione esistenziale, che si riflette in una precisa concezione stilistica: «Io dovevo dire brevemente con parole che avessero avuto un'intensità straordinaria di significato tutto quello che sentivo» (*Ungaretti commenta Ungaretti*, in "La Fiera letteraria", 15 settembre 1963).

Nel 1919 Ungaretti sposa Jeanne Dupoix, che resterà al suo fianco fino alla morte (1958). Dopo un breve soggiorno a Parigi, la coppia si stabilisce a Roma e ha due figli, Anna Maria e Antonietto. Nel frattempo, Ungaretti aderisce al fascismo, e ottiene un modesto impiego al Ministero degli Esteri. Nel 1928, dopo un lungo e tormentato percorso, al termine di una crisi religiosa «veramente patita», Ungaretti si converte alla religione cattolica. Nel 1933 pubblica una nuova raccolta poetica, *Il Sentimento del tempo*, in cui raggruppa le poesie scritte tra gli anni Venti e il 1932.

Nel 1936 Ungaretti viene invitato dal governo brasiliano a insegnare Letteratura italiana all'Università di San Paolo. In Brasile il poeta vive sette anni di lavoro intenso, ma funestati da due gravi lutti familiari. Dopo la perdita del fratello, un dolore che «non finirà più di straziarmi» (da *Vita di un uomo*) è causato nel 1939 dalla morte del figlio Antonietto, di nove anni. La tragedia, provocata da un banale attacco di appendicite e dall'incuria dei medici, segna in modo indelebile la vita del poeta: *Sconto, sopravvivendoti, l'orrore/ Degli anni che t'usurpo, / E che ai tuoi anni aggiungo, / Demente di rimorso, / Come se ancora tra di noi mortale, / Tu continuassi a crescere; / Ma cresce solo, vuota, / La mia vecchiaia odiosa* (da *Gridasti: soffoco*).

L'entrata nella Seconda guerra mondiale del Brasile contro l'Italia, nel 1942, costringe Ungaretti al rientro in patria. Giunto a Roma, viene nominato Accademico d'Italia e gli è offerta la cattedra di Letteratura moderna e contemporanea. Nel dopoguerra escono *Il dolore* (1947), *La terra promessa* (1950), *Un grido e paesaggi* (1952), *Il taccuino del vecchio* (1960). Nel 1969 pubblica l'edizione completa della sua opera poetica, *Vita di un uomo*. Ungaretti muore nel 1970 a Milano.

Il dolore

La raccolta, pubblicata nel 1947, è suddivisa nelle sezioni: *Tutto ho perduto, Giorno per giorno, Il tempo è muto, Incontro a un pino, Roma occupata, I ricordi*.

Nelle liriche il poeta intreccia il dramma personale per la morte del fratello Costantino (1937) e del figlio Antonietto (1939) e quello collettivo degli uomini per la tragedia della Seconda guerra mondiale (1939-1945), consolato unicamente dalla luce della fede cristiana. Nelle *Note a Vita d'un uomo*, Ungaretti scrive: «Fu la cosa più tremenda della mia vita. So che cosa significhi la morte, lo sapevo anche prima; ma allora, quando mi è stata strappata la parte migliore di me, la esperimento in me, da quel momento, la morte. *Il dolore* è il libro che più amo, il libro che ho scritto negli anni orribili stretto alla gola. Quel dolore non finirà più di straziarmi». Il discorso poetico si esprime in una struttura sintattica rigorosa, abbandona la ricerca formale degli anni precedenti per un'espressione più viva e immediata. La parola è gridata e il verso lungo è spezzato da puntini di sospensione, che esprimono la disperazione del poeta, cantore del proprio dolore per la morte del fratello e del figlio, ma anche del dolore universale per il dramma della Seconda guerra mondiale.

Perché leggiamo *Il dolore*

Perché è una raccolta intensa per la rielaborazione della sofferenza privata (del poeta) e storica (dell'intera umanità).

UNITÀ B3 ■ L'OLTRE

Analisi del testo

I nuclei tematici

La morte prematura e tragica del figlio provoca nell'io lirico tre stati d'animo che determinano lo sviluppo tematico della poesia: il dolore straziante del poeta dinanzi alla sofferenza del figlio, il ricordo dell'infanzia felice del bambino e l'attesa che il dolore si attenui, temperata dalla fede in Dio.

L'agonia di Antonietto

La lirica si apre con un'immagine che rivela la sofferenza straziante del poeta: ormai morente, ma ancora disperatamente attaccato alla vita (*il volto già scomparso / ma gli occhi ancora vivi*, vv. 2-3), il bambino dice alla madre che sta soffrendo molto e guarda verso la finestra, dove il padre per distrarlo ha sparso qualche briciola di pane per i passeri che vengono a beccarle.

Le immagini del passato

Quando anche la speranza viene meno (*Quando non spero più*, v. 19), il ricordo del figlio consola e rianima il poeta. Sebbene possa solo sognare di baciare le piccole mani tese e piene di fiducia verso di lui, il padre ricorda la sua voce pura e la sua spensieratezza, che lo consolavano della fatica di vivere. Ora tutto questo non c'è più perché la terra ha disfatto la sua voce gioiosa, ma il ricordo del padre protegge quel passato spensierato e felice.

L'attesa del ricongiungimento

La vita ha ripreso il suo corso e il poeta continua nelle sue occupazioni, ma non sa come sia possibile vivere sostenendo un dolore così grande, come affrontare *altri orrori* (v. 14) che il futuro gli porterà di sicuro, senza avere accanto a sé il figlio che lo avrebbe consolato con la sua presenza.

Le voci che giungono dal presente sono come un'eco che scompare e il padre ascolta solo quella del figlio che lo chiama dai luoghi dell'eternità (*vette immortali*, v. 27).

Il poeta continua a cercare il volto del bimbo, con la speranza di riempire i suoi occhi contemplandolo, alla sua morte, in cielo. E gli ripete il suo amore, in un ininterrotto ed esasperato dolore (*continuo schianto*, v. 31).

Lo stile

Nel componimento prevale la paratassi, prevalentemente coordinata per asindeto, e vi sono numerose inversioni sintattiche che ne elevano e sottolineano il tono.

I periodi molto spesso sono chiusi dai puntini di sospensione che accentuano il senso del dolore, sottolineando l'indicibilità di una sofferenza che fatica nel trovare le parole per esprimersi.

Che cosa so fare

COMPRENDERE

1. **Le domande retoriche e l'esclamazione finale.**

   La lirica contiene due domande retoriche (vv. 12 e 20-22), ovvero interrogativi che contengono in sé la risposta, e si chiude con un'esclamazione. Quale condizione esistenziale dell'io lirico manifestano questi versi?

POESIA: I TEMI

2. Il ricordo di Antonietto.

Quale sfera sensoriale prevale nel ricordo dell'immagine del figlio? A tuo parere come possiamo spiegare questa scelta del poeta?

3. *Giorno per giorno.*

Quale relazione possiamo stabilire fra la lirica e il titolo *Giorno per giorno*, della sezione cui essa appartiene?

ANALIZZARE

4. Le inversioni.

Individua alcune fra le numerose inversioni presenti nella lirica.

5. Le figure metriche.

La quarta strofa contiene alcune particolarità metriche: fa il computo delle sillabe con precisi riferimenti alle eventuali figure metriche.

6. La sintassi.

Quale segno di interpunzione segnala nella lirica la percezione del poeta che, insieme alla morte del figlio, sente interrotta, in un certo senso, anche la propria esistenza?

PRODURRE

7. Riassumere.

Riassumi il contenuto di ciascuna strofa con una breve affermazione (massimo 50 lettere). L'attività è avviata.

1. L'agonia di Antonietto.

2. ....

3. ....

4. ....

5. ....

6. ....

7. ....

8. ....

8. Laboratorio di scrittura creativa | Scrivere una lettera.

Trasforma i versi della poesia in una lettera, con la quale il poeta comunica la morte del figlio e la propria inconsolabile disperazione. Scegli tu il destinatario (per esempio un amico, un sacerdote, la maestra del bimbo, ecc.).

UNITÀ B3 ■ L'OLTRE

Mario Luzi

da *Onore del vero*
(1957)

▶ Lirica

Metro ▶ settenari, novenari
ed endecasillabi sciolti

Come tu vuoi

Nella seguente lirica di Mario Luzi, tratta dalla raccolta *Onore del vero* (1957), il
poeta rappresenta la solitudine drammatica del mondo contemporaneo, dovuta all'impossibilità di comunicazione tra gli uomini. L'apertura alla realtà quotidiana, sostenuta dalla fede cristiana, si carica di momenti di attesa per un rinnovamento interiore
dell'uomo, per un miracolo prossimo a svelarsi.

La tramontana screpola le argille,
stringe, assoda le terre di lavoro,
irrita l'acqua nelle conche; lascia
zappe confitte, aratri inerti
5   nel campo. Se qualcuno esce per legna,
o si sposta a fatica o si sofferma
rattrappito in cappucci e pellegrine,
serra i denti. Che regna nella stanza
è il silenzio del testimone muto
10 della neve, della pioggia, del fumo,
dell'immobilità del mutamento.

Son qui che metto pine
sul fuoco, porgo orecchio
al fremere dei vetri, non ho calma
15 né ansia. Tu che per lunga promessa
vieni ed occupi il posto
lasciato dalla sofferenza
non disperare o di me o di te,
fruga nelle adiacenze della casa,
20 cerca i battenti grigi della porta.
A poco a poco la misura è colma,
a poco a poco, a poco a poco, come
tu vuoi, la solitudine trabocca,
vieni ed entra, attingi a mani basse.

25 È un giorno dell'inverno di quest'anno
un giorno, un giorno della nostra vita.

(M. Luzi, *Poesie*, Garzanti, Milano, 1997)

---

1. La tramontana: vento
freddo invernale; **screpola
le argille**: apre delle crepe
nei terreni argillosi.
2. stringe...lavoro: rende
la terra dei campi dura e
compatta per il gelo.
3. irrita...conche: agita
l'acqua nelle cisterne.
4. confitte: conficcate;
inerti: inutilizzati.
7. rattrappito: contratto;
pellegrine: baveri larghi
dei cappotti (letteralmente:
mantelle da donna).
8. Che: ciò che.
10. fumo: nebbia.
**11. immobilità del muta-
mento**: andamento sempre
identico del tempo.
12. pine: legnetti di pino.
16-17. occupi...sofferenza:
subentri al dolore.
18. non disperare...di te:
non perdere le speranze nella mia volontà di accoglierTi
o nella Tua volontà di
entrare nella mia anima.
19. adiacenze: vicinanze.
23. trabocca: la misura della sofferenza è ormai colma
e la solitudine non è più
contenibile, sopportabile.
24. attingi a mani basse: a
piene mani prendi la mia
anima.

231

POESIA: I TEMI

L'autore

Mario Luzi nasce nel 1914 a Castello, in provincia di Firenze. Laureato in Lettere, nel 1935 inizia la sua attività poetica e la collaborazione con le riviste fiorentine "Frontespizio" e "Campo di Marte", nucleo storico dell'esperienza ermetica (▶ *L'Ermetismo*, p. 234). Insegna dapprima a Parma in un Liceo e poi Letteratura francese presso le Università di Urbino e di Firenze.

All'attività didattica accosta un'intensa produzione poetica, saggistica (*L'inferno e il limbo*, 1949; *Studio su Mallarmé*, 1959; *L'idea simbolista*, 1959; *Tutto in questione*, 1965; *Poesia e romanzo*, 1973, insieme allo scrittore Carlo Cassola; *Vicissitudine e forma,* 1974; *Discorso naturale*, 1984) e di traduttore di autori francesi e inglesi (Shakespeare, Racine, Coleridge, Du Bos). Muore nel 2005.

Perché leggiamo Luzi
Perché al centro della sua poesia sono i grandi temi dell'esistenza e l'ansia di incontro con l'Assoluto.

Analisi del testo

L'attesa di Dio

Il tema della lirica è l'attesa di Dio nella solitudine e nella monotonia del presente.

La prima strofa è dominata dalla descrizione di un paesaggio invernale ostile e indifferente all'uomo che assiste inerte al passare dei giorni sempre uguali, in cui la vita si consuma inesorabilmente e senza apparente ragione.

Nella seconda strofa, l'io lirico si sofferma sul proprio stato d'animo, sospeso in un clima di attesa, di un possibile messaggio proveniente dall'esterno. Il poeta, quindi, prega Dio di entrare nella sua casa solitaria, di non abbandonarlo ma di dare sollievo alla sua anima prostrata. La volontà divina (*come / tu vuoi*, vv. 22-23) chiede, per entrare nella casa che lo attende e quindi nell'animo del poeta, sia il dolore della solitudine sia la speranza di consolazione. E l'ospite porterà la luce nella gelida giornata d'inverno della vita del poeta e di tutti gli uomini.

I suoni e il ritmo

La poesia non ha un sistema di rime, ma presenta diverse assonanze che sottolineano, in alcuni casi, le parole chiave. Gli effetti sonori creano un'intima fusione con il tema della lirica: infatti, prevalgono i suoni che provocano una tonalità spenta e triste e trasmettono un senso di angosciosa solitudine. In particolare, possiamo notare numerose allitterazioni: per esempio, nei primi versi, suoni aspri e ripetuti (*La tramontana screpola le argille / stringe, assoda le terre di lavoro*) comunicano l'ostilità dell'ambiente naturale.

I molteplici *enjambement* creano un ritmo lento e sospeso, che rispecchia la dolorosa attesa dell'io lirico, mentre le iterazioni (*a poco a poco*, vv. 21-22; *un giorno*, vv. 25-26) sottolineano la condizione di solitudine.

Che cosa so fare

COMPRENDERE

1. **La tematica.**
   Come si definisce il rapporto tra uomo e Dio attraverso le immagini e le situazioni che la lirica ci presenta?

UNITÀ B3 ■ L'OLTRE

2. Una preghiera.

A tuo parere, possiamo definire la poesia di Luzi una preghiera? Motiva la risposta con opportuni riferimenti al testo.

3. Lo stato d'animo dell'io lirico.

In quale condizione emotiva si trova l'io lirico? Qual è la ragione che provoca questo particolare stato d'animo?

4. L'io lirico e gli altri.

Nella seconda strofa l'io lirico presenta se stesso, solo, nella casa vuota, mentre nella terza strofa inserisce l'aggettivo possessivo *nostra*, sottintendendo una pluralità. Come si spiega, sul piano del significato, tale passaggio? Chi potrebbero essere gli altri cui il poeta si accomuna?

ANALIZZARE

5. Il campo semantico della sofferenza.

Nella prima strofa l'autore, attraverso la descrizione della campagna invernale, rappresenta la condizione di immutabile solitudine e di faticosa sofferenza dell'uomo. Individua i termini e le espressioni che rimandano a questa visione dell'esistenza.

6. Gli *enjambement* →.

Indica gli *enjambement* presenti nel testo.
- Quale effetto producono dal punto di vista ritmico?
- Quali immagini contribuiscono a mettere in risalto?

7. Le assonanze →.

Nella poesia non è rilevabile un sistema di rime, ma sono presenti numerose assonanze. Individuale nel testo.

8. I suoni.

Considera i seguenti versi: *A poco a poco la misura è colma, / a poco a poco, a poco a poco...* (vv. 21-22). Qual è il suono prevalente? Di quale figura di suono si tratta? E quale effetto espressivo ottiene?

PRODURRE

9. Risposta sintetica | Confrontare un'altra lirica di Luzi.

Scrivi un testo di 10 righe in cui evidenzi le analogie fra *Come tu vuoi* e i versi seguenti tratti da un'altra poesia di Luzi, *Augurio*.

> [...] o miei giovani e forti,
> miei vecchi un po' svaniti,
> dico, prego: sia grazia essere qui,
> grazia anche l'implorare a mani giunte,
> 5 stare a labbra serrate, ad occhi bassi
> come chi aspetta la sentenza.
> Sia grazia essere qui,
> nel giusto della vita,
> nell'opera del mondo. Sia così.
>
> (M. Luzi, *Poesie*, Garzanti, Milano, 1997)

10. Argomentare | Il proprio rapporto con la solitudine.

Quando ti capita di sentirti solo, qual è il tuo stato d'animo? La solitudine ti spaventa, fai di tutto per sfuggirla o invece il silenzio di una giornata senza compagnia, magari in un momento difficile o prima di una decisione importante, ti aiutano a ritrovare te stesso/a? Scrivi un testo di 2 colonne di foglio protocollo, in cui riporti le tue esperienze e la tua opinione su questo argomento.

APPROFONDIMENTO

L'Ermetismo

La raccolta *Isola* di Alfonso Gatto fu, insieme a *Oboe sommerso* (1932) di Salvatore Quasimodo, il più significativo esempio di Ermetismo, corrente poetica sviluppatasi in Italia fra gli anni Trenta e i primi anni Quaranta. Il termine, che nel suo significato corrente indica "chiusura", deriva dal nome del filosofo greco Ermete Trismegisto (II-III secolo d.C.), al quale si attribuivano testi magico-religiosi sul mistero del cosmo e della natura divina. Il ritrovo letterario di questi poeti – tra gli altri Leonardo Sinisgalli (1908-1981), Mario Luzi (1914-2005; ▶ *L'autore*, p. 232) e Sandro Penna (1906-1977; ▶ *L'autore*, p. 193) – era il caffè "Giubbe Rosse" di Firenze (dal colore delle giubbe dei camerieri) e punti di riferimento alcune riviste fiorentine ("Letteratura", "Campo di Marte").

La definizione «ermetismo» indica l'oscurità e l'ambiguità espressiva di questa poesia, il cui messaggio è comunicabile solo per allusioni e analogie.

Lo stile ermetico

Il verso ermetico è evocativo più che comunicativo: il poeta si abbandona alle associazioni libere, spesso prive di precisi riferimenti spazio-temporali, di legami logici e di elementi descrittivi o narrativi. La sintassi si frammenta, la parola diventa essenziale, la scarnificazione del linguaggio raggiunge il suo vertice nella poesia più famosa di Quasimodo *Ed è subito sera*.

> Ognuno sta solo sul cuor della terra
> trafitto da un raggio di sole:
> ed è subito sera.
>
> (S. Quasimodo, *Poesie e discorsi sulla poesia*, Mondadori, Milano, 1971)

La condizione umana è descritta attraverso immagini della natura: il raggio di sole e l'istantaneo calare della sera rappresentano simbolicamente la contrapposizione tra la vita e la morte. I sostantivi rinviano a significati indefiniti, a sensazioni ed emozioni individualmente vissute.

La musicalità delle analogie

L'analogia nelle liriche di Alfonso Gatto nasce direttamente dalle sollecitazioni foniche: per esempio, il verso *La porta verde della chiesa è il mare* (*Un'alba*) associa immagini diverse – la porta della chiesa con il suo colore verde diventa il mare – attraversate dalle sfumature sonore della vocale -a in ciascuna parola, delle assonanze (*chiesa, mare*) e delle allitterazioni (*l, ll, r*).

Le invenzioni stilistiche

L'abolizione degli articoli oppure l'uso dell'indeterminato e delle preposizioni semplici e articolate accentuano la forza evocativa del messaggio che si apre a più interpretazioni (*Ai carri eternamente remoti / il cigolìo dei lumi / improvvisa perduti e beati villaggi di sonno* si può interpretare: "l'oscillazione delle lampade sui carri cui si accompagna il cigolìo delle ruote quasi concilia il sonno"; ma *il cigolìo dei lumi* potrebbe essere inteso anche come luccichio o tremolio delle stelle; *Carri d'autunno* di Alfonso Gatto).

Gli iperbati (*Come un tepore troveranno l'alba / gli zingari di neve / come un tepore sotto l'ala i nidi*: "gli zingari si sveglieranno con una sensazione di tepore in un'alba chiara come la neve, come gli uccelli trovano tepore sotto l'ala"; *Carri d'autunno*) e le inversioni sintattiche (*il mondo / ricorda che d'erba una pianura*: "il mondo fa ricordare che un tempo fu una pianura di erba"; *Carri d'autunno*) tendono a differire l'immediata ricezione del significato dei versi.

▲ **Carlo Carrà**, *Pino sul mare*, 1921. Roma, Collezione Casella.

Eugenio Montale
Come Zaccheo

da *Diario del '71 e del '72* (1973)

▶ Lirica

Metro ▶ versi liberi

Questa lirica, scritta nel 1970, testimonia con un linguaggio secco e conciso la tormentata ricerca religiosa di Montale (▶ *L'autore e l'opera*, p. 150). Il titolo fa esplicito riferimento a un personaggio citato nel Vangelo di Luca: Gesù, a Gerico, in Palestina, incontra Zaccheo (il cui nome significa "il puro"), un ricco pubblicano che riscuote le tasse al servizio dei Romani. Il poeta, in cerca di un intervento salvifico del divino, fa suo l'esempio di Zaccheo.

Si tratta di arrampicarsi sul sicomoro
per vedere il Signore se mai passi.
Ahimè, non sono un rampicante ed anche
stando in punta di piedi non l'ho mai visto.

(E. Montale, *Tutte le poesie*, Mondadori, Milano, 1997)

1. **sicomoro**: alto e possente albero dell'Africa nord-occidentale con frutti di colore rosso.

Analisi del testo

La ricerca del divino

Il poeta, spinto dal desiderio di incontrare il Signore, si è innalzato allo stesso modo di Zaccheo. Il personaggio evangelico non vuole perdere l'occasione dell'incontro e, data la sua bassa statura, sale su un sicomoro; Gesù di Nazareth lo invita a scendere ed entra nella sua casa, come viene raccontato nel Vangelo di Luca (19, 1-10):

> «[Gesù] Entrò nella città di Gerico e la stava attraversando, quand'ecco un uomo, di nome Zaccheo, capo dei pubblicani e ricco, cercava di vedere chi era Gesù, ma non gli riusciva a causa della folla, perché era piccolo di statura. Allora corse avanti e, per riuscire a vederlo, salì su un sicomòro, perché doveva passare di là. Quando giunse sul luogo, Gesù alzò lo sguardo e gli disse: «Zaccheo, scendi subito, perché oggi devo fermarmi a casa tua». Scese in fretta e lo accolse pieno di gioia. Vedendo ciò, tutti mormoravano: «È entrato in casa di un peccatore!». Ma Zaccheo, alzatosi, disse al Signore: «Ecco, Signore, io do la metà di ciò che possiedo ai poveri e, se ho rubato a qualcuno, restituisco quattro volte tanto». Gesù gli rispose: «Oggi per questa casa è venuta la salvezza, perché anch'egli è figlio di Abramo. Il Figlio dell'uomo infatti è venuto a cercare e a salvare ciò che era perduto».

(*La Sacra Bibbia*, nella traduzione ufficiale in lingua italiana della Conferenza Episcopale Italiana, Fondazione di Religione dei Santi Francesco d'Assisi e Caterina da Siena, 2008)

L'esperienza salvifica di Zaccheo

Grazie a quell'incontro Zaccheo trasforma il proprio modo di vivere e fa intendere che svolgerà onestamente il suo lavoro. Il sicomoro diventa così metafora di redenzione e riscatto: su di esso ascende Zaccheo, e quella decisione si rivelerà salvifica per lui.

POESIA: I TEMI

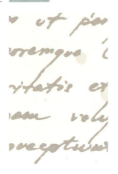

Il sofferto tentativo dell'io lirico

Se Zaccheo ha fatto esperienza diretta dell'amore gratuito di Dio, al contrario l'io lirico sperimenta una vana ricerca: il suo desiderio di approdare alla consapevolezza del divino attraverso gli strumenti della ragione e i canali sensoriali resta irrealizzato (*stando in punta di piedi non l'ho mai visto*).

Il paesaggio desertico nel quale si staglia l'alto e possente albero africano è metafora della condizione spirituale di Montale: il poeta in una società arida e desolata è spinto da una grande forza interiore per il tanto atteso varco, ma Lui – il Grande Assente – non è mai entrato nella sua casa.

Che cosa so fare

COMPRENDERE

1. **La figura di Cristo.**
   In che cosa si differenzia la figura di Cristo nel racconto evangelico e nei versi di Montale?

2. **Zaccheo e Montale.**
   Qual è la differenza fondamentale tra il personaggio evangelico e l'io lirico della poesia?

3. **L'io lirico.**
   Qual è, a tuo parere, lo stato d'animo dell'io lirico, dinanzi al fallimento del suo proposito? Rispondi con opportuni riferimenti al testo.

4. **I limiti della conoscenza.**
   Spiega qual è il significato del verso *stando in punta di piedi non l'ho mai visto*. Quali sono i limiti della conoscenza con cui l'io lirico si scontra? Che cosa dovrebbe fare per superarli?

ANALIZZARE

5. **Un intimo colloquio.**
   Rintraccia le formule espressive che fanno capire che il poeta rivolge i versi a se stesso, stabilendo un intimo colloquio con il proprio animo.

6. **Il lessico.**
   Il tema centrale della lirica, la ricerca e la tensione verso Dio, è espresso da due parole che presentano la stessa radice etimologica. Quali?

PRODURRE

7. **Trattazione breve | Confrontare Montale con Leopardi.**
   Scrivi un testo di 2 colonne di foglio protocollo, in cui cogli analogie e differenze fra l'atteggiamento di Leopardi (▶ p. 214) e di Montale nei confronti di ciò che sfugge alla conoscenza sensoriale e diviene esperienza trascendentale.

8. **Argomentare | Riflettere sulla posizione di Montale.**
   L'io lirico manifesta l'aspirazione di conoscere il divino, ma denuncia la sua incapacità di approdare a Dio soltanto attraverso un atto di fede. Ritieni che il suo atteggiamento sia contraddittorio, in quanto rifiuta la dimensione trascendente della religione, o condividi il suo desiderio di innalzarsi fino a Dio, utilizzando esclusivamente la ragione e le conoscenze sensoriali? Rispondi alla domanda con un testo di 10 righe.

9. **Laboratorio di scrittura creativa | Narrare un'esperienza vissuta.**
   Scrivi un testo narrativo in cui racconti un'esperienza o un episodio che ti hanno avvicinato alla dimensione spirituale dell'esistenza.

236

UNITÀ B3 ■ L'OLTRE

David Maria Turoldo 🎧
O infinito Silenzio

da *O sensi miei*
(1990)

▶ **Lirica**

Metro ▶ **versi liberi**

La lirica appartiene alla sezione *Udii una voce* (1952) della raccolta *O sensi miei*. Il poeta affronta una problematica dei nostri tempi: la ricerca dell'Eterno e la fragilità della condizione umana.

Signore, per Te solo io canto
onde ascendere lassù
dove solo Tu sei,
gioia infinita.

5 In gioia si muta il mio pianto
quando incomincio a invocarTi
e solo di Te godo,
paurosa vertigine.

Io sono la Tua ombra,
10 sono il profondo disordine
e la mia mente è l'oscura lucciola
nell'alto buio,

che cerca di Te, inaccessibile Luce;
di Te si affanna questo cuore
15 conchiglia ripiena della Tua Eco,
o infinito Silenzio.

(D.M. Turoldo, *O sensi miei*, Rizzoli, Milano, 2002)

2. onde ascendere: per salire.
8. paurosa vertigine: intenso turbamento dell'animo.
15. conchiglia ripiena della Tua Eco: la voce di Dio risuona nel cuore dell'io lirico.

▲ **Jannis Kounellis**, *Senza titolo*, 1978. Amburgo, Kunsthalle.

L'autore

Giuseppe Turoldo nasce a Coderno del Friuli nel 1916. Viene ordinato frate dei Servi di Santa Maria nel 1940 e cambia il suo nome in David Maria. Turoldo partecipa attivamente alla Resistenza e, schieratosi con la Sinistra cattolico-progressista, si attira la condanna delle gerarchie ecclesiastiche e viene mandato all'e-

stero. Tornato in Italia, all'inizio degli anni Sessanta, si trasferisce vicino a Bergamo. Muore a Milano nel 1992.
La sua produzione poetica è costituita da numerose raccolte, tra cui *O sensi miei* (che raggruppa le poesie pubblicate tra il 1948 e il 1988), *Canti ultimi* (1991) e *Mie notti con Qohélet* (postumo, 1992). Sono usciti postumi anche i drammi religiosi (*Il dramma è Dio, Il fuoco di Elia profeta*, 1992-93).

Perché leggiamo Turoldo
Perché è uno degli esponenti più rappresentativi di un rinnovamento socio-religioso del Novecento, ed è un poeta che non esclude il dubbio davanti al dramma del male, e ricerca costantemente l'Eterno, che «ci fugge dalle avide mani».

POESIA: I TEMI

Analisi del testo

Il rapporto tra Dio e l'uomo

Il componimento è costruito su una forte antitesi tra la ricerca del Signore e la limitatezza della condizione umana.

L'*incipit* comunica l'obiettivo del poeta: egli vuole cantare la parola divina (*Signore, per Te solo io canto*, v. 1), si sente investito della vocazione religiosa e poetica, ha messo la propria vita al servizio della Parola, in senso cristiano ma anche artistico. Egli ha sete di eternità, attende e spera (il pianto si trasforma in gioia, l'angoscia in lode), ma non riesce a cogliere nel disordine della vita la presenza dell'Assoluto (*inaccessibile Luce, infinito Silenzio*); avverte dentro di sé la scintilla di Dio Creatore (*la mia mente è l'oscura lucciola / nell'alto buio*, vv. 11-12), ma la parola poetica è soltanto una debole eco dell'Eterno.

Lo stile

Il verso semplice nel linguaggio, immediato nella metrica, breve nella struttura delle frasi, ma denso di significati, comunica alla lettura una carica di sentimento e di emozione profonda. Gli *enjambement* che spezzano la corrispondenza tra frase e verso, la lettera maiuscola, la rima *canto-pianto* mettono in risalto le parole chiave.

Che cosa so fare

COMPRENDERE

1. **Lo scopo della lirica.**
   Qual è la ragione che ha spinto il poeta a comporre la lirica?

2. **Lo sviluppo tematico.**
   Spiega per quale motivo possiamo affermare che la poesia procede per antitesi.

ANALIZZARE

3. **Gli appellativi di Dio.**
   Turoldo non nomina mai direttamente il destinatario della sua lirica, ma si rivolge a Dio definendone le qualità. Individua i termini impiegati a questo proposito dall'io lirico.

4. **Gli *enjambement* →.**
   Individua gli *enjambement* e spiegane la funzione.

5. **L'uso delle maiuscole.**
   Qual è l'elemento che unisce i termini che hanno la lettera iniziale maiuscola? A tuo parere, qual è la ragione di questa scelta dell'autore?

PRODURRE

6. **Scrivere la parafrasi.**
   Scrivi la parafrasi della lirica, avendo cura di esplicitare il significato di alcune espressioni.

7. **Trattazione breve | Confrontare Turoldo con Montale.**
   Ponendo particolare attenzione al tema dell'assenza-presenza, scrivi un testo di 10 righe in cui confronti Zaccheo di Montale (▶ p. 235) con la lirica di Turoldo.

LABORATORIO DELLE COMPETENZE

UNITÀ B3 ■ L'OLTRE

Giorgio Caproni
Preghiera

da *L'opera in versi* (1998)

▶ Lirica

Giorgio Caproni si affida a un'apparente semplicità formale, dal tono cantabile, mai altisonante, gradevole e di immediata fruibilità, per esprimere tematiche esistenziali di forte impatto emotivo.

Il componimento proposto apre la prima sezione della raccolta *Il seme del piangere*, dal titolo *Versi livornesi* (1950-1958), dedicati dal poeta alla madre.

    Anima mia, leggera
va' a Livorno, ti prego.
E con la tua candela
timida, di nottetempo
5 fa' un giro; e, se n'hai il tempo,
perlustra e scruta, e scrivi
se per caso Anna Picchi
è ancor viva tra i vivi.

    Proprio quest'oggi torno,
10 deluso, da Livorno.
Ma tu, tanto più netta
di me, la camicetta
ricorderai, e il rubino
di sangue sul serpentino
15 d'oro che lei portava
sul petto, dove s'appannava.

    Anima mia, sii brava
e va' in cerca di lei.
Tu sai cosa darei
20 se la incontrassi per strada.

(G. Caproni, *L'opera in versi*, Mondadori, Milano, 1998)

1. leggera: ha valore avverbiale, con leggerezza.
2. Livorno: la città in cui è nato il poeta.
3-4. candela timida: luce fioca; **nottetempo**: di notte.
6. perlustra e scruta: cerca e guarda con attenzione.
7. Anna Picchi: madre del poeta, che di mestiere faceva la ricamatrice. La madre è ricordata con il cognome da ragazza.
11. tu: riferito alla propria anima; **più netta**: con più chiarezza (riferito a *ricorderai*).
13-16. rubino…s'appannava: la spilla a forma di serpente con il rubino di colore rosso sangue che appuntava sulla camicetta e che si appannava per il calore del petto.

L'autore

Giorgio Caproni (1912-1990) ha affiancato all'attività di poeta quella di traduttore, soprattutto dal francese (da Baudelaire a Proust, ad Apollinaire) e di critico; ha collaborato inoltre a giornali e a periodici letterari. Tra le sue raccolte di versi ricordiamo *Come un'allegoria* (1936), *Cronistoria* (1943), *Il seme del piangere* (1959), *Congedo del viaggiatore cerimonioso e altre prosopopee* (1966), *Il muro della terra* (1975) e *Il franco cacciatore* (1982).

Perché leggiamo Caproni
Perché nella sua opera tematiche autobiografiche si mescolano a temi universali con un tono medio ed elegante.

PERCORSO B
POESIA: I TEMI

ATTIVITÀ

COMPRENDERE E ANALIZZARE

Competenza:
- leggere, comprendere e interpretare testi scritti di vario tipo

1. VERSO LA PROVA INVALSI
Scegli l'opzione.

1. L'io lirico esprime il desiderio di
   a. ritornare nella sua città d'origine
   b. rivedere dopo molto tempo la madre
   c. stabilire un legame con la madre defunta
   d. intrattenere un intimo colloquio con la propria anima

2. Il senso della poesia è
   a. spezzare le leggi del tempo
   b. descrivere la madre del poeta
   c. sottolineare l'importanza dei ricordi
   d. descrivere il paese di origine del poeta

3. L'io lirico rivolge la «preghiera»
   a. a Livorno
   b. alla madre
   c. ad Anna Picchi
   d. alla propria anima

4. Il tono con cui l'io lirico si rivolge all'interlocutore è
   a. ironico
   b. formale
   c. rispettoso
   d. confidenziale

5. Alla luce del tema e del tono della lirica, il sinonimo più appropriato di «preghiera» è
   a. invito
   b. supplica
   c. orazione
   d. implorazione

6. Il poeta (v. 10) afferma di essere ritornato *deluso* da Livorno perché
   a. nessuno si ricorda di sua madre
   b. ha dovuto lasciare troppo presto la città
   c. non è riuscito a ricostruire il ricordo della madre
   d. è arrivato di notte e non ha potuto visitare la città di giorno

7. Comprendiamo che il poeta descrive la madre quand'era giovane perché
   a. immagina che sia ancora viva
   b. la chiama con il nome da nubile
   c. si figura che sia ricoperta di gioielli
   d. pensa che indossi vestiti giovanili e scollati

8. Nella descrizione della madre il poeta ne sottolinea soprattutto
   a. la bontà
   b. la vitalità
   c. la severità
   d. la dolcezza

9. I versi della poesia sono prevalentemente
   a. senari
   b. ottonari
   c. settenari
   d. novenari

10. Le rime sono prevalentemente
    a. alternate e baciate
    b. baciate e incrociate
    c. baciate e incatenate
    d. alternate e incatenate

11. Il lessico della poesia
    a. è letterario
    b. è informale
    c. presenta numerosi termini specialistici
    d. presenta sia termini letterari che quotidiani

12. La fitta punteggiatura e i numerosi *enjambement* rendono il ritmo della poesia
    a. lento
    b. veloce
    c. monotono
    d. variamente modulato

13. Nell'espressione *viva tra i vivi* (v. 8) c'è una
    a. paronomasia
    b. allitterazione
    c. assonanza
    d. onomatopea

14. Nell'espressione *il rubino di sangue* (vv. 13-14) c'è una
    a. sineddoche
    b. similitudine
    c. metafora
    d. metonimia

240

LABORATORIO DELLE COMPETENZE

UNITÀ B3 ■ L'OLTRE

■ INTERPRETARE E PRODURRE

Competenze:
- leggere, comprendere e interpretare testi scritti di vario tipo
- produrre testi di vario tipo in relazione ai differenti scopi comunicativi

2. AVVIO AL TESTO ARGOMENTATIVO

Un diario.

Caproni in *Preghiera* immagina la madre da ragazza, prima che egli nascesse.
Sapere com'erano mamma e papà da giovani, conoscerne magari attraverso un album fotografico l'aspetto fisico, scoprire come vestivano o quale taglio di capelli avevano, intuire dai loro sguardi i sogni e le debolezze di un tempo, ritieni che possa migliorare il rapporto fra genitori e figli e consentire una relazione più sincera, al di là del ruolo che le parti rivestono? Oppure pensi che il distacco fra le generazioni resti inalterato, indipendentemente dalla conoscenza della giovinezza di chi ci ha preceduto?

Partendo dalla risposta a questi interrogativi, scrivi una pagina di diario in cui racconti un episodio significativo.
Ti forniamo un modello.
«Non potevo crederci quando mio padre entrò nella mia stanza senza bussare, mimando l'assolo di chitarra che ascoltavo a tutto volume. E tantomeno potevo credere quando, cessata la musica, mi portò in salotto e da un cassetto tirò fuori le foto di un concerto rock: mi mostrò un tizio con i capelli sulle spalle e jeans sdruciti, sostenendo di essere lui, quando era giovane... molto giovane.» (continua tu...)

3. LABORATORIO DI SCRITTURA CREATIVA

Riscrivere la poesia.

Probabilmente anche tu avrai un luogo legato all'affetto per una persona che ora non vedi più (anche se non necessariamente morta): il/la nonno/a, un/a compagno/a di infanzia, il/la maestro/a delle elementari, ecc. Così come Caproni, scrivi una poesia in cui inviti la tua anima a recarsi alla ricerca di una persona del tuo passato.
Ti forniamo un modello.

Anima mia pallida,
va' a Roccaraso, se ti aggrada
E con la tua pila
timida, dalla notte all'alba
fai un giro
(continua tu...)

4. LABORATORIO DI SCRITTURA CREATIVA

Capovolgere il contenuto della poesia.

Prova a compiere l'operazione contraria a quella realizzata da Caproni: scrivi un testo di 20 righe in cui descrivi un/a tuo/a compagno/a di classe, immaginando come sarà tra vent'anni.

■ ESPORRE E ARGOMENTARE

Competenze:
- padroneggiare gli strumenti espressivi e argomentativi indispensabili per gestire l'interazione comunicativa verbale in vari contesti
- leggere, comprendere e interpretare testi scritti di vario tipo

5. VERSO IL COLLOQUIO ORALE

Esponi il significato complessivo di una poesia di questa unità.
- Precisa titolo e autore/autrice del testo.
- Esponi gli aspetti tematici.
- Esponi gli aspetti metrico-stilistici più significativi (sintassi, lessico, figure di suono, figure retoriche).
- Metti in evidenza le relazioni con altri testi contenuti nell'unità.
- Esponi sinteticamente un'opinione personale opportunamente motivata.

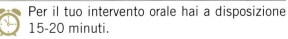 Per il tuo intervento orale hai a disposizione 15-20 minuti.

POESIA: I TEMI

PROVA AUTENTICA

Competenze:
- padroneggiare gli strumenti espressivi e argomentativi indispensabili per gestire l'interazione comunicativa verbale in vari contesti
- leggere, comprendere e interpretare testi scritti di vario tipo
- produrre testi di vario tipo in relazione ai differenti scopi comunicativi

Competenze chiave di cittadinanza:
1. Imparare ad imparare
2. Progettare
3. Comunicare
4. Collaborare e partecipare
5. Agire in modo autonomo e responsabile
6. Risolvere problemi
7. Individuare collegamenti e relazioni
8. Acquisire ed interpretare le informazioni

VERSI-AMO UN CAFFÈ...OLTRE L'ORARIO DI SCUOLA

Prodotto: caffè letterario.

Destinatari: studenti e famiglie.

Tempi: 2 ore (individuazione dei gruppi, pianificazione dell'attività) + 2 ore (lavorazione dei testi) + altri tempi a casa (completamento dell'attività e preparazione della lettura) + 2 ore (prova generale) + 2 ore (evento). Totale 8 ore + tempi di completamento a casa.

Attività: laboratorio di lettura.

Consegna. Organizzate un caffè letterario sul tema dell'oltre con *reading* di testi affrontati in questa unità e vostre poesie eseguite su modello attraverso le attività di laboratorio di scrittura creativa. Dovrete introdurre la lettura attraverso brevi schede di presentazione dell'autore e della lirica e accompagnare la lettura dei testi con musiche e immagini che facciano da sfondo. Cercate di svolgere l'attività, se non proprio in un caffè, almeno in un ambiente che lo ricordi, servendo agli ospiti anche qualche genere di conforto.

Indicazioni (attività in *cooperative learning*):

- **Dividetevi in gruppi** e individuate i testi dell'unità su cui lavorare. Potete stabilire come criterio di scelta un ambito tematico specifico rispetto a quello generale (oltre), per esempio un gruppo potrebbe occuparsi del tema del viaggio, un altro dell'Altrove, un altro ancora del rapporto con la morte o del rapporto con Dio.
- **Scegliete l'ambiente** in cui realizzare l'attività e, tutti insieme, cercate un caffè che vi ospiti per svolgere la vostra attività oppure un ambiente della scuola dove ricreare l'atmosfera di un caffè. Tenete conto della presenza di un leggio e degli altri supporti tecnici necessari alla realizzazione dell'evento (proiettore, microfono, ecc.).
- Tutti insieme stendete uno schema (**canovaccio**) **per strutturare l'attività** che dovrà durare 2 ore in orario pomeridiano in modo da consentire la partecipazione delle famiglie; affidate a due persone il compito di realizzare un cappello introduttivo in cui si spiegherà il tema in generale e si presenterà la selezione dei testi; individuate gli addetti all'accoglienza degli ospiti, stabilite un numero di letture e il tempo da riservare a ciascuna, quindi distribuitevi i testi su cui lavorare.
- Ciascun gruppo:
  – divide i compiti tra i suoi componenti, chiarendo bene chi fa che cosa e sceglie con attenzione il/i lettori che, a casa, prepareranno da veri attori la lettura;
  – elabora in PowerPoint una breve **scheda dell'autore**, il/i **testo/i** corredato/i da **immagini** e **musiche** che ben si colleghino al tema della/e lirica/he oggetto della lettura;
  – prepara **la lettura dei testi** d'autore e di quelli degli studenti prodotti su modello (quanto a questi ultimi sarebbe preferibile fossero letti dall'autore stesso).
- Potete anche realizzare **un manifesto e/o una brochure** di invito all'evento.

UNITÀ B4 La guerra

Testo d'esempio	**S. Quasimodo** *Uomo del mio tempo*
Antologia	**G. Ungaretti** *Veglia*
	C. Rebora *Viatico*
	V. Majakovskij *La guerra è dichiarata*
	V. Sereni *Non sanno d'essere morti*
	P. Levi *Se questo è un uomo*
	I. Bachmann *Tutti i giorni*
	E. De Luca *Fiumi di guerra*
Laboratorio delle competenze	**G. Ungaretti** *I fiumi*

In questa unità:

- affronterai il tema della guerra, in particolare nel Novecento
- analizzerai liriche significative della letteratura italiana e straniera
- individuerai nelle liriche tematiche, situazioni ed elementi espressivi ricorrenti del tema
- approfondirai la Prima guerra mondiale e il tema dei Lager
- produrrai testi creativi, inventando o rielaborando temi e situazioni
- esporrai le caratteristiche di una lirica che hai letto
- organizzerai con i tuoi compagni diverse attività, tra cui un'intervista a un reduce di guerra, per la commemorazione della giornata della memoria

243

PERCORSO B

POESIA: I TEMI

4 La guerra

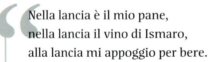

Il poeta, con i suoi versi, interpreta la realtà dell'esperienza umana in ogni sua sfaccettatura e canta perciò anche la guerra, dall'antichità a oggi.

■ Un tema antico

Nell'antichità la poesia epica esalta le gesta di eroi ed eserciti che si sfidano in guerra nell'intento nobile di difendere i loro territori o valori. Nella Grecia classica anche i lirici esaltano le imprese e il coraggio; l'eroe è colui che non teme di affrontare il pericolo e il nemico, un modello sociale come quello che **Archiloco** (VII sec. a.C.), per esempio, delinea con pochi tratti, precisando che il mestiere di soldato è ciò che gli fornisce la fonte di sostentamento:

> Nella lancia è il mio pane,
> nella lancia il vino di Ismaro,
> alla lancia mi appoggio per bere.
>
> (Archiloco, Frammento 2, in *Il racconto della letteratura greca*, trad. di G. Paduano, Zanichelli, Bologna, 1991)

Anche nell'antica Roma la poesia nobilita la guerra, ma già **Virgilio** (70-19 a.C.) evidenzia, al di là dell'esaltazione, anche il dolore di chi deve soccombere agli eventi. Nelle *Bucoliche* (ca 38 a.C.), per esempio, si percepisce la malinconia di chi, come lo stesso poeta, ha subito la confisca dei terreni distribuiti ai veterani, e nell'*Eneide* rivive il dramma dei due giovanissimi protagonisti Eurialo e Niso, vittime della crudeltà della guerra. Il poeta **Tibullo** (54-19 a.C.) scrive versi contro la guerra, come è evidente in questo passaggio di un'elegia che mette anche a fuoco la causa prima del sorgere dei conflitti: l'avidità.

> Chi fu colui che primo trasse fuori
> le orrende spade? Oh come fiero, oh come
> veramente di ferro egli ebbe il cuore!
>
> Allor la strage, allor la guerra sorse
> per le stirpi degli uomini, e più breve
> alla morte crudel la via s'aperse.

244

UNITÀ B4 ■ LA GUERRA

O colpa, forse, il misero non ebbe,
ma noi volgemmo in nostro danno l'arma
ch'ei ci diè contro le selvagge fiere?

Fu la colpa del ricco oro; non guerre
v'erano quando innanzi alle vivande
si disponeva un calice di faggio;

non fortezze, non v'erano trincee,
e il mandriano placido dormiva
tra le pecore sue variopinte.
[...]

Quale follìa cercar nelle battaglie
L'altra Morte! Già troppo ella è vicina
E con tacito pié furtiva avanza.
[...]

(Tibullo, *Alla candida pace*, in *Elegie*, trad. di G. Vitali, Zanichelli, Bologna, 1990)

Nei secoli successivi il tema è affrontato nella narrazione di vasto respiro, dai cantari medioevali fino ai poemi epico-cavallereschi di **Ludovico Ariosto** (1474-1533) e **Torquato Tasso** (1544-1595). Nel Risorgimento è la storia ad animare i versi dei poeti che da un lato alimentano il sentimento di patriottismo come, per esempio, **Alessandro Manzoni** (1785-1873) in *Marzo 1821*, dall'altro denunciano la sofferenza dei popoli che devono sopportare gli esiti degli scontri e il susseguirsi delle dominazioni, come documenta il Coro dell'Atto III dell'*Adelchi* dello stesso Manzoni.

> **Risorgimento.**
> Movimento politico e culturale che portò all'avvento dello Stato unitario con la proclamazione del Regno d'Italia nel 1861.

" Il forte si mesce col vinto nemico,
Col novo signore rimane l'antico;
L'un popolo e l'altro sul collo vi sta.
Dividono i servi, dividon gli armenti;
Si posano insieme sui campi cruenti
D'un volgo disperso che nome non ha.

(A. Manzoni, *Tragedie*, a cura di G. Bollati, Einaudi, Torino, 1973)

È tuttavia nel Novecento, a seguito dello scoppio dei due conflitti mondiali, che i poeti scrivono i versi più intimi e sofferti raccolti in lapidarie e intense testimonianze.

■ Il poeta testimone tra le due grandi guerre

Il Novecento è attraversato da due conflitti mondiali (1914-1918 e 1939-1945) che si distinguono dagli eventi bellici precedenti: il primo, per la logorante guerra di trincea che comporterà enormi perdite di vite umane; il secondo, per la presenza di nuove armi che colpiranno le popolazioni civili fino all'evento più nefasto, la bomba atomica su Hiroshima e Nagasaki (agosto 1945), e per la traumatica esperienza della Shoah. La morte e la distruzione a livello planetario si verificano proprio nel momento del massimo progresso scientifico e tecnologico, ma

> **Shoah.** Il termine ebraico (che significa "tempesta devastante", per esempio nella Bibbia, Isaia, 47, 11) indica lo sterminio degli ebrei durante la Seconda guerra mondiale.

245

l'uomo, come afferma il poeta **Salvatore Quasimodo** (1901-1968), rimane sempre *quello della pietra e della fionda*, immobile, immutabile nel suo ciclico ritorno alla guerra (▶ *Uomo del mio tempo*, p. 249).

Nella produzione poetica del Novecento emerge l'urgenza dell'impegno civile e morale del poeta che è spinto a denunciare la violenza e la disumanità della guerra, provocando e imponendo la riflessione. L'obiettivo è quello di impedire che questa esperienza sia rimossa, dimenticata, e renderla impressa per sempre nella nostra memoria.

IN TRINCEA. Testimone diretto dell'esperienza del fronte, **Giuseppe Ungaretti** (1888-1970) è sensibile interprete della Prima guerra mondiale. Egli, con estrema sintesi lirica, racconta e rende visivo il dramma di chi vive in trincea (▶ *Veglia*, p. 252), tema rielaborato anche da **Clemente Rebora** (1885-1957) in *Viatico* (▶ p. 257), le cui immagini espressioniste documentano la morte palesata in tutta la sua ferocia nel corpo di un soldato mutilato che stenta a morire. In questi testi il vissuto del singolo è simbolo di un dramma universale.

Lo stesso Ungaretti, nelle righe che seguono, spiega l'importanza della sua esperienza come fonte di ispirazione poetica.

> Ero in presenza della morte, in presenza della natura, di una natura che imparavo a conoscere in modo terribile. Dal momento che arrivo ad essere un uomo che fa la guerra, non è l'idea di uccidere o di essere ucciso che mi tormenta: ero un uomo che non voleva altro per sé se non i rapporti con l'assoluto, l'assoluto che era rappresentato dalla morte. Nella mia poesia non c'è traccia d'odio per il nemico, né per nessuno; c'è la presa di coscienza della condizione umana, della fraternità degli uomini nella sofferenza, dell'estrema precarietà della loro condizione. C'è volontà d'espressione, necessità d'espressione, nel *Porto sepolto*, quell'esaltazione quasi selvaggia dello slancio vitale, dell'appetito di vivere, che è moltiplicato dalla prossimità e dalla quotidiana frequentazione della morte. Viviamo nella contraddizione. Posso essere un rivoltoso, ma non amo la guerra. Sono anzi un uomo della pace. Non l'amavo neanche allora, ma pareva che la guerra s'imponesse per eliminare la guerra. Erano bubbole, ma gli uomini a volte si illudono e si mettono dietro alle bubbole.

(G. Ungaretti, *Poesie di guerra*, in *L'Allegria, Vita di un uomo. Tutte le poesie*, Mondadori, Milano, 2005)

IL DISSENSO. Oltre a testimoniare l'orrore della guerra, il poeta si impegna anche a manifestare il suo dissenso. È il caso di **Vladimir Majakovskij** (1893-1930), poeta che per un periodo aderisce al Futurismo, il movimento d'avanguardia italiano che esalta la guerra, considerata *sola igiene del mondo* (▶ *I Manifesti del Futurismo*, p. 334). Ma allo scoppio del conflitto mondiale, e all'entusiasmo degli interventisti, Majakovskij oppone da subito la riflessione sulle conseguenze delineando gli scenari intrisi di sangue e morte di una *vittoria-assassina* (▶ *La guerra è dichiarata*, p. 260).

LA SHOAH. Il secondo conflitto mondiale si connota per l'estrema violenza che colpisce anche le popolazioni civili. La guerra penetra materialmente nelle case di ognuno attraverso i bombardamenti che uccidono innocenti e che radono al suolo intere città, annientando non solo cose, ma anche l'anima delle per-

---

Espressioniste.
Appartenenti o vicine all'Espressionismo, movimento culturale europeo sviluppatosi ai primi del Novecento, soprattutto in Germania, caratterizzato dall'esaltazione della componente emotiva, che nelle arti figurative si esprime attraverso immagini forti dominate da colori violenti come il rosso.

sone. In questa guerra si arriva a vertici della disumanizzazione come, per esempio, documenta la Shoah. **Primo Levi** (1919-1987) vive in prima persona l'esperienza della deportazione in un Lager. Da testimone, nei suoi romanzi, *Se questo è un uomo* e *La tregua,* e nei versi (▶ *Se questo è un uomo*, p. 266), egli richiama tutti a scolpire nel cuore il ricordo di una storia che ha annullato la possibilità di essere uomini, avendo subito l'oltraggio della deportazione e dell'internamento nei Lager.

LA PRIGIONIA. **Vittorio Sereni** (1913-1983), anch'egli testimone diretto dell'esperienza della Seconda guerra mondiale, in una breve lirica, *Non sanno d'essere morti* (▶ p. 263) descrive la tragica condizione di chi è prigioniero, lontano dalla patria. È come essere morti, afferma il poeta, quando si vive ogni giorno nella difficoltà estrema di sopravvivere all'isolamento, alle condizioni invivibili del campo di prigionia, al senso di precarietà, e l'unica ancora resta non smettere, comunque, di amare e di sperare.

UN NUOVO MODELLO DI EROE. Anche la poetessa austriaca **Ingeborg Bachmann** (1926-1973), poco più che bambina, sperimenta in prima persona l'invasione delle truppe tedesche. La sua poesia è un esempio di come gli intellettuali di quel periodo si siano impegnati nella risoluta condanna di ogni forma di guerra e di tutto ciò che può rappresentare un pericolo per il futuro. Nel testo *Tutti i giorni* (▶ p. 270) l'autrice propone un nuovo tipo di eroismo che rovescia il ruolo dell'eroe tradizionale: eroe è chi combatte con coraggio, quotidianamente, ogni forma di guerra e ne denuncia i complotti.

▲ Christopher Nevinson, *Ritornando in trincea,* ca 1914-1915 (particolare). Ottawa, National Gallery of Canada.

I conflitti odierni

LA GUERRA NEI BALCANI. Negli anni Novanta scoppia, non lontano da noi, la guerra nei Balcani: lo scrittore napoletano **Erri De Luca** (1950) la ricorda nei suoi versi riprendendo il tema già ungarettiano dei fiumi (▶ Ungaretti, *I fiumi*, p. 278). I fiumi indicano, in De Luca (▶ *Fiumi di guerra,* p. 273) i luoghi teatro dei conflitti, e l'acqua, da simbolo di vita e rinascita, diventa luogo di morte, un'*urna* come cita Ungaretti. Nell'incrocio tematico tra i due autori c'è la conferma che nelle guerre, anche se distanti nel tempo e nello spazio, si ripete lo stesso dolore.

OGGI...*SEI ANCORA QUELLO DELLA PIETRA E DELLA FIONDA*. Troppi Paesi nel mondo sono ancora teatro di conflitti; ancora si perdono vite umane e le città sono devastate dall'orrore: in Africa, in Asia, nel Medio Oriente (▶ *Conflitti in corso*, p. 276). La poesia anche oggi si impegna a essere, come sempre, instancabile occasione di riflessione e denuncia: la guerra è il fallimento dell'umanità. Le dolorose conseguenze arrivano anche nelle nostre case, sulle nostre coste, per

PERCORSO B — POESIA: I TEMI

esempio, dove approdano i disperati delle così dette "carrette del mare" nella loro fuga da fame, povertà, guerra. Sorprendono i poeti, capaci di esprimere le costanti dell'uomo che ciclicamente, come si è visto, ripete se stesso e i propri errori. Così un profetico **Pier Paolo Pasolini** (1922-1975), già negli anni Sessanta, prefigurava scenari di un futuro che è incredibilmente attuale:

> Alì dagli Occhi Azzurri
> uno dei tanti figli di figli,
> scenderà da Algeri, su navi
> a vela e a remi. Saranno
> con lui migliaia di uomini
> coi corpicini e gli occhi
> di poveri cani dei padri
> sulle barche varate nei Regni della Fame. Porteranno con sé i bambini,
> e il pane e il formaggio, nelle carte gialle del Lunedì di Pasqua.
> Porteranno le nonne e gli asini, sulle triremi rubate ai porti coloniali.
> Sbarcheranno a Crotone o a Palmi,
> a milioni, vestiti di stracci
> asiatici, e di camicie americane.
> [...]
> Essi sempre umili
> Essi sempre deboli
> essi sempre timidi
> essi sempre infimi
> essi sempre colpevoli
> essi sempre sudditi
> essi sempre piccoli,
> essi che non vollero mai sapere, essi che ebbero occhi solo per implorare,
> essi che vissero come assassini sotto terra, essi che vissero come banditi
> in fondo al mare, essi che vissero come pazzi in mezzo al cielo.

(P.P. Pasolini, *Profezia,* in *Alì dagli occhi azzurri,* Garzanti, Milano, 1965)

Che cosa so

Indica se le seguenti affermazioni sono vere o false.

		V	F
a.	Nell'antichità la poesia di guerra aveva lo scopo di cantarne le imprese.	☐	☐
b.	In Ungaretti e De Luca il fiume è simbolo di vita.	☐	☐
c.	Ingeborg Bachmann propone un nuovo tipo di eroe.	☐	☐
d.	La poesia di guerra del Novecento è anche testimonianza bellica.	☐	☐
e.	Virgilio identifica nella guerra anche la dimensione del dolore.	☐	☐
f.	Vittorio Sereni scrive della sua prigionia nei Lager nazisti.	☐	☐
g.	Il poeta futurista Majakovskij esalta la guerra.	☐	☐
h.	Primo Levi vive in prima persona l'esperienza della deportazione.	☐	☐
i.	Pier Paolo Pasolini descrive gli sbarchi dei profughi di guerra di oggi.	☐	☐
j.	In *Veglia* si descrive una notte trascorsa in trincea.	☐	☐

UNITÀ B4 ■ LA GUERRA

Uomo del mio tempo
Salvatore Quasimodo

Testo d'esempio

Giorno dopo giorno
(1947)
▶ Lirica

Nella lirica, che costituisce l'ultimo testo della raccolta *Giorno dopo giorno*, Salvatore Quasimodo affida ai versi il compito di smuovere la coscienza dell'uomo provocandolo attraverso la sofferta denuncia della sua immutabilità di fronte alla guerra e richiamando l'attenzione delle nuove generazioni a non ripetere gli errori dei padri.
Il componimento è in versi liberi.

Salvatore Quasimodo nasce a Modica, in Sicilia, nel 1901. Le prime raccolte (*Acque e terre,* 1930; *Oboe sommerso,* 1932; *Erato e Apollion,* 1936) risentono dell'influenza dell'Ermetismo (▶ p. 234). Nel 1942 esce *Ed è subito sera* che prende il nome dalla lirica forse più conosciuta; seguono le raccolte *Con il piede straniero sopra il cuore* (1946), *Giorno dopo giorno* (1947), *La vita non è sogno* (1949), *Dare e avere* (1966). Nel 1959 il poeta riceve il premio Nobel. Muore a Napoli nel 1968.

Sei ancora quello della pietra e della fionda,
uomo del mio tempo. Eri nella carlinga,
con le ali maligne, le meridiane di morte,
– t'ho visto – dentro il carro di fuoco, alle forche,
5 alle ruote di tortura. T'ho visto: eri tu,
con la tua scienza esatta persuasa allo sterminio,
senza amore, senza Cristo. Hai ucciso ancora,
come sempre, come uccisero i padri, come uccisero,
gli animali che ti videro per la prima volta.
10 E questo sangue odora come nel giorno
quando il fratello disse all'altro fratello:
"Andiamo ai campi". E quell'eco fredda, tenace,
è giunta fino a te, dentro la tua giornata.
Dimenticate, o figli, le nuvole di sangue
15 salite dalla terra, dimenticate i padri:
le loro tombe affondano nella cenere,
gli uccelli neri, il vento, coprono il loro cuore.

(S. Quasimodo, *Tutte le poesie*, Mondadori, Milano, 1978)

Sei ancora quello della pietra e della fionda
Fin dal primo verso si denuncia l'immutabilità della condizione umana.

t'ho visto…T'ho visto
Con la ripetizione l'io lirico sottolinea che il lettore – ogni uomo – non può sottrarsi a questo giudizio.

ucciso…come…come uccisero… come uccisero
La triplice iterazione del *come*, che si somma alla ripetizione del verbo "uccidere", oltre a rimarcare i concetti precedenti, sottolinea il tema della violenza.

E questo sangue odora ancora… andiamo ai campi
Il riferimento biblico è funzionale a documentare la presenza dell'odio e della violenza fin dai tempi più remoti.

Dimenticate, o figli…dimenticate i padri
La ripetizione dell'imperativo con apostrofe ai figli evidenzia il messaggio della lirica: l'augurio che le nuove generazioni non ripetano l'errore perpetuato dai padri.

---

2. carlinga: la cabina dalla quale si pilota un bombardiere.
3. con le ali maligne, le meridiane di morte: le ali sono definite *maligne* perché si tratta di un aereo di guerra e *meridiane di morte* perché, come l'asta della meridiana proietta la sua ombra sul muro, così le ali proiettano la loro ombra simbolo di morte.
4. forche: la forca è il luogo in cui si portano i condannati a morte per l'esecuzione della condanna.

6. con la tua scienza esatta persuasa allo sterminio: il riferimento è al progresso scientifico e tecnologico che si mette al servizio dell'industria bellica.
10-12. come nel giorno…"Andiamo ai campi": i versi si riferiscono al passo della Bibbia in cui Caino propone ad Abele di andare ai campi per ucciderlo. «E Caino disse ad Abele suo fratello: Andiamo ai campi. Ed avvenne che essendo essi ai campi, Caino si levò contro ad Abele suo fratello, e l'uccise» (*Genesi*, 4, 8).

249

Analisi del testo

Il significato complessivo

Il poeta si rivolge all'uomo con la secca constatazione dell'immutabilità dell'animo umano. A seguire documenta, attraverso immagini collegate alla guerra, il permanere di un'indole violenta: nonostante il progresso, infatti, l'uomo, resta identico a quello primitivo, sempre volto allo sterminio dei suoi simili, fratelli contro fratelli, come Caino e Abele. Dopo l'accusa, segue l'invito alle nuove generazioni affinché non ripetano gli errori dei padri e non dimentichino, recuperando il cuore, quella sensibilità che la guerra uccide per prima, definitivamente perduta nei padri.

I temi

Il ruolo del poeta di fronte alla guerra. La drammatica esperienza del secondo conflitto mondiale impone all'umanità una riflessione che parte dalla domanda: perché l'uomo fin dal suo nascere è in guerra?

Il poeta ha un compito civile, un impegno verso i suoi contemporanei, e i posteri, e lancia la sua accusa all'uomo. Questi, nonostante il suo progredire, resta immobile, non riesce a trovare un'alternativa alla risoluzione dei contrasti se non il ricorso alla guerra. La provocazione è forte, in essa c'è la determinazione di chi si sente incaricato di una missione da compiere, quella di formare future generazioni diverse. Non esiste una *historia magistra vitae*, infatti, se l'uomo non si fermerà a pensare, a recuperare la propria umanità, continuerà a essere vittima della sua stessa barbarie, della violenza che prima dell'altro uccide se stessi.

La perdita dell'umanità. La metonimia che apre il componimento segna la contraddizione dell'uomo d'oggi che dovrebbe essere evoluto e progredito e che, invece, resta uguale all'uomo primitivo: i termini *pietra* e *fionda* sono i primi rudimentali strumenti "di guerra"; in modo speculare *la carlinga*, moderno strumento di guerra, chiude il secondo verso e avvia una ulteriore sequenza di metafore che delinea con realismo lo scenario violento della guerra (*le ali maligne*, *le meridiane di morte*, v. 3; *il carro di fuoco*, le *forche*, v. 4; le *ruote di tortura*, v. 5). La metafora in conclusione, *le nuvole di sangue* (v. 14) che si sollevano dalla terra, genera un'immagine dal forte impatto emotivo facendo convergere l'attenzione sull'orrore dello sterminio, mentre *gli uccelli neri, il vento, coprono il loro cuore* (v. 17) sottolineano che è devastato anche il cuore di chi uccide e perde, in tal modo, se stesso, la propria anima. All'interno dei versi l'iterazione rimarca parole chiave: per esempio al verso 4 e al verso 5 la ripetizione di *t'ho visto* ha la forza dell'accusa consapevole di chi ha sofferto per esperienza diretta. Al verso 7 la parola *senza* sottolinea l'annullamento dei sentimenti (*senza amore*), concetto rafforzato dal potente riferimento a Cristo (*senza Cristo*). Dopo la parola *Cristo*, peraltro, compare una forte cesura che spezza il verso e, a seguire, l'espressione *Hai ucciso ancora* segna il contrasto tra amore-morte, opposizione rimarcata dai successivi poliptoto e iterazione del verbo *uccidere*.

Lo stile

Il componimento presenta il tono di un colloquio diretto con il lettore; il lessico è essenziale e quotidiano, il registro generalmente medio nonostante la presenza delle metafore. I versi, spezzati al loro interno da frequenti segni d'interpunzione o cesure, presentano un ritmo franto. I tempi dell'indicativo presente lanciano l'accusa all'uomo contemporaneo, in contrasto i tempi del passato prossimo e remoto ricostruiscono i contorni di una storia segnata da guerra e da violenza. In chiusura l'apostrofe ai figli e l'imperativo risuonano come monito a non dimenticare, quasi grido, supplica, estremo baluardo della speranza.

UNITÀ B4 ■ LA GUERRA

Che cosa so fare

COMPRENDERE

1. **L'accusa.**
   - Il poeta lancia un'accusa all'uomo. Quale?
   - In quale espressione è più evidente quest'accusa?

2. **Il progresso.**
   In quali versi possiamo rintracciare un riferimento al progresso? Motiva la tua risposta.

3. **La Bibbia.**
   La lirica presenta il riferimento testuale a un passo della Bibbia.
   - A chi si riferiscono le parole riportate tra virgolette?
   - Che funzione ha tale riferimento rispetto al messaggio del testo?

4. **L'esortazione conclusiva.**
   Alla fine della lirica il poeta rivolge un invito.
   - A chi è rivolto? Che cosa chiede il poeta?
   - Trovi che questi versi conclusivi confermino lo sguardo pessimistico sulla realtà o contengano, invece, un seme di speranza?

ANALIZZARE

5. **Gli ambiti semantici.**
   Rintraccia tutti i termini che possono rientrare nell'ambito semantico della guerra.

6. **Le metafore →.**
   - Individua ed evidenzia nel testo le espressioni metaforiche.
   - Spiega il significato e la funzione della metafora *le ali maligne* (v. 3).
   - Spiega il significato e la funzione della metafora *le nuvole di sangue* (v. 14).

7. **L'iterazione.**
   - Qual è la funzione del *come* iterato al verso 8?
   - In sede conclusiva è presente la ripetizione di un verbo con forte valenza connotativa. Quale? Che effetto produce la sua iterazione?

8. **La sintassi.**
   - Il componimento presenta una struttura prevalentemente paratattica o ipotattica?
   - L'utilizzo frequente di punteggiatura quale ritmo conferisce al testo?

PRODURRE

9. **Scrivere la parafrasi.**
   Stendi la parafrasi della poesia.

10. **Laboratorio di scrittura creativa | Interpretare il testo.**
    Scrivi un testo poetico all'"uomo del tuo tempo". Che cosa gli chiederesti? Imposta la struttura della lirica su modello di quella di Quasimodo con una prima parte in cui rivolgi la tua accusa e una seconda parte riservata a un invito. Scegli liberamente il tema che non dovrà essere necessariamente la guerra.

251

POESIA: I TEMI

Giuseppe Ungaretti
Veglia

da *L'Allegria* (1931)
▶ Lirica
Metro ▶ versi di varia misura

Il poeta in trincea veglia per una notte intera il cadavere di un compagno massacrato e, così vicino alla morte, riscopre il suo attaccamento alla vita.

Cima Quattro il 23 dicembre 1915

Un'intera nottata
buttato vicino
a un compagno
massacrato
5   con la sua bocca
digrignata
volta al plenilunio
con la congestione
delle sue mani
10 penetrata
nel mio silenzio
ho scritto
lettere piene d'amore

Non sono mai stato
15 tanto
attaccato alla vita

(G. Ungaretti, in *Vita d'un uomo. Tutte le poesie*, a cura di L. Piccioni, Mondadori, Milano, 1969)

1-4. Un'intera...massacrato: in trincea gettato come uno straccio, per una notte intera, al fianco del cadavere di un compagno massacrato.
6. digrignata: deformata dallo spasimo dell'agonia (dal francese antico *grînan*: storcere la bocca).
7. plenilunio: luna piena.
8. congestione: gonfiore. La morte e la vita sono avvicinate da quella stessa congestione delle mani contratte del soldato ucciso, ma anche impresse nel silenzio solidale e assorto dell'animo del poeta; *congestione* è un sostantivo usato come metonimia, nel senso di mani congestionate.
14-16. Non sono...vita: l'attaccamento alla vita del poeta è – come lui stesso scriveva – «esaltazione quasi selvaggia dello slancio vitale, dell'appetito di vivere, che è moltiplicato dalla prossimità e dalla quotidiana frequentazione della morte».

▶ **Henry Moore**, *Dormienti rosa e verde*, 1941. Londra, Tate Gallery.

UNITÀ B4 ■ LA GUERRA

L'opera

In trincea nasce la maggior parte delle liriche del *Porto sepolto*, il diario dal fronte, confluito dapprima nella raccolta *Allegria di naufragi* del 1919, poi nell'edizione de **L'Allegria** del 1931 e in quella definitiva del 1942. La raccolta è formata da settanta liriche in totale, suddivise nelle seguenti sezioni: *Ultime*, *Il porto sepolto*, *Naufragi*, *Girovago*, *Prime*.

La prima produzione di Ungaretti (► *L'autore*, p. 228) nasce in seguito alla riflessione sulla sofferenza e sulla drammaticità della guerra. La raccolta dal titolo *Il porto sepolto* ha come tematica centrale la ricerca della poesia. Il titolo nasce da un lontano ricordo della fanciullezza del poeta: fu scoperto vicino ad Alessandria un «porto sommerso» in fondo al mare dalla sabbia del deserto, di epoca precedente alla fondazione della città qual è ora e di cui non si sa nulla, che diviene simbolo del mistero dell'esistenza, di «ciò che di segreto rimane in noi indecifrabile».

Il porto sepolto e *Allegria di naufragi* sono anche i titoli di due liriche. La prima costituisce una dichiarazione di Ungaretti, per cui la poesia è portatrice di un inesauribile segreto, rivelabile mediante la potenzialità della parola (*Vi arriva il poeta / e poi torna alla luce con i suoi canti / e li disperde // Di questa poesia / mi resta / quel nulla / d'inesauribile segreto*). Il poeta, attraverso l'esperienza drammatica della guerra e della morte, tenta di decifrare il mistero della vita, per poi offrirlo agli uomini con i suoi versi: la parola riporta alla luce ciò che rimane nell'abisso dell'inconscio, per evocare i momenti che segnano l'esistenza dell'uomo e per poter far fiorire la vita.

Allegria di naufragi esprime una concezione della vita che vuole l'uomo, come un vecchio lupo di mare, dopo sconfitte e delusioni, riprendere il cammino della vita (*E subito riprende / il viaggio / come / dopo il naufragio / un superstite / lupo di mare.*).

Nelle liriche de *L'Allegria*, composte tra il 1916 e il 1919 durante l'esperienza della guerra, Ungaretti realizza una vera e propria rivoluzione poetica filtrata attraverso la disgregazione della sintassi, teorizzata in quegli anni (► *Il Futurismo*, p. 326). Egli intraprende una ricerca di essenzialità e di concentrazione nell'esprimere i temi della solitudine e della precarietà della vita, che lo conduce alla frantumazione del verso libero (il cosiddetto *versicolo*), alla sinteticità del contenuto e alla ricerca formale della parola evocativa, strumento di rivelazione del mistero.

Perché leggiamo *L'Allegria*

Perché è un tipo di poesia che nasce dall'esperienza individuale dell'io lirico e dallo scavo nella profondità dell'animo; la ricerca della parola essenziale, rivelata attraverso un'illuminazione, costituisce il suo tratto distintivo.

Analisi del testo

La violenza della guerra

La tematica è la violenza della guerra, sottolineata dai participi passati dei verbi, che coincidono con il versicolo, il verso breve frequente in Ungaretti (*massacrato, digrignata, penetrata*). Il loro isolamento mediante la tecnica degli "a capo" esprime figurativamente la condizione del soldato massacrato: l'espressione deformata del volto alla luce del plenilunio e le mani contratte sembrano penetrare nel silenzio del poeta. Il protagonista nella sua veglia notturna – come si rileva dal titolo – scrive *lettere piene d'amore,* per esprimere la sua ribellione nei confronti della disumanità della guerra: *Non sono mai stato / tanto / attaccato alla vita.* Il *tanto* acquista un significato diverso dalla pura funzione grammaticale, caricandosi di un'intensità assoluta: isolato nel versicolo, diventa il grido di affermazione del diritto umano alla vita.

Il valore evocativo della parola

Ungaretti ricava dalla poesia simbolista di Baudelaire (►*Il Simbolismo*, p. 189) una lezione fondamentale: il valore della parola e la sua forza evocatrice.

Nella lirica ogni parola, presa isolatamente, assume un significato preciso e il testo nel

POESIA: I TEMI

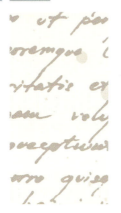

suo insieme è un'immagine sospesa, simile a un fotogramma. L'idea di questo tipo di poesia è che quanto più il carattere rigido e fisso dell'immagine è forte e marcato, tanto più sarà evocativo.

Le caratteristiche dello stile

La sintassi è paratattica con due periodi, uno per ogni strofa. La struttura è costruita sui participi passati che, riprendendo il sostantivo finale del verso 1 (*nottata*), costruiscono una sorta di rima (*buttato, massacrato, digrignata, volta, penetrata*).

La metrica del verso breve, la tecnica degli "a capo" e il ritmo incalzante sono rafforzati dalla allitterazione della dentale, spesso raddoppiata (*nottata, buttato, scritto, lettere, attaccato, stato, tanto*). Questa scelta di costruzione del verso vuole esprimere il tema drammatico della lirica.

Che cosa so fare

COMPRENDERE

1. **Il titolo.**
   Come per la maggior parte delle liriche della raccolta *L'Allegria*, il titolo è parte integrante della poesia. Quali significati può assumere il termine *veglia* rispetto al contenuto espresso e al contesto in cui Ungaretti ha scritto l'opera?

2. **Le parole isolate.**
   I versi 4, 6 e 10 sono costituiti da un'unica parola (*massacrato, digrignata, penetrata*), ciascuna delle quali acquista così particolare rilievo. Per quale ragione possiamo affermare che questi aggettivi sono parole chiave? E quale aspetto della guerra viene in tal modo evidenziato?

3. **La morte e la vita.**
   Perché, a tuo parere, il cadavere del compagno genera nel poeta, in antitesi, un profondo legame con la vita?

ANALIZZARE

4. **I campi semantici.**
   La lirica è costruita sulla contrapposizione fra l'immagine della morte e l'attaccamento del poeta alla vita. Compila la tabella, riportando le parole che appartengono ai due rispettivi campi semantici.

Morte	Vita

5. **La tecnica del versicolo.**
   La sintassi della lirica è frantumata in versi brevi e privi di punteggiatura. Quali effetti espressivi produce questa scelta stilistica?

6. **I modi verbali.**
   Rintraccia i due verbi di modo finito. Quale dimensione umana ed esistenziale introducono?

UNITÀ B4 ■ LA GUERRA

PRODURRE

7. Interpretare | Risposta sintetica.

Ungaretti, nelle *Note* che accompagnano l'edizione definitiva dell'*Allegria*, descrisse con queste parole il contesto in cui videro la luce le sue prime poesie: «Nella mia poesia non c'è traccia d'odio per il nemico, né per nessuno: c'è la presa di coscienza della condizione umana, della fraternità degli uomini nella sofferenza, dell'estrema precarietà della loro condizione. C'è volontà d'espressione, necessità d'espressione, c'è esaltazione, nel *Porto sepolto*, quell'esaltazione quasi selvaggia dello slancio vitale, dell'appetito di vivere, che è moltiplicato dalla prossimità e dalla quotidiana frequentazione della morte. Viviamo nella contraddizione».

Ti pare che il contenuto di *Veglia* sia coerente con questa affermazione? Rispondi motivando la tua risposta in 5 righe.

8. Trattazione sintetica | Confrontare con un'altra lirica di Ungaretti.

Dopo aver letto attentamente la poesia seguente, scrivi un testo di 30 righe in cui analizzi analogie e differenze contenutistiche e stilistiche con *Veglia*.
In particolare poni attenzione

- agli effetti della guerra sugli uomini;
- alla reazione dell'io lirico nei confronti della morte e del dolore;
- al rapporto che l'io lirico stabilisce con gli altri uomini.

> **Sono una creatura**
> Come questa pietra
> del San Michele
> così fredda
> così dura
> 5 così prosciugata
> così refrattaria
> così totalmente
> disanimata
>
> Come questa pietra
> 10 è il mio pianto
> che non si vede
>
> La morte
> si sconta
> vivendo.

2. San Michele: località del Carso, teatro di avvenimenti bellici nel corso della Prima guerra mondiale, caratterizzata dalla presenza di rocce calcaree.
5. prosciugata: priva di vita.
6. refrattaria: si dice di materiale che resiste, senza subire modificazioni, a temperature elevate. In senso lato, indica inerzia.
9-11. Come... vede: il dolore dell'io lirico è senza lacrime, non si mostra all'esterno.
13. si sconta: si paga.

(G. Ungaretti, *L'Allegria*, in *Vita d'un uomo. Tutte le poesie*,
a cura di L. Piccioni, Mondadori, Milano, 1969)

9. Laboratorio di scrittura creativa | Raccontare un'esperienza personale.

Il poeta, dopo aver trascorso una notte accanto al cadavere di un compagno, sostiene di non essersi mai sentito così vicino alla vita. A te è capitato un avvenimento, non necessariamente doloroso, che ti ha fatto scoprire il valore della vita e ti ha spinto ad amarla ancor di più? Scrivi un testo in cui racconti questa esperienza personale.

10. Leggere in modo espressivo.

Nella poesia la sintassi è frammentata e sono completamente assenti la punteggiatura e le congiunzioni. Queste scelte stilistiche determinano un ritmo spezzato. Prepara una lettura espressiva della lirica, ponendo particolare attenzione alla durata e alla collocazione delle pause e all'intensità delle parole chiave, isolate attraverso i numerosi rinvii a capo.

255

APPROFONDIMENTO

La Prima guerra mondiale

Il 28 giugno del 1914, a Sarajevo, uno studente nazionalista serbo uccise in un attentato l'erede al trono d'Austria, Francesco Ferdinando. L'episodio fece crollare il delicato equilibrio internazionale, minato da numerose tensioni fra gli Stati europei: l'instabilità provocata dalle rivendicazioni nazionali dei popoli balcanici, il declino dell'egemonia economica inglese e la competizione sempre più aspra sui mercati internazionali, la corsa agli armamenti, la diffusione di aggressive politiche nazionaliste, soprattutto in Germania.

L'ultimatum lanciato il 23 luglio del 1914 dall'Austria alla Serbia e la dichiarazione di guerra cinque giorni dopo segnarono l'inizio di un conflitto che in brevissimo tempo assunse dimensioni mondiali. Le operazioni militari videro la contrapposizione fra i due blocchi di alleanze formate nei primi anni del Novecento: da una parte gli Stati dell'Intesa (Francia, Inghilterra e Russia) e dall'altra gli Imperi centrali, Germania e Austria-Ungheria, che insieme all'Italia avevano stipulato la Triplice Alleanza. L'Italia, però, inizialmente si dichiarò neutrale e, dopo aver firmato il Patto di Londra (26 aprile 1915) con le forze alleate, dichiarò guerra all'Austria, il 23 maggio del 1915.

Contrariamente alle speranze tedesche, la Prima guerra mondiale non fu una guerra-lampo.

▲ Soldati italiani in trincea durante la Prima guerra mondiale.

▲ L'arresto dell'assasino dell'Arciduca e della duchessa di Austria a Sarajevo, 28 giugno 1914.

Nel settembre del 1914, infatti, le battaglie della Marna, a ovest, e dei laghi Masuri, a est, posero fine alla guerra di movimento e diedero inizio a una logorante e cruenta guerra di posizione. Buona parte delle operazioni belliche si svolse nelle trincee, fossati scavati nel terreno, dove i soldati vivevano in mezzo al fango, in precarie condizioni igieniche, molto spesso a fianco dei compagni morti o feriti, e logorati dalle lunghe attese degli assalti alle linee nemiche.

Due episodi determinarono lo sblocco della situazione di stallo: l'intervento degli Stati Uniti (6 aprile 1917) a fianco dei paesi dell'Intesa, provocato dalla "guerra sottomarina totale" della flotta tedesca e in difesa dei propri interessi economici in Europa; la pace di Brest-Litovsk (3 marzo 1918), che sancì il ritiro dal conflitto della Russia, dove la rivoluzione bolscevica aveva portato al potere i comunisti.

Le operazioni militari videro una svolta favorevole agli alleati e nel marzo del 1918 gli Imperi centrali lanciarono un'ultima disperata offensiva, che nell'agosto dello stesso anno si concluse con la disfatta degli eserciti tedesco e austriaco.

La guerra terminò dopo aver provocato la morte di dieci milioni di persone.

Clemente Rebora
Viatico

da *Poesie sparse* (1913-1918)

▶ Lirica

Metro ▶ versi liberi

La lirica presenta uno spaccato di realtà della trincea. Il poeta registra, con straordinario realismo, il dramma, fotografia dolorosa e penetrante, della morte di un soldato.

O ferito laggiù nel valloncello
Tanto invocasti
Se tre compagni interi
Cadder per te che quasi più non eri.
5 Tra melma e sangue
Tronco senza gambe
E il tuo lamento ancora,
Pietà di noi rimasti
A rantolarci e non ha fine l'ora,
10 Affretta l'agonia,
Tu puoi finire,
E conforto ti sia
Nella demenza che non sa impazzire,
Mentre sosta il momento
15 Il sonno sul cervello,
Lasciaci in silenzio
Grazie, fratello.

(C. Rebora, *Le poesie*, Garzanti, Milano, 1994)

1. valloncello: si riferisce alla valle stretta dove c'è la trincea.
3-4. tre compagni...più non eri: tre compagni vivi morirono per salvare te che eri stato ferito e stavi quasi per morire.
8-9. Pietà di noi...l'ora: il poeta invoca pietà per i soldati rimasti vivi che sentono il rantolo, il respiro affannoso, il lamento del moribondo che ancora non muore.
13. Nella demenza che non sa impazzire: l'espressione significa che nel dramma ai soldati sembra di impazzire, ma, purtroppo, la coscienza resta e questo genera una condizione di tormento insopportabile.
14. Mentre sosta il momento: mentre la morte è rimasta sospesa sul soldato e stenta ad arrivare.
15. Il sonno sul cervello: fa riferimento allo stato di incoscienza che precede la morte.

◀ **Stanley Spencer**, *Travoys arriving with wounded at a dressing station, Smol, Macedonia, 1916*, 1919. Londra, Imperial War Museum.

POESIA: I TEMI

L'autore

Clemente Rebora nasce nel 1885 a Milano. Nel 1913 pubblica sulla rivista "La Voce" la sua prima raccolta poetica *Frammenti lirici*. Partecipa alla Prima guerra mondiale come sottoufficiale. L'esperienza è talmente traumatica da provocargli un tracollo nervoso. Tra il 1913 e il 1918 compone le liriche di *Poesie sparse* che riportano il documento umano prima ancora che poetico della guerra. Seguiranno *Canti anonimi* (1922) che risentono della lunga ricerca interiore che porterà il poeta al sacerdozio nel 1936. Tra le opere successive *Poesie religiose* (1936-1947) e *Canti dell'infermità* (1956). Muore a Stresa nel 1957.

Perché leggiamo Rebora
Perché la sua produzione poetica spazia dalla ricerca dell'assoluto al documento autobiografico in uno stile essenziale.

Analisi del testo

Il titolo

Il *viatico*, titolo della lirica, è l'insieme degli indumenti, del cibo, e di ogni cosa che serve per il viaggio; il suo significato, per estensione, indica anche il sostegno morale nella difficoltà di un cammino. In ambito religioso il viatico è l'eucarestia che viene data in punto di morte al moribondo. Il termine, pertanto, è fortemente simbolico e fa riferimento all'accompagnamento straziante verso la morte del soldato mutilato protagonista dei versi, ma anche alla solidarietà che accompagna i soldati nell'affrontare la logorante esperienza della trincea.

Il dramma

Rebora pone di fronte al lettore l'immagine dell'orrore della guerra: un ferito, mutilato, e il suo terribile lamento in mezzo ai compagni che continuano a combattere e che si augurano che il suo rantolo, insopportabile e che li fa impazzire, cessi al più presto e li liberi almeno da questo dolore. Il poeta, anch'egli partecipe di quanto avviene, invoca la morte liberatoria.

Il soldato-fratello

La parola che chiude il componimento è *fratello*. Il sentimento di solidarietà, condivisione e pietà nel terrore, è l'unico modo per recuperare una dimensione di umanità in uno scenario disumano. È un sentimento che unisce al punto da mettere a rischio la vita per un fratello (*Se tre compagni interi / Cadder per te che quasi più non eri*, vv. 3-4). Il dramma non è solo di chi muore, ma anche di chi resta e vorrebbe impazzire, perdere la ragione di fronte alla realtà insopportabile (*Tu puoi finire, / E conforto ti sia / Nella demenza che non sa impazzire*, vv. 11-13).

La potenza delle immagini

Le immagini della lirica sono forti, violente: la più forte ai versi 5-7 (*Tra melma e sangue / Tronco senza gambe / E il tuo lamento ancora*) in cui il poeta, con crudo realismo, cristallizza per sempre quel momento di devastazione del corpo e dell'anima perché nessuno dimentichi mai più l'orrore della guerra. Comprendendo questo si può cogliere il senso profondo dell'implorare l'arrivo della morte a far cessare tanta sofferenza (*Affretta l'agonia*, v. 10; *Lasciaci in silenzio*, v. 16).

Lo stile

I versi sono estremamente brevi, il ritmo franto e fortemente marcato dalle rime che si alternano senza schema ricorrente. La rima baciata tra il verso 3 e il verso 4 è semantica e mette in relazione i termini *interi* e *non eri*, ossia la vita e la morte. Così anche l'assonanza *sangue* e *gambe* (vv. 5-6) contribuisce a delineare la suggestione dell'immagine.

UNITÀ B4 ■ LA GUERRA

Che cosa so fare

COMPRENDERE

1. **Il tema.**
   Qual è il tema della lirica?

2. **I sentimenti.**
   Quali sono i sentimenti che si evincono dal testo?

3. **L'esperienza della trincea.**
   Al verso 13 si legge *Nella demenza che non sa impazzire.* Sapresti spiegare il significato di questo verso e descrivere la situazione dei soldati in trincea?

4. **La fratellanza.**
   Perché il poeta chiude la lirica con il verso *Grazie, fratello*? Motiva la scelta dei termini.

ANALIZZARE

5. **La trincea.**
   Quali parole fanno capire che il dramma è ambientato in trincea?

6. **La scena.**
   Quali versi rappresentano in modo duro e realistico, quasi fotografando, il momento drammatico dell'agonia?

7. **La metafora →.**
   Il testo presenta una metafora, individuala e spiegane la funzione.

8. **Le rime.**
   Il componimento presenta numerose rime. Rintracciale.

PRODURRE

9. **Scrivere la parafrasi.**
   Scrivi la parafrasi del testo.

10. **Risposta sintetica I Confrontare.**
    Confronta questa lirica con *Veglia* di Giuseppe Ungaretti (► p. 252) e rintraccia affinità e differenze tra i due componimenti in un testo di 8 righe.

259

PERCORSO B · POESIA: I TEMI

Vladimir Majakovskij 🎧
La guerra è dichiarata

da *La guerra e l'universo*
(1917)

▶ Lirica

Metro ▶ originale: quartine di versi con rime prive di uno schema fisso; traduzione: quartine di versi liberi

La lirica è scritta allo scoppio della Prima guerra mondiale, nel luglio del 1914. Majakovskij descrive la reazione del popolo all'annuncio e pare prevedere gli strazi della morte e della distruzione che inevitabilmente arriveranno, rendendo così evidente la sua posizione contraria alla guerra.

«Edizione della sera! Della sera! Della sera!
Italia! Germania! Austria!»
E sulla piazza, lugubremente listata di nero,
si effuse un rigagnolo di sangue purpureo!

5 Un caffè infranse il proprio muso a sangue,
imporporato da un grido ferino:
«Il veleno del sangue nei giuochi del Reno!
I tuoni degli obici sul marmo di Roma!»

Dal cielo lacerato contro gli aculei delle baionette
10 gocciolavano lacrime di stelle come farina in uno staccio,
e la pietà, schiacciata dalle suole, strillava:
«Ah, lasciatemi, lasciatemi, lasciatemi!»

I generali di bronzo sullo zoccolo a faccette
supplicavano: «Sferrateci, e noi andremo!»
15 Scalpitavano i baci della cavalleria che prendeva commiato,
e i fanti desideravano la vittoria-assassina.

Alla città accatastata giunse mostruosa nel sogno
la voce di basso del cannone sghignazzante,

---

2. Italia! Germania! Austria!: i tre Stati fanno parte della Triplice Alleanza, un patto stipulato nel 1882. L'Italia si dichiarò inizialmente neutrale, ma nel 1915 decise di partecipare al conflitto, proprio contro l'Austria.
3-4. listata...purpureo: il poeta prefigura già la piazza con i segni del lutto (*lugubremente listata di nero*) e il sangue che scorre come un rigagnolo.
5. Un caffè infranse il proprio muso a sangue: le vetrine di un caffè si infrangono in modo violento sulla strada a causa dei dimostranti che manifestano a favore dell'intervento in guerra e

fa riferimento implicito al sangue delle persone che potrebbero esserne state ferite.
6. imporporato da un grido ferino: imporporato significa letteralmente "reso rosso" (la porpora è un colorante naturale rosso) da un grido bestiale.
7-8. Il veleno...di Roma: le grida richiamano morte e distruzione per gli Stati che aderiscono alla guerra. L'accenno è alla Germania dove, sulle rive del Reno, la vita era ancora giocosa e tranquilla, e all'Italia di cui si volevano distruggere a cannonate i monumenti in marmo della capitale (gli *obici* sono armi simili ai cannoni).

10. staccio: setaccio.
13. a faccette: si riferisce alle sfaccettature delle statue degli antichi generali.
14. Sferrateci: fateci uscire dal ferro. Sono le statue che gridano di voler tornare in vita e combattere ancora.
15. prendeva commiato: dava l'ultimo saluto.
17. accatastata: barricata, chiusa per difendersi.
18. la voce...sghignazzante: il rombo del cannone sembra una voce cupa (*di basso*) che scoppia in risate malvagie (*sghignazzante*).

mentre da occidente cadeva rossa neve
20 in brandelli succosi di carne umana.

La piazza si gonfiava, una compagnia dopo l'altra,
sulla sua fronte stizzita si gonfiavano le vene.
«Aspettate, noi asciugheremo le sciabole
sulla seta delle cocottes nei viali di Vienna!»

25 Gli strilloni si sgolavano: «Edizione della sera!
Italia! Germania! Austria!»
E dalla notte, lugubremente listata di nero,
scorreva, scorreva un rigagnolo di sangue purpureo.

24. cocottes: parola francese che significa letteralmente *galline*, ma che viene usata comunemente per indicare le prostitute.

(V. Majakovskij, in *Poesia straniera del Novecento*, trad. di A. M. Ripellino, Garzanti, Milano, 1958)

L'autore

Vladimir Majakovskij, poeta e drammaturgo sovietico, nasce nel 1893 in Georgia. Impegnato politicamente, viene più volte incarcerato a causa della sua attività sovversiva contro il potere degli zar. Nel 1911 aderisce al Futurismo (▶ p. 326) e scrive le sue prime opere tra le quali la raccolta poetica *Io* (1913) in cui sperimenta nuove modalità espressive. Nel 1917 partecipa alla rivoluzione russa; lo stesso anno pubblica la raccolta poetica *La guerra e l'universo*. Tra il 1919 e il 1923 entra in relazione con i maggiori intellettuali e artisti legati alle Avanguardie che lo mettono in contatto anche col mondo del cinema e del teatro. Importante è il suo contributo al teatro, tra le sue opere il dramma *Mistero Buffo* (1918) che ha come tema la rivoluzione del 1917. Quando Stalin sale al potere (1924) le sue aspettative di libertà restano deluse, come emerge nelle due commedie satiriche *La cimice* (1928) e *Il bagno* (1929), venate di cupo disincanto nei confronti di una realtà priva di speranza. È questo un periodo di estrema difficoltà per l'autore, determinata anche dall'insuccesso delle sue ultime opere e dall'isolamento in cui sono confinati gli scrittori nel regime stalinista. Nel 1930 la sua amarezza sfocia nel suicidio. Nella sua ultima lettera scrive: «A tutti. Se muoio, non incolpate nessuno. E, per favore, niente pettegolezzi. Il defunto non li poteva sopportare. Mamma, sorelle, compagni, perdonatemi. Non è una soluzione (non la consiglio a nessuno), ma io non ho altra scelta. [...] Come si dice, l'incidente è chiuso. La barca dell'amore si è spezzata contro il quotidiano. La vita e io siamo pari. Inutile elencare offese, dolori, torti reciproci. Voi che restate siate felici» (V. Majakovskij, *Poesie*, Bur, Milano, 2008).

Perché leggiamo Majakovskij

Perché è un grande innovatore e un poliedrico autore, in grado di spaziare tra diversi generi letterari.

Analisi del testo

Il poeta di fronte alla guerra

Nonostante l'adesione al Futurismo, che esaltava la guerra (▶ p. 326), Majakovskij esprime la propria totale condanna. La lirica proposta documenta proprio questa posizione sin dai primi versi: la scelta del discorso diretto rende realistico il primo quadro dove il grido del venditore di quotidiani che annuncia l'entrata in guerra si spegne subito (*E sulla piazza, lugubremente listata di nero, / si effuse un rigagnolo di sangue purpureo!*, vv. 3-4). Una serie di riferimenti a morte e distruzione si susseguono velocemente come fotogrammi cinematografici che si chiudono riprendendo, quasi identici, i versi iniziali. A metà della lirica, al verso 16, compare l'espressione che più di ogni altra sintetizza il giudizio del poeta sulla guerra: *la vittoria-assassina*; non potrà mai esistere, infatti, vittoria se non *assassina*, ovvero responsabile di spargimento di sangue.

POESIA: I TEMI

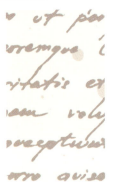

Il tema della violenza della guerra

Immagini analogiche sottolineano la frenesia di chi si manifesta a favore della guerra come ai versi 5-6 (*Un caffè infranse il proprio muso a sangue, / imporporato da un grido ferino*), che seguono la quartina iniziale riprendendone le parole *sangue* e *porpora* con forte impatto espressivo. In quel *grido ferino* c'è il senso della disumanizzazione determinata dalla guerra, aspetto che torna nella ferocia, espressionista e surreale, dei versi 19 e 20: *mentre da occidente cadeva rossa neve / in brandelli succosi di carne umana*. La violenza del macabro accostamento di una *neve rossa* come il sangue con i *brandelli succosi di carne umana*, grida l'orrore di una guerra in cui ogni forma di umanità è calpestata, annullata, persino la pietà (*e la pietà, schiacciata dalle suole, strillava*, v. 11).

Che cosa so fare

COMPRENDERE

1. **Il momento storico.**
   In quale momento storico è ambientata la scena descritta nella lirica? Da quali elementi si può comprendere?

2. **Il tema.**
   Qual è il tema centrale del componimento?

3. **Il poeta.**
   Che atteggiamento ha il poeta nei confronti della guerra?

4. **La *vittoria-assassina*.**
   Perché la vittoria viene definita *assassina* (v. 16)?

ANALIZZARE

5. **L'entrata in guerra.**
   Quali versi fanno riferimento all'entrata in guerra di Germania e Italia?

6. **La violenza della guerra.**
   Rintraccia alcune espressioni che riguardano il tema della violenza.

7. **Le figure retoriche.**
   - *Un caffè infranse il proprio muso a sangue* (v. 5) contiene
     - **a.** una personificazione
     - **b.** un iperbato
     - **c.** un'ipallage
     - **d.** una metonimia
   - Al verso 11 compare un'immagine molto forte determinata da una figura retorica. Quale? Che effetto produce? Rintraccia altri esempi della stessa figura retorica.

PRODURRE

8. **Riassumere.**
   Sintetizza in 10 righe il contenuto del testo.

9. **Risposta sintetica | Verso il commento.**
   Perché, secondo te, il poeta sceglie di inserire tra i versi alcune espressioni in discorso diretto? Quale effetto vuole produrre? Rispondi in 5 righe.

10. **Interpretare | Verso il commento.**
    Il poeta apre e chiude il testo con versi che si ripetono quasi identici. Quale significato può assumere la scelta di assegnare alla lirica una struttura circolare? Quali temi si evidenziano in tal modo? Quale riflessione ne deriva? Rispondi in 10 righe.

UNITÀ B4 ■ LA GUERRA

Vittorio Sereni
Non sanno d'essere morti

da *Diario d'Algeria* (1947)

► Lirica

Metro ► versi liberi

Nei versi di Vittorio Sereni vibra il dramma di chi è prigioniero e, sospeso tra la vita e la morte, non trova pace consumando i suoi giorni nel tentativo di aggrapparsi alla vita nonostante le sofferenze.

Non sanno d'essere morti
i morti come noi,
non hanno pace.
Ostinati ripetono la vita
5 si dicono parole di bontà
rileggono nel cielo i vecchi segni.
Corre un girone grigio in Algeria
nello scherno dei mesi
ma immoto è il perno a un caldo nome: ORAN.

Saint-Cloud, agosto 1944

(V. Sereni, *Poesie*, Einaudi, Torino, 2002)

6. **rileggono nel cielo i vecchi segni**: cercano di interpretare i segni del cielo, di orientarsi o di fare previsioni per il futuro per sentirsi ancora vivi.
7. **girone**: il girone è luogo dell'Inferno dantesco in cui le anime scontano la loro colpa per l'eternità. Nella poesia il termine è usato in senso metaforico e si riferisce agli spostamenti dei prigionieri da un campo di prigionia all'altro.
8. **scherno**: derisione che offende.
9. **ORAN**: città di Orano in Algeria dove il poeta è prigioniero.

▲ **Vasilij Vasil'evič Vereščagin**, *An allegory of the 1871 war*, 1871. Mosca, Tretyakov Gallery.

PERCORSO B — POESIA: I TEMI

L'autore

Vittorio Sereni nasce a Luino, in provincia di Varese, nel 1913. Dopo la laurea in Lettere, insegna e collabora con alcune importanti riviste entrando in relazione con i maggiori esponenti dell'Ermetismo (▶ p. 234). Nel 1941 pubblica la raccolta *Frontiera*. Partecipa alla Seconda guerra mondiale; nel 1943 viene fatto prigioniero in Sicilia e condotto in prigionia in Africa da dove potrà tornare solo alla fine della guerra. Nel 1947 pubblica *Diario d'Algeria* in cui l'esperienza personale della prigionia si dilata a riflessione universale, ponendo interrogativi esistenziali che vanno oltre il tema della guerra e arrivano a indagare in profondità il senso della vita. Questo approccio si conferma nelle raccolte successive come per esempio in *Gli strumenti umani* (1965), ma la riflessione col passare degli anni diventa sempre più amara e venata di disincanto come documenta la raccolta *Stella variabile* (1981). Muore a Milano nel 1983.

Perché leggiamo Sereni
Perché la sua poesia testimonia la storia del suo tempo con acutezza di sguardo e impassibile critica.

Analisi del testo

Il contesto

Durante la Seconda guerra mondiale, nel 1943, il poeta è catturato dagli alleati in Sicilia e viene deportato in Nord Africa nelle prigioni di Orano in Algeria e Casablanca in Marocco. La lirica mette a fuoco la condizione di chi è prigioniero, in un Paese sconosciuto, lontano dagli affetti, e in condizioni in cui diviene quasi impercettibile il confine tra vita e morte.

La prigionia

L'affermazione iniziale non lascia spazio al dubbio: *Non sanno d'esser morti / i morti come noi* (vv. 1-2). Essere prigionieri è come essere morti, la vita del carcere non è vita, ma a differenza dei morti a loro non è concessa la pace (*non hanno pace*, v. 3). Tuttavia, per non soccombere alla disperazione, i prigionieri *Ostinati ripetono la vita* (v. 4), usano *parole di bontà* e cercano di individuare nel cielo un segno che consenta loro di credere ancora nel futuro (*rileggono nel cielo i vecchi segni*, v. 6). La posizione centrale di questi versi rimarca il sentimento di attaccamento alla vita che consente la sopravvivenza nelle situazioni più disperate, recuperando le dimensioni dell'amore e della speranza.

Un girone infernale

L'esperienza disumana del campo di prigionia è evidenziata nell'immagine del *girone* infernale, *grigio* come sono grigi i giorni di questa esistenza. Come nel girone dantesco, i prigionieri si spostano da una prigione all'altra, ma restano sempre nella città di Orano (*ma immoto è il perno*, v. 9), sempre inchiodati al loro destino. Come all'inferno dove si sconta la pena per l'eternità, anche nel campo di prigionia il tempo sembra infinito (*nello scherno dei mesi*, v. 8). La città viene nominata solo come ultima parola, ed è definita *un caldo nome*, espressione in cui l'aggettivo ha una doppia valenza semantica: da un lato allude all'oggettivo clima africano, dall'altro rimanda al calore dell'inferno.

UNITÀ B4 ■ LA GUERRA

Che cosa so fare

COMPRENDERE

1. Il tema.
Qual è il tema del componimento?

2. L'io lirico.
Descrivi con parole tue lo stato d'animo del poeta.

3. La condizione del prigioniero.
Spiega l'espressione *non hanno pace* (v. 3).

ANALIZZARE

4. La sottolineatura del tema.
Il concetto di vita che non è più vita viene evidenziato da un espediente retorico. Quale?

5. L'*enjambement* →.
Spiega la funzione connotativa dell'*enjambement* tra i versi 1 e 2.

6. La disposizione delle parole.
- Tra i versi 1 e 2 vi è una variazione dell'ordine degli elementi logici della frase. Ricostruisci l'ordine naturale, indica quale figura retorica compare e qual è la sua funzione.
- In quale altro verso è presente la stessa figura retorica?

7. Un girone infernale.
- Che figura retorica è presente al verso 8? Con quale funzione?
- Quale altra parola fa riferimento all'ambiente infernale?

8. Lo stile.
- Il lessico della lirica è
  a. scarno ed essenziale
  b. ampolloso ed enfatico
  c. quotidiano e ripetitivo
  d. ricercato ed elevato

- La punteggiatura è
  a. assente
  b. frequente
  c. essenziale
  d. ininfluente.

PRODURRE

9. Argomentare I Il commento.
Spiega in 10 righe quali sentimenti ed emozioni provi leggendo questo testo.

10. Laboratorio di scrittura creativa I Una lettera dalla "mia prigione".
Ti è mai capitato di sentirti in qualche modo prigioniero, di sentire limitata la tua libertà? Rispondi a questa domanda fingendo di scrivere una lettera a un tuo amico.

265

Primo Levi
Se questo è un uomo

da *Se questo è un uomo* (1947)

▶ Lirica

Metro ▶ versi liberi

Posta in epigrafe al romanzo *Se questo è un uomo*, la poesia ne dichiara il profondo significato: un atto di accusa in nome dell'umanità, un appello a guardare in faccia l'orrore che alberga nell'uomo, un ammonimento a non dimenticare.

    Voi che vivete sicuri
    Nelle vostre tiepide case,
    Voi che trovate tornando a sera
    Il cibo caldo e visi amici:
5   Considerate se questo è un uomo
    Che lavora nel fango
    Che non conosce pace
    Che lotta per mezzo pane
    Che muore per un sì o per un no.
10   Considerate se questa è una donna,
    Senza capelli e senza nome

▼ **Christian Boltanski**, *Il magazzino*, 1988. New York, Museum of Modern Art.

UNITÀ B4 ■ LA GUERRA

L'autore

Primo Levi nasce a Torino nel 1919 da famiglia ebraica; si laurea in Chimica nel 1941. Partecipa ai movimenti antifascisti e dopo il 25 luglio del 1943, quando cade il governo Mussolini e le forze armate tedesche occupano il Nord e il Centro Italia, Levi si unisce a un gruppo partigiano legato al movimento della Resistenza. Ben presto è catturato e deportato ad Auschwitz, dove rimane dal febbraio 1944 al 27 gennaio del 1945, data in cui i Russi liberano il Lager. Tornato in Italia, sposa Lucia Morpurgo, dalla quale ha tre figli. Diventa direttore tecnico di una fabbrica di prodotti chimici e si dedica all'attività di scrittore e giornalista. Il successo come scrittore viene con la pubblicazione di *Se questo è un uomo* (1947), romanzo autobiografico nel quale Levi racconta la propria esperienza ad Auschwitz. Nel 1963 *La tregua*, romanzo nel quale lo scrittore racconta il suo ritorno dal Lager, vince il premio Campiello. Levi tornerà al tema della deportazione con *Se non ora, quando?* (1982) e con *I sommersi e i salvati* (1986). Muore nel 1987.

Perché leggiamo Primo Levi
Perché la sua produzione narrativa e lirica è testimonianza fondamentale degli orrori della Shoah.

Senza più forza di ricordare
Vuoti gli occhi e freddo il grembo
Come una rana d'inverno.
15 Meditate che questo è stato:
Vi comando queste parole.
Scolpitele nel vostro cuore
Stando in casa andando per via
Coricandovi alzandovi;
20 Ripetetele ai vostri figli.
O vi si sfaccia la casa,
La malattia vi impedisca,
I vostri nati torcano il viso da voi.

(P. Levi, *Se questo è un uomo*, Einaudi, Torino, 1990)

Analisi del testo

La testimonianza per non dimenticare

Il componimento fa luce con estrema forza sulle offese arrecate all'umanità nei campi di sterminio. Esorta quindi a riflettere sulla condizione nella quale la spietata crudeltà dei Lager ha ridotto le sue vittime e condanna chi rifiuterà il dovere di ricordare. Il severo monito di Levi si traduce in una sorta di minaccia: se voi dimenticherete ciò che è stato, vi crolli la casa, vi opprimano le malattie e i vostri figli non vi guardino più.

La scansione del componimento

Il componimento è strutturato in quattro parti.

Al lettore. L'"io" che prende la parola si rivolge al lettore attraverso l'uso della seconda persona. Il "voi" è una figura collettiva dalle precise caratteristiche: rappresenta tutti coloro che non hanno patito e subito quell'orrore, e che vivono in una situazione confortevole e tranquilla.

267

POESIA: I TEMI

L'offesa all'umanità. A loro viene chiesto di porre mente (*Considerate...*, v. 5 e v. 10) a quanto è stato inflitto a uomini e donne nei campi di sterminio (*lavora nel fango / non conosce pace / lotta per mezzo pane / muore per un sì o per un no*, vv. 6-9) fino al punto di privarli della loro stessa umanità (*se questo è un uomo*, v. 5).

Il dovere della memoria. Poi si esorta a riflettere su questa realtà, a rendersi conto dell'orrore che essa ha rappresentato (*Meditate che questo è stato*, v. 15) e a non dimenticarlo, e a non lasciare che venga dimenticato (*Scolpitele nel vostro cuore*, v. 17). Il ricordo della Shoah è un preciso dovere: solo così le nuove generazioni potranno non vedere il ripetersi dell'orrore (*Ripetetele ai vostri figli*, v. 20).

Il monito. L'appello al lettore si chiude con un duro monito contro chi rifiuterà questo dovere, contro chi non vuole sapere e pensare, trincerandosi in un'indifferenza che equivale a un insulto all'umanità stessa: questi meriterebbe di provare a sua volta le peggiori sofferenze, di trovarsi privato di tutto ciò che gli dà sicurezza e gli permette di vivere.

Che cosa so fare

COMPRENDERE

1. **Le idee centrali.**

    Individua le idee centrali del componimento, rispondendo alle domande.
    - Quali immagini descrivono l'antitesi fra coloro che hanno vissuto in prima persona l'esperienza del Lager e chi, invece, non ha conosciuto la deportazione?
    - Perché il dovere della memoria storica dà un messaggio di speranza?
    - Perché l'autore si indigna con chi preferisce dimenticare?

ANALIZZARE

2. **Tempi e modi verbali.**

    Considera la struttura sintattica del componimento: l'autore organizza il testo attorno all'uso di due modi verbali prevalenti. Di quali modi e tempi si tratta? Quale significato assumono tali scelte?

PRODURRE

3. **Illustrare il messaggio.**

    Spiega il messaggio dell'autore, ricollegandolo alle pagine che hai letto del romanzo *La tregua* e servendoti di opportune citazioni. Per esempio puoi confrontare l'espressione *muore per un sì o per un no* (v. 9) con la situazione descritta nel brano *Hurbinek: un figlio di Auschwitz* (▶ Narrativa, *La narrazione autobiografica e di formazione*, p. 525).

UN TEMA DA SCOPRIRE

Cantare il Lager

Fu il grande filosofo tedesco Theodor W. Adorno (1903-1969) il primo a dire, in uno scritto del 1949 contenuto nella raccolta *Prismi* (pubblicata in Italia nel 1972), che «Scrivere una poesia dopo Auschwitz è un atto di barbarie». Intendeva dire che davanti a un orrore così grande come era stato l'Olocausto si poteva solo tacere: la ricerca della bellezza – che è uno degli obiettivi fondamentali dell'arte – è un gesto immorale di fronte a tanta aberrazione.

E invece, davanti all'orrore, la poesia non ha mai taciuto. Fu Primo Levi a dettare una linea diversa da quella del filosofo tedesco, dicendo in un'intervista che «La mia esperienza è stata opposta, in quegli anni avrei riformulato le parole di Adorno: dopo Auschwitz non si può fare poesia se non su Auschwitz». Bisogna, dice lo scrittore torinese, affrontare l'orrore, guardarlo negli occhi e testimoniarlo davanti al mondo affinché non si ripeta. È in questo senso che scrive i suoi libri e che mette in esergo a *Se questo è un uomo* una poesia (▶ p. 266) che è quasi una maledizione: ricordate ciò che è stato, dice Levi, raccontatelo a tutti. La memoria è un dovere, e lo è anche la testimonianza del male assoluto: esso non è indicibile, anzi va cantato, perché è attraverso il racconto del male che si può davvero comprendere come sono fatti gli uomini. Ma non è solo Levi ad aver raccontato l'orrore. Lo hanno fatto tanti scrittori e poeti, e lo hanno fatto anche persone – come Levi stesso – che prima di trovarsi nel Lager non avevano mai scritto. Si scriveva anche dentro il campo di concentramento: su fogli sparsi, sui muri, su pezzi di giornale recuperati chissà come. Nel 1999 la direzione del museo polacco di Auschwitz-Birkenau organizzò la mostra *La Shoah e la memoria* e pubblicò un volume in cui raccoglieva le poesie scritte dai detenuti. Ce ne sono di bellissime, come *Inferno*, scritta nel 1944 dalla prigioniera Halina Szuman: «La *Divina Commedia* sarebbe un'opera di grande sensazione se Dante, invece che all'Inferno, fosse stato nei campi di concentramento».

In qualche modo, nel momento stesso in cui l'Olocausto aveva luogo, la poesia e l'arte rispondevano, reagivano raccontando quello che succedeva e facendosi in qualche modo depositarie della memoria. Davanti alla grande mole di scritti prodotti sull'esperienza dei campi, lo stesso Adorno, in un libro del 1966 intitolato *Dialettica negativa*, tornò sui suoi passi: «La sofferenza incessante» scrisse «ha tanto il diritto di esprimersi quanto il martirizzato di urlare; perciò sarà stato un errore la frase che dopo Auschwitz non si possono più scrivere poesie». Poesie e libri se ne scrivono dunque molti: tanti grandi scrittori del Novecento, come i premi Nobel Imre Kertész (1929) ed Elie Wiesel (1928), per fare qualche esempio, hanno messo al centro della loro opera le persecuzioni naziste e i campi di sterminio. Ma ogni Paese che ha conosciuto l'orrore dei campi di internamento ha sviluppato una poesia e una narrativa che li cantano. È successo per esempio in Unione sovietica, con i libri di Aleksandr Solženicyn (1918-2008), Varlam Šalamov (1907-1982) e Vasilij Grossman (1905-1964). E non di soli libri si è nutrito questo grande esercizio di memoria: probabilmente il miglior documentario sull'Olocausto è *Shoah* (1985) del francese Claude Lanzmann, mentre, tra i fumetti, nel celeberrimo *Maus* (1986-1991) dell'ebreo americano Art Spiegelman i nazisti sono ritratti come gatti e gli ebrei come topi.

Puoi leggere anche:

Israel J. Singer, *La famiglia Karnowski*, 1943
Elie Wiesel, *La notte*, 1958
Imre Kertész, *Essere senza destino*, 1975
Vasilij Grossman, *Vita e destino*, 1980
Varlam Šalamov, *I racconti della Kolyma*, 1989
Helga Schneider, *Il rogo di Berlino*, 1995
Edith Bruck, *Signora Auschwitz: il dono della parola*, 1999

Puoi ascoltare anche:

Francesco Guccini, *Auschwitz*

Puoi guardare anche:

Steven Spielberg, *Schindler's List*, 1993
Roberto Benigni, *La vita è bella*, 1997
Roman Polanski, *Il pianista*, 2002

Puoi seguire anche la serie tv:

Marvin J. Chomsky, *Olocausto*, 1978

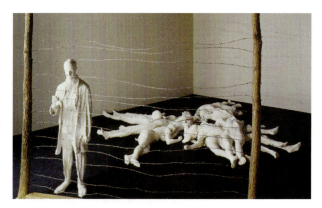

▲ **George Segal**, *L'olocausto*, 1982. New York, Jewish Museum.

PERCORSO B — POESIA: I TEMI

Ingeborg Bachmann
Tutti i giorni

da *Il tempo dilazionato* (1953)

▶ Lirica

Metro ▶ originale e traduzione: tre strofe di versi liberi

Dopo la conclusione del secondo conflitto mondiale, a Yalta, in Crimea, si riuniscono il presidente degli Stati Uniti Roosevelt, il primo ministro inglese Churchill e il capo dell'Unione sovietica Stalin; da questo tavolo di confronto deriverà un'Europa ideologicamente divisa, da cui scaturiranno i presupposti per lo sviluppo di nuove tensioni, la cosiddetta Guerra Fredda. Un ristretto gruppo di intellettuali dissentirà da ciò; tra questi la poetessa austriaca Bachmann, che in questa lirica riflette sul tema della guerra, rovesciando la prospettiva che tradizionalmente vede nell'eroe colui che combatte dimostrando coraggio: eroe diviene, invece, chi si oppone all'ideologia della guerra.

▲ **Joseph Beuys**, *Vestito di feltro,* 1970. Monaco, Sammlung Moderne Kunst in der Pinakothek der Moderne, Bayerische Staatsgemäldesammlungen.

La guerra non viene più dichiarata,
ma proseguita. L'inaudito
è divenuto quotidiano. L'eroe
resta lontano dai combattimenti. Il debole
5 è trasferito nelle zone del fuoco.
La divisa di oggi è la pazienza,
medaglia la misera stella
della speranza, appuntata sul cuore.

Viene conferita
10 quando non accade più nulla,
quando il fuoco tamburreggiante ammutolisce,
quando il nemico è diventato invisibile
e l'ombra d'eterno riarmo
ricopre il cielo.

15 Viene conferita
per la diserzione dalle bandiere,
per il valore di fronte all'amico,
per il tradimento di segreti obbrobriosi
e l'inosservanza di tutti gli ordini.

(I. Bachmann, *Poesie*, trad. di M.T. Mandalari, Guanda, Parma, 1978)

1-2. La guerra...proseguita: al termine della Seconda guerra mondiale non c'è più una guerra dichiarata, ma le ostilità proseguono comunque nella cosiddetta Guerra Fredda che contrappone l'Europa occidentale a quella dei Paesi sovietici.
11. quando il fuoco tamburreggiante ammutolisce: quando la guerra sembra cessata perché non fa rumore.
12. quando il nemico è diventato invisibile: quando non c'è più un nemico scoperto con cui combattere.
13-14. e l'ombra...il cielo: e lo spettro della guerra eterna incombe sull'umanità.
16. diserzione dalle bandiere: disertare significa abbandonare il campo di battaglia senza permesso, tradendo quindi la propria bandiera.
18. per il tradimento di segreti obbrobriosi: la medaglia è conferita a chi tradisce piani segreti di guerra, a chi li fa emergere e li rivela al mondo.

270

UNITÀ B4 ■ LA GUERRA

L'autrice

Ingeborg Bachmann nasce in Austria, a Klagenfurt, nel 1926. La scrittrice vive in prima persona l'invasione degli eserciti di Hitler nella sua città quando è appena dodicenne, esperienza che segnerà profondamente la sua esistenza. Si laurea in Filosofia e inizia a viaggiare svolgendo anche l'attività di giornalista. Nel 1953 entra nel Gruppo 47 che raccoglie gli intellettuali tedeschi che in questi anni si impegnano a trasmettere valori per migliorare la società. In questi anni la scrittrice pubblica raccolte di poesie e drammi e, dal 1965, si trasferisce a Roma dove rimarrà fino alla morte, a causa di un incendio, nel 1973. Tra le sue opere le raccolte di poesie *Il tempo dilazionato* (1953) e *L'invocazione all'Orsa Maggiore* (1956), quella di racconti *Il trentesimo anno* (1961) e il romanzo *Malina* (1971).

Perché leggiamo Ingeborg Bachmann
Perché le sue liriche (e le opere in prosa) testimoniano e documentano con autenticità e coraggio la storia europea del secondo Novecento.

Analisi del testo

L'intellettuale e la guerra

Ingeborg Bachmann fa parte di un gruppo di intellettuali tedeschi, il cosiddetto Gruppo 47 (il nome deriva dall'anno in cui si concluse la dittatura nazista, il 1947). I componenti, pur presentando interessi eterogenei, sono accomunati dall'opposizione al Nazismo e tentano di mantenere alta l'attenzione sul ricordo delle stragi e delle violenze, per non dimenticare. Anche in questo testo emerge l'impegno morale della scrittrice, la sua tensione a contribuire a migliorare la società, a chiudere definitivamente il capitolo dell'*ombra d'eterno riarmo* (v. 13).

Un nuovo eroismo

L'immagine dell'eroe di guerra, segnata dal coraggio in battaglia e dalle medaglie al valore, viene ribaltata a favore di un nuovo tipo di eroismo, quello di coloro che la guerra la combattono, così *...L'eroe / resta lontano dai combattimenti. Il debole / è trasferito nelle zone del fuoco* (vv. 3-5). I simboli di quel superato eroismo, le divise e le medaglie, si connotano di una recuperata umanità: *La divisa di oggi è la pazienza, / medaglia la misera stella / della speranza, appuntata sul cuore* (vv. 6-8).

L'apparente silenzio della guerra

Nei versi c'è il richiamo a tener alta l'attenzione sul presente; se la guerra, infatti, al momento, tace, ciò non significa che essa sia cessata per sempre: dietro l'apparente silenzio si covano ancora armamenti e conflitti (*quando non accade più nulla, / quando il fuoco tamburreggiante ammutolisce, / quando il nemico è diventato invisibile / e l'ombra d'eterno riarmo / ricopre il cielo*, vv. 10-14). Per questo si chiede a questo nuovo eroe di denunciare i complotti, di rivelare al mondo le macchinazioni dei grandi (*il tradimento di segreti obbrobriosi*, v. 18) che a tavolino decidono le sorti degli uomini ricorrendo da sempre al solo strumento della guerra per la risoluzione delle tensioni.

PERCORSO B · POESIA: I TEMI

Che cosa so fare

COMPRENDERE

1. Il momento storico.
- Perché la guerra *non viene più dichiarata / ma proseguita* (vv. 1-2)? Motiva la scelta di questa affermazione che apre il componimento.
- A quale momento storico si fa riferimento nel testo?

2. L'eroe.
Quale tipo di eroe viene proposto per il futuro?

ANALIZZARE

3. La struttura del componimento.
Il componimento è composto da tre strofe: la prima presenta la situazione storica di quel momento e dichiara i valori del nuovo eroe. Quale funzione è affidata alle due successive strofe?

4. L'ambito semantico.
Nel testo ricorre l'ambito semantico della guerra. Rintraccia i termini e le espressioni che vi rientrano.

5. I nuovi valori.
Elenca tutte le immagini che nel testo fanno riferimento ai valori del nuovo eroe.

6. Le figure retoriche.
- Quale figura retorica compare all'inizio della seconda e della terza strofa?
- Quale figura retorica caratterizza la seconda e la terza strofa?

PRODURRE

7. Risposta sintetica | Il titolo.
Quale relazione c'è tra il titolo e il contenuto del testo? Rispondi in 5 righe.

8. Trattazione breve | Il commento.
Il tema della lirica è molto forte, come forte è la riflessione che la scrittrice provoca nel lettore con i suoi versi. Prova anche tu ad esprimere il tuo punto di vista sulla guerra facendo riferimento alla lirica. Hai a disposizione 20 righe.

9. Trattazione breve | Confrontare i testi.
Dopo aver letto la poesia di Bertolt Brecht (1898-1956) *La guerra che verrà*, tratta dalle *Poesie di Svendborg* (1939), confrontala col testo della Bachmann e individuane le affinità. Rispondi in 10 righe.

> La guerra che verrà
> non è la prima. Prima
> ci sono state altre guerre.
> Alla fine dell'ultima
> 5 c'erano vincitori e vinti.
> Fra i vinti la povera gente
> faceva la fame. Fra i vincitori
> faceva la fame la povera gente egualmente.

(B. Brecht, *Poesie*, Einaudi, Torino, 1992)

Erri De Luca
Fiumi di guerra

da *Opera sull'acqua* (2002)

▶ Lirica

Metro ▶ versi liberi di varia misura

Il poeta riflette sul recente conflitto nei Balcani, rievocando anche momenti della Seconda guerra mondiale. Oggi come allora le popolazioni in guerra sono segnate da morte e distruzione che irrompono improvvise nella quotidianità.

Alle fontane i vecchi
le donne con i secchi lungo il fiume
e l'aria fischiettava di proiettili e schegge,
la banda musicale degli assedi, insieme alle sirene.
5 Danubio, Sava, Drina, Neretva, Miljacka, Bosna,
ultimi fiumi aggiunti alle guerre del millenovecento,
gli eserciti azzannavano le rive, sgarrettavano i ponti,
luci della città, Chaplin, le luci di quelle città
erano tutte spente.
10 L'Europa intorno prosperava illesa.
Altre madri in ginocchio attingono alle rive,
dopo che il Volga fermò a Stalingrado la sesta armata di von Paulus
e la respinse indietro e l'inseguì fino all'ultimo ponte sulla Sprea,
affogando Berlino.
15 Acque d'Europa specchiano ancora incendi.
La Vistola al disgelo illuminata dalle fiamme del ghetto:
non poteva bastare al novecento.
L'acqua in Europa torna a costare l'equivalente in sangue.

(E. De Luca, *Opera sull'acqua e altre poesie*, Einaudi, Torino, 2002)

5. Danubio...Bosna: sono tutti nomi di fiumi che attraversano la penisola balcanica e che sono stati teatro degli ultimi conflitti tra il 1991 e il 1995 nei territori della ex Jugoslavia.

7. sgarrettavano: distruggevano.

8. luci della città, Chaplin: l'espressione fa riferimento a uno dei più celebri film di Charlie Chaplin dal titolo *Luci della città* (1931).

12. dopo che il Volga...armata di von Paulus: si fa riferimento al fiume Volga e alla città che attraversa, Stalingrado. Qui, durante la Seconda guerra mondiale, nel 1942, si combatté una delle più importanti battaglie del fronte russo-tedesco durante la quale il generale tedesco Friedrich Wilhelm Ernst Paulus, al comando della 6ª Armata, sorpreso dalla controffensiva sovietica, venne sconfitto e dovette arrendersi.

16. La Vistola...ghetto: si allude all'arrivo delle armate bielorusse in Polonia (1944), sulla Vistola, fiume che attraversa la capitale Varsavia. La battaglia ebbe esiti terribili sulla popolazione civile al punto che il generale Heinrich Himmler, comandante supremo delle SS, ordinò di sparare a vista sulla popolazione senza distinzione alcuna. Il 2 ottobre del 1944 l'esercito nazionale polacco dovette arrendersi e mezzo milione di persone fu costretto alla deportazione nei Lager nazisti, mentre Hitler ordinava di radere al suolo e dare alle fiamme la città di Varsavia.

◀ **Pablo Picasso**, *La guerra*, 1952. Vallauris, Musée National Picasso "La Guerre et la Paix".

POESIA: I TEMI

L'autore

Erri De Luca, scrittore e poeta, ma anche drammaturgo e traduttore, nasce a Napoli nel 1950. Svolge lavori diversi, dall'operaio, al camionista, al muratore e studia da autodidatta. Quando la ex Jugoslavia viene coinvolta dalla guerra, si reca nei Paesi teatro degli scontri per portare aiuti umanitari ed è a Belgrado nel 1999 durante i bombardamenti della Nato. Nel 1989 pubblica il primo romanzo *Non ora, non qui*, a cui ne seguiranno moltissimi altri tra i quali *Montedidio* (2001), *Il contrario di uno* (2003), *Storia di Irene* (2013), *La musica provata* (2014), e le raccolte poetiche *Opera sull'acqua e altre poesie* (2002), *L'ospite incallito* (2008) e *Bizzarrie della provvidenza* (2014).

Perché leggiamo De Luca
Perché è uno scrittore contemporaneo molto impegnato, capace di appasionare il lettore con uno stile avvincente.

Analisi del testo

Il tema dei fiumi

Erri De Luca rielabora l'idea ungarettiana (▶ *I fiumi*, p. 278) dei fiumi simbolo della guerra. Il fiume è acqua, fonte di vita che, per contrasto, nel testo evoca, invece, la morte, la distruzione, l'annullamento della vita stessa. I fiumi, che alle origini della storia dell'uomo hanno costituito il presupposto per la nascita delle nostre prime civiltà, ora, invece, divengono teatro di distruzione di civiltà. Partendo da quest'amara constatazione possiamo leggere la lirica come denuncia di un percorso di devastazione che partendo dalla Seconda guerra mondiale arriva ai tempi della guerra in Bosnia, in una storia contemporanea segnata da fiumi di sangue (*L'acqua in Europa torna a costare l'equivalente in sangue*, v. 18).

All'improvviso la guerra

Il testo apre con una scena di ordinaria quotidianità interrotta bruscamente dall'irruzione della guerra: *Alle fontane i vecchi / le donne con i secchi lungo il fiume / e l'aria fischiettava di proiettili e schegge, / la banda musicale degli assedi, insieme alle sirene* (vv. 1-4). La personificazione dell'aria è rafforzata dall'ironico, quasi sarcastico, vezzeggiativo *fischiettava* in netto contrasto con i termini che identificano, senza equivoco, la guerra, *proiettili e schegge*, così come nel verso successivo gli *assedi* e le *sirene* fanno da contrappunto nell'analogia con la *banda musicale*.

La mappa delle guerre

Ai versi d'apertura segue l'enumerazione dei fiumi (*Danubio, Sava, Drina, Neretva, Miljacka, Bosna*, v. 5), simbolo delle ultime *guerre del millenovecento*, riferimento ai territori devastati quasi nell'indifferenza di chi non ne era direttamente coinvolto (*L'Europa intorno prosperava illesa*, v. 10). Di seguito l'attenzione si sposta sui fiumi *Volga* e *Vistola*, entrambi teatro di scontri nella Seconda guerra mondiale. Tale recupero retrospettivo ha lo scopo di far riflettere sulla ciclicità dei conflitti da cui tutti escono sconfitti sia i Tedeschi (*affogando Berlino*, v. 14) che gli altri popoli come quello polacco (*La Vistola al disgelo illuminata dalle fiamme del ghetto*, v. 16). Ma tutto ciò *non poteva bastare al novecento* (v. 17).

Luci della città

All'interno della lirica compare il riferimento a uno dei più celebri e poetici film della storia del cinema mondiale, *Luci della città* (1931) di Charlie Chaplin. Il film ritrae, con sottile e amara ironia, uno spaccato della società in cui tutto è luce, tutto apparentemente brilla. Per questo i versi di questa poesia citano *luci della città, Chaplin, le luci di quelle città / erano tutte spente* (vv. 8-9), perché, come nel film, anche in Europa pare di poter vivere in un'eterna luce, mentre il buio di alcune di quelle città è calato con la notte della guerra.

UNITÀ B4 ■ LA GUERRA

Che cosa so fare

COMPRENDERE

1. **I fiumi.**
   - Che cosa rappresentano i fiumi citati nella lirica?
   - Come si giustifica la scelta del poeta di ricorrere proprio al riferimento al fiume e non, per esempio, alle città?

2. **Lo scenario di guerra.**
   A quali guerre fa riferimento il componimento?

3. **Una guerra tra noi.**
   Che cosa vuol sottolineare il poeta nel verso 10 *L'Europa intorno prosperava illesa*? Quale ritieni sia il termine più forte di questo verso?

ANALIZZARE

4. **Le vittime della guerra.**
   Individua gli elementi del testo da cui si può evincere il concetto che la guerra colpisce i più deboli, la popolazione.

5. **Gli invasori.**
   Nell'espressione *gli eserciti azzannavano le rive* quale figura retorica è utilizzata? Spiegane la funzione.

6. **Immagini di guerra.**
   Nel verso 3, *la banda musicale degli assedi, insieme alle sirene,* convergono le figure retoriche di
   a. iperbato e metafora
   b. personificazione e analogia
   c. metafora e similitudine
   d. enumerazione e climax

7. **L'enumerazione.**
   Al verso 5 compare un'enumerazione per asindeto o per polisindeto? Questa figura realizza un climax?

8. **L'*enjambement* →.**
   Individua gli *enjambement* presenti nella lirica.

9. **Lo stile.**
   La lirica presenta uno stile
   a. elevato e difficile
   b. ricercato e fitto di riferimenti
   c. ricercato, ma quasi prosastico
   d. semplice e privo di artifici retorici

PRODURRE

10. **Laboratorio di scrittura creativa I Comporre una lirica.**
    Prova a comporre una breve lirica dove a una scena di calma quotidianità faccia da contrasto una situazione di sofferenza o di disagio.

275

POESIA: I TEMI

APPROFONDIMENTO
Conflitti in corso

Guardando la mappa del mondo, potremmo essere sorpresi nel vedere quanti conflitti e tensioni sono attualmente in corso. Non solo quelli più noti grazie alla stampa e all'opinione pubblica internazionale (in Siria, in Iraq, in Ucraina); l'Africa e il Medio Oriente sono costellati di guerre in stato di tregua o a rischio di terribili esiti. Ci sono poi Paesi attraversati da tensioni sociali interne e altri in rapporti tesi con gli Stati confinanti per il controllo di territori limitrofi o per ragioni etniche.

Libia: è in corso una guerra civile che coinvolge milizie islamiche e gruppi fondamentalisti legati ad Al Qaeda e forse anche all'Isis.

Repubblica Centrafricana: dal 2012 è in atto una feroce guerra civile. Al momento è in vigore una tregua, ma la situazione continua a essere drammatica, tanto che l'Onu ha lanciato l'allarme per il pericolo di un genocidio.

Mali: a gennaio del 2012 gruppi di ribelli jihadisti si coalizzano per combattere contro il governo. Chiedono indipendenza o maggiore autonomia per le province settentrionali del Paese. Nel 2013 sono intervenute le truppe francesi ed è stata siglata una pace, ma dopo qualche mese sono ripresi gli scontri.

Repubblica Democratica del Congo: nella parte orientale del Paese le forze governative si scontrano con gruppi di ribelli armati.

Somalia: le città chiave del Paese sono nelle mani delle milizie jihadiste.

Sud Sudan: indipendente dal 2012, è in realtà attraversato da una profonda instabilità politico-economica.

Uganda: dopo 27 anni al potere, il presidente Yoweri Museveni ha aumentato le misure repressive e la popolazione vive nel terrore.

Israele-Gaza: nonostante il cessate il fuoco tra Hamas e lo Stato ebraico, la guerra potrebbe ricominciare da un momento all'altro.

Iraq: a giugno 2014 un gruppo jihadista attivo in Siria e in Iraq proclama la nascita dello Stato Islamico dell'Iraq e del Levante, ISIL, ma l'obiettivo degli estremisti è quello di imporre la sharia nei territori controllati e di realizzare un grande califfato islamico sunnita.

Siria: qui i jihadisti dell'ISIL mirano a istituire un califfato islamico tra Iraq e Siria. Dall'altra parte le truppe libanesi di Hezbollah, il partito di Dio, hanno dato un contributo fondamentale alla vittoria dell'esercito governativo di Damasco.

Afghanistan: continuano gli scontri tra le forze governative e i talebani, che attaccano attraverso attentati che vanno a colpire soprattutto civili.

India: il governo di Delhi è tuttora "in guerra" contro una serie di gruppi separatisti e indipendentisti di affiliazione islamica. Frequenti gli scontri a fuoco e i morti lungo il confine con il Pakistan, per la questione ancora aperta del Kashmir.

Pakistan: si continua a combattere contro i terroristi jihadisti; inoltre, i rapporti con l'India sono pessimi.

Myanmar: è in corso una guerra etnico-civile, che vede anche i monaci buddisti che si oppongono all'islam.

Filippine: il governo sta cercando di contrastare militarmente i separatisti che vogliono instaurare la sharia in alcune aree delle Filippine.

Cina: gelo nei rapporti con il Giappone per l'attribuzione territoriale delle isole SenKaku/Diaoyu e dei loro ricchi giacimenti di gas.

Yemen: continuano gli scontri tra le forze governative e i gruppi armati nel nord del Paese.

Thailandia: nel 2014 i militari prendono il potere con un colpo di Stato e regna una calma apparente.

Ucraina: l'esercito di Kiev si sta scontrando con le truppe dei separatisti filorussi della regione orientale del Paese. La guerra civile ucraina si è trasformata in un pericoloso braccio di ferro tra Europa e America da una parte e Russia dall'altra.

Cecenia e Daghestan: permane il conflitto interno nei due Paesi tra governo e gruppi terroristici-indipendentisti.

▲ Gadha Amer, *Red Drips* (particolare), 1999. Gerusalemme, The Israel Museum.

Messico: il governo messicano è impegnato contro le organizzazioni criminali e i cartelli della droga, che dettano legge, attraverso violenze di ogni genere, come quelle commesse (con la complicità della polizia) contro 43 studenti spariti nel nulla perché avevano osato protestare.

Colombia: il governo e le Farc (Forze armate rivoluzionarie) hanno siglato una tregua, ma una pace duratura non è ancora certa.

Venezuela: dopo la morte di Hugo Chavez il Paese è definitivamente in crisi economica, e sono frequenti le rivolte di piazza.

Glossario

Al Qaeda: movimento paramilitare e terroristico, che si rifà al fondamentalismo islamico.

Isis: Stato Islamico dell'Iraq e della Siria, ovvero un'organizzazione estremista che segue la linea dura dell'ideologia di Al Qaeda.

jihadisti: sostenitori della jihad, termine arabo dai molti significati, dalla lotta personale e interiore per raggiungere una perfetta fede, alla guerra santa.

Hamas: organizzazione estremista palestinese che si pone come obiettivo quello di liberare la Palestina dalla presenza israeliana per creare uno Stato islamico.

sharia: termine arabo il cui significato letterale è "strada battuta". Rappresenta la legge sacra dell'islamismo, basata principalmente sul Corano, che raccoglie norme di diverso tipo, fra cui le prescrizioni che regolano la conduzione della guerra santa.

Giuseppe Ungaretti
I fiumi

da *L'Allegria* (1931)

▶ Lirica

Metro ▶ versi liberi

In trincea è sera e il poeta ripensa al bagno del mattino nell'Isonzo; da lì la sua mente va agli altri fiumi che hanno segnato la sua esistenza: il Serchio, nella Lucchesia, terra d'origine dei genitori, il Nilo, nell'Egitto dell'infanzia e dell'adolescenza e, infine, la Senna, il fiume di Parigi che ha assistito alla sua crescita umana e culturale. L'Isonzo, teatro di eventi bellici, è il presente in cui confluiscono le esperienze del passato che hanno costruito l'identità di Ungaretti: immergendosi nelle sue acque il poeta si è sentito in armonia con l'universo ed elemento di una totalità.

La poesia si chiude con un'immagine della notte: torna a prevalere il sentimento di precarietà e di angoscia provocata dalla guerra.

Cotici il 16 agosto 1916

Mi tengo a quest'albero mutilato
abbandonato in questa dolina
che ha il languore
di un circo
5 prima o dopo lo spettacolo
e guardo
il passaggio quieto
delle nuvole sulla luna

Stamani mi sono disteso
10 in un'urna d'acqua
e come una reliquia
ho riposato

L'Isonzo scorrendo
mi levigava
15 come un suo sasso

Ho tirato su
le mie quattr'ossa
e me ne sono andato
come un acrobata
20 sull'acqua

Mi sono accoccolato
vicino ai miei panni
sudici di guerra
e come un beduino
25 mi sono chinato a ricevere
il sole

Questo è l'Isonzo
e qui meglio
mi sono riconosciuto

---

1. Mi tengo...mutilato: mi appoggio a questo albero spezzato dai colpi dell'artiglieria.
2. dolina: cavità del terreno a forma circolare scavata dall'acqua; sono numerose nel Carso, la località dove Ungaretti partecipò agli eventi bellici.
3. languore: malinconico stato di sfinimento.
10. urna d'acqua: l'acqua del fiume è come un vaso in cui si conservavano le ceneri dei morti.
11. reliquia: i resti mortali di un defunto.
13. Isonzo: fiume che scorre in Friuli, nella regione carsica; teatro di violenti scontri bellici.
21. accoccolato: rannicchiato.
24. beduino: appartenente alle popolazioni nomadi che vivono in Africa settentrionale.

LABORATORIO DELLE COMPETENZE

UNITÀ B4 ■ LA GUERRA

30 una docile fibra
dell'universo

Il mio supplizio
è quando
non mi credo
35 in armonia

Ma quelle occulte
mani
che m'intridono
mi regalano
40 la rara
felicità

Ho ripassato le
epoche della
mia vita

45 Questi sono i
miei fiumi

Questo è il Serchio
al quale hanno attinto
duemil'anni forse
50 di gente mia campagnola e
mio padre e mia madre

Questo è il Nilo
che mi ha visto
nascere e crescere
55 e ardere d'inconsapevolezza nelle
estese pianure

Questa è la Senna
e in quel suo torbido
mi sono rimescolato
60 e mi sono conosciuto

Questi sono i miei
fiumi contati nell'Isonzo

Questa è la mia nostalgia
che in ognuno
65 mi traspare
ora ch'è notte
che la mia vita mi pare
una corolla
di tenebre

▲ Graham Sutherland, *Punte di spine*, 1946. New York, Museum of Modern Art.

30-31. fibra / dell'universo: il poeta si sente una fibra dell'immenso e sconfinato tessuto dell'universo.
36-38. occulte...m'intridono: la corrente delle acque del fiume, che bagnano il corpo del poeta, sono paragonate a mani segrete (*occulte*).
40. rara: intensa, preziosa.
42. Ho ripassato: ho rivissuto con il ricordo.
47. Serchio: fiume della Lucchesia, la terra d'origine dei genitori del poeta.
49. duemil'anni: per duemila anni.
52. Nilo: è il fiume dell'Egitto, dove il poeta nacque e trascorse infanzia e adolescenza.
56. estese pianure: il deserto che circonda Alessandria.
57. Senna: il fiume di Parigi, dove il poeta si recò per studiare alla Sorbona.
58. torbido: poco chiaro, privo di limpidezza.
59-60. mi sono...conosciuto: mi sono immerso e ho preso coscienza di me.
62. contati: confluiti.
64-65. in ognuno / mi traspare: affiora da ognuno dei fiumi.
68-69. corolla / di tenebre: un fiore dai petali scuri come la notte.

(G. Ungaretti, *Vita d'un uomo. Tutte le poesie*, a cura di L. Piccioni, Mondadori, Milano, 1969)

PERCORSO B — POESIA: I TEMI

ATTIVITÀ

COMPRENDERE E ANALIZZARE

Competenza:
- leggere, comprendere e interpretare testi scritti di vario tipo

1. VERSO LA PROVA INVALSI

Scegli l'opzione.

1. Fra queste immagini quella che rimanda più direttamente alla violenza della guerra è
   a. *urna d'acqua*
   b. *albero mutilato*
   c. *nuvole sulla luna*
   d. *il languore / di un circo*

2. L'espressione *albero mutilato* (v. 1) è una
   a. sinestesia   c. similitudine
   b. sineddoche   d. personificazione

3. Il participio *abbandonato* (v. 2) può riferirsi
   a. solo al poeta
   b. solo all'albero
   c. sia al poeta che al circo
   d. sia all'albero che al poeta

4. L'immagine del *circo / prima o dopo lo spettacolo* (vv. 4-5) è collegata a quella
   a. della luna   c. della dolina
   b. dell'albero   d. delle nuvole

5. I termini *urna* (v. 10) e *reliquia* (v. 11) danno alla rappresentazione del bagno nell'Isonzo una sfumatura di
   a. sacralità   c. malinconia
   b. tranquillità   d. inquietudine

6. L'immagine dell'*acrobata / sull'acqua* (vv. 19-20) evoca
   a. le difficoltà della vita in guerra
   b. il desiderio di serenità del poeta
   c. un'immagine legata al mondo infantile
   d. un'esperienza autobiografica del poeta

7. L'espressione *mi sono chinato a ricevere / il sole* (vv. 25-26) anticipa il tema
   a. dell'infanzia in Egitto
   b. dei pericoli della guerra
   c. delle origini dei genitori
   d. della giovinezza a Parigi

8. Il poeta definendosi *docile fibra / dell'universo* (vv. 30-31) manifesta nei confronti della natura un senso di
   a. timore   c. comunione
   b. impotenza   d. indifferenza

9. L'espressione *occulte mani* (vv. 36-37) è
   a. metafora   c. sineddoche
   b. sinestesia   d. similitudine

10. I versi *…che m'intridono / mi regalano / la rara / felicità* (vv. 38-41) contengono
    a. un'onomatopea   c. una rimalmezzo
    b. un'allitterazione d. una rima interna

11. Le parole *Serchio* e *attinto* (vv. 47-48) e *Nilo* e *visto* (vv. 52-53) creano
    a. un'assonanza
    b. un'onomatopea
    c. una consonanza
    d. un'allitterazione

12. Quale espressione fra le seguenti rimanda alle passioni e agli entusiasmi tipici dell'adolescenza?
    a. *nascere e crescere*
    b. *mi sono rimescolato*
    c. *mi sono conosciuto*
    d. *ardere d'inconsapevolezza*

13. L'aggettivo *torbido* (v. 58), oltre a indicare la qualità delle acque della Senna, può alludere
    a. alla pericolosità della capitale francese
    b. all'immoralità della vita degli intellettuali parigini
    c. ai molteplici aspetti degli ambienti culturali di Parigi
    d. ai ricordi confusi che restano al poeta degli anni vissuti a Parigi

14. La metafora *una corolla / di tenebre* (vv. 68-69) esprime
    a. il senso di protezione provocato dal buio
    b. la precarietà e il mistero della condizione umana
    c. la serenità dalla quale l'io lirico si lascia avvolgere
    d. la dolcezza delicata dell'emozione vissuta dal poeta

LABORATORIO DELLE COMPETENZE

UNITÀ B4 ■ LA GUERRA

15. Il poeta afferma di scrivere la poesia
   a. in una dolina
   b. sopra una roccia
   c. in riva all'Isonzo
   d. non fornisce l'indicazione

16. L'ordine con cui sono disposti i quattro momenti temporali presenti nella poesia è
   a. la sera – la notte – il passato – il mattino
   b. la sera – il passato – la notte – il mattino
   c. il mattino – la sera – il passato – la notte
   d. la sera – il mattino – il passato – la notte

17. Nella lirica gli *enjambement*
   a. sono rari
   b. sono assenti
   c. sono frequenti
   d. uniscono tutti i versi

18. Il ritmo della poesia è
   a. lento e vario
   b. molto veloce
   c. brioso e martellante
   d. cadenzato e regolare

■ INTERPRETARE E PRODURRE

Competenze:
- leggere, comprendere e interpretare testi scritti di vario tipo
- produrre testi di vario tipo in relazione ai differenti scopi comunicativi

2. PARAFRASI

Completa la parafrasi della poesia, servendoti delle note e ponendo particolare attenzione a esplicitare il significato delle parole chiave, delle metafore e delle analogie.
Mi appoggio a questo albero spezzato dalle granate dell'artiglieria, abbandonato in una dolina desolatamente malinconica come un circo vuoto, e guardo le nuvole che con il loro lento passaggio coprono la luce della luna.
(continua tu…)

3. ANALISI E COMMENTO

Scrivi analisi e commento della lirica seguendo anche le risposte che hai dato all'es. 1. Non superare le 30 righe.

■ ESPORRE E ARGOMENTARE

Competenze:
- padroneggiare gli strumenti espressivi e argomentativi indispensabili per gestire l'interazione comunicativa verbale in vari contesti
- leggere, comprendere e interpretare testi scritti di vario tipo

4. VERSO IL COLLOQUIO ORALE

Sofferma la tua attenzione su uno dei testi dell'unità e commentalo.
- Fornisci le informazioni sull'autore che ti sembrano necessarie per comprenderlo.
- Delinea brevemente il tema centrale.
- Esponi la parafrasi.
- Soffermati sulle figure di significato.
- Spiega la struttura metrica del testo (tipo di composizione, misura dei versi, accenti ritmici).
- Individua gli elementi fonici (rime, figure retoriche di suono).
- Precisa se il ritmo è lento e cadenzato oppure veloce e vario.
- Individua le relazioni fra la struttura del testo e il significato.
- Indica analogie tematiche con altre liriche dell'unità, facendo opportuni riferimenti alla poetica dell'autore.

 Per il tuo intervento orale hai a disposizione 15-20 minuti.

POESIA: I TEMI

PROVA AUTENTICA

Competenze:
- padroneggiare gli strumenti espressivi e argomentativi indispensabili per gestire l'interazione comunicativa verbale in vari contesti
- leggere, comprendere e interpretare testi scritti di vario tipo
- produrre testi di vario tipo in relazione ai differenti scopi comunicativi

Competenze chiave di cittadinanza:
1. Imparare ad imparare
2. Progettare
3. Comunicare
4. Collaborare e partecipare
5. Agire in modo autonomo e responsabile
6. Risolvere problemi
7. Individuare collegamenti e relazioni
8. Acquisire ed interpretare le informazioni

GIORNATA DELLA MEMORIA: LA PAROLA AI TESTIMONI

Prodotto: attività di commemorazione della giornata della memoria con intervista a un reduce di guerra (in alternativa l'intervista può essere simulata).

Destinatari: studenti che partecipano alla celebrazione della giornata della memoria.

Tempi: 2 ore (in classe: pianificazione, organizzazione e distribuzione dei compiti) + 2 ore (ricerca e preparazione materiali) + completamento della preparazione a casa + 2 ore (evento). Tot. 6 ore.

Attività: laboratorio di ricerca, scrittura e lettura.

Consegna: Preparate un'intervista a un testimone di guerra da realizzare nell'ambito delle attività previste per la celebrazione della giornata della memoria (27 gennaio). Individuate una persona che abbia vissuto l'esperienza della Seconda guerra mondiale. In alternativa potete anche reperire su internet o da testimoni diretti testimonianze e documenti e realizzare una finta intervista in cui un compagno di classe interpreterà la parte di un reduce di guerra. L'intervista dovrà essere introdotta dalla proiezione di immagini o di un breve filmato di guerra, mentre la lettura di alcune poesie dovrà aprire e chiudere l'attività.

Istruzioni (attività in *cooperative learning*):
Di seguito si propone uno schema di lavoro con la suddivisione in gruppi e i relativi ambiti di intervento per la preparazione delle attività. Si consiglia a ciascun gruppo di distribuire con attenzione i compiti tra i componenti in modo da ottimizzare i tempi; per le ricerche potete iniziare dalla consultazione del sito: www.raiscuola.rai.it/articoli/olocausto-i-testimoni-seconda-guerra-mondiale.

Gruppo 1. Individuate la persona testimone della Seconda guerra mondiale da intervistare o testimonianze su cui realizzare un'ipotetica intervista. Preparate le domande. Se l'intervista è fittizia, scrivete anche le risposte e curatene l'interpretazione drammaturgica (individuate gli "attori": il giornalista che fa le domande e il reduce di guerra).

Gruppo 2. Ricercate, con l'aiuto dell'insegnante, alcune immagini o brevi filmati che possano introdurre l'intervista. Cercate di coordinarvi bene con il Gruppo 1 perché è fondamentale che abbiate ben chiaro il contenuto dell'intervista in modo da rintracciare materiali adeguati.

Gruppo 3. Individuate alcune poesie, anche tra quelle affrontate in questa unità, e preparatene la lettura. Scegliete, pertanto, i lettori. Anche in questo caso è fondamentale il coordinamento con gli altri due gruppi in modo che anche i testi delle poesie scelte siano coerenti con i contenuti dell'intervista e delle immagini o filmati.

Tutti insieme. Fate una o più prove per mettere insieme i vari ambiti di intervento tenendo conto che l'attività dovrà essere realizzata in 2 ore.

PERCORSO C
Un autore, un movimento

1. **Giovanni Pascoli**
2. **Il Futurismo**

UNITÀ C1
Giovanni Pascoli

Testo d'esempio	*Il lampo*
Antologia	*Lavandare*
	X Agosto
	L'assiuolo
	La mia sera
	Il gelsomino notturno
Laboratorio delle competenze	*Novembre*

In questa unità:

- leggerai la vita di Giovanni Pascoli e scoprirai le sue opere principali, i temi che le attraversano e lo stile che le caratterizza
- analizzerai liriche significative della sua produzione e individuerai figure, situazioni ed elementi espressivi caratteristici dell'autore
- leggerai un particolare ritratto che fa di Pascoli il critico Renato Serra
- produrrai testi corretti e coerenti di varia tipologia (parafrasi, risposta sintetica, trattazione breve, testo argomentativo)
- produrrai testi creativi, inventando o rielaborando temi e situazioni
- esporrai le caratteristiche di un testo che hai letto
- produrrai un fascicolo di poesie caratterizzate dal plurilinguismo

Giovanni Pascoli

Come si studia un autore

Per studiare e comprendere a fondo un autore di poesia occorre tener presente quanto è già stato affrontato, sul piano generale, per gli scrittori di narrativa.

IL CONTESTO. È indispensabile conoscere il contesto nel quale l'autore è vissuto e ha operato, e in particolare:

- le esperienze che caratterizzano le **vicende biografiche** dell'autore e che possono incidere sulle sue motivazioni e sulle sue scelte artistiche: nell'opera di Giovanni Pascoli, per esempio, sono ricorrenti gli elementi autobiografici;
- il **periodo storico e l'ambiente sociale**: Pascoli vive in un periodo di trasformazioni economico-sociali e di crisi delle certezze; è partecipe del diffuso sentimento di insicurezza della piccola borghesia del tempo;
- la **tradizione culturale e letteraria**: nel caso di Pascoli, la cultura classicistica nella quale si è formato, e rispetto alla quale la sua produzione risulta profondamente innovativa.

I TESTI. Nel caso di un autore di poesia, gli strumenti di base per studiare le caratteristiche dei testi sono quelli proposti nel Percorso A *Poesia: i metodi* (▶ pp. 8-102); essi permettono una lettura "esperta" in grado di riconoscere l'identità dell'opera e le scelte compiute dall'autore nel crearla.

Nell'affrontare i singoli testi è fondamentale ricordare che in essi – in quanto opere letterarie – la lingua è usata prevalentemente in funzione poetica, ossia in modo creativo; l'atto di comunicazione pone l'accento sulla lingua stessa e sulla sua capacità di generare significati.

LA POETICA. Ogni opera letteraria è espressione di una poetica, di un modo di fare arte. Alcuni autori dichiarano esplicitamente le proprie idee in merito, ma in ogni caso esse sono sempre desumibili dall'opera. Gli aspetti da considerare sono:

- **le tematiche affrontate**: nel caso di Pascoli, sono ricorrenti quelle legate alla quotidianità della campagna e alla propria vicenda personale;
- **le idee espresse**: Pascoli concepisce la poesia come espressione di una sensibilità capace di cogliere una dimensione ulteriore e misteriosa delle cose;
- **lo stile**, cioè l'insieme delle scelte linguistiche ed espressive: quello di Pascoli

UNITÀ C1 ■ GIOVANNI PASCOLI

è caratterizzato da una sperimentazione i cui esiti sono profondamente innovativi;

- **il pubblico**: Pascoli si rivolge a quello che ai suoi tempi – tra la fine dell'Ottocento e i primi del Novecento – è il pubblico della poesia, cioè i letterati e la borghesia colta; riscuote immediati apprezzamenti, in particolare dal suo maestro Giosue Carducci e da un altro importante poeta contemporaneo, Gabriele D'Annunzio.

■ Giovanni Pascoli: la vita

Giovanni Pascoli nasce nel 1855 a San Mauro di Romagna (ora San Mauro Pascoli), quarto di dieci figli di una famiglia benestante: il padre è amministratore di una tenuta dei principi Torlonia. Con i fratelli Giacomo e Luigi, Giovanni studia, dal 1862, in collegio a Urbino; ha dodici anni quando, il 10 agosto 1867, il padre, nel rientrare in calesse da Cesena, viene assassinato in un agguato, da una fucilata; gli esecutori e il mandante, nonostante gli indizi e il probabile movente (le mire sull'amministrazione della tenuta), non saranno mai perseguiti dalla giustizia.

I LUTTI FAMILIARI. La tragica scomparsa del padre sconvolge la vita della famiglia, colpita di nuovo, alla fine del 1868, dalla morte della sorella maggiore e della madre. Giacomo, il fratello maggiore, è costretto ad abbandonare gli studi e trova lavoro a Rimini; qui Giovanni, uscito dal collegio, lo raggiunge e frequenta, nel 1871, il secondo anno di liceo; in quello stesso periodo muore, non ancora diciottenne, il fratello Luigi. Quando Giacomo si sposa e torna a San Mauro, il resto della famiglia si disperde: Giovanni completa gli studi liceali in un collegio di religiosi a Firenze, mentre le sorelle più piccole (Ida e Maria, detta Mariù) sono accolte in un collegio retto da monache e poi presso una zia materna, a Sogliano sul Rubicone.

BOLOGNA: L'UNIVERSITÀ E L'ESPERIENZA POLITICA. Dopo il liceo, Pascoli vince il concorso per una borsa di studio che gli permette di iscriversi alla facoltà di Lettere a Bologna, dove ha come insegnante il poeta Giosue Carducci. In quegli anni entra in contatto con ambienti giovanili di idee socialiste e conosce Andrea Costa. Nel 1875 perde il diritto al sussidio per aver partecipato a una manifestazione di studenti contro il ministro della Pubblica istruzione; poco dopo, la morte del fratello Giacomo lo priva di ogni aiuto. Vive un periodo di precarietà e di sbandamento, senza poter proseguire gli studi. Alla fine del 1879, la partecipazione alla politica attiva gli vale alcuni mesi di carcere preventivo, dopo l'arresto per «partecipazione a manifestazione sediziosa e resistenza alla forza pubblica», accusa dalla quale sarà poi assolto. Dopo questa esperienza traumatica abbandona l'impegno politico, maturando una posizione ispirata alle idee di fratellanza universale del socialismo umanitario. Ripresi gli studi, si laurea nel 1882.

L'ATTIVITÀ POETICA E L'INSEGNAMENTO. Comincia quindi a lavorare come insegnante di latino e greco nei licei, prima a Matera, poi a Massa dove, nel 1885, si ricongiunge con le sorelle Ida e Maria, ricostituendo quel nucleo famigliare di cui si è sempre sentito dolorosamente privato. Nel 1887 viene trasferito a

Andrea Costa. Politico italiano (1851-1910), attivo in Emilia Romagna come esponente del socialismo rivoluzionario e internazionalista; nel 1882 fu il primo deputato socialista eletto nel Parlamento italiano.

Socialismo umanitario. Concezione di una società basata su valori di fratellanza e solidarietà universali (contrapposte alla lotta contro il potere e le istituzioni borghesi sostenuta dal socialismo rivoluzionario) e che riflette la mentalità della piccola borghesia cui Pascoli appartiene. Egli stesso si definì «socialista dell'umanità, non di una classe», e da tale posizione deriva il suo successivo atteggiamento nazional-patriottico-populista.

287

PERCORSO C — UN AUTORE, UN MOVIMENTO

Livorno, dove lo seguono le sorelle. In quegli anni si sviluppa la sua attività poetica, con la prima edizione della raccolta *Myricae* (1891) e con poemetti latini con i quali vincerà più volte (a partire al 1892) il concorso di poesia latina di Amsterdam.

DA LIVORNO A CASTELVECCHIO. Quando Ida, nel 1895, si sposa, Giovanni ne soffre come per un tradimento. Poco tempo dopo rinuncia, per la decisa resistenza di Maria, al proprio progetto di nozze con una cugina; si trasferisce definitivamente, con la sorella, a Castelvecchio di Barga, in provincia di Lucca. Sono anni di intenso lavoro, in cui si afferma la sua fama di poeta e studioso. Nel 1897 pubblica i *Poemetti*; nel 1898 ottiene la cattedra di Letteratura italiana a Messina; nel 1903 è trasferito a Pisa, dove dà alle stampe la raccolta dei *Canti di Castelvecchio*, cui seguono i *Poemi conviviali*. Nel 1906 succede a Carducci nella cattedra di Letteratura italiana all'Università di Bologna. Negli ultimi anni pubblica altre raccolte poetiche di impronta storico-civile; nel 1911, con il discorso *La grande proletaria si è mossa*, celebra l'impresa coloniale italiana in Libia (Impresa di Libia) come atto di emancipazione del Paese da una condizione di arretratezza e povertà. Muore a Bologna nel 1912.

■ Le opere e i temi

A Castelvecchio, nel Museo Casa Pascoli, si conservano nello studio del poeta i tre scrittoi da lui utilizzati per dedicarsi rispettivamente alla poesia italiana, alla poesia latina e ai saggi sull'opera di Dante; questi ultimi furono raccolti nei volumi **Minerva oscura** (1898), **Sotto il velame** (1900), **La mirabile visione** (1902). Oltre a comporre poesie in latino, Pascoli pubblicò fra il 1895 e il 1897 due antologie (**Lyra** e **Epos**) dei maggiori testi poetici, lirici ed epici, della letteratura latina. Nelle opere poetiche in italiano sperimentò, nei medesimi periodi, differenti modalità compositive: come osserva lo studioso Pier Vincenzo Mengaldo, Pascoli «compone simultaneamente su varie tastiere» e smista «i versi concepiti o stesi in un medesimo torno di tempo in raccolte diverse, la cui profonda differenza di genere e registro lui stesso conosce bene e sottolinea, anzitutto con le famose epigrafi virgiliane» (P.V. Mengaldo, *Nota introduttiva* a G. Pascoli, *Myricae*, Rizzoli, Milano, 2006).

L'ESORDIO POETICO: *MYRICAE* (1891-1900) E LE «UMILI COSE». La raccolta, pubblicata nel 1891, comprendeva 22 poesie, cui se ne aggiunsero altre nelle edizioni successive (del 1892, 1894, 1897) fino alla quinta, del 1900, che ne conta 156. Il titolo offre una prima chiave di lettura: *Myricae* è il nome latino (al plurale) di un tipo di piante comuni, le tamerici, menzionate dal poeta Virgilio (I sec. a.C.) in un verso dal quale Pascoli estrae anche la citazione posta in epigrafe al libro: *Arbusta iuvant humilesque myricae*, "Piacciono gli arbusti e le umili tamerici". Vuole, così, alludere al tono "basso" della propria poesia e al motivo ispiratore della raccolta, che è quasi un diario dei momenti trascorsi a contatto con gli aspetti e le voci dei campi, in un paesaggio familiare colto nel trascorrere delle stagioni, nella vita degli alberi, dei fiori, degli uccelli, nella quotidianità del lavoro dell'uomo e nelle piccole cose della vita domestica.

Impresa di Libia. Nel 1911-1912 l'Italia intraprese una guerra coloniale (guerra italo-turca) per impadronirsi di due province nordafricane dell'impero ottomano, la Tripolitania e la Cirenaica (in Libia).

Epigrafi. L'epigrafe è, propriamente, un'iscrizione celebrativo-commemorativa su una lapide; ma il termine si usa anche per le frasi tratte da opere famose e riportate all'inizio di uno scritto o di un libro per valorizzarne l'ispirazione e i contenuti. Nel caso di Pascoli, si tratta di citazioni dall'opera del poeta latino Virgilio (I sec. a.C.).

Arbusta iuvant humilesque myricae. La citazione è estrapolata – eliminando la negazione – dal verso *Non omnes arbusta iuvant humilesque myricae* ("Non a tutti piacciono gli arbusti e le umili tamerici") con cui Virgilio, nelle *Bucoliche* (poesie di argomento campestre), annunciava il passaggio dai temi umili ad altri più elevati; la frase verrà ripresa da Pascoli, con la negazione, come motto dei *Poemi conviviali*.

UN LESSICO INNOVATIVO. Nelle poesie di *Myricae* compaiono, perciò, i nomi di oggetti, piante, animali, attività umane prima ignorati dalla nostra tradizione, orientata invece su un linguaggio selezionato e di registro aulico: nella lirica pascoliana la realtà quotidiana della campagna è descritta con termini aderenti ai particolari delle cose più comuni. Il critico Gianfranco Contini, il primo a rilevare la modernità dell'opera pascoliana, ha definito questo suo aspetto come «l'estensione del diritto di cittadinanza a tutti gli elementi della realtà» e come «democrazia poetica» (G. Contini, *Varianti e altra linguistica*, Einaudi, Torino, 1970).

IL MISTERIOSO LINGUAGGIO DELLA NATURA. La novità del linguaggio di *Myricae* consiste anche in un uso originale dell'onomatopea → per rappresentare i suoni della natura, non solo attraverso la sostanza fonica del lessico (per esempio con parole come *sciabordare* per il rumore dell'acqua, o *bubbolìo* per un tuono lontano) ma in modo puramente imitativo – per esempio rendendo i versi degli uccelli con *scilp*, *vitt*, *videvitt*, *dib*, *vilp* ecc. – ossia con puri significanti, che ricordano il modo infantile di "mimare" gli animali, ma che suonano, per il poeta, come messaggi di una lingua misteriosa, o forse solo dimenticata («una lingua che più non si sa»). In una delle più significative liriche della raccolta, il *chiù* di un uccello notturno (► *L'assiuolo*, p. 308) risuona nella campagna come un triste lamento che sembra rispondere al sentimento angoscioso dell'io lirico.

L'«IMPRESSIONISMO SIMBOLICO». La precisione del lessico pascoliano si sottrae, quindi, alla genericità delle tradizionali e "nobilitanti" descrizioni della natura dove tutti i fiori sono rose e viole, tutti gli uccelli rondini e usignoli, e così via. In Pascoli troviamo infatti la varietà e le particolarità dell'ambiente naturale definite con una terminologia che va dai nomi più noti a quelli di uso solo regionale, a quelli inconsueti o specialistici: tra le piante, per esempio, troviamo i pioppi ma anche i «gattici», tra i fiori il rosolaccio ma anche il «vilucchio» o il «dianto» ecc. Queste scelte lessicali, anziché produrre un effetto realistico, comunicano la misteriosa suggestione esercitata dall'identità stessa delle cose.

Nella poesia di *Myricae*, inoltre, anche il più nitido particolare del paesaggio risulta immerso in un'atmosfera di indeterminatezza, come un'apparizione sfuggente, una percezione sensoriale soggettiva e frammentaria, per esempio quella di un aratro senza buoi, in mezzo a un campo, e di un canto popolare di donne che lavano i panni (► *Lavandare*, p. 300); o l'impressione visiva di un lampo (► *Il lampo*, p. 296) che sembra rivelare l'ignoto della notte e della morte. Il particolare, il dato concreto e naturalistico, assume nel contesto connotazioni che lo caricano di altri significati: questa caratteristica, definita «impressionismo simbolico» (► *Il Simbolismo*, p. 189), è un fondamentale aspetto di modernità dell'opera di Pascoli.

▲ Telemaco Signorini, *Nubi al tramonto*, 1864. Milano, Galleria d'Arte Moderna (Museo dell'Ottocento).

I FILONI TEMATICI. In *Myricae*, le immagini della campagna sono prevalentemente quelle dei luoghi familiari di San Mauro; al tema della natura si unisce quello del dolore e del lutto per il padre (► *X Agosto*, p. 304). Nelle edizioni successive si vanno precisando i filoni tematici già presenti nel nucleo iniziale della raccolta, da quello campestre e popolare-folclorico a quello naturalistico, a quello funebre-memoriale e autobiografico, con un raggruppamento dei testi in sezioni (15) i cui rispettivi titoli ne sottolineano l'omogeneità tematica (per esempio *Pensieri, In campagna, Inverno, Ricordi*). Nell'edizione del 1884, la terza, si accentuano i riferimenti al legame con i familiari defunti, in una devozione quasi religiosa al passato, e il sentimento dell'infelicità dell'esistenza. Nella prefazione il poeta si richiama esplicitamente alla memoria del padre, al quale il libro è dedicato («A Ruggiero Pascoli, mio padre»).

UN'IMMAGINE CHIAVE: IL «NIDO». Un'immagine chiave della raccolta è il «nido», simbolo della famiglia e dei suoi affetti, luogo di protezione e sicurezza in contrapposizione al mondo esterno, esposto alle aggressioni, alla violenza e al male. Il «nido» rappresenta anche la poesia stessa, come rifugio in una condizione originaria di semplicità e innocenza, quella della sensibilità infantile che Pascoli attribuisce al poeta (► *Il fanciullino*, p. 293).

I *POEMETTI* (1897-1909) E LA CAMPAGNA "FELICE". Il motto latino posto in epigrafe alla raccolta, *Paulo maiora* ("Cose un po' più grandi", ossia argomenti più alti) è anch'esso tratto da Virgilio e annuncia un progetto più ambizioso: i componimenti sono più ampi, assumono l'andamento del racconto e adottano l'endecasillabo, metro "narrativo" per eccellenza (e qui utilizzato in terzine dantesche). La raccolta verrà poi intitolata ***Primi poemetti*** nell'edizione Zanichelli del 1904 (con 44 componimenti) e ad essa si aggiungeranno, nel 1909 e presso lo stesso editore, i ***Nuovi Poemetti***, con 33 componimenti. L'opera è dedicata, questa volta, alla sorella Maria.

La campagna è rappresentata come l'ambiente sereno in cui si svolgono gli eventi elementari e fondamentali della vita: il poeta racconta l'esistenza povera e laboriosa di una famiglia di contadini della Garfagnana, che scorre pacificamente al ritmo delle stagioni.

UN'IDEOLOGIA «REGRESSIVA». Nell'immagine di un mondo rurale rassicurante e solidale si esprime, più esplicitamente che in *Myricae,* l'ideologia dell'autore: Pascoli delinea un modello morale e sociale basato sui valori semplici e genuini del contadino che vive nel proprio piccolo mondo di lavoro e di affetti, contrapposto al «male» della società contemporanea e alle trasformazioni della modernità. È stato osservato che, in questo modo, l'attaccamento regressivo al «nido» che caratterizza l'atteggiamento di Pascoli «si trasforma in regressività ideologica», tra populismo e paternalismo (P.V. Mengaldo).

Nei *Poemetti* sono inseriti, inoltre, alcuni testi dedicati a esperienze personali, in particolare ai ricordi della vita in collegio, sia del poeta (come *L'aquilone*, sulla morte prematura di un suo compagno di scuola) sia delle sorelle; ed è tra questi che si individuano gli esiti migliori della raccolta.

I *CANTI DI CASTELVECCHIO* (1903). Ritornano in questa raccolta i motivi ispiratori di *Myricae*, cui essa si riallaccia anche esplicitamente nella dedica del poeta alla madre: «Crescano e fioriscano intorno alla tomba della mia giovane madre queste *Myricae* [...] autunnali». Il riferimento all'autunno è un'allusione al declino dell'esistenza. La raccolta si organizza, ma in modo meno evidente che nei *Poemetti*, in base all'avvicendarsi delle stagioni; il poeta stesso vi fa riferimento in una lettera all'amico Alfredo Caselli:

C'è, vedrai, nei *Canti*, un ordine latente, che non devi rivelare: prima emozioni, sensazioni, affetti, d'inverno, poi di primavera, poi d'estate, poi d'autunno, poi ancora un po' d'inverno mistico, poi un po' di primavera triste, e *finis*.

(G. Pascoli, *Lettere ad Alfredo Caselli*, a cura di F. Del Beccaro, Mondadori, Milano, 1968)

RACCOGLIMENTO E INQUIETUDINE. I componimenti continuano la linea della "poesia delle cose"; si conferma la visione della vita come mistero inesplicabile, di fronte al quale risulta inattendibile qualunque spiegazione razionalistica o religiosa. Il paesaggio di San Mauro vive nella memoria e le sue immagini si confondono con quelle di Castelvecchio, il rifugio definitivo del poeta. Il passato è come immerso in una lontananza remota, velata, che attutisce ma non spegne l'angoscia. Una suggestiva espressione di questo sentimento esistenziale è, in una delle prime poesie della raccolta, l'immagine della nebbia che nasconde «le cose lontane»: il poeta vorrebbe poter vedere soltanto «la siepe dell'orto», «i due peschi, i due meli», e non ricordare «quello che è morto», e nemmeno sentire i richiami del mondo di fuori, «che vogliono ch'ami e che vada» (*Nebbia*, vv. 1, 8-10, 20). Anche il raccoglimento rassicurante di Castelvecchio è abitato dall'inquietudine, in un attaccamento regressivo al passato che implica la rinuncia ad altri affetti e al matrimonio (▶ *Il gelsomino notturno*, p. 316). La componente autobiografica riguarda soprattutto le tragedie familiari, che affiorano nella percezione delle cose e ne intensificano le connotazioni simboliche; ma dopo le tempeste dell'esistenza, la morte è attesa con pacata consapevolezza, come sollievo e annullamento definitivo (▶ *La mia sera*, p. 312).

Si accentuano, nei *Canti di Castelvecchio*, il procedimento analogico, la condensazione dei significati, il fonosimbolismo (▶ p. 294):

...ancor più attraente è l'infinita capacità pascoliana di animare il significante, di smuovere la materialità fascinosa della lingua [...], per trarne risonanze e associazioni psichiche insieme assai varie e ricorrenti e valori connotativi che offuscano i denotativi. [...] In questo la nostra ammirazione per l'artefice non viene mai meno...

(P.V. Mengaldo, *Antologia pascoliana*, Carocci, Roma, 2014)

I *POEMI CONVIVIALI* (1904): UNA MODERNA RIEVOCAZIONE DEL MONDO ANTICO. La prima edizione della raccolta, pubblicata nel 1904 dall'editore Zanichelli, comprende 19 poemetti (che diventano 20 nell'edizione del 1905), alcuni dei quali già usciti singolarmente, dal 1895, sulla raffinata rivista "Il Convito"; di qui l'aggettivo *conviviali* del titolo, che evoca al tempo stesso i canti con cui nell'antichità si rallegravano i banchetti. Questa volta la citazione virgiliana è *Non omnes arbusta iuvant* ("Non a tutti piacciono gli arbusti"). Significa che ora il poeta affronta temi più alti: i componimenti, quasi sempre in endecasillabi sciolti, sono infatti dedicati a miti e personaggi del mondo antico, evocati con uno stile raffinato, di gusto colto ed estetizzante.

PERCORSO C

UN AUTORE, UN MOVIMENTO

CLASSICITÀ E DECADENTISMO. I testi sono ordinati in base alle diverse epoche cui si riferiscono, da quella di Omero (*Il cieco di Chio*) e degli eroi leggendari dei suoi poemi, Achille (*La cetra di Achille*) e Odisseo (*Il sogno di Odisseo*; *L'ultimo viaggio*), a quella di Alessandro Magno (*Alexandros*) che, giunto ai limiti del mondo, avverte lo sgomento del nulla; fino al tempo dell'impero romano e del suo crepuscolo, con l'irrompere dei barbari e l'apertura al futuro della nuova fede (*La buona novella*). Pascoli unisce alla vasta erudizione del filologo l'ispirazione del poeta, proiettando sull'immagine luminosa del mondo greco le ombre dello smarrimento e dell'angoscia esistenziale proprie del Decadentismo.

LE ULTIME RACCOLTE: POESIA CIVILE E STORICO-CELEBRATIVA. Nella produzione degli ultimi anni si esprimono le ambizioni di poesia civile del poeta, in coincidenza con il trasferimento alla cattedra che fu ricoperta fino al 1904 da Carducci. Nella raccolta *Odi e inni* (1906) Pascoli si ispira ai toni elevati di questi due generi della poesia antica, e affronta temi di attualità storica – per esempio il traforo del Sempione (concluso nel 1905) o la battaglia di Adua, in Etiopia (del 1896) – in chiave patriottico-sociale, con un'intenzione morale ed educativa. Nel dedicare la raccolta «Alla giovine Italia», ossia alle nuove generazioni, l'autore esprime una posizione volutamente estranea alle divisioni politiche di parte e ai conflitti di potere che agitano il mondo contemporaneo. Il suo sofferto percorso biografico è ora proposto in chiave eroica nella poesia introduttiva (*La piccozza*), allegoria della propria solitaria e faticosa ascesa verso la meta più alta, «il puro e limpido culmine».

Vicine all'ispirazione dei *Poemi conviviali*, ma ambientate nell'epoca medioevale, sono le *Canzoni di Re Enzio* (1908-1909), intitolate al figlio di Federico II di Svevia, morto in carcere a Bologna nel 1272; le tre canzoni, concepite come parte di un progetto più ampio e rimasto incompiuto, vogliono essere un omaggio alla città e alle sue lotte, nell'età comunale, contro l'Impero. Sul modello di Carducci e della sua "poesia storica", Pascoli si investe di una missione nazionale, di esaltazione patriottica degli ideali risorgimentali. Nei *Poemi del Risorgimento* (1907), incompiuti e pubblicati postumi nel 1913, e nei *Poemi italici* (1911) celebra, con toni solenni e declamatori, episodi eroici e figure di patrioti e artisti, fondendo umanitarismo e spirito nazionale e proponendo la visione di un mondo in cui il reciproco rispetto delle nazionalità sia portatore di pace e fraternità, in nome del comune destino di tutti gli uomini.

PASCOLI POETA LATINO: I *CARMINA* (1917). I componimenti poetici in latino, scritti tra il 1885 e il 1911, furono pubblicati postumi nel 1917 a cura della sorella Maria. Ideale continuazione dei *Poemi conviviali*, i *Carmina* (in latino "carmi", ossia "canti poetici") raccontano il mondo romano e il suo declino, nel quale Pascoli vede anche la fine della grande poesia antica e il subentrare, con il cristianesimo, della coscienza del tragico destino dell'uomo. Pascoli è un poeta originale anche in latino, una lingua morta e solo letteraria ma che sembra risorgere e rinnovarsi per l'intima risonanza che assume nella sua ricerca espressiva. Data la sua antichità, egli la ritiene uno specchio dell'infanzia dell'umanità e la sente più vicina a quel momento originario in cui per la prima volta la parola fa esistere, nominandole, le cose. Come osserva lo studioso Gianfranco

---

Decadentismo. Movimento culturale e artistico (definito, inizialmente, in senso negativo) che coincide con il periodo di profonde trasformazioni economiche e sociali di fine Ottocento che diedero luogo alla crisi delle precedenti certezze e a una visione della realtà come mistero non razionalmente decifrabile, in uno stile dal gusto raffinato ed estetizzante.

Enzio. Italianizzazione di Heinz (per Heinrich), nome del figlio naturale di Federico di Hohenstaufen (1194-1250), duca di Svevia, re di Sicilia e imperatore del Sacro romano impero con il nome di Federico II. Nato forse nel 1222, Enzio ebbe il titolo di re di Sardegna e partecipò alle aspre lotte tra l'impero, i comuni e il papato.

Contini, per Pascoli il latino è «una lingua già registrata in qualche luogo ideale ma sottratta all'uso quotidiano» e dunque una lingua che ha il fascino evocativo dei linguaggi perduti.

La poetica

Sono numerosi gli scritti (lettere, prefazioni alle raccolte, interventi su riviste) nei quali Pascoli espone la propria poetica; ma più che elaborare posizioni teoriche, egli esprime il suo modo di "sentire" e intendere la poesia. Lo scritto più memorabile è il saggio **Il fanciullino**, comparso a puntate sulla rivista "Il Marzocco" nel 1897.

IL FANCIULLINO. Pascoli afferma che la poesia nasce da una percezione immediata e originaria delle cose come quella che si ha nell'infanzia, quando tutto è fonte di meraviglia e stupore, e anche gli oggetti più semplici si rivelano pieni di vita e di significati. La sensibilità del «fanciullino» che ognuno è stato continua a esistere in tutti anche dopo l'infanzia, sebbene non tutti siano disposti ad ascoltare la sua voce perché distratti dai desideri e dalle ambizioni della vita; tuttavia ognuno può riconoscerla in se stesso. Ma è soprattutto nel poeta che si mantiene più viva la capacità del fanciullino di vedere le cose «come per la prima volta», con spontaneità e immediatezza:

> Egli [il fanciullino] è quello, dunque, che ha paura al buio, perché al buio vede o crede di vedere; quello che alla luce sogna o sembra sognare, ricordando cose non vedute mai; quello che parla alle bestie, agli alberi, ai sassi, alle nuvole, alle stelle: che popola l'ombra di fantasmi e il cielo di dei. Egli è quello che piange e ride senza perché, di cose che sfuggono ai nostri sensi e alla nostra ragione. [...] Egli ci fa perdere il tempo, quando noi andiamo per i fatti nostri, ché ora vuol vedere la cinciallegra che canta, ora vuol cogliere il fiore che odora, ora vuol toccare il selce[1] che riluce. E ciarla[2] intanto, senza chetarsi[3] mai; e, senza lui, non solo non vedremmo tante cose a cui non badiamo per solito, ma non potremmo nemmeno pensarle e ridirle, perché egli è l'Adamo[4] che mette il nome a tutto ciò che vede e sente. Egli scopre tra le cose le relazioni più ingegnose[5] [...] impicciolisce per poter vedere, ingrandisce per poter ammirare. Né il suo linguaggio è imperfetto come di chi non dica la cosa se non a mezzo[6], ma prodigo anzi, come di chi due pensieri dia per una parola[7]. C'è dunque chi non ha sentito mai nulla di tutto questo?
>
> (G. Pascoli, *Il fanciullino*, in *Scritti scelti*, Mondadori, Milano, 1963)

▲ **William Blake**, Frontespizio dei *Canti dell'Esperienza*, 1794. Yale, Yale Center for British Art.

LA REGRESSIONE ALL'INFANZIA. La facoltà poetica che Pascoli rappresenta nella figura del fanciullino si caratterizza come ritorno a una condizione originaria e intatta dell'esperienza, a una sensibilità intuitiva ed emotiva che viene prima (e

---

1. selce: roccia silicea.
2. ciarla: chiacchiera, parla continuamente.
3. chetarsi: quietarsi, smettere.
4. Adamo: secondo la tradizione biblica, il primo uomo e quindi colui che nomina le cose per la prima volta.

5. le relazioni più ingegnose: sono le misteriose "corrispondenze" tra le cose (▶ Baudelaire, *Corrispondenze*, p. 186), che ne fanno intuire significati nascosti e ulteriori.
6. di chi...a mezzo: di chi dica le cose solo a metà.

7. prodigo...parola: è il linguaggio generoso (*prodigo*) di chi comunica due pensieri, due significati, con una parola sola. Pascoli si riferisce qui alla concentrazione espressiva e alla polisemia del linguaggio poetico.

va al di là) della razionalità, in una regressione all'infanzia che è una continua scoperta delle cose, come nel rapporto primigenio tra l'individuo e il mondo. In questo brano, l'interrogativa retorica (*C'è dunque chi non ha sentito mai nulla di tutto questo?*) ribadisce il fatto che la voce della poesia può essere intesa da tutti, in quanto esperienza universale («Un fanciullo è fanciullo allo stesso modo da per tutto») che accomuna gli uomini al di là delle differenze sociali:

> Siano gli operai, i contadini, i banchieri, i professori in una chiesa a una funzione di festa; si trovino poveri e ricchi, gli esasperati e gli annoiati, in un teatro a una bella musica: ecco tutti i loro fanciullini alla finestra dell'anima, illuminati da un sorriso o aspersi da una lagrima che brillano negli occhi dei loro ospiti inconsapevoli; eccoli i fanciullini che si riconoscono [...] contemplando un ricordo e un sogno comune.
>
> (G. Pascoli, *Il fanciullino*, in *Scritti scelti*, Mondadori, Milano, 1963)

■ Lo stile

Pascoli si forma nell'ambito di una cultura classicistica della quale Carducci è riconosciuto all'epoca come il maggiore rappresentante; ma la sua ispirazione si orienta in una direzione diversa da quella della concretezza "classica" dello stile carducciano, esprimendo le tendenze più innovative del tempo. La poesia di Pascoli si colloca infatti tra i maggiori esiti del Simbolismo novecentesco e costituirà un punto di riferimento fondamentale per gli autori successivi.

IL PROCEDIMENTO ANALOGICO. Una delle principali innovazioni stilistiche della poesia pascoliana è l'uso generalizzato dell'analogia →: le percezioni dell'io lirico sono accostate senza un ordine logico, come impressioni e "rivelazioni" intermittenti del mistero della natura e delle segrete corrispondenze fra le cose. Da tali accostamenti si generano nel testo molteplici significati connotativi che rimandano a una dimensione ulteriore e insondabile della realtà. A questo effetto contribuisce anche l'uso ricorrente di figure retoriche – in particolare la metafora → e la sinestesia → – che, come l'analogia, rendono in modo intuitivo le sensazioni dell'io lirico. Il linguaggio poetico pascoliano risulta, così, intensamente evocativo: l'impressionismo delle immagini diventa un'immediata proiezione dell'interiorità del poeta.

IL FONOSIMBOLISMO. Oltre alle figure di significato, è notevole e originale l'uso delle figure di suono, soprattutto dell'allitterazione → e dell'onomatopea →, che rendono le risonanze percettive ed emotive delle voci della natura. Le scelte lessicali si caratterizzano anche per il valore evocativo del suono (fonosimbolismo), che contribuisce a esprimere, al livello del significante, sensazioni altrimenti indefinibili e stati d'animo latenti. Analizzando la "superficie" dei testi pascoliani si rilevano le fitte trame di suoni (date anche dalle rime e dalle frequenti assonanze e consonanze) con cui le parole (e quindi i loro significati) si richiamano a distanza.

IL PLURILINGUISMO. Tra gli aspetti di originalità e modernità dello stile di Pascoli va considerato anche il plurilinguismo: ai termini attinti dal lessico comune e quotidiano, da espressioni dell'italiano regionale o del dialetto, si uniscono vocaboli più tradizionali e colti, ma anche forme "pregrammaticali" (come il *chiù* dell'assiuolo) e inserimenti – anche questi trasgressivi rispetto alla lingua letteraria tradizionale – di espressioni straniere, di toponimi o altre denominazioni esotiche, di formule riprese dalle lingue antiche; questa eterogeneità di elementi che si combinano nel regolare contesto grammaticale produce effetti stranianti, ponendo in primo piano la capacità di "significazione" della lingua.

LA SPERIMENTAZIONE METRICA. Lo sperimentalismo pascoliano investe anche la metrica: pur adottando i metri tipici della nostra tradizione letteraria, il poeta ne fa un uso innovativo. In *Myricae* è presente una notevole varietà di metri, e oltre a forme "chiuse" come quelle del sonetto (► p. 28), della ballata o del madrigale, i componimenti presentano abili modificazioni degli schemi tradizionali. I *Canti di Castelvecchio*, soprattutto, sono caratterizzati anche dalla preferenza per versi più brevi dell'endecasillabo, in particolare il novenario, e da nuove combinazioni strofiche di metri diversi. Pascoli, inoltre, tende a frammentare il ritmo interno del verso con le pause sintattiche: sono frequenti i due punti, i puntini di sospensione, i punti esclamativi e interrogativi, gli incisi tra parentesi. Anche gli *enjambement* tendono a spezzare la misura ritmica tradizionale, in particolare degli endecasillabi. La tendenza a "manipolare" le forme metriche istituzionali è strettamente funzionale agli effetti espressivi del significato e si gioca sostanzialmente nella tensione del rapporto fra metro e sintassi; a essa concorrono anche l'uso di frasi nominali (senza verbo), l'assenza quasi sistematica della subordinazione e gli accostamenti per asindeto →.

Che cosa so

Indica se le seguenti affermazioni su Giovanni Pascoli sono vere o false. | V | F |

a. Nel 1889 si trasferisce con le sorelle a Messina.

b. Negli anni universitari partecipa attivamente alla vita politica.

c. Ritiene che la poesia debba trattare esclusivamente temi quotidiani.

d. Intitola *Il fanciullino* una poesia di *Myricae*.

e. Nei *Poemetti* celebra il progresso dell'epoca moderna.

f. Lavora contemporaneamente a raccolte diverse.

g. Nelle prime raccolte imita la poesia classica di Virgilio.

h. Il plurilinguismo è un aspetto innovativo della sua poesia.

i. Nelle ultime raccolte ritorna ai temi umili della campagna.

j. Un tema ricorrente è la tragedia familiare.

k. L'immagine del «nido» ha un significato simbolico.

l. La metrica è utilizzata in modo tradizionale.

m. Esprime un atteggiamento che lo collega al Decadentismo.

PERCORSO C — UN AUTORE, UN MOVIMENTO

Testo d'esempio

Myricae
(1894)
▶ Lirica

Il lampo
Giovanni Pascoli

La lirica comparve nella terza edizione di *Myricae* (1894). La luce di un lampo che rende visibile per un attimo il paesaggio immerso nell'oscurità notturna è associata dal poeta, per analogia, con l'ultimo istante di coscienza del padre morente.
Il metro è quello di una strofa di ballata, in endecasillabi rimati secondo lo schema A BCBCCA.

> E cielo e terra si mostrò qual era:
>
> la terra ansante, livida, in sussulto;
> il cielo ingombro, tragico, disfatto:
> bianca bianca nel tacito tumulto
> 5 una casa apparì sparì d'un tratto;
> come un occhio, che, largo, esterrefatto,
> s'aprì si chiuse, nella notte nera.

(G. Pascoli, *Poesie*, Mondadori, Milano, 1968)

E cielo e terra si mostrò qual era:
Il primo verso è seguito da uno "stacco" grafico, una pausa marcata che potenzia l'espressività del testo.

la terra ansante, livida, in sussulto;
il cielo ingombro, tragico, disfatto:
Il parallelismo della costruzione sintattica e l'uso dell'asindeto condensano le percezioni visive, caricandole di connotazioni emotive: è la visione improvvisa di una tragedia in atto.

bianca bianca...una casa
L'inversione del soggetto *una casa* potenzia l'effetto espressivo di *bianca bianca*.

notte nera
La lirica si chiude con il buio in cui tutto scompare e si annulla.

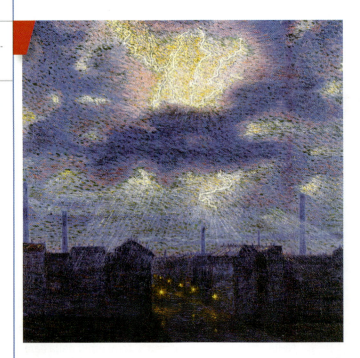

▶ **Luigi Russolo**, *I lampi*, 1910. Roma, Galleria Nazionale d'Arte Moderna.

2. ansante...sussulto: affannata e ansimante, di un colore freddo e grigiastro, percorsa da un tremito.
3. ingombro...disfatto: denso di nubi informi e come devastato da una catastrofe.
4. bianca bianca: il superlativo rende l'intensità dell'effetto di luce.
6. largo, esterrefatto: sbarrato e stupefatto, inorridito.

Analisi del testo

L'impressionismo descrittivo

La lirica offre un esempio di quello che è stato definito l'«impressionismo» pascoliano: i particolari su cui il poeta fissa la sua attenzione non sono dati oggettivi e naturalistici ma appunto "impressioni", ossia aspetti delle cose colti e filtrati dalla soggettività dell'io lirico, e resi con immagini accostate l'una all'altra.

I significati simbolici

Il *lampo* – menzionato solo nel titolo della lirica, della quale è parte integrante – per un attimo, con la sua luce cruda e istantanea, rivela allo sguardo ciò che, nel buio, è invisibile; diventa così un'"illuminazione", alla quale si associa l'immagine dell'occhio che si apre e si chiude su una visione improvvisa. La rivelazione è preannunciata da *qual era* e dall'avvio lento e solenne del primo verso, in cui la formulazione *E cielo e terra* richiama quella della Bibbia (*Genesi* 1: «In principio Dio creò il cielo e la terra») ed evoca una dimensione cosmica.

Le manifestazioni della natura suggeriscono alla sensibilità del poeta significati ulteriori e misteriosi: la terra è descritta come un essere animato, livida e sconvolta, come presa da un tremito; il cielo è un ammasso agitato e informe di nubi. Una sensazione d'angoscia pervade le percezioni del paesaggio (*tragico* è una parola chiave); la casa, rifugio chiuso e protetto, appare sola e indifesa, esposta a una catastrofe. L'impressione visiva si concentra nell'aggettivo, la cui ripetizione (*bianca bianca*) ha valore di superlativo; questa espressione assume anche una valenza affettiva, data dal significato connotativo di "estremo pallore" e da quello simbolico di "innocenza". La contrapposizione *bianca bianca / notte nera* rafforza il significato simbolico del buio come immagine dell'ignoto e della morte.

L'associazione analogica

Gli ultimi due versi associano la visione del paesaggio a quella di un occhio spalancato nel buio: il *come* del verso 6 esplicita un rapporto analogico tra le due immagini, espresso anche dal parallelismo degli asindeti *apparì sparì* (v. 5) – *s'aprì si chiuse* (v. 7), entrambi riferiti all'istantaneità della visione. La casa appare per un attimo, investita e abbagliata da una luce quasi metafisica; e in quell'attimo è tutt'uno con una presenza umana spaventata e attonita, un occhio che nel tempo infinitesimale di un battere di ciglia si spalanca e si richiude nel buio, nella *notte nera* della morte.

Il tema autobiografico

In un'altra poesia di *Myricae*, *Il giorno dei morti*, l'espressione «lampo senza fine» è riferita all'attimo supremo della morte, che è infatti il nucleo ispiratore anche di questa lirica. Un appunto di Pascoli conferma la sua relazione con l'uccisione del padre:

> I pensieri che tu, o padre mio benedetto, facesti in quel momento, in quel batter d'ala – Il momento fu rapido... ma i pensieri non furono brevi e pochi. Quale intensità di passione! Come un lampo in una notte buia buia: dura un attimo e ti rivela tutto un cielo pezzato, lastricato, squarciato, affannato, tragico; una terra irta piena d'alberi neri...

(G. Pascoli, *Myricae*, a cura di G. Nava, Sansoni, Firenze, 1974)

Il tema autobiografico, ricorrente e ossessivo nella poesia pascoliana, emerge qui come frammento di un discorso interiore ininterrotto – infatti il testo si apre con la congiunzione *E* – che isola, qui, l'ultimo pensiero del padre agonizzante (la casa, la famiglia sola e spaurita) e l'ultima percezione (il lampo potrebbe richiamare il bagliore della fucilata)

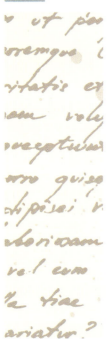

UN AUTORE, UN MOVIMENTO

dello sguardo che rimane per un istante fisso e attonito per poi spegnersi nel nulla della morte. La rivelazione (*qual era*) è quella della violenza che sconvolge l'ordine delle cose, e del dolore e del male del mondo, di cui il poeta non trova una spiegazione razionale.

Lo stile

Il simbolismo della lirica è dato soprattutto dalle scelte lessicali, che generano molteplici connotazioni e quindi pluralità di significati, come le serie di aggettivi riferiti rispettivamente alla terra e al cielo. Anche nell'ossimoro *tacito tumulto* – riferito allo sconvolgimento silenzioso del cielo e della terra nell'istante del lampo, che precede il tuono – si concentrano più significati: *tumulto* non significa soltanto "agitazione" e "strepito", ma assume anche il senso metaforico di "turbamento interiore".

L'uso di frasi nominali (vv. 3 e 4) e dell'asindeto (vv. 5 e 7) concorre al ritmo serrato dei versi, che esprime ansietà e turbamento.

Anche le numerose figure di suono contribuiscono al significato: per esempio la successione delle parole tronche *apparì, sparì* rende la secca istantaneità del lampo. Hanno inoltre una funzione fonosimbolica il ripetersi delle vocali "scure" e chiuse nella rima *sussulto-tumulto* e l'allitterazione delle consonanti sorde *t* e *s*, suoni duri che si ripetono anche in *terra, ansante, tragico, disfatto, tacito, tratto, esterrefatto, notte*. In molte di queste parole ricorre anche il suono aperto della vocale *a*, quasi sempre in sillaba tonica, come in *bianca bianca... casa*, che contribuisce all'espressione di un incredulo stupore.

▶ **Fortunato Depero**, *Fulmine compositore*, 1926. Rovereto, Casa d'Arte Futurista Fortunato Depero, MART.

UNITÀ C1 ■ GIOVANNI PASCOLI

Che cosa so fare

COMPRENDERE

1. **Il contrasto.**

   In questa poesia le immagini della natura creano un contrasto con quella della casa. Spiega quali sono le loro rispettive caratteristiche.

2. **Il simbolismo dei colori.**

   Quali colori compaiono in questa poesia? A che cosa sono riferiti e quale significato simbolico assumono?

3. **La polisemia.**

   In questa poesia ritorna il pensiero ossessivo della tragedia che ha segnato l'esistenza dell'autore e alla quale si riferisce, in modo allusivo, il titolo *Il lampo*, che assume così più significati: spiega quali.

ANALIZZARE

4. **Le percezioni.**

   Nella poesia il paesaggio è descritto attraverso le percezioni sensoriali dell'io lirico. Distingui i campi sensoriali coinvolti, facendo riferimento al testo.

5. **La sintassi.**

   In questa lirica, e più in generale nell'opera poetica di Pascoli, la costruzione prevalentemente paratattica e l'uso di frasi nominali mirano a un effetto di
   a. immediatezza espressiva
   b. chiarezza espositiva
   c. musicalità del verso
   d. regressione al passato

6. **L'uso dell'*enjambement* →.**

   Individua gli *enjambement* presenti nel testo, poi spiega qual è il loro effetto sul ritmo e quali significati mettono in evidenza.

7. **L'uso dell'asindeto →.**

   Gli asindeti *apparì sparì* (v. 5) e *s'aprì si chiuse* (v. 7)
   a. contrappongono la casa e l'occhio
   b. rallentano il ritmo del verso
   c. rendono l'istantaneità dell'evento
   d. esprimono un senso di angoscia

8. **Le figure di suono.**

   Individua le principali figure di suono presenti in questa lirica e spiega la loro funzione poetica.

PRODURRE

9. **Scrivere la parafrasi.**

   Elabora una parafrasi scritta del testo, avendo cura di rendere chiari i significati delle analogie e di utilizzare costruzioni sintattiche compiute al posto delle frasi nominali.

10. **Laboratorio di scrittura creativa I Una descrizione impressionistica.**

    Descrivi un fenomeno naturale, a tua scelta, attraverso le impressioni sensoriali ed emotive che ti suggerisce. Il testo dovrà essere in versi (con o senza rima, di misura tradizionale o liberi).

PERCORSO C

UN AUTORE, UN MOVIMENTO

Giovanni Pascoli
Lavandare

da *Myricae* (1894)

▶ **Lirica**

Metro ▶ madrigale, costituito da tre strofe di endecasillabi: due terzine a rima incatenata e una quartina a rima alternata (schema ABA CBC DEDE)

La lirica, inserita nell'edizione di *Myricae* del 1894, propone un quadretto apparentemente realistico: la campagna autunnale, l'aratura, le lavandaie al lavoro. Ma le immagini, filtrate dalla sensibilità dell'io lirico, sono pervase da un senso di solitudine e malinconia.

Nel campo mezzo grigio e mezzo nero
resta un aratro senza buoi, che pare
dimenticato, tra il vapor leggiero.

E cadenzato dalla gora viene
5 lo sciabordare delle lavandare
con tonfi spessi e lunghe cantilene:

Il vento soffia e nevica la frasca,
e tu non torni ancora al tuo paese!
quando partisti, come son rimasta!
10 come l'aratro in mezzo alla maggese.

(G. Pascoli, *Poesie*, Mondadori, Milano, 1968)

◀ Jean-François Millet, *Paesaggio invernale* (particolare), 1862. Vienna, Kunsthistorisches Museum, Neue Galerie.

1. mezzo grigio e mezzo nero: il campo è arato solo a metà e la terra appare più scura dove le zolle sono già state rivoltate.
2. senza buoi: dal quale i buoi sono stati staccati quando si è sospeso il lavoro.
3. vapor leggiero: il sottile velo di nebbia che sale dai campi.
4. cadenzato: con un ritmo sempre uguale; **gora**: fossato o canale derivato da un fiume per irrigare le coltivazioni.
5. sciabordare: il rumore dell'acqua in cui le lavandaie immergono i panni.
6. tonfi spessi: i colpi frequenti e sordi (perché attutiti dalla distanza) con cui le lavandaie sbattono i panni bagnati sulla pietra; **cantilene**: canti in cui si ripete un medesimo e semplice motivo musicale.
7-8. Il vento soffia...paese: le parole della cantilena riprendono quelle di canti popolari marchigiani di cui all'epoca esistevano alcune raccolte («Tira lu viente, e nevega li frunna, / de qua ha da rvenì fideli amante»; «Quando ch'io mi partii dal mio paese, / Povera bella mia, come rimase! / Come l'aratro in mezzo alla maggese»); **nevica la frasca**: i rami perdono le foglie che cadono come fiocchi di neve; **e tu**: l'interlocutore è l'innamorato.
10. maggese: il termine indica, tecnicamente, un campo arato ma non seminato e lasciato improduttivo per un anno, perché possa dare un buon raccolto l'anno seguente.

300

UNITÀ C1 ■ GIOVANNI PASCOLI

Analisi del testo

La quotidianità della campagna

Gli aspetti quotidiani della natura e del mondo contadino che caratterizzano l'ispirazione originaria di *Myricae* intendono rappresentare il legame positivo dell'uomo con la terra, nelle vivide impressioni delle cose e delle creature che popolano la campagna. Ma in molti componimenti, soprattutto quelli aggiunti successivamente, questi stessi temi assumono sfumature più malinconiche, come in questa lirica del 1894. La descrizione, filtrata dalla soggettività dell'io lirico, esprime un sentimento di solitudine e nostalgia.

Immagini evocative

Nella prima terzina prevalgono le percezioni visive: la lirica si apre con un'immagine della campagna autunnale, descritta in modo impressionistico attraverso il contrasto cromatico del *grigio* e del *nero* del terreno dissodato solo per metà. Queste tinte fredde sono soffuse di un velo di nebbia (*vapor leggiero*, v. 3), così come l'immagine dell'aratro, rimasto in mezzo al campo in attesa della ripresa del lavoro, e che *pare dimenticato*. Un comune oggetto quotidiano assume così, nell'atmosfera evocativa di questo paesaggio disabitato, dai confini indeterminati, connotazioni simboliche che rimandano all'interiorità dell'io lirico.

Suggestivi effetti onomatopeici

Nella seconda terzina prevalgono le percezioni uditive: sono i suoni, attutiti dalla lontananza, di una presenza umana, quella delle *lavandare*, che si materializza nello sciacquio e nei tonfi sordi dei panni, insieme con le cantilene con cui esse accompagnano il loro lavoro. La descrizione è ricca di suggestivi effetti onomatopeici, per esempio quelli dati dalle parole *sciabordare* e *tonfi*, e dall'allitterazione della *d* in *sciabordare delle lavandare*; le parole piane *cadenzato, sciabordare, lavandare, cantilene*, tutte di quattro sillabe, imprimono al ritmo un andamento cadenzato, come quello dei rumori e del canto delle lavandaie; l'effetto di "cantilena" è rafforzato dalla rima interna del v. 5 (*sciabordare-lavandare*), che prolunga la sensazione uditiva.

Il canto popolare

Dalle sottili sensazioni delle terzine si passa, nella quartina, a un tono e un ritmo diversi, quelli popolareschi del canto delle lavandaie, che il poeta traduce e trasforma da due stornelli marchigiani (▶ nota ai vv. 7-8), inserendolo direttamente nel testo; ne richiama la semplicità compositiva l'uso della rima imperfetta *frasca-rimasta*. È un nostalgico canto d'amore che esprime solitudine e abbandono e, in chiusura (*come l'aratro in mezzo alla maggese*), rimanda all'immagine iniziale della lirica.

Che cosa so fare

COMPRENDERE

1. **Il tema.**

   Il tema dominante è
   a. il faticoso lavoro delle lavandaie
   b. la diffusione di una canzone popolare
   c. l'abbandono delle campagne
   d. la solitudine dell'esistenza

2. **La struttura.**

   La lirica ha una struttura circolare. Quali elementi del testo giustificano questa affermazione?

301

UN AUTORE, UN MOVIMENTO

ANALIZZARE

3. **La rima.**

   Le parole *dimenticato* (v. 3) e *cadenzato* (v. 4) costituiscono una rima al mezzo, che
   a. crea un collegamento tra la prima e la seconda strofa
   b. contrappone la percezione visiva alla percezione uditiva
   c. sottolinea la semplicità del canto
   d. rende esplicita la presenza dell'io lirico

4. **L'ordine delle parole.**

   Nei versi 6 e 7 è presente la medesima figura retorica dell'ordine delle parole, che potenzia il loro significato. Di quale figura si tratta? Da quale disposizione delle parole è costituita nell'uno e nell'altro caso?

5. **L'onomatopea.**

   Nel verso 7 (*Il vento soffia e nevica la frasca*) quali parole hanno un effetto onomatopeico? Che cosa evocano con il loro suono?

6. **Gli *enjambement*.**

   Individua gli *enjambement* presenti nel testo e spiega quali parole mettono in evidenza e quali significati risultano, così, potenziati.

PRODURRE

7. **Esporre | Spiegare il significato del testo.**

   Sviluppa un'analisi del significato del testo sulla base delle seguenti indicazioni:
   - esponi il contenuto della lirica considerando il suo significato denotativo;
   - precisa se prevale l'attenzione alle immagini (descrizioni di luoghi, persone), ai fatti (azioni, eventi), alle sensazioni (visive, uditive, olfattive, tattili);
   - definisci i significati connotativi della descrizione, in cui si esprimono gli stati d'animo dell'io lirico, facendo riferimento al tema della lirica.

8. **Risposta sintetica | Confrontare poetica e poesia.**

   Leggi con attenzione le seguenti affermazioni di Pascoli, tratte dal suo famoso scritto sulla poesia *Il fanciullino* (1897). Queste affermazioni ti sembrano coerenti con le scelte poetiche operate dal poeta in *Lavandare*? Per quali motivi? Esponi le tue osservazioni in 8-10 righe.

   > Poesia è trovare nelle cose, come ho da dire? il loro sorriso e la loro lacrima [...] intenso il sentimento poetico è di chi trova la poesia in ciò che lo circonda, e in ciò che altri soglia spregiare[1], non di chi non la trova lì e deve fare sforzi per cercarla altrove.
   >
   > (G. Pascoli, *Il fanciullino*, in *Scritti scelti*, Mondadori, Milano, 1963)

   1. **che... spregiare**: che qualcun altro è solito trascurare, non considerare.

LEGGERE TRA LE RIGHE

Renato Serra
Un ritratto di Pascoli

Saggi critici (1910) **Saggio**

Il critico Renato Serra (1884-1915), morto giovanissimo come soldato durante la Prima guerra mondiale, dipinge un originale ritratto di Pascoli, che ebbe modo di conoscere personalmente. Nelle righe che seguono emerge l'apprezzamento per la sua poesia, ma anche per l'uomo concreto «con la faccia pallida e stanca sotto il bianco dei capelli scomposti», e per la sua «schiettezza» «disarmata e innocente».

C'è qualche cosa in quell'uomo, che par dei nostri, in quella spoglia corporale e massiccia, che non si sa definire; qualche cosa di vivo, di mobile, di creatore, un getto perenne di forza che sfugge a ogni usato vincolo, che lo pone in mezzo al nostro universo invecchiato come uomo libero e nuovo. È un poeta. Ogni timore, ogni inquietudine che la lettura poteva aver lasciato dietro di sè, subito cade; in lui non c'è falsità, maschera, posa, artifizio. Tali cose non esistono; non possono aver luogo in quest'uomo ch'io vedo.

Altri potrà giudicare, pesare, classificare; nella sua viva presenza io sento la schiettezza dell'anima. Si muove tra gli uomini disarmata e innocente come quella del bambino che pur ora ha aperto i vergini occhi sulle cose. Come bambino egli potrà errare, smarrirsi, cadere, dar noia forse alla gente. Ma qualche cosa di profondo è in quella timidezza, in quella forma che può sembrare un poco rustica, in quella inettitudine a certe parti della vita comune, in quella mancanza di certe qualità necessarie al commercio dei suoi simili [...].

Non si sente in lui la forza dell'ingegno che s'imponga, la eleganza della cultura, lo splendore della parola ornata; non è niente di tutto questo e pure è qualche cosa di più. La sua parola è breve, l'accento rotto e talora confuso, come smarrito; il discorso vagabondo; se una frase rivela in lui l'uomo di studi squisiti, un'altra è tutta ingenua o strana, che non se ne capisce il perché; e non vi domina con la parola o con lo sguardo; non possiede quella forza di penetrazione e di imperio che incatena gli interlocutori; i suoi occhi grigi vagano come nella nebbia di un sogno, quando pare che sia più vicino ecco che è più lontano; sfugge a ogni momento in un mondo dove noi non lo possiamo seguire; ha dei movimenti bruschi e inaspettati, delle commozioni improvvise [...]. In certi momenti quest'uomo illustre, professore dotto e glorioso, è davanti a noi con tutta la sua persona poderosa, con la faccia pallida e stanca sotto il bianco dei capelli scomposti, così come sarebbe un bambino, nudo e indifeso; e gioca coi fantasmi del suo pensiero.

▲ Ritratto di Giovanni Pascoli (illustrazione), XIX secolo.

(R. Serra, *Scritti critici*, Le Monnier, Firenze, 1910)

PERCORSO C

UN AUTORE, UN MOVIMENTO

Giovanni Pascoli
X Agosto

da *Myricae* (1897)

▶ Lirica

Metro ▶ quartine di novenari e decasillabi alternati, a rima alternata

La lirica, inserita nella quarta edizione di *Myricae* (1897), è una rievocazione della morte di Ruggero Pascoli, padre del poeta, avvenuta nel 1867, il 10 agosto, giorno di San Lorenzo; una data che coincide con il momento nel quale raggiunge la massima intensità il fenomeno delle stelle cadenti, identificate nella tradizione popolare con le lacrime del martire cristiano.

San Lorenzo, io lo so perché tanto
di stelle per l'aria tranquilla
arde e cade, perché sì gran pianto
nel concavo cielo sfavilla.

5 Ritornava una rondine al tetto:
l'uccisero: cadde tra spini:
ella aveva nel becco un insetto:
la cena de' suoi rondinini.

Ora è là, come in croce, che tende
10 quel verme a quel cielo lontano;
e il suo nido è nell'ombra che attende,
che pigola sempre più piano.

1-2. tanto / di stelle: è una costruzione che ricalca il latino, per "tante stelle", "un così gran numero di stelle". L'*enjambement* ne intensifica l'espressività.
3. arde e cade: le stelle cadenti brillano e scompaiono in un attimo. I due verbi sono in assonanza e si richiamano fonicamente anche per l'allitterazione della *d*.
9. come in croce: la rondine con le ali aperte, confitta negli spini, evoca per analogia la crocifissione di Cristo. Le parole *come* e *croce* sono in assonanza; da notare l'allitterazione della gutturale *c* (presente anche in *che*), mentre la *c* palatale di *croce* richiama fonicamente *cena* (nel verso precedente) e *cielo* (nel verso successivo).
9-10. tende...cielo lontano: come se volesse chiamare a testimone il cielo (che però è *lontano*) della crudeltà umana che l'ha uccisa. Le parole *tende* e *verme* sono in assonanza ed entrambe potenziate espressivamente dall'accento ritmico.
11. nido: è una metonimia: il contenente (nido) per il contenuto (i rondinini).
nell'ombra: l'ombra della sera, che nel contesto assume un significato simbolico di fatalità e di morte.

◀ La strada dove fu ucciso il padre di Giovanni Pascoli, XIX secolo. Barga, Casa Museo Giovanni Pascoli.

Anche un uomo tornava al suo nido:
l'uccisero: disse: Perdono;
15 e restò negli aperti occhi un grido:
portava due bambole in dono...

Ora là, nella casa romita,
lo aspettano, aspettano in vano:
egli immobile, attonito, addita
20 le bambole al cielo lontano.

E tu, Cielo, dall'alto dei mondi
sereni, infinito, immortale,
oh! d'un pianto di stelle lo inondi
quest'atomo opaco del Male!

(G. Pascoli, *Poesie*, Mondadori, Milano, 1968)

14. Perdono: come Cristo, l'innocente che sulla croce chiese al Padre di perdonare coloro che lo uccidevano.
15. negli aperti...grido: è una sinestesia; negli occhi sbarrati rimane l'espressione di dolore e disperazione di un grido.
17. romita: solitaria e desolata (perché privata del sostegno economico e affettivo del padre).
19. attonito: stupito, sbigottito (nella fissità dell'espressione e dello sguardo).
21-22. Cielo...immortale: l'iniziale maiuscola sottolinea il ruolo di interlocutore assegnato al Cielo, in senso figurato, come entità. Nel v. 4 il *concavo cielo* della notte stellata dà l'illusione di un firmamento avvolgente e rassicurante; qui invece ne è accentuata la lontananza dalla dimensione umana (*infinito*, *immortale*) e l'imperturbabilità (*sereni* è riferito ai mondi che popolano il cielo e non conoscono il male e il dolore).
24. quest'atomo...Male!: il pianeta Terra è un infinitesimo frammento (*atomo*) nell'universo, *opaco* perché senza luce propria, ma anche perché oscurato e dominato dal Male (l'uso della maiuscola assegna al concetto di «male» un valore assoluto).

◀ **Nikolaj Alekseevič Kasatkin**, *Gli orfani*, 1891. San Pietroburgo, State Russian Museum.

Analisi del testo

Il dolore universale

Il poeta istituisce una relazione tra l'uccisione del padre e quella di una rondine, ponendo al centro del componimento l'immagine della vittima innocente: entrambi muoiono per la malvagità degli esseri umani e la loro fine lascia i piccoli senza sostentamento. L'ingiustizia e il dolore accomunano, quindi, tutte le creature viventi. Il riferimento al dato biografico è indiretto (*un uomo*); anche se il particolare delle *bambole* è preciso e straziante, la situazione descritta non è circoscrivibile a una singola esperienza, ma assume un significato universale.

Lo smarrimento

Nel dolore e nel male dell'esistenza il poeta intuisce un mistero cosmico di fronte al quale si sente smarrito, perché non ne trova una giustificazione razionale; anche i richiami alla sfera religiosa – in particolare al sacrificio di Cristo, vittima innocente della malvagità umana (*come in croce*, v. 9; *Perdono*, v. 14) – non presuppongono che vi sia una risposta o una consolazione: il Cielo rimane lontano, non può riscattare la violenza degli uomini e si limita a riversare le sue lacrime di luce sulla terra oscura (*atomo opaco del Male*, v. 24).

UN AUTORE, UN MOVIMENTO

Il tema del «nido»

Lo scenario nel quale si manifesta il male è il mondo al di fuori della casa-nido, minacciata dalla violenza della società e della storia: la rondine e il padre hanno trovato la morte proprio allontanandosi dal loro «nido», simbolo degli affetti famigliari, solo rifugio e sola difesa dal male e dall'ingiustizia. Questo tema è sottolineato dall'uso del presente che, ai versi 9-12 e 17-20, si alterna ai tempi verbali del passato con un effetto di immediatezza descrittiva, che cristallizza la tragicità dell'evento e l'attualizza nella ricorrenza di quel giorno. Il grumo di dolore che detta questi versi si traduce nell'immagine della vittima – supina e immobile al cospetto dell'universo, con la testimonianza patetica del *dono* che portava con sé – e nella desolazione del nido *che attende, / che pigola sempre più piano* (vv. 12-13), della casa dove *aspettano, aspettano in vano* (v. 18).

Lo stile: simmetrie e fonosimbolismo

Nella costruzione del componimento sono da notare le simmetrie metrico-sintattiche tra le due coppie di strofe centrali, che contribuiscono a sottolineare l'analogia tra la rondine e l'uomo: *Ritornava una rondine al tetto: / l'uccisero:* (vv. 5-6), *Anche un uomo tornava al suo nido: / l'uccisero:* (vv. 13-14); *Ora è là...* (v. 9), *Ora là...* (v. 17); *a quel cielo lontano* (v. 10), *al cielo lontano* (v. 20). La lirica, inoltre, ha una struttura circolare, perché l'ultima strofa riprende il tema della prima (il cielo e le stelle cadenti).

Il testo è caratterizzato da una tessitura fonosimbolica che ne accresce l'espressività. Sono numerose le figure di suono: per esempio, nella prima strofa, l'allitterazione della consonante liquida *l*, che con il suo suono continuo è evocativa dell'atmosfera serena del cielo e della silenziosa caduta delle stelle-lacrime; qui il ritmo dei versi è disteso e il tono meditativo. Al verso 5, l'allitterazione della *r* (*Ritornava una rondine*), dal suono più aspro, contribuisce a segnare l'inizio della parte "narrativa", che ha un ritmo più veloce, ma spezzato dalle frequenti pause della costruzione paratattica (*l'uccisero: cadde tra spini:*, v. 6). Anche l'insistenza delle consonanti doppie (*uccisero, cadde, becco, insetto*) contribuisce a rendere la drammaticità dell'evento, concentrato in pochi attimi. Al verso 12 l'allitterazione della consonante sorda *p* si combina con il rallentamento progressivo del ritmo; nella ripetizione onomatopeica della sillaba *pi-* (*pigola, più, piano*) si sente spegnersi il sommesso richiamo dei rondinini.

Che cosa so fare

COMPRENDERE

1. **Il titolo.**
   Nel titolo, il numero della data è riportato con la grafia romana (X) e non araba (10). Quale motivazione può avere tale scelta? Ritieni che il segno X abbia precisi riscontri nel contenuto del testo? Per rispondere soffermati sui versi 6 e 9 e rifletti sui riferimenti all'ambito religioso.

2. **Il mondo delle vittime.**
   La morte della rondine e l'uccisione del padre non sono solo fatti contingenti, ma diventano simboli.
   - Qual è il loro significato?
   - Quale messaggio affida loro il poeta?

3. **Il Cielo e il Male.**
   Sofferma la tua attenzione sulla strofa finale.
   - Perché *Cielo* e *Male* sono scritti con la lettera maiuscola?
   - Quale forte contrapposizione propone questa strofa?

UNITÀ C1 ■ GIOVANNI PASCOLI

ANALIZZARE

4. La struttura.

Spiega che cosa collega la prima e l'ultima strofa e da che cosa è caratterizzato l'andamento circolare della lirica.

5. Le metafore →.

La lirica contiene due metafore di grande rilevanza per comprendere il mondo psicologico del poeta:
- *Anche un uomo tornava al suo nido* (v. 13)
- *quest'atomo opaco del Male* (v. 24)

Spiegane il significato trasformandole in similitudini ("Come... così... allo stesso modo...").

6. Il metro.

Completa il testo sulla struttura metrica di questa lirica, inserendo le informazioni richieste.

La lirica è costituita da .... strofe. Ogni strofa è composta da .... versi,

per cui è una .... I versi sono di due tipi: .... e ...., e sono

tutti .... in quanto hanno l'ultimo accento tonico sulla .... sillaba. La

lirica ha il seguente schema di rime ....; la rima risulta quindi ....

7. L'uso dell'*enjambement* →.

Rifletti sull'uso dell'*enjambement* ai versi 9-10 e 19-20 e spiega quali parole e quali significati mette in evidenza.

8. Le figure dell'ordine.

Individua le figure dell'ordine delle parole presenti nella seconda e quarta strofa: spiega di quali figure si tratta e perché contribuiscono a rendere più espressivo il testo.

9. Il valore dei tempi verbali.

Nei versi 9-10 (*Ora è là, come in croce, che tende...*) e 19-20 (*egli immobile, attonito, addita...*) l'uso del tempo presente intende significare
- **a.** che l'evento è contemporaneo alla stesura del testo
- **b.** che nessuno ha soccorso le vittime
- **c.** che l'accaduto rimane indelebile nella memoria
- **d.** che il poeta stesso ha assistito ai fatti

PRODURRE

10. Scrivere la parafrasi.

Elabora la parafrasi scritta del testo.

11. Risposta sintetica I Spiegare la relazione tra le figure.

Spiega in 10 righe circa quale collegamento esiste nella lirica fra le figure del padre, della rondine e di Cristo.

12. Risposta sintetica I Confrontare le liriche.

Confronta *X Agosto* con *Il lampo* (► p. 296), spiegando in un breve testo scritto se si può individuare una relazione tra le due liriche, e quale.

UN AUTORE, UN MOVIMENTO

Giovanni Pascoli
L'assiuolo

da *Myricae* (1897)

▶ Lirica

Metro ▶ tre strofe di sette novenari piani, ad eccezione del sesto che è sempre tronco e in rima con l'ottavo, un trisillabo tronco e onomatopeico (*chiù*)

La lirica comparve nella quarta edizione di *Myricae* (1897). L'assiuolo è un piccolo rapace notturno, simile al gufo e alla civetta, il cui grido (*chiù*), secondo una credenza popolare, è un presagio di morte.

Dov'era la luna? ché il cielo
notava in un'alba di perla,
ed ergersi il mandorlo e il melo
parevano a meglio vederla.
5 Venivano soffi di lampi
da un nero di nubi laggiù;
veniva una voce dai campi:
chiù...

Le stelle lucevano rare
10 tra mezzo alla nebbia di latte:
sentivo il cullare del mare,
sentivo un *fru fru* tra le fratte;
sentivo nel cuore un sussulto,
com'eco d'un grido che fu.
15 Sonava lontano il singulto:
chiù...

Su tutte le lucide vette
tremava un sospiro di vento;
squassavano le cavallette
20 finissimi sistri d'argento
(tintinni a invisibili porte
che forse non s'aprono più?...);
e c'era quel pianto di morte...
chiù...

(G. Pascoli, *Poesie*, Mondadori, Milano, 1968)

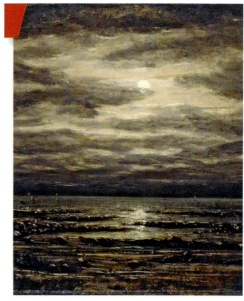

▲ **Gustave Courbet**, *Tramonto sul lago Leman davanti a Bon Port* (particolare), 1876. Londra, Collezione privata.

---

1. ché: perché.
2. notava...perla: era immerso (*notava*: nuotava) in una luce chiara e perlacea, simile a quella di un'alba.
3-4. ergersi il mandorlo... vederla: sembrava che il mandorlo e il melo si protendessero verso l'alto per vederla meglio.
5. soffi: metafora per "bagliori".
6. nero di nubi: nubi nere.
8. chiù: l'onomatopea riproduce il verso triste e lamentoso dell'assiuolo.
9. le stelle lucevano rare: si vedevano luccicare (*lucevano*) poche e sparse (*rare*: rade) stelle.
10. nebbia di latte: il cielo ha un chiarore diffuso e lattiginoso, come un velo di nebbia.
12. un *fru fru*...fratte: un fruscio tra i cespugli (*fratte*).
14. eco d'un grido che fu: ricordo di un dolore del passato.
17. lucide vette: le cime degli alberi, rese visibili e lucenti dal riflesso della luce lunare.
18. un sospiro di vento: un vento leggero.
19-20. squassavano... d'argento: il suono continuo e leggero prodotto dalle cavallette sembra quello dei *sistri* (antichi strumenti musicali a percussione, in uso nell'antico Egitto, formati da lamine metalliche mobili e tintinnanti su un supporto a forma di ferro di cavallo; erano tipici del culto misterico di Iside, divinità lunare e figura di "Grande madre" alla quale si attribuiva la resurrezione dello sposo morto, Osiride); *d'argento* non è riferito al materiale ma, per sinestesia, al suono.
21-22. tintinni...non s'aprono più?: quei suoni tintinnanti evocano (come nell'uso rituale dei sistri nel culto di Iside) un richiamo alle misteriose porte dell'aldilà, ossia della vita dopo la morte. Ma quelle porte non si aprono più: il poeta non crede (anche se il *forse* lascia spazio al dubbio) nella vita eterna.

Analisi del testo

Il paesaggio notturno

I primi versi della lirica sembrano preannunciare un realistico quadro naturale, la descrizione di un paesaggio notturno illuminato dal chiarore lunare. Ma nell'interrogativo iniziale (e nel *ché...* del v. 1) si avverte immediatamente l'espressione dell'io lirico e del suo stato d'animo. Nella prima strofa domina un'atmosfera sospesa: una luminosità tenue e diffusa (*alba di perla*) preannuncia il sorgere della luna o fa presagire la sua presenza in quel chiarore velato. Sono visibili i profili degli alberi: *il mandorlo e il melo* – con l'articolo determinativo – sono quelli familiari e domestici dell'orto di casa, ma risultano quasi trasfigurati nella luce incerta in cui le forme della natura sembrano animarsi di una vita segreta.

I lontani bagliori di lampi sembrano misteriosi messaggi provenienti da una distanza remota e indeterminata (*laggiù*) dove domina un minaccioso *nero di nubi* temporalesche. In questo inquieto animarsi della natura risuona il verso triste dell'assiuolo, proveniente dalla lontananza indefinita della campagna, e il cui richiamo indecifrabile, reso dall'onomatopea *chiù*, assume connotazioni umane (*una voce*).

La dimensione ulteriore

Nella seconda strofa la percezione visiva è quella del luccicare incerto delle rare stelle, velato dal chiarore lunare (*nebbia di latte*), mentre si fanno più intense le sensazioni uditive. La metafora *il cullare del mare* (v. 11) richiama l'inizio della vita (da notare la relazione analogica con *nebbia di latte*), misterioso quanto la morte. Il ritmo cadenzato del verso e la rima interna *cullare-mare* rendono una sensazione trasognata e quasi ipnotica; mentre un altro suono, *un fru fru tra le fratte* (v. 12), che manifesta il movimento quasi furtivo di qualche animale nell'oscurità della vegetazione, produce un effetto di leggero trasalimento, che diventa un più profondo sussulto nel riaffiorare di uno straziante dolore del passato (*eco di un grido che fu*), cui risponde come un singhiozzo (*singulto*) il *chiù* dell'assiuolo.

Nella terza strofa ritorna la visione della luce lunare che si riflette sulle cime degli alberi percorse da una leggera brezza; a quel *sospiro di vento* si associa, con un passaggio analogico, un altro suono, quello delle *cavallette,* la cui sottile e quasi ossessiva insistenza evoca il tintinnìo di antichi strumenti musicali propiziatori (*sistri*) davanti alle porte invisibili dell'aldilà. Il *chiù* dell'assiuolo suona, ora, come un luttuoso e desolato *pianto di morte*.

Sentimento di un'assenza e ritorno di un dolore

Il tono interrogativo, il *forse* e i puntini di sospensione dei versi 22-23 esprimono un senso di smarrimento che richiama l'interrogativo iniziale, a partire dal quale il motivo conduttore della lirica si precisa progressivamente come sentimento di un'assenza e come ritorno di un dolore. Il climax *voce dai campi* (v. 7), *lontano il singulto* (v. 15), *pianto di morte* (v. 23) assegna al *chiù* significati connotativi dell'angoscia che pervade in misura crescente tutte le sensazioni dell'io lirico: dall'attesa di un'epifania, un'apparizione (quella della luna), ai segnali premonitori e inquietanti di un ritorno, di un risorgere di qualcosa o qualcuno che ora non c'è (più) e di cui pare di avvertire la presenza; ma ciò che ritorna e che si manifesta è invece il dolore incolmabile della perdita e della morte.

Un capolavoro di impressionismo simbolico

L'assiuolo è una delle più ispirate poesie di *Myricae*, nella quale si possono rilevare le straordinarie capacità tecniche ed espressive che, guidate da un'acuta sensibilità e coscienza estetica, fanno di questa lirica, come è stato affermato, «un capolavoro di impressionismo simbolico» (P.V. Mengaldo, *La tradizione del Novecento*, Vallecchi, Firenze, 1987).

Tale esito è dato principalmente dal procedere per intuizioni e "illuminazioni" suggerite dalle cose, con immagini di grande efficacia evocativa: per esempio, le metafore *alba*

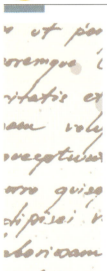

di perla, nero di nubi, nebbia di latte "estraggono" la qualità della cosa (normalmente diremmo alba perlacea, nubi nere, nebbia lattiginosa, mentre il poeta sostituisce il sostantivo all'aggettivo) rendendo dominante e suggestiva la percezione sensoriale. A questo effetto contribuiscono le anafore *Venivano...veniva* (vv. 5, 7) e *sentivo* (vv. 11, 12, 13), che pongono l'io lirico al centro di una rete di "corrispondenze" percettive ed emotive espresse dai molteplici accordi dei significanti e dalle interrelazioni dei significati simbolici.

Musicalità e fonosimbolismo

A livello fonosimbolico sono da notare le scelte lessicali che caratterizzano la musicalità dei versi iniziali delle strofe, dove prevalgono suoni vocalici "chiari" e aperti (*notava, alba, perla, parevano, stelle, rare, latte, cullare, mare* ecc.), a suggerire una luminosità e una vastità indefinite. Nei versi successivi sono invece prevalenti le vocali chiuse e "scure" con la dominante della *u* con cui si chiudono le rime tronche, a sottolineare il motivo triste e luttuoso del verso dell'assiuolo.

Sempre a livello fonosimbolico è rilevante il ricorso all'onomatopea, spesso potenziata da allitterazioni (*squassavano...finissimi sistri*, vv. 19-20) e assonanze (*sistri, tintinni*); i significanti imitativi (*fru fru, chiù*) – che richiamano il modo immediato di percepire le cose proprio del "fanciullino" – si connotano come "parole" di una lingua sconosciuta o perduta, «che più non si sa» (come dice il poeta stesso, in un'altra lirica, del verso delle rondini).

Che cosa so fare

COMPRENDERE

1. **Il mistero della morte.**
   Il tema della lirica è il mistero della morte avvertito attraverso le voci e le immagini della natura. La morte è concepita dal poeta in chiave religiosa oppure ritieni che la lirica non esprima alcuna speranza in una vita ultraterrena? Quali espressioni del testo ti sembrano significative sotto questo aspetto?

2. **Il grido.**
   I versi 13-14 fanno riferimento a un *grido* lontano nel tempo. È possibile collegare quest'immagine a un avvenimento determinante per la vita del poeta?

3. **L'inquietudine.**
   Dopo i primi versi che sembrano annunciare una notte di quiete, il testo presenta molte suggestioni che rinviano a un'atmosfera inquieta e carica d'ansia. Sottolinea le espressioni che rinviano a tale stato d'animo.

ANALIZZARE

4. **La percezione della realtà.**
   La lirica procede attraverso percezioni soprattutto visive e uditive. Ricopia le espressioni corrispondenti in una tabella, come nell'esempio che segue.

Sensazioni visive	Sensazioni uditive
alba di perla	una voce dai campi
il mandorlo e il melo / parevano	*chiù...*
soffi di lampi	Sentivo il cullare del mare

5. **Le figure retoriche.**
   Concentrati sulle figure retoriche di significato.

UNITÀ C1 ■ GIOVANNI PASCOLI

- *Soffi di lampi* (v. 5) costituisce una sinestesia: a quali sfere sensoriali appartengono rispettivamente i due sostantivi?
- Nei versi *squassavano le cavallette / finissimi sistri d'argento* (vv. 19-20) è contenuta una metafora. Spiega il suo significato. Ti può essere utile trasformarla in una similitudine ("Come... così... era simile a...").
- Quali metafore nel testo richiamano un imprecisato colore bianco del cielo? Sono presenti altre metafore?

6. Le onomatopee →.

Alcune onomatopee presenti nella lirica contengono la lettera *u*, un suono cupo e lugubre. Sono inserite per dare più realismo alla definizione del paesaggio o per evidenziare gli stati d'animo del poeta e il tema della lirica? Motiva la tua risposta.

7. La trama di suoni.

Considera la ricca trama fonica che caratterizza la lirica, attraverso la quale il poeta crea suggestioni e suggerisce l'idea delle corrispondenze fra gli elementi della natura.
- Nel testo è presente una rima interna: in quale verso?
- Fornisci qualche esempio di allitterazione.
- Spiega perché è significativa, ai versi 21-22, la ripetizione della vocale *i*.

8. Poetica e poesia.

L'uso delle onomatopee imitative che caratterizza la produzione di Pascoli, trova un preciso riscontro nella poetica del "fanciullino". Sai spiegare per quale motivo?

PRODURRE

9. Risposta sintetica I Interpretare significati impliciti.

Nella lirica sono presenti elementi che rimandano, implicitamente, anche a presenze femminili. Sapresti dire quali sono questi elementi e quali figure femminili evocano? Queste figure hanno, secondo te, qualcosa in comune?

10. Spiegare la tecnica compositiva.

Leggi quanto scrive uno studioso, Guido Capovilla, sulla composizione della lirica *L'assiuolo*. Poi spiega in che cosa consiste l'«autocritica» di Pascoli e a quali risultati lo porta nella stesura di questa lirica.

> Lo studio dei manoscritti ha consentito di identificare alcuni momenti particolarmente significativi nell'elaborazione di determinati testi: il caso più celebre è quello che riguarda i vv. 21-22 della *myrica L'assiuolo* [...]; la loro redazione definitiva, «tintinni a invisibili porte / che forse non s'aprono più?», era preceduta non solo da un lezione[1] sensibilmente diversa, «minuti[2], così, che pareva un gracchiare / una rana / la tarda cicala» ma anche dalla seguente, notevole annotazione autocritica: «Sì: ma allora non è più la poesia, ma la spiegazione della poesia. Ci vuole abnegazione. Esempio: tintinni a invisibili porte». Da queste brevi parole traspare una concezione dell'*ars*[3] decisamente orientata verso il simbolo e fondata sulla sapiente rinuncia ai dati descrittivi 'superflui'.

(G. Capovilla, *Pascoli*, Laterza, Roma-Bari, 2000)

1. **lezione**: termine della filologia, con cui si indica una variazione riscontrabile nel confronto tra diverse stesure (o edizioni) di uno stesso testo.
2. **minuti**: piccoli, sottili (riferito ai suoni).
3. **ars**: in latino, "arte" (nel senso di "arte poetica").

PERCORSO C

UN AUTORE, UN MOVIMENTO

Giovanni Pascoli
La mia sera

da *Canti di Castelvecchio* (1903)

▶ Lirica

Metro ▶ cinque strofe, ciascuna composta da sette novenari e un senario (che termina sempre con la parola chiave sera), con schema delle rime ABABCDCD

La lirica fu pubblicata nel 1900 sulla rivista "Il Marzocco" e poi nella prima edizione dei *Canti di Castelvecchio* (1903). Nel testo il fenomeno naturale della fine del giorno assume un significato simbolico, quello del declino dell'esistenza, della vecchiaia del poeta. I dolori e il tumulto della giovinezza sono un ricordo lontano nella serenità di Castelvecchio; in questa atmosfera di pacata malinconia la morte è attesa come un definitivo sollievo.

Il giorno fu pieno di lampi;
ma ora verranno le stelle,
le tacite stelle. Nei campi
c'è un breve *gre gre* di ranelle.
5 Le tremule foglie dei pioppi
trascorre una gioia leggiera.
Nel giorno, che lampi! che scoppi!
Che pace, la sera!

3. tacite: silenziose.
4. ranelle: rane (diminutivo).
5-6. Le tremule... leggiera: una gioia leggera (metafora per "una lieve brezza, simile a una gioia leggera") passa tra (*trascorre*) le foglie tremule dei pioppi; *tremule* (tremolanti) definisce l'impressione visiva del movimento delle foglie.
7. scoppi: tuoni.

▼ Antonio Fontanesi, *La quiete*, ca 1860. Torino, Galleria d'Arte Moderna.

312

UNITÀ C1 ■ GIOVANNI PASCOLI

Si devono aprire le stelle
10   nel cielo sì tenero e vivo.
Là, presso le allegre ranelle,
singhiozza monotono un rivo.
Di tutto quel cupo tumulto,
di tutta quell'aspra bufera,
15   non resta che un dolce singulto
    nell'umida sera.

È, quella infinita tempesta,
finita in un rivo canoro.
Dei fulmini fragili restano
20   cirri di porpora e d'oro.
O stanco dolore, riposa!
La nube nel giorno più nera
fu quella che vedo più rosa
    nell'ultima sera.

25   Che voli di rondini intorno!
che gridi nell'aria serena!
La fame del povero giorno
prolunga la garrula cena.
La parte, sì piccola, i nidi
30   nel giorno non l'ebbero intera.
Né io... e che voli, che gridi,
    mia limpida sera!

Don... Don... E mi dicono, Dormi!
mi cantano, Dormi! sussurrano,
35   Dormi! bisbigliano, Dormi!
là, voci di tenebra azzurra...
Mi sembrano canti di culla,
che fanno ch'io torni com'era...
sentivo mia madre... poi nulla...
40   sul far della sera.

(G. Pascoli, *Poesie,* Mondadori, Milano, 1968)

9. Si devono aprire: tra poco brilleranno le stelle (quasi come corolle di fiori che si schiudono: *aprire* è una metafora).
10. sì: così. **tenero e vivo**: come lo stato d'animo che ispira all'io lirico.
13. cupo tumulto: il temporale.
14. aspra: violenta.
15. singulto: singhiozzo.
18. rivo canoro: un ruscello con il suo mormorio.
19. fragili: che si spezzano (disegnando una una linea frastagliata, a zig-zag).
20. cirri: nuvole di alta quota.
28. garrula: gioiosa e cinguettante (*garru-lo* deriva da "garrire", che indica il verso delle rondini).
29. La parte: la quantità di cibo necessaria.
31. Né io: neppure io (il poeta si riferisce alle proprie privazioni, dovute alle difficoltà della famiglia dopo la morte del padre).
36. voci...azzurra: il suono delle campane si diffonde nel cielo dove la luce si sta spegnendo; l'espressione unisce una metafora (*voci*) e una sinestesia (che accosta un dato visivo a uno uditivo).
37. canti di culla: accostamento analogico tra i rintocchi delle campane e la ninna nanna dell'infanzia.
39. poi nulla: è il nulla del sonno (simile alla morte).

Analisi del testo

La «sera» del poeta

L'aggettivo *mia* del titolo preannuncia il significato autobiografico della lirica, il cui tema non è tanto la sera come momento conclusivo e sereno di una giornata tempestosa, ma è da intendersi in riferimento alla vicenda del poeta, come metafora della pace ritrovata al termine della vita, dopo il tumulto doloroso degli anni giovanili.

Nella prima strofa la contrapposizione tra il giorno *pieno di lampi* e l'imminente comparsa delle *tacite stelle* (vv. 1-3), marcata dall'avversativa *ma*, esprime il sentimento di serenità del momento presente, ribadito da immagini di una natura tranquilla: l'intermittente gracidare delle rane e il leggero tremolio delle foglie dei pioppi (resi musicalmente con l'assonanza e l'allitterazione in *breve, gre gre, ranelle,* che potenziano la sonorità dell'onomatopea, e con l'allitterazione *trascorre-tremule*). L'esclamazione finale, in funzione espressivo-emotiva, ribadisce il sentimento di sollievo e contentezza per questa quiete dopo la tempesta.

Nella seconda strofa la contrapposizione *cupo tumulto-dolce singulto* non è altrettanto netta: il rumore del piccolo corso d'acqua (*rivo*) che *singhiozza monotono* (v. 12) sul sottofondo del gracidio delle *allegre ranelle* introduce una nota di sommessa malinconia, quasi uno strascico del turbamento patito: come accade dopo un pianto convulso che si va calmando a poco a poco e diventa come una cantilena in cui il dolore si culla e si riconforta; e infine si rasserena, nel *rivo canoro* del verso 18. Nella terza strofa – la più ricca di significati simbolici – è in quel "canto" del rivolo d'acqua (simbolicamente, della poesia) che finisce e si risolve una *bufera* sconvolgente e che sembrava non dover cessare (*infinita*). Qui, dopo la descrizione impressionistica dei colori e delle voci della natura, il discorso poetico diventa esplicitamente autobiografico, con la metafora dei versi 23-25: il dolore più forte e grande ora si è placato nello stato d'animo di pace e dolcezza (*la nube.. più nera... più rosa*) di un'esistenza che volge alla fine (*ultima sera*).

La regressione all'infanzia

Nelle strofe finali prevalgono le sensazioni uditive: le rondini in volo cinguettano gioiosamente (*gridi, garrula*) perché trovano il cibo che è mancato loro durante la tempesta: l'umanizzazione della natura introdotta da *cena* e l'immagine dei *nidi* (metonimia per "i piccoli" delle rondini), si associa alla nota dolente dell'inciso *Né io...* (v. 31), che segna il passaggio finale all'interiorizzazione delle sensazioni.

Nell'ultima strofa, il suono delle campane, reso dall'onomatopea *Don... Don...* e da una serie di anafore e allitterazioni, sembra parlare al poeta, e con la sua cadenza musicale evoca la dolcezza suadente dei *canti di culla* dell'infanzia. Il climax discendente (anticlimax) *cantano... sussurrano... bisbigliano* rende il progressivo attutirsi delle percezioni in una graduale dissolvenza sonora: la regressione all'infanzia (*che fanno ch'io torni com'era*, v. 38) evoca l'intima sensazione della presenza materna nell'abbandono al sonno, al *nulla* in cui tutto si dissolve (e in cui si congiungono la condizione prenatale e la fine dell'esistenza).

Un linguaggio evocativo e musicale

Nella lirica predomina il campo semantico dei fenomeni naturali avversi (*lampi, stelle, scoppi, bufera, tempesta, fulmini, nube, aria, tenebra*), che assumono significati simbolici in relazione alla parola chiave *sera*, ricorrente in chiusura di tutte le strofe e su cui fa perno il campo semantico della "quiete" delle cose e dell'animo. Alle sue diverse modulazioni (*Che pace, la sera; nell'umida sera;* ecc.) corrispondono le intonazioni meditative ed espressivo-emotive della lirica.

Il ritmo, prevalentemente uniforme, è però mosso da espressive pause interne e da *enjambement*. Le sinestesie, accostando parole appartenenti a sfere sensoriali diverse (*tacite stelle, gioia leggera, dolce singulto, voci di tenebra azzurra*), suggeriscono rapporti misteriosi tra le cose. La musicalità del testo è data da una densa trama di corrispondenze foniche che si richiamano anche a distanza; le suggestioni del significante, per Pascoli, implicano l'idea di una "poeticità" delle cose che è tutt'uno con il potere "magico" della parola.

UNITÀ C1 ■ GIOVANNI PASCOLI

Che cosa so fare

COMPRENDERE

1. La tematica.

La lirica è costruita su una metafora che associa la sera (intesa come fine della giornata) con la fine della vita del poeta. Quali caratteristiche comuni hanno le due situazioni?

2. La struttura.

La descrizione dei colori e delle voci della natura è seguita da una parte più esplicitamente autobiografica. Quale strofa segna questo passaggio e in che modo?

3. Autobiografia e poesia.

In quali versi il poeta allude alla perdita del padre e alle conseguenti difficoltà? In quali invece allude alla poesia come momento della consolazione?

4. L'immagine del nido.

Spiega quale significato assume l'immagine dei *nidi* (v. 29) nella lirica e, più in generale, nella poesia di Pascoli, facendo eventualmente riferimento anche ad altre sue poesie in cui essa è presente.

ANALIZZARE

5. Le figure di suono.

Individua le figure di suono presenti nel verso 4 e spiega in 3-4 righe quali effetti producono in relazione al significato del testo.

6. Il fonosimbolismo.

Soffermati sulle figure di suono presenti nel verso 29 (*La parte, sì piccola, i nidi*): quali consonanti e quali vocali si ripetono? Ti sembra che la loro combinazione abbia un valore evocativo? Per rispondere, considera anche il fonosimbolismo del verso 12 di *X Agosto* (► p. 304): *che pigola sempre più piano*.

7. L'anticlimax →.

Nell'ultima strofa è presente un anticlimax. Spiega in che cosa consiste e che cosa esprime nel contesto della lirica.

8. La rima.

I versi 19 e 34 sono ipèrmetri, perché terminano con parole sdrucciole. Con quali parole sono in rima, rispettivamente, *rè-sta-no* e *sus-sùr-ra-no*?

PRODURRE

9. Scrivere la parafrasi.

Elabora la parafrasi scritta del testo.

10. Interpretare gli sviluppi poetici.

L'evento traumatico della morte del padre ritorna quasi ossessivamente nella poesia di Pascoli. Confronta il modo in cui il tema è sviluppato nelle poesie di *Myricae* (*Il lampo*, ► p. 296; *X Agosto*, ► p. 304; *L'assiuolo*, ► p. 308) e il modo in cui è riproposto in questa lirica dei *Canti di Castelvecchio*. Esponi la tua interpretazione in un testo scritto.

11. Laboratorio di scrittura creativa I Le parole per una tempesta.

Descrivi e racconta, in un testo in prosa, un temporale, un acquazzone, una grandinata (in città, in campagna, al mare, in montagna...) scegliendo un lessico che renda il più possibile, a livello fonico, le caratteristiche del fenomeno (per esempio con consonanti aspre, vocali scure, allitterazioni ecc.). Puoi aiutarti consultando un dizionario dei sinonimi e prendendo esempio da qualche espressione pascoliana come *cupo tumulto*, *che lampi! che scoppi!* ecc.

315

PERCORSO C

UN AUTORE, UN MOVIMENTO

Giovanni Pascoli
Il gelsomino notturno

da *Canti di Castelvecchio* (1903)

▶ Lirica

Metro ▶ sei quartine di novenari a rima alternata (ABAB-CDCD)

Composta tra la fine del 1897 e il gennaio 1898, la lirica fu pubblicata una prima volta nel 1901 per il matrimonio di un amico del poeta e infine confluì nei *Canti di Castelvecchio*. Accosta, in modo allusivo, la fecondità della natura e il motivo nuziale, entrambi collegati all'inizio di una nuova vita.

    E s'aprono i fiori notturni,
    nell'ora che penso a' miei cari.
    Sono apparse in mezzo ai viburni
    le farfalle crepuscolari.

5 Da un pezzo si tacquero i gridi:
    là sola una casa bisbiglia.
    Sotto l'ali dormono i nidi,
    come gli occhi sotto le ciglia.

▶ Plinio Nomellini, *La casa fiorita*, 1910. Collezione privata.

1. fiori notturni: si riferisce al gelsomino del titolo, detto anche «bella di notte», i cui fiori a imbuto si aprono al crepuscolo e si chiudono all'alba.
3. viburni: arbusti ornamentali con fiori bianchi.
4. farfalle crepuscolari: farfalle notturne, che si alzano in volo al crepuscolo (tra queste l'*Acherontia Atropos*, detta anche «testa di morto» per una macchia sul torace che ricorda vagamente la forma di un teschio; ma in ogni caso, fin dall'antichità, la farfalla è associata a manifestazioni dell'invisibile).
5. gridi: il termine ricorre anche in altre liriche (per esempio *La mia sera*, ▶ p. 312) per indicare i vivaci richiami delle rondini o di altri uccelli.
7-8. sotto l'ali…ciglia: gli uccellini riposano nei nidi, protetti dalle ali della madre, come gli occhi chiusi sono protetti dalle ciglia.

UNITÀ C1 ■ GIOVANNI PASCOLI

Dai calici aperti si esala
10 l'odore di fragole rosse.
Splende un lume là nella sala.
Nasce l'erba sopra le fosse.

Un'ape tardiva sussurra
trovando già prese le celle.
15 La Chioccetta per l'aia azzurra
va col suo pigolìo di stelle.

Per tutta la notte s'esala
l'odore che passa col vento.
Passa il lume su per la scala;
20 brilla al primo piano: s'è spento...

È l'alba: si chiudono i petali
un poco gualciti; si cova,
dentro l'urna molle e segreta,
non so che felicità nuova.

(G. Pascoli, *Poesie*, Mondadori, Milano, 1968)

9. Dai calici...si esala: dalle corolle dei fiori si diffonde il profumo del fiore, attraendo gli insetti notturni che vi si posano per cibarsi del nettare e in questo modo trasportano da un fiore all'altro il polline che lo feconda.

10. odore...rosse: è una sinestesia tra sensazione olfattiva e sensazione visiva: l'intenso profumo suggerisce l'intensità del colore (*rosse*) delle fragole mature.

13. tardiva: che ha tardato (a rientrare nell'alveare).

14. già prese le celle: le cellette dell'alveare già occupate (*prese*).

15-16. La Chioccetta...stelle: il nome popolare della costellazione delle Pleiadi (*Chioccetta*) genera per analogia le metafore *aia azzurra* (il cielo come l'aia delle case di campagna) e *pigolìo di stelle* (le stelle come una covata di pulcini pigolanti).

21. petali: la parola, sdrucciola, è in rima ipèrmetra con *segreta*; l'ultima sillaba (*-li*) fonde il proprio suono vocalico con quello di *un*, nel verso seguente.

22. gualciti: sciupati.

23. urna...segreta: l'*urna* è, propriamente, un vaso; qui allude metaforicamente alla corolla del fiore che contiene gli organi riproduttivi.

24. non so...nuova: il misterioso inizio di una nuova vita.

Analisi del testo

Il "non detto" dell'inconscio

Nella lirica predomina la suggestione della notte con la sua vita segreta, cui si riferiscono sia le immagini della natura, con i suoi movimenti e sussurri quasi impercettibili, sia quelle di una casa dal cui interno un lume emana il suo chiarore.

Il testo comincia con una congiunzione (*E...*, v. 1) che, normalmente, è un elemento di connessione con il contesto che precede; ma quel contesto, qui, non è verbalizzato perché appartiene alla sfera dell'inconscio, dalla quale affiorano al pensiero dell'io lirico, mentre sta scendendo il buio, le immagini iniziali: l'aprirsi dei fiori alla notte e i ricordi dei propri cari scomparsi. Anche le immagini che seguono – la comparsa delle farfalle notturne, il profumo intenso dei fiori, il ronzio di un'ape, le stelle di una costellazione, il chiarore di una finestra – sembrano presentarsi alla mente senza una logica precisa. Il luogo da cui l'io lirico guarda e ascolta rimane indeterminato, così come l'"altrove" (*là*, v. 6) della casa ancora illuminata. Eppure tutte queste immagini, accostate nel testo da un "montaggio" che non ne esplicita i collegamenti, costituiscono un insieme unitario, in cui circola un significato che esse rivelano e nascondono al tempo stesso.

Eros e morte

In un componimento di omaggio alle nozze e che, secondo la consuetudine, include un augurio di fertilità alla nuova unione, il simbolismo del fiore che si apre alla fecondazione esalando il suo intenso profumo nella notte è in relazione analogica con l'intimità degli sposi, cui alludono le immagini della casa con la luce che trapela dall'interno. Ma al motivo dell'eros – nella natura e nel rapporto coniugale – se ne affianca un altro, quello dei defunti, che si riaffaccia, anche se in modo sfumato, già ai vv. 3-4 con il suono "scuro"

317

UN AUTORE, UN MOVIMENTO

della parola *viburni* e con le connotazioni funebri delle *farfalle crepuscolari*; ed è ribadito al verso 12 (*Nasce l'erba sopra le fosse*): nella notte nasce la vita, ma la notte è abitata anche da chi non vive più. In questo verso centrale della lirica l'intonazione meditativa diventa quasi sentenziosa: la perennità della morte e il rinnovarsi della vita sembrano fronteggiarsi (o compenetrarsi) in un ambiguo rapporto. Osserva in proposito lo studioso Giorgio Bàrberi Squarotti:

> ...è proprio la presenza dei morti, tanto più intensa quanto più lievemente e sfumatamente evocata, a costringere il poeta dalla parte di chi contempla, non senza un turbamento quasi morboso, l'attuarsi del rapporto d'amore con gli altri.
>
> (G. Bàrberi Squarotti, *Simboli e strutture della poesia del Pascoli*, D'Anna, Firenze, 1968)

Questa interpretazione in chiave psicoanalitica è avvalorata dalla regressione che, nella poesia di Pascoli, caratterizza il legame con la famiglia d'origine come «vincolo d'affetti esclusivo e paralizzante» (E. Gioanola, *Pascoli*, Jaca Book, Milano, 2000).

L'inibizione del desiderio

Al verso 6 il verbo *bisbiglia* conferisce all'intimità della casa e degli sposi una connotazione affettuosa che richiama il significato pascoliano del «nido», la cui immagine protettiva segue immediatamente ai versi 7-8: più che una contrapposizione tra le due situazioni si può vedere in questo accostamento un desiderio sottaciuto e irrisolto. Lo conferma l'immagine dell'*ape tardiva* (vv. 13-14) che non trova più posto nell'alveare, sospesa in un volo che è come un sussurro ansioso (l'ape non è una farfalla crepuscolare ma un insetto diurno, e forse si è attardata perché attratta, "fuori tempo", dal profumo del gelsomino): se il desiderio erotico comporta il rischio di esclusione dalla protezione famigliare, la sua inibizione comporta l'esclusione dal rapporto matrimoniale.

Una solitaria inquietudine

Una solitaria inquietudine sembra stemperarsi nell'immagine – di straordinaria efficacia espressiva – della *Chioccetta* (vv. 15-16) con i suoi pulcini, che riconduce lo smarrimento – amplificato dalla visione di un cielo stellato – a una dimensione domestica, infantile e favolosa. Ma i contrasti del profondo riaffiorano nei versi successivi, con la ripresa del motivo sensoriale (e sensuale) delle intense esalazioni dei fiori e di quello, allusivo, del lume che si spegne (da notare la funzione espressiva dei puntini di sospensione).

E forse un rimpianto

Nell'ultima strofa tutto ciò è ricondotto all'occasione augurale di un'incipiente maternità: ma nell'immagine dei *petali / un poco gualciti* (v. 22) ritorna il motivo perturbante della sessualità; e nel simbolismo sacrale e nelle connotazioni misteriose e "carnali" dell'*urna molle e segreta* – il *calice*-utero, luogo in cui si forma una nuova vita – si insinua ancora una nota mortuaria (la metafora dell'*urna* come vaso votivo implica la sua associazione, in antico, ai riti funerari). D'altra parte, nell'ultimo verso (*non so che felicità nuova*) e nella rima con *cova*, che richiama l'immagine della chioccia con i pulcini, si può avvertire un tacito rimpianto del poeta per non avere avuto figli.

L'innovazione espressiva

Questa lirica è considerata, insieme a *L'assiuolo* (▶ p. 308), uno dei maggiori esiti del simbolismo pascoliano, che qui si avvale di una sempre più sapiente rarefazione degli elementi logico-descrittivi. L'uso dominante della paratassi contribuisce a un accostamento di immagini "staccate" l'una dall'altra ma tutte quante pervase, per via analogica, dal contrasto tematico tra il "buio-silenzio" (il sonno protetto del nido, la presenza dei morti) e il "lume-bisbiglio" (l'intimo segreto dell'eros e della fecondità).

UNITÀ C1 ■ GIOVANNI PASCOLI

Che cosa so fare

COMPRENDERE

1. Il significato del «nido».

Nella lirica è presente l'immagine del «nido». Spiega quali altre immagini vi fanno riferimento per analogia e quali sono i relativi significati simbolici.

2. Le connotazioni.

Indica quali dei seguenti significati connotativi assume il verso 6: *là sola una casa bisbiglia.*
- **a.** Timore e incertezza
- **b.** Intimità e isolamento
- **c.** Solitudine e angoscia
- **d.** Nostalgia e rimpianto

3. Il "non detto".

L'enunciato *Splende un lume là nella sala* (v. 11) è seguito da *Nasce l'erba sopra le fosse* (v. 12). Questo accostamento costituisce implicitamente
- **a.** un'antitesi
- **b.** un'analogia
- **c.** una similitudine
- **d.** un ossimoro

4. Il senso di esclusione.

Rifletti sui significati simbolici che assume, nel contesto, l'immagine dell'*ape tardiva* (vv. 13-14). Si tratta di un'immagine di esclusione: ma da che cosa, e perché?

ANALIZZARE

5. Il motivo funerario.

In quali espressioni del testo sono presenti significati simbolici di carattere funerario?

6. La metafora →.

Ai versi 15-16, dal nome popolare della costellazione delle Pleiadi si sviluppa un'analogia tra il cielo e la terra: spiega in che modo e con quali figure retoriche.

7. La sinestesia →.

Indica il verso in cui è presente una sinestesia olfattivo-visiva.
- **a.** *l'odore che passa col vento* (v. 18)
- **b.** *Nasce l'erba sopra le fosse* (v. 12)
- **c.** *Passa il lume su per la scala* (v. 19)
- **d.** *l'odore di fragole rosse* (v. 10)

8. La sintassi.

Nella lirica prevale la paratassi o l'ipotassi? Spiega quale rapporto ha questa scelta formale del poeta con la tecnica con cui sono presentate le varie immagini.

PRODURRE

9. Risposta sintetica I Interpretare le percezioni visive.

Nel buio della notte, la vita della natura è percepita dall'io lirico attraverso i suoni e gli odori. Quali sono, invece, le percezioni visive? A che cosa si riferiscono e quale significato assumono le immagini corrispondenti? Esponi la tua interpretazione in 10 righe.

10. Risposta sintetica I Biografia e poesia.

I significati simbolici di questa lirica rimandano a una condizione esistenziale segnata dal conflitto inconscio tra attaccamento alla famiglia d'origine e impulso di evasione: da una parte la dedizione e la fedeltà agli affetti del «nido», dall'altra la sessualità, il matrimonio, la procreazione. Nella biografia di Pascoli, secondo te, si possono individuare le premesse e le motivazioni psicologiche della situazione dell'io lirico espressa del testo? Per quali motivi? Spiegalo in 10 righe.

319

PERCORSO C — UN AUTORE, UN MOVIMENTO

Giovanni Pascoli

Novembre

da *Myricae* (1891)

▶ Lirica

Metro ▶ tre strofe costituite ciascuna da tre endecasillabi e un quinario, con schema delle rime ABAB

Questa poesia fu pubblicata nella prima edizione di *Myricae* (1891). Agli inizi di novembre, quando per alcuni giorni il clima diventa più mite, si ha la sensazione di un'atmosfera primaverile; ma è solo un'illusione, perché la natura mostra i segni dell'autunno avanzato che ricordano la desolazione del mese dedicato alla commemorazione dei defunti.

Gemmea l'aria, il sole così chiaro
che tu ricerchi gli albicocchi in fiore,
e del prunalbo l'odorino amaro
    senti nel cuore...

5 Ma secco è il pruno, e le stecchite piante
di nere trame segnano il sereno,
e vuoto il cielo, e cavo al piè sonante
    sembra il terreno.

Silenzio, intorno: solo, alle ventate,
10 odi lontano, da giardini ed orti,
di foglie un cader fragile. È l'estate,
    fredda, dei morti.

(G. Pascoli, *Poesie*, Mondadori, Milano, 1968)

1. Gemmea l'aria: l'aria è pura e luminosa come una gemma. Oltre alla trasparenza di una pietra preziosa, l'aggettivo *gèmmea* evoca anche le gemme primaverili delle piante.
3. del prunalbo...amaro: il profumo penetrante e amarognolo del biancospino.
4. nel cuore: dentro di te. L'impressione di un'aria primaverile si associa, interiormente, a questa sensazione, propria della stagione.
5. stecchite: spoglie, prive di foglie.
6. trame: disegni. La parola definisce, propriamente, il disegno dato dall'intreccio di fili in un tessuto, ma si usa anche, in senso figurato, in espressioni come «trama di un racconto», «trama di una congiura» ecc.
7-8. cavo...terreno: il terreno (indurito dal freddo) risuona sotto i passi come se fosse vuoto internamente (*cavo*).
11. un cader fragile: un fruscio leggero di foglie secche che cadono.
11-12. l'estate...dei morti: è, secondo la tradizione popolare, l'«estate di san Martino» (dal nome del santo che si celebra l'11 novembre), caratterizzata da alcuni giorni di tempo più mite nel mese autunnale in cui ricorre anche la commemorazione dei defunti (2 novembre).

▼ **Giovanni Segantini**, *Paesaggio sul Maloja o Ritorno al paese natio*, 1895. Milano, Galleria d'Arte Moderna (Museo dell'Ottocento).

LABORATORIO DELLE COMPETENZE

UNITÀ **C1** ■ GIOVANNI PASCOLI

A T T I V I T À

■ COMPRENDERE E ANALIZZARE

Competenza:
- leggere, comprendere e interpretare testi scritti di vario tipo

1. VERSO LA PROVA INVALSI

Scegli l'opzione.

1. **La lirica accosta immagini di vita e immagini di morte. Sono riconducibili all'area di significato della vita-primavera le espressioni**
   a. *pruno, piante, trame*
   b. *ventate, foglie, morti*
   c. *stecchite, giardini, orti*
   d. *gèmmea, chiaro, fiore*

2. **Le parole *secco*, *stecchite*, *nere*, *vuoto*, *cavo* rimandano al tema centrale della lirica, cioè**
   a. la felicità della giovinezza
   b. la realtà della morte
   c. l'infelicità di tutte le creature viventi
   d. l'estate di san Martino

3. **Nella sensazione di un'atmosfera primaverile descritta nella prima strofa, si introduce una punta di malinconia con l'espressione**
   a. *Gemmea l'aria*
   b. *il sole così chiaro*
   c. *gli albicocchi in fiore*
   d. *l'odorino amaro*

4. **I verbi in seconda persona *ricerchi* (v. 2) e *senti* (v. 4) significano che l'io lirico**
   a. si trova in presenza di un misterioso interlocutore
   b. si rivolge alla natura che lo circonda
   c. si rivolge a se stesso escludendo gli altri dalla comunicazione
   d. generalizza la sua esperienza con un "tu" impersonale

5. **Le parole *fiore* e *cuore* creano con le parole *chiaro* e *amaro***
   a. un'assonanza
   b. una consonanza
   c. una rima interna
   d. un climax discendente

6. **Le parole *sole* e *fiore* si richiamano fonicamente perché sono**
   a. in assonanza
   b. in antitesi
   c. in consonanza
   d. in rima

7. **L'espressione *odorino amaro* costituisce**
   a. una sinestesia
   b. una metonimia
   c. una metafora
   d. una personificazione

8. **Nella seconda strofa, il passaggio dalla sensazione di un'atmosfera primaverile alla desolazione autunnale è marcato da una congiunzione**
   a. dichiarativa
   b. negativa
   c. avversativa
   d. causale

9. **Nel testo il solo tempo verbale è il presente; tuttavia l'io lirico fa riferimento a sensazioni del passato nell'enunciato**
   a. *del prunalbo l'odorino amaro / senti nel cuore* (vv. 3-4)
   b. *odi lontano [...] di foglie un cader fragile* (vv. 10-11)
   c. *cavo al piè sonante / sembra il terreno* (vv. 7-8)
   d. *È l'estate, / fredda, dei morti* (vv. 11-12)

10. **L'immagine delle foglie che cadono ha un significato simbolico in quanto allude**
    a. alla stagione autunnale
    b. alla solitudine dell'uomo
    c. alla fine dell'esistenza
    d. alla memoria del passato

11. **L'espressione *estate fredda* è**
    a. un climax
    b. un ossimoro
    c. una sinestesia
    d. una metonimia

321

UN AUTORE, UN MOVIMENTO

12. Le sensazioni prevalenti sono
 a. uditive e tattili
 b. visive e uditive
 c. tattili e olfattive
 d. olfattive e visive

13. Due inversioni, rispettivamente all'inizio della prima e della seconda strofa, mettono in rilievo gli aggettivi *gemmea* e *secco*, i cui significati costituiscono
 a. un'antitesi
 b. un ossimoro
 c. un'analogia
 d. un climax

14. I versi sono tutti
 a. piani
 b. tronchi
 c. sdruccioli
 d. bisdruccioli

15. Alla fine di ogni strofa, tra l'endecasillabo e il quinario è sempre presente un *enjambement*, che contribuisce a rendere il ritmo
 a. lento e fluido
 b. vario e veloce
 c. spezzato e lento
 d. veloce e cadenzato

INTERPRETARE E PRODURRE

Competenze:
- leggere, comprendere e interpretare testi scritti di vario tipo
- produrre testi di vario tipo in relazione ai differenti scopi comunicativi

2. TRATTAZIONE BREVE

L'analogia.
Due espressioni, riferite rispettivamente agli alberi (*stecchite piante*, v. 5) e al terreno (*cavo al piè sonante*, v. 7), si richiamano fonicamente attraverso la rima e, al tempo stesso, sono collegate da un'analogia di significato. Spiega perché in un breve testo di 10 righe.

3. TRATTAZIONE BREVE

I significati connotativi e fonosimbolici.
Considera l'enunciato *le stecchite piante / di nere trame segnano il sereno* (vv. 5-6).
- Spiega il suo significato letterale.
- Individua i termini che comportano significati connotativi di carattere funerario.
- Indica quali figure – di suono e dell'ordine delle parole – contribuiscono a sottolineare i significati dell'immagine, e in che modo.

Esponi le tue osservazioni in 10-15 righe.

4. ARGOMENTAZIONE

L'uso di frasi nominali.
Nel testo sono presenti alcune frasi nominali (ossia con ellissi del verbo reggente). Dopo averle individuate, spiega se questa scelta è coerente o in contrasto con lo stile "impressionistico" di *Myricae*.
Esponi e motiva tua valutazione.

LABORATORIO DELLE COMPETENZE

UNITÀ C1 ■ GIOVANNI PASCOLI

5. CONFRONTO

Novembre e San Martino.

Confronta *Novembre* di Pascoli con *San Martino* di Giosue Carducci: l'argomento è lo stesso (il mese autunnale), ma tra i due testi si riscontrano notevoli differenze. Esponi le tue osservazioni in merito, riflettendo in particolare sui seguenti aspetti:

- tipo di descrizione (realistica, impressionistica, ordinata, soggettiva, oggettiva,…?) e campi percettivi coinvolti;
- contrapposizioni semantiche (alto-basso, luce-buio, vita-morte, caldo-freddo, gioia-tristezza…?);
- figure retoriche (di significato, di ordine, di suono);
- ritmo dei versi (cadenzato, spezzato, lento, vivace…?);
- stato d'animo dell'io lirico (angoscia, malinconia, vitalità, allegria, nostalgia, inquietudine…?).

> **San Martino**
> La nebbia a gl'irti colli
> piovigginando sale,
> e sotto il maestrale
> urla e biancheggia il mar;
> 5 ma per le vie del borgo
> dal ribollir de' tini
> va l'aspro odor de i vini
> l'anime a rallegrar.
>
> Gira su' ceppi accesi
> 10 lo spiedo scoppiettando:
> sta il cacciator fischiando
> su l'uscio a rimirar
> tra le rossastre nubi
> stormi d'uccelli neri,
> 15 com'esuli pensieri,
> nel vespero migrar.
>
> (G. Carducci, *Rime nuove*, in *Giosue Carducci*,
> a cura di G. Di Pino, UTET, Torino, 1966)

3. maestrale: vento autunnale che spira da nord-ovest, freddo e secco.
6. tini: i recipienti in cui il vino nuovo fermenta (*ribollir*).
15. esuli pensieri: pensieri maliconici, come quelli di chi è lontano dalla propria terra.

6. LABORATORIO DI SCRITTURA CREATIVA

Riscrivi la poesia *Novembre* – utilizzando gli stessi versi, ma con gli spostamenti e le modifiche che ritieni opportuni – in modo da capovolgerne il significato: l'io lirico, nella desolata tristezza del mese dei morti, sente nascere nel cuore un senso di vitalità e leggerezza nei giorni soleggiati dell'estate di san Martino.

ESPORRE E ARGOMENTARE

Competenze:
- padroneggiare gli strumenti espressivi e argomentativi indispensabili per gestire l'interazione comunicativa verbale in vari contesti
- leggere, comprendere e interpretare testi scritti di vario tipo

7. VERSO IL COLLOQUIO ORALE

Esponi il significato complessivo della poesia *Novembre*.

- Precisa la data di pubblicazione del componimento e le caratteristiche della raccolta in cui è inserito.
- Delinea il tema centrale e mettilo in relazione con la visione dell'esistenza che il testo esprime.
- Indica analogie tematiche con altre liriche di Pascoli.
- Definisci le caratteristiche metriche e stilistiche più significative (rapporto tra metro e sintassi; scelte lessicali; figure retoriche; fonosimbolismo).
- Metti in relazione la poesia con la poetica dell'autore.
- Esponi sinteticamente un'opinione personale opportunamente motivata.

 Per il tuo intervento orale hai a disposizione 10-15 minuti.

UN AUTORE, UN MOVIMENTO

PROVA AUTENTICA

Competenze:
- padroneggiare gli strumenti espressivi e argomentativi indispensabili per gestire l'interazione comunicativa verbale in vari contesti
- leggere, comprendere e interpretare testi scritti di vario tipo
- produrre testi di vario tipo in relazione ai differenti scopi comunicativi

Competenze chiave di cittadinanza:
1. Imparare ad imparare
2. Progettare
3. Comunicare
4. Collaborare e partecipare
5. Agire in modo autonomo e responsabile
6. Risolvere problemi
7. Individuare collegamenti e relazioni
8. Acquisire ed interpretare le informazioni

ESPERIMENTI DI PLURILINGUISMO

Prodotto: fascicolo di testi poetici.

Destinatari: gli studenti di altre classi (come pubblico di un *reading* di poesia).

Tempi: 3 ore in classe (pianificazione, distribuzione dei compiti, condivisione dei prodotti e assemblaggio) + 2 ore a casa (produzione) + 2 ore di lettura condivisa in classe.

Consegna: Realizzate componimenti poetici utilizzando come strumento espressivo il plurilinguismo, sul modello dell'opera di Giovanni Pascoli.

Istruzioni (attività in *cooperative learning*):
1. Dividetevi in gruppi.
2. Ogni gruppo dovrà stabilire, in base alle proposte dei suoi componenti:
- il tema del componimento da creare;
- il modello metrico da utilizzare (tipo di versi, strofe, rime);
- i tipi linguistici da utilizzare – italiano aulico/medio/parlato, linguaggi speciali, dialetti, lingue straniere – senza dimenticare i "puri significanti".
3. Per la stesura:
- si assegna a ogni componente del gruppo la composizione di una o più strofe;
- si procede in gruppo ad assemblare le strofe, condividendo e adattando i singoli prodotti per pervenire a un unico testo.
  In questa fase si lavora sulla coesione e sulla coerenza del testo. Si valuta, inoltre, se gli inserimenti di elementi linguisticamente eterogenei potenziano l'effetto espressivo o se risultano artificiosi e poco efficaci.
4. Al termine del lavoro, si eseguirà una lettura espressiva dei componimenti.

UNITÀ C2 — Il Futurismo

Testo d'esempio
F.T. Marinetti *Il bombardamento di Adrianopoli*

Antologia
C. Govoni *Autunno*
C. Govoni *Il Palombaro*
A. Palazzeschi *E lasciatemi divertire*

Laboratorio delle competenze
A. Palazzeschi *La fontana malata*

In questa unità:

- scoprirai le caratteristiche di un movimento letterario, il Futurismo
- leggerai esempi della produzione lirica del Futurismo
- vedrai in che modo il Futurismo è stato anche un movimento artistico
- produrrai piccole composizioni in versi
- esporrai le caratteristiche di un testo che hai letto
- realizzerai un comunicato stampa di una mostra dedicata al Futurismo

PERCORSO C

UN AUTORE, UN MOVIMENTO

2 Il Futurismo

Un **movimento letterario** identifica autori differenti sotto tendenze stilistiche, tematiche e linguistiche comuni. Questo raggruppamento è talvolta frutto di un atto fondativo consapevole (come, per esempio, per il Futurismo), ma può anche derivare da un riconoscimento critico a posteriori.

■ Come si studia un movimento letterario

Per studiare e comprendere correttamente un movimento letterario è indispensabile innanzi tutto conoscere il **contesto storico e culturale** nel quale il movimento nasce e si sviluppa. In particolare:

- il **periodo storico**: il Futurismo nasce in un mondo profondamente mutato dal rapido progresso tecnologico dell'inizio del Novecento e reagisce al mutamento del ruolo dell'intellettuale all'interno della nuova società di massa;
- la **tradizione culturale e letteraria** alla quale il movimento si riferisce o si contrappone. Ciò è particolarmente importante per un movimento come il Futurismo che, in quanto movimento di avanguardia, si pone in esplicita e violenta opposizione alle tradizioni precedenti. Comprendere il Futurismo significa innanzi tutto conoscere ciò a cui si oppone, cioè la tradizione classica, sia nei suoi aspetti formali sia per quanto riguarda il ruolo dello scrittore e dell'intellettuale all'interno della società.

Avanguardia. Termine militare che designa un avamposto, un gruppo di militari che precede l'esercito per spianarne la strada. In letteratura il termine designa una tendenza che si pone davanti, allontanandosi dalla tradizione per sperimentare linguaggi e modi espressivi radicalmente diversi.

LA POETICA. Un movimento comprende autori differenti che si riconoscono all'interno di una poetica comune. È necessario dunque studiare e comprendere:

- le **idee e gli obiettivi** del movimento, che possono essere – e nel caso del Futurismo sono – anche politici e sociali.
- i **temi** principali che sono comuni a tutti gli artisti che aderiscono o si ispirano al movimento. I poeti futuristi, per esempio, rifiutano la concezione classica della bellezza e nelle loro opere celebrano il progresso tecnico e tecnologico; allo stesso modo, i pittori che aderiscono al movimento prediligono la rappresentazione delle nuove e dinamiche città industriali.
- le **tecniche** principali che caratterizzano un movimento. Esse possono essere dedotte a posteriori attraverso l'analisi di più opere oppure studiate attraverso le esplicite dichiarazioni di uno o più autori del movimento. I futuristi adottano le tecniche indicate da Filippo Tommaso Marinetti nel *Manifesto* tecnico del Futurismo (▶ p. 335).

I TESTI. È necessario studiare i testi di più autori che appartengono allo stesso movimento per comprendere a fondo:
- quali sono gli elementi, stilistici e/o tematici, comuni, che permettono di raggruppare testi e autori diversi all'interno dello stesso movimento;
- gli elementi che, al contrario, sono peculiari di ogni singolo autore. Anche se appartenenti allo stesso movimento, infatti, i singoli autori sviluppano la poetica comune in modo personale, approfondendo più o meno certi temi o utilizzando con maggiore o minore frequenza e originalità determinati stili e determinate tecniche.

Che cos'è il Futurismo

Fondato da Filippo Tommaso Marinetti, il Futurismo è un **movimento di avanguardia** che abbraccia tutte le arti (letteratura, teatro, pittura, scultura, musica e architettura). L'atto di fondazione è il ***Manifesto del Futurismo*** pubblicato sul quotidiano parigino "Le Figaro" il 20 febbraio 1909 (▶ *I Manifesti del Futurismo*, p. 334). Il *Manifesto* è la prima, ma già completa, elaborazione teorica dei caratteri fondamentali del movimento, facilmente identificabili attraverso alcune parole chiave quali "audacia", "guerra", "velocità" e "ribellione".

> È dall'Italia, che noi lanciamo pel mondo questo nostro manifesto di violenza travolgente e incendiaria, col quale fondiamo oggi il 'Futurismo', perché vogliamo liberare questo paese dalla sua fetida cancrena di professori, d'archeologhi, di ciceroni e d'antiquari.
>
> (F.T. Marinetti, *Manifesto del Futurismo*, in *Marinetti e il Futurismo*, a cura di L. De Maria, Mondadori, Milano, 1973)

Il movimento futurista intende porsi come qualcosa di completamente nuovo e completamente altro rispetto alla tradizione artistica e culturale precedente, considerata ormai inadatta a rappresentare l'uomo moderno. Esaltando i valori della velocità, dell'aggressività e del dominio dell'uomo sulla natura, il Futurismo è, da una parte, in diretta opposizione al Romanticismo e al Decadentismo (▶ p. 292) italiani (in particolare alla concezione estetizzante dell'arte tipica di Gabriele D'Annunzio); dall'altra, esso riflette in maniera emblematica lo spirito della nascente civiltà delle macchine. La concezione futurista della bellezza rifiuta quella classica. Invece di celebrare la natura, l'armonia e la proporzione delle forme, l'estetica futurista esprime la meraviglia di fronte alle moderne conquiste tecniche e industriali dell'uomo. Per esempio, nella citazione seguente, Marinetti, contrariamente all'uso grammaticale corretto, adotta la forma maschile per il sostantivo *automobile*; questo perché l'automobile è qui il simbolo del nuovo ideale di bellezza aggressivo, veloce e ruggente e quindi, nella concezione futurista, tipicamente maschile.

> 3. La letteratura esaltò fino ad oggi l'immobilità pensosa, l'estasi e il sonno. Noi vogliamo esaltare il movimento aggressivo, l'insonnia febbrile, il passo di corsa, il salto mortale, lo schiaffo ed il pugno [...]
>
> 4. Noi affermiamo che la magnificenza del mondo si è arricchita di una bellezza nuo-

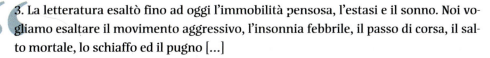

va: la bellezza della velocità. Un automobile da corsa col suo cofano adorno di grossi tubi simili a serpenti dall'alito esplosivo.... Un automobile ruggente, che sembra correre sulla mitraglia, è più bello della Vittoria di Samotracia.

(F.T. Marinetti, *Manifesto del Futurismo*, in *Marinetti e il Futurismo*, a cura di L. De Maria, Mondadori, Milano, 1973)

LA GUERRA «SOLA IGIENE DEL MONDO». Respingendo in modo aggressivo tutto ciò che lo precede, il Futurismo fin dai suoi esordi esalta anche la guerra. Già nel *Manifesto del Futurismo* del 1909, infatti, Marinetti la definisce «sola igiene del mondo»: essa rappresenta quindi **un elemento purificatore** non solo positivo, ma addirittura necessario affinché l'uomo moderno possa sbarazzarsi del passato e rinascere, rinnovato, dalle sue ceneri. Tale atteggiamento aggressivo e sprezzante del passato, che propone "lo schiaffo e il pugno" e, in generale un uomo nuovo forte, vitale e violento, si traduce anche in un'ideologia politica genericamente rivoluzionaria e populista. Marinetti si lega al nascente movimento fascista e rimarrà vicino alle posizioni mussoliniane fino alla fine della sua vita. Ma questa scelta politica non è tuttavia condivisa da tutti i membri del movimento.

IL FUTURISMO E LE DONNE. La posizione iniziale di Marinetti nei riguardi della donna sembra di aperto e netto disprezzo. Il punto nove del *Manifesto del Futurismo* recita infatti: «Noi vogliamo glorificare la guerra – sola igiene del mondo – il militarismo, il patriottismo, il gesto distruttore dei libertari, le belle idee per cui si muore e il disprezzo della donna». Questa posizione è però molto presto precisata e quasi smentita da Marinetti stesso nella *Premessa* al romanzo *Mafarka il futurista* del 1910. Qui, infatti, l'autore afferma che l'oggetto della sua polemica iniziale non era la donna in sé, ma la concezione tradizionale della donna, che oscillava tra le due immagini opposte della ***femme fatale*** e della moglie e madre. Al contrario, Marinetti auspica una **donna libera e indipendente, forte ed emancipata** come l'uomo. La sua posizione ha ispirato molte donne futuriste e nel 1912 apparirà addirittura il *Manifesto della donna futurista*. Qui l'autrice, la poetessa francese Valentine de Saint-Point, riprende e porta alle estreme conseguenze i principi di aggressività e violenza già propugnati da Marinetti, attribuendo però tali valori anche alla donna.

> DONNE, PER TROPPO TEMPO SVIATE FRA LE MORALI E I PREGIUDIZI, RITORNATE AL VOSTRO ISTINTO SUBLIME: ALLA VIOLENZA E ALLA CRUDELTÀ.

(*Manifesto della donna futurista*, Genova, Il Melangolo, 2006)

LO STILE. Nel *Manifesto tecnico della letteratura futurista*, pubblicato a Parigi nel 1912, Marinetti espone le regole fondamentali di un nuovo linguaggio letterario. Così come il Futurismo rifiutava la tradizione artistica precedente, con la stessa violenza rigetta le regole sintattiche e stilistiche tradizionali. Alcuni dei dettami fondamentali sono la **distruzione della sintassi, l'uso del verbo all'infinito, l'abolizione della punteggiatura e l'uso frequente di onomatopee e analogie**. In *Poesie elettriche* (1911) e *Rarefazioni e parole in libertà* (1915), Corrado Govoni (*L'autore* ▶ p. 338), per esempio, sperimenta l'unione tra le diverse arti con la poesia visiva e rompe la rigida versificazione classica con l'esperimento del paroliberismo. Anche *L'incendiario* (1910) di Aldo Palazzeschi (*L'autore* ▶ p. 347) mostra lo stesso gusto per il verso libero e per l'abbondanza di onomatopee.

Populista. Originariamente, afferente al Populismo, movimento culturale e politico russo sviluppatosi tra la fine dell'Ottocento e l'inizio del Novecento, che si proponeva di migliorare la condizione delle classi più disagiate. Oggi il termine indica soprattutto una forma di politica caratterizzata dal rapporto diretto tra un capo carismatico e le masse popolari.

Femme fatale (dal fr. "donna fatale"). Un personaggio molto comune nella letteratura europea del tardo Ottocento e dell'inizio del Novecento. In Italia è stato soprattutto Gabriele D'Annunzio (ad esempio nel romanzo *Il piacere*) a mettere in scena questo tipo di donna, forte e seduttiva, che usa la propria sensualità come strumento di potere nei confronti dell'uomo.

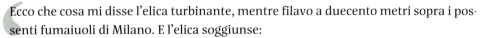

> Ecco che cosa mi disse l'elica turbinante, mentre filavo a duecento metri sopra i possenti fumaiuoli di Milano. E l'elica soggiunse:
>
> 1. *Bisogna distruggere la sintassi disponendo i sostantivi a caso, come nascono.*
>
> 2. *Si deve usare il verbo all'infinito*, perché si adatti elasticamente al sostantivo e non lo sottoponga all'io dello scrittore che osserva o immagina. Il verbo all'infinito può, solo, dare il senso della continuità della vita e l'elasticità dell'intuizione che la percepisce [...]
>
> 6. *Abolire anche la punteggiatura.*
>
> (Manifesto tecnico della letteratura futurista, in AA.VV., *Manifesti del Futurismo*, Firenze, Lacerba, 1914)

MARINETTI, "UNA VITA-MANIFESTO". Filippo Tommaso Marinetti è stato il teorico, il fondatore e il principale animatore del Futurismo. Nasce ad Alessandria d'Egitto nel 1876, si laurea in Lettere alla Sorbona di Parigi e in Legge a Genova. A Parigi entra in contatto con gli ambienti e i rappresentanti dell'avanguardia francese. Rientrato in Italia agli inizi del Novecento, fonda a Milano la rivista "Poesia" (1905), che aveva come principale obiettivo la diffusione del verso libero. Il 20 febbraio 1909 Marinetti pubblica su "Le Figaro" le famose undici tesi del *Manifesto del Futurismo*. Seguono *Uccidiamo il chiaro di luna!* (1909) e il *Manifesto tecnico della letteratura futurista* (1912), che teorizzano poetiche e mezzi espressivi atti a rappresentare, in modo *simultaneo* e *sintetico*, il dinamismo e la velocità del mondo contemporaneo. I principi estetici del Futurismo rappresentano per Marinetti il ponte naturale che lo conduce a una mistica adesione alla guerra e alle tesi dell'imperialismo, come è evidente dagli scritti *La battaglia di Tripoli* (1912) e *L'alcova di acciaio* (1921). Marinetti partecipa alla guerra in Libia (1911-1912) come corrispondente dal fronte di giornali francesi e sostiene l'intervento dell'Italia nel primo conflitto mondiale. Nel dopoguerra aderisce inizialmente al movimento fascista, per poi distaccarsene e ancora riaderire. Durante la Seconda guerra mondiale segue le truppe italiane sul fronte russo. Rientrato in Italia nel 1943 sostiene, come ultimo atto politico e in coerenza con le scelte precedenti, la ==repubblica di Salò==. Muore nel 1944 sul lago di Como.

Repubblica di Salò. Chiamata anche Repubblica Sociale Italiana, cioè lo Stato guidato da Benito Mussolini dopo l'armistizio dell'8 settembre 1943.

■ Il Futurismo, movimento artistico e internazionale

IL FUTURISMO NELLE ARTI FIGURATIVE. Il Futurismo non riguarda solo la letteratura. Anzi: se la letteratura futurista sembra oggi significativa soprattutto per la sua capacità di rinnovare il linguaggio poetico della tradizione, gli esperimenti futuristi nei campi della pittura e della scultura sembrano conservare ancora oggi tutta la loro originaria forza dirompente. Coerentemente con i dettami propugnati da Marinetti, l'arte futurista intende **rompere i principi formali della pittura classica**. Una delle regole fondamentali della nuova arte è quindi l'abolizione della prospettiva tradizionale in favore di una visione da più punti di vista che esalti il dinamismo degli oggetti e dia all'osservatore l'impressione di essere al centro del quadro. Tra i firmatari del *Manifesto tecnico della pittura futurista* (1910, ▶ *Il Futurismo nelle arti figurative*, p. 344) ci furono Umberto Boccioni (1882-1916), Giacomo Balla (1871-1958) e Carlo Carrà (1881-1966).

UN AUTORE, UN MOVIMENTO

IL FUTURISMO COME MOVIMENTO INTERNAZIONALE. Il Futurismo come movimento di avanguardia non è un fenomeno solo italiano. Esso si diffonde infatti in diversi paesi, soprattutto in Francia – ricordiamo almeno il poeta Guillaume Apollinaire (1880-1918) e l'architetto Le Corbusier (1887-1965) – e in Russia. Il Futurismo russo nasce intorno al 1910; pur traendo spunto dal movimento omonimo fondato da Marinetti, se ne distacca ben presto attraverso il manifesto *Schiaffo al gusto corrente* del 1912 e cambiando il proprio nome in "**cubofuturismo**". Ciò che maggiormente distingue il Futurismo russo da quello italiano è il suo focalizzarsi su una ricerca formale che esclude ogni pensiero logico in vista di una poesia come pura forma e puro suono. L'esponente più attivo e conosciuto del movimento è **Vladimir Majakovskij** (1893-1930, *L'autore*, ▶ p. 261). Il Futurismo russo è ispirato dagli stessi principi antiborghesi e rivoluzionari che avevano almeno inizialmente ispirato il movimento italiano; questi si traducono, però, in un'ideologia politica opposta, cioè quella comunista che sfocerà nella rivoluzione bolscevica del 1917.

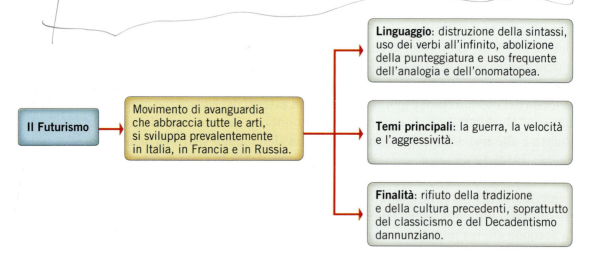

Che cosa so

Indica se le seguenti affermazioni sono vere o false.   V   F

a. Il Futurismo è un movimento che riguarda solo la letteratura. ☐ ☐
b. Il Futurismo viene fondato da Marinetti nel 1909. ☐ ☐
c. Il Futurismo si oppone alla tradizione classica. ☐ ☐
d. Il *Manifesto del Futurismo* è stato scritto da un gruppo di intellettuali italiani. ☐ ☐
e. Secondo il *Manifesto tecnico* il verbo deve essere sempre coniugato. ☐ ☐
f. Il Futurismo si sviluppa soprattutto in Francia. ☐ ☐
g. Corrado Govoni scrive poesie visive. ☐ ☐
h. Marinetti ostacolò sempre la figura della donna. ☐ ☐
i. Giacomo Balla è un poeta futurista. ☐ ☐
j. Marinetti appoggia la rivoluzione bolscevica in Russia. ☐ ☐
k. Vladimir Majakovskij è un poeta futurista russo. ☐ ☐

UNITÀ C2 ■ IL FUTURISMO

Il bombardamento di Adrianopoli
Filippo Tommaso Marinetti

Testo d'esempio

da **Zang Tumb Tumb** (1912)

▶ Poesia visiva

Il brano descrive il bombardamento della città turca di Adrianopoli ad opera dei Bulgari. Il racconto della guerra balcanica del 1912 è costruito applicando tutte le regole compositive futuriste.

Filippo Tommaso Marinetti (▶ p. 329) è il fondatore e principale rappresentante del Futurismo, come dimostra questa poesia del 1912.

Bombardamento

ogni 5 secondi cannoni da assedio **sventrare** spazio con un accordo **tam-tuuumb** ammutinamento di 500 echi per azzannarlo sminuzzarlo sparpagliarlo all'infinito

nel centro di quei **tam-tuuumb** spiaccicati (ampiezza 50 chilometri quadrati) balzare scoppi tagli pugni batterie tiro rapido Violenza ferocia regolarità questo basso grave scandere[1] gli strani folli agitatissimi acuti della battaglia Furia affanno
    orecchie   occhi
  narici   aperti attenti

forza che gioia vedere udire fiutare tutto tutto **taratatatata** delle mitragliatrici strillare a perdifiato sotto morsi **schiafffffi** **traak-traak** frustate **pic-pac-pum-tumb** bizzzzarrie salti altezza 200 m. della fucileria Giù giù in fondo all'orchestra stagni diguazzare buoi buffali pungoli carri **pluff plaff** impennarsi di cavalli flic flac **zing zing sciaack** ilari nitriti **iiiiiii**... scalpiccii tintinnii 3 battaglioni bulgari in marcia **croooc-craaac** [LENTO DUE TEMPI] Sciumi Maritza o Karvavena[2] **croooc craaac** grida degli ufficiali sbataccccchiare come piatttti d'otttttone **pan** di qua **paack** di là cing **buuum cing ciak** [PRESTO] **ciaciaciaciaciaak** su giù là là intorno in alto attenzione sulla testa **ciaack** bello Vampe

    vampe
vampe   *vampe*
  vampe   *vampe*
  vampe ribalta dei forti die-
    vampe
    vampe

tro quel fumo Sciukri Pascià[3] comunica telefonicamente con 27 forti in turco in tedesco allô **Ibrahim Rudolf allô allô** attori ruoli echi suggeritori scenari di fumo foreste applausi odore di fieno fango sterco non sento più i miei piedi gelati odore di salnitro[4] odore di marcio Timmmpani

flauti clarini dovunque basso alto uccelli cinguettare beatitudine ombrie[5] *cip-cip-cip* brezza verde mandre *don-dan-don-din-bèèè* **tam-tumb-tumb tumb-tumb-tumb-tumb-tumb** Orchestra pazzi bastonare professori d'orchestra questi bastonatissimi suoooooonare suoooooonare Graaaaandi fragori non cancellare precisare rittttttagliandoli rumori più piccoli minutissssssimi rottami di echi nel teatro ampiezza 300 chilometri quadrati Fiumi Maritza Tungia sdraiati Monti Ròdopi ritti alture palchi loggione 2000 shrapnels[6] sbracciarsi esplodere fazzoletti bianchissimi pieni d'oro **Tumtumb** 2000 granate protese strappare con schianti capigliature tenebre [...]

---

sventrare
Il verbo all'infinito è una delle innovazioni dei futuristi; testimonia la rottura con la sintassi tradizionale e con il passato.

tam-tuuumb
È la prima delle onomatopee che imitano i rumori delle armi e delle esplosioni belliche.

schiafffffi
La deformazione delle parole con funzione onomatopeica è un'altra delle innovazioni futuriste che esprime la trasgressione delle regole della morfologia tradizionale.

200 m.
Anche le abbreviazioni e l'introduzione delle cifre all'interno del testo poetico fanno parte delle novità proposte da Marinetti.

allô allô
Corriponde al "pronto" in inglese (hallo) delle chiamate telefoniche.

(F.T. Marinetti, *Teoria e invenzione futurista*, a cura di L. De Maria, Mondadori, Milano, 1968)

---

1. **scandere**: scandire.
2. **Sciumi Maritza o Karvavena**: "boschi" in lingua bulgara.
3. **Sciukri Pascià**: il comandante dei soldati turchi.
4. **salnitro**: materiale esplosivo.
5. **ombrie**: ombre.
6. **shrapnels**: proiettili di artiglieria così chiamati dal nome del loro inventore.

UN AUTORE, UN MOVIMENTO

Analisi del testo

Il contesto storico

Nel testo proposto, Marinetti è contemporaneamente poeta e giornalista. Inviato di guerra nei Balcani per un quotidiano francese egli, utilizzando la tecnica delle parole in libertà, tenta di ricostruire tutte le sensazioni provate durante il bombardamento della città di Adrianopoli.

L'episodio avviene durante la guerra turco-bulgara (nota come seconda guerra balcanica) del 1912. Il componimento ne offre una rappresentazione, in parte verbale e in parte visiva (con l'uso di neretti e maiuscole e con la particolare disposizione delle parole sulla pagina), attraverso la trasmissione di sensazioni visive, uditive, tattili, fedelmente riprodotte da Marinetti grazie ad accorgimenti stilistici, sintattici e grafici di diverso tipo.

Il brano celebra la guerra come purificazione, della quale Marinetti vuole esprimere sulla pagina scritta tutta la forza dinamica. La violenza e la ferocia del conflitto sono recepite dall'autore come musica, come spettacolo bellissimo e purificatore.

Nel testo l'autore non sembra mostrare alcun interesse per le ragioni della guerra o per le sue conseguenze su migliaia di esseri umani: la guerra appare quasi come un dato di natura, una realtà indipendente dai comportamenti umani. Ciò che interessa al poeta sono gli aspetti estetici del conflitto e la possibilità di esprimerli in maniera originale ed efficace.

Lo stile sostiene il messaggio

Le *parole in libertà* servono a commentare come didascalie l'avvenimento guerresco. L'autore vuole rappresentare le sensazioni suggerite dal bombardamento nella maniera più oggettiva e fedele possibile. Non descrive, perciò, ma raccoglie con ossessiva attenzione le impressioni, le immagini, i suoni e i colori di una giornata di guerra.

Le forme sulla pagina imitano lo sconquasso provocato dai bombardamenti. Sono ripetuti ed evidenziati i sostantivi chiave, che esprimono le virtù e i valori che si vogliono celebrare; la parola, pertanto, assume su di sé significato attraverso la sua forma grafica. Sul piano linguistico spiccano tre fenomeni:

- la mancanza di punteggiatura;
- l'uso ossessivo dell'onomatopea, che diviene pienamente comprensibile solo se il brano viene letto ad alta voce e recitato;
- l'uso dell'accumulo verbale: incontriamo serie di verbi all'infinito (*sventrare, balzare, scandere*), sequenze di vocaboli che si richiamano per analogia (*azzannarlo, sminuzzarlo, sparpagliarlo*; oppure *alture, palchi, loggione*).

Malgrado tutto Marinetti non riesce però a ricorrere in maniera esclusiva alle parole in libertà. Nel testo incontriamo infatti frasi di impostazione tradizionale (non sento più i miei piedi gelati), che si riferiscono all'io lirico che, in teoria, la sua poetica rifiuta. L'autore inoltre vorrebbe eliminare gli avverbi, e invece si lascia sfuggire *telefonicamente*. La stessa assenza della punteggiatura è compensata dall'uso degli spazi bianchi, che hanno, in fondo, la medesima funzione di scandire, attraverso una pausa visiva, i temi della letteratura.

332

Che cosa so fare

COMPRENDERE

1. **La tematica.**
   Nella poesia proposta, Marinetti ci offre un'immagine della guerra come
   a. evento drammatico
   b. spettacolo bellissimo
   c. sofferenza collettiva
   d. evento ciclico da tollerare

2. **Il poeta e la guerra.**
   Descrivi lo scenario di guerra comunicato dal testo.

ANALIZZARE

3. **L'analogia →.**
   Spiega l'analogia creata nei versi: *Orchestra   pazzi ba-stonare professori d'orchestra questi bastona-tissimi suooooonare suooooonare*

4. **Conformità e difformità rispetto al *Manifesto*.**
   Nel brano proposto Marinetti mette in pratica alcune delle proprie proposte rivoluzionarie elencate nel *Manifesto tecnico della letteratura futurista* (▶ p. 335), ma spesso si discosta dalle sue stesse indicazioni. Completa la tabella copiandola sul quaderno e inserendo gli elementi conformi e difformi ai dettami della letteratura futurista.

Elementi conformi	Elementi difformi

5. **Le onomatopee →.**
   Ritrova nel testo le onomatopee e, dopo aver indicato se sono proprie o improprie, prova a spiegare quale suono o rumore riproducono.

6. **La disposizione del testo.**
   Spiega perché la parola ripetuta più volte *vampe* ha nel testo una disposizione grafica particolare.

PRODURRE

7. **La riscrittura.**
   Prova a riscrivere il testo proposto utilizzando le norme dettate dalla poesia futurista (verbi all'infinito, niente congiunzioni, abolizione della punteggiatura, ecc.).

   Favoletta

   Tu sei la nuvoletta, io sono il vento;
   ti porto dove mi piace;
   ti porto qua e là per il firmamento,
   e non ti do mai pace.
   5 Vanno a sera a dormire dietro i monti
   le nuvolette stanche.
   Tu nel tuo lettuccio i sonni hai pronti
   sotto le coltri bianche.

   (U. Saba, *Il canzoniere*, Einaudi, Torino, 1978)

PERCORSO C — UN AUTORE, UN MOVIMENTO

APPROFONDIMENTO

■ I *Manifesti* del Futurismo

Il 20 febbraio 1909 appare su "Le Figaro" il primo *Manifesto* futurista di Marinetti: le undici tesi in cui il documento si articola vengono formulate in tono aggressivo e perentorio, e forniscono le basi ideologiche del movimento. Il presente viene considerato di scarso spessore filosofico e intellettuale e pertanto si inneggia alla ribellione contro ogni residuo culturale e artistico del passato, all'aggressività, alla lotta, alla guerra, alla velocità e alla macchina; tutti questi elementi vengono salutati come gli strumenti idonei per sanare una società vecchia e corrotta. Attraverso toni enfatici si prospetta un mondo nuovo, edificato sulle ceneri (non solo metaforiche) del vecchio. L'appello è rivolto non a una élite, ma a tutti i giovani, sani, forti, audaci, vitali dispregiatori dell'arte, della cultura del passato e dei valori tradizionali e borghesi.

Il *Manifesto del Futurismo*

1. Noi vogliamo cantare l'amor del pericolo, l'abitudine all'energia e alla temerità.

2. Il coraggio, l'audacia, la ribellione, saranno elementi essenziali della nostra poesia.

3. La letteratura esaltò fino ad oggi l'immobilità pensosa, l'estasi e il sonno. Noi vogliamo esaltare il movimento aggressivo, l'insonnia febbrile, il passo di corsa, il salto mortale, lo schiaffo ed il pugno.

4. Noi affermiamo che la magnificenza del mondo si è arricchita di una bellezza nuova: la bellezza della velocità. Un automobile da corsa col suo cofano adorno di grossi tubi simili a serpenti dall'alito esplosivo... un automobile ruggente, che sembra correre sulla mitraglia, è più bello della Vittoria di Samotracia[1].

5. Noi vogliamo inneggiare all'uomo che tiene il volante, la cui asta ideale attraversa la Terra, lanciata a corsa, essa pure, sul circuito della sua orbita.

6. Bisogna che il poeta si prodighi, con ardore, sfarzo e munificenza[2], per aumentare l'entusiastico fervore degli elementi primordiali.

7. Non v'è più bellezza, se non nella lotta. Nessuna opera che non abbia un carattere aggressivo può essere un capolavoro. La poesia deve essere concepita come un violento assalto contro le forze ignote, per ridurle a prostrarsi davanti all'uomo.

8. Noi siamo sul promontorio estremo dei secoli!... Perché dovremmo guardarci alle spalle, se vogliamo sfondare le misteriose porte dell'Impossibile? Il Tempo e lo Spazio morirono ieri. Noi viviamo già nell'assoluto, poiché abbiamo già creata l'eterna velocità onnipresente.

9. Noi vogliamo glorificare la guerra – sola igiene del mondo – il militarismo, il patriottismo, il gesto distruttore dei libertari, le belle idee per cui si muore e il disprezzo della donna.

10. Noi vogliamo distruggere i musei, le biblioteche, le accademie d'ogni specie, e combattere contro il moralismo, il femminismo e contro ogni viltà opportunistica o utilitaria.

11. Noi canteremo le grandi folle agitate dal lavoro, dal piacere o dalla sommossa: canteremo le maree multicolori o polifoniche[3] delle rivoluzioni nelle capitali moderne; canteremo il vibrante fervore notturno degli arsenali e dei cantieri incendiati da violente lune elettriche[4]; le stazioni ingorde, divoratrici di serpi[5] che fumano; le officine appese alle nuvole pei contorti fili dei loro fumi; i ponti simili a ginnasti giganti che scavalcano i fiumi, balenanti al sole con un luccichio di coltelli; i piroscafi avventurosi che fiutano l'orizzonte, le locomotive dall'ampio petto, che scalpitano sulle rotaie, come enormi cavalli d'acciaio imbrigliati di tubi, e il volo scivolante degli aeroplani, la cui elica garrisce al vento come una bandiera e sembra applaudire come una folla entusiasta.

---

1. Vittoria di Samotracia: statua ritrovata nel 1863 a Samotracia senza testa né braccia (soltanto una mano fu ritrovata nel 1950), viene datata intorno al 190 a.C.
2. munificenza: generosità.
3. polifoniche: dalle voci e dai suoni molteplici.
4. lune elettriche: lampade e illuminazioni.
5. serpi: treni.

UNITÀ C2 ■ IL FUTURISMO

È dall'Italia, che noi lanciamo pel mondo questo nostro manifesto di violenza travolgente e incendiaria, col quale fondiamo oggi il «Futurismo», perché vogliamo liberare questo paese dalla sua fetida cancrena di professori, d'archeologhi, di ciceroni[6] e d'antiquarii.

(F.T. Marinetti, *Teoria e invenzione futurista*, a cura di L. De Maria, Mondadori, Milano, 1968)

6. ciceroni: termine riferito a Marco Tullio Cicerone (106-43 a.C.), uomo politico, oratore e letterato romano, usato per designare tutti coloro che intendono divulgare e imporre la loro conoscenza classica.

Il testo proposto, di intonazione fortemente ideologica, è basato sulla contrapposizione netta tra passato e futuro. Marinetti sostiene che l'arte, nelle forme conosciute fino all'inizio del Novecento, è inadeguata a esprimere il mondo moderno, in cui lo sviluppo tecnologico ha provocato cambiamenti di portata rivoluzionaria. Il Futurismo si propone quindi da un lato di distruggere il passato, dall'altro di elaborare una nuova arte, adatta alla sensibilità dell'uomo moderno. Ma se è vero che l'arte ottocentesca poteva apparire superata, e che era necessario trovare nuove forme espressive, l'atteggiamento che emerge dal *Manifesto* di Marinetti sembra risolversi in una esaltazione del tutto a-problematica della modernità e della tecnologia, ovvero Marinetti accetta ed esalta la modernità senza vederne gli aspetti negativi e di contraddizione. L'autore contrappone alla Vittoria di Samotracia – cioè alla bellezza classica *tout court* – l'automobile da corsa, emblema della bellezza tecnologica moderna, ma in questo modo finisce per rifiutare qualsiasi valore umanistico e per approdare a un pericoloso elogio della guerra e della violenza.

La concezione della letteratura come battaglia (punti 1, 2, 3, 7) e l'esaltazione dell'uomo coraggioso, audace e ribelle, che al pensiero preferisce lo *schiaffo* e il *pugno*, trovano il loro fondamento nella convinzione che solo con l'azione aggressiva si possano sfondare le *misteriose porte dell'Impossibile*. Tre anni dopo, nel 1912, viene pubblicato il *Manifesto tecnico della letteratura futurista* in cui si affrontano in modo più specifico, ma sempre coerente con le premesse ideologiche precedenti, gli aspetti formali della scrittura futurista. Le "parole in libertà" (il *paroliberismo*) costituiscono la soluzione formale cui perviene Marinetti dopo aver teorizzato il "verso libero". Si tratta cioè del verso che non rispetta, per precisa scelta dell'autore, né schemi né forme metriche tradizionali, ma che tuttavia conserva ancora almeno in parte le strutture sintattiche e formali tradizionali.

Il *Manifesto* tecnico

1. Bisogna distruggere la sintassi disponendo i sostantivi a caso, come nascono.

2. Si deve usare il verbo all'infinito, perché si adatti elasticamente al sostantivo e non lo sottoponga all'io dello scrittore che osserva o immagina. Il verbo all'infinito può, solo, dare il senso della continuità della vita e l'elasticità dell'intuizione che la percepisce.

3. Si deve abolire l'aggettivo, perché il sostantivo nudo conservi il suo colore essenziale. L'aggettivo avendo in sé un carattere di sfumatura, è inconcepibile con la nostra visione dinamica, poiché suppone una sosta, una meditazione.

4. Si deve abolire l'avverbio, vecchia fibbia che tiene unite l'una all'altra le parole. L'avverbio conserva alla frase una fastidiosa unità di tono.

5. Ogni sostantivo deve avere il suo doppio, cioè il sostantivo deve essere seguito, senza congiunzione, dal sostantivo a cui è legato per analogia. Esempio: uomo-torpediniera, donna-golfo, folla-risacca, piazza-imbuto, porta-rubinetto.

Siccome la velocità aerea ha moltiplicato la nostra conoscenza dei mondi, la percezione per analogia diventa sempre più naturale per l'uomo. Bisogna dunque sopprimere il come, il quale, il così, il simile a. Meglio ancora, bisogna fondere direttamente l'oggetto coll'immagine che esso evoca, dando l'immagine in iscorcio mediante una sola parola essenziale.

6. Abolire anche la punteggiatura. Essendo soppressi gli aggettivi, gli avverbi e le congiunzioni, la punteggiatura è naturalmente annullata, nella continuità varia di uno stile vivo che si crea da sé, senza le soste assurde delle virgole e dei punti. Per accentuare certi movimenti e indicare le loro direzioni, s'impiegheranno segni della matematica: $+ - \times : = > <$, e i segni musicali.

335

PERCORSO C — UN AUTORE, UN MOVIMENTO

7. Gli scrittori si sono abbandonati finora all'analogia immediata. Hanno paragonato per esempio l'animale all'uomo o ad un altro animale, il che equivale ancora, press'a poco, a una specie di fotografia... (Hanno paragonato per esempio un fox-terrier a un piccolissimo puro-sangue. Altri, più avanzati, potrebbero paragonare quello stesso fox-terrier trepidante a una piccola macchina Morse[1]. Io lo paragono invece a un'acqua ribollente. V'è in ciò una gradazione di analogie sempre più vaste, vi sono dei rapporti sempre più profondi e solidi, quantunque lontanissimi.)

L'analogia non è altro che l'amore profondo che collega le cose distanti, apparentemente diverse ed ostili. Solo per mezzo di analogie vastissime uno stile orchestrale, ad un tempo policromo, polifonico, e polimorfo[2], può abbracciare la vita della materia.

[...]

8. Non vi sono categorie d'immagini, nobili o grossolane o volgari, eccentriche o naturali. L'intuizione che le percepisce non ha né preferenze né partiti-presi. Lo stile analogico è dunque padrone assoluto di tutta la materia e della sua intensa vita.

9. Per dare i movimenti successivi d'un oggetto bisogna dare la catena delle analogie che esso evoca, ognuna condensata, raccolta in una parola essenziale. [...]

10. Siccome ogni specie di ordine è fatalmente un prodotto dell'intelligenza cauta e guardinga, bisogna orchestrare le immagini disponendole secondo un maximum di disordine.

11. Distruggere nella letteratura l'«io», cioè tutta la psicologia. L'uomo completamente avariato dalla biblioteca e dal museo, sottoposto a una logica e ad una saggezza spaventose, non offre assolutamente più interesse alcuno. Dunque, dobbiamo abolirlo nella letteratura, e sostituirlo finalmente colla materia, di cui si deve afferrare l'essenza a colpi d'intuizione, la qual cosa non potranno mai fare i fisici né i chimici.

(F.T. Marinetti, Teoria e invenzione futurista, a cura di L. De Maria, Mondadori, Milano, 1968)

1. macchina Morse: macchina del telegrafo, dal nome del suo inventore.
2. policromo, polifonico, e polimorfo: che ha più suoni, colori e forme.

Il *Manifesto tecnico* presenta la stessa volontà distruttrice e innovatrice del testo precedente. Marinetti propone infatti una serie di soluzioni stilistiche ed espressive per rompere i legami con la tradizione poetica e dar vita a un'arte del tutto rinnovata: distruzione di tutte le forme cristallizzate della sintassi, abolizione dell'aggettivo e della punteggiatura, svolgimento di un'immaginazione sciolta da qualsiasi nesso logico, appoggiata esclusivamente su un uso fulminante dell'analogia, su un disordine programmatico legato alla logica interna della materia. L'autore propone che la letteratura sconfini fino a incorporare il rumore, il peso, l'odore. L'arte deve dare voce al brutto, all'intuizione più sfrenata, e a tutte le percezioni, facendo muovere le parole in assoluta libertà. L'adesione della parola alla materia trova tra i suoi principali sostegni l'uso sfrenato dell'onomatopea.

Marinetti non sembra rendersi conto però che le novità formali, linguistiche e stilistiche devono essere profondamente motivate per avere la forza di imporsi e non restare semplici "trovate". La maggior parte delle sue proposte formali resterà quindi sostanzialmente priva di conseguenze nella letteratura contemporanea. L'uso di analogie sempre più vaste, che caratterizzerà buona parte della poesia novecentesca, si baserà sui modelli della poesia simbolista (▶ *Il Simbolismo*, p. 189), più che sulle indicazioni dei futuristi.

PER LO STUDIO

1. Quali sono i temi principali del *Manifesto futurista*?

2. Che tipo di uomo è esaltato nel *Manifesto*?

3. Qual è il primo principio che Marinetti enuncia nel *Manifesto tecnico della letteratura futurista*?

4. Che cosa intende Marinetti quando afferma che nella letteratura si devono introdurre anche il *rumore, il peso e l'odore*? Quale valore ha tale affermazione?

UNITÀ C2 ■ IL FUTURISMO

da *Poesie elettriche* (1911)

▶ Lirica

Metro ▶ versi liberi

Corrado Govoni
Autunno

La lirica è un esempio significativo dell'effetto ottenuto accostando moduli espressivi della tradizione tardo ottocentesca, crepuscolari, e linguaggio e poetica futuristi. L'influsso di Marinetti in questa fase della produzione poetica di Govoni traspare dall'uso del verso libero e di parole che appartengono a campi semantici inusuali.

O triste vento!
Volteggiano come volani
i frutti alati delle samare.
Tra gli alberi il frumento
5 si stende lontano lontano
come una verde nevicata d'astri.
Le oche in triangolo vanno
in numero pari
verso le paludi.
10 Addio belle nubi kleksografiche!
Addio bei tramonti di cinabro!
Scricchiolano sotto i piedi
i piccoli obici delle ghiande
(pensate al figliuol prodigo!)
15 Un triste ritornello fischia sul labro.
Addio belle notti crittografiche!
E il sonno che non viene più…
Oh ma quando ci sarai tu
e metterai nelle lenzuola
20 dei mazzetti odorosi di lavanda!

(C. Govoni, *Poesie elettriche*, Quodlibet, Macerata, 2008)

3. i frutti…delle samare: i frutti secchi dell'acero e dell'olmo, provvisti di un'appendice alata, la samara, che consente loro di essere trasportati agevolmente dal vento.
10. nubi kleksografiche: la kleksografia (dal tedesco Klecks, cioè macchia di inchiostro) è una tecnica grafica con cui si realizzano disegni ripiegando su se stessi fogli macchiati di inchiostro. Govoni chiamerà *Kleksografie* anche una sua raccolta di poesie del 1915.
11. cinabro: color rosso scuro.
13. obici: pezzi di artiglieria, piccoli cannoni o proiettili.
14. pensate al figliuol prodigo: il poeta si accosta al figliol prodigo (il riferimento è alla parabola evangelica del figlio che, abbandonato il padre, ritorna sui suoi passi e viene perdonato) che, dopo essere stato attratto dalla tecnologia, torna alla tradizione.
16. notti crittografiche: la crittografia è un tipo di scrittura in codice e anche un gioco enigmistico molto complesso.
18. Oh ma quando ci sarai tu: la poesia ha andamento circolare: si apre e si conclude con un'apostrofe →, prima al vento, poi alla donna amata.

◀ **Giacomo Balla**, *Linea di velocità astratta*, 1914. Lugano, Collezione privata.

UN AUTORE, UN MOVIMENTO

L'autore

Corrado Govoni nasce a Ferrara nel 1884. Abbandona molto presto gli studi regolari ed è sostanzialmente autodidatta. Ciò nonostante il suo esordio poetico è piuttosto precoce: già nel 1903, infatti, pubblica le raccolte *Le fiale* e *Armonia in grigio et in silenzio*. Si trasferisce a Firenze, poi a Roma e si avvicina alla sensibilità crepuscolare (▶ *Il Crepuscolarismo*, p. 340). Le prime raccolte poetiche sono influenzate da Pascoli, D'Annunzio e Corazzini. Nel 1911 pubblica la raccolta *Poesie elettriche* che fin dalla dedica («Ai poeti futuristi F.T. Marinetti Paolo Buzzi Gian Pietro Lucini») si rivela aderente alla poetica futurista. Dopo essersi trasferito a Milano, nel 1915, pubblica *Rarefazioni e parole in libertà*. La raccolta, esercizio stilistico spregiudicato, è tra i primi esempi di poesia visiva. Nello stesso anno vive direttamente l'esperienza della guerra, terminata la quale si trasferisce definitivamente a Roma. Continua a scrivere, ma con minore intensità e, soprattutto, abbandonando le suggestioni futuriste, proseguendo in una linea di ricerca del tutto personale, estranea ai grandi movimenti letterari del Novecento letterario italiano. Muore nel 1965.

Perché leggiamo Govoni
Perché il suo stile dimostra come ha saputo assimilare le novità futuriste e mescolarle con una ricerca personale.

Analisi del testo

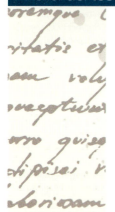

Malinconia futurista

La coesistenza di moduli espressivi crepuscolari e futuristi genera nella lirica di Govoni un impasto originale. L'ambientazione malinconica, con scene e toni tipicamente crepuscolari, è animata da immagini, termini, espressioni, oggetti di gusto futurista: tale compresenza è visibile sia sul piano tematico sia sul piano linguistico e stilistico.

A livello tematico, l'atmosfera malinconica e il generale senso di tristezza si intersecano con il fascino della modernità e della sua tecnologia. L'uso di termini estranei al lessico lirico, ma appartenenti alla tecnologia nascente (*nubi kleksografiche*, v. 10; *notti crittografiche*, v. 16), crea sorprendenti variazioni espressive. Il poeta arriva addirittura a paragonarsi al *figliuol prodigo* che sembra tornare, dopo l'ebbrezza delle novità e della tecnologia, alla consolazione della tradizione evocata attraverso l'immagine dei mazzetti di lavanda tra le lenzuola.

Che cosa so fare

COMPRENDERE

1. **L'ambientazione della lirica.**
   Dov'è ambientata la scena descritta da Govoni e quali versi lo attestano?

2. **Il testo e la natura.**
   Quali sono gli elementi naturali evocati?

3. **La poesia e le innovazioni tecnologiche.**
   Quali sono gli elementi scientifici e tecnologici citati nel testo?

4. **I sentimenti del poeta.**
   Qual è il sentimento che domina nel testo? Motiva la tua risposta.

5. **Gli interlocutori.**
   A chi si rivolge il poeta negli ultimi tre versi del testo?

ANALIZZARE

6. Il lessico.

Analizza i versi dal punto di vista lessicale e individua, aiutandoti con la tabella, le parole che appartengono al lessico poetico tradizionale e quelle derivanti da linguaggi particolari.

Lessico tradizionale	Lessico innovativo

7. Il ritorno del poeta alla tradizione.

Spiega perché Govoni si paragona al *figliuol prodigo* (v. 14).

PRODURRE

8. Scrivere la parafrasi.

Elabora la parafrasi della poesia con l'aiuto delle note fornite.

9. Malinconia e conflittualità.

Illustra il messaggio sottinteso della lirica motivando il tuo punto di vista.

10. Dare un titolo.

La lirica ha un titolo che evoca immediatamente il suo contenuto. Prova, alla luce dell'atmosfera creata dal poeta, a inventarne uno diverso.

11. Laboratorio di scrittura creativa | Dal quadro alla lirica.

Osserva questo dipinto di Giacomo Balla dal titolo *Verso la notte* (1918) e a partire dalle suggestioni che ti trasmettono i suoi colori caldi e il gioco di luci prova a comporre una lirica che, come *Autunno*, mescoli toni crepuscolari e modi espressivi futuristi.

◄ **Giacomo Balla**, *Verso la notte*, 1918. Milano, Collezione Intesa Sanpaolo.

UN AUTORE, UN MOVIMENTO

APPROFONDIMENTO
Il Crepuscolarismo

Con il termine Crepuscolarismo si fa riferimento a un gruppo di letterati attivo tra il 1904 e il 1915 a Roma e Torino. La definizione "crepuscolare" è utilizzata la prima volta in modo dispregiativo, nel 1910, dal critico Antonio Borgese in un articolo intitolato "Poesia crepuscolare" pubblicato sulla "Stampa" di Torino, per indicare un genere di poesia che si collocava ai margini della grande tradizione letteraria. L'attributo usato dal critico voleva cogliere quel senso di malinconia e nostalgia che si associa al momento della giornata in cui il sole tramonta per lasciare spazio alla notte. Il termine allude inoltre al "crepuscolo" dell'esistenza poiché in questi poeti forte è il senso della precarietà della vita.

In netta contrapposizione ai temi solenni e al tono aulico della poesia del tardo Ottocento, i poeti crepuscolari prediligono temi quotidiani e malinconici, la descrizione di oggetti polverosi e dimessi della quotidiana vita di provincia.

Al contrario del Futurismo, il Crepuscolarismo non è un movimento organizzato, ma la produzione poetica mostra comunque caratteri unitari: ricorrono alcuni temi come la tristezza, la malattia, il ricordo nostalgico di un passato dai contorni indefiniti, la descrizione di corsie d'ospedale, ville diroccate di provincia, giardini abbandonati. Si tratta di temi e luoghi che simboleggiano un generale senso di sconfitta, sia nella vita sia nell'arte, che si contrappone nettamente all'esaltazione estetica di D'Annunzio come alla vitale aggressività futurista.

L'attenzione di questi poeti si rivolge perciò all'interiorità, alla ricerca di sentimenti semplici e puri possibili solo attraverso una vita modesta e umile.

Lo stile che caratterizza il Crepuscolarismo è dominato da toni dimessi e prosaici, vicini al linguaggio parlato. La perdita di valore della poesia nella nascente società di massa è accettata con rassegnazione e ironia. Il rifiuto di alti ideali si tramuta nell'accettazione di una vita fatta di poche e semplici cose.

Il poeta più rappresentativo è Guido Gozzano (1883-1916). Tra le sue liriche più famose ricordiamo *La signorina Felicita ovvero la felicità* in cui il poeta descrive il suo amore mancato e irrealizzabile per una modesta fanciulla di provincia, e *L'amica di nonna Speranza*, poemetto in cinque parti che descrive perfettamente le «buone cose di pessimo gusto» ovvero le inutili e volgari suppellettili che arredano i salotti e gli ambienti piccolo-borghesi.

Altro esponente di rilievo della tendenza crepuscolare è Sergio Corazzini (1886-1907). Morto a soli venti anni di tisi, ha rappresentato la propria malattia come metafora di un disagio generazionale. I temi a lui cari come l'incombere della morte, l'impossibilità di definirsi poeta, l'affetto per le piccole cose, trovano la massima espressione nella celebre poesia *Desolazione del povero poeta sentimentale*, in cui il poeta si rappresenta come un fanciullo triste afflitto dal desiderio di morire.

Va infine ricordato il romagnolo Marino Moretti (1885-1979), le cui poesie cantano l'orgoglio di una vita trascorsa all'insegna di una grande solitudine. In una delle sue liriche più famose *A Cesena*, Moretti descrive la mediocre quotidianità di una visita alla sorella che si è da poco sposata. Il tono della lirica è prosaico, essenziale; il lessico quotidiano e realistico.

Gozzano, Corazzini e Moretti sono dunque esponenti di un sentire diverso dei letterati del primo Novecento, e rispondono ai mutamenti sociali ripiegandosi in se stessi e affrontando con rassegnazione la perdita di centralità del poeta, non più portatore di valori assoluti e conoscenza, ma semplice «bambino che piange».

◀ **Angelo Morbelli**, *Asfissia*, 1884. Torino, Galleria Civica d'Arte Moderna e Contemporanea (GAM).

UNITÀ C2 ■ IL FUTURISMO

Corrado Govoni
Il Palombaro

da *Rarefazioni e parole in libertà* (1915)

▶ Poesia visiva

Si tratta di una delle più celebri poesie visive di Govoni, appartenente alla raccolta *Rarefazioni e parole in libertà* del 1915. Il testo, che risponde pienamente ai dettami della poetica futurista, è costituito da parole e sintetiche descrizioni che fanno da commento alle immagini.

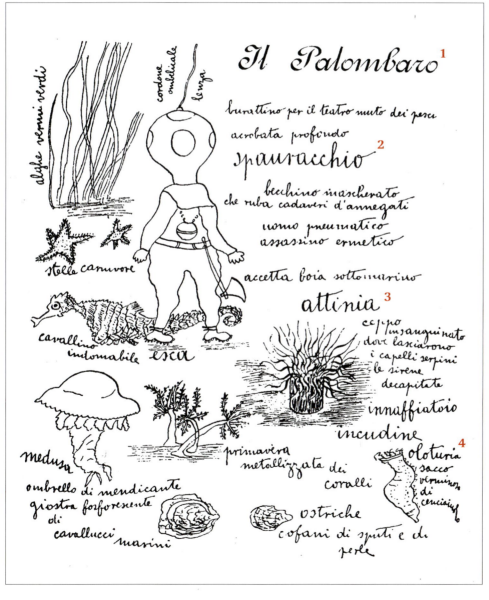

1. **Il Palombaro**: chi si immerge sott'acqua, munito di un'apposita attrezzatura, lo scafandro, che consiste essenzialmente in elmo, tuta gommata e scarponi zavorrati per camminare sul fondo marino. Il palombaro riceve l'aria dalla superficie attraverso un tubo di gomma collegato a una pompa.
2. **spauracchio**: persona o cosa che incute paura.
3. **attinia**: conosciuta comunemente come anemone di mare.
4. **oloturia**: tipo di invertebrati marini, comprendenti diverse specie.

(C. Govoni, *Rarefazioni e parole in libertà*, San Marco dei Giustiniani, Genova, 2006)

341

UN AUTORE, UN MOVIMENTO

Analisi del testo

Il Palombaro e il mare

Il significato della poesia visiva *Il Palombaro* eccede l'interpretazione congiunta dei segni iconografici (i disegni, dalle linee volutamente infantili) e delle didascalie utilizzate. In conformità con la poetica futurista, basata sulle parole in libertà e il verso libero, Govoni utilizza punti tipografici nuovi, elimina verbi, punteggiatura e congiunzioni, e si mostra particolarmente libero nel disporre testo e immagini sulla pagina.

La poesia racconta, in modo molto personale, l'immersione in acqua di un palombaro. L'universo dei fondali sottostante è particolarmente animato e variegato. Il testo, attraverso le didascalie che accompagnano i disegni, offre al lettore un'immagine dell'ambiente sottomarino colorata e pulsante di vita: il verde delle alghe, la luce delle stelle e della giostra fosforescente dei cavallucci, il rosso del sangue, la primavera metallizzata dei coralli, il bianco delle perle racchiuse nei cofani delle ostriche.

L'io lirico, che assume le sembianze del palombaro, scruta, identifica e quasi cataloga la ricchezza della flora e della fauna che lo circondano.

Le prime osservazioni del testo, fornite in alto a destra, riguardano il palombaro stesso e costituiscono una specie di autodefinizione. Il palombaro, che ha in mano un'accetta, è presentato come uno *spauracchio* e il seguito del testo rivelerà quanto inquietante sia la sua figura. All'inizio, infatti, egli è descritto come un *burattino per il teatro muto dei pesci*, come *acrobata profondo*; in seguito, però, in una sorta di crescendo, il palombaro viene definito *becchino mascherato che ruba cadaveri d'annegati*, *assassino ermetico*, *boia sottomarino*. A questo punto, molti elementi trasformano il palombaro in una presenza davvero inquietante, come il suo provenire da un esterno indeterminato tramite una *lenza cordone ombelicale*, che è calata dalla superficie del mare, per volontà di una mano ignota.

La violenza in questa poesia di Govoni, dunque, pur sospesa, è incombente. Il delizioso e insieme inquietante ambiente marino, che fa vibrare la fantasia degli spettatori, sembra essere veramente minacciato di morte. Govoni, tuttavia, alleggerisce la tensione e smorza questo presagio di morte attraverso l'espediente della calligrafia, volutamente infantile.

Lo stile

Il testo è costituito da parole e descrizioni che fungono da commento alle immagini; in sostanza analogie disegnate. Parole e disegni sono disposti in modo da rendere la sensazione di un movimento simile a quello delle onde, per ricreare la sensazione di essere in un fondale marino, e conferire all'ambiente una scenografia piena di vita. Secondo i canoni futuristi, e la consuetudine di Govoni, abbondano metafore e analogie. Ne citiamo alcune delle più evidenti:

- la medusa viene definita *ombrello di mendicante*;
- i rametti di corallo vengono definiti *primavera metallizzata*;
- l'oloturia è il *sacco verminoso di cenciaiuolo*;
- l'attinia (chiamata anche anemone di mare) viene indicata come il *ceppo insanguinato dove lasciarono i capelli serpini le sirene decapitate*. In quest'ultima audace analogia, Govoni utilizza la particolare forma dell'attinia, polipo che vive sugli scogli, per richiamare alla nostra mente la mitologia classica. È questa, infatti, una variante cruenta della misteriosa morte delle sirene, il cui incontro con Odisseo è cantato da Omero nel XII libro dell'*Odissea*. La bellezza dell'attinia non nasconde all'occhio del palombaro un aspetto orripilante, quello di *ceppo insanguinato dove lasciarono i capelli serpini le sirene decapitate*; le *ostriche sono cofani di sputi e di perle* e stanno accanto all'*oloturia* che, se maltrattata, espelle i visceri.

UNITÀ C2 ■ IL FUTURISMO

Per meglio comprendere questa poesia dobbiamo considerare che Govoni istituisce una stretta analogia tra il palombaro e il poeta; l'analogia è anzi così forte che le due figure sono sovrapponibili: come il palombaro si immerge nei fondi marini e ne rileva non solo la colorata bellezza ma anche l'aspetto inquietante e mortuario, così il poeta ha il compito di immergersi completamente nella realtà per smascherarla e rilevarne, dietro la bellezza, anche le brutture.

Che cosa so fare

COMPRENDERE

1. **L'ambiente marino.**
   Come appare il mondo marino che si presenta agli occhi del palombaro?

2. **Il rapporto tra il palombaro e il fondo del mare.**
   Spiega qual è il rapporto del palombaro con l'ambiente marino che sta osservando. Ti sembra che il poeta ne dia un'unica definizione?

ANALIZZARE

3. **La forma grafica del testo.**
   Definisci come appare la parte iconografica della poesia.

4. **Analogie → e metafore →.**
   Ritrova nel testo tutte le definizioni degli elementi presenti e inseriscile in una tabella come questa.

Elemento	Definizione poetica

5. **L'io lirico.**
   Dopo aver individuato con chi si identifica la voce poetica, spiega la funzione che il suo punto di vista svolge nella lirica.

PRODURRE

6. **Confrontare testi.**
   Autoritratto è un'altra celebre poesia visiva di Govoni. Rintraccia tutte le caratteristiche grafiche simili alla lirica *Il Palombaro*.

7. **Laboratorio di scrittura creativa | Scrivere una poesia visiva.**
   Seguendo un processo grafico e inventando delle analogie, scrivi una poesia visiva.

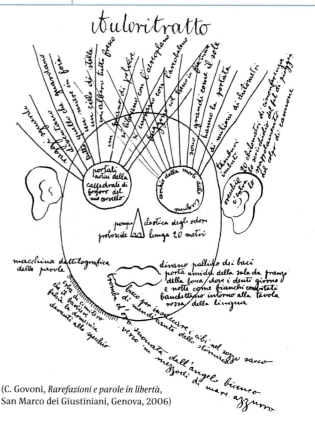

(C. Govoni, *Rarefazioni e parole in libertà*, San Marco dei Giustiniani, Genova, 2006)

PERCORSO C — UN AUTORE, UN MOVIMENTO

DA UN LINGUAGGIO ALL'ALTRO
Il Futurismo nelle arti figurative

I primi anni del Novecento sono rivoluzionati in ambito artistico dal fenomeno delle Avanguardie storiche. Il loro nome deriva dall'ambiente militare e indica la propria posizione avanzata, proiettata nel futuro, rispetto alla cultura dominante. L'aggettivo "storiche" serve a differenziare queste prime Avanguardie da quelle che seguiranno nel secondo dopoguerra.

Questi movimenti propongono un radicale rinnovamento della tradizione artistica: alla finitezza compositiva e formale della prassi accademica essi contrappongono infatti la progressiva disgregazione della forma e dello spazio.

Le Avanguardie propugnano spesso la fusione di pittura, scultura, architettura, ma anche di letteratura, musica e arti dello spettacolo per permettere alla pratica artistica di coincidere con l'inarrestabile flusso della vita.

I Manifesti futuristi e i principi estetici

Tra le Avanguardie che più si concentrano sulla compenetrazione delle arti vi è il Futurismo.
Dopo la pubblicazione dei principi di carattere normativo contenuti nel *Manifesto del Futurismo* di Marinetti (▶ p. 334), l'11 febbraio 1910 viene pubblicato il *Manifesto dei pittori futuristi* e l'11 aprile 1910 il *Manifesto tecnico della pittura futurista*. In essi si dichiara l'avvenuto distacco dalla pittura tradizionale e viene proclamato l'avvento della nuova poetica del dinamismo, la dissoluzione dello spazio e la distruzione della materialità dei corpi attraverso il moto e la luce.

I Manifesti vengono firmati da grandi artisti del tempo quali Umberto Boccioni, Giacomo Balla, Carlo Carrà, Gino Severini, Luigi Russolo. Essi affermano che l'arte deve celebrare il *gesto* quale modo di esternare la *sensazione dinamica* ed esaltare la complessità della nozione di movimento. Qualsiasi figura si presenti davanti ai nostri occhi non è mai stabile, ma appare e scompare incessantemente: «Così un cavallo in corsa non ha quattro zampe: ne ha venti e i loro movimenti sono triangolari. Tutto in arte è convenzione, e le verità di ieri sono oggi, per noi, pure menzogne».

Si proclama inoltre la distruzione dello spazio che «non esiste più: una strada bagnata dalla pioggia e illuminata da globi elettrici s'inabissa fino al centro della terra. Il

▲ Umberto Boccioni, *Visioni simultanee*, 1911. Wuppertal, Von der Heydt Museum.

▲ Gino Severini, *Dinamismo di una danzatrice*, 1912. Milano, Pinacoteca di Brera, Collezione Riccardo e Magda Jucker.

Sole dista da noi migliaia di chilometri; ma la casa che ci sta davanti non ci appare forse incastonata dal disco solare?».
I futuristi attuano dunque una sorta di rivoluzione copernicana, coinvolgendo attivamente lo spettatore nell'opera d'arte: «I pittori ci hanno sempre mostrato cose e persone poste davanti a noi. Noi porremo lo spettatore al centro del quadro». I firmatari concludono proclamando: «Voi ci credete pazzi. Noi siamo invece i Primitivi di una nuova sensibilità completamente trasformata».
I futuristi puntano alla ricerca della visualizzazione del movimento, che non soltanto interessa il moto dell'oggetto singolo, ma lo rende partecipe del *dinamismo universale*. Caratteristica prima della pittura futurista è l'abolizione, nell'immagine, della prospettiva tradizionale, per un moltiplicarsi di punti di vista che siano in grado di esprimere il suo dinamico interagire con lo spazio circostante. Si attua così la compenetrazione dei piani fra corpo in movimento, luce e spazio.
Nella scultura inoltre è abolita la cosiddetta statua chiusa, cioè circoscritta nelle sue forme, sostituita da una rappresentazione dinamica che si espande assorbendo elementi dello spazio circostante da cui è indivisibile.
Il tentativo di rappresentare soprattutto la velocità e il movimento di cui tutti gli oggetti, al di là delle apparenze, sono partecipi, è affidato a un uso del colore che sprigiona tutta la sua carica cromatica e alla ripetizione esplosiva delle immagini. Gli artisti prendono ispirazione da fotografie ottenute attraverso scatti effettuati a obiettivo aperto su un oggetto che si sposta rapidamente.

I maggiori esponenti

I principali rappresentanti del Futurismo in ambito artistico sono il torinese Giacomo Balla (1871-1958), autore di opere capaci di esprimere il dinamismo come *Bambina che corre sul balcone* (1912), *Automobile in corsa* (1913); il calabrese Umberto Boccioni (1882-1916), che unisce la pittura alla scultura, realizzando opere (in legno, ferro e bronzo) che fondano magistralmente il movimento della forma alla concretezza della materia; il piemontese Carlo Carrà (1881-1966), che però si distaccherà dal Futurismo per approdare alla pittura metafisica.

▲ **Umberto Boccioni**, *Forme uniche della continuità nello spazio*, 1913. Milano, Civico Museo d'Arte Contemporanea (CIMAC).

▲ **Carlo Carrà**, *Simultaneità: donna al balcone*, 1912. Milano, Collezione privata.

PERCORSO C

UN AUTORE, UN MOVIMENTO

da *L'incendiario* (1910)

▶ Lirica

Metro ▶ canzonetta

Aldo Palazzeschi
E lasciatemi divertire

Accostando suoni privi di senso a versi dotati di significato, il poeta dichiara polemicamente di volersi soltanto divertire e toglie qualsiasi aria solenne alla poesia, suscitando la reazione scandalizzata di alcuni seriosi interlocutori che lo definiscono addirittura un *somaro* (v. 78). È un'ulteriore presa di coscienza, ironica e apparentemente spensierata, dell'inutilità dell'arte all'interno di una società che non sembra più apprezzarla.

Tri tri tri,
fru fru fru,
uhi uhi uhi,
ihu ihu ihu!

5 Il poeta si diverte,
pazzamente,
smisuratamente!
Non lo state a insolentire,
lasciatelo divertire
10 poveretto,
queste piccole corbellerie
sono il suo diletto.

Cucù, rurù,
rurù cucù,
15 cuccuccurucù!

Cosa sono queste indecenze?
Queste strofe bisbetiche?
Licenze, licenze,
licenze poetiche!
20 Sono la mia passione.

Farafarafarafa,
tarataratarata,
paraparaparapa,
laralaralarala!

25 Sapete cosa sono?
Sono robe avanzate,
non sono grullerie,
sono la... spazzatura
delle altre poesie.

11. corbellerie: stupidaggini.
17. bisbetiche: bizzarre.
19. licenze poetiche: libertà che il poeta a volte si concede, violando la grammatica e la sintassi per ottenere particolari effetti poetici.
26. robe avanzate: può essere inteso come "avanzi", nel senso di scarti, o "progressiste", d'avanguardia.
27. grullerie: sciocchezze.

30 Bubububu,
fufufufu,
Friù!
Friù!

Se d'un qualunque nesso
35 son prive,
perché le scrive
quel fesso?

Bilobilobilobilobilo
blum!
40 Filofilofilofilofilo
flum!
Bilolù. Filolù.
U.

Non è vero che non voglion dire,
45 voglion dire qualcosa.
Voglion dire...
come quando uno si mette a cantare
senza saper le parole.
Una cosa molto volgare.
50 Ebbene, così mi piace di fare.

Aaaaa!
Eeeee!
Iiiii!
Ooooo!
55 Uuuuu!
A! E! I! O! U!

▲ **Fortunato Depero**, *Aniccham 3000*, 1924. Milano, Castello Sforzesco, Civica Raccolta delle Stampe Giuseppe Bertarelli.

L'autore

Aldo Palazzeschi, pseudonimo di Aldo Giurlani, nasce a Firenze nel 1885. Si dedica alla letteratura dopo aver frequentato una scuola di recitazione. Dopo la pubblicazione dei primi versi aderisce al Futurismo, staccandosene poi nel 1914, per divergenze di tipo tecnico-letterario, ma soprattutto perché non approvava la scelta politica dell'interventismo da parte del movimento. Dopo essere stato costretto, durante la guerra, all'esperienza militare, vive una vita appartata e solitaria, impegnandosi soprattutto in un'attività di narratore e nella collaborazione con il "Corriere della sera". Vive a Firenze fino al 1950, anno in cui si trasferisce a Roma. Tra i suoi romanzi più celebri ricordiamo *Il codice di Perelà* (1911), *Sorelle Materassi* (1934). Muore nel 1974.

Perché leggiamo Palazzeschi

Perché è stato in grado di esprimere con tono scanzonato e ironico il disagio del letterato all'inizio del Novecento, il cui ruolo era messo in discussione da nuovi scenari politici e sociali.

UN AUTORE, UN MOVIMENTO

Ma giovinotto,
diteci un poco una cosa,
non è la vostra una posa,
60 di voler con così poco
tenere alimentato
un sì gran foco?

Huisc... Huiusc...
Huisciu... sciu sciu,
65 Sciukoku... Koku koku,
Sciu
ko
ku.

Ma come si deve fare a capire?
70 Avete delle belle pretese,
sembra ormai che scriviate in giapponese.

Abì, alì, alarì.
Riririri!
Ri.

75 Lasciate pure che si sbizzarrisca,
anzi, è bene che non la finisca,
il divertimento gli costerà caro:
gli daranno del somaro.

Labala
80 falala
eppoi lala...
e lalala, lalalalala lalala.

Certo è un azzardo un po' forte
scrivere delle cose così,
85 che ci son professori, oggidì,
a tutte le porte.

Ahahahahahahah!
Ahahahahahahah!
Ahahahahahahah!

90 Infine,
io ho pienamente ragione,
i tempi sono cambiati,
gli uomini non domandano più nulla
dai poeti:
95 e lasciatemi divertire!

▲ **Fortunato Depero**, *Costruzione di Pinocchietto*, 1917. Collezione privata.

(da *Poeti italiani del Novecento*, a cura di P. V. Mengaldo, Mondadori, Milano, 1978)

62. gran foco: con questa espressione si intende convenzionalmente l'idea di poesia.

UNITÀ C2 ■ IL FUTURISMO

Analisi del testo

Tra Futurismo e Crepuscolarismo

Il testo presentato è forse tra i più celebri ed emblematici della produzione di Palazzeschi. In esso a una voce tipicamente futurista, estroversa, veloce e stravagante, pronta all'esclamazione e al grido, al gioco dei suoni delle parole fino ai limiti del "nonsense", si intreccia un ingrediente riconducibile all'area crepuscolare, cioè il rimpicciolimento del proprio io, o meglio del proprio essere poeta, un ruolo avvertito ormai come irrilevante nel nuovo contesto sociale.

Tipicamente futurista è l'uso dell'onomatopea priva di un significato specifico e quindi quasi puro suono usato per evocare un sentimento (e stupire) piuttosto che per comunicare un pensiero. Il poeta è ben consapevole del suo discostarsi dalla tradizione e immagina, attraverso delle domande retoriche, le obiezioni del lettore (*Cosa sono queste indecenze*, v. 16; *perché le scrive / quel fesso?*, vv. 36-37; *come si deve fare a capire?*, v. 69). Anche espressioni come *Sono robe avanzate* (v. 26) e *i tempi sono cambiati* (v. 92) rimandano direttamente all'idea futurista di un nuovo modo di fare poesia, adatto a esprimere la realtà novecentesca. Alla sensibilità crepuscolare rimandano invece tutti gli accenni a un ruolo "ridotto" del poeta e della poesia: i versi sono *piccole corbellerie* (v. 11), *la...spazzatura / delle altre poesie* (vv. 28-29); il poeta stesso è un *poveretto* (v. 10), addirittura un *fesso* (v. 37) e un *somaro* (v. 78), a cui *gli uomini non domandano più nulla* (v. 93).

Una vocazione da clown

L'elemento caratterizzante e davvero originale dell'opera di Palazzeschi è la *clownerie*, l'estro buffonesco. Come enunciato dal titolo, l'autore scrive per divertirsi, non per enunciare verità altrimenti nascoste, per trovare nelle cose significati reconditi. Il poeta gioca e si diverte a trascrivere dei suoni dal non sempre evidente significato onomatopeico e la sua *passione* sono le *licenze poetiche*. Per il lettore medio, borghese e conformista, queste sono *indecenze*, *strofe bisbetiche* (vv. 16-17), versi privi di significato che il poeta scrive per *posa* (v. 59). L'autore conclude però polemicamente, riaffermando che il poeta non è uno di quei *professori* che stanno *a tutte le porte* (cioè: non è un vecchio e serioso erudito, ma un uomo libero e vitale). Siccome gli uomini non chiedono più alcuna risposta ai poeti, questi possono finalmente divertirsi.

L'ironia è un elemento fondamentale dello stile di Palazzeschi: essa dona alle poesie un tono leggero e scherzoso, e funziona come un antidoto alla malinconia tipica delle liriche crepuscolari. Tale elemento ironico, però, sfuma fino quasi a eliminare anche il tono violento tipico delle liriche futuriste. Va poi notato come sia completamente assente un tema centrale della poetica futurista come l'esaltazione della tecnologia e, in generale, dell'era moderna.

Lo stile apparentemente leggero

La rivendicazione della funzione liberatrice del piacere e del gioco si manifesta soprattutto nei suoni senza senso che si susseguono nelle strofe dispari; queste onomatopee private di significato ricordano l'associazione casuale di vocali e consonanti fatte dai bambini che cominciano a parlare. La polemica contro la poesia tradizionale si nota anche nella provocatoria rima *nesso-fesso* (vv. 34 e 37), che esprime, ancora una volta con la leggerezza dello scherzo, il rifiuto di ogni rigido legame razionale e formale.

È chiara pertanto la volontà di Palazzeschi di dissacrare il linguaggio tradizionale, ormai usurato e incapace di comunicare adeguatamente i sentimenti umani. A esso il poeta oppone un linguaggio infantile e prerazionale, più adatto a esprimere la potenza dei sentimenti e del puro principio di piacere.

349

UN AUTORE, UN MOVIMENTO

Che cosa so fare

COMPRENDERE

1. **Palazzeschi e la poesia.**
   Sintetizza il contenuto di ciascuna strofa della poesia.

2. **Palazzeschi e il ruolo del poeta.**
   Ritrova nel testo tutti i riferimenti che Palazzeschi fa all'essere poeta e riscrivine una definizione.

3. **La funzione della poesia.**
   Definisci le caratteristiche della poesia secondo la visione di Palazzeschi.

4. **I professori.**
   Attraverso la poesia, e soprattutto nei versi 83-86 (*Certo è un azzardo un po' forte / scrivere delle cose così, / che ci son professori, oggidì, / a tutte le porte*), si capisce che Palazzeschi considera i professori
   a. persone sagge e venerabili.
   b. persone un po' noiose, incapaci di comprendere la sua voglia di divertirsi.
   c. persone capaci di comprendere anche la poesia di avanguardia.
   d. persone indispensabili alla società.

ANALIZZARE

5. **Lo stile di Palazzeschi.**
   Completa la tabella indicando per quali elementi la poesia di Palazzeschi si può accostare al Futurismo e per quali invece se ne distacca.

Elementi presenti nel Futurismo	Elementi assenti nel Futurismo

6. **Le rime.**
   Palazzeschi utilizza versi liberi e strofe di varia lunghezza, ma spesso ricorre anche alle rime. Individuane alcune e verifica se hanno carattere ironico.

7. **L'uso innovativo delle onomatopee →.**
   Individua i suoni onomatopeici presenti nella lirica e cerca, quando è possibile, di risalire all'elemento che li produce.

8. **Le onomatopee →.**
   Le onomatopee svolgono la funzione di
   a. rispettare i dettami del movimento.
   b. dare un ritmo monotono alla lirica.
   c. dissacrare il linguaggio tradizionale.
   d. riprodurre i versi degli animali.

PRODURRE

9. **Risposta sintetica | Il ruolo del poeta.**
   Rifletti sul ruolo del poeta: che cosa deve fare? Divertire? Scrivere di temi seri? Rispondi in un testo di 10 righe.

350

LABORATORIO DELLE COMPETENZE

UNITÀ C2 ■ IL FUTURISMO

Aldo Palazzeschi
La fontana malata

da *Poemi* (1909)

▶ Lirica

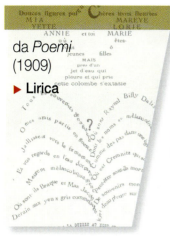

In questa lirica, una delle più celebri poesie di Palazzeschi, l'autore si diverte coi suoni delle parole e spezza il discorso in versi brevissimi, creando così un ritmo che si avvicina a quello delle filastrocche.

Clof, clop, cloch,
cloffete,
cloppete,
clocchete
5 *chchch...*
È giù,
nel cortile,
la povera
fontana
10 malata
che spasimo!
sentirla
tossire.
Tossisce,
15 tossisce,
un poco
si tace...
di nuovo
tossisce.
20 Mia povera
fontana,
il male
che hai
il cuore
25 mi preme.
Si tace,
non getta
più nulla.
Si tace,
30 non s'ode
romore
di sorta
che forse...
che forse

35 sia morta?
Orrore
Ah! no.
Rieccola,
ancora
40 tossisce.
Clof, clop, cloch,
cloffete,
cloppete,
clocchete
45 *chchch...*
La tisi
l'uccide.
Dio santo,
quel suo
50 eterno
tossire
mi fa
morire,
un poco
55 va bene,
ma tanto..
Che lagno!
Ma Habel!
Vittoria!
60 Andate,
correte,
chiudete
la fonte,
mi uccide
65 quel suo
eterno
tossire!
Andate,

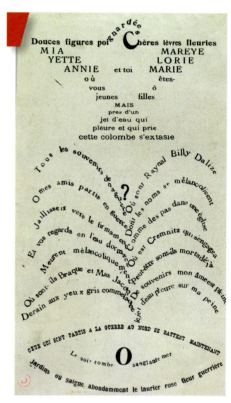

▲ Guillaume Apollinaire, *La colomba pugnalata* e *Il getto d'acqua*, due calligrammi, ante 1918. Parigi, Bibliothèque Littéraire Jacques Doucet, Archives Charmet.

11. spasimo: fitta di dolore.
46. tisi: nome comunemente usato per indicare la tubercolosi, grave malattia delle vie respiratorie.
57. lagno: lamento fastidioso.
58-59. Habel! / Vittoria!: sono nomi dei domestici chiamati a chiudere la fontana.

UN AUTORE, UN MOVIMENTO

```
        mettete                          col male
70      qualcosa                         che hai,
        per farla                        finisci
        finire,                    85    vedrai,
        magari...                        che uccidi
        magari                           me pure.
75      morire.                          Clof, clop, cloch,
        Madonna!                         cloffete,
        Gesù!                      90    cloppete,
        Non più!                         clocchete
        Non più.                         chchch...
80      Mia povera
        fontana,
```

(A. Palazzeschi, *Tutte le poesie*, Mondadori, Milano, 2002)

ATTIVITÀ

COMPRENDERE E ANALIZZARE

Competenza:
- leggere, comprendere e interpretare testi scritti di vario tipo

1. VERSO LA PROVA INVALSI

Scegli l'opzione.

1. **Qual è la malattia della fontana?**
   a. La tosse
   b. Non ha acqua
   c. È intasata
   d. Perde acqua

2. **Dove si trova la fontana malata?**
   a. In giardino
   b. Nell'ingresso
   c. Nel cortile
   d. In casa

3. **A chi si rivolge il poeta per chiedere di far tacere la fontana?**
   a. A un tecnico
   b. Al suo maggiordomo
   c. Ai suoi domestici
   d. A se stesso

4. **Da che tipo di versi brevissimi è formata la poesia?**
   a. Tutti trisillabi
   b. Bisillabi e trisillabi
   c. Quasi tutti trisillabi
   d. Sono tutti endecasillabi

5. **I versi sono prevalentemente piani, cosa significa?**
   a. I versi hanno l'ultima parola piana, cioè con l'accento sulla penultima sillaba
   b. I versi hanno l'ultima parola piana, cioè con l'accento sulla terzultima sillaba
   c. I versi sono brevi
   d. La prima parola del verso è piana

6. **Quale di questi versi è sdrucciolo?**
   a. *Clof, clop, cloch,*
   b. *cloffete*
   c. *mi fa*
   d. *eterno tossire*

7. **Qual è lo schema delle rime?**
   a. Non c'è uno schema fisso di rime
   b. ABAB
   c. ABBA
   d. ABCD ABCD

8. **Per quali elementi questa lirica può essere considerata un testo importante per comprendere il rifiuto della tradizione e l'ansia di rinnovamento del Futurismo?**
   a. Per l'uso delle onomatopee e dei versi liberi
   b. Per il tono scherzoso
   c. Perché incita alla guerra
   d. Perché Palazzeschi usa la punteggiatura

9. **Quale delle seguenti figure retoriche è utilizzata maggiormente nel testo?**
   a. La metafora
   b. La metonimia
   c. L'onomatopea
   d. L'analogia

10. **Quale di questi sentimenti la malattia della fontana ispira al poeta?**
    a. Gioia
    b. Preoccupazione
    c. Euforia
    d. Indifferenza

LABORATORIO DELLE COMPETENZE

UNITÀ C2 ■ IL FUTURISMO

■ INTERPRETARE E PRODURRE

Competenze:
- leggere, comprendere e interpretare testi scritti di vario tipo
- produrre testi di vario tipo in relazione ai differenti scopi comunicativi

2. TRATTAZIONE BREVE

La circolarità del testo.
La ripetizione dei primi cinque versi alla fine della lirica *La fontana malata* dà l'impressione che il poeta abbia voluto dare al testo un andamento circolare: perché lo avrà fatto secondo te? Quale effetto avrà voluto ottenere o quale motivo tematico della lirica avrà voluto sottolineare? Rispondi in un breve testo di 5 righe.

3. ARGOMENTAZIONE

Un tono crepuscolare.
La poesia può essere considerata un simbolo della condizione di "malattia" e di non partecipazione alla vita civile e sociale di tanta poesia del primo Novecento, per esempio quella dei poeti crepuscolari. Sei d'accordo con questa affermazione? Se sì, indica alcuni versi del testo che ne dimostrino la validità.

4. LABORATORIO DI SCRITTURA CREATIVA

Una riscrittura futurista.
Riscrivi la lirica senza rispettare la divisione in versi utilizzata da Palazzeschi, in modo da formare versi che abbiano da 5 a 12 sillabe e analizza poi le differenze che emergono sia dal punto di vista formale sia dal punto di vista dei principi della poetica futurista.

■ ESPORRE E ARGOMENTARE

Competenze:
- padroneggiare gli strumenti espressivi e argomentativi indispensabili per gestire l'interazione comunicativa verbale in vari contesti
- leggere, comprendere e interpretare testi scritti di vario tipo

5. VERSO IL COLLOQUIO ORALE

Esponi il significato complessivo di una poesia o di un testo di altro tipo che hai incontrato all'interno dell'unità.
- Precisa titolo e autore/autrice del testo.
- Sintetizza le tematiche affrontate.
- Precisa, se il testo scelto è una poesia, gli aspetti metrico-stilistici più significativi.
- Definisci la tipologia testuale ed eventuali caratteristiche formali e strutturali, se non hai scelto un testo poetico.

- Metti in evidenza le relazioni tematiche con altri testi dell'unità.
- Esponi sinteticamente un'opinione personale opportunamente motivata sul tuo coinvolgimento emotivo di lettore/lettrice.
- Fai un'analisi dettagliata del lessico e delle immagini di ciascun verso.

 Per il tuo intervento orale hai a disposizione 10 minuti.

UN AUTORE, UN MOVIMENTO

PROVA AUTENTICA

Competenze:
- padroneggiare gli strumenti espressivi e argomentativi indispensabili per gestire l'interazione comunicativa verbale in vari contesti
- leggere, comprendere e interpretare testi scritti di vario tipo
- produrre testi di vario tipo in relazione ai differenti scopi comunicativi

Competenze chiave di cittadinanza:
1. Imparare ad imparare
2. Progettare
3. Comunicare
4. Collaborare e partecipare
5. Agire in modo autonomo e responsabile
6. Risolvere problemi
7. Individuare collegamenti e relazioni
8. Acquisire ed interpretare le informazioni

REPORTER PER UN GIORNO

Prodotto: comunicato stampa.

Destinatari: gli studenti di un'altra classe.

Tempi previsti: 2 ore in classe + altri tempi per la preparazione delle attività a casa.

Consegna: Realizzate un comunicato stampa su una mostra dedicata al Futurismo utilizzando gli approfondimenti studiati e rielaborando le informazioni trovate sul libro arricchendole con ricerche personali. Potrete avvalervi della consulenza di altri insegnanti (per esempio quelli di filosofia, religione, letterature straniere, storia dell'arte o di scienze umane).

Istruzioni (attività in *cooperative learning*):
- Dividetevi in gruppi e nominate un referente che tenga il diario di bordo dell'attività.
- Ciascun componente elabora un'idea attraverso una mappa delle idee.
- Condividete le idee.
- Attribuite un compito a ciascun componente del gruppo.
- Condividete e lavorate anche singolarmente per la preparazione della relazione.
- Scegliete un relatore.
- Fate una o più prove prima dell'intervento vero e proprio.

PERCORSO D
Teatro: i metodi

UNITÀ D1
Il testo drammatico

Testo d'esempio	P.-A. de Beaumarchais *Un corteggiatore inopportuno*
Antologia	H. Ibsen *Le spese di Nora* A. Čechov *Nel giardino dei ciliegi* S. Beckett *Una tragica attesa*
Laboratorio delle competenze	E. Ionesco *Serata inglese con conversazione inglese*

In questa unità:
- scoprirai gli elementi costitutivi del testo teatrale
- rifletterai sulla rappresentazione dello spazio e del tempo
- analizzerai i ruoli, la gerarchia e le funzioni dei personaggi sulla scena
- imparerai le funzioni e le forme del linguaggio drammatico
- esporrai i principali elementi di un testo drammatico
- produrrai testi creativi inventando *pièces* teatrali a partire da temi e situazioni della vita quotidiana

355

PERCORSO **D**

1

TEATRO: I METODI

Il testo drammatico

Il teatro è una forma di comunicazione basata su un testo – il **testo drammatico** – che è stato scritto per essere rappresentato da parte di attori, davanti a un pubblico di spettatori, in uno spazio dedicato alla rappresentazione. A differenza degli altri tipi di testo, il testo drammatico non è destinato a essere semplicemente letto, ma è pensato per la **messinscena**, di cui costituisce però solo un elemento, e non necessariamente il più importante. Nella messinscena, infatti, intervengono le scelte del regista, l'interpretazione degli attori – le loro voci, la loro mimica, i loro gesti –, i costumi, la scenografia, le luci, le musiche: uno stesso testo drammatico può quindi essere messo in scena in molti modi e con diversi effetti sul pubblico.

■ La struttura del testo

TESTO DRAMMATICO E TESTO NARRATIVO. Come il testo narrativo, il testo drammatico presenta avvenimenti e personaggi, trasmette valori, suscita emozioni; tuttavia, gli strumenti espressivi e la forma comunicativa di cui si serve sono diversi. Mentre nel testo narrativo c'è un narratore che racconta una storia, nel testo drammatico la storia è proposta attraverso i **dialoghi** fra i personaggi, che danno vita direttamente agli eventi, parlando e interagendo sotto gli occhi dello spettatore. È attraverso i dialoghi tra i personaggi che emergono – per esempio – gli antefatti della vicenda, ed è sempre attraverso i dialoghi che l'autore (il **drammaturgo**) trasmette il proprio pensiero allo spettatore.

Nel testo drammatico, quindi, la comunicazione si sviluppa sempre su due piani:

- tra i personaggi che agiscono sulla scena;
- tra l'autore (il drammaturgo, esterno all'opera) e il destinatario (spettatore), attraverso la voce e le azioni dei personaggi.

GLI ATTI E LE SCENE. Mentre in un romanzo troviamo i capitoli, nel testo drammatico sono gli **atti** a delimitare gli episodi principali della vicenda; ogni atto si suddivide a sua volta in **scene**, scandite dall'ingresso o dall'uscita di uno o più personaggi (come le sequenze nel testo narrativo, ▶ Narrativa, p. 16). Il numero degli atti può variare, da uno a cinque, così come non è fisso il numero delle scene.

Al passaggio da una scena a quella successiva, oppure da un atto all'altro, può corrispondere un cambio nell'ambientazione; per esempio si può passare da uno spazio aperto a uno chiuso.

356

UNITÀ D1 ■ IL TESTO DRAMMATICO

Ogni scena è costituita dallo scambio di **battute** tra i personaggi, alle quali si aggiungono indicazioni in corsivo e/o tra parentesi, chiamate **didascalie**, con i suggerimenti dell'autore per la rappresentazione scenica e per la recitazione degli attori.

> **ATTO I, SCENA I**
>
> Camera del conte Anselmo, con vari tavolini, statue, busti e altre cose antiche.
>
> *Il Conte Anselmo ad un tavolino, seduto sopra una poltrona, esaminando alcune medaglie, con uno scrigno sul tavolino medesimo, poi Brighella.*
>
> ANSELMO Gran bella medaglia! Questo è un *Pescenio*[1] originale. Quattro zecchini[2]? L'ho avuto per un pezzo di pane.
>
> BRIGHELLA Lustrissimo[3] (*con vari fogli in mano*).
>
> ANSELMO Guarda, Brighella, se hai veduto mai una medaglia più bella di questa.
>
> BRIGHELLA Bellissima. De medaggie[4] no me ne intendo troppo, ma la sarà bella.
>
> ANSELMO I *Pesceni* sono rarissimi; e questa pare coniata ora.
>
> BRIGHELLA Gh'è qua ste do polizze[5]...
>
> ANSELMO Ho fatto un bell'acquisto? [...]

(C. Goldoni, *La famiglia dell'antiquario*, in *Teatro*, Einaudi, Torino, 1991)

1. *Pescenio*: si tratta di una medaglia che rappresenta l'imperatore romano Pescennio del II sec. a.C.
2. **zecchini**: moneta coniata a Venezia, pari a quattro grammi di oro.
3. **Lustrissimo**: formula di cortesia, sta per «illustrissimo».
4. **De medaggie**: di medaglie.
5. **polizze**: documenti comprovanti un credito.

LO SPAZIO E IL TEMPO. La vicenda teatrale si svolge convenzionalmente all'interno di uno **spazio** circoscritto (anch'esso definito **scena**) entro il quale gli attori agiscono. Lo spazio reale – per esempio un palcoscenico delimitato da quinte e fondali – è anche simbolico, in quanto coincide con lo spazio della finzione; lo stesso spazio fisico può così rappresentare ambienti diversi: per esempio un esterno (una piazza, un giardino) o un interno (un ambiente della casa, una bottega), secondo le indicazioni, brevi o dettagliate, contenute nel testo scritto.

Il **tempo** dell'azione scenica è il presente: lo spettatore ha l'illusione di assistere in tempo reale al verificarsi di un evento. Il presente della finzione teatrale ammette, comunque, richiami a fatti e situazioni avvenuti in precedenza (*flashback*), oppure esterni rispetto all'azione: è attraverso i discorsi dei personaggi che il lettore/spettatore apprende ciò che gli serve sapere per capire l'intreccio e l'evoluzione della storia.

Malgrado l'illusione del tempo reale, la **durata** effettiva della rappresentazione (per esempio, le due ore circa di un normale spettacolo) non coincide di solito con la durata della vicenda rappresentata, che può coprire un arco temporale di giorni, mesi, o addirittura anni. Questo scarto è reso possibile dalle **ellissi** (▶ Narrativa, p. 49), cioè da "vuoti" nella rappresentazione, che coincidono con gli stacchi tra un atto e l'altro o, a volte, tra le singole scene; questi vuoti sottintendono il trascorrere di un determinato lasso di tempo.

Nell'antica drammaturgia greco-latina la durata della vicenda non superava il tempo di una giornata (unità di tempo), mentre nella drammaturgia moderna l'arco di tempo può essere anche molto esteso: per esempio, *Vita di Galileo* (1955) di **Bertolt Brecht** (1898-1956) rappresenta vicende che vanno dal 1609 al 1637.

Quinta. È un elemento della scena che consiste in un telaio alto e stretto posto ai lati del palcoscenico per delimitarne orizzontalmente lo spazio. Impedisce inoltre al pubblico di vedere il retroscena.

Fondale. È un grande telone che ricopre il fondo della scena di un teatro. Può raffigurare degli elementi utili alla rappresentazione oppure essere di un unico colore. È utile perché nasconde il passaggio degli attori e dei macchinisti da una quinta all'altra.

Unità di tempo. È una delle tre unità aristoteliche (unità di tempo, di luogo e di azione). Secondo la più comune interpretazione di quello che il filosofo greco scrive nella *Poetica*, l'azione scenica deve svolgersi completamente nel corso di un'unica giornata, dall'alba al tramonto.

357

TEATRO: I METODI

I PERSONAGGI. Il testo drammatico si apre con l'elenco dei personaggi principali e secondari, accompagnati dall'indicazione del loro ruolo.

> PERSONAGGI
> *Il Conte Anselmo Terrazzani,* dilettante di antichità
> *La Contessa Isabella,* sua moglie
> *Il Conte Giacinto,* loro figlio
> *Doralice,* sposata al Conte Giacinto, figlia di Pantalone
> *Pantalone de' Bisognosi,* mercante ricco veneziano
> *Il Cavaliere del Bosco*
> *Il dottore Anselmi,* uomo d'età avanzata amico della Contessa Isabella
> *Colombina,* cameriera della Contessa Isabella
> *Brighella,* servitore del Conte Anselmo
> *Arlecchino,* amico, e paesano di Brighella
> *Pancrazio,* intendente di antichità
> *Servitori* del Conte Anselmo
>
> (C. Goldoni, *La famiglia dell'antiquario*, in *Teatro*, Einaudi, Torino, 1991)

Il numero dei personaggi può variare, dall'unico personaggio di *Atto senza parole* (1957) del drammaturgo irlandese **Samuel Beckett** (1906-1989; ▶ p. 386) ai, per esempio, quindici di *Il giardino dei ciliegi* (1904; ▶ p. 376), di **Anton Čechov** (1860-1904).

I **personaggi principali** sono il motore della storia, i **secondari** hanno minore importanza e non modificano in modo sostanziale la struttura portante della vicenda, le **comparse** compiono solo azioni di sfondo.

Come nel testo narrativo, anche nel testo drammatico i personaggi ricoprono ruoli diversi, stabilendo un rapporto positivo o negativo con il protagonista, come indicato nella tabella.

Ruolo	Descrizione
Protagonista	Colui/colei che è al centro dell'azione drammatica.
Antagonista	Il principale rivale del/della protagonista: ha la funzione di ostacolo.
Oggetto	L'obiettivo o il valore cercato, che motiva l'azione (può essere una persona, un regno, la libertà ecc.).
Aiutante	L'alleato del protagonista: ha la funzione di favorire il raggiungimento dell'obiettivo.
Oppositore	Ostacola il protagonista, agendo spesso in accordo con l'antagonista.
Destinatore	È l'arbitro che stabilisce il destinatario dell'oggetto, quindi contribuisce a far volgere l'azione in modo positivo o negativo per l'uno o l'altro contendente; può essere Dio, il Destino, il Governatore o un altro personaggio in cui si incarna il Bene.
Destinatario	È colui/colei che riceve il bene cercato: può essere il protagonista oppure l'antagonista.

UNITÀ D1 ■ IL TESTO DRAMMATICO

PERSONAGGIO TIPO E INDIVIDUO. Il personaggio, oltre che per il ruolo e per la funzione (cioè per quello che fa), deve essere considerato per i suoi tratti distintivi psicologici e sociali e per la sua personalità (cioè per quello che è).

Tutto ciò costituisce la caratterizzazione del personaggio ed è in relazione anche al genere dell'opera: per esempio, la tragedia rappresenta situazioni che toccano le corde profonde dell'animo umano ed è costruita sulle vicende di personaggi di condizione sociale elevata (re, regine, eroi, condottieri, tiranni); la commedia, invece, mette in scena fatti comuni e situazioni quotidiane, con personaggi popolari (commercianti, contadini, servi, soldati, donne astute, giovani intraprendenti). Quando nell'Ottocento nasce il dramma moderno, il nuovo genere porta alla ribalta personaggi borghesi che agiscono in ambienti della vita quotidiana (case, uffici, città di provincia).

Il personaggio può essere contraddistinto da pochi ma insistiti tratti psicologici, che ne fanno un **tipo**, cioè l'incarnazione di un vizio o di una virtù (l'avaro, il babbeo, lo spaccone, l'innamorato, il coraggioso, l'arricchito); oppure può essere caratterizzato da uno spessore psicologico e vivere quelle contraddizioni che ne fanno un **individuo**, cioè un personaggio a tutto tondo. Il personaggio tipo è **statico**, cioè non cambia nel corso della vicenda; il personaggio individuo è **dinamico**, in quanto si evolve nel corso della vicenda rappresentata.

■ Il linguaggio drammatico

Gli elementi costitutivi del testo drammatico sono le **didascalie** e le **battute**.

LE DIDASCALIE. Le didascalie (dal greco *didáskein*, "insegnare") sono indicazioni, spesso stampate in corsivo e a volte tra parentesi, mediante le quali l'autore dà al regista le istruzioni necessarie a mettere in scena l'opera. Esse forniscono informazioni sull'ambientazione della vicenda, sull'azione scenica, sullo svolgimento della rappresentazione, sulla recitazione degli attori.

Ambientazione della vicenda ● il luogo ● l'epoca	*In una cittaduzza di provincia.* *Oggi.* (L. Pirandello, *Pensaci, Giacomino!*, in *Maschere nude*, Mondadori, Milano, 1968)
Ambientazione di una scena	*Il corridojo d'un ginnasio di provincia.* [...] *Salotto modesto in casa del professor Toti.* [...] (L. Pirandello, *Pensaci, Giacomino!*, in *Maschere nude*, Mondadori, Milano, 1968)
Modalità di recitazione dei personaggi ● il tono di voce ● gli atteggiamenti, i gesti, le azioni ● l'entrata o l'uscita di scena	*gridando dalla soglia* *Voltandosi verso il bidello* *con un gesto di disperazione* *Entra il professor Toti* [...] (L. Pirandello, *Pensaci, Giacomino!*, in *Maschere nude*, Mondadori, Milano, 1968)
Svolgimento della rappresentazione: legami logici tra le scene ed eventuali salti temporali tra una scena e l'altra	*Si sentono dietro la comune le voci di Betta e della zia Ernestina. Poco dopo, questa si precipiterà in iscena incontro a Silvio, con le braccia levate in atto tragico.* (L. Pirandello, *Come prima, meglio di prima*, in *Maschere nude*, Mondadori, Milano, 1968)

359

TEATRO: I METODI

L'ampiezza delle didascalie è variabile. Nel teatro greco e latino le didascalie sono assenti perché gli autori curavano direttamente la rappresentazione scenica; le didascalie che talvolta si trovano nei testi classici sono quindi state inserite dai traduttori o commentatori moderni e, oltre a guidare regista e attori nella messa in scena, indirizzano il lettore nella comprensione del testo. Inoltre nel teatro antico le compagnie teatrali e gli scenografi seguivano regole fisse e, entro certi limiti, sapevano che cosa il pubblico si aspettava (per esempio il personaggio del servo era identificabile per un dato aspetto fisico). Non erano quindi necessarie particolari indicazioni per la messinscena.

Nel teatro moderno, invece, c'è più varietà: si va da un uso modesto delle didascalie (**William Shakespeare**, 1564-1616, ► p. 421; **Carlo Goldoni**, 1707-1793, ► p. 459) a un loro uso estremo, come nel caso di **Samuel Beckett**, che scrive addirittura un'opera con sole didascalie, dal titolo *Atto senza parole*. Esponente del "teatro dell'assurdo" e interprete del vuoto di certezze dell'uomo del secondo Novecento, il drammaturgo sostituisce le parole (prive di importanza dinanzi all'insensatezza del vivere) con le didascalie. Nel breve brano qui riportato, le didascalie delineano lo spazio in cui si svolge l'azione (un luogo deserto), caratterizzano il personaggio (un uomo con il tic di aprire e ripiegare il fazzoletto) e il suo modo di muoversi sulla scena (ubbidisce ai colpi laterali di fischietto).

> PERSONAGGIO: Un uomo. Gesto abituale: spiega e ripiega il fazzoletto.
> SCENA: Deserto. Luce abbagliante.
> AZIONE: Spinto violentemente in scena da destra, all'indietro, l'uomo barcolla, cade, si rialza immediatamente, si spolvera, riflette.
> Colpo di fischietto da destra.
> L'uomo riflette, esce a destra.
> Subito rigettato in scena, barcolla, cade, si rialza immediatamente, si spolvera, riflette.
> Colpo di fischietto da sinistra.
> L'uomo riflette, esce a sinistra.
> Subito rigettato in scena, barcolla, cade, si rialza immediatamente, si spolvera, riflette.

(S. Beckett, *Atto senza parole*, in *Teatro*, trad. di C. Fruttero, Einaudi, Torino, 1968)

LE BATTUTE. Le parole che i personaggi pronunciano all'interno del testo drammatico sono chiamate **battute**, sono precedute dal nome del personaggio che le pronuncia e svolgono molteplici funzioni. Dalle parole dei personaggi che si alternano sulla scena si ricavano infatti le informazioni che riguardano:

- lo sviluppo della vicenda;
- gli antefatti, cioè gli avvenimenti anteriori alla situazione rappresentata;
- gli eventi non messi in scena o accaduti fuori scena;
- le caratteristiche biografiche e psicologiche dei personaggi stessi.

Le battute possono avere la forma di:

- **dialoghi**, cioè scambi di battute fra due o più personaggi. È la forma comunicativa fondamentale del testo drammatico. Quando le battute sono brevi, imprimono un ritmo veloce all'azione;

> **BELINDA** Tonietta!
> **TONIETTA** (*ad Angelica*) Mi chiamano. Arrivederci. Fidatevi di me.
>
> (Molière, *Il malato immaginario*, in *Il tartufo – Il malato immaginario*,
> a cura di M. Bonfantini, Mondadori, Milano, 1987)

> **JOE** (*a Nick, arrabbiato*) Sgombra, hai capito? Qui non abbiamo tempo da perdere, hai capito? Sgombra!
> **NICK** Non ti scaldare, vecchio, non ti scaldare, me ne vado. (*Se ne esce in fretta*).
>
> (E. O'Neill, *Il lungo viaggio di ritorno*, in *Teatro*, a cura di B. Fonzi, Einaudi, Torino, 1962)

- **monologhi**, cioè battute molto lunghe, che accentrano l'attenzione sul singolo personaggio e rallentano l'azione.

> *Grida al ladro fin dal giardino, ed entra senza cappello.*
>
> **ARPAGONE** Al ladro! al ladro! all'assassino! al brigante! Giustizia, giusto Cielo! sono perduto, assassinato, mi hanno tagliato la gola, mi hanno derubato di tutto il denaro. E chi può essere? Che fine ha fatto? Dov'è? Dove si nasconde? Che cosa posso fare per trovarlo? Dove correre? Dove non correre? Sarà di là? Sarà di qua? E tu chi sei? Fermati. Rendimi i soldi, manigoldo... (*Si afferra da sé il braccio*) Ah! sono io. Son tutto in confusione, non so più dove sono, chi sono e quel che faccio. Misero me! povero mio denaro, povero mio denaro, amico mio carissimo! mi hanno privato di te; ti hanno portato via, ho perduto il mio sostegno, la mia consolazione, la mia gioia; tutto è finito, non ho più niente da fare al mondo, non posso vivere senza di te. È la fine, più non resisto; son lì per morire, sono morto, son seppellito; c'è qualcuno che voglia resuscitarmi, che mi renda l'amato denaro o che mi indichi chi l'ha preso? Eh? che avete detto? No, non c'è nessuno qui attorno. Chiunque abbia fatto il colpo, dev'essere rimasto vigile a spiare il momento buono; e ha scelto giustamente di intervenire quando stavo parlando con quel traditore di mio figlio. Usciamo. Voglio ricorrere alla giustizia e coinvolgere tutta la casa: fantesche, servitori, figlio, figlia, e me compreso. Quanta gente vedo riunita! Chiunque mi cada sotto gli occhi, mi fa nascere il sospetto, vedo il mio ladro in ogni cosa. Eh! di che si parla laggiù? Di colui che mi ha derubato? Che chiasso si sta facendo là in alto? Che c'entri il mio ladro? Di grazia, se avete notizie del ladro, vi supplico, parlate. Non sarà nascosto in mezzo a voi? Tutti mi guardano e se la ridono; garantito, hanno a che fare col furto, non c'è dubbio. Su, presto, commissari, armigeri, bargelli, giudici, supplizi, patiboli e carnefici. Voglio fare impiccare tutti; e se non trovo il mio denaro, m'impiccherò io stesso.
>
> (Molière, *L'avaro*, trad. S. Bajini, Garzanti, Milano, 2000)

▼ Arturo Cirillo (Arpagone), in *L'avaro* di Molière, regia di Arturo Cirillo, Teatro Stabile di Napoli – Teatro Stabile delle Marche, 2012. Fotografia di Tommaso Le Pera.

TEATRO: I METODI

I monologhi possono costituire vere e proprie pause quando sono usati per portare a conoscenza del pubblico avvenimenti non rappresentati sulla scena.

- **"a parte"**, cioè una battuta che il personaggio pronuncia sulla scena come parlando tra sé e sé, presupponendo che gli altri personaggi accanto a lui non la sentano. Gli "a parte" sono di solito evidenziati nel testo attraverso l'uso delle parentesi, del corsivo, di entrambi, o dell'indicazione esplicita nella didascalia.

> FABRIZIO Bisogna che vi prema molto questo forestiere.
> MIRANDOLINA Tutti mi premono. Badate a voi.
> FABRIZIO (Già me n'avvedo. Non faremo niente. Ella mi lusinga; ma non faremo niente). (*da sé*)
> MIRANDOLINA (Povero sciocco! Ha delle pretensioni. Voglio tenerlo in isperanza, perché mi serva con fedeltà). (*da sé*)
>
> (C. Goldoni, *La locandiera*, BUR, Milano, 1997)

Nei monologhi e soprattutto negli "a parte" la comunicazione fra personaggio e pubblico (e quindi quella fra autore e pubblico) è più diretta, non passa cioè attraverso la mediazione del dialogo fra i personaggi che interagiscono sulla scena. I monologhi e gli "a parte" costituiscono così un espediente per portare a conoscenza del pubblico le motivazioni profonde dell'agire dei personaggi, che in questo modo rivelano apertamente, agli spettatori, le loro reali intenzioni e idee. È simile a quanto accade al cinema quando un personaggio abbandona l'azione, si volta verso la macchina da presa e si rivolge direttamente al pubblico con il cosiddetto sguardo in macchina.

■ Dal testo scritto al testo rappresentato

Quando il testo drammatico viene messo sulla scena, diventa azione (*performance*); l'azione scenica interpreta e realizza le istruzioni del testo scritto e al linguaggio verbale (le battute dei personaggi) si aggiungono altri linguaggi (prossemico, mimico-gestuale ecc.), che in qualche modo riscrivono il testo di partenza.

IL LINGUAGGIO PERFORMATIVO. Il testo scritto viene concepito dall'autore appunto in vista della sua realizzazione scenica; perciò è caratterizzato da un uso del linguaggio che assume un valore *performativo* (ossia finalizzato alla *performance*, all'azione). Per esempio, una didascalia come *La stessa scena dell'atto precedente. È l'alba del giorno dopo* non è una semplice descrizione, ma rappresenta una prescrizione e sottintende un imperativo («voglio che sia mantenuta la stessa scena», «la scena deve rimanere la stessa» ecc.). Ma ci sono anche battute di dialogo che hanno valore performativo, in quanto ordinano, esortano a compiere un'azione (*FRATE TIMOTEO O Ligurio, uscite qua!*), ricorrendo all'uso dell'imperativo o di modi verbali che hanno lo stesso valore (*Si sieda!...Guardi qui...*); anche una domanda rivolta a un personaggio, in quanto sollecita una risposta, può avere valore performativo, così come un suono o un rumore (per esempio il trillo del telefono o di un campanello che chiama la servitù).

Linguaggio prossemico. È una forma di comunicazione non verbale nella quale il messaggio è comunicato attraverso il modo in cui lo spazio è occupato dai soggetti in relazione gli uni agli altri.

Linguaggio mimico-gestuale. È una forma di comunicazione non verbale in cui i messaggi vengono comunicati tramite gesti ed espressioni facciali.

I DEITTICI. Le battute dei personaggi sono inoltre caratterizzate dalla presenza di deittici (dal greco *déiknumi*, "mostrare"), ossia indicatori che si riferiscono al contesto in cui agiscono i personaggi, al "qui" e "ora" della finzione scenica. Essi puntualizzano i gesti dei personaggi, i tempi e i luoghi della loro azione.

I deittici possono essere pronomi personali e dimostrativi (*io, tu, questo, quello*...), aggettivi e pronomi possessivi o avverbi di luogo e di tempo (*qui, là, ecco, adesso, su, giù*...): la loro presenza costituisce un continuo rimando alla situazione rappresentata, e serve a concretizzarla il più possibile per il lettore/spettatore.

Anche le voci verbali, in particolare il modo imperativo, ricorrente nelle battute dei personaggi, hanno la funzione di porre in rapporto gli interlocutori presenti nello spazio scenico.

Vediamo alcuni esempi da *L'avaro* (1668) di **Molière** (1622-1673).

> ARPAGONE Animo, venite [modo imperativo, linguaggio performativo] qui [deittico] tutti, ch'io [deittico] possa dare gli ordini per questa [deittico] sera,
>
> ARPAGONE Andate. [modo imperativo, linguaggio performativo]
>
> ARPAGONE Ora [deittico] state [modo imperativo, linguaggio performativo] attenti a non sciuparvi [-*vi*: deittico] il vestito.
>
> ARPAGONE [...] Valerio, ora mi [deittici] devi aiutare. Oh, mastro Giacomo, voi! [deittico] venite [modo imperativo, linguaggio performativo] un po' qua [deittico], vi [deittico] ho tenuto per ultimo.
>
> (Molière, *L'avaro*, trad. di S. Bajini, Garzanti, Milano, 2000)

◀ Gabriele Lavia (Arpagone) in *L'avaro* di Molière, regia di Gabriele Lavia, Teatro Verdi di Pisa, 2004. Fotografia di Tommaso Le Pera.

Ecco un altro esempio da *Rosmersholm* (1886) di **Henrik Ibsen** (1828-1906, ▶ p. 374),

> REBEKKA Va bene, non parliamone [modo imperativo, linguaggio performativo], caro rettore.
> KROLL Piuttosto mi dica [performativo] come si trova qui [deittico], a Rosmersholm, ora [deittico] che è rimasta sola. Da quando la nostra [deittico] povera Beate...
>
> (H. Ibsen, *Rosmersholm*, trad. di A. Rho, Einaudi, Torino, 1990)

e da *Questa sera si recita a soggetto* (1930) di **Luigi Pirandello** (1867-1936, ▶ p. 464).

> VERRI (*forte, aspro*). Se n'accorge ora? [deittico]
> MOMMINA Stia zitto, per carità! [modo imperativo, linguaggio performativo] Tutti gli occhi sono addosso a noi. [deittico]
> VERRI È ben per questo! È ben per questo! [deittico]
> [...]
> MOMMINA Stia buono [performativo], mi [deittico] faccia [performativo] questo [deittico] piacere, non li [deittico] provochi! [performativo]
>
> (L. Pirandello, *Questa sera si recita a soggetto*, in *Maschere nude*, Mondadori, Milano, 1967)

Nell'esempio che segue, tratto da *La locandiera* (1753) di **Goldoni**, le parole e i movimenti dei personaggi si integrano: il performativo e il deittico presenti nella battuta *Date qui* generano l'azione.

> MIRANDOLINA Ha domandato il suo conto; l'ho servita. (*mestamente*)
> CAVALIERE DI RIPAFRATTA Date qui.
> MIRANDOLINA Eccolo. (*si asciuga gli occhi col grembiule, nel dargli il conto*)
>
> (C. Goldoni, *La locandiera*, BUR, Milano, 1997)

IL COPIONE. L'allestimento dello spettacolo è caratterizzato dalla presenza costante del copione. Il testo del drammaturgo viene copiato all'inizio delle prove e poi distribuito a tutti i membri della compagnia, sia agli attori sia ai tecnici. Il copione non è solo un fascicolo in cui sono scritte le parti da recitare, ma è un vero e proprio giornale di bordo che si utilizza per tutto l'arco delle prove e delle recite. Solitamente è stampato con ampi spazi bianchi ai margini, su cui è possibile scrivere appunti. Per esempio, gli attori annoteranno sui loro copioni le indicazioni principali del regista, il tecnico delle luci segnerà sul proprio i particolari effetti richiesti, l'attrezzista i materiali necessari alla scena in quel preciso momento; il regista scriverà tutti gli spunti, le idee che gli vengono. Il copione diventa quindi una miniera di preziose indicazioni sceniche che possono essere utilizzate dallo stesso regista per allestire nuovamente lo spettacolo anche a diversi anni di distanza.

Agli inizi delle prove il copione contiene esattamente il testo originale dell'autore. Nel corso dell'allestimento questo può venire modificato sia dal regista sia dagli attori. Il primo può apportare tagli, spostare scene, eliminare personaggi qualora questi cambiamenti non alterino troppo la struttura complessiva del testo (in questo caso sui manifesti apparirà, accanto al titolo dell'opera,

UNITÀ D1 ■ IL TESTO DRAMMATICO

la dicitura «tratto da» anziché «di»); i secondi, d'accordo con il regista, possono adattare alcune battute alle proprie esigenze, per esempio sostituendo alcuni termini con altri di eguale significato ma che possono apparire più facili da articolare sulla scena. Questo avviene spesso nel caso di testi contemporanei, il cui autore, ancora in vita, può concordare con il regista eventuali modifiche, e quasi sempre per i testi cosiddetti classici, che hanno magari più secoli di vita, ai quali il regista decide di apportare modifiche anche sostanziali per avvicinarli al gusto e alla sensibilità degli spettatori moderni. Questa modificabilità del testo teatrale da parte degli artisti che partecipano all'allestimento, ben lungi dall'essere considerata una sorta di sacrilegio letterario, non fa altro che riconfermare l'estrema vitalità del teatro, come forma d'arte in continua evoluzione che, tramite questi adattamenti, riesce a rendere plausibili e attuali anche testi scritti secoli, se non millenni prima della nostra epoca.

Che cosa so

Indica se le seguenti affermazioni sono vere o false.   **V F**

a. Tutti i testi drammatici sono costituiti da cinque atti. ☐ ☐

b. Nel testo drammatico generalmente le scene sono divise in atti. ☐ ☐

c. Il personaggio tipo ha una psicologia complessa. ☐ ☐

d. Il personaggio di un testo drammatico può essere tipo o individuo. ☐ ☐

e. Nel sistema dei personaggi l'oppositore danneggia il protagonista. ☐ ☐

f. La comunicazione sulla scena avviene tra i personaggi. ☐ ☐

g. La caratterizzazione comprende anche la sfera psicologica del personaggio. ☐ ☐

h. Come nei romanzi e nei racconti, nel testo drammatico è presente il narratore. ☐ ☐

i. Generalmente un testo drammatico contiene delle ellissi, corrispondenti anche ad ampi archi cronologici. ☐ ☐

j. Gli "a parte" sono parole pronunciate fuori scena. ☐ ☐

k. Le battute sono le parole pronunciate dai personaggi. ☐ ☐

l. I monologhi possono essere battute ampie e articolate. ☐ ☐

m. I dialoghi sono momenti di riflessione del personaggio. ☐ ☐

n. Le didascalie servono a facilitare la comprensione della vicenda da parte degli spettatori. ☐ ☐

o. Le espressioni gestuali dei personaggi sono elementi trascurabili nella comunicazione drammatica. ☐ ☐

p. Il linguaggio drammatico è performativo, cioè strettamente connesso all'azione in quanto ne è all'origine. ☐ ☐

q. Nel testo drammatico l'uso dei deittici ha una funzione di continuo rimando alla situazione rappresentata. ☐ ☐

PERCORSO D

TEATRO: I METODI

Testo d'esempio

Il matrimonio di Figaro (1784)

▶ Commedia

BATTUTE E DIDASCALIE

Un corteggiatore inopportuno

Pierre-Augustin de Beaumarchais

Pierre-Augustin de Beaumarchais (1732-1799), figlio di un orologiaio parigino, può vantare una vita molto avventurosa tra intrighi, missioni segrete, processi e scandali. È noto al grande pubblico per *La trilogia di Figaro* (*Il barbiere di Siviglia, Il matrimonio di Figaro, La madre colpevole*). Subisce anche i veti della censura a causa della presunta immoralità di *Il matrimonio di Figaro*, ma quando lo spettacolo può finalmente essere allestito si rivela un successo trionfale.

Il brano che presentiamo è tratto da una famosa commedia, *Il matrimonio di Figaro* (1784), del drammaturgo francese Pierre-Augustin de Beaumarchais; è il seguito di *Il barbiere di Siviglia* (1775), dello stesso autore, ed ebbe come quest'ultima enorme successo; le imprese del protagonista, il barbiere Figaro, ispirarono anche opere di grandi musicisti come Mozart e Rossini. Ne *Il matrimonio di Figaro* il conte di Almaviva, stanco della vita coniugale, vuole conquistare la vezzosa cameriera Susanna, che sta per sposare Figaro e, d'accordo con quest'ultimo, cerca di sfuggire in ogni modo all'insistente corteggiatore. La contessa Rosina, sposa del conte, amareggiata dal comportamento del marito, è lusingata dal sentimento che nutre per lei il paggio Cherubino. Da questa situazione hanno origine parecchie complicazioni, che coinvolgono anche altri personaggi. Nella scena finale, Rosina, sposa del conte, e Susanna si mettono d'accordo per svergognare il conte, scambiandosi gli abiti per un appuntamento in giardino: l'equivoco che ne segue porterà al lieto fine con il matrimonio di Figaro e Susanna, e con il pentimento del conte e la sua riconciliazione con la moglie. Così, come disse lo stesso Beaumarchais, «falliscono i disegni di un padrone assoluto, che il ceto, la ricchezza e la prodigalità nello spendere rendono onnipotente».

Atto primo…Scena I.
La commedia è in quattro atti. L'inizio è *in medias res*.

La scena…«cappello della sposa».
La **didascalia** iniziale fornisce istruzioni sull'allestimento dello spazio scenico e sulle azioni dei personaggi all'aprirsi del sipario.

Figaro, Susanna
L'autore dà indicazione dei **personaggi** che devono essere presenti in questa specifica scena.

Guarda…
Nel linguaggio teatrale è frequente l'uso dell'**imperativo**, per mettere in relazione tra loro i personaggi presenti sulla scena, sottolineandone la presenza e motivandone le azioni. Ma qualunque battuta di dialogo sottintende un imperativo (del tipo "stammi a sentire") e tutti gli enunciati hanno valore **performativo**.

(*le prende le mani*)…(*ritirandosi*)
Altre **didascalie** danno istruzioni sui **gesti** dei personaggi.

il mattino delle nozze
Il **dialogo** fornisce **informazioni** sulle circostanze in cui si svolge l'azione.

Atto primo

La scena rappresenta una camera ammobiliata a metà; una grande poltrona da malato sta nel centro. Figaro, con una tesa[1], *misura il pavimento. Susanna appunta al capo, innanzi ad uno specchio, il mazzolino di fiori d'arancio chiamato «cappello della sposa».*

Scena I.
Figaro, Susanna

Figaro. Diciannove piedi per ventisei.
Susanna. Guarda, Figaro, ecco il mio cappellino, va meglio così?
Figaro (*le prende le mani*). Non c'è confronto, mia bella. Oh, come questo grazioso mazzolino verginale, appuntato sulla testa d'una bella ragazza, è dolce, il mattino delle nozze, all'occhio innamorato d'uno sposo!…
Susanna (*ritirandosi*). Ma che cosa stai misurando lì, figlio mio?

---

1. **tesa**: misura di lunghezza e strumento di misurazione.

◄ Massimo Belli (Figaro) e Lia Tanzi (Susanna) in *Il matrimonio di Figaro* di P.-A. de Beaumarchais, regia di Giancarlo Cobelli, Teatro Stabile di Torino, 1987. Fotografia di Tommaso Le Pera.

questo…lì…quel…qui…questa
Nelle battute di dialogo sono frequenti i **deittici**, come gli **avverbi di luogo** o gli **aggettivi e pronomi dimostrativi** che si riferiscono allo spazio della scena, a partire dalla posizione del personaggio che parla (spazio vicino: *qui, qua, questo* ecc.; spazio lontano: *lì, là, quello* ecc.).

Monsignore
Altre **informazioni** fornite dal dialogo riguardano le relazioni tra i personaggi (*uno sposo; Monsignore; la Signora*). Susanna e Figaro sono persone comuni, al servizio di una famiglia nobile.

In questa camera?…Ah, quando esse sono sicure di noi!
La serie di **battute brevi** dà all'azione un **ritmo veloce** e vivace.

la camera più comoda del castello
Il dialogo fa riferimento alla **localizzazione** dell'azione nello spazio simbolico della scena (*la camera*) e del "fuori scena": (*castello; fra i due appartamenti*). Il luogo (come si apprende in altra parte del testo) è il castello di Aguas Frescas, presso Siviglia; la collocazione in un paese straniero fu decisa dall'autore per prevenire la censura, perché il personaggio di Figaro si distacca dal ruolo tradizionale del servo e afferma nuovi valori di intraprendenza personale e consapevolezza sociale.

tu…sua…lei…-mi…lui
I **pronomi personali di prima e seconda persona** hanno la funzione di introdurre la persona che parla (*io*) e la persona a cui si rivolge (*tu*) e ammettono un uso esclusivamente **deittico** di indicazione diretta: essi infatti possono riferirsi solo a chi è presente sulla scena della comunicazione.

Benissimo…in tre salti…
La battuta di Susanna è brillante e allusiva: ha un effetto comico e al tempo stesso stimola la curiosità. In tutta questa prima scena le battute scherzose dei personaggi creano un'atmosfera del tutto nuova tra persone socialmente umili e condannate, nella società del tempo, a non poter nutrire desideri o sentimenti; cosa che viene del tutto smentita dai due protagonisti.

FIGARO. Guardo, Susannetta mia, se quel letto che Monsignore[2] ci regala,
15 farà bella figura qui.
SUSANNA. In questa camera?
FIGARO. La cede a noi.
SUSANNA. Ed io non ne voglio sapere.
FIGARO. Perché?
20 SUSANNA. Non ne voglio sapere.
FIGARO. Ma, ripeto, perché?
SUSANNA. Non mi va.
FIGARO. Bisogna dire un motivo.
SUSANNA. E se non voglio dirlo?
25 FIGARO. Ah, quando esse sono sicure di noi!
SUSANNA. Provare che ho ragione, sarebbe ammettere che posso aver torto. Sei o non sei il mio servitore?
FIGARO. Tu te la prendi con la camera più comoda del castello e che sta fra i due appartamenti. Di notte, se la Signora è indisposta, suonerà dalla
30 sua parte e zaf! in due passi tu sei da lei. Monsignore vuol qualcosa? Non ha che da suonare dalla sua parte, crac, in tre salti eccomi da lui.
SUSANNA. Benissimo! Ma quando avrà suonato al mattino per darti qualche bella e lunga commissione, zaf, in due passi egli è alla mia porta; e crac, in tre salti…
35 FIGARO. Che cosa volete dire con queste parole?

---

2. **Monsignore**: è il conte di Almaviva.

PERCORSO D

TEATRO: I METODI

▶ Giuseppe Pambieri (il conte Almaviva) e Massimo Belli (Figaro) in *Il matrimonio di Figaro* di P.-A. de Beaumarchais, regia di Giancarlo Cobelli, Teatro Stabile di Torino, 1987. Fotografia di Tommaso Le Pera.

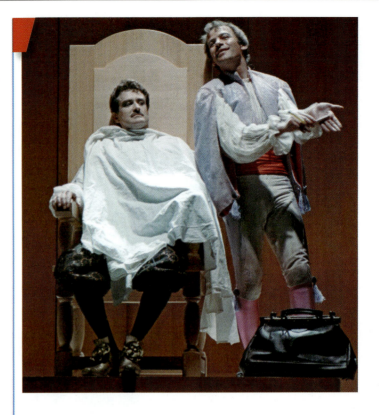

stanco…le sue mire
Susanna fa riferimento ad **antefatti** che danno l'avvio al meccanismo dell'azione. Il personaggio del conte assume, qui, il ruolo di **antagonista**.

il leale Basilio
Nel dialogo sono introdotti altri personaggi non presenti sulla scena: qui si tratta del maestro di musica Basilio, che asseconda le mire poco pulite del conte; per questo Susanna lo definisce ironicamente *il leale Basilio*.

SUSANNA. Bisognerebbe ascoltarmi con calma.
FIGARO. Eh! Ma che cosa c'è, buon Dio!
SUSANNA. C'è amico mio, che stanco di corteggiare le bellezze dei dintorni, il signor conte Almaviva vuol rientrare al castello, ma non da sua moglie; è sulla tua, – capisci – ch'egli ha posto le sue mire, alle quali spera che questa camera non potrà nuocere; ed è quello che il leale Basilio, discreto agente dei suoi piaceri e mio illustre maestro di canto, mi ripete ogni giorno mentre mi dà lezione[3].
FIGARO. Basilio! O mio tesoro! Se mai scarica di legna verde, applicata su d'una schiena, ha debitamente raddrizzata la spina dorsale a qualcuno…
SUSANNA. Tu credevi, mio buon ragazzo, che questa dote che mi si regala fosse per i tuoi begli occhi?
FIGARO. Avevo fatto abbastanza per sperarlo.
SUSANNA. Come le persone intelligenti sono stupide!
FIGARO. Così si dice.
SUSANNA. Ma è quel che non si vuol credere.
FIGARO. Si ha torto.
SUSANNA. Sappi ch'egli destina quella dote a ottenere da me, segretamente, un certo quarto d'ora, a quattr'occhi, che un antico diritto del signore… Tu sai come la cosa fosse triste[4]!

40

45

50

55

3. mi dà lezione: Basilio, invece di dare lezione di musica a Susanna, cerca disonestamente di convincerla a cedere ai desideri del conte.
4. un antico diritto…fosse triste: qui si allude allo *ius primae noctis*, ossia al presunto diritto del signore di "gustare" la prima notte di una sua serva: consuetudine immorale protratta dal Medioevo al tardo Settecento.

UNITÀ D1 ■ IL TESTO DRAMMATICO

FIGARO. Lo so così bene, che se il signor conte, quando si sposò, non avesse abolito quel diritto vergognoso, io non ti avrei mai sposata nei suoi
dominî.

60 SUSANNA. Ebbene, se l'ha annullato, se ne pente, ed è dalla tua fidanzata
ch'egli lo vuol riscattare in segreto.

FIGARO (*grattandosi la testa*). La mia testa si rammollisce di sorpresa, e la
mia fronte diventa fertile...

SUSANNA. Non grattarla, allora!

65 FIGARO. Che pericolo c'è?

SUSANNA (*ridendo*). Se vi spuntasse un bottoncino; certe persone supersti-
ziose[5]...

FIGARO. Tu ridi, bricconcella! Ah, se vi fosse il mezzo d'accalappiare quel
maledetto ingannatore, di farlo cadere in un buon tranello e di intasca-
70 re il suo oro!

SUSANNA. Intrigo e denaro: eccoti nel tuo elemento.

FIGARO. Non è la vergogna che mi trattiene.

SUSANNA. Il timore?

FIGARO. È roba da nulla l'intraprendere un'impresa pericolosa, ma il dif-
75 ficile è scampare al pericolo conducendola a buon porto, poiché entrare da qualcuno di notte, portargli via la moglie, e ricevere cento colpi
di frusta per il disturbo, nulla vi è di più facile; mille sciocchi mariuoli
l'hanno fatto... Ma... (*si suona di dentro*).

SUSANNA. Ecco la Signora già sveglia, mi ha vivamente raccomandato d'es-
80 ser io la prima a parlarle il mattino delle mie nozze.

FIGARO. Vi è ancora altro qui sotto?

SUSANNA. Il pastore dice che questo porta fortuna alle spose trascurate.
Addio, mio piccolo fi, fi, Figaro; pensa alla nostra faccenda.

FIGARO. Per aprirmi la mente, dammi un bacino.

85 SUSANNA. Al mio innamorato, oggi? Aspettalo! E che direbbe domani, mio
marito? (*Figaro l'abbraccia*).

SUSANNA. Suvvia, suvvia!

FIGARO. Gli è che tu non hai alcuna idea del mio amore.

SUSANNA (*rassettandosi le vesti sgualcite*). Quando la finirete, importuno, di
90 parlarmene dal mattino alla sera?

FIGARO (*con aria misteriosa*). Quando te lo potrò provare dalla sera fino al
mattino (*Suonano una seconda volta*).

SUSANNA (*di lontano, con le dita unite sulla bocca*). Ecco il vostro bacio, signore, non vi devo più nulla.

95 FIGARO (*correndo dietro di lei*). Oh! Ma non è così che l'avete ricevuto!

(P.-A. de Beaumarchais, *La trilogia di Figaro*, a cura di C. Berra, UTET, Torino, 1958)

(ridendo)...(si suona di dentro)
Le didascalie danno indicazioni sia all'attore (in questo caso, sull'espressione che
deve assumere) sia al personale di scena
(in questo caso, gli addetti al suono).

qui...questo
Il referente dei due deittici è un oggetto
presente in scena (il mazzolino di fiori
che Susanna si è appuntata sul capo).

oggi...domani
Sono **deittici** anche gli **avverbi di tempo**
che fanno riferimento al momento in
cui avviene la comunicazione (ora, oggi)
e mettono in relazione con esso il passato e il futuro (ieri, domani).

---

5. la mia fronte diventa fertile...superstiziose:
prima Figaro e poi Susanna alludono scherzosamente a delle possibili corna.

PERCORSO **D**   TEATRO: I METODI

Che cosa so fare

COMPRENDERE

1. Il piano del conte.

Il dialogo fra Figaro e Susanna mette chiaramente in luce lo stratagemma ideato dal conte di Almaviva per avere la ragazza. Di quale piano si tratta?

2. Il personaggio.

Figaro e Susanna, nel loro dialogo, citano un altro personaggio, il *leale Basilio*, il maestro di musica. Quale ruolo ricopre quest'ultimo nel sistema dei personaggi?

ANALIZZARE

3. La didascalia.

Perché si può affermare che la didascalia *si suona di dentro* (riga 78) ha valore performativo?

4. Le istruzioni.

Individua nel testo le didascalie che danno istruzioni riguardanti, rispettivamente:
- i gesti degli attori;
- il movimento degli attori sulla scena.

5. I deittici.

Individua i deittici presenti nelle battute dei personaggi, dalla riga 71 (SUSANNA *Intrigo e denaro...*) alla riga 80 (*...delle mie nozze*).

PRODURRE

6. Scrivere un testo drammatico.

Trasforma questo brevissimo racconto in un testo per il teatro. Scrivi il testo drammatico mettendoti nei panni dell'autore, che deve inserire nel testo le didascalie con tutte le istruzioni per la messa in scena e far procedere l'azione attraverso il dialogo dei personaggi.

Puoi aggiungere battute di tua invenzione e modificare quelle già presenti nel racconto.

> ### *Dignità professionale*
>
> Io sono un osso duro!
>
> So dominarmi.
>
> Esteriormente non lo davo a vedere, ma erano in gioco il lavoro assiduo di lunghi anni, il riconoscimento del mio talento, tutto il mio futuro.
>
> – Sono un artista zoologo – dissi.
>
> – Che cosa sa fare? – chiese il direttore.
>
> – Imito le voci degli uccelli – .
>
> – Purtroppo – disse con un cenno di diniego, – è roba fuori moda – .
>
> – Ma come? Il tubare della tortora? Lo zirlìo dell'ortolano[1]? Il canto della quaglia? Lo squittire del gabbiano? La melodia dell'allodola? –
>
> – Roba vecchia – disse annoiato il direttore.
>
> Mi fece male. Ma credo di non averlo dato assolutamente a vedere.
>
> – Arrivederci – dissi cortesemente, e volai via dalla finestra aperta.

1. zirlìo dell'ortolano: l'ortolano è un piccolo uccello migratore (il nome scientifico è *Emberiza hortulana*); **zirlìo** è termine usato per definire i suoni emessi da diversi tipi di volatili o da altri piccoli animali.

(I. Örkény, *Novelle da un minuto*, a cura di G. Cavaglia, Edizioni e/o, Roma, 1988)

UNITÀ D1 ■ IL TESTO DRAMMATICO

da *Casa di bambola* (1879)

▶ Dramma borghese

Quando ▶ Epoca contemporanea alla stesura
Dove ▶ In una città della Norvegia

Henrik Ibsen
Le spese di Nora

Il dramma, in tre atti, ha inizio nel salotto di casa Helmer. Mancano pochi giorni a Natale e Nora irrompe nella stanza con gioiosa vitalità, carica di numerosi pacchi. Il dialogo con il marito mostra immediatamente la disparità dei ruoli in famiglia, il comportamento paternalistico di lui e l'infantilismo di lei. Gli eventi porteranno Nora a rendersi conto della condizione di inferiorità nella quale è relegata da un perbenismo borghese che la priva di dignità e di ogni diritto, e a trarne le conseguenze: nella scena finale del dramma se ne andrà per sempre dalla casa nella quale la vediamo vivere, come una moglie-bambina, all'apertura del sipario.

PERSONAGGI
Avvocato Helmer.
Nora, sua moglie.
I tre bambini di Helmer.
5   Anne-Marie, bambinaia degli Helmer.
Cameriera degli stessi.
Fattorino di città.

L'azione si svolge in casa degli Helmer.
ATTO PRIMO.

10 Una stanza raccolta[1], arredata con molto gusto, ma senza lusso. Nel fondo a destra una porta dà in anticamera, e un'altra a sinistra nello studio di Helmer. Tra queste due porte un pianoforte verticale. A sinistra, a metà della parete, una porta e più avanti una finestra. Presso la finestra un
15 tavolo rotondo, una poltrona e un piccolo sofà. Alla parete di destra, un po' in fondo, una porta, e in primo piano una stufa di maiolica[2], davanti alla quale stanno due o tre poltrone e una sedia a dondolo. Tra la stufa e la porta, un tavolino. Incisioni alle pareti. Uno scaffale con porcellane e altri
20 ninnoli artistici; una piccola scrivania piena di libri splendidamente rilegati; un gran tappeto copre tutto il pavimento. La stufa è accesa. Giornata d'inverno.

Nel vestibolo squilla un campanello; poco dopo si ode aprirsi la porta d'ingresso. Nora entra nella stanza cantarellan-
25 do giocondamente; è in cappello e soprabito e porta molti pacchi che depone sul tavolino a destra. Ha lasciato aperta dietro di sé la porta dell'anticamera, e fuori si scorge un fat-

▼ Marina Laurenzi (Nora Helmer), in *Casa di bambola* di Henrik Ibsen, regia di Julio Zuloeta, Compagnia dei Giovani del Teatro Ghione, 1996. Fotografia di Tommaso Le Pera.

---

1. raccolta: accogliente.   **2.** maiolica: ceramica.

371

TEATRO: I METODI

torino che porta un abete e una cesta; egli consegna l'uno e l'altra alla cameriera che ha aperto la porta.

Nora Nascondi bene l'albero di Natale, Helene[3]. I bambini non devono assolutamente vederlo prima di stasera, quando sarà ornato. (*Al fattorino tirando fuori il portamonete*) Quanto?
Fattorino Cinquanta öre[4].
Nora Ecco una corona. No, tenga pure il resto. (*Il fattorino ringrazia e se ne va. Nora chiude la porta. Continua a sorridere beata, mentre si toglie il cappello e il soprabito. Tira fuori dalla tasca un cartoccio di dolci e ne mangia due o tre; poi va in punta di piedi alla porta dello studio di suo marito e ascolta*) Sì, è in casa. (*Canticchia di nuovo piano tra sé, avvicinandosi al tavolino di destra*).
Helmer (*dalla sua stanza*) È la mia lodoletta[5] che trilla lì fuori?
Nora (*aprendo alcuni pacchetti*) Sì, proprio lei!
Helmer È lo scoiattolo che ruzza[6]?
Nora Sì.
Helmer Quando è rincasato lo scoiattolino?
Nora In questo momento. (*Caccia in tasca l'involto dei dolci e si pulisce la bocca*) Torvald, vieni a vedere quel che ho comprato.
Helmer Non mi disturbare! (*Poco dopo apre la porta e guarda nella stanza, con la penna in mano*) Comprato, hai detto? Tutta quella roba? Il passerotto[7] sventato se n'è di nuovo andato in giro a sciupar denaro?
Nora Ma, Torvald, quest'anno possiamo davvero lasciarci andare un pochino. È il primo Natale che non c'è bisogno di fare economia.
Helmer Sai, non possiamo poi darci ai lussi.
Nora Ma sì, Torvald, adesso qualche piccolo lusso ce lo possiamo passare. Non è vero? Piccolo, piccolo. Adesso avrai un lauto stipendio e guadagnerai mucchi di denaro.
Helmer Sì, coll'anno nuovo. Ma passerà tutto un trimestre prima di riscuotere lo stipendio.
Nora Bah! Intanto possiamo far debiti.
Helmer Nora! (*Le va accanto e le tira scherzosamente un orecchio*) Si ricomincia, testolina vuota? Supponi ch'io oggi prenda a prestito mille corone e tu le spenda tutte quante nella settimana di Natale, e poi l'ultimo giorno dell'anno mi caschi una tegola sulla testa e mi stenda lì...
Nora (*gli chiude la bocca*) Vergogna, che brutti discorsi!
Helmer Già. Ma mettiamo che questo accada... che faresti allora?
Nora Se succedesse una cosa così orribile non m'importerebbe nulla di avere debiti o no.
Helmer E le persone che m'avessero prestato il denaro?
Nora Quelli? E chi se ne occupa? Sono estranei!
Helmer Nora, Nora, sei proprio una donna! Ma parliamo sul serio, Nora: sai come la penso su questo punto. Debiti niente. Prestiti mai! C'è una specie di schiavitù, e quindi qualcosa di brutto su una casa che va avanti a forza di de-

---

3. Helene: la cameriera di casa Helmer.
4. Cinquanta öre: equivale a mezza corona. La corona è la moneta norvegese.
5. lodoletta: allodola.
6. ruzza: fa chiasso, si agita.
7. passerotto: altro uccello canterino.

Marina Laurenzi (Nora Helmer) e Maurizio Di Carmine (Torvald Helmer), in *Casa di bambola* di Henrik Ibsen, regia di Julio Zuloeta, Compagnia dei Giovani del Teatro Ghione, 1996. Fotografia di Tommaso Le Pera.

biti. Finora abbiamo tenuto duro, e seguiteremo così per il poco tempo che ci vorrà ancora.

NORA (*accostandosi alla stufa*) Ma sì; come vuoi tu, Torvald.

HELMER (*la segue*) Già, ma non voglio che la lodoletta trascini le ali[8]. Cosa c'è? Lo scoiattolino fa il broncio? (*Tira fuori il portafogli*) Nora, indovina che cosa ho qui?

NORA (*si volta in fretta*) Denaro!

HELMER Ecco, prendi! (*Le dà qualche biglietto di banca*) Dio mio, lo so che a Natale ci sono molte spese in una casa.

NORA (*conta*) Dieci, venti, trenta, quaranta. Grazie, grazie Torvald; con questi tiro avanti un bel pezzo.

HELMER Eh, bisognerà bene.

NORA Sì, sì, sta' tranquillo. Ma ora vieni a vedere i miei acquisti. E ho speso poco, sai. Guarda, un vestito per Ivar... e una sciabola. Qui ci sono un cavallo e una trombetta per Bob, ed ecco una bambola col suo lettino per Emmy[9]. È bruttina, veramente, ma tanto la rompe subito. E qui ci sono tagli di stoffa e fazzoletti per le donne. Però la vecchia Anne Marie[10] meriterebbe ben altro!

HELMER E quell'altro pacchetto?

NORA (*con un grido*) Via, Torvald! Questo non lo vedrai fino a stasera!

HELMER Ah, ho capito! Ma ora dimmi, piccola sciupona, hai pensato a qualcosa per te?

NORA Per me? Oh, no! Non saprei proprio che cosa.

HELMER Ma sì, Nora! Dimmi qualcosa che sia ragionevole e che ti faccia proprio piacere.

NORA Non saprei davvero. Ah, sì, Torvald, senti...

HELMER Dunque?

NORA (*giocando coi bottoni della giacca di Helmer, senza guardarlo*) Se vuoi farmi un regalo, potresti... sì, potresti...

HELMER Su, sentiamo!

NORA (*in fretta*) Potresti darmi del denaro, Torvald. Solo un pochino, una somma di cui ti sembri di poter fare a meno. Mi comprerò poi qualcosa più tardi.

(H. Ibsen, *Casa di bambola*, trad. di A. Rho, Einaudi, Torino, 1963)

---

8. la lodoletta trascini le ali: in segno di avvilimento per il rimprovero.

9. un vestito...Emmy: i regali per i tre figli di Nora e Torvald.

10. Anne Marie: bambinaia degli Helmer.

TEATRO: I METODI

L'autore e l'opera

Henrik Ibsen nasce a Skien, in Norvegia, nel 1828, e muore a Oslo nel 1906. Dopo le opere della giovinezza, testi teatrali sul passato mitico e storico della Scandinavia, scrive alcuni drammi storici in cui si evidenzia una sempre maggiore ricerca psicologica. Dopo il relativo insuccesso del *Peer Gynt* (1867), una fantasia su temi popolari, si dedica alla rappresentazione, in chiave critica, della realtà quotidiana (*Le colonne della società*, 1877). Da questa fase realistica nascono i suoi capolavori: *Casa di bambola*, 1879; *Spettri*, 1881; *L'anitra selvatica*, 1884; *Hedda Gabler*, 1890. In queste opere l'autore dibatte i problemi dell'epoca con un intento di obiettività e di critica nei confronti delle ipocrisie borghesi e, con la sua sensibilità verso le problematiche psicologiche, esprime anche i conflitti interiori dei personaggi, come quello di Nora, protagonista di *Casa di bambola*.

La trama di *Casa di bambola*
Nei suoi otto anni di matrimonio con l'avvocato Torvald Helmer, Nora è stata una sposa-bambina, protetta dalla figura "paterna" del marito. Con una sola eccezione: per curare una grave malattia di quest'ultimo, di nascosto da lui ha preso in prestito del denaro dal procuratore Krogstad, rilasciando una cambiale con la firma falsa del padre morente. Nora ha quasi saldato il debito, di cui le resta da pagare l'ultima rata, e ora che il marito, ormai guarito, è diventato direttore di banca, pensa di poterlo fare. Ma lo strozzino la ricatta: impiegato nella stessa banca, chiede una promozione, mentre Helmer intende licenziarlo. Nonostante le insistenze di Nora, Helmer spedisce la lettera di licenziamento e ne riceve in cambio un'altra, che gli rivela la verità. La donna si aspetta comprensione per un gesto compiuto in nome dell'amore, ma il marito le si scaglia contro, preoccupato solo della propria carriera compromessa. A questo punto c'è il colpo di scena: per intervento della signora Linde, amica di Nora e antica fiamma di Krogstad, lo strozzino rinuncia al ricatto e Torvald, perdonata la moglie, vorrebbe riprendere la vita di sempre. Ma Nora, di fronte alla meschinità dell'uomo che ha sposato, si rende conto di aver svolto fino ad allora il ruolo di un giocattolo nelle sue mani, e lo abbandona.

Perché leggiamo *Casa di bambola*
Perché mette a fuoco i meccanismi sociali e psicologici che si contrappongono alla realizzazione morale della persona, rappresentando, nella vicenda di Nora, il dramma dell'individuo di fronte alla propria coscienza.

Che cosa so fare

COMPRENDERE

1. **L'ambiente sociale.**
   Quali aspetti della situazione rappresentata fanno capire che quella di Nora e di Helmer è una famiglia borghese?

2. **L'atteggiamento di Helmer.**
   Helmer si rivolge a Nora con un atteggiamento che esprime
   a. una compiaciuta superiorità
   b. un freddo disprezzo
   c. una profonda complicità
   d. un ansioso desiderio

3. **La richiesta di Nora.**
   Che cosa chiede Nora al marito come regalo per sé? Quale significato ha questa sua richiesta? Per rispondere, tieni presente la trama dell'opera.

UNITÀ **D1** ■ IL TESTO DRAMMATICO

ANALIZZARE

4. La forma del testo.

Alcune caratteristiche di questo testo scritto fanno capire a prima vista che è destinato al teatro. Sapresti dire quali sono? Considera anche l'aspetto grafico.

5. I nomignoli.

Helmer si rivolge a Nora con vari appellativi dal tono affettuoso. Individuali nel testo e spiega quali caratteristiche attribuisce, in questo modo, alla moglie.

Appellativo	Riga	Caratteristiche attribuite alla moglie

6. Il "fuori scena".

Alcune battute vengono pronunciate da un personaggio "fuori scena".
- Di quali battute si tratta?
- Quali sono le didascalie con cui l'autore dà istruzioni in proposito?

7. La battuta del fattorino.

Spiega in che cosa consiste il valore performativo della seguente battuta:
Fattorino Cinquanta öre. (riga 33)

8. I movimenti in scena.

Il testo prevede una recitazione statica oppure abbastanza movimentata? Motiva la tua risposta con opportune citazioni.

9. I gesti rivelatori.

Rifletti sulle seguenti didascalie: (*Tira fuori dalla tasca un cartoccio di dolci e ne mangia due o tre*, riga 36); (*Caccia in tasca l'involto dei dolci e si pulisce la bocca*, riga 44). Che cosa suggeriscono, nel contesto, questi gesti di Nora?

PRODURRE

10. Confrontare.

Confronta il testo di Ibsen con quello di Beaumarchais (► p. 366).
- Quale dei due autori fornisce le indicazioni più dettagliate per la messa in scena?
- In che modo?
- Quale dei due autori, secondo te, si preoccupa maggiormente che la messa in scena sia realistica?

Rispondi con un breve testo scritto.

11. Esporre un'opinione.

Nora, Nora, sei proprio una donna! esclama a un certo punto Torvald (riga 68). Nelle sue parole dal tono benevolo si può cogliere una scarsa considerazione non soltanto nei confronti di Nora, ma delle donne in generale. Ritieni che un simile atteggiamento oggi sia scomparso? Esponi la tua opinione in proposito in un breve intervento orale.

PERCORSO **D** — TEATRO: I METODI

Anton Čechov 🎧
Nel giardino dei ciliegi

da *Il giardino dei ciliegi*
(1904)

▶ **Dramma borghese**

Quando ▶ **Epoca contemporanea alla stesura**
Dove ▶ **In Russia, in una località di provincia**

L'opera è in quattro atti: nel primo si assiste al ritorno di Ljubòv' Andrèevna Ranèvskaja, con la figlia Anja, la governante e un servitore, nell'antica tenuta di sua proprietà, in un giorno di maggio; nel secondo siamo invece in piena estate; nel terzo e nel quarto è passato qualche mese ancora. Questa dilatazione del tempo contribuisce a sottolineare l'apatia psicologica dei personaggi, la loro incapacità di prendere decisioni risolutive. Il secondo atto, da cui è tratto il brano qui riportato, è il solo che si svolge all'aperto; in tutti gli altri "succede" qualcosa, mentre qui l'azione si blocca: c'è una specie di immobilità ineluttabile nelle figure che, dopo la passeggiata, siedono aspettando il tramonto e fanno conversazione.

PERSONAGGI

LJUBÒV' ANDRÈEVNA RANÈVSKAJA, possidente.
ANJA, sua figlia: 17 anni.
VARJA, sua figlia adottiva: 22 anni.
LEONÌD ANDRÈEVIČ GAEV, fratello della Ranèvskaja.   5
ERMOLÀJ ALEKSÈEVIČ LOPACHIN, mercante.
PËTR SERGÈEVIČ TROFIMOV, studente.
BORÌS BORÌSOVIČ SIMENOV-PIŠČIK, possidente.
ŠARLOTTA IVÀNOVNA, governante.
SEMËN PANTELÈEVIČ EPICHODOV, contabile.   10
DUNJAŠA, cameriera.
FIRS, servitore: un vecchio di 87 anni.
JAŠA, servitore giovane.
Un viandante.
Un impiegato postale.   15
Invitati, servitori.

ATTO SECONDO
In campagna. Un'antica cappellina cadente, abbandonata da lungo tempo; accanto ad essa: un pozzo, grandi pietre che un tempo, evidentemente, erano state pietre sepolcrali, e un vecchio sedile. Si vede la strada che conduce alla proprietà di Gaev. Da un lato, 20 *slanciandosi verso il cielo e facendosi sempre più scuri, si profilano alcuni pioppi; laggiù comincia il giardino dei ciliegi. In lontananza una fila di pali telegrafici e lontano lontano, all'orizzonte, si disegna confusamente una grande città, che è visibile solo quando il tempo è assai bello e chiaro. Il tramonto è vicino.* ŠARLOTTA, JAŠA *e* DUNJAŠA *siedono sul sedile;* EPICHODOV *sta in piedi lì accanto e suona la chitarra; tutti sono pensosi.* 25 ŠARLOTTA *porta un vecchio berretto da uomo; essa si toglie il fucile dalla spalla e aggiusta il fermaglio della cinghia.*
[...]
LOPACHIN. Bisogna decidere una buona volta; il tempo stringe. La questione, vedete, è semplicissima. Consentite o no a cedere la vostra terra per costruirci dei villini? Rispondete una parola sola: sì o no? Una parola sola!   30
LJUBÒV' A. Chi è qui che fuma questi detestabili sigari?   [*Siede.*

376

◀ *Il giardino dei ciliegi* di Anton Čechov, regia di Luca De Fusco, Teatro Stabile di Napoli – Teatro Stabile di Verona, 2014. Fotografia di Tommaso Le Pera.

GAEV. Ecco, hanno costruito la ferrovia e fa comodo [*siede*]. Noi siamo andati fino in città e lì abbiamo fatto colazione... Tata, carambola![1] A proposito, prima di tutto dovrei andare a casa a fare una partita...

LJUBÒV' A. Ma farai in tempo!

LOPACHIN. Una parola sola! [*Supplichevole*]. Datemi dunque una risposta.

GAEV [*Sbadigliando*]. Che?

LJUBÒV' A [*guardando nel suo portamonete*]. Ieri c'erano molti denari, stamattina invece ce ne sono molto pochi. La mia povera Varja, per economia, dà da mangiare a tutti una zuppa al latte; in cucina ai vecchi non si dànno che ceci e io invece spendo e spando pazzamente... [*le cade il portamonete; le monete corrono via*]. Ecco... corrono via da tutte le parti.

JAŠA. Lasciate, le raccolgo io. [*Raccoglie le monete.*

LJUBÒV' A. Sì, Jaša, fatemi la cortesia... Ma perché poi sono andata a far colazione in città!?... Detestabile quel vostro ristorante con orchestra! Ha le tovaglie che sanno ancora di sapone!... E tu Lenja[2] perché bere tanto? Perché mangiare tanto? Perché parlare tanto? Oggi al ristorante tu hai parlato di nuovo troppo e sempre fuori di proposito: della generazione del settanta[3], dei decadenti[4]... E a chi poi? Ai camerieri, parlare dei decadenti!

LOPACHIN Già!

GAEV [*fa un gesto con la mano*]. Sono incorreggibile[5], è evidente... [*Irritato, a Jaša*]. Ma che storia è questa di gironzolarmi sempre attorno!...

JAŠA [*ridendo*]. Non posso sentire la vostra voce senza ridere.

GAEV [*alla sorella*]. O io, o lui...

LJUBÒV' A. Andatevene, Jaša, andate...

JAŠA [*rendendo il portamonete a Ljubòv' Andrièevna*]. Me ne vado subito [*si trattiene a stento dal ridere*]. Sull'istante... [*Se ne va.*

LOPACHIN. La vostra proprietà ha intenzione di comprarla quel riccone di Deriganov. Dicono che all'asta verrà lui in persona.

---

1. **carambola!**: è un'esclamazione soddisfatta (la carambola è un colpo vincente a biliardo).
2. **Lenja**: diminutivo di Leonìd.
3. **generazione del settanta**: degli anni Settanta del XIX secolo.
4. **decadenti**: appartenenti al Decadentismo, corrente artistica europea della fine dell'Ottocento e dei primi decenni del Novecento caratterizzata dall'esaltazione dell'individualismo, da atteggiamenti stravaganti e anticonformisti, dalla ricerca dell'originalità e dall'uso di un linguaggio assolutamente nuovo e suggestivo.
5. **incorreggibile**: in questo caso, incapace di migliorarsi.

TEATRO: I METODI

LJUBÒV' A. Ma voi da chi l'avete inteso dire? 60

LOPACHIN. Lo dicono in città.

GAEV. La zia di Jaroslàvl' ha promesso di mandar denari, ma quando e quanto non si sa...

LOPACHIN. Quanto manderà? Centomila rubli? Duecentomila?

LJUBÒV' A. Siìì... Dieci o quindicimila, e sarà molto. 65

LOPACHIN. Scusate, signori, ma della gente spensierata e irriflessiva come voi, della gente così inetta agli affari, così strana, non ne ho mai incontrata. Vi si dice chiaro e tondo che la vostra roba andrà all'asta e pare proprio che voi non capiate.

LJUBÒV' A. Che dobbiamo fare dunque? Ditecelo voi: che cosa?

LOPACHIN. Ve lo ripeto tutti i giorni. Ogni giorno non faccio che dire la stessa 70 cosa: affittare senz'altro il giardino dei ciliegi e tutta la vostra terra per costruirci dei villini; e questo farlo ora, al più presto: l'asta è imminente! Cercate di capirlo! Una volta che abbiate deciso definitivamente di farci costruire dei villini, vi daranno denari quanti ne vorrete e voi sarete salvi.

LJUBÒV' A. Villini e villeggianti: tutto questo è così volgare, scusate. 75

GAEV. Sono perfettamente d'accordo con te.

LOPACHIN. Sentite: o mi metto a piangere, a urlare, oppure mi prende un accidente. Non ne posso più! Mi avete stroncato! [*A Gaev*]. Siete una femmina, voi!

GAEV. Che?

LOPACHIN. Una femmina! [*Fa l'atto di andarsene.* 80

LJUBÒV' A. [*spaventata*]. No, non ve ne andate, restate, caro. Ve ne prego. Forse potremo escogitare[6] qualche cosa.

LOPACHIN. Che c'è da escogitare?

6. **escogitare**: inventare.

LJUBÒV' A. Non ve ne andate, ve ne prego. Quando ci siete voi, nonostante tutto,

---

L'autore e l'opera

Anton Čechov nasce nel 1860 a Taganrog (città della Russia, sul mar d'Azov), terzo di sei figli, da una famiglia di umili origini: il nonno, servo della gleba, era riuscito a riscattare la propria libertà; il padre era commerciante. Dopo un'infanzia resa difficile dall'autoritarismo paterno e dai problemi economici, termina gli studi nella città natale, per poi iscriversi, grazie a una borsa di studio, alla facoltà di Medicina a Mosca, dove la famiglia si era trasferita. Esercita la professione di medico solo marginalmente, per dedicarsi invece alla sua vera vocazione, quella di scrittore. Giunge alla

notorietà con le raccolte *Racconti variopinti* (1886) e *Nel crepuscolo* (1887). La sua ininterrotta produzione narrativa, in cui il realismo si fonde con l'analisi psicologica, comprende numerose raccolte, dove la decadenza della società russa è rappresentata da personaggi frustrati o illusi; vi compaiono grandi racconti come *La steppa* (1888), *La corsia n. 6* (1892), *Il duello* (1897), *I contadini* (1897), *La signora col cagnolino* (1898). La produzione di testi per il teatro, genere cui Čechov si dedica sempre più intensamente negli anni, culmina nei drammi *Il gabbiano* (1896), *Zio Vanja* (1899), *Le tre sorelle* (1901), *Il giardino dei ciliegi* (1904). Il successo gli garantisce notevoli guadagni, grazie ai quali prov-

vede a migliorare le precarie condizioni della famiglia. Nel 1901 sposa l'attrice Olga Knipper. Minato dalla tubercolosi, trascorre lunghi periodi nella tenuta acquistata nel 1892 a Melichovo, presso Mosca; soggiorna più volte in località climatiche della Francia (Biarritz, Nizza); è anche in Italia, nel 1891; nel 1899 si trasferisce a Jalta, in Crimea, sperando di trarre giovamento dal clima del luogo; infine cerca una possibilità di cura a Badenweiler, in Germania, dove muore nel 1904.

La trama di *Il giardino dei ciliegi*

Ljubòv' Andrèevna Ranèvskaja, una bella donna sentimentale e spendacciona, proprietaria di una vasta tenuta agricola, fa ritorno in Russia

UNITÀ D1 ■ IL TESTO DRAMMATICO

85 c'è qualcosa di più gaio... [*Pausa*] Io m'aspetto sempre che debba succedere qualcosa, come se dovesse crollarci la casa addosso.

GAEV [*profondamente assorto*]. Carambola! Colpo in pieno!

LJUBÒV' A. Troppo abbiamo peccato!

LOPACHIN. Ma che peccati avete commessi?...

90 GAEV [*si mette in bocca una pasticca*]. Dicono che io ho consumato tutto il mio avere in pasticche di zucchero d'orzo... [*Ride.*

LJUBÒV' A. Ah, le mie colpe!... Io ho sempre profuso i denari sfrenatamente, come una pazza e andai sposa ad un uomo che non fece altro che debiti. Mio marito morì per il troppo champagne – beveva in modo spaventoso – e per disgrazia

95 mi innamorai di un altro, non gli seppi resistere e proprio allora – questa fu la prima punizione: come una mazzata sul capo – ecco mio figlio cadere nel fiume e annegare. Allora me ne andai all'estero, me ne andai per sempre, per non tornare mai più, per non vedere questo fiume... Chiusi gli occhi, fuggii... come una forsennata; e *lui* dietro... implacabilmente, senza nessuna compas-

100 sione. Comperai una villa presso Mentone, perché *lui* s'era ammalato laggiù, e per tre anni non conobbi riposo né di giorno né di notte: la sua malattia mi spossò, la mia anima fu spremuta fino in fondo. E l'anno passato, quando per i debiti fu venduta la villa, io andai a Parigi e a Parigi *lui* mi portò via tutto, mi abbandonò, si unì ad un'altra; io tentai di avvelenarmi. Che sciocchezza, che

105 vergogna!... E all'improvviso mi sentii attratta verso la Russia, verso la patria, verso mia figlia... [*si asciuga le lacrime*]. Dio, Dio sii misericordioso, perdona i miei peccati! Non mi punire di più! [*Tira fuori dalla tasca un telegramma*]. L'ho ricevuto oggi da Parigi... *lui* chiede perdono, mi scongiura di tornare... [*lacera il telegramma*]. Sembra che suonino qui vicino... [*Si mette in ascolto.*

(A. Čechov, *Racconti e teatro*, trad. di C. Grabher, Sansoni, Firenze, 1977)

dall'estero – dove un amante le ha dilapidato il patrimonio – nella vecchia casa di famiglia col suo celebre e antico giardino di ciliegi.

A causa dei debiti, la tenuta sta per essere messa all'asta. Il fatto si ripercuote anche emotivamente sulla donna, sul fratello (l'apatico Leonìd Andrèevič Gaev) e su Anja e Varja, le due figlie di lei. La tenuta e ancor più lo splendido giardino di ciliegi sono divenuti, nella coscienza di questi ricchi borghesi, il luogo dei ricordi. Il fascino ambiguo del giardino avvolge la famiglia e coinvolge anche la piccola corte di persone che la segue secondo il costume delle principesche villeggiature della nobiltà russa dell'Otto-Novecento.

Le malinconie e i sogni dei personaggi non sfiorano comunque Ermolàj Aleksèevič Lopachin, un mercante di cui Varja è innamorata e che tenta di sciogliere, con molto buon senso, la strana inerzia che pervade i villeggianti. Lopachin consiglia di suddividere il podere in piccoli lotti per costruire villini, salvando così la disastrosa situazione ed evitando la vendita all'asta della proprietà. La sola idea di abbattere il fascinoso giardino turba però tutti: l'immagine dei sogni calpestati, della civiltà che introduce una spietata lottizzazione affaristica in un paesaggio di quasi fatata, sognante evasione, fa stagnare ogni ipotesi di risoluzione concreta in un dialogare sempre più futile e stanco. I tempi stringono e, malgrado lo studente Trofimov faccia sorgere una vitale sensibilità amorosa in Anja, il pensiero del giardino distrutto diviene un incubo. Alla fine Lopachin non ha difficoltà ad acquistare le terre per eseguirvi il progetto prima caldeggiato.

La famiglia è così costretta ad andarsene, tra le malinconie di Gaev e la commozione zuccherosa di Anja e Varja. Nella casa resta solo il vecchio Firs, un servitore d'altri tempi, quieto e rassegnato, che diviene ormai guardiano del "passato" mentre si ode il colpo della scure che abbatte il primo ciliegio.

Perché leggiamo *Il giardino dei ciliegi*
Perché è un grande classico che rappresenta con acutezza l'immobilismo di una classe sociale al tramonto, il pragmatismo di una nuova borghesia affaristica, le aspirazioni a volte velleitarie dei giovani.

TEATRO: I METODI

Che cosa so fare

COMPRENDERE

1. **La situazione.**
   Il problema che riguarda la proprietà di Ljubòv' consiste
   a. in una donazione in beneficenza
   b. in un decreto di abbattimento della villa
   c. in un procedimento di vendita al migliore offerente
   d. in un trasferimento in quel luogo dei beni della famiglia

2. **La proposta.**
   Che cosa continua a proporre Lopachin durante tutta la conversazione?

3. **L'atteggiamento di Ljubòv'.**
   Spiega qual è l'atteggiamento di Ljubòv' rispetto alla proposta di Lopachin. Quali altri personaggi si dimostrano d'accordo con lei?

4. **Il dialogo.**
   In questa parte del secondo atto, il dialogo tra i personaggi fa capire che
   a. nessuno di loro ama le chiacchiere inutili
   b. ciascuno vuole imporsi agli altri
   c. i possidenti sono frivoli e oziosi
   d. l'aristocrazia mira ad arricchirsi

ANALIZZARE

5. **La scena.**
   - Quali personaggi *non* sono in scena all'inizio del secondo atto?
   - Quale personaggio esce di scena durante la conversazione?

6. **Le istruzioni.**
   A quali elementi della messa in scena si riferiscono le istruzioni fornite dalla didascalia iniziale? Distinguili facendo riferimento al testo.

7. **Le didascalie.**
   Trova le didascalie che danno istruzioni agli attori sull'espressione del volto e il tono della voce.

8. **Il linguaggio performativo.**
   Rifletti sullo sviluppo della conversazione a partire dalle battute iniziali di Lopachin (*Bisogna decidere una buona volta...Rispondete...* righe 28-30), Ljubòv' (*Chi è qui che fuma questi detestabili sigari?*, riga 31) e Gaev (*Ecco, hanno costruito la ferrovia...*, righe 32-34), e spiega in che senso hanno valore performativo, ossia agiscono di volta in volta sul comportamento degli interlocutori.

9. **Il monologo.**
   Nel testo è presente un monologo. Individua il personaggio al quale è assegnato e spiega qual è la sua funzione nella situazione rappresentata.

PRODURRE

10. **Descrivere i personaggi.**
    Nel corso della conversazione si definiscono le caratteristiche psicologiche di alcuni personaggi, in particolare di Ljubòv' e di Gaev. Spiega qual è il loro stile di vita e quale mentalità esprimono, facendo un ritratto di ciascuno.

11. **Esporre considerazioni sul conversare.**
    Una conversazione può essere piacevole e coinvolgente oppure, per quanto vivace, risultare vuota e noiosa, o addirittura sgradevole. Un tempo, nei salotti, si coltivava l'"arte" della conversazione: pensi che abbia ancora senso seguire delle regole e, eventualmente, quali? Qual è la tua esperienza e quali sono le tue considerazioni in proposito?

Samuel Beckett
Una tragica attesa

da *Aspettando Godot* (1952)

▶ **Dramma dell'assurdo**

Quando ▶ In un tempo indeterminato
Dove ▶ In un luogo indeterminato

Il dramma rappresenta, attraverso uno *humour* clownesco, l'incomunicabilità del mondo contemporaneo. L'assurdità dell'esistenza risulta dai dialoghi, in cui la parola perde importanza, diventa illogica o ridicola, la trama e l'intreccio scompaiono, non c'è azione e i gesti dei personaggi sono ripetitivi come le parole, al limite dell'insignificanza. Le battute e le didascalie non sono volte a individualizzare, ma a schematizzare i personaggi, bloccandoli in una uniforme meccanicità. I protagonisti, Estragone e Vladimiro, due mendicanti che vivono per strada, sono il simbolo della condizione precaria dell'uomo contemporaneo e della sua inutile attesa di qualcosa che dia un senso all'esistenza. La conclusione del dramma, qui riportata, ripete in modo quasi identico la parte finale del primo atto.

Vladimiro si avvicina a Estragone addormentato, lo guarda per qualche istante, poi lo sveglia[1].

ESTRAGONE (*gesti impauriti, parole incoerenti. Finalmente*) Perché non mi lasci mai dormire?
5 VLADIMIRO Mi sentivo solo.
ESTRAGONE Sognavo di essere felice.
VLADIMIRO Intanto il tempo è passato.
ESTRAGONE Sognavo che...
VLADIMIRO Sta' zitto! (*Silenzio*). Mi domando se è davvero cieco.
10 ESTRAGONE Chi?
VLADIMIRO Un vero cieco direbbe forse che non ha la nozione del tempo?
ESTRAGONE Chi?
VLADIMIRO Pozzo[2].
ESTRAGONE È cieco?
15 VLADIMIRO L'ha detto lui.
ESTRAGONE E allora?
VLADIMIRO M'è sembrato che ci vedesse.
ESTRAGONE Hai sognato. (*Pausa*). Andiamocene. Non si può. È vero. (*Pausa*). Sei sicuro che non fosse lui?
20 VLADIMIRO Chi?
ESTRAGONE Godot.
VLADIMIRO Ma chi?
ESTRAGONE Pozzo.
VLADIMIRO Ma no! Ma no! (*Pausa*). Ma no.

---

1. **poi lo sveglia**: il sonno di Estragone (che si ripete più volte nel corso del dramma) esprime quasi il rifiuto di vivere, mentre Vladimiro che lo sveglia, per non sentirsi solo, testimonia l'esigenza dell'individuo di uscire dalle proprie ansie e di instaurare con gli altri un rapporto di solidarietà.

2. **Pozzo**: è un personaggio che si proclama padrone della terra su cui si trovano Vladimiro e Estragone. Tiene al guinzaglio Lucky.

TEATRO: I METODI

▶ Gianfelice Imparato (Estragone) e Mario Scarpetta (Vladimiro), in *Aspettando Godot* di Samuel Beckett, regia di Luca De Filippo, Compagnia Luca De Filippo, 2001. Fotografia di Tommaso Le Pera.

ESTRAGONE Potrei anche alzarmi. (*Si alza penosamente*) Ahi!
VLADIMIRO Non so più che cosa pensare.
ESTRAGONE I miei piedi! (*Torna a sedersi, cerca di togliersi le scarpe*) Aiutami!
VLADIMIRO Ho forse dormito mentre gli altri soffrivano? Sto forse dormendo in questo momento? Domani, quando mi sembrerà di svegliarmi, che dirò di questa giornata? Che col mio amico Estragone, in questo luogo, fino al cader della notte, ho aspettato Godot? Che Pozzo è passato col suo facchino e che ci ha parlato? Certamente. Ma in tutto questo quanto ci sarà di vero? (*Estragone, dopo essersi invano accanito sulle proprie scarpe, si è di nuovo assopito. Vladimiro lo guarda*). Lui non saprà niente. Parlerà dei calci che si è preso e io gli darò una carota. (*Pausa*). A cavallo di una tomba e una nascita difficile. Dal fondo della fossa, il becchino maneggia pensosamente i suoi ferri. Abbiamo il tempo d'invecchiare. L'aria risuona delle nostre grida. (*Sta in ascolto*) Ma l'abitudine è una grande sordina. (*Guarda Estragone*) Anche per me c'è un altro che mi sta a guardare, pensando. Dorme, non sa niente, lasciamolo dormire, (*Pausa*). Non posso più andare avanti. (*Pausa*). Che cosa ho detto?

Cammina avanti e indietro agitatissimo e finalmente si ferma accanto alla quinta[3] sinistra e guarda lontano. Da destra entra il ragazzo del giorno prima. Si ferma. Silenzio.

RAGAZZO Signore... (*Vladimiro si volta*). Signor Alberto...[4]
VLADIMIRO Ricominciamo. (*Pausa. Al ragazzo*) Non mi riconosci?

---

3. **quinta**: elemento del palcoscenico che delimita lateralmente la scena.

4. **Signor Alberto...**: il ragazzo che annuncia per l'indomani l'arrivo di Godot chiama Vladimiro con un nome diverso (*Signor Alberto*): i due personaggi non si riconoscono, anche se si sono già incontrati il giorno prima.

UNITÀ D1 ■ IL TESTO DRAMMATICO

RAGAZZO Nossignore.

VLADIMIRO Sei tu che sei venuto ieri?

RAGAZZO Nossignore.

VLADIMIRO È la prima volta che vieni?

50 RAGAZZO Sissignore. (*Silenzio*).

VLADIMIRO È il signor Godot che ti manda?

RAGAZZO Sissignore.

VLADIMIRO Non verrà questa sera?

RAGAZZO Nossignore.

55 VLADIMIRO Ma verrà domani.

RAGAZZO Sissignore.

VLADIMIRO Sicuramente.

RAGAZZO Sissignore. (*Silenzio*).

VLADIMIRO Non hai trovato nessuno, per strada?

60 RAGAZZO Nossignore.

VLADIMIRO Altri due... (*esitando*) ...uomini.

RAGAZZO Non ho visto nessuno, signore. (*Silenzio*).

VLADIMIRO Che cosa fa il signor Godot? (*Pausa*). Mi hai sentito?

RAGAZZO Sissignore.

65 VLADIMIRO E allora?

RAGAZZO Non fa nulla, signore. (*Silenzio*).

VLADIMIRO Come sta tuo fratello?

RAGAZZO È malato, signore.

VLADIMIRO Forse era lui quello che è venuto ieri.

70 RAGAZZO Non lo so, signore. (*Silenzio*).

VLADIMIRO Ha la barba il signor Godot?

RAGAZZO Sissignore.

VLADIMIRO Bionda o... (*esitando*) ...o nera?

RAGAZZO (*esitando*) Mi pare che sia bianca, signore. (*Silenzio*).

75 VLADIMIRO Misericordia. (*Silenzio*).

RAGAZZO Che devo dire al signor Godot, signore?

VLADIMIRO Gli dirai... (*s'interrompe*) ...gli dirai che mi hai visto e che... (*riflettendo*)
...che mi hai visto. (*Pausa. Vladimiro avanza, il ragazzo indietreggia, Vladimiro si
ferma, il ragazzo si ferma*). Di' un po', sei sicuro di avermi visto? Domani non
80 verrai mica a dirmi che non mi hai visto?

Silenzio. Vladimiro fa un balzo improvviso in avanti, il ragazzo scappa come
una freccia. Silenzio. Il sole tramonta, sorge la luna. Vladimiro rimane immobile. Estragone si sveglia, si toglie le scarpe, si alza con le scarpe in mano,
le posa davanti alla ribalta[5], si avvicina a Vladimiro e lo guarda.

85 ESTRAGONE Che hai?

VLADIMIRO Niente.

ESTRAGONE Io me ne vado.

---

5. ribalta: è la parte anteriore del palcoscenico,
che sporge verso la sala del teatro in cui prende
posto il pubblico.

383

PERCORSO D

TEATRO: I METODI

▶ Gianfelice Imparato (Estragone) e Mario Scarpetta (Vladimiro), in *Aspettando Godot* di Samuel Beckett, regia di Luca De Filippo, Compagnia Luca De Filippo, 2001. Fotografia di Tommaso Le Pera.

VLADIMIRO Anch'io. (*Silenzio*).
ESTRAGONE È da tanto che dormivo?
VLADIMIRO Non so. (*Silenzio*).
ESTRAGONE Dove andiamo?
VLADIMIRO Non lontano.
ESTRAGONE No, no, andiamocene lontano di qui!
VLADIMIRO Non si può.
ESTRAGONE Perché?
VLADIMIRO Bisogna tornare domani.
ESTRAGONE A far che?
VLADIMIRO Ad aspettare Godot.
ESTRAGONE Già, è vero. (*Pausa*). Non è venuto?
VLADIMIRO No.
ESTRAGONE E ormai è troppo tardi.
VLADIMIRO Sì, è notte.
ESTRAGONE E se lo lasciassimo perdere? (*Pausa*). Se lo lasciassimo perdere?
VLADIMIRO Ci punirebbe. (*Silenzio. Guarda l'albero*) Soltanto l'albero vive.
ESTRAGONE (*guardando l'albero*) Che cos'è?
VLADIMIRO È l'albero.
ESTRAGONE Volevo dire di che genere?
VLADIMIRO Non lo so. Un salice.
ESTRAGONE Andiamo a vedere. (*Trascina Vladimiro verso l'albero. Lo guardano immobili. Silenzio*). E se c'impiccassimo?
VLADIMIRO Con cosa?
ESTRAGONE Non ce l'hai un pezzo di corda?
VLADIMIRO No.
ESTRAGONE Allora non si può.
VLADIMIRO Andiamocene.

384

UNITÀ D1 ■ IL TESTO DRAMMATICO

ESTRAGONE Aspetta, c'è la mia cintola.

VLADIMIRO È troppo corta.

ESTRAGONE Mi tirerai per le gambe.

VLADIMIRO E chi tirerà le mie?

120 ESTRAGONE È vero.

VLADIMIRO Fa' vedere lo stesso. (*Estragone si slaccia la corda che gli regge i pantaloni. Questi, che sono larghissimi, gli si afflosciano sulle caviglie. Tutti e due guardano la corda*). In teoria dovrebbe bastare. Ma sarà solida?

ESTRAGONE Adesso vediamo. Tieni.

125 Ciascuno dei due prende un capo della corda e tira. La corda si rompe facendoli quasi cadere[6].

VLADIMIRO Non val niente. (*Silenzio*).

ESTRAGONE Dicevi che dobbiamo tornare domani?

VLADIMIRO Sì.

130 ESTRAGONE Allora ci procureremo una buona corda.

VLADIMIRO Giusto. (*Silenzio*).

ESTRAGONE Didi[7].

VLADIMIRO Sì.

ESTRAGONE Non posso più andare avanti così.

135 VLADIMIRO Sono cose che si dicono.

ESTRAGONE Se provassimo a lasciarci? Forse le cose andrebbero meglio.

VLADIMIRO C'impiccheremo domani. (*Pausa*). A meno che Godot non venga.

ESTRAGONE E se viene?

VLADIMIRO Saremo salvati. (*Vladimiro si toglie il cappello – che è quello di Lucky – ci guarda dentro, ci passa la mano, lo scuote, lo rimette in testa*).

140

ESTRAGONE Allora andiamo?

VLADIMIRO I pantaloni.

ESTRAGONE Come?

VLADIMIRO I pantaloni.

145 ESTRAGONE Vuoi i miei pantaloni?

VLADIMIRO Tìrati su i pantaloni.

ESTRAGONE Già, è vero. (*Si tira su i pantaloni. Silenzio*).

VLADIMIRO Allora andiamo?

ESTRAGONE Andiamo.

150 Non si muovono.

(S. Beckett, *Aspettando Godot*, trad. di C. Fruttero, Einaudi, Torino, 1968)

---

6. Ciascuno...cadere: le situazioni ossessive e tragiche come quelle del tentativo di suicidio sono espresse con espedienti di banale comicità dalle didascalie (*Estragone si slaccia la corda che gli regge i pantaloni; Questi...gli si afflosciano sulle caviglie; La corda si rompe...*) e dalle battute successive, che diventano il mezzo per comunicare facilmente al pubblico un messaggio tragico e grottesco insieme.

7. Didi: diminutivo di Vladimiro.

385

L'autore e l'opera

Samuel Beckett, nato a Dublino nel 1906, dopo aver compiuto gli studi nella città natale viaggia a lungo (negli anni 1928-1930) in Europa. Tornato in patria, comincia una carriera universitaria che presto decide di abbandonare, dedicandosi esclusivamente alla scrittura. Oltre a vari saggi critici di argomento letterario, pubblica raccolte poetiche, racconti e romanzi; tra questi ultimi, *Murphy*, uscito nel 1938. In quell'anno si trasferisce a Parigi e scrive in francese i romanzi *Molloy* e *Malone muore* (entrambi del 1951), seguiti da *L'innominabile* (1953): una trilogia i cui personaggi si riducono progressivamente a emblemi della solitudine e della perdita di identità. Pur continuando a dedicarsi alla narrativa, Beckett lavora parallelamente a numerose opere per il teatro; è con una di queste, *Aspettando Godot* (1952), che ottiene un successo internazionale. Altri famosi testi teatrali sono *Finale di partita* (1957), *Atto senza parole* (1957), *Giorni felici* (1961). Nel 1969 riceve il premio Nobel per la letteratura. Negli anni successivi pubblica numerose altre opere narrative e teatrali. Muore a Parigi nel 1989.

La trama di *Aspettando Godot*
Nel primo atto due vagabondi, Vladimiro ed Estragone, aspettano su una strada deserta di campagna, presso un albero stecchito, un certo Godot. Non l'hanno mai visto, non sanno né l'ora né il luogo dell'appuntamento, e nemmeno perché lo stanno aspettando. Sperano di ottenere qualcosa da lui, ma non sanno che cosa. L'attesa interminabile è essa stessa un modo per passare il tempo. Non accade nulla, e il loro dialogo è ripetitivo, monotono, sconclusionato, penoso (e per questo risulta buffo). A un certo punto compaiono uno schiavo e il suo padrone: l'uno (Lucky), carico di bagagli, è tenuto al guinzaglio dall'altro (Pozzo), che lo tratta con inutile crudeltà. Più tardi arriva un ragazzo a riferire che Godot non verrà quella sera, ma l'indomani. Nel secondo atto compaiono la stessa scena e gli stessi personaggi: è il giorno dopo, e tutto ricomincia uguale. Vladimiro ed Estragone continuano ad aspettare; arrivano i due passanti del giorno prima, invecchiati: Pozzo ora è cieco, Lucky è muto. Torna il ragazzo a dire che Godot non arriverà nemmeno quella sera, ma domani. Il sipario cala su Vladimiro ed Estragone che rimangono immobili ad aspettare ancora, ostinatamente e invano.

Perché leggiamo *Aspettando Godot*
Perché è un'opera rivoluzionaria e geniale, che costituisce uno dei capolavori del "teatro dell'assurdo".

Che cosa so fare

COMPRENDERE

1. **I sentimenti dei personaggi.**
   Anche se il dialogo non sembra stabilire nessun contatto reale fra i personaggi, quale sentimento accomuna Vladimiro ed Estragone?

2. **La conclusione.**
   Spiega perché il dramma non ha una conclusione, ma lascia sospeso il lettore-spettatore su ciò che accadrà.

ANALIZZARE

3. **Le battute.**
   Il dialogo è fatto di ripetizioni ossessive e di frasi qualunque, prive di nessi logici e dette con normalità, anche quando il loro contenuto è tragico.
   Individua alcune battute che, a tuo avviso, mostrano l'impossibilità di comunicare che esiste tra gli uomini.

4. **La didascalia conclusiva.**
   Spiega perché l'ultima didascalia (*Non si muovono,* riga 150) è essenziale per dare senso alla scena.

UNITÀ D1 ■ IL TESTO DRAMMATICO

5. Il ritmo.

Nonostante il succedersi di brevi battute, il ritmo della scena risulta lento. Spiegane il motivo, tenendo presente il significato delle battute e le azioni dei personaggi.

6. Lo *humour*.

La mancanza di movimento, di vivacità, di sviluppo – tutto il contrario di quello che tradizionalmente caratterizza la rappresentazione teatrale – potrebbe condannare qualunque dramma all'insuccesso. Ma dall'assurdità della situazione, dalla banalità e insignificanza dei gesti e delle parole dei personaggi Beckett ricava, confermando il senso penoso della situazione, anche gustose *gag* comiche. Individuane qualcuna nel testo.

PRODURRE

7. Laboratorio di scrittura creativa I Scrivere battute e didascalie.

Componi un breve dialogo fra due giovani che si incontrano casualmente in un locale pubblico e che comunicano facilmente tra loro, parlando degli aspetti positivi della vita. Usa le didascalie per definire le caratteristiche dell'ambiente e per indicare i gesti e le espressioni dei personaggi.

8. Laboratorio di scrittura creativa I Riflettere sui momenti di tristezza.

Forse anche tu hai provato momenti in cui la vita ti è sembrata priva di significato e dolorosa. Esponi le tue riflessioni e le sensazioni provate in quei momenti, specificando l'origine (delusione d'amore, morte di un amico, di un familiare, immotivata tristezza) di tale stato d'animo. Poi trasforma il tuo testo in un dialogo con un interlocutore a tua scelta, alle cui domande rispondi spiegando il tuo stato d'animo. Usa le didascalie per definire le caratteristiche dell'ambiente in cui si svolge il dialogo.

9. Laboratorio di scrittura creativa I Scrivere un breve testo drammatico.

Scrivi un breve testo drammatico che metta in scena un episodio di vita quotidiana (un'interrogazione scolastica, una cena in famiglia, un pomeriggio con gli amici ecc.), prendendo spunto da un fatto che ti è successo recentemente. Procedi in questo modo:
- predisponi l'elenco dei personaggi;
- decidi se l'azione si svolge tutta in un medesimo luogo o se sono necessari cambiamenti di scena; in questo caso dovrai suddividere opportunamente il testo;
- scrivi la didascalia di apertura indicando il luogo e le caratteristiche dell'ambiente in cui si svolge l'azione; le istruzioni per l'allestimento riguarderanno anche il momento della giornata e la stagione;
- specifica se all'apertura del sipario vi sono già dei personaggi in scena (in questo caso, segnala chi sono, qual è il loro aspetto, che cosa stanno facendo ecc.);
- indica con didascalie l'entrata in scena di singoli personaggi (ed eventualmente la loro uscita di scena);
- scrivi le battute dei personaggi utilizzando, dove lo ritieni opportuno, didascalie relative alla loro espressione, all'atteggiamento, al tono di voce, ai loro movimenti sulla scena ecc.

387

PERCORSO D

TEATRO: I METODI

Eugène Ionesco

Serata inglese con conversazione inglese

da *La cantatrice calva* (1950)

▶ **Dramma dell'assurdo**

Quando ▶ Epoca contemporanea alla stesura

Dove ▶ Un interno, in Inghilterra

Si riporta qui, dalla prima scena del dramma, una conversazione tra i coniugi Smith.

Persone
Signor Smith
Signora Smith
Signor Martin
Signora Martin
Mary, la cameriera
Il capitano dei pompieri

SCENA PRIMA

Interno borghese inglese, con poltrone inglesi. Serata inglese. Il signor Smith, inglese, nella sua poltrona e nelle sue pantofole inglesi, fuma la sua pipa inglese e legge un giornale inglese accanto a un fuoco inglese. Porta occhiali inglesi; ha baffetti grigi, inglesi. Vicino a lui, in un'altra poltrona inglese, la signora Smith, inglese, rammenda un paio di calze inglesi. Lungo silenzio inglese. La pendola inglese batte diciassette colpi inglesi.

SIGNORA SMITH Già le nove. Abbiamo mangiato minestra, pesce, patate al lardo, insalata inglese. I ragazzi hanno bevuto acqua inglese. Abbiamo mangiato bene, questa sera. La ragione si è che abitiamo nei dintorni di Londra e che il nostro nome è Smith.

SIGNOR SMITH (*continuando a leggere, fa schioccare la lingua*).

SIGNORA SMITH Le patate sono molto buone col lardo, l'olio dell'insalata non era rancido[1]. L'olio del droghiere dell'angolo è di qualità assai migliore dell'olio del droghiere di fronte, ed è persino migliore dell'olio del droghiere ai piedi della salita. Non voglio dire però che l'olio di costoro sia cattivo.

SIGNOR SMITH (*continuando a leggere, fa schioccare la lingua*).

SIGNORA SMITH Ad ogni modo l'olio del droghiere dell'angolo resta il migliore...

SIGNOR SMITH (*continuando a leggere, fa schioccare la lingua*).

SIGNORA SMITH Questa volta Mary[2] ha cotto le patate proprio a dovere. L'ultima volta non le aveva fatte cuocere bene. A me piacciono solo quando sono ben cotte.

---

1. **rancido**: di sapore sgradevole.
2. **Mary**: la cameriera.

LABORATORIO DELLE COMPETENZE

UNITÀ D1 ■ IL TESTO DRAMMATICO

L'autore e l'opera

Eugène Ionesco, nato nel 1909 in Romania, a Slatina (Bucarest), si trasferisce a Parigi poco prima del secondo conflitto mondiale, e qui rimane fino alla morte, avvenuta nel 1994. Ionesco scrive in francese tutti i suoi testi teatrali (*La cantatrice calva*, 1950; *La lezione*, 1951; *Le sedie*, 1952; *Il nuovo inquilino*, 1957; *Il rinoceronte*, 1960; *Il re muore*, 1962; *Il pedone dell'aria*, 1963; *La sete e la fame*, 1966; *L'uomo con le valigie*, 1975), in cui comunica il non senso della vita quotidiana attraverso dialoghi surreali e situazioni caricaturali.
A Parigi, al Théâtre de la Huchette, per 15 anni consecutivi a partire dal 1950, viene rappresentato l'atto unico *La cantatrice calva*, pietra miliare nella storia del teatro contemporaneo e, in particolare, del "teatro dell'assurdo" che, attraverso la rottura delle regole della comunicazione drammatica, intende rendere evidenti la solitudine e il vuoto della condizione umana.

La trama di *La cantatrice calva*

Per l'atto unico *La cantatrice calva* (1950), l'autore trae ispirazione da un manuale di conversazione che stava studiando per apprendere la lingua inglese e le cui frasi esemplificative si riducevano a una sequela di asserzioni banali e indiscutibili del tipo: la settimana è composta di sette giorni; il pavimento è in basso; il soffitto è in alto; Mr Smith è impiegato; Mr Smith e Mrs Smith hanno tre figli, una cameriera di nome Mary e amici di nome Martin. Da questi luoghi comuni uniti alla tecnica dell'assurdo nasce la commedia.
Nella prima scena, i coniugi Smith conversano del più e del meno nel salotto della loro casa. Nella seconda scena, mentre gli Smith sono andati a cambiarsi, la cameriera fa accomodare nel salotto i coniugi Martin, che parlano tra loro come se fossero estranei. Arrivati gli Smith, le due coppie conversano animatamente, anche per il sopraggiungere del capitano dei pompieri; questi, pur sapendo di un incendio dall'altra parte della città, indugia raccontando banalità, e ad un certo punto chiede: «A proposito, e la cantatrice calva?». Nessuno sa rispondergli e di lei non si parla più. Nell'ultima scena, gli Smith e i Martin parlano e discutono in modo frenetico, poi si spengono le luci e cala il silenzio. Quando le luci si riaccendono, il dramma ricomincia, questa volta con i Martin seduti come gli Smith nella prima scena, che pronunciano le loro stesse battute: lentamente cala il sipario.

Perché leggiamo *La cantatrice calva*

Perché è un testo che, attraverso l'esasperazione di alcune situazioni e l'uso decontestualizzato di frasi e luoghi comuni, origina un senso di straniamento che porta lo spettatore/lettore a rendersi conto delle contraddizioni e assurdità della vita.

SIGNOR SMITH (*continuando a leggere, fa schioccare la lingua*).
30 SIGNORA SMITH Il pesce era fresco. Mi sono persino leccata i baffi. Ne ho preso due volte. Anzi, tre. Mi farà andar di corpo. Anche tu ne hai preso tre volte. Però la terza volta ne hai preso meno delle due volte precedenti, mentre io ne ho preso molto di più. Ho mangiato meglio di te[3], questa sera. Come si spiega? Di solito, tu mangi più di me. Non è certo l'appetito che ti manca.
35 SIGNOR SMITH (*fa schioccare la lingua*).
SIGNORA SMITH Tutto sommato però la minestra era forse un po' troppo salata. Aveva più sale in zucca di te. Ah, ah, ah. Aveva pure troppi porri e troppo poca zucca e cipolla. Mi spiace di non aver suggerito a Mary di aggiungere un po' di anice stellato[4]. La prossima volta saprò come regolarmi.
40 SIGNOR SMITH (*continuando a leggere, fa schioccare la lingua*).
SIGNORA SMITH Il nostro bambino avrebbe voluto bere della birra, un giorno o l'altro non lo terrà più nessuno. Ti rassomiglia. Hai visto, a tavola, come fissava la bottiglia? Ma io gli ho riempito il bicchiere con l'acqua della caraffa. Aveva sete e l'ha bevuta. Elena invece rassomiglia a me: brava donna di casa,
45 economa, suona il piano. Non chiede mai di bere birra inglese. È come la più

---

3. meglio di te: più di te.   **4.** anice stellato: erba aromatica.

TEATRO: I METODI

▶ Antonella Voce (la signora Smith), Andrea Cavatorta (il signor Smith), Marta Altinier (la signora Martin) e Roberto Stocchi (il signor Martin) in *La cantatrice calva* di Eugène Ionesco, regia di Paolo Landi, Compagnia La Bilancia, 1991. Fotografia di Tommaso Le Pera.

piccola, che beve solo latte e non mangia che pappa. Da ciò si può capire che ha appena due anni. Si chiama Peggy.

Il pasticcio di cotogne e fragole[5] era formidabile. Alla frutta avremmo forse potuto concederci un bicchierino di Borgogna australiano[6], ma non ho voluto mettere in tavola il vino per non dare ai ragazzi un cattivo esempio di golosità. Bisogna insegnar loro ad essere parchi[7] e misurati nella vita.

SIGNOR SMITH (*continuando a leggere, fa schioccare la lingua*).

SIGNORA SMITH La signora Parker conosce un droghiere rumeno, chiamato Popesco Rosenfeld, che è appena arrivato da Costantinopoli. È un gran specialista in yoghurt. È diplomato alla scuola dei fabbricanti di yoghurt di Adrianopoli[8]. Domani andrò da lui a comprare una grossa pentola di yoghurt rumeno folkloristico. Non si trovano sovente cose così nei dintorni di Londra.

SIGNOR SMITH (*continuando a leggere, fa schioccare la lingua*).

SIGNORA SMITH Lo yoghurt è quel che ci vuole per lo stomaco, le reni, l'appendicite e l'apoteosi[9]. Me l'ha detto il dottor Mackenzie-King[10], che cura i bambini dei nostri vicini, i Johns. È un bravo medico. Si può aver fiducia in lui. Non ordina mai dei rimedi senza averli prima esperimentati su di sé. Prima di far operare Parker, ha voluto farsi operare lui al fegato, pur non essendo assolutamente malato.

SIGNOR SMITH Come si spiega allora che il dottore se l'è cavata, mentre Parker è morto?

SIGNORA SMITH Evidentemente perché sul dottore l'operazione è riuscita, mentre su Parker no.

SIGNOR SMITH Quindi Mackenzie non è un bravo medico. L'operazione avrebbe dovuto riuscire su tutti e due, oppure tutti e due avrebbero dovuto soccombere.

SIGNORA SMITH Perché?

SIGNOR SMITH Un medico coscienzioso dovrebbe morire insieme col malato, se non possono guarire assieme. Il comandante di una nave perisce con la nave, nei flutti. Non sopravvive mica.

---

5. **pasticcio di cotogne e fragole**: pasta ripiena di mele e fragole e cotta al forno.
6. **Borgogna australiano**: qualità di vino prodotto nell'omonima regione della Francia, anche se qui è detto *australiano*.
7. **parchi**: frugali.
8. **Costantinopoli...Adrianopoli**: città della Turchia.
9. **apoteosi**: celebrazione. La parola risulta priva di senso in questo contesto.
10. **Mackenzie-King**: è il nome di un uomo politico canadese.

LABORATORIO DELLE COMPETENZE

UNITÀ D1 ■ IL TESTO DRAMMATICO

SIGNORA SMITH Non si può paragonare un malato a una nave.

75 SIGNOR SMITH E perché no? Anche la nave ha le sue malattie; d'altronde il tuo medico è sano come un pesce; ragione di più, dunque, per perire assieme al malato come il dottore con la sua nave.

SIGNORA SMITH Ah! Non ci avevo pensato... Forse hai ragione... E allora che cosa si deve concludere?

80 SIGNOR SMITH Che tutti i medici sono ciarlatani. E anche tutti i malati. Solo la marina è sana, in Inghilterra.

SIGNORA SMITH Ma non i marinai.

SIGNOR SMITH Beninteso.

Pausa.

85 (*Sempre col giornale in mano*) C'è una cosa che non capisco. Perché nella rubrica dello stato civile è sempre indicata l'età dei morti e mai quella dei nati? È un controsenso.

SIGNORA SMITH Non me lo sono mai domandato!

Altro silenzio. La pendola suona sette volte. Silenzio. La pendola suona tre volte.
90 Silenzio. La pendola non suona affatto.

SIGNOR SMITH (*sempre col giornale*). Guarda un po', c'è scritto che Bobby Watson è morto.

SIGNORA SMITH Dio mio, poveretto, quando è morto?

SIGNOR SMITH Perché ti stupisci? Lo sai benissimo. È morto due anni fa. Siamo
95 andati ai suoi funerali, ricordi? un anno e mezzo fa.

SIGNORA SMITH Certo che me ne ricordo. Me ne sono ricordata subito, ma non capisco perché tu ti sia stupito vedendolo sul giornale.

SIGNOR SMITH Sul giornale non c'è. Son già tre anni che si è parlato del suo decesso. Me ne sono ricordato per associazione di idee.

100 SIGNORA SMITH Peccato! Era così ben conservato.

SIGNOR SMITH Era il più bel cadavere di Gran Bretagna! Non dimostrava la sua età. Povero Bobby, erano quattro anni che era morto ed era ancor caldo. Un vero cadavere vivente. E com'era allegro!

SIGNORA SMITH Povera Bobby.

105 SIGNOR SMITH Vuoi dire povero Bobby.

SIGNORA SMITH No, penso a sua moglie. Lei si chiamava come lui, Bobby, Bobby Watson. Siccome avevano lo stesso nome, non si riusciva a distinguerli l'uno dall'altra quando li si vedeva assieme. È stato solo dopo la morte di lui, che si è potuto sapere con precisione chi fosse l'uno e chi fosse l'altra. Tuttavia,
110 ancor oggi, c'è gente che la scambia per il morto e le fa le condoglianze. Tu la conosci?

SIGNOR SMITH Non l'ho vista che una volta, per caso, al funerale di Bobby.

SIGNORA SMITH Io non l'ho mai vista. È bella?

SIGNOR SMITH Ha tratti regolari, eppure non si può dire che sia bella. Troppo
115 alta e troppo massiccia. I suoi tratti non sono regolari, eppure la si potrebbe dire bella. È un po' troppo piccola e magra. È insegnante di canto.

La pendola suona cinque volte. Lunga pausa.

(E. Ionesco, *La cantatrice calva*, trad. di G.R. Morfeo, Einaudi, Torino, 1964)

391

TEATRO: I METODI

ATTIVITÀ

COMPRENDERE E ANALIZZARE

Competenza:
- leggere, comprendere e interpretare testi scritti di vario tipo

1. VERSO LA PROVA INVALSI

Scegli l'opzione.

1. Il dialogo si svolge
   a. di mattina
   b. di sera
   c. a mezzogiorno
   d. di notte

2. La maggior parte delle didascalie fornisce istruzioni
   a. sull'espressione e sul tono di voce dei personaggi
   b. sull'arredamento dell'ambiente scenico
   c. sui movimenti in scena dei personaggi
   d. sulle luci di scena

3. L'argomento che distrae il signor Smith dalla lettura del giornale riguarda
   a. la cucina
   b. la medicina
   c. i figli
   d. la marina

4. Il signor Smith, con una serie di deduzioni assurde, sostiene che
   a. su ogni nave deve esserci un dottore
   b. i comandanti delle navi sono ciarlatani
   c. non c'è differenza tra un malato e una nave
   d. si può morire per un'operazione chirurgica

5. Nel contesto, la battuta della signora Smith *Aveva più sale in zucca di te. Ah, ah, ah.* (riga 37)
   a. mette in evidenza il suo raffinato senso dell'umorismo
   b. comunica il suo profondo disprezzo per il marito
   c. mostra un'insensatezza penosa e ridicola
   d. esprime un'improvvisa presa di coscienza

6. Il gesto ripetitivo del signor Smith, indicato dalla didascalia *continuando a leggere, fa schioccare la lingua* è segno
   a. del suo apprezzamento per la cena
   b. della sua curiosità per ciò che dice la signora Smith
   c. di un crescente fastidio
   d. di una sua banale abitudine

7. La battuta della signora Smith *Lo yoghurt è quel che ci vuole per lo stomaco, le reni, l'appendicite e l'apoteosi* (righe 59-60) mostra che è
   a. malata
   b. ignorante
   c. preoccupata
   d. spiritosa

8. La signora Smith si propone di *comprare una grossa pentola di yoghurt rumeno folkloristico* (righe 56-57). Qui «folkloristico» è sinonimo di
   a. genuino
   b. straniero
   c. saporito
   d. popolare

9. La battuta *Era il più bel cadavere di Gran Bretagna!* (riga 101) si riferisce
   a. a un certo Parker
   b. a un certo Bobby Watson
   c. alla moglie di Bobby Watson
   d. al dottor Mackenzie-King

10. Con le divagazioni della signora Smith sul cibo, la scena mette in ridicolo
    a. una mania borghese
    b. la golosità
    c. la cucina inglese
    d. un'inappetenza patologica

11. Individua, tra le seguenti battute, quella palesemente illogica.
    a. *Dio mio, poveretto, quando è morto?* (riga 93)
    b. *Io non l'ho mai vista. È bella?* (riga 113)
    c. *Lei si chiamava come lui, Bobby, Bobby Watson.* (righe 106-107)
    d. *c'è gente che la scambia per il morto e le fa le condoglianze.* (riga 110)

12. Il signore e la signora Smith sono caratterizzati come
    a. personaggi tipo
    b. comparse
    c. personaggi individuo
    d. personaggi secondari

392

LABORATORIO DELLE COMPETENZE

UNITÀ D1 ■ IL TESTO DRAMMATICO

13. Con questa conversazione dei coniugi Smith l'autore intende rappresentare
  a. l'importanza di dirsi tutto
  b. l'assenza di comunicazione
  c. il potere della stampa
  d. il fallimento di un matrimonio

■ INTERPRETARE E PRODURRE

Competenze:
- leggere, comprendere e interpretare testi scritti di vario tipo
- produrre testi di vario tipo in relazione ai differenti scopi comunicativi

2. TRATTAZIONE BREVE

I rintocchi della pendola.
Sofferma la tua attenzione sul suono della pendola che interrompe a tratti la conversazione e sulla particolarità che ne contraddistingue il suono.
In che modo tale caratteristica definisce la dimensione temporale? È un tempo reale o simbolico? Trovi che sia in rapporto con il non-senso della conversazione?
Esponi la tua interpretazione in non più di 10 righe.

3. TRATTAZIONE BREVE

Didascalia e messa in scena.
La didascalia iniziale fornisce istruzioni per la messa in scena. La sua formulazione, però, è piuttosto insolita. Quale particolarità la rende tale? A chi si rivolge in questo modo l'autore: ai tecnici e agli "addetti ai lavori"? Al pubblico che assiste alla rappresentazione? Oppure presuppone anche un diverso destinatario dell'opera?
Esponi la tua interpretazione di questo aspetto del testo, con eventuali riferimenti ad altre didascalie presenti nel brano.

4. ARGOMENTAZIONE

Comicità e assurdo.
La conversazione dei personaggi è intessuta di luoghi comuni e assurdità, con battute che producono un irresistibile effetto comico. Si potrebbe pensare che lo scopo dell'autore sia semplicemente quello di divertire il pubblico. Ritieni sufficiente questa conclusione oppure no? Esponi in un breve testo e motiva con opportuni argomenti la tua valutazione in merito.

5. CONFRONTO

La società borghese.
La critica della società borghese è presente anche nell'opera teatrale *Casa di bambola* di Ibsen (► p. 371). Confrontala con *La cantatrice calva*, spiegando in che modo il tema è presentato e sviluppato nei due testi e quali valutazioni essi esprimono rispettivamente.

6. LABORATORIO DI SCRITTURA CREATIVA

Una conversazione a tavola.
Nella società attuale il cibo è spesso argomento di conversazioni in cui si mescolano gusto per la buona tavola e presunzioni da intenditori, principi nutrizionali e manie dietetiche, modelli di vita e condizionamenti mediatici.
Scrivi un testo destinato alla messa in scena nel quale i personaggi parlano di cibo mentre stanno mangiando. La situazione può essere quella di un pranzo tra conoscenti o amici al ristorante, oppure tra familiari a casa (con o senza invitati); ma puoi anche immaginare situazioni del tutto diverse. Inserisci nel testo l'elenco dei personaggi e le opportune didascalie; inventa, infine, un titolo significativo.

393

TEATRO: I METODI

ESPORRE E ARGOMENTARE

Competenze:
- padroneggiare gli strumenti espressivi e argomentativi indispensabili per gestire l'interazione comunicativa verbale in vari contesti
- leggere, comprendere e interpretare testi scritti di vario tipo

7. VERSO IL COLLOQUIO ORALE

Esponi il significato complessivo di un brano dell'unità.
- Precisa la data in cui è stato pubblicato o rappresentato per la prima volta.
- Inquadralo nell'insieme delle opere dell'autore.
- Delinea il tema centrale e mettilo in relazione con la visione dell'esistenza che il testo esprime.
- Definisci le caratteristiche più significative del testo.
- Indica analogie e differenze con altri brani dell'unità.
- Esponi sinteticamente un'opinione personale opportunamente motivata.

 Per il tuo intervento orale hai a disposizione 10-15 minuti.

PERCORSO E
Teatro: i generi

1. La tragedia
2. La commedia

TEATRO: I GENERI

■ Tragedia, commedia e dramma moderno

TRAGEDIA E COMMEDIA. Il testo drammatico della tradizione viene classificato in due generi teatrali, la *tragedia* e la *commedia,* ciascuno dei quali è caratterizzato da elementi costanti:

- nella **tragedia** sono rappresentati fatti seri ed emotivamente coinvolgenti, sentimenti forti vissuti da personaggi che appartengono a classi sociali elevate; l'azione spinge alla riflessione e si conclude sempre con la morte violenta del protagonista e, talvolta, di altri personaggi;
- la **commedia**, invece, rappresenta situazioni e personaggi più comuni che suscitano il sorriso e divertono lo spettatore; si conclude sempre con la rappacificazione e il lieto fine.

A seconda del genere, cambia dunque la struttura della vicenda, come mostra il seguente schema.

Schema di sviluppo	Tragedia	Commedia
Situazione iniziale	Disordine	Formulazione del desiderio
Azione	Scelta sbagliata	Rimozione degli ostacoli
Scioglimento	Ordine ricostituito	Soddisfazione del desiderio

IL DRAMMA MODERNO. Nell'Ottocento nasce un nuovo genere: il *dramma moderno*. Esso si contrappone alla commedia (non c'è sempre il lieto fine) e alla tragedia (i contenuti sono meno "drammatici" e raramente il protagonista muore). I personaggi – padri e madri di famiglia, impiegati, professionisti – si muovono negli ambienti dell'epoca: salotti borghesi, uffici pubblici, strade delle città. I temi sono la famiglia, l'adulterio, i problemi economici, i rapporti tra padri e figli, la condizione femminile, le relazioni sociali e l'incomunicabilità. Scompare la divisione rigida dei generi e tramonta l'idea di uno schema di sviluppo prestabilito cui il drammaturgo debba attenersi.

UNITÀ
E1 La tragedia

Testo d'esempio	Sofocle *Antigone*
Antologia	Euripide *Medea*
	W. Shakespeare *Romeo e Giulietta*
Laboratorio delle competenze	T.S. Eliot *L'assassinio dell'arcivescovo di Canterbury*

In questa unità:

- scoprirai gli elementi costitutivi della tragedia
- studierai come è nata e come si è sviluppata dalla Grecia antica fino ai giorni nostri
- analizzerai scene scritte da alcuni dei più grandi tragediografi ed esporrai le caratteristiche formali dei brani che hai letto
- produrrai testi creativi, inventando o rielaborando situazioni a partire dai brani che hai analizzato
- scriverai, insieme ai tuoi compagni, il testo teatrale di una tragedia

PERCORSO E

TEATRO: I GENERI

1

La tragedia

Le principali forme della letteratura drammatica (*tragedia*, *commedia*) nacquero in Grecia tra i secoli VI e IV a.C., dall'integrazione tra la poesia lirica e i riti del culto di Dioniso, il dio del vino e della sregolatezza, che durante le sue feste si riteneva liberasse l'uomo dalle imposizioni e dagli affanni con l'estasi (dal greco *ékstasis*, "lo star fuori dalla mente").

■ Le origini della tragedia

I RITI DIONISIACI. Il culto dionisiaco si celebrava in processioni a carattere orgiastico che, con danze frenetiche, evocavano il corteo di Satiri e Ninfe al seguito di Dioniso. In origine venivano rappresentate la vita e le gesta del dio: i partecipanti indossavano maschere che riproducevano la testa del capro, animale totem del dio (il termine "tragedia" sembra infatti ricollegarsi a *trágos* = capro e *oidè* = canto), e cantavano in coro il ditirambo, componimento in onore di Dioniso; lo stesso dio conversava con il pubblico, che rispondeva con i toni della preghiera.

I CONCORSI DRAMMATICI. Nel VI secolo a.C., si cominciarono a mettere in scena le gesta degli eroi e queste manifestazioni religiose divennero vere e proprie rappresentazioni drammatiche: a Tespi (seconda metà del VI secolo) e poi a Cherilo, Pratina e Frinico si attribuiscono le prime opere tragiche. La grande stagione della tragedia fiorì però nel V secolo, grazie alle opere di **Eschilo** (525-456 a.C.), **Sofocle** (497 ca - 406 a.C.) ed **Euripide** (480-406 ca a.C.).

Nel V secolo, ad Atene, canti di ditirambi uniti a danze figurate davano inizio, già fuori dal teatro, alla festa primaverile delle *Grandi Dionisie*; poi, all'interno del teatro, si svolgevano le gare (*agoni*) fra tre tragediografi o tre commediografi, che mettevano in scena una trilogia, cioè tre tragedie o tre commedie, e un dramma satiresco. La tragedia si distingueva dalla commedia perché caratterizzata da eventi dolorosi, da un finale di morte e di sofferenza, da personaggi nobili ed eccezionali (gli dèi o gli eroi del mito, re, regine, tiranni, condottieri), le cui vicende acquistavano significato e valore universali.

I testi delle opere teatrali presentate in occasione dei concorsi drammatici erano in versi e l'autore stesso era regista, compositore, coreografo e anche interprete della propria opera. Le opere vincitrici erano indicate da giudici scelti fra i cittadini ateniesi. Le prime file del teatro erano destinate alle personalità della città e un seggio al centro della prima fila era riservato al sacerdote di Dioniso.

Satiri e Ninfe. I primi erano divinità mitologiche dei boschi, delle acque e dei monti. Venivano raffigurati con caratteristiche animalesche: orecchie, corna, coda e piedi di capra. Le seconde erano divinità femminili minori, che personificavano gli elementi e i fenomeni della natura.

Totem. Figura animale o vegetale, presente nelle forme religiose di numerose popolazioni primitive.

Ditirambo. Componimento poetico intonato da un coro, con accompagnamento del flauto e dei tamburelli, durante le processioni dionisiache.

■ I tragediografi

La tradizione vuole che l'evento storico della battaglia di Salamina (settembre 480 a.C.) colleghi le biografie dei tre grandi tragici del V secolo: Eschilo vi combatté, Sofocle diciassettenne ne celebrò la vittoria guidando la danza e il canto del peana, mentre Euripide sarebbe nato proprio lo stesso giorno della battaglia. Probabilmente si tratta di una leggenda posteriore, che sottolinea però da un lato il valore civile della grande tragedia greca e dall'altro il profondo legame fra i tre tragici.

Dei tre tragediografi greci del V secolo ci sono pervenute le seguenti opere.

- Eschilo: *I Persiani, I sette contro Tebe, Le supplici, Prometeo incatenato,* il ciclo dell'*Orestea,* che comprende *Agamennone, Le Coefore* e *Le Eumenidi.*
- Sofocle: *Aiace, Antigone, Edipo re, Elettra, Trachinie, Filottete, Edipo a Colono.*
- Euripide: *Alcesti, Medea, Eraclidi, Ippolito, Andromaca, Ecuba, Le Supplici, Eracle, Ione, Le Troiane, Ifigenia in Tauride, Elettra, Elena, Le Fenicie, Oreste, Ifigenia in Aulide, Le Baccanti.*

ESCHILO, SOFOCLE E LE FONTI MITOLOGICHE. Le tragedie di Eschilo e Sofocle mettono in scena il conflitto tra l'agire dell'uomo e il destino cui non ci si può sottrarre, immutabile nel tempo e portatore di male e di dolore. Le fonti di ispirazione di Eschilo sono soprattutto mitologiche: Prometeo che sfida Zeus e dona il fuoco agli uomini, il ritorno in patria dalla guerra di Troia di Agamennone, la sua uccisione da parte della moglie Clitemnestra e la conseguente vendetta del figlio Oreste sono i soggetti delle sue tragedie più famose.

I personaggi di Sofocle, anche se idealizzati, hanno caratteri più realistici rispetto a quelli eschilei, che sono invece dotati di qualità sovrumane. Riprendendo, per esempio, il mito di Edipo (► Epica, p. 18), Sofocle mostra le reazioni umane a un destino tragico: Edipo, senza saperlo, uccide il padre e sposa la madre, ma è ugualmente colpevole e viene punito dagli dèi. Presentando, invece, la figura di Antigone (► p. 403), figlia di Edipo, Sofocle mette in luce l'eterno conflitto tra autorità e potere, attraverso lo scontro tra Antigone, rispettosa custode delle leggi divine, e Creonte, difensore del diritto positivo e quindi della legge umana.

EURIPIDE E I CONFLITTI DELLE FIGURE FEMMINILI. Al centro delle tragedie di Euripide c'è il conflitto tra ragione e passione. Il protagonista è spesso una figura femminile, come in *Andromaca, Ecuba* e *Le Troiane,* dove si narrano le sventure di queste donne dopo la caduta di Troia; oppure in *Elettra,* dove si racconta la vicenda della sorella di Oreste, riprendendo lo stesso mito affrontato da Eschilo nelle *Coefore.* Nelle tragedie di Euripide troviamo figure di donna molto tenere e affettuose accanto ad altre, vendicative e agitate da profondi conflitti, capaci di gesti furiosi quando sono oggetto di offese. È il caso di *Medea* (► p. 409), moglie dolce e affettuosa nell'amore quanto terribile e selvaggia nell'odio: abbandonata da Giasone, Medea decide di vendicarsi contro la rivale in amore, alla quale invia come dono di nozze una veste avvelenata, ma soprattutto contro il marito, uccidendo i due figlioletti avuti da lui. Dopo aver compiuto la terribile vendetta, Medea lascia Giasone solo e disperatamente impotente e da Corinto si rifugia ad Atene, dove in precedenza aveva chiesto ospitalità.

Battaglia di Salamina. Battaglia navale in cui gli Ateniesi, nel 480 a.C., sconfissero i Persiani di Serse.

Peana. In origine, indica un canto lirico corale in onore del dio Apollo; poi, un componimento poetico che in Grecia celebrava una vittoria militare.

Guerra di Troia. Durante il regno di Priamo (XIII-XII sec. a.C.) Troia, città dell'Asia Minore nord-occidentale, fu teatro di una guerra con gli Achei, che grazie all'*Iliade* di Omero (► Epica, p. 157) divenne una delle vicende più note della tradizione mitica greca. Si concluse con la conquista e la distruzione di Troia.

TEATRO: I GENERI

Gli attori, il Coro, la struttura

I COSTUMI E LE MASCHERE. Nella tragedia greca l'attore tragico era una figura imponente, in veste lunga e calzari alti con la suola spessa (*coturni*). In scena indossava una **maschera**, caratterizzata da un'alta fronte e grandi occhi fissi.

Gli attori sostenevano sia le parti maschili sia quelle femminili – era infatti vietato alle donne lo svolgimento di attività in teatro – e si cimentavano, nel corso della recita, in doppie e triple parti: usavano maschere dipinte di bianco per interpretare figure femminili e maschere più scure per quelle maschili; i capelli erano biondi per un giovane, bianchi per un vecchio, neri per un uomo maturo. I costumi erano sfarzosi e a colori vivaci.

LA FUNZIONE DEL CORO. Un personaggio fondamentale della tragedia era il **Coro**. Esso era formato di solito da semiprofessionisti dello spettacolo. La sua funzione era importantissima, in quanto esso rappresentava, più che un interlocutore dei personaggi, la coscienza stessa della tragedia: non partecipava direttamente all'azione ma spiegava l'antefatto, mediava tra le figure eroiche del dramma e gli spettatori, ascoltava, si commuoveva, compativa, commentava manifestando i sentimenti o le idee filosofiche e sociali dell'autore. Guidato dal **corifeo**, che dialogava con gli attori, era costituito da dodici (al tempo di Eschilo) o quindici (con Sofocle) coreuti, che accompagnavano l'azione al suono della lira, intrecciando danza e canto.

STILE ED ELEMENTI COSTITUTIVI DELLA TRAGEDIA. La rappresentazione tragica aveva uno **stile alto** e un **linguaggio elaborato**, perché i personaggi erano di elevata condizione sociale. Nella sua forma definitiva la struttura della tragedia comprendeva:
- *pàrodo* (gr. *párodos*, da *pará* e *hodós*), il canto che il Coro eseguiva entrando;
- *episodi*, quattro o cinque, costituiti da dialoghi o monologhi degli attori (gli episodi corrispondevano agli atti della tragedia moderna);
- *stàsimi*, i canti che il Coro eseguiva nello spazio antistante la scena; separavano un episodio dall'altro ed erano tripartiti in *strofe*, *antistrofe*, *epodo*, cui corrispondevano le evoluzioni della danza (verso destra, verso sinistra, al centro);
- *esodo*, il canto che il Coro eseguiva uscendo.

Maschera. Simbolo dell'estasi conferita da Dioniso, dio del teatro: gli attori, indossando diverse maschere, interpretavano i vari personaggi, diventando altri da sé.

▶ Coro dei Tebani, in *Antigone*, di Sofocle, regia di Irene Papas, I.N.D.A., 2005. Fotografia di Tommaso Le Pera.

UNITÀ E1 ■ LA TRAGEDIA

L'UNITÀ DI TEMPO, LUOGO, AZIONE. Caratteristica della tragedia è l'unità di **tempo**, **luogo** e **azione**. Per ragioni tecniche, e anche per accentuare la verosimiglianza, il tempo della storia tragica doveva corrispondere a una durata breve (due, tre ore o comunque non più di ventiquattro), la scena doveva svolgersi sempre in uno stesso luogo (un palazzo, un tempio) e l'azione doveva riguardare un'unica situazione.

LO SVILUPPO DELLA VICENDA TRAGICA. Le situazioni rappresentate nella tragedia prendono avvio da uno squilibrio (primo momento o dell'*hamartía*), cioè da un disordine iniziale, politico-sociale o affettivo-morale: un dio è adirato, un fantasma reclama vendetta o addirittura il Destino scende in campo.

Il protagonista deve allora compiere una scelta (secondo momento o dell'*hybris*) che, per la sua arroganza o empietà, si rivelerà sbagliata e portatrice di conseguenze angoscianti. L'incapacità di accettare il proprio destino precipita il protagonista verso il sacrificio e la morte violenta: la conclusione tragica ristabilisce così l'equilibrio, l'ordine inizialmente sconvolto (terzo momento o della *némesis*).

Lo scioglimento della vicenda veniva definito *catastrofe* e, poiché esso comportava sempre dolore e sofferenza, tale termine è rimasto nel linguaggio comune con il significato di "sciagura gravissima", "evento disastroso".

Anche se costellata di sciagure, la rappresentazione tragica non era mai turbata da scene violente o dalla vista del sangue: il suicidio o la morte di un personaggio avvenivano sempre fuori dalla scena e il racconto del fatto era affidato a un attore, che aveva il compito di narrarne le fasi al pubblico.

LA FINALITÀ EDUCATIVA DELLA TRAGEDIA. Il filosofo **Aristotele** (384-322 a.C.), nella *Poetica*, opera teorica fondamentale della letteratura antica, affermò che lo scopo della tragedia era purificare lo spettatore dalle passioni. Il senso della tragedia era racchiuso proprio nella rappresentazione del sacrificio del protagonista, quale necessaria espiazione degli errori commessi: all'uomo non restava che affidarsi con rassegnazione e spirito religioso alla volontà divina e imperscrutabile del destino. La vicenda del protagonista, resa credibile dall'azione scenica, suscitava pietà e terrore, e da questo scontro di passioni si produceva nello spettatore la cosiddetta *catarsi* o purificazione: il pubblico si immedesimava nella vicenda, raggiungeva il culmine della suggestione emotiva nel secondo momento del dramma e, attraverso l'epilogo luttuoso, provava sollievo, in quanto l'esito dell'azione portava alla ricomposizione dell'equilibrio inizialmente turbato. In tal modo ciascuno era indotto a liberare il proprio animo dalle passioni.

Quindi, la finalità dello spettacolo tragico nell'antica Grecia era la formazione umana e civile del cittadino, che traeva una lezione di vita dalle vicende rappresentate.

Hybris. Presunzione di forza dell'uomo, che provoca una rottura del carattere armonico della realtà, offende gli dèi e ne provoca la vendetta.

Némesis. Figlia della Notte, è la personificazione della vendetta che colpisce chi supera i limiti posti dalla sua condizione, ristabilisce ordine ed equilibrio.

■ Gli sviluppi della tragedia

LA TRAGEDIA LATINA. Intorno al III sec. a.C. i testi dei tragediografi greci, diffusi nella Magna Grecia, furono ripresi a Roma dal teatro latino, che introdusse anche temi storici (l'unica tragedia greca di argomento storico è *I Persiani* di Eschi-

401

TEATRO: I GENERI

lo). La rappresentazione teatrale era chiamata *fabula* e la tragedia poteva essere di ambientazione greca (detta perciò *cothurnata*, da *cothurnus*, tipica calzatura di origine greca) o di ambientazione romana (detta *trabeata*, da *trabea*, la veste dei magistrati romani indossata dagli attori per rappresentare l'alta dignità di un personaggio).

Gli unici testi latini a noi pervenuti sono le nove tragedie di **Lucio Anneo Seneca** (4 a.C.-65 d.C.), destinate soprattutto alla lettura (*Ercole furente, Le Troadi, Le Fenicie, Medea, Fedra, Edipo, Agamennone, Tieste, Ercole Eteo*). La cupa visione del mondo che emerge da queste opere rispecchia le atrocità dell'epoca dell'imperatore Nerone, in cui Seneca visse, ed è contraddistinta dal senso di fatalità, da un gusto macabro del sangue e dell'orrore, estraneo alla tragedia greca.

L'INNOVAZIONE DEL TEATRO TRAGICO. Nel Medioevo non si ebbe una produzione di tragedie sull'esempio di quella antica; la forma di rappresentazione drammatica più diffusa era a sfondo religioso: si trattava di spettacoli popolari che avevano lo scopo di far conoscere episodi biblici ai fedeli che non sapevano leggere.

Nel Rinascimento, con la riscoperta dell'antichità classica, anche la tragedia conobbe una nuova fortuna: gli schemi antichi furono interpretati come "regole" da seguire nella composizione delle nuove opere. A questa riproposizione del modello classico fa eccezione l'inglese **William Shakespeare** (1564-1616), che operò una rottura rispetto alla tradizione: nei suoi drammi non è più rispettata l'unità di tempo e di luogo; inoltre nelle vicende, generalmente a sfondo storico, non mancano intrecci secondari che infrangono la regola dell'unità d'azione (▶ *Romeo e Giulietta*, p. 416).

L'Ottocento fu l'ultima stagione della tragedia. Con l'avvento della nuova società borghese, all'eroe tragico si sostituì l'uomo comune con i suoi problemi quotidiani e, sul finire del secolo, comparve il dramma moderno, fusione di tragedia e commedia.

Nel Novecento, però, alla tradizione della tragedia si collega il drammaturgo e poeta inglese **Thomas Stearns Eliot** (1888-1965) con il dramma *Assassinio nella cattedrale* (1935) (▶ p. 425), che affronta i temi cruciali del rapporto tra Chiesa e Stato, tra coscienza e potere, tra individuo e regimi assoluti.

Che cosa so

Indica se le seguenti affermazioni sono vere o false.

		V	F
a.	La tragedia nata nell'antica Grecia appartiene al genere drammatico.	☐	☐
b.	La *catarsi* è un particolare tipo di tragedia.	☐	☐
c.	William Shakespeare rispetta la regola delle tre unità.	☐	☐
d.	Fra le tre unità della tragedia antica vi è quella di luogo.	☐	☐
e.	Le vicende rappresentate nelle tragedie hanno un lieto fine.	☐	☐
f.	I protagonisti della tragedia antica appartengono a tutte le classi sociali.	☐	☐
g.	Anche nell'età contemporanea la tragedia è un genere ampiamente diffuso.	☐	☐

UNITÀ E1 ■ LA TRAGEDIA

Antigone
Sofocle 🎧

Testo d'esempio

Antigone
(442-441 a.C.)

▶ Tragedia

L'antefatto della tragedia è la lotta tra i figli di Edipo, re di Tebe, per la successione al trono: uno, Eteocle, ha difeso la città contro l'altro, Polinice, che l'ha assalita. Il conflitto – argomento di una tragedia di Eschilo, *I sette contro Tebe* – si è concluso con la morte di entrambi in un duello in cui si sono uccisi a vicenda. Ma a Polinice sono stati negati gli onori funebri dallo zio Creonte, nuovo re di Tebe, che ha decretato la condanna a morte per chi tenti di dargli sepoltura. L'azione scenica prende avvio con il contrasto fra Antigone e Ismene, sorelle dei due guerrieri defunti. La prima, dopo aver chiesto invano l'aiuto dell'altra, si reca da sola a rendere l'ultimo omaggio al fratello. Scoperta dalle guardie, è condotta al cospetto di Creonte e processata. Ismene si dichiara colpevole per condividere la sorte della sorella, ma questa la smentisce, dichiarandosi la sola responsabile. Subisce quindi la condanna: viene chiusa in una grotta perché vi muoia di fame e sete. Ma con lei si fa rinchiudere, all'insaputa del padre, il figlio di Creonte, Emone, suo promesso sposo. Quando l'indovino Tiresia profetizza a Creonte una terribile punizione divina, questi ordina di liberare Antigone; ma è troppo tardi. Gli sviluppi successivi sono riferiti da un Messaggero alla regina Euridice: Antigone si è impiccata poco prima che fosse riaperta la grotta ed Emone si è ucciso sotto gli occhi del padre. Quando Creonte rientra in scena con il corpo del figlio tra le braccia, apprende del suicidio della moglie. La sua punizione consisterà nel rimanere in vita, schiacciato dal peso degli orrori commessi. L'azione scenica è ambientata a Tebe, davanti alla reggia. I personaggi sono: Antigone, Ismene, il Coro dei Vecchi Tebani, Creonte, una Guardia, Emone, Tiresia, un Messaggero, Euridice, un Altro Messaggero.
L'originale greco in versi (vv. 276-581) è proposto in una traduzione in prosa.

Sofocle (497 ca-406 a.C.), figlio di Sofillo del demo di Colono, è stato un poeta tragico greco. Secondo la leggenda è stato lui a guidare in giovinezza il coro che cantava il peana della vittoria ottenuta dagli Ateniesi a Salamina (480 a.C.). Le frammentarie notizie sulla sua vita lo dipingono come un uomo intensamente impegnato nella vita politica della città, di spirito amabile e dal carattere sereno. Dei 130 drammi che la filologia ellenistica gli attribuiva ce ne sono giunti solo sette: *Aiace*, *Antigone*, *Edipo re*, *Elettra*, *Trachinie*, *Filottete*, *Edipo a Colono*.

Coro
Nel secondo episodio della tragedia, qui riportato, il Coro, che parla al singolare in quanto rappresenta un unico personaggio, commenta stupito l'arrivo in scena di Antigone, che è stata sorpresa a dare sepoltura al fratello e viene condotta da una Guardia al cospetto di Creonte.

O figliuola sventurata di un padre sventurato, di Edipo
La figura di Edipo, padre di Antigone, è centrale nel ciclo delle leggende tebane; Sofocle ne fa il protagonista di due tragedie, *Edipo re* ed *Edipo a Colono*. Sovrano giusto e amato, Edipo scopre un'orrenda verità su se stesso: nel cercare la causa dell'epidemia che si è abbattuta sulla città in seguito all'uccisione, rimasta impunita, del re Laio, scopre di essere lui stesso l'uomo che ha scatenato la punizione divina; ha ucciso Laio senza sapere che fosse suo padre, né che fosse sua madre la regina Giocasta che ha sposato salendo al trono. Sconvolto da questa scoperta, Edipo si acceca e lascia volontariamente la città, morendo poi in esilio a Colono, nei pressi di Atene. La sua sventura si ripercuote, per motivi imperscrutabili, anche sul destino dei figli.

Coro[1]. Che cosa vedo? Incredibile: questa fanciulla è Antigone, la riconosco. **O figliuola sventurata di un padre sventurato, di Edipo**[2]; che accade mai? Tu, prigioniera? T'hanno sorpresa forse in un momento di follia? Hai rotto forse tu la legge del re?

5 **Guardia**. Eccola qui. L'impresa l'ha compiuta lei. L'abbiamo còlta nel momento che seppelliva... Ma dov'è Creonte?

Coro. Esce ora dal palazzo di nuovo, e bene a proposito.

[*Creonte esce dal palazzo*[3]]

Creonte. A quale caso devo il mio giungere opportuno?

10 **Guardia**. Signore, gli uomini non dovrebbero mai giurare su nulla: la ri-

---

1. Coro: gruppo di dodici o quindici attori guidati da un *corifeo* (capocoro). Il coro è anch'esso un personaggio della tragedia, e dialoga con gli altri attori. La sua funzione principale è quella di commentare l'azione e fornirne un'interpretazione, ricoprendo così il ruolo di mediatore fra le vicende rappresentate e il pubblico.
2. O figliuola...di Edipo: la sventura è data da una maledizione che pesa sulla famiglia di Edipo.
3. [*Creonte esce dal palazzo*: le didascalie, in questo caso, sono state aggiunte dal curatore della versione italiana.

403

TEATRO: I GENERI

flessione smentisce il sentimento. Io non avrei certo creduto di ritornare tanto presto, sfuggito com'ero a quelle tue minacce[4]. Ma la gioia improvvisa, fuori d'ogni speranza, contro ogni speranza, è un piacere a nessun altro eguale: per questo mi rivedi qui, pure se infedele ai miei giuramenti. Ti conduco questa ragazza; l'ho sorpresa io che celebrava il rito funebre. Questa volta non devo niente al destino. La fortuna è mia e non d'altri. E adesso prendila, fanne ciò che ti pare: puoi giudicarla, farla confessare. Io sono libero. Ed è giusto ch'io non abbia niente da dividere con queste sciagure.

CREONTE. Tu la conduci. Ma dove l'hai presa? In che modo?

GUARDIA. Seppelliva il morto. È tutto.

CREONTE. Comprendi bene quello che dici? E affermi il vero?

GUARDIA. Ho visto costei mentre seppelliva il morto: il morto che tu volevi intoccabile. È chiaro? È preciso?

CREONTE. E come l'hai vista, come sorpresa?

GUARDIA. È stato così. Appena tornati là[5], sotto i colpi di quelle tue minacce spaventevoli, togliemmo subito via tutta la polvere che ricopriva il morto: denudammo, premurosi, il corpo disfatto. Poi ci mettemmo sulla cima di un colle, seduti, al riparo dal vento, che non portasse al respiro il fetore del cadavere. L'un l'altro ci esortavamo a vigilare, infierendo contro chiunque cedesse a quell'attenzione faticosa. E questo durò a lungo: finché il disco infiammato del sole fu nel mezzo del cielo e l'aria avvampò. Ed ecco improvviso un uragano solleva da terra un turbine oscuro, un vero tormento celeste, che invade tutta la pianura, devasta tutta la selva e copre l'etere grande. Noi resistevamo, con gli occhi socchiusi, a quel flagello divino che si allontanò dopo molto tempo. Fu allora che scorgemmo la fanciulla: strideva lamentosa, acuta, come un uccello sconsolato che trova il nido vuoto. Così era lei, al vedere il cadavere scoperto. Con gemiti alti essa mandava, nella calma recente dell'aria[6], maledizioni feroci agli autori del sacrilegio. E porta subito nuova terra secca con le mani, e leva in alto una brocca, di bronzo, per aspergere il corpo di triplice libagione[7]. La vediamo, ci precipitiamo, l'afferriamo. Non si spaventa. La interroghiamo: su quello che aveva fatto prima, e su quello che stava ora facendo. Immobile, nulla nega. Io ne godevo, e ne soffrivo. Uscire dai guai[8] è un piacere; metterci gli altri, gli amici, è un dolore: un dolore, però, così penso io, che vale meno della mia salvezza.

CREONTE. E tu, tu che resti là a testa bassa; affermi tu il fatto, o lo neghi?

ANTIGONE. Lo affermo. E mi guardo bene dal negarlo.

CREONTE [alla Guardia]. Tu va' pure dove vuoi. Sei libero da una grave accusa [La Guardia esce. A Antigone] E tu rispondimi, ma senza molte parole. Conoscevi il mio ordine, il mio divieto?

È stato così

Il racconto della Guardia si riferisce a fatti non rappresentati direttamente sulla scena: è un monologo che ricostruisce, con notevole forza e nitidezza espressiva, il tentativo di Antigone di rendere gli onori funebri al fratello. La Guardia teme gravi conseguenze per la propria disattenzione, che ha permesso alla donna di avvicinarsi al cadavere, e vuole dimostrare di aver eseguito esattamente gli ordini (*togliemmo subito via tutta la polvere...denudammo, premurosi, il corpo disfatto*). Gli accenni al disagio provocato dal *fetore del cadavere* (che denuncia l'empietà della mancata sepoltura) e la descrizione del turbine devastante, che l'uomo definisce un *flagello divino*, gettano una luce sinistra sull'operato di Creonte.

Io ne godevo, e ne soffrivo...vale meno della mia salvezza.

Nel discorso della Guardia sono presenti gli elementi introspettivi di un conflitto tra la pietà per Antigone e il dovere imposto da Creonte: ma, per questo personaggio del popolo, il timore dell'ira del re è una ragione più forte del dolore per la sorte della donna, superato dal sollievo per la scampata punizione.

---

4. **minacce**: le minacce di Creonte di far uccidere le guardie se non avessero trovato il responsabile della sepoltura.

5. **là**: nella campagna intorno a Tebe giace il corpo di Polinice, che qualcuno ha ricoperto di polvere in segno di sepoltura.

6. **nella calma...aria**: nella calma subentrata

dopo la tempesta di vento.

7. **per aspergere...libagione**: negli antichi riti funebri il cadavere veniva purificato con un lavacro simbolico, spruzzandolo per tre volte con acqua ed essenze.

8. **Uscire dai guai**: la Guardia, avendo catturato Antigone, ha salvato la propria vita.

◀ Galatea Ranzi (Antigone) e il Coro delle Donne, in *Antigone* di Sofocle, regia di Irene Papas, I.N.D.A., 2005. Fotografia di Tommaso Le Pera.

ANTIGONE. Lo conoscevo. Potevo mai ignorarlo? Esso era noto, chiaro a tutti.

CREONTE. E tu hai osato sovvertire queste leggi?

55 ANTIGONE. Sì, perché non fu Zeus a impormele. Né la Giustizia, che siede laggiù tra gli dei sotterranei, ha stabilito queste leggi per gli uomini. Io non credevo, poi, che i tuoi divieti fossero tanto forti da permettere a un mortale di sovvertire le leggi non scritte, inalterabili, fisse degli dei: quelle che non da oggi, non da ieri vivono, ma eterne: quel-
60 le che nessuno sa quando comparvero. Potevo io, per paura di un uomo, dell'arroganza di un uomo, venir meno a queste leggi davanti agli dei? Ben sapevo di essere mortale, e come no?, anche se tu non l'hai decretato, sancito! Morire adesso, prima del tempo, è un guadagno per me. Chiunque vive fra tante sciagure, queste in cui vivo io,
65 continue, come potrà non ritenersi fortunato, contento, se muore? Subire la morte quasi non è un dolore, per me. Sofferto avrei invece, e senza misura, se avessi lasciato insepolto il corpo morto di un figlio di mia madre. Il resto non conta nulla. A te sembrerà ch'io agisca da folle. Ma chi mi accusa di follia, forse è lui, il folle.

70 CORO. Questa ragazza è d'animo forte, com'era il padre: non sa cedere ai colpi del fato.

CREONTE. Oh già. Ma sappi che questi spiriti duri sono quelli che più rapidamente si fiaccano. Il ferro più tenace, temprato al fuoco, saldissimo, si spezza e si frantuma. Si vedono cavalli impetuosi obbedire
75 docili a una sola scossa di freno. Non è lecito grandeggiare a chi vive in balìa di altri. Costei ha ben saputo insolentire[9] calpestando le leggi stabilite. Ora, con nuova tracotanza, si vanta del suo crimine: anzi, ne gode. Tanto che io non sono più un uomo, ormai; ma lo diventa lei un uomo, se non punisco questa vittoria. Sia pure costei, com'è,

---

9. **insolentire**: comportarsi con arroganza.

E tu hai osato sovvertire queste leggi?
Protagonista e antagonista si confrontano direttamente: nel loro dialogo è rappresentato lo scontro tra il rispetto religioso e la pietà, da un lato, e le ragioni del potere dall'altro. Per i Greci il cittadino che trasgredisce alle leggi dello Stato si pone fuori dalla vita sociale e dal consorzio umano. Ma contano di più le leggi della città e il dovere di osservarle o la coscienza e il sentimento individuale? Sofocle pone al centro della tragedia, con il conflitto insanabile tra i due personaggi, questo interrogativo.

Sì, perché non fu Zeus a impormele.
La scelta di Antigone è trasgredire una legge degli uomini per obbedire a una legge più alta, non scritta, che impone di avere pietà per i morti. Le sue argomentazioni vertono sul valore assoluto delle leggi divine, eterne e inalterabili, che nessun mortale può sovvertire.

Il resto non conta nulla...Ma chi mi accusa di follia, forse è lui, il folle.
L'argomento della follia ritorna poco dopo nelle parole di Creonte (*Devo dire alto che queste due sono pazze*, riga 143) come sola spiegazione possibile di un comportamento deviante dalle regole della collettività (e quindi per lui inconcepibile). Antigone rovescia l'argomentazione, assegnando un senso alla propria presunta "follia" e attribuendo la devianza al comportamento del suo accusatore.

Questa ragazza è d'animo forte, com'era il padre: non sa cedere ai colpi del fato.
Il Coro, commentando le parole di Antigone, riconosce in lei lo stesso atteggiamento irremovibile con cui già Edipo era andato incontro alla sventura assegnatagli dal destino. Antigone non ha saputo sopportare passivamente la disgrazia che si è abbattuta sul fratello e l'ha assunta su di sé in modo volitivo e appassionato; perciò ora affronta con fermezza e dignità la propria sorte ineluttabile.

nata da mia sorella[10]; e fosse a me più vicina, più legata della mia stessa famiglia, non importa: non sfuggirà a una morte infamante; né lei né sua sorella. Sì, anche la sorella accuso d'aver desiderato, consigliato questa sepoltura. [*Ai suoi schiavi*] Chiamatela! Già l'ho veduta prima aggirarsi per le stanze, confusa, sconvolta, come fuori di ragione. È chiaro: l'animo di coloro che tramano nell'ombra si scopre da sé, prima del tempo, benché si nasconda. [*Rivolgendosi ad Antigone*] Ma detesto, odio sopra tutto chi, convinto di un delitto, lo vuole poi esaltare. 80

ANTIGONE. Sono nelle tue mani, mi puoi uccidere. Cosa vuoi darmi più che morte? 90

CREONTE. Niente di più. Con la tua morte ho tutto.

ANTIGONE. Allora perché indugiare? Vedi che nessuna delle tue parole mi piace; e spero che non mi piacciano mai. Come a te, naturalmente, tutto è odioso di me. Eppure, dove potevo io acquistare lode più nobile di questa, che mi viene dall'aver deposto mio fratello nella tomba? E tutti costoro direbbero che il mio atto è bello, se la paura non li obbligasse al silenzio. Tra i molti vantaggi della tirannide c'è anche quello di poter fare e dire qualunque cosa. 95

Tu sei l'unica fra questi...per amare, non per odiare.

Dopo le battute-monologo che rendono esplicite le motivazioni dei due personaggi principali, il dialogo si fa più serrato, con battute brevi (ciascuna corrispondente a un verso: si tratta, tecnicamente, di una *sticomitìa*) che ribadiscono la radicale irriducibilità delle rispettive posizioni. Creonte afferma la propria legge, che ignora il legame di sangue e il rispetto del sacro; Antigone rivendica l'uguaglianza tra i due fratelli affermando il valore del vincolo familiare e del rispetto per i morti (*Ade* è il nome del dio dell'Oltretomba e, per estensione, del suo regno sotterraneo).

CREONTE. Tu sei l'unica fra questi Cadmei[11] che pensi così.

ANTIGONE. Così pensano anch'essi. Non parlano per tuo riguardo. 100

CREONTE. E tu non ti vergogni a deviare da loro?

ANTIGONE. Non è vergogna onorare un fratello.

CREONTE. E non era tuo fratello anche l'altro[12], che gli è caduto di fronte?

ANTIGONE. Certamente: nato da mia madre e da mio padre.

CREONTE. Perché rendi all'uno onori tali che sono ingiuria per l'altro[13]? 105

ANTIGONE. Neppure Eteocle, ora che è morto, ti approverebbe.

CREONTE. Hai ragione: se lo metti al pari dell'empio.

ANTIGONE. Polinice non era suo schiavo, ma suo fratello: tale è morto.

CREONTE. Saccheggiando la patria, Eteocle difendendola.

ANTIGONE. Le leggi di Ade eguagliano tutti[14]. 110

CREONTE. Ma la sorte dei buoni non è la stessa dei malvagi.

ANTIGONE. Chi sa se anche laggiù è così.

CREONTE. Il nemico non è un amico, neppure da morto.

ANTIGONE. Io esisto per amare, non per odiare.

Fin tanto che vivo io, non sarà una femmina a comandare.

Le motivazioni di Creonte sono esclusivamente di natura politica: è arrogante e spietato nella difesa dell'ordine e della legge vigente nella città. Di fronte all'ostinazione di Antigone, teme di perdere l'autorità di sovrano e la propria dignità di uomo se non farà eseguire la condanna; perciò conclude con un argomento sommario e decisivo in termini di ordine costituito: è inammissibile che sia una donna a imporre la propria volontà.

CREONTE. Se devi amare, vattene laggiù: e ama i morti. Fin tanto che vivo io, non sarà una femmina a comandare. 115

[*Ismene esce dal palazzo fra due schiavi.*]

CORO. Ismene è già qui. Versa lacrime d'amore per la sorella. Una tristezza, come nube, le offusca il viso bello, bagna le sue gote accese[15].

---

10. nata da mia sorella: Giocasta, madre di Antigone, Ismene, Eteocle e Polinice (ma anche di Edipo) era sorella di Creonte.

11. Cadmei: gli abitanti di Tebe, fondata da Cadmo. Qui allude al Coro formato da Vecchi Tebani.

12. l'altro: Eteocle.

13. rendi...per l'altro: secondo Creonte rendere onori funebri a Polinice, che ha aggredito la patria, significa arrecare offesa a Eteocle, che l'ha difesa con la vita.

14. Le leggi...eguagliano tutti: dinanzi alla morte tutti gli uomini sono ugualmente meritevoli di religiosa pietà. Nella mitologia, Ade è il dio dei morti e il suo regno è situato in un luogo sotterraneo.

15. accese: arrossate per la tensione emotiva.

UNITÀ E1 ■ LA TRAGEDIA

120 CREONTE. [a Ismene] Tu che ti sei introdotta in casa mia di nascosto come
una vipera a succhiarmi il sangue, mentre non sapevo di nutrire due
furie, ribelli al mio trono; vieni avanti. L'hai aiutata, dimmi, hai preso parte con lei a questo seppellimento, o giuri d'ignorare tutto?

ISMENE. Se costei acconsente, io sono colpevole. E desidero la parte delle
125 pene che tocca a me.

ANTIGONE. No. La Giustizia non può concedere questo, a te. Tu non hai
voluto, e io non ti ho fatto partecipare.

ISMENE. Ma voglio percorrere anch'io, al tuo fianco, la tua sventura.

ANTIGONE. Ade, e tutti quelli di laggiù, sanno di chi è stata l'opera. Io re-
130 spingo il tuo slancio, il tuo amore fatto di parole.

ISMENE. Non mi credere indegna, non impedirmi, tu mia sorella, di morire con te, e di onorare lui che è morto.

ANTIGONE. Non voglio che tu muoia con me. E non voglio che tu faccia
tuo un atto che a te fu estraneo. Io basterò, a morire.

135 ISMENE. Come potrò vivere ancora, se tu, cara, mi abbandoni?

ANTIGONE. Domandalo a Creonte: di lui sei premurosa[16].

ISMENE. Perché mi ferisci? Attenui forse il male, così, con lo scherno?

ANTIGONE. Tanto mi addolori, che rido di te: se questo è un ridere.

ISMENE. Dimmi, almeno, in che cosa ti posso aiutare, ora.

140 ANTIGONE. Salvandoti. Non invidio il tuo diritto alla vita.

ISMENE. Veramente non mi vuoi compagna della tua sorte?

ANTIGONE. No. La tua scelta fu di vivere, la mia di morire.

[...]

CREONTE. Devo dire alto che queste due sono pazze. Che una era pazza
dalla nascita lo sapevo. L'altra si è rivelata adesso.

145 ISMENE. È vero, signore. Tante disgrazie fanno smarrire la mente.

CREONTE. Tu l'hai smarrita per unirti ai cattivi, facendo il male coi cattivi.

ISMENE. Che vita sarà la mia senza di lei?

CREONTE. Non dire più «lei»: è morta.

ISMENE. E ucciderai la donna che deve unirsi a tuo figlio?

150 CREONTE. Ben altre donne ci sono, per generare.

ISMENE. Ma l'accordo tra loro due è perfetto.

CREONTE. Non voglio spose perverse per i miei figli.

ISMENE. Emone caro, come t'insulta tuo padre!

CREONTE. Basta. Mi hai stancato, tu e le tue nozze.

155 ISMENE. Ma vuoi proprio strappare a tuo figlio la sposa?

CREONTE. Ade, non io, troncherà queste nozze.

CORO. La morte, allora, è stabilita per lei. Così credo.

CREONTE. Lo credo anch'io. Portatele via, subito. E siano chiuse nel palazzo. Perfino i coraggiosi pensano a fuggire quando la morte si avvi-
160 cina alla vita.

[Tutti, meno il Coro, rientrano nel palazzo.

(Sofocle, *Antigone*, in *Il teatro greco*, trad. di E. Cetrangolo, Sansoni, Firenze, 1970)

16. **di lui sei premurosa:** Antigone rimprovera
alla sorella di preoccuparsi solo di Creonte, di
cui è pronta a rispettare gli ordini.

Domandalo a Creonte: di lui sei premurosa.
All'inizio della tragedia, Ismene non ha condiviso la volontà di Antigone richiamandosi, con prudenza e timore, ai limiti imposti al sesso femminile; il suo desiderio, ora, di condividere la sorte della sorella è un atto generoso, ma che rientra nel comportamento della donna sottomessa, come la vogliono le leggi della società e l'autorità che le regola. Per questo Antigone la rifiuta, associandola a Creonte.

No. La tua scelta fu di vivere, la mia di morire.
Antigone, ferma e risoluta anche nel contrapporre la propria scelta a quella della sorella, rivendica il valore e la nobiltà del gesto compiuto, con virile indifferenza per la morte cui è andata incontro consapevolmente fin dall'inizio.

Non voglio spose perverse per i miei figli.
Lo scambio di battute tra Ismene e Creonte ribadisce che, per il re, la condanna di chi ha violato le leggi stabilite è indiscutibile, al di là di qualunque altra considerazione. La sua rigida posizione pone le premesse per il funesto sviluppo degli eventi che colpirà anche lui: Creonte sarà punito nei suoi stessi legami familiari, con il suicidio prima del figlio, poi della moglie.

TEATRO: I GENERI

Che cosa so fare

COMPRENDERE

1. **Lo schema della tragedia.**
   Leggi con attenzione la trama dell'*Antigone* esposta nell'introduzione al testo. Spiega quale situazione corrisponde, in questa tragedia, alla fase di "disordine iniziale".

2. **Il contrasto fra Antigone e Creonte.**
   Antigone e Creonte esprimono, nel dialogo, concezioni opposte. Quali?

3. **I ruoli.**
   Nel sistema dei personaggi, quale ruolo svolgono Creonte, Antigone, Ismene e la Guardia?

ANALIZZARE

4. **I fatti non rappresentati.**
   Nella rappresentazione si fa riferimento a fatti che rimangono "fuori scena".
   - Spiega di quali fatti si tratta.
   - Rileggendo la trama della tragedia, individua altri eventi "fuori scena", che non vengono cioè rappresentati direttamente ma sono portati a conoscenza del pubblico tramite le parole di un personaggio.
   - Spiega che cosa accomuna questi eventi, tali da essere esclusi dalla rappresentazione.

5. **La caratterizzazione della protagonista.**
   Spiega quali caratteristiche del personaggio di Antigone sono messe in evidenza in questa scena, dallo scambio di battute con Creonte e dal racconto della Guardia.

6. **La figura di Ismene.**
   Il personaggio di Ismene è caratterizzato non solo attraverso il dialogo, ma anche dalla descrizione che ne fa il Coro: *Versa lacrime d'amore per la sorella. Una tristezza, come nube, le offusca il viso bello, bagna le sue gote accese* (righe 118-119).

7. **La "scelta sbagliata".**
   L'avvio dell'azione drammatica coincide con una "scelta sbagliata". In questa tragedia, sono due i personaggi che sbagliano; ma è la scelta di uno solo dei due quella che avvia l'azione.
   - Quale personaggio compie la scelta sbagliata? Di quale scelta si tratta?
   - Lo sbaglio è presentato dall'autore come tale in base a una valutazione negativa sul piano morale? Motiva la tua risposta.

8. **La catastrofe.**
   Spiega in che cosa consiste la catastrofe con cui si conclude la tragedia. Questo esito della vicenda determina un ritorno dell'ordine? Motiva la tua risposta.

PRODURRE

9. **Laboratorio di scrittura creativa | Trasformare la scena in un racconto.**
   Trasforma questa scena in un brano narrativo: il narratore può essere uno dei personaggi della tragedia, oppure un personaggio di tua invenzione. Il racconto dovrà comprendere descrizioni e dialoghi. Puoi eliminare gli interventi del Coro.

10. **Laboratorio di scrittura creativa | Raccontare una tua esperienza.**
    Antigone ha dovuto scegliere se osservare la legge della città oppure seguire quella degli affetti. È capitato anche a te di dover decidere come comportarti, per esempio, nei confronti di una persona cara che ti ha offeso? Qual è stata la tua scelta? Hai seguito rigide norme di comportamento oppure hai ascoltato le ragioni del cuore? Raccontalo in un breve testo.

UNITÀ E1 ■ LA TRAGEDIA

Medea

da *Medea*
(431 a.C.)

▶ Tragedia

Quando ▶ Epoca mitica
Dove ▶ A Corinto

Gli antefatti remoti della tragedia si collegano alla famosa impresa di Giasone e degli Argonauti (▶ Epica, p. 34). All'eroe è stato usurpato il trono di Iolco dallo zio paterno, Pelia, il quale si impegna a restituirglielo se gli porterà il Vello d'oro conservato in un bosco della Còlchide. Giunto in quella lontana terra con la nave Argo e cinquanta eroici compagni (gli Argonauti), Giasone deve superare alcune terribili prove impostegli dal re del luogo, Eeta. Medea, figlia del re ed esperta in arti magiche, si innamora dell'eroe e si offre di aiutarlo con i propri poteri magici, purché lui la porti via con sé; per questo è disposta a tradire il padre. Sottratto il Vello d'oro, i due fuggono sulla nave; Medea, per interrompere l'inseguimento di Eeta, uccide il fratellino e ne sparge le membra in mare. Divenuti sposi e arrivati a Iolco, Giasone e Medea entrano in conflitto con Pelia, che rifiuta di mantenere la promessa. Allora Medea induce con l'inganno le figlie di Pelia a uccidere il loro padre, poi si rifugia con Giasone a Corinto.

A Corinto si svolgono le vicende messe in scena da Euripide. Sono passati diversi anni; l'antefatto immediato è l'intenzione di Giasone di ripudiare Medea per sposare Glauce, figlia di Creonte, re della città, per ottenere il trono di Corinto. L'azione prende avvio quando Medea è appena venuta a conoscenza di questo fatto sconvolgente, a causa del quale lei e i due figli nati dalla sua unione con Giasone vengono banditi da Corinto. Medea mette in atto un'atroce vendetta, uccidendo prima la promessa sposa e il padre di lei, e poi i propri stessi figli.

Il testo qui riportato è la parte conclusiva della tragedia.

Il testo originale è in versi (vv. 1293-1419), quello proposto è tradotto in prosa.

Personaggi
Nutrice
Pedagogo[1]
Medea
5 Coro *di donne*
Creonte
Giasone
Egeo
Nunzio
10 < Figli >
[...]

Giasone Donne, dico a voi che state vicino alla reggia, Medea è rimasta lì dentro, dopo il suo crimine atroce[2], o è scappata? Dovrà trovarsi un riparo nelle viscere della terra o levarsi in volo nell'alto dei cieli, per non pagarle, le sue colpe, alla famiglia reale. O è convinta di cavarsela impunemente, di fuggir-
15 sene via dal palazzo, dopo aver ucciso i sovrani del paese? Ma non è di Medea

---

1. **Pedagogo**: maestro che educa i bambini.
2. **crimine atroce**: si riferisce all'uccisione di Glauce, la donna che Giasone intendeva sposare dopo aver ripudiato Medea, e di suo padre, il re di Corinto, Creonte.

409

che mi preoccupo ora, è dei figli: a lei, le sue vittime ricambieranno il male
ricevuto; se sono qui io è per salvare le mie creature: ho paura che i parenti
di Creonte facciano pagare a loro il massacro compiuto dalla madre.

CORO Povero Giasone, tu ignori la gravità dei tuoi mali, altrimenti non parleresti in questa maniera.

20

GIASONE Spiegati. Intende sopprimere anche me?

CORO I tuoi figli sono morti: lei, la madre, li ha uccisi.

GIASONE Ma cosa stai dicendo? Tu mi distruggi.

CORO I tuoi figli non ci sono più: lo capisci?

GIASONE E dove li ha uccisi? In casa? Fuori?

25

CORO Apri la porta e scorgerai i cadaveri.

GIASONE Presto, servi, levate le spranghe, aprite le porte: devo vedere [i due
morti,][3] la sciagura che due volte si è abbattuta su di me [...e lei, ma mi vendicherò].

MEDEA A che ti serve scuotere la porta, tentare di buttarla giù? Vuoi vedere i
cadaveri e me l'assassina? Risparmiati la fatica. Se hai bisogno di me, parla
pure. Di' cosa desideri. Ma non ti illudere di riuscire a toccarmi con le tue
mani. Il Sole, padre di mio padre[4], mi ha dato un carro che mi difende da
qualunque aggressione nemica.

30

GIASONE O donna maledetta, aborrita[5] dagli dèi, da me, dall'intero genere
umano, hai avuto il coraggio di piantare una spada in corpo ai figli che avevi partorito tu e li hai tolti a me, mi hai tolto la vita. E dopo questo, tu,
colpevole di un'atroce empietà, osi guardare il cielo e la terra! Che tu possa
morire! Ora ragiono, ma ero cieco quando da una casa e da un paese barbaro[6] ti ho portato in una casa greca, mi tiravo dietro una peste, una che
aveva tradito il padre e la terra che l'aveva nutrita[7]. Gli dèi hanno avventato
contro di me il demone vendicatore che ti perseguiva. Non ti sei imbarcata
su Argo[8], la nave dalla bella prua, dopo aver ucciso tuo fratello, accanto
al focolare domestico? E non era che l'inizio. Poi hai sposato quest'uomo,
gli hai generato dei figli e li hai massacrati per un letto, per un connubio[9].
Questo non lo avrebbe osato mai nessuna donna greca: e io ti ho preferita
a loro, ti ho presa in moglie, un legame abominevole e funesto. Non sei
una donna, ma una leonessa, hai natura più feroce di Scilla[10], il mostro del
Tirreno. Ma per quanto ti insulti, non riuscirei a ferirti: sei l'impudenza[11] in
persona. Crepa, essere osceno, assassina dei tuoi figli. A me non resta che
piangere sul mio destino: non potrò avere nessuna gioia dalle mie nuove
nozze, non mi verranno più incontro, vivi, i figli da me generati e allevati,
non parlerò più con loro: li ho perduti.

35

40

45

50

---

3. [ ]: il simbolo [ ] indica lacune nel manoscritto originario (a volte non colmate, a volte integrate filologicamente, come in questo caso).
4. mio padre: Eeta, re della Còlchide sul Mar Nero, era figlio di Apollo, dio del Sole.
5. aborrita: detestata.
6. barbaro: i Greci definivano «barbari» gli stranieri che non appartenevano a uno dei gruppi ellenici ed erano di lingua e cultura diversa dalla loro.
7. una che...nutrita: per favorire Giasone e

sposarsi con lui, Medea non aveva esitato a tradire il padre e la propria patria e a uccidere il fratellino.
8. Argo: la nave degli Argonauti (così chiamati dal nome della stessa nave) erano gli eroi greci vissuti prima della guerra di Troia. Con loro Giasone si recò nella Còlchide alla conquista del Vello d'oro, pelle dell'ariete nato da Teofane e da Poseidone che attribuiva ricchezza e potere a chi ne entrava in possesso.
9. letto...connubio: per un'unione carnale.

10. Scilla: nell'immaginario degli antichi Scilla e Cariddi – mostri marini distruttori di navi – rappresentavano i pericoli della navigazione. Collocati in corrispondenza dello stretto di Messina, il gorgo di Cariddi risucchiava le navi nel fondo marino, mentre Scilla, mostro con sei teste e dodici zampe, ghermiva i naviganti che, cercando di evitare Cariddi, passavano troppo vicino al suo antro.
11. impudenza: sfacciataggine, superbia.

MEDEA Molto avrei da replicare alle tue parole, se Zeus padre non sapesse cosa ho fatto io per te e cosa hai fatto tu contro di me. Non dovevi, in spregio al mio letto[12], riservarti per il domani un'esistenza di felicità, ridendo alle mie spalle; e neppure lei, la principessa. E il re Creonte, che ti ha preparato queste nozze, non doveva cacciarmi dal paese senza pagarne le conseguenze. Perciò, chiamami pure leonessa, se ti fa piacere [, e Scilla, il mostro che abita nel vasto Tirreno]; io ti ho colpito al cuore; è il contraccambio che meritavi.

GIASONE Ma anche tu soffri, e la mia sventura è anche la tua.

MEDEA Sì, ma sappilo bene: serve a qualcosa, questo dolore, se tu non puoi farti beffe di me.

GIASONE Poveri figli miei, che madre malvagia vi è toccata.

MEDEA Poveri figli miei, morti per la follia di vostro padre.

GIASONE Non è stata la mia mano a ucciderli.

MEDEA Ma la tua protervia[13] sì, e il tuo nuovo matrimonio.

GIASONE E per una questione di letto hai ritenuto giusto ucciderli?

MEDEA Ti pare un dolore da poco per una donna?

GIASONE Per una donna casta, sì: ma tu sei perversa in tutto.

MEDEA Loro non vivono più: e questo ti rimorderà per sempre.

GIASONE Vivono, e incombono su di te come demoni della vendetta.

MEDEA Gli dèi sanno bene da chi è partita la prima offesa.

GIASONE Ma conoscono bene anche il tuo nauseante animo.

MEDEA Odiami pure. Io detesto le tue acri[14] parole.

GIASONE E io detesto te: è facile separare le nostre strade.

MEDEA Davvero? E come? Perché anch'io lo voglio.

GIASONE Lasciami seppellire e piangere questi morti.

MEDEA No, sarò io a seppellirli con le mie mani. Li porterò nel tempio di Era Acraia[15], perché nessun nemico possa oltraggiarli, profanare la loro tomba. E qui, nella terra di Sisifo[16], istituirò feste solenni e riti, in espiazione del sacrilego eccidio[17]. Quanto a me, raggiungerò il paese di Eretteo[18], per vivere accanto a Egeo[19], figlio di Pandione[20]. Tu invece, com'è giusto per un malvagio, morirai di mala morte: ti piomberà sul capo un rottame della nave Argo[21], e così vedrai l'amara fine delle mie nozze.

▲ Valeria Moriconi (Medea) in *Medea* di Euripide, regia di Mario Missiroli, I.N.D.A., Teatro greco di Siracusa, 1996. Fotografia di Tommaso Le Pera.

---

12. al mio letto: all'unione con me.
13. protervia: arroganza.
14. acri: aspre.
15. Era Acraia: Era, moglie di Zeus, è qui menzionata come divinità protettrice delle alture (dal greco *akros*, "alto").
16. Sisifo: era considerato il mitico fondatore e malvagio tiranno di Corinto. Figlio di Eolo, era famoso per la sua astuzia, con la quale riuscì a ingannare gli dèi Inferi; fu punito nell'Oltretomba, dove era condannato a spingere sulla cima di un monte un enorme macigno che poi, eternamente, rotolava tornando a valle.
17. eccidio: uccisione, strage.
18. il paese di Eretteo: l'Attica, su cui regnò il mitico eroe greco; sull'acropoli (la parte alta) di Atene fu costruito il tempio che da lui prese nome.
19. Egeo: mitico re di Atene, il quale ha offerto ospitalità e protezione a Medea in cambio della promessa della maga di fargli nascere il figlio tanto desiderato; Medea ha così un luogo dove rifugiarsi.
20. Pandione: re di Atene.
21. ti piomberà...Argo: la nave *Argo* ("veloce"), vedi nota 8.

TEATRO: I GENERI

▶ Paolo Graziosi (Giasone) in *Medea* di Euripide, regia di Mario Missiroli, I.N.D.A., Teatro greco di Siracusa, 1996. Fotografia di Tommaso Le Pera.

GIASONE Ti annientino le Erinni[22] dei figli e la Giustizia che vendica il sangue.
MEDEA Ma chi mai, tra gli dèi, tra i demoni ascolta uno spergiuro, un traditore degli ospiti?
GIASONE Tu sei una creatura immonda, assassina dei figli.
MEDEA Va', rientra in casa, seppellisci tua moglie.
GIASONE Sì, vado. E ho perduto i miei figli.
MEDEA Non è ancora un vero pianto il tuo: aspetta di esser vecchio.
GIASONE O figli adorati.
MEDEA Dalla madre, non da te.
GIASONE E allora perché li hai uccisi?
MEDEA Per farti soffrire.
GIASONE Vorrei almeno accostare la mia bocca a quelle labbra che amavo, io, infelice.
MEDEA Adesso gli parli, adesso li abbracci: ma allora li cacciavi via da te.
GIASONE In nome di dio, lascia che tocchi quei corpi delicati.
MEDEA No, non è possibile: stai gettando al vento le tue parole.
GIASONE Zeus, le ascolti le ripulse[23], gli affronti che patisco da questa putrida[24] leonessa, che ha massacrato i suoi figli? Ma per quanto sta in me e posso, piango la mia sventura e invoco gli dèi, li chiamo a testimoni. Tu hai ucciso i miei figli e ora mi proibisci persino di toccarli, di seppellirne i corpi: vorrei non averli mai messi al mondo, per non vederli ora trucidati da te.

[CORO Di molti eventi è arbitro Zeus nell'Olimpo; molte sono le risoluzioni inattese dei celesti; quello che si credeva non si è compiuto, un dio trova la strada per l'impossibile e questa vicenda si è suggellata così.]

(Euripide, *Medea*, trad. di U. Albini, Garzanti, Milano, 1999)

---

22. Erinni: divinità infernali della vendetta, con i capelli formati da serpenti; perseguitavano chi aveva commesso gravi delitti.
23. ripulse: rifiuti.
24. putrida: infame.

L'autore e l'opera

Euripide nasce a Salamina nel 480 a.C. Riceve un'educazione raffinata e coltiva interessi filosofici; si narra che possedesse addirittura una biblioteca personale, fatto assai raro ai suoi tempi. Ricopre incarichi ufficiali, ma non partecipa direttamente alla politica; nei confronti della religione tradizionale mantiene sempre una posizione di dubbio e scetticismo. Per questo non è stato molto amato dai suoi concittadini, che reagivano con diffidenza ai suoi atteggiamenti critici, dettati in realtà da un'intensa partecipazione umana ai problemi del suo tempo. Vive ad Atene, che lascia nel 408 per recarsi in Macedonia, alla corte di Archelao. Muore a Pella nel 406 ca a.C. Il numero delle sue opere è controverso; ci sono pervenute intere 17 tragedie (*Alcesti, Medea, Eraclidi, Ippolito, Andromaca, Ecuba, Le Supplici, Eracle, Ione, Le Troiane, Ifigenia in Tauride, Elettra, Elena, Le Fenicie, Oreste, Ifigenia in Aulide, Le Baccanti*) e un dramma satiresco (*Il Ciclope*).

La trama di *Medea*

L'azione è ambientata nella città di Corinto. Il prologo della tragedia è affidato al personaggio della Nutrice che, angosciata per lo stato fisico e mentale della padrona, annuncia il ripudio di Medea da parte di Giasone, che sta per sposare Glauce, figlia di Creonte, sovrano di Corinto. L'arrivo del Pedagogo con i bambini accresce l'ansia della Nutrice, da lui informata che Creonte ha deciso di allontanare da Corinto Medea con i suoi figli.

Dall'interno del palazzo giungono i pianti e le maledizioni di Medea: ma quando esce sulla scena, la donna, distrutta dal dolore, si rivolge al Coro delle donne corinzie e ne chiede la solidarietà. Creonte le comunica i suoi ordini e Medea, mostrandosi rassegnata al proprio destino, ottiene di rimandare di un giorno la partenza. Giasone e Medea si scontrano in un violento diverbio: la donna gli ricorda di averlo aiutato a impadronirsi del Vello d'oro e di aver fatto uccidere Pelia, ma finge di volersi rappacificare e chiede di inviare i suoi bambini con doni nuziali (una corona d'oro e un peplo ricamato) a Creonte e Glauce, a implorarne la protezione almeno per se stessi. Così avviene e Glauce, commossa, revoca l'esilio per i due bambini. Ma i doni sono imbevuti di veleno e poco dopo un Nunzio riferisce i particolari raccapriccianti della morte di Glauce e Creonte.

Medea esulta, poi abbraccia gli amati figlioletti e, pur sostenendo un'aspra lotta con se stessa, non rinunzia al suo feroce proposito: dall'interno della reggia le grida dei bambini trafitti dalla spada impugnata dalla madre indicano che il delitto si sta compiendo. Quando Giasone accorre è troppo tardi: in alto, sul carro del Sole, gli appare Medea che ha con sé i cadaveri dei figli e urla il suo odio contro l'eroe. A Giasone non resta che invocare Zeus a testimone della cieca vendetta di Medea e maledire il proprio destino.

Il dubbio e l'inquietudine

Non c'era nel pensiero di Euripide la fede nella giustizia divina dei tragici Eschilo e Sofocle; vi predominavano invece lo scetticismo e il dubbio, anche se erano presenti in lui il desiderio di credere nella divinità, la pietà per la debolezza degli uomini e l'angoscia per le sventure che li colpiscono. L'impotenza nei confronti del destino imposto dagli dèi lo commuoveva, per cui le sue tragedie più che orrore suscitano pietà.

L'inclinazione alla meditazione filosofica portò il tragediografo a creare personaggi in conflitto con se stessi, ad affermare che su ogni problema e situazione si possono dare giudizi contrastanti. Nelle sue opere predominavano l'incertezza e l'inquietudine di fronte al modificarsi delle vicende umane: i discorsi dei personaggi argomentavano le ragioni del loro agire, in una contrapposizione di motivazioni e valutazioni; il Coro interveniva talvolta come giudice della discussione.

Le innovazioni: l'uso del prologo e il *deus ex machina*

Non assumendo come fonti solo i miti conosciuti, ma scegliendo episodi secondari dei grandi cicli epici e tragici, Euripide ebbe bisogno di spiegare, prima che si avviasse l'azione della tragedia, la situazione iniziale attraverso il prologo, al fine di chiarire gli antefatti non conosciuti dagli spettatori. Altra novità fu lo scioglimento finale della vicenda, affidato al cosiddetto *deus ex machina*, ossia a un procedimento tecnico che consisteva nel far apparire un dio, calato sulla scena da un congegno meccanico, che interveniva a determinare la soluzione della vicenda (resa problematica, appunto, dalla molteplicità di ragioni e motivazioni dei personaggi e dalla complessità dell'intreccio).

Perché leggiamo *Medea*

Per la centralità che assegna a una delle figure più potenti e strazianti del mito, che si è imposta nell'immaginario collettivo e ha ispirato artisti di tutti i tempi.

TEATRO: I GENERI

Analisi del testo

Le contraddizioni umane tra ragione e passione

Medea è profondamente umana nella complessità del suo carattere, combattuta tra esigenze razionali e istanze passionali, sofferenza e terribile ansia di vendetta. L'uccisione dei figli è per lei il dolore più grande (*Poveri figli miei, morti per la follia di vostro padre*, righe 71-72) ma è, anche, la forma di vendetta peggiore per Giasone, il quale assiste furibondo e impotente allo scherno di Medea.

La funzione del Coro

Il Coro ha il compito di:
- ascoltare commosso le parole di Giasone;
- manifestare a Giasone pietà e saggezza, che sono i sentimenti dell'autore e anche quelli collettivi degli spettatori (*Povero Giasone, tu ignori la gravità dei tuoi mali, altrimenti non parleresti in questa maniera*, righe 19-20);
- riferire a Giasone l'avvenuta uccisione dei figlioletti da parte di Medea; nella tragedia greca infatti le scene di morte non venivano rappresentate sulla scena, ma raccontate quando erano già avvenute (*I tuoi figli sono morti: lei, la madre, li ha uccisi*, riga 22);
- suggellare la tragica conclusione nell'esodo, con il canto eseguito dai coreuti mentre escono dalla scena (*Di molti eventi è arbitro Zeus nell'Olimpo; molte sono le risoluzioni inattese dei celesti...e questa vicenda si è suggellata così*, righe 114-116).

Il *deus ex machina*

Medea fugge dalla reggia sopra un carro tirato da draghi alati, sul quale porta via anche i corpi dei figli. Con questa soluzione, detta del *deus ex machina* – il carro è stato inviato da Apollo-Sole – si conclude la tragedia (*un dio trova la strada per l'impossibile*, righe 115-116).

Il linguaggio drammatico

Nello scambio di battute, ampie e concitate oppure rapide e concise, emergono i sentimenti affannosi e contradditori dei protagonisti.

Il tono è elevato, come si addice a eroi e a persone di stirpe reale. Le ripetute interrogazioni e l'amara invocazione di Giasone a Zeus segnalano gli stati d'animo, il cordoglio e la disperazione dei personaggi.

Che cosa so fare

COMPRENDERE

1. **Il sacrificio dei figli.**
   Quali sono le ragioni che spingono Medea a uccidere i figli, verso cui contemporaneamente manifesta un tenero attaccamento materno?

2. **La posizione del Coro.**
   Quale atteggiamento assume il Coro nel commentare le vicende e nei confronti dei personaggi?

ANALIZZARE

3. **La tragica figura di Medea.**
   Quali sono gli elementi che fanno di Medea un personaggio tragico? In particolare, analizza il suo rapporto con il destino e il conflitto interiore tra la ragione e la forza della passione.

4. La personalità dei protagonisti.

Completa la mappa, che visualizza graficamente le relazioni che si stabiliscono fra Medea e Giasone.

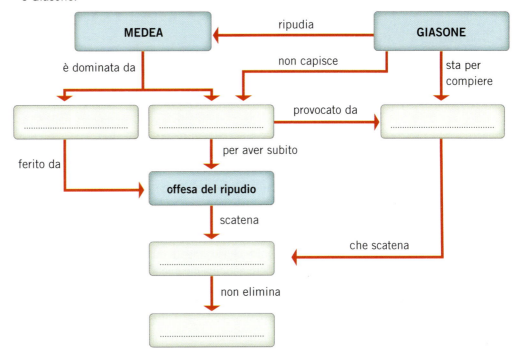

5. I limiti di Giasone.

Per quale motivo possiamo affermare che Giasone è un personaggio sostanzialmente antieroico? Rispondi alla domanda analizzando le sue scelte egoistiche e la mancanza di consapevolezza che dimostra riguardo al proprio comportamento e a quello di Medea.

6. Il linguaggio figurato.

Con quale metafora Giasone definisce più volte Medea, sottolineandone la furia e la violenza?

7. Lo spazio.

- Quale luogo rappresenta lo spazio fittizio della scena in *Medea*? Descrivilo in base alle informazioni che puoi ricavare dal testo che hai letto e dalla trama dell'opera.
- Questo spazio è sempre lo stesso nel corso dell'intero spettacolo oppure l'opera prevede dei cambiamenti di scena? Motiva la tua risposta.

8. La catastrofe.

A quali eventi corrisponde, in questa tragedia, la fase della catastrofe? Si tratta di eventi rappresentati direttamente sulla scena?

PRODURRE

9. Commento | Riflettere sugli antefatti della vicenda.

Scrivi un commento di 10 righe sulle battute in cui Giasone e Medea, rinfacciandosi le colpe l'uno dell'altro, ripercorrono i momenti cruciali della loro vicenda (righe 35-63). In particolare, analizza il brano ponendo attenzione ai due punti di vista parziali, focalizzati solo sulle proprie ragioni.

10. Laboratorio di scrittura creativa | Una recensione immaginaria.

Immagina di aver appena assistito a una prima della *Medea* di Euripide (in una città greca del V secolo a.C. oppure al giorno d'oggi, nel teatro di una città italiana) e scrivi una recensione dello spettacolo, riferendo anche qualcuno dei commenti espressi dagli altri spettatori da te intervistati all'uscita.

PERCORSO E

TEATRO: I GENERI

William Shakespeare
Romeo e Giulietta

da *Romeo e Giulietta* (1595)

▶ Tragedia

Quando ▶ Nel Medioevo
Dove ▶ A Verona

Shakespeare prese spunto, in alcune sue opere, da temi e situazioni tipici della novellistica italiana del Cinquecento. Le fonti di questa storia d'amore tra due giovani appartenenti a famiglie ostili si possono riconoscere, in particolare, in una fortunata novella di Matteo Bandello (pubblicata nel 1554) e in successive traduzioni e rifacimenti di autori francesi e inglesi.

Come in altri drammi di Shakespeare, in *Romeo e Giulietta* il prologo è assegnato al Coro, che si rivolge direttamente agli spettatori introducendo la storia che si va a rappresentare: la scena è a Verona, dove due nobili famiglie, i Capuleti e i Montecchi, sono in feroce contrasto; a queste appartengono due giovani che vivranno una storia d'amore tormentata e infelice: la loro morte prematura porrà fine alla rabbiosa inimicizia tra i loro parenti. La parte del Coro si conclude con un invito agli spettatori a voler seguire benevolmente quanto si svolgerà per due ore sulla scena. Nel secondo atto, il Coro anticipa ciò che sta per accadere: i due ragazzi, presi dall'incanto reciproco dei loro sguardi, non possono che sospirare da lontano; ma la passione che provano l'uno per l'altra darà loro il modo e il tempo di avvicinarsi e di stemperare le loro pene nell'estrema dolcezza dell'amore.

Così accade, infatti, nella scena qui riportata, che si svolge nel giardino dei Capuleti: dopo una grande festa nel palazzo, Romeo, già innamorato di Giulietta, si allontana dal gruppo degli amici per entrare di nascosto nel giardino della casa nobiliare con la speranza trepidante di rivedere l'amata. Le sue emozioni sono espresse dalle appassionate parole che rivolge a se stesso nel momento in cui vede Giulietta affacciarsi al balcone, ignara della sua presenza; e quando la sente sospirare pronunciando il suo nome, supera ogni esitazione e le risponde.

Atto II.
SCENA II.
Giardino dei Capuleti.
Entra ROMEO.

ROMEO. Ride delle cicatrici, chi non ha mai provato una ferita[1]. [*Giulietta appare ad una finestra in alto*] Ma, piano! Quale luce spunta lassù da quella finestra? Quella finestra è l'oriente e Giulietta è il sole![2] Sorgi, o bell'astro, e spengi la invidiosa luna, che già langue pallida di dolore, perché tu, sua ancella, sei molto più vaga di lei[3]. Non esser più sua ancella, giacché essa ha invidia di te. La sua assisa di vestale[4] non è che pallida e verde e non la indossano che i matti[5]; gettala. È la mia signora; oh! è l'amor mio! oh! se lo sapesse che è l'amor mio! — Ella parla, e pure non profferisce accento: come avviene questo? È l'occhio suo che parla; ed io risponderò a lui. Ma è troppo ardire il mio; essa

---

1. **cicatrici...ferita**: la metafora significa che chi non ha mai sofferto le pene d'amore (*ferita*) irride coloro che ne mostrano i segni (*cicatrici*).
2. **Quella...sole!**: Romeo chiama *oriente* il balcone di Giulietta perché è il punto in cui la ragazza gli appare, splendente come il sole.
3. **sua ancella...vaga di lei**: l'espressione significa che Giulietta, essendo sveglia di notte, è ancella della luna, che è pallida di dolore perché la ragazza è molto più bella (*vaga*) di lei.
4. **assisa di vestale**: abito da sacerdotessa.
5. **matti**: si rinvia alla credenza che i matti fossero influenzati dalle mutevoli fasi lunari.

UNITÀ E1 ■ LA TRAGEDIA

non parla con me: due fra le più belle stelle di tutto il cielo, avendo da fare
altrove, supplicano gli occhi suoi di voler brillare nella loro sfera, finché esse
abbian fatto ritorno. E se gli occhi suoi, in questo momento, fossero lassù, e
le stelle fossero nella fronte di Giulietta? Lo splendore del suo viso farebbe
impallidire di vergogna quelle due stelle, come la luce del giorno fa impallidire la fiamma di un lume; e gli occhi suoi in cielo irradierebbero l'etere di
un tale splendore, che gli uccelli comincerebbero a cantare, credendo finita
la notte[6]. – Guarda come appoggia la guancia su quella mano! Oh! foss'io un
guanto sopra la sua mano, per poter toccare quella guancia!

GIULIETTA. Ohimè!

ROMEO. Essa parla. – Oh parla ancora, angelo sfolgorante! poiché tu sei così luminosa a questa notte, mentre sei lassù sopra il mio capo come potrebbe esserlo
un alato messaggero del cielo[7] agli occhi stupiti dei mortali, che nell'alzarsi
non mostra che il bianco, mentre egli varca le pigre nubi e veleggia nel grembo dell'aria[8].

GIULIETTA. O Romeo, Romeo! Perché sei tu Romeo? Rinnega tuo padre[9]; e rifiuta
il tuo nome: o, se non vuoi, legati solo in giuramento all'amor mio, ed io non
sarò più una Capuleti.

ROMEO [fra sé]. Starò ancora ad ascoltare, o rispondo a questo che ha detto?

GIULIETTA. Il tuo nome soltanto è mio nemico: tu sei sempre tu stesso, anche senza essere un Montecchi. Che significa «Montecchi»? Nulla: non una
mano, non un piede, non un braccio, non la faccia, né un'altra parte qualunque del corpo di un uomo. Oh, mettiti un altro nome! – Che cosa c'è in un
nome? Quella che noi chiamiamo rosa, anche chiamata con un'altra parola
avrebbe lo stesso odore soave; così Romeo, se non si chiamasse più Romeo,
conserverebbe quella preziosa perfezione, che egli possiede anche senza quel
nome. – Romeo, rinunzia al tuo nome, e per esso, che non è parte di te, pren-
diti tutta me stessa.

ROMEO. Io ti piglio in parola: chiamami soltanto amore, ed io sarò ribattezzato;
da ora innanzi non sarò più Romeo.

GIULIETTA. Chi sei tu che, così protetto dalla notte, inciampi in questo modo nel
mio segreto?

ROMEO. Con un nome io non so come dirti chi sono. Il mio nome, cara santa, è
odioso a me stesso, poiché è nemico a te: se io lo avessi qui scritto, lo strac-
cerei.

GIULIETTA. L'orecchio mio non ha ancora bevuto cento parole di quella voce, ed
io già ne riconosco il suono. – Non sei tu Romeo, e un Montecchi?

ROMEO. Né l'uno né l'altro, bella fanciulla, se l'uno e l'altro a te dispiace.

GIULIETTA. Come sei potuto venir qui, dimmi, e perché? I muri del giardino
sono alti, e difficili a scalare, e per te, considerando chi sei, questo è un luogo
di morte[10] se qualcuno dei miei parenti ti trova qui.

ROMEO. Con le leggere ali d'amore ho superati questi muri, poiché non ci sono

---

6. E se gli occhi...notte: Romeo costruisce
un parallelismo tra gli occhi dell'amata e due
stelle; queste ultime risulterebbero scialbe sul
viso luminoso di lei, mentre quelli farebbero
risplendere tutto il cielo.

7. alato messaggero del cielo: un angelo
celeste.
8. il bianco...dell'aria: mentre sale sempre
più in alto, dell'angelo si vede solo il biancore
luminoso.

9. Rinnega tuo padre: disconosci la tua
famiglia.
10. questo è...morte: la casa dei Capuleti può
essere, per Romeo Montecchi, un luogo dove
trovare la morte.

417

TEATRO: I GENERI

John Stride (Romeo) e Judi Dench (Giulietta) in *Romeo e Giulietta*, regia di Franco Zeffirelli, Old Vic Theatre di Londra, 1960.

limiti di pietra che possano vietare il passo ad amore: e ciò che amore può fare, amore osa tentarlo; perciò i tuoi parenti per me non sono un ostacolo.

GIULIETTA. Se ti vedono, ti uccideranno.

ROMEO. Ahimè! c'è più pericolo negli occhi tuoi, che in venti delle loro spade: basta che tu mi guardi dolcemente, e sarò a tutta prova contro la loro inimicizia.

GIULIETTA. Io non vorrei per tutto il mondo che ti vedessero qui.

ROMEO. Ho il manto della notte per nascondermi agli occhi loro; ma a meno che tu non mi ami, lascia che mi trovino qui: meglio la mia vita terminata per l'odio loro, che la mia morte ritardata senza che io abbia l'amor tuo.

GIULIETTA. Chi ha guidato i tuoi passi a scoprire questo luogo?

ROMEO. Amore, il quale mi ha spinto a cercarlo: egli mi ha prestato il suo consiglio, ed io gli ho prestato gli occhi. Io non sono un pilota: ma se tu fossi lontana da me, quanto la deserta spiaggia che è bagnata dal più lontano mare, per una merce preziosa come te mi avventurerei sopra una nave.

GIULIETTA. Tu sai che la maschera della notte mi cela il volto; altrimenti un rossore verginale colorirebbe la mia guancia, per ciò che mi hai sentito dire stanotte. Io vorrei ben volentieri serbare le convenienze; volentieri vorrei poter rinnegare quello che ho detto: ma ormai addio cerimonie! Mi ami tu? So già che dirai «sì», ed io ti prenderò in parola; ma se tu giuri, tu puoi ingannarmi: agli spergiuri degli amanti dicono che Giove sorrida[11]. O gentile Romeo, se mi ami dichiaralo lealmente; se poi credi che io mi sia lasciata vincere troppo presto, aggrotterò le ciglia e farò la cattiva, e dirò di no, così tu potrai supplicarmi; ma altrimenti non saprò dirti di no per tutto il mondo. È vero, bel Montecchi, io son troppo innamorata e perciò la mia condotta potrebbe sembrarti leggera. Ma credimi, gentil cavaliere, alla prova io sarò più sincera

---

11. **Giove sorrida**: i giuramenti degli innamorati fanno sorridere la divinità, perché sono ingannevoli.

UNITÀ E1 ■ LA TRAGEDIA

di quelle che sanno meglio di me l'arte della modestia. Tuttavia sarei stata
più riservata, lo devo riconoscere, se tu, prima che io me n'accorgessi, non
avessi sorpreso l'ardente confessione del mio amore: perdonami dunque, e
non imputare la mia facile resa a leggerezza di questo amore, che l'oscurità
della notte ti ha svelato così.

ROMEO. Fanciulla, per quella benedetta luna laggiù che inargenta le cime di tutti
questi alberi, io giuro...

GIULIETTA. Oh, non giurare per la luna, la incostante luna che ogni mese cambia nella sua sfera, per timore che anche l'amor tuo riesca incostante a quel
modo.

ROMEO. Per che cosa devo giurare?

GIULIETTA. Non giurare affatto; o se vuoi giurare, giura per la tua cara persona,
che è il dio idolatrato dal mio cuore, ed io ti crederò.

ROMEO. Se il sacro amore del mio cuore...

GIULIETTA. Via, non giurare. Benché io riponga in te la mia gioia, nessuna gioia provo di questo contratto d'amore concluso stanotte: è troppo precipitato,
troppo imprevisto, troppo improvviso, troppo somigliante al lampo che è finito prima che uno abbia il tempo di dire «lampeggia». Amor mio, buona notte!
Questo boccio d'amore, aprendosi sotto il soffio dell'estate, quando quest'altra
volta ci rivedremo, forse sarà uno splendido fiore. Buona notte, buona notte!
Una dolce pace e una dolce felicità scendano nel cuor tuo, come quelle che sono
nel mio petto!

[...]

ROMEO. Così l'anima mia sia salva...

GIULIETTA. Mille volte buona notte!   [*Si ritira dalla finestra.*

ROMEO. Mille volte cattiva notte, invece, poiché mi manca la tua luce. Amore
corre verso amore, con la gioia con cui gli scolari lasciano i loro libri, ma al
contrario amore lascia amore con quella mestizia nel volto, con la quale gli
scolari vanno alla scuola.   [*Si ritira lentamente.*

Riappare GIULIETTA *alla finestra.*

GIULIETTA. Pst! Romeo, pst! – Oh avessi io la voce di un falconiere, per richiamare a me questo gentile terzuolo[12]! La voce della schiavitù è fioca, e non può
farsi sentire: altrimenti saprei squarciare la caverna dove si cela l'eco, e far
diventare l'aerea sua voce più fioca della mia, a forza di ripetere il nome del
mio Romeo.

ROMEO [*tornando indietro*]. È l'anima mia che pronuncia il mio nome; che dolce
tinnire d'argento[13] ha nella notte la voce degli amanti! È come una musica
dolcissima, per un orecchio che ascolta avidamente.

GIULIETTA. Romeo!

ROMEO. Cara!

---

12. **terzuolo**: il falchetto maschio, usato come
richiamo nella caccia, per antitesi è definito da
Giulietta *gentile*. Segue l'iperbole paradossale
legata ai termini *voce-eco*.

13. **che dolce tinnire d'argento**: che dolce suono, chiaro e sottile come quello di una moneta
d'argento.

419

TEATRO: I GENERI

▶ Leonardo Di Caprio (Romeo) e Claire Danes (Giulietta) in *William Shakespeare's Romeo + Juliet*, regia di Baz Luhrmann, 1996.

GIULIETTA. A che ora, domani, devo mandare da te?
ROMEO. Alle nove.
GIULIETTA. Non mancherò; ci sono venti anni di qui allora[14]. Non mi ricordo più perché ti ho richiamato.
ROMEO. Lasciami restar qui finché te ne ricordi.
GIULIETTA. Allora io non me ne ricorderò apposta, affinché tu resti qui ancora, rammentandomi solamente quanto mi è cara la tua compagnia.
ROMEO. Ed io resterò qui, perché tu non te ne ricordi, dimenticando ogni altra mia abitazione fuori di questa.
GIULIETTA. È quasi giorno; io vorrei che tu fossi già partito, ma senza allontanarti più dell'augellino, che una monella lascia saltellare per un poco fuori della sua mano, povero prigioniero avvinto nelle sue ritorte catene[15], e tosto per mezzo di un filo di seta lo riconduce a sé con una stratta[16], amante troppo gelosa della sua libertà.
ROMEO. Io vorrei essere il tuo augellino.
GIULIETTA. Anch'io vorrei che tu lo fossi, o caro: ma avrei paura di ucciderti per il troppo bene. Buona notte, buona notte! L'addio che ci separa è un dolore così dolce, che ti direi «buona notte» fino a domattina. [*Si ritira.*
ROMEO. Il sonno scenda sugli occhi tuoi, la pace nel tuo petto! Oh fossi io il sonno e la pace per riposare così dolcemente! – Ed ora anderò alla cella del mio padre spirituale ad implorare il suo aiuto e a raccontargli la mia buona ventura.

[*Esce.*

(W. Shakespeare, *Romeo e Giulietta*, in *Tutte le opere*, trad. di C. Chiarini, a cura di M. Praz, Sansoni, Firenze, 1965)

---

14. ci sono venti anni di qui allora: per l'innamorato, il tempo che lo separa dal rivedere il suo amore è eterno: a Giulietta le poche ore che la separeranno dal successivo incontro con Romeo, alle nove del mattino dopo, sembrano vent'anni.
15. ritorte catene: catene attorcigliate.
16. stratta: strattone violento.

420

UNITÀ E1 ■ LA TRAGEDIA

L'autore e l'opera

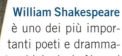

William Shakespeare è uno dei più importanti poeti e drammaturghi inglesi. Non vi sono molte informazioni sulla sua vita: nasce a Stratford-upon-Avon nel 1564 in una famiglia di commercianti; segue una regolare istruzione nel paese natale; nel 1582 sposa Anne Hathaway, dalla quale ha tre figli. Verso il 1586 si trasferisce a Londra, probabilmente seguendo una compagnia teatrale; gode della protezione del conte di Southampton. Nella capitale inglese pubblica i poemetti erotici *Venere e Adone* (1592-1593) e *Lucrezia violata* (1593-1594), compone la maggior parte dei 154 *Sonetti* (1609) e diviene ben presto famoso come autore e attore.

La sua intensa produzione teatrale occupa un periodo che va dal 1588 al 1613 e comprende complessivamente 37 opere suddivise in drammi di argomento storico, tra i quali ricordiamo *Riccardo III* (1591) ed *Enrico IV* (1596-1597); tragedie, tra cui *Romeo e Giulietta* (1595), *Giulio Cesare* (1599), *Amleto* (1600-1601), *Otello* (1601-1602), *Re Lear* (1605-1606) e *Macbeth* (1606); e parallelamente numerose commedie: tra queste, *La bisbetica domata* (1590-1591), *Sogno di una notte di mezza estate* (1595-1596), *Il mercante di Venezia* (1596-1598), *Molto rumore per nulla* (1598-1599). Intorno al 1610 si allontana da Londra, dal 1613 smette di scrivere e ritorna nella città natale, dove muore nel 1616.

Una nuova concezione teatrale

La produzione di Shakespeare rispecchia il passaggio dall'antico al nuovo: svincolata dalla rigidità dei modelli classici, non rispetta l'unità di azione, di tempo e di luogo, e accosta alla trama centrale un intreccio secondario. L'autore dà voce ai dubbi e alle ambiguità di carattere e di comportamento dei protagonisti, come nel famoso monologo del principe Amleto: «Essere, o non essere, è questo che mi chiedo».

La trama di *Romeo e Giulietta*

Romeo Montecchi e Giulietta Capuleti, giovanissimi componenti di due nobili famiglie rivali della Verona medioevale, si innamorano e segretamente si sposano con l'aiuto di una nutrice e di frate Lorenzo. Ma prima che il frate riesca a rendere pubblica la notizia del legame, Tebaldo, cugino di Giulietta, uccide in duello Mercuzio, amico di Romeo; questi, sebbene desideri pace tra le due famiglie, sfida e uccide Tebaldo. Romeo allora è bandito da Verona e si rifugia a Mantova, mentre il padre di Giulietta cerca di convincere la ragazza a sposare il nobile Paride. Frate Lorenzo persuade Giulietta ad accettare le nozze, promettendole per quel giorno un potente narcotico che la farà apparire morta per quarantotto ore: allora Romeo la libererà e potrà portarla con sé a Mantova. Ma gli eventi precipitano: il frate non riesce ad avvertire Romeo dello stratagemma; il giovane, appresa la notizia della morte dell'amata, pazzo di dolore, raggiunge la tomba di Giulietta, la crede realmente morta e si avvelena dinanzi a lei. Quando Giulietta si ridesta, vede il suo sposo cadavere e si pugnala. Il sacrificio dei due giovani riconcilierà le due famiglie rivali.

La tragedia dell'amore impossibile

La storia dell'amore contrastato di Romeo e Giulietta è uno dei più celebri capolavori di Shakespeare: la coppia rappresenta l'eterna tragedia dell'unione impossibile che, nel suo valore universale, eserciterà il suo fascino di amore e morte su varie generazioni di spettatori e lettori. I protagonisti sono rappresentati in chiave psicologica, per comunicare come la forza dei sentimenti possa conferire un senso determinante all'esistenza: il giovane Romeo affida il suo destino alla pace e all'amore; Giulietta, con il suo amore virginale e un coraggio indomito, cerca di superare gli ostacoli di un ambiente familiare gretto e cinico. Ma gli eventi stroncano, senza pietà, i loro sogni.

Perché leggiamo *Romeo e Giulietta*

Per l'impetuosa sincerità e il tragico epilogo di questo amore di adolescenti «nati sotto contraria stella», che vive nell'immaginario collettivo come emblema di una purezza appassionata e travolta dalle circostanze.

Analisi del testo

La dichiarazione d'amore

Al chiaro di luna, Romeo è nascosto sotto il balcone di Giulietta e la sente parlare da sola. La scena si anima prima con il monologo appassionato di Romeo e poi con la confessione d'amore inattesa di Giulietta, esitante tra la passione giovanile e il dubbio di affrontare con un giovane dei Montecchi una storia impossibile. Essendo le famiglie Capuleti e Montec-

PERCORSO E — TEATRO: I GENERI

chi fiere nemiche, Giulietta riflette sull'inconsistente valore dei nomi: un nome è solo una vuota etichetta che non cambia la sostanza delle cose e delle persone; la rosa sarebbe sempre così profumata anche se avesse un altro nome, e così Romeo sarebbe sempre perfetto, anche senza quel nome che li separa. La ragazza perciò è pronta a rinunciare al suo nome e spera che anche Romeo rinneghi suo padre. Il giovane esce allora allo scoperto e le rivela i suoi sentimenti con l'espressione: *chiamami soltanto amore*. I due giovani si scambiano il loro voto d'amore, definito da Giulietta come un lampo che illumina per un istante il buio della notte e come uno splendido fiore.

Le caratteristiche dello stile

Lo stile di Shakespeare è caratterizzato dalla ricchezza di figure retoriche che spesso si intrecciano in modo complesso e immaginoso, con effetti di forte espressività; i personaggi si esprimono con un linguaggio che avvicina il testo drammatico a quello lirico. Nel dialogo di Romeo e Giulietta ricorrono i riferimenti alla notte, agli astri, all'alba, in un gioco di rimandi che circoscrive l'intimità dei due innamorati e al tempo stesso la fa spaziare nell'incanto universale di quel momento.

Immagini fantasiose, affermazioni iperboliche, perifrasi, eleganti metafore esprimono la tenera passione dei due giovani:

Ride delle cicatrici, chi non ha mai provato una ferita (riga 5).	Metafora	Le pene d'amore sono come ferite che lasciano segni profondi e incancellabili come cicatrici; il dolore che provocano non può essere misurato da chi non le ha mai provate.
Quella finestra è l'oriente e Giulietta è il sole! Sorgi, o bell'astro (riga 7).	Metafora	Giulietta si affaccia alla finestra e Romeo la paragona al sole.
E se gli occhi suoi, in questo momento, fossero lassù, e le stelle fossero nella fronte di Giulietta? (righe 16-17).	Metafora	Per Romeo gli occhi di Giulietta sono luminosi come due stelle, tanto che gli uni potrebbero stare al posto delle altre e viceversa. L'interrogativa sottolinea la meraviglia e l'intensa emozione dell'innamorato.
Lo splendore del suo viso farebbe impallidire di vergogna quelle due stelle, come la luce del giorno fa impallidire la fiamma di un lume; e gli occhi suoi in cielo irradierebbero l'etere di un tale splendore, che gli uccelli comincerebbero a cantare, credendo finita la notte (righe 17-21).	Metafora e iperbole	La bellezza del viso di Giulietta è descritta in modo iperbolico e con un'amplificazione della metafora della luce e degli astri. Se gli occhi di Giulietta sono luminosi come stelle nella notte, lo splendore del suo viso è ancora maggiore, come quello del sole e del giorno.
un alato messaggero del cielo (riga 26).	Perifrasi e iperbole	Giulietta viene definita un angelo, con un giro di parole che eleva lo stile e rende più ricca e fantasiosa l'immagine.
Ho il manto della notte per nascondermi agli occhi loro (riga 63). *Tu sai che la maschera della notte mi cela il volto* (riga 71).	Metafora	L'oscurità della notte protegge i due giovani innamorati, come un manto e una maschera.
Questo boccio d'amore, aprendosi sotto il soffio dell'estate, quando quest'altra volta ci rivedremo, forse sarà uno splendido fiore (righe 100-101).	Metafora	Le immagini del bocciolo (l'amore appena nato) e del fiore (l'amore maturo) conferiscono tenerezza e splendore alle parole di Giulietta.

422

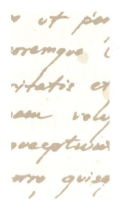

Il linguaggio drammatico

Le didascalie, in corsivo e tra parentesi, forniscono solo le istruzioni essenziali riguardo all'entrata in scena di Giulietta (*Giulietta appare ad una finestra in alto*), alla sua uscita (*Si ritira dalla finestra*), alla modalità di recitazione di Romeo (*fra sé*) e alla sua uscita nella conclusione (*Esce*).

L'intensità espressiva del dialogo porta alla massima funzionalità il valore performativo del linguaggio: in questa scena si può veramente dire, con una frase fatta, che i due protagonisti "pendono uno dalle labbra dell'altro": nelle loro battute si avvicendano continuamente imperativi, invocazioni, interrogativi.

Da notare anche l'alta frequenza dei deittici, in particolare i pronomi e i possessivi di prima e seconda persona.

Che cosa so fare

COMPRENDERE

1. **La struttura.**
   Nello schema di sviluppo del dramma, l'episodio che hai letto appartiene alla fase definibile come
   a. scelta sbagliata
   b. disordine iniziale
   c. ritorno all'ordine
   d. soddisfazione del desiderio

2. **I ruoli dei personaggi.**
   Nel dramma, il ruolo di antagonista è svolto
   a. da Romeo
   b. da frate Lorenzo
   c. dalle famiglie discordi
   d. dagli amici di Romeo

3. **La richiesta di Giulietta.**
   Perché Giulietta chiede a Romeo di rinunciare al suo nome?

4. **Il comportamento di Romeo.**
   In questa scena, Romeo mostra
   a. intraprendenza
   b. furbizia
   c. pudore
   d. sfrontatezza

ANALIZZARE

5. **Le battute.**
   Individua nel testo
   • una o più battute pronunciate "a parte"
   • la battuta con cui ha inizio il dialogo fra Giulietta e Romeo

6. **Le parole d'amore.**
   Quali parole e quali paragoni usa Romeo nel primo monologo per esaltare la bellezza della fanciulla amata?

TEATRO: I GENERI

7. **La personalità di Giulietta.**
   Il personaggio di Giulietta è caratterizzato da un misto di passione, pudore e innocenza. Nella prima parte del brano, individua le battute in cui emergono queste caratteristiche.

Caratteristiche di Giulietta	Righe
passione	
pudore e innocenza	

8. **Il voto d'amore.**
   Giulietta paragona la promessa scambiata con Romeo a un lampo che rischiara per un attimo il buio della notte e a un fiore meraviglioso. Alla luce dell'epilogo drammatico della vicenda, a tuo parere, quale significato simbolico è possibile attribuire a queste due immagini?

9. **I personaggi.**
   I due innamorati sono personaggi "tipo" o "individuo"? Motiva la tua risposta.

10. **La performatività del linguaggio.**
    Individua almeno un paio di battute in cui risulti evidente il valore performativo del linguaggio.

11. **I deittici.**
    Individua i deittici presenti nella seguente battuta di Romeo (righe 63-65): *Ho il manto della notte per nascondermi agli occhi loro; ma a meno che tu non mi ami, lascia che mi trovino qui: meglio la mia vita terminata per l'odio loro, che la mia morte ritardata senza che io abbia l'amor tuo.*

PRODURRE

12. **Laboratorio di scrittura creativa | Aggiungere le didascalie.**
    Il testo contiene poche didascalie e per lo più limitate a fornire brevi indicazioni per i movimenti dei personaggi. Aggiungi altre didascalie, che diano suggerimenti sui toni e sul ritmo della recitazione, sulle espressioni del volto, sui gesti dei personaggi ecc.
    Ti forniamo un esempio.
    «Romeo (*con un sorriso amaro*) Ride delle cicatrici, chi non ha mai provato una ferita. (*Giulietta appare ad una finestra in alto*) Ma, piano! (*si guarda intorno circospetto*) Quale luce spunta lassù da quella finestra? (*solleva un braccio, in direzione della luce*) Quella finestra è l'oriente... (continua tu...)

13. **Parlare | Riflettere sull'atteggiamento di Giulietta.**
    Ritieni moderno l'atteggiamento di Giulietta nei confronti di Romeo, dei propri sentimenti e delle convenzioni sociali? Argomenta il tuo parere e motivalo opportunamente.
    Hai 10 minuti a tua disposizione.
    Il testo deve contenere i seguenti punti, non necessariamente nell'ordine:
    - tesi (l'atteggiamento di Giulietta è / non è influenzato dalle convenzioni sociali);
    - argomenti a favore della tesi;
    - antitesi e argomenti a favore dell'antitesi;
    - confutazione che dimostra infondata l'antitesi;
    - conclusione.

LABORATORIO DELLE COMPETENZE

UNITÀ E1 ■ LA TRAGEDIA

Thomas Stearns Eliot

L'assassinio dell'arcivescovo di Canterbury

da *Assassinio nella cattedrale* (1935)

▶ Tragedia
Quando ▶ 29 dicembre 1170
Dove ▶ All'interno della cattedrale di Canterbury

Il protagonista del dramma, Thomas Becket (1118-1170), è una figura storica del Medioevo. Dapprima collaboratore del re Enrico II d'Inghilterra (1133-1189), diventato arcivescovo di Canterbury difese le prerogative della Chiesa contro la volontà del sovrano di sottoporla al proprio controllo (con le Costituzioni di Clarendon il sovrano aveva affermato, nel 1164, i suoi diritti in materia ecclesiastica per regolare i rapporti tra la Chiesa e la monarchia in senso favorevole a quest'ultima). Costretto all'esilio in Francia, l'arcivescovo tornò a Canterbury nel 1170, quando il contrasto tra i due poteri era ancora irrisolto, e poco dopo venne ucciso. L'opera di Eliot rappresenta questi ultimi eventi. La scena qui riportata è l'epilogo del dramma, che si svolge all'interno dell'arcivescovado e poi all'interno della cattedrale il 29 dicembre 1170. Stanno arrivando i cavalieri incaricati dal re Enrico II d'Inghilterra di uccidere Thomas Becket: il popolo di Canterbury e i sacerdoti vogliono barricare le porte della chiesa, ma l'arcivescovo si sente pronto al giudizio di Dio. Al Coro del popolo e delle donne è affidato il commento dell'azione drammatica, che esprime i sentimenti e la visione del mondo dell'autore.

Atto II
Scena II

Personaggi
Tre Sacerdoti
5 Quattro Cavalieri
L'arcivescovo Tommaso[1] Becket
Coro di donne di Canterburgo[2]
Servi

     Sacerdoti
10 Sbarrate la porta. Sbarrate la porta.
La porta è sbarrata.
Siamo salvi. Siamo salvi.
Non ardiscono irrompere.
Non possono irrompere. Non ne hanno la forza.
15 Siamo salvi. Siamo salvi.

     Tommaso
Disserrate le porte! Aprite le porte!
Non voglio che la casa della preghiera, che la chiesa di Cristo,
Il santuario, sia mutato in fortezza.
20 La Chiesa proteggerà i suoi, alla sua maniera, non
Come la quercia e la pietra[3]; la pietra e la quercia rovinano,

---

1. Tommaso: nella traduzione, forma italianizzata dell'inglese Thomas.
2. Canterburgo: nella traduzione, forma italianizzata di Canterbury, città situata nell'Inghilterra sud-orientale. È sede del primate della chiesa anglicana e meta di pellegrinaggio.
3. come la quercia e la pietra: come le porte (*quercia*) e i muri (*pietra*).

425

TEATRO: I GENERI

Non dànno saldezza, ma la Chiesa durerà.
La chiesa dev'essere aperta, anche ai nostri nemici. Aprite la porta!

SACERDOTI
Mio Signore! questi non sono uomini, questi non vengono come vengono gli   25
    uomini, ma
Come bestie impazzite. Non vengono come uomini, che
Rispettano il santuario, che s'inginocchiano al Corpo di Cristo,
Ma come bestie. Voi spranghereste la porta
Contro il leone, il leopardo, il lupo o il cinghiale,   30
Perché non di più
Contro bestie[4] con le anime d'uomini dannati, contro uomini
Che si dannerebbero ad essere bestie. Mio Signore! Mio Signore!

TOMMASO
Voi mi credete incauto, disperato e pazzo.   35
Voi concludete dai risultati, come fa il mondo,
Per decidere se un'azione è buona o grama[5].
Vi riferite al fatto[6]. Ché ogni vita e ogni atto può dimostrarsi conseguenza di
    bene o di male.
E come nel tempo sono commisti i risultati di molti fatti   40
Così alla fine si fanno confusi il bene ed il male.
Non è nel tempo che la mia morte sarà conosciuta;
La mia decisione è presa fuori del tempo
Se chiamate decisione ciò
Al quale tutto il mio essere dona pieno consenso.   45
Io do la mia vita
Per la Legge di Dio sopra la Legge dell'Uomo.
Disserrate la porta! Disserrate la porta!
Noi non siamo qui per trionfare con la lotta, con lo stratagemma, o con la resi-
    stenza,   50
Non a combattere con bestie simili a uomini. Noi abbiamo combattuto la be-
    stia[7].
E abbiamo vinto. Dobbiamo solo conquistare
Ora, con la sofferenza. Questa è la vittoria più facile.
Ora è il trionfo della Croce, ora   55
Aprite la porta! Io comando. APRITE LA PORTA!

(*La porta viene aperta. Entrano i* CAVALIERI, *alquanto brilli*).

SACERDOTI
Per di qui, mio Signore! Presto. Sulla scala. Sul tetto. Nella cripta. Svelto. Venite.
    Forzatelo.   60

CAVALIERI
(*Un verso ciascuno*).
Dov'è Becket, il traditore del Re?
Dov'è Becket, il prete intrigante?
Vieni giù Daniele nella fossa dei leoni[8],   65
Vieni giù Daniele per il marchio della bestia.

---

4. Voi spranghereste... bestie: come si sprangherebbero le porte davanti alle belve feroci, così si devono chiudere davanti ai cavalieri che intendono agire allo stesso modo.

5. grama: malvagia, meschina.

6. Vi riferite al fatto: l'arcivescovo osserva che la giustizia degli uomini si limita alla dimensione terrena delle azioni umane, che si compiono nel tempo. Ma egli offre la sua vita per una decisione presa *fuori del tempo*, nella dimensione del divino.

7. Noi...la bestia: il protagonista ha sconfitto la tentazione delle passioni (*bestia*) e ora si sente pronto ad abbracciare la croce di Cristo, che si è sacrificato per l'umanità.

8. Vieni giù...leoni: nella Bibbia si legge che il profeta Daniele, durante l'esilio a Babilonia, fu gettato nella fossa dei leoni per aver disobbedito, pregando il proprio Dio, alle prescrizioni del re dei Persiani Ciro.

LABORATORIO DELLE COMPETENZE

UNITÀ E1 ■ LA TRAGEDIA

Vi siete lavato nel sangue dell'Agnello?
Vi siete marchiato col marchio della bestia?
Vieni giù Daniele nella fossa dei leoni,
70 Vieni giù Daniele ed unisciti alla festa.
Dov'è Becket, il ragazzaccio della Contrada Mercanti?
Dov'è Becket, il prete infedele?
Vieni giù Daniele nella fossa dei leoni,
Vieni giù Daniele ed unisciti alla festa.

75   Tommaso
L'uomo giusto
Come audace leone, dovrebbe essere senza paura.
Eccomi.
Non traditore del Re. Io sono prete,
80 Un cristiano, salvato dal Sangue di Cristo,
Pronto a soffrire col mio sangue.
È questo il segno della Chiesa, sempre,
Il segno del sangue. Sangue per sangue.
Dato è il Suo sangue per comprare la mia vita,
85 Dato è il mio sangue per pagare la Sua morte.
La mia morte per la Sua morte.

    Primo Cavaliere
Assolvete tutti coloro che avete scomunicato.

    Secondo Cavaliere
90 Rinunciate ai poteri che vi siete arrogato.

    Terzo Cavaliere
Ritornate al Re il danaro che vi siete appropriato.

    Primo Cavaliere
Rinnovate l'ubbidienza che avete violato.

95   Tommaso
Per il mio Signore sono pronto ora a morire,
E la Sua Chiesa abbia pace e libertà.
Fate di me come volete, a vostro torto e vergogna;
Ma nessuno del mio popolo, nel nome di Dio,
100 O laico o chierico, toccherete,
Io lo proibisco.

    Cavalieri
Traditore! traditore! traditore!

    Tommaso
105 Voi, Reginaldo, tre volte traditore voi:
Traditore di me come mio vassallo temporale[9],
Traditore di me come vostro signore spirituale,
Traditore di Dio nel profanare la Sua Chiesa.

▲ Giulio Brogi (Thomas Becket), in *Assassinio nella cattedrale* di Thomas Stearns Eliot, regia di Pietro Carriglio, Teatro Stabile di Palermo, 2006. Fotografia di Tommaso Le Pera.

9. **vassallo temporale**: Reginaldo era sottoposto all'arcivescovo come vescovo conte, cioè come amministratore di beni terreni (*temporali*).

TEATRO: I GENERI

10. Coro: il Coro delle donne di Canterbury si configura come un personaggio, sia pure stilizzato (parla al singolare: *ed io vado...se li spezzo sanguinano; io vado...se li tocco sanguinano...Come come posso mai tornare...Posso ancora guardare...*).

11. La terra è sozza: la terra necessita di purificazione perché è stata macchiata dal sangue di un innocente ucciso.

12. cortina di sangue: cascata di sangue che insudicia tutte le cose.

13. esca: sostanza vegetale usata per accendere il fuoco.

▼ Giulio Brogi (Thomas Becket), in *Assassinio nella cattedrale* di Thomas Stearns Eliot, regia di Pietro Carriglio, Teatro Stabile di Palermo, 2006. Fotografia di Tommaso Le Pera.

PRIMO CAVALIERE
Nessuna fedeltà io debbo a un rinnegato,
E ciò che debbo sarà pagato subito.

TOMMASO
Ora, a Dio Onnipotente, alla Beata sempre Vergine Maria, al Beato Giovanni Battista, ai santi apostoli Pietro e Paolo, al Beato martire Dionigi e a tutti i Santi, affido la mia causa e quella della Chiesa.

Mentre i CAVALIERI *lo uccidono si ode il*

CORO[10]
Chiarite l'aria! pulite il cielo! lavate il vento! separate pietra da pietra e lavatele.
La terra è sozza[11], l'acqua è sozza, le nostre bestie e noi stesse insozzate di sangue.
Una pioggia di sangue m'ha accecato gli occhi. Dov'è l'Inghilterra? dov'è il Kent? dov'è Canterburgo?
Oh lontano lontano lontano lontano nel passato; ed io vado vagando in una landa di sterpi sterili: se li spezzo sanguinano; io vado vagando in una landa di aridi sassi: se li tocco sanguinano.
Come come posso mai tornare alle soavi stagioni tranquille?
Notte, resta con noi, fermati sole, trattieniti stagione, non venga il giorno, non venga la primavera.
Posso ancora guardare il giorno e le sue cose solite, e vederle tutte imbrattate di sangue, attraverso una cortina di sangue[12] che cade?
Noi non volevamo che accadesse nulla.
Noi capivamo la catastrofe privata,
La perdita personale, la miseria generale,
Vivendo e in parte vivendo;
Il terrore della notte che termina nell'azione del giorno.
Il terrore del giorno che termina nel sonno;
Ma chiacchierare sulla piazza del mercato, con la mano sulla scopa,
Ammucchiare le ceneri al cadere della sera,
Porre l'esca[13] sul fuoco allo spuntar del giorno,
Questi gli atti che segnavano un limite al nostro soffrire.
Ogni orrore aveva la sua definizione,
Ogni dolore aveva una specie di fine:
Nella vita non v'è tempo d'affannarsi a lungo.
Ma questo, questo è fuori della vita, questo è fuori del tempo,

428

LABORATORIO DELLE COMPETENZE

UNITÀ E1 ■ LA TRAGEDIA

Un'imminente eternità di male e d'ingiustizia.
Noi siamo sporche d'una sozzura che non possiamo detergere, mischiata col
155   verme soprannaturale[14],
Non siamo noi sole, non la sola casa, non la città ch'è insozzata,
Ma il mondo che è tutto sozzo.
Chiarite l'aria! pulite il cielo! lavate il vento! separate pietra da pietra, separate
      la pelle dal braccio, separate il muscolo dall'osso, e lavateli. Lavate la pietra,
160   lavate l'osso, lavate il cervello, lavate l'anima, lavateli, lavateli!

14. verme soprannaturale: demonio.

(T.S. Eliot, *Assassinio nella cattedrale*, trad. di A. Castelli, Bompiani, Milano, 1966)

L'autore e l'opera

Thomas Stearns Eliot nasce nel 1888 nel profondo Sud degli Stati Uniti, a Saint Louis (Missouri), da una famiglia agiata. Studia all'Università di Harvard; all'interesse per le filosofie e le religioni orientali unisce la conoscenza dell'opera di Dante, di cui apprezza il profondo legame tra poesia e teologia. Nel corso di soggiorni in Europa per motivi di studio, conosce importanti esponenti della cultura del tempo, tra cui il poeta americano Ezra Pound, che lo sostiene nelle prime esperienze letterarie. A Londra, dove si era recato nel 1914, si sposa e trova lavoro alla Lloyds Bank (il padre, disapprovando la sua scelta di proseguire la carriera accademica, gli aveva negato ogni aiuto economico), collaborando nel frattempo a riviste letterarie e dedicandosi alla stesura delle sue opere; nel 1923 diviene direttore della casa editrice Faber & Faber. Nel 1927 riceve la cittadinanza inglese e si accosta alla Chiesa anglicana. La svolta religiosa, cui approda dopo una lunga e difficile ricerca spirituale, ha una notevole influenza anche sulla sua opera di scrittore e sulla sua visione della vita, che diviene meno amara e sconsolata. Nel 1948 ottiene il premio Nobel per la letteratura. Muore a Londra nel 1965.

La ricerca intellettuale e la fede religiosa interagiscono in tutta la produzione letteraria di Eliot. Se le sue raccolte di poesie (*Il canto d'amore di J. Alfred Prufrock,* 1917; *Poesie,* 1919) e i poemi (*La Terra desolata,* 1922) testimoniano una visione pessimistica del mondo, popolato da individui estranei a se stessi – un mondo di "morti viventi" – i drammi successivi alla "conversione", tra i quali *Assassinio nella cattedrale* (1935), rappresentano la possibilità di dare un significato alla sofferenza dell'uomo sulla terra vista come itinerario che conduce a Dio.

La trama di *Assassinio nella cattedrale*

L'opera è strutturata in due atti collegati da un intermezzo; queste parti corrispondono rispettivamente alle tre giornate nelle quali è collocata l'azione: il 2 dicembre, la mattina di Natale e il 29 dicembre 1170.
Il 2 dicembre, dopo sette anni di esilio in Francia, l'arcivescovo Thomas Becket fa ritorno a Canterbury. Sempre ben deciso a non lasciare che il re Enrico II sottometta la Chiesa, prevaricando il potere divino, l'arcivescovo si accorge di essere avversato sia dai fedeli, che temono nuove persecuzioni, sia dai seguaci del re che vogliono la sua sottomissione. Il popolo e i sacerdoti presagiscono eventi funesti. Becket è tormentato da una serie di tentazioni: l'amore per i piaceri contro cui ha combattuto in passato; il desiderio di potere; la possibilità di una congiura contro il sovrano; l'aspirazione al martirio per una gloria duratura: ma il martirio «non è mai disegno d'uomo; poiché vero martire è colui che è divenuto strumento di Dio». Dopo un tormentoso conflitto interiore, scaccia tutte le tentazioni ma sente vicina la fine. Convinto di agire secondo coscienza, Becket ribadisce nella predica natalizia al popolo la sua idea della libertà della Chiesa e non tenta di fuggire quando, pochi giorni dopo, quattro cavalieri vengono nell'arcivescovado a ucciderlo.

Perché leggiamo *Assassinio nella cattedrale*

Perché, mentre in Europa stavano affermandosi il nazismo, il fascismo e lo stalinismo, Eliot mette in scena la tragica lotta di un individuo che si oppone alle pretese del potere assoluto.

PERCORSO E — TEATRO: I GENERI

ATTIVITÀ

COMPRENDERE E ANALIZZARE

Competenza:
- leggere, comprendere e interpretare testi scritti di vario tipo

1. VERSO LA PROVA INVALSI

Scegli l'opzione.

1. Il Coro rappresenta
   a. i servi del re
   b. i sacerdoti e i fedeli
   c. il popolo e le donne
   d. i contadini e i guerrieri

2. Nel giorno di Natale, Becket
   a. ritorna a Canterbury
   b. pronuncia un sermone
   c. è assalito dagli uomini del re
   d. è tormentato da desideri terreni

3. All'arrivo dei nemici, i sacerdoti
   a. chiudono l'ingresso
   b. si rifugiano sul tetto
   c. si raccolgono in preghiera
   d. prendono le armi

4. La frase *Noi abbiamo combattuto la bestia* (righe 51-52) si riferisce
   a. al furore dei cavalieri
   b. al timore dei sacerdoti
   c. alle passioni tentatrici
   d. al potere prevaricatore

5. Per Becket, *la vittoria più facile* (riga 54) è quella che si conquista
   a. con la sofferenza
   b. con la guerra
   c. con la compassione
   d. con il perdono

6. La frase *Vieni giù Daniele nella fossa dei leoni* (riga 65) esprime
   a. rispetto e timore
   b. derisione e minaccia
   c. ambiguità e inganno
   d. fretta e indifferenza

7. I cavalieri intimano a Becket
   a. di andarsene da Canterbury
   b. di ritornare all'ubbidienza
   c. di recarsi subito dal re
   d. di deporre le armi

8. Con la frase *La mia morte per la Sua morte* (riga 86) Becket si riferisce
   a. a Cristo
   b. al re Enrico
   c. al profeta Daniele
   d. alla Chiesa

9. Becket accusa di tradimento
   a. Reginaldo
   b. Dionigi
   c. l'Inghilterra
   d. il popolo

10. Il Coro conclude il dramma
    a. deplorando l'operato di Becket
    b. chiedendo vendetta a Dio
    c. invocando la purificazione del mondo
    d. rinnegando l'autorità costituita

11. La situazione tragica nasce
    a. da un evento casuale
    b. da un conflitto di autorità
    c. da un grave malinteso
    d. da un piano delittuoso

12. La scena si svolge in uno spazio
    a. realistico
    b. simbolico
    c. fantastico
    d. indeterminato

13. Nel sistema dei personaggi, i cavalieri hanno il ruolo di
    a. antagonisti
    b. destinatori
    c. aiutanti
    d. oppositori

14. Le battute dei cavalieri danno alla scena un ritmo
    a. lento
    b. misurato
    c. concitato
    d. vivace

430

LABORATORIO DELLE COMPETENZE

UNITÀ E1 ■ LA TRAGEDIA

■ INTERPRETARE E PRODURRE

Competenze:
- leggere, comprendere e interpretare testi scritti di vario tipo
- produrre testi di vario tipo in relazione ai differenti scopi comunicativi

2. RISPOSTA SINTETICA
Il rapporto con la tragedia antica.
Assassinio nella cattedrale richiama la tragedia delle origini. Quali caratteristiche strutturali dell'opera ritieni che possano giustificare tale affermazione?

3. CONFRONTO
Becket e Antigone.
Confronta *Assassinio nella cattedrale* con la tragedia *Antigone* di Sofocle (▶ p. 403), riflettendo sul tema centrale delle due opere, sulla figura dei rispettivi protagonisti e sul messaggio dell'autore. Quali analogie e quali differenze rilevi?

4. RISPOSTA SINTETICA
Testo e contesto.
Ritieni che il tema di *Assassinio nella cattedrale* risultasse attuale o inattuale nel contesto storico-politico dell'Europa degli anni Trenta del Novecento? Motiva la tua risposta.

■ ESPORRE E ARGOMENTARE

Competenze:
- padroneggiare gli strumenti espressivi e argomentativi indispensabili per gestire l'interazione comunicativa verbale in vari contesti
- leggere, comprendere e interpretare testi scritti di vario tipo

5. ARGOMENTAZIONE
La posizione di Becket.
Nel monologo di Becket si esprime una concezione del bene e del male contrapposta a quella dei sacerdoti, che esortano l'arcivescovo a difendersi e a fuggire. Con quali argomentazioni egli nega che ciò sia un bene e qual è invece la sua posizione? Ritieni valido il suo ragionamento? Esponi e motiva le tue conclusioni in merito.

6. ARGOMENTAZIONE
Il discorso del Coro.
Nel commento dell'azione, assegnato al Coro, si fa riferimento alla vita quotidiana del popolo e si afferma che l'assassinio di Becket la sconvolge irrimediabilmente. In quale modo e per quale motivo? La visione espressa dal Coro si può mettere in relazione con quella di Becket? Esponi e motiva la tua interpretazione.

7. VERSO IL COLLOQUIO ORALE

Esponi il significato complessivo di un brano dell'unità.
- Precisa la data in cui è stato pubblicato o rappresentato per la prima volta.
- Inquadralo nell'insieme delle opere dell'autore.
- Definisci le caratteristiche più significative del testo dal punto di vista strutturale.
- Delinea il tema centrale e mettilo in relazione con la visione dell'esistenza che il testo esprime.

- Poni in rapporto il significato del testo e il periodo storico nel quale fu composto.
- Esponi sinteticamente un'opinione personale opportunamente motivata.

Per il tuo intervento orale hai a disposizione 10-15 minuti.

TEATRO: I GENERI

PROVA AUTENTICA

Competenze:
- padroneggiare gli strumenti espressivi e argomentativi indispensabili per gestire l'interazione comunicativa verbale in vari contesti
- leggere, comprendere e interpretare testi scritti di vario tipo
- produrre testi di vario tipo in relazione ai differenti scopi comunicativi

Competenze chiave di cittadinanza:
1. Imparare ad imparare
2. Progettare
3. Comunicare
4. Collaborare e partecipare
5. Agire in modo autonomo e responsabile
6. Risolvere problemi
7. Individuare collegamenti e relazioni
8. Acquisire ed interpretare le informazioni

SCRIVERE PER IL TEATRO

Prodotto: testi per il teatro.

Destinatari: studenti di altre classi.

Tempi: 4 ore in classe + altri tempi per la preparazione delle attività a casa.

Consegna: scrivete un testo per il teatro, sul modello di quelli studiati. Ogni gruppo scriverà un testo imperniato su un conflitto che, come nel teatro tragico, dà luogo a una catastrofe.
La struttura sarà quella di un atto unico suddiviso in tre o più scene.

Istruzioni (attività in *cooperative learning*):
- Dividetevi in gruppi.
- In gruppo definite il tema su cui verte il conflitto, ossia stabilisce che cosa – quale valore, sentimento, diritto, usanza religiosa o sociale, desiderio, dovere ecc. – determina una contesa tra due parti. In questa fase si raccolgono anche le idee sul periodo e sul luogo in cui ambientare la vicenda.
- Esponete per gruppi le rispettive scelte, per verificare, attraverso il confronto, l'opportunità di svilupparle o di modificarle.
- In gruppo delineate una traccia della storia che intendete rappresentare, stabilendo:
  – il contesto dell'azione (luoghi, tempo, circostanze);
  – la situazione;
  – i personaggi principali, le loro caratteristiche e gli scopi che si propongono;
  – i personaggi secondari;
  – le relazioni tra i personaggi;
  – i "nodi" della vicenda, ossia gli eventi che intervengono a determinarne gli sviluppi.
- Definite in gruppo la struttura del testo, suddividendo in scene l'azione del dramma.
- Suddividete tra i componenti del gruppo il compito della stesura delle singole scene. In questa fase si sviluppano anche i dettagli dell'ambientazione, dei costumi e di tutte le altre indicazioni per la messa in scena, che dovranno confluire nelle didascalie. Potete fissare questi dati con schemi e disegni.
- Assemblate in gruppo le scene così prodotte, condividendo e adattando il loro sviluppo per pervenire a un unico testo efficace.

UNITÀ E2
La commedia

Testo d'esempio — Aristofane *Lisistrata*

Antologia — Plauto *Il soldato fanfarone*
Terenzio *L'educazione dei figli*

Laboratorio delle competenze — C. Goldoni *La seduzione di Mirandolina*

In questa unità:
- studierai la nascita e la fortuna della commedia
- individuerai le caratteristiche che distinguono la commedia dagli altri testi drammatici
- leggerai testi drammatici significativi di alcuni importanti autori del mondo antico e moderno
- esporrai i caratteri tipici del genere della commedia
- confronterai tra loro diversi tipi di personaggi della commedia
- allestirai insieme ai tuoi compagni una messa in scena teatrale

433

PERCORSO

E

2

TEATRO: I GENERI

La commedia

La commedia nacque ad Atene nella seconda metà del V secolo a.C. ed ebbe le sue origini, come la tragedia, nelle processioni magico-religiose in onore di Dioniso, in occasione delle quali gli uomini indossavano maschere e invocavano al suono del flauto la fertilità della terra. Il termine commedia pare infatti essere composto da *kómos*, "gioia condivisa con gli altri", e *oidé*, "canto".

■ La commedia greca

STRUTTURA E PERSONAGGI. Il filosofo greco Aristotele, nella sua opera intitolata *Poetica* (IV secolo a.C.), trattò sia della commedia sia della tragedia, ma la parte che faceva riferimento alla commedia è andata perduta, a esclusione di pochissimi frammenti. Le informazioni che si ricavano da questi passi e dalle commedie che ci sono giunte sono le seguenti.

- La commedia rappresentava situazioni e personaggi comuni, che suscitavano il sorriso e divertivano lo spettatore. Spesso i protagonisti appartenevano al popolo, a differenza dei personaggi delle tragedie, che erano invece rappresentanti dell'aristocrazia.

- La commedia era suddivisa in cinque episodi e i tre momenti che costituivano lo sviluppo della vicenda erano la *formulazione del desiderio,* la *rimozione degli ostacoli,* la *soddisfazione del desiderio.*

- Le situazioni comiche prevedevano il lieto fine e la rappacificazione, con danze e banchetti nuziali, il tutto presentato con un linguaggio semplice e talvolta provocatorio.

- I personaggi non affrontavano profondi drammi interiori, ma cercavano di realizzare i loro desideri, ostacolati o aiutati dal caso; la loro psicologia era semplice e, in genere, costruita attorno a una caratteristica dominante (l'ingenuo, l'astuto, l'imbroglione ecc.).

- I soggetti preferiti riguardavano, oltre agli istinti naturali della fame e del sesso, i problemi politico-sociali affrontati in chiave burlesca e con aspri attacchi ai personaggi in vista. La finalità dello spettacolo comico era infatti insegnare al pubblico una morale applicabile alle molteplici situazioni della vita.

- Mentre nella tragedia gli attori indossavano vesti lunghe e sfarzose, nella commedia gli abiti erano succinti, le maschere e i travestimenti ridicoli, i calzari leggeri e a suola bassa.

Aristotele (Stagira 384 a.C. - Calcide 322 a.C.). Filosofo greco, fu dapprima discepolo di Platone, poi alla morte del maestro, abbandonò la scuola per diventare precettore di Alessandro Magno. Rientrato ad Atene fondò la sua scuola di filosofia, il Liceo. Le sue opere riguardano quasi tutte le scienze conosciute al suo tempo e sono suddivise in scritti di logica, di fisica, di metafisica, di etica, di politica, di poetica e di retorica.

434

UNITÀ E2 ■ LA COMMEDIA

I COMMEDIOGRAFI. Il solo commediografo greco di cui ci siano giunte per intero più opere è **Aristofane** (ca 445-385 a.C.), esponente della commedia antica (VI-V sec. a.C.) e portatore di una visione positiva della vita, di una vena satirico-fantastica e di allegre trovate con espliciti riferimenti all'attualità politico-culturale (► *Lisistrata*, p. 438).

Tra il IV e il III secolo a.C., con la fine dell'indipendenza delle città greche, le mutate condizioni politiche non consentirono più la stessa libertà di parola, e il diverso clima culturale portò al tramonto della commedia antica e all'avvento della commedia nuova, in cui la satira sociale e politica era assente. Le commedie di **Menandro** (ca 342-290 a.C.), per esempio, erano incentrate sui personaggi che si trovavano ad affrontare le difficoltà del quotidiano in cui ogni uomo poteva riconoscersi (litigi tra innamorati, contrasti tra padre e figlio, bambini abbandonati, gemelli scambiati, tracolli economici). I suoi personaggi (il servo astuto nei raggiri, il padre severo, l'infida ruffiana) erano anche capaci di introspezione, avevano momenti di dolcezza e crisi di insicurezza sconosciute al teatro precedente. Di Menandro ci è giunta una sola opera per intero, *L'intrattabile*; si sono conservati però ampi brani di altre commedie (*L'odiato*, *La donna di Samo*, *L'arbitrato*).

■ La commedia latina

L'INFLUENZA GRECA. Quasi tutte le commedie latine a noi pervenute sono di ambientazione e ispirazione greca: anche se conquistata, la Grecia manteneva infatti la sua superiorità culturale nei confronti della civiltà romana e avere un modello letterario greco significava, per i commediografi, assicurarsi il favore del pubblico e della gente di cultura. Nella commedia latina confluirono così molti testi di Aristofane e di Menandro, tradotti o adattati, che si combinarono a forme di comicità popolare italica (*fescennini*, *atellane*, *mimo*), dando vita a opere ricche di frizzante vitalità e battute vivaci, come quelle di **Plauto** (ca 254-184 a.C.), o attente ai risvolti morali e all'analisi dei sentimenti umani, come quelle di **Terenzio** (ca 190-159 a.C.).

Plauto, in particolare, utilizzò la cosiddetta *contaminatio*, ovvero mescolò i contenuti di più commedie originali, inserendo in una determinata trama una o più scene o personaggi di altre commedie, sempre greche (► *Il soldato fanfarone*, p. 443). L'ambientazione scenica delle commedie plautine era di solito in una città greca di mare (Atene, Epidauro, Efeso), quella delle commedie di Terenzio era sempre nella città di Atene, e anche i nomi e i costumi erano greci.

LA STRUTTURA E LA TRAMA. La commedia latina era scritta in versi e comprendeva il *prologo* (che in Plauto informa sull'antefatto e sui personaggi mentre in Terenzio propone al pubblico argomentazioni e polemiche sulle scelte dell'autore), la *parodo* (canto d'ingresso del Coro), i cinque *episodi* (atti), l'*esodo* (canto conclusivo del Coro). L'unità di tempo, luogo e azione propria della tragedia non era rigorosamente rispettata.

Lo sviluppo tipico della trama delle commedie latine muove dal manifestarsi di un'aspirazione, spesso quella di due giovani che desiderano sposarsi. Ma il desiderio è ostacolato da un'opposizione che, nel caso ipotizzato, di solito è

Fescennini. I fescennini (originari di *Fescennium*, città etrusca della Toscana) erano canti per le feste contadine.

Atellane. Le *fabulae* atellane (originarie della città di Atella, in Campania), introdotte a Roma alla fine del IV secolo, erano spettacoli con intrighi ed equivoci.

Mimo. Era uno spettacolo comico con canti, danze e recitazione. Gli attori non indossavano la maschera e recitavano anche le donne che, su richiesta degli spettatori, concludevano l'esibizione con una sorta di spogliarello, come nel moderno avanspettacolo.

435

dovuta al padre di lui, il quale non accetta la ragazza perché non è di condizione sociale adeguata. Il giovane protagonista compie quindi alcuni tentativi che determinano ulteriori complicazioni, finché si arriva improvvisamente a una svolta: per esempio, la ragazza è riconosciuta come la figlia di un ricco signore. Così l'eroe può realizzare il proprio progetto, lo sposalizio, e le danze del banchetto nuziale chiudono la rappresentazione (▶ *L'educazione dei figli*, p. 448).

I PERSONAGGI E IL SIGNIFICATO. Gli eroi che alla fine riusciranno vittoriosi non vengono sviluppati nel corso della commedia: gli adolescenti di Plauto e Terenzio sono tutti uguali e difficili da distinguere. L'attenzione è concentrata principalmente sul carattere tipico dei personaggi negativi: sono i rivali, infatti, le figure che si ricordano. Il padre severo e l'avaro incarnavano per il pubblico le costrizioni del potere politico del tempo; le situazioni fisse nelle quali il personaggio negativo viene svergognato o si ravvede rappresentavano così il passaggio a una società felice, in cui i giovani, infrante le regole dei padri, instauravano un clima di libertà.

LA COMICITÀ. Nella commedia latina la comicità si basa su intrecci, equivoci, scambi di persona, riconoscimenti finali. Le maschere rappresentavano in modo caricaturale i caratteri somatici che definivano i vari tipi di personaggio. Il pubblico romano, incline alla risata rumorosa e allo sberleffo, preferì i protagonisti delle commedie di Plauto, tipi fissi come il vecchio ostinato, la ragazza indifesa, il giovanotto impaziente, il soldato vanaglorioso, lo schiavo astuto. In Terenzio invece i caratteri sono meno tipizzati e astratti ed è centrale il personaggio portatore di un intenso sentimento umano (secondo il modello di Menandro), per nulla ridicolo o meschino, che induce piuttosto alla riflessione pacata e a un silenzioso sorriso.

■ Gli sviluppi della commedia

LA COMMEDIA DEL RINASCIMENTO. Anche la commedia, come la tragedia, fu abbandonata durante il Medioevo e venne ripresa in epoca rinascimentale, in concomitanza con la riscoperta della cultura antica.

La commedia cinquecentesca, di solito rappresentata per il pubblico ristretto delle corti, era suddivisa in atti, dava risalto al monologo e caratterizzava i personaggi con maggiore attenzione agli aspetti psicologici. Si trattava comunque sempre di personaggi "tipo", poco diversi da quelli della tradizione latina: il vecchio babbeo; il parassita, ospite delle mense delle famiglie aristocratiche; la ruffiana, che combinava matrimoni; il giovane o la giovane innamorata, che nelle commedie migliori presentano caratteristiche e aspetti legati ai problemi del tempo. Gli equivoci basati sugli scambi di persona, i personaggi del servo astuto, del vecchio avaro e del parassita ispirarono nel Cinquecento le commedie di **Niccolò Machiavelli** (1469-1527), al quale si deve la più bella commedia italiana dell'epoca, *La mandragola* (ca 1518).

Nel tardo Cinquecento cominciò ad affermarsi la **Commedia dell'Arte**, un autentico teatro professionale, nato in Italia e diffusosi con enorme successo, soprattutto in Francia e in Inghilterra, fino al Settecento. Lo spazio delle rappresentazioni erano le piazze, i personaggi erano tipi fissi facilmente riconoscibili dal pubblico grazie alle maschere e ai costumi distintivi che indossavano.

DAL PERSONAGGIO "TIPO" AL PERSONAGGIO "INDIVIDUO". Alla migliore tradizione della Commedia dell'Arte si sono rifatti sia il grande commediografo francese **Molière** (1622-1673), sia **Carlo Goldoni** (1707-1793) che, però, sostituì ai tipi fissi personaggi caratterizzati da sentimenti e comportamenti propri della borghesia del Settecento (il mercante, la servetta tuttofare, il cavaliere che abbandona il ruolo di latifondista per rendersi utile alla comunità). Sostenuto dalla fiducia nella natura umana, Goldoni fece del teatro un mezzo di educazione: i conflitti tra le generazioni o tra i sessi possono ricomporsi; allo stesso modo i vari ceti sociali possono convivere se si crea una reciproca tolleranza e se si combattono la prepotenza e l'egoismo (▶ *La seduzione di Mirandolina*, p. 453). Così Goldoni criticò la nobiltà perché non era abbastanza "liberale", la classe borghese mercantile perché era troppo avida di guadagni e il popolino perché era affetto da rozzezza dei modi e da ignoranza.

▼ Pieter Jansz Quast, *Attori danzanti*, Parigi, Musée de la Comédie-Française.

Che cosa so

Indica se le seguenti affermazioni sono vere o false.

		V	F
a.	La commedia nasce nell'antica Roma.	☐	☐
b.	La commedia mette in scena fatti della vita quotidiana.	☐	☐
c.	Aristotele afferma che la commedia si basa sul ridicolo.	☐	☐
d.	Le vicende rappresentate nelle commedie hanno un lieto fine.	☐	☐
e.	I personaggi della commedia appartengono soltanto alla nobiltà.	☐	☐
f.	Nel Cinquecento le commedie sono destinate a un pubblico aristocratico.	☐	☐
g.	Le commedie erano scritte in versi.	☐	☐
h.	Aristofane e Menandro furono importanti modelli per gli autori latini.	☐	☐
i.	Tragedia e commedia avevano origine dalle celebrazioni in onore di Dioniso.	☐	☐
j.	I personaggi della commedia e della tragedia avevano le stesse caratteristiche.	☐	☐
k.	Dalle commedie il pubblico ricavava un insegnamento su come comportarsi nella vita.	☐	☐

PERCORSO E

TEATRO: I GENERI

Testo d'esempio

Lisistrata
(411 a.C.)
▶ Commedia

Lisistrata
Aristofane

Della vita di Aristofane (ca 445-385 a.C.) sappiamo pochissimo: nato ad Atene, fu autore di numerose commedie di successo, delle quali conosciamo 30 titoli e ci sono pervenuti 11 testi completi e parti frammentarie di altri. Tra il 427 e il 388 a.C. mise in scena, con una satira vivace e pungente, la vita della città e dei cittadini, schernendo ferocemente coloro cui attribuiva i mali del presente: buona parte della sua opera si colloca, infatti, nei decenni della rovinosa guerra del Peloponneso (431-404 a.C.), che segnò il declino e la fine della grandezza di Atene.

CORO DI VECCHI / O Zeus, che faremo
Il Coro di Vecchi dà voce a una reazione di insofferenza per il comportamento inaudito delle donne.

CORIFEO
Il corifeo, che guida il canto e le evoluzioni del coro negli *stàsimi*, interviene a suo nome nel dialogo.

COMMISSARIO
Il Commissario è il rappresentante dell'autorità cittadina. Nel 411 a.C., quando fu composta questa commedia, era in corso la guerra del Peloponneso, e ad Atene si era instaurato un governo oligarchico. Il personaggio si caratterizza, nel dialogo, per la sua ignoranza e incapacità.

LISISTRATA
Il nome della protagonista, che significa "scioglitrice di eserciti", è un "nome parlante", che la caratterizza nella sua volontà di opporsi alla guerra e allude al lieto fine della vicenda. L'autore le affida il suo messaggio politico: la guerra sconvolge i rapporti naturali tra gli uomini e una società senza pace disperde anche i valori basilari della convivenza civile, cioè la razionalità e la saggezza.

Lisistrata è una donna ateniese decisa a porre termine alla ventennale guerra del Peloponneso, che tiene gli uomini di Atene, Sparta, Tebe e Corinto lontani dalle famiglie e manda in rovina le finanze della città.
Convocate alcune rappresentanti femminili delle città in guerra, Lisistrata propone un'originale e inconsueta forma di sciopero: rifiutarsi sessualmente ai propri uomini finché non si dimostreranno disposti alla pace. Le donne passano poi all'offensiva: sequestrano il tesoro della città bloccando l'accesso all'Acropoli, in modo da sottrarre agli uomini i mezzi finanziari per continuare a combattere. Non varranno a farle desistere dall'assedio né l'intervento degli anziani né le lusinghe dei mariti.
La loro resistenza risulta efficace: Ateniesi e Spartani si affrettano a firmare l'accordo di pace e tra canti e danze si riportano a casa le rispettive donne.
Nel brano qui proposto il Coro dei vecchi ateniesi, giunti sull'Acropoli, si contrappone a quello delle donne, mentre avviene un vivace scambio di battute tra Lisistrata e il rappresentante dell'autorità cittadina.

CORO DI VECCHI
    O Zeus, che faremo con queste belve?
    Questa roba non si può più sopportare.
    Bisogna che tu e io indaghiamo questa faccenda:
    con quale scopo mai hanno occupato
    la rocca di Cranao[1], con quale scopo   5
    la rupestre inaccessibile Acropoli,
    sacro recinto.
CORIFEO Interrogale dunque e non fidarti e producti tutte le tue prove:
    sarebbe una vergogna se noi tralasciassimo di esaminare un fatto simile.   10
COMMISSARIO Ecco dunque, per Zeus, quel che vorrei sapere da loro, anzitutto: (*alle donne*)[2] per quale scopo avete sbarrato con i pali la nostra Acropoli.
LISISTRATA Per mettere in salvo il danaro, che non facciate la guerra per   15
    esso.
COMMISSARIO E noi faremmo la guerra per il danaro?
LISISTRATA Proprio: e così tutto il resto è sconvolto. Pisandro per poter rubare, e tutti gli altri che aspirano alle cariche, fanno sempre una gran confusione. Ma ora, quanto a questo, facciano pure quel che vogliono: il danaro, non lo prenderanno più.   20

---

1. Crànao: il nome greco significa "roccioso"; si tratta di un appellativo della divinità dell'Acropoli, costruita appunto sulla roccia.
2. (alle donne): si tratta di una didascalia.

438

UNITÀ E2 ■ LA COMMEDIA

COMMISSARIO E che farai?

LISISTRATA E me lo domandi? Lo amministreremo noi.

COMMISSARIO Amministrerete voi il danaro?

25 LISISTRATA Ti pare una cosa strana? Quello di casa non ve lo amministriamo noi, interamente?

COMMISSARIO Ma non è la stessa cosa.

LISISTRATA Come non è la stessa cosa?

COMMISSARIO Con questo, bisogna farci la guerra.

30 LISISTRATA Prima di tutto, non c'è nessun bisogno di far guerra.

COMMISSARIO E come ci salveremo, altrimenti?

LISISTRATA Noi, vi salveremo.

COMMISSARIO Voi?

LISISTRATA Noi, per l'appunto.

35 COMMISSARIO È una cosa indegna.

LISISTRATA Ma sarai salvato, anche se non vuoi.

COMMISSARIO Dici una cosa terribile davvero.

LISISTRATA Sdégnati pure: ma tanto, bisognerà farlo.

COMMISSARIO Ma non ne avete il diritto, per Demetra.

40 LISISTRATA Bisogna salvarti, amico!

COMMISSARIO Anche se non ne ho bisogno?

LISISTRATA Proprio per questo, e a maggior ragione.

COMMISSARIO Ma come vi è venuto in mente, di occuparvi di guerra e di pace?

45 LISISTRATA Te lo spiegheremo.

COMMISSARIO E parla presto, se non vuoi piangere! (*Minacciandola*).

LISISTRATA Ascolta, dunque, e cerca di tenere le mani a posto.

COMMISSARIO Non ci riesco: è difficile tenerle a posto, tanto è lo sdegno.

CLEONICE E piangerai molto di più.

50 COMMISSARIO Questo, o vegliarda, gracchialo per te. (*A Lisistrata*) E tu dimmi, dunque.

LISISTRATA Sto per farlo. Dunque, durante il primo periodo della guerra, noi, nella nostra saggezza, abbiamo sopportato da voi uomini – e non ci lasciavate nemmeno borbottare – qualunque cosa faceste: e

55 pure, non ci piacevate affatto. Ma vi comprendevamo bene: e spesso, stando in casa, sentivamo che avevate deciso male su un affare importante. E pur addolorate dentro di noi, sorridendo vi chiedevamo: «Oggi, in assemblea, che cosa avete deciso di iscrivere sulla stele[3] riguardo alla tregua?». E lui, l'uomo: «Che ti riguarda?», diceva, «Vuoi

60 star zitta?» – E io zitta.

CLEONICE Ma io, zitta non ci sarei stata.

COMMISSARIO E avresti pianto, se non zittivi.

LISISTRATA Perciò, abbozzavo[4] dentro. Poi venivamo a sapere di qualche altra vostra decisione, peggiore dell'altra, e domandavamo: «Come

65 mai, marito mio, avete condotto questa faccenda così stoltamente?»

Pisandro per poter rubare, e tutti gli altri che aspirano alle cariche...non lo prenderanno più.
Lisistrata accusa gli uomini di corruzione e di inettitudine e non esita a colpire chi ritiene responsabile dei danni arrecati alla città, per smania di denaro e potere: il principale bersaglio è Pisandro, politico ateniese che sostenne l'instaurazione del governo oligarchico.

Ma non è la stessa cosa.
Agli argomenti chiari e decisi di Lisistrata il Commissario risponde con le obiezioni più generiche e banali. Nel corso del rapido scambio di battute passa dallo stupore (*Voi?... Ma come vi è venuto in mente, di occuparvi di guerra e di pace?*) allo sdegno e alla minaccia di arrivare alle mani (*E parla presto, se non vuoi piangere!*), come si usa fare per ridurre le donne alla ragionevolezza; e, infine, all'insulto sprezzante (*Questo, o vegliarda, gracchialo per te*) nei confronti di Cleonice, anziana vicina di casa di Lisistrata.

Dunque, durante il primo periodo della guerra, noi, nella nostra saggezza
Nello spiegare i motivi della ribellione delle donne, Lisistrata rovescia il punto di vista dominante sulla guerra e dipinge con vivacità polemica la tipica situazione domestica del battibecco tra moglie e marito-padrone (*E lui, l'uomo: «Che ti riguarda?», diceva, «Vuoi star zitta?» – E io zitta*).

---

3. iscrivere sulla stele: i decreti dell'assemblea venivano scritti su una lastra di marmo (*stele*) e così resi pubblici.

4. abbozzavo: pazientavo.

439

TEATRO: I GENERI

▶ **Dario Fo**, *Lisistrata*, 2012. Presentazione della mostra delle opere di Dario Fo a Milano "Lazzi sberleffi dipinti".

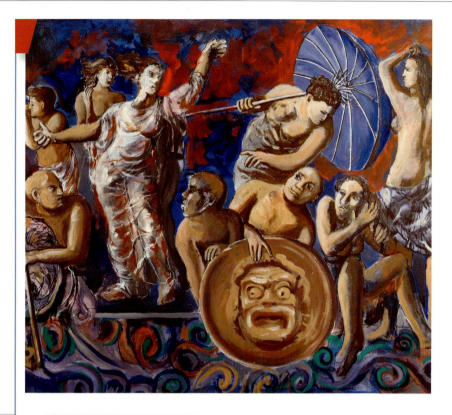

E lui a guardarmi male...«la guerra sarà cura degli uomini».
Lisistrata ribadisce la stolta caparbietà degli uomini nel fare la guerra, cui non è estranea la loro propensione a un comportamento manesco con le mogli (*se non badavo a tessere la trama, la testa mi avrebbe fatto male a lungo*), il cui compito è stare al telaio senza occuparsi di faccende che non le riguardano.

Voi a noi?...Che io muoia, piuttosto.
Lo scambio di battute si fa sempre più teso: le posizioni dei due interlocutori sono inconciliabili.

prenditelo pure il mio velo...«la guerra sarà cura delle donne».
Lo spirito polemico che l'autore presta a Lisistrata si esprime nello schema del "mondo alla rovescia": la donna rintuzza la prepotenza del suo interlocutore distorcendo beffardamente i ruoli (spalleggiata da Cleonice: *E anche questo panierino. Poi, mettiti la cintura e carda la lana sgranocchiando fave*), con un effetto di riduzione comica dell'immagine del Commissario. Nel teatro di Aristofane simili rovesciamenti delineano un'alternativa paradossale e utopica al mondo reale, sottolineandone la penosa inadeguatezza.

E lui a guardarmi male e a dirmi che, se non badavo a tessere la trama, la testa mi avrebbe fatto male a lungo: «la guerra sarà cura degli uomini[5]».
COMMISSARIO E diceva bene, per Zeus.
LISISTRATA E come diceva bene, o disgraziato, se non potevamo nemmeno consigliarvi quando decidevate male? Ma quando, per le strade, vi sentivamo dire apertamente: «Non c'è più un uomo, in questo paese»; «Proprio no, per Zeus», replicava un altro; allora noi donne, riunitici, subito decidemmo tutte d'accordo di salvar l'Ellade[6]. E che cosa dovevamo aspettare? Se ora dunque, alla vostra volta, volete stare a sentire noi che diciamo cose sensate, e tacete come tacevamo noi, potremo rimettervi un po' su.
COMMISSARIO Voi a noi? È una cosa grave, che dici, e non posso sopportarla.
LISISTRATA Sta' zitto.
COMMISSARIO E io dovrei star zitto davanti a te, maledetta, che per giunta porti un velo sul capo[7]? Che io muoia, piuttosto.
LISISTRATA Se è questo che te l'impedisce, prenditelo pure il mio velo. (*Porgendo*) Tieni, mettilo sulla testa e poi fa' silenzio.

5. tessere...uomini: queste battute sono la parodia dei versi di Omero nell'*Iliade*, rivolti da Ettore ad Andromaca nel famoso addio prima della battaglia: *Su, torna a casa, e pensa all'opere tue, / telaio, e fuso; e alle ancelle comanda / di badare al lavoro; alla guerra penseran gli uomini* (libro VI, 490-493).

6. Ellade: indicava in origine una zona della Grecia settentrionale, poi per estensione divenne il nome di tutta la Grecia.

7. porti...capo: la testa velata era segno della condizione di sottomissione delle donne.

UNITÀ E2 ■ LA COMMEDIA

85 CLEONICE (*c. s.*)[8] E anche questo panierino. Poi, mettiti la cintura e carda la lana sgranocchiando fave[9]: «la guerra sarà cura delle donne».

CORIFEA Allontaniamoci da queste anfore[10], o donne, che anche noi, a nostra volta, si possa dare una mano alle amiche.

CORO DI DONNE

90 Io non sarò mai stanca di danzare:
giammai faticosa pena m'invada le ginocchia.
Voglio affrontare ogni cosa
per dar prova di virtù, con costoro
che hanno prestanza, grazia, ardire,
95 saggezza e amor di patria
e prudente valore.

[...]

COMMISSARIO E come sareste capaci, voi, di far cessare tutto questo scompiglio nel paese, e toglierlo di mezzo?

LISISTRATA Molto semplicemente.

100 COMMISSARIO E come? Spiegami.

LISISTRATA Come facciamo con una matassa, quando è ingarbugliata: la prendiamo, e tendiamo il filo sui fusi, da una parte e dall'altra. Così, se ci lasciate fare, toglieremo di mezzo anche la guerra, mandando ambascerie in giro da una parte e dall'altra.

105 COMMISSARIO E voi pensate di metter fine a una cosa così terribile con la lana e le matasse e i fusi? Che stolte!

LISISTRATA Ma se aveste un po' di buon senso, voi, governereste la città come noi la nostra lana, in tutto.

COMMISSARIO E come? Vediamo.

110 LISISTRATA Anzitutto dovreste, come un vello[11], detergere con un bagno tutto l'untume dalla città, e su un letto, a colpi di mazza, espellere i cattivi e scartare i triboli[12]; e quelli che si riuniscono a complottare per le cariche, fitti fitti, cardarli per bene e spelargli le teste. Poi, in un paniere, pettinare la concordia generale, mescolando un po' tut-
115 ti: i meteci, gli stranieri che vi sono amici, chi deve danaro all'erario, e mescolarli tutti insieme. Quanto poi alle città, che sono colonie di questa terra, dovete rendervi conto che esse, per noi, sono come pennecchi che stanno a terra, ciascuno per sé. E bisogna prenderli tutti e raccoglierli qui e riunirli insieme e farne un grosso gomitolo:
120 e da questo, tesserci una tunica per il popolo.

(Aristofane, *Lisistrata*, trad. di R. Cantarella, Einaudi, Torino, 1972)

CORO DI DONNE / Io non sarò mai stanca di danzare
L'intervento del Coro di donne commenta la situazione in tono elevato, nobilitando la condizione delle donne comuni e assegnando alla protagonista e alle sue compagne un carattere "eroico" pur nell'ambito della situazione comica.

Come facciamo con una matassa
La battuta prelude al monologo successivo di Lisistrata, con la similitudine tra la situazione ingarbugliata in cui è finita la città per colpa degli uomini e una matassa di lana da dipanare. Il Commissario, sempre stupito, e fissato sull'inferiorità delle donne, prende il discorso alla lettera: *E voi pensate di metter fine a una cosa così terribile con la lana e le matasse e i fusi?*

Anzitutto dovreste, come un vello... tesserci una tunica per il popolo.
Il discorso politico di Lisistrata è reso particolarmente significativo ed efficace dalla metafora della filatura e tessitura della lana, che si riferisce all'esercizio del buon governo e al ritorno della pace nella città: come la lana del manto delle pecore, appena tosata, viene anzitutto lavata per portar via tutto lo sporco, così dalla città devono essere allontanati i cattivi; come la lana viene poi battuta per eliminare gli spini, così bisogna scacciare i cittadini corrotti che organizzano i complotti. Infine Lisistrata muove accuse agli Ateniesi anche per il cattivo governo delle colonie, che andrebbero invece unificate per il bene di tutto il popolo.

---

8. (c. s.): la didascalia, aggiunta come le altre dal traduttore, significa "come sopra", in riferimento al *porgendo* inserito nella battuta precedente.
9. sgranocchiando fave: in Grecia le fave erano un alimento popolare; ma erano anche usate, ad Atene, per sorteggiare i pubblici incarichi.

10. anfore: si tratta delle anfore con cui il coro delle donne ha portato l'acqua alle compagne che hanno occupato l'Acropoli.
11. vello: manto delle pecore.
12. triboli: rovi.

441

TEATRO: I GENERI

Che cosa so fare

COMPRENDERE

1. **I ruoli dei personaggi.**
   Collega i personaggi e gli elementi della prima colonna al ruolo corrispondente (a un personaggio possono corrispondere più ruoli).

   1. La pace
   2. Cleonice
   3. Lisistrata
   4. Le città greche in guerra
   5. Commissario
   6. Coro di Vecchi
   7. Coro di Donne

   a. Aiutante
   b. Destinatore
   c. Destinatario
   d. Oggetto
   e. Oppositore
   f. Protagonista

2. **La metafora della lavorazione della lana.**
   La lavorazione della lana è metafora delle tappe che Lisistrata individua per risolvere la situazione di conflitto delle città greche. L'elenco che segue riporta le fasi del lavoro femminile, per ciascuna, indica le corrispondenti azioni che dovrebbero essere compiute per riportare la pace.

Lana	Pace
Detergere	
Battere	
Cardare	
Pettinare e mescolare	
Filare in un grosso gomitolo	
Tessere	

ANALIZZARE

3. **La caratterizzazione di Lisistrata.**
   Delinea le caratteristiche psicologiche di Lisistrata (è sicura di sé? ha timori? agisce apertamente o in modo subdolo? si sente inferiore perché donna oppure si ritiene all'altezza degli uomini?). In che senso può essere considerata un personaggio tipo?

4. **L'atteggiamento degli uomini.**
   Come appare il comportamento degli uomini visto attraverso gli occhi di Lisistrata? Spiegalo completando le tue affermazioni con esempi tratti dal testo.

5. **La fase dell'azione.**
   A quale fase dell'azione della commedia corrisponde questo episodio? Alla *formulazione del desiderio,* alla *rimozione degli ostacoli* o alla *soddisfazione del desiderio*? Motiva la tua risposta.

PRODURRE

6. **Laboratorio di scrittura creativa | Aggiungere una scena.**
   Il Commissario, dopo aver parlato con Lisistrata, incontra un amico per strada e gli racconta i fatti appena accaduti. Scrivi una breve scena incentrata sul dialogo fra i due personaggi; cerca di rispettare la personalità e il punto di vista del commissario.

7. **Confrontare i personaggi femminili.**
   Confronta Lisistrata e Medea (▶ p. 409), in base alle seguenti indicazioni.
   - Hanno aspetti comuni nel carattere o le loro personalità sono totalmente divergenti?
   - Esistono analogie nei fini che le due donne si prefiggono?
   - Quale dei due personaggi presenta un maggiore approfondimento psicologico?

UNITÀ E2 ■ LA COMMEDIA

Plauto
Il soldato fanfarone

da *Il soldato fanfarone*
(III-II sec. a.C.)

▶ **Commedia**

Quando ▶ Epoca contemporanea alla stesura
Dove ▶ Efeso

Il soldato fanfarone (in latino *Miles gloriosus*) è Pirgopolinice, un mercenario al servizio di chi lo paga meglio. Egli si vanta di valorose imprese contro immaginari nemici e si spaccia per grande seduttore di donne; il parassita Artotrogo approfitta della sua vanità per farsi mantenere da lui, adulandolo come grande eroe in battaglia e, per di più, irresistibile con le donne. Inizialmente Artotrogo svolge il ruolo di spalla rispetto a Pirgopolinice, ma pian piano assume maggior peso con le invenzioni fantastiche dei suoi elogi smisurati, e dimostra di poterlo manovrare a piacere. Il parassita è uno dei "tipi" più curiosi della commedia: ha una fame insaziabile e con la sua ingordigia può anche causare la rovina economica di chi lo mantiene. Ha un temperamento esuberante, si prodiga in servizi di ogni genere e loda esageratamente il proprio benefattore, vittima designata delle sue argute battute, come accade in questa scena di apertura della commedia di Plauto.

PIRGOPOLINICE (*uscendo di casa e parlando all'interno*)[1] Mi raccomando: il mio scudo deve brillare più dei raggi del sole, quando il cielo è terso. Voglio che in caso di bisogno, nel pieno della battaglia, esso abbagli la vista ai nemici... Ma ora consoliamo questa mia spada, che non si lamenti né si perda d'animo, se da troppo tempo me la porto oziosa al fianco. Poveretta, muore dalla voglia di far salsicce dei nemici... Ma dov'è Artotrogo?

ARTOTROGO Eccolo qua, al fianco di un eroe forte e fortunato, dall'aspetto regale. Marte non oserebbe asserire di esser altrettanto battagliero, né oserebbe paragonare le sue prodezze alle tue. [...] (*Piano, al pubblico*) Se qualcuno dovesse trovare un uomo più impostore e più borioso[2] di costui, mi tenga per sé: sarò il suo schiavo. Non c'è che una cosa: da lui si mangiano certi pasticci d'olive che ci si impazzisce dietro.

PIRGOPOLINICE Dove sei?

ARTOTROGO Eccomi. Quell'elefante per esempio, là in India. Per Polluce! come hai fatto a spezzargli un braccio con un pugno?

PIRGOPOLINICE Come un braccio?

ARTOTROGO Volevo dire una coscia!

PIRGOPOLINICE Eppure fu un colpetto da niente.

ARTOTROGO Per Polluce! se ce l'avessi messa tutta, col braccio gli avresti sfondato la pelle a quell'elefante, e attraverso le budella gli sarebbe uscito dalla bocca.

PIRGOPOLINICE Non ho voglia di parlar di queste cose, adesso.

ARTOTROGO Per Ercole! non val la pena che tu mi racconti le tue prodezze; le so a memoria. (*Tra sé*)[3] È il ventre che mi crea tutti questi fastidi; devo allungar le orecchie, se non voglio che mi si allunghino i denti, devo passar per buone tutte le fandonie[4] che mi racconta.

---

1. (*uscendo di casa e parlando all'interno*): questi incisi sono le didascalie.
2. borioso: presuntuoso.
3. (*Tra sé*): la didascalia in corsivo segnala che Artotrogo pronuncia la battuta successiva tra sé e sé, presupponendo che Pirgopolinice non senta le sue affermazioni.
4. fandonie: bugie, raccontate per vantarsi.

443

TEATRO: I GENERI

▲ Gianrico Tedeschi (Pirgopolinice), in *Miles gloriosus* di Plauto, regia di Francesco Andreini, Teatro Stabile di Bolzano, 1990. Fotografia di Tommaso Le Pera.

Pirgopolinice Che cosa volevo dirti?
Artotrogo Eh, lo so già quel che vuoi dire. È vero – per Ercole! – ricordo bene.
Pirgopolinice Che cosa?
Artotrogo Tutto quel che vuoi.
[...]
Pirgopolinice Ti ricordi...?
Artotrogo Mi ricordo: centocinquanta in Cilicia, cento in Scitolatronia[5], trenta di Sardi[6], sessanta Macedoni: tanti sono quelli che hai ucciso in un sol giorno.
Pirgopolinice Quanto fa in totale?
Artotrogo Settemila.
Pirgopolinice Dev'essere così: tu sai far bene i conti.
Artotrogo Eppure non ho preso nessun appunto; ma ricordo ugualmente ogni cosa.
Pirgopolinice Per Polluce! hai una gran bella memoria.
Artotrogo (*tra sé*) Me la rinfrescano i manicaretti.
Pirgopolinice Se continuerai a comportarti come hai fatto sinora, non ti mancherà mai da mangiare; per te, ci sarà sempre un posto alla mia tavola.
Artotrogo E là in Cappadocia?... Se non ti si fosse spuntata la spada, ne avresti uccisi cinquecento in un sol colpo!
Pirgopolinice Ma, siccome erano niente più che fanterucoli[7], li lasciai vivere.
Artotrogo Che vuoi che ti dica? Lo sanno tutti che di Pirgopolinice, al mondo, ce n'è uno solo, e che il tuo valore, la tua bellezza, le tue imprese non hanno eguali! Sono tutte innamorate di te; e non hanno torto, bello come sei! Per esempio, quelle che ieri m'han tirato per il mantello...
Pirgopolinice Che cosa ti hanno detto?
Artotrogo Mi hanno fatto un mucchio di domande. «Ma, è Achille[8]?», mi diceva una. «No», le risposi, «è suo fratello». E allora un'altra: «È ben bello, per Càstore!» mi fa «e che distinzione! Guarda come gli sta bene quella pettinatura! Son davvero fortunate le donne che vanno a letto con lui!».
Pirgopolinice Così dicevano dunque?
Artotrogo Non m'hanno supplicato tutt'e due di farti passare oggi di là, come si fa con la processione?

(Plauto, *Il soldato fanfarone*, trad. di M. Scàndola, BUR, Milano, 1980)

---

5. Scitolatronia: il nome, comicamente altisonante, è inventato.
6. Cilicia...Sardi: regioni dell'Asia Minore.
7. fanterucoli: fanti, in senso spregiativo.
8. Achille: il più valoroso eroe dell'*Iliade* di Omero.

UNITÀ E2 ■ LA COMMEDIA

L'autore e l'opera

Tito Maccio Plauto, di origine plebea, nasce a Sarsina, in Umbria (oggi Romagna), intorno al 254 a.C. e muore a Roma verso il 184 a.C. I suoi nomi lo caratterizzano: Maccio (o Macco) è il nome di una maschera fissa dell'atellana (*Maccus* era il povero scemo), ruolo che probabilmente egli aveva interpretato; Plauto deriva da *plotus*, in umbro "uomo dai piedi piatti" o "uomo dalle orecchie cascanti", nomignoli frequenti per attori e mimi. Nella Roma tra III e II secolo a.C. è, oltre che acclamato autore, anche attore, capocomico, organizzatore di spettacoli. Al commediografo sono attribuite circa 130 opere, ma ne restano ventuno di sicura attribuzione. Il suo successo all'epoca è dovuto a una comicità esplicita e prepotente, ai perfetti meccanismi di un intreccio sempre ricco di equivoci e colpi di scena, e al fatto che il pubblico popolare si riconoscesse nei caratteri e nei difetti dei suoi personaggi tipo (l'avaro, il parassita, il servo astuto e orditore di inganni, il soldato fanfarone, i giovani innamorati). I suoi testi danno un'impressione di immediatezza, grazie alla lingua vivace e sfrontata adottata per i personaggi del popolo e più elaborata per quelli di rango: ogni personaggio, quindi, ha un proprio linguaggio caratteristico.

La trama di *Il soldato fanfarone*

L'azione si svolge a Efeso. Durante un'assenza del giovane Pleusicle, ateniese, che ama, corrisposto, la bella Filocomasio, Pirgopolinice – il *miles gloriosus*, soldato fanfarone e in cerca di avventure – ha rapito la ragazza e la tiene con sé come concubina. Palestrione, astuto e fedele servo di Pleusicle, partito per avvertire il padrone dell'accaduto ma rapito dai pirati, ha finito per essere venduto come schiavo proprio a Pirgopolinice.
Pleusicle, avvertito per lettera da Palestrione, giunge a Efeso e si fa ospitare da Periplecomeno, un vecchio amico del padre, che abita in una casa contigua a quella stessa del *miles*. I due innamorati tornano a incontrarsi grazie a un passaggio aperto da Palestrione nel muro di confine tra le due case. Ma Sceledro, servo del *miles*, li sorprende e allora Palestrione, per salvare i due innamorati, inventa l'esistenza di una gemella di Filocomasio. Per liberare la ragazza, Palestrione, d'accordo con Periplecomeno, fa credere al presuntuoso Pirgopolinice che il vicino di casa abbia una giovane moglie (in realtà, la cortigiana Acroteleuzia) la quale, stanca del vecchio marito, si sarebbe pazzamente innamorata di lui. Il *miles*, così, manda via la concubina Filocomasio e dà la libertà a Palestrione; ma quando si reca nella casa del vecchio per un appuntamento galante con la donna, trova un marito infuriato (lo stesso Periplecomeno) che insieme ai servi lo prende a bastonate. Al *miles* non resta che ammettere di essere stato beffato e giustamente punito per il suo comportamento.

Perché leggiamo *Il soldato fanfarone*

Perché mostra l'inesauribile comicità delle trovate e del linguaggio di un grandissimo autore di teatro.

Analisi del testo

La struttura della commedia

L'azione della commedia si sviluppa in cinque episodi ed è ambientata in uno spazio fisso, una via di Efeso sulla quale si affacciano le case di Pirgopolinice e di Periplecomeno. La rappresentazione ha inizio in un momento nodale della vicenda (gli incontri dei due innamorati nella casa di Periplecomeno sono stati scoperti da un servo di Pirgopolinice), ai cui antefatti si fa riferimento nei dialoghi. Sono frequenti le ellissi temporali, corrispondenti agli eventi che via via accadono fuori scena e che vengono anch'essi resi noti attraverso i dialoghi. L'intrigo si sviluppa su una situazione tipica: qualcuno vuole sposare una ragazza, qualcuno si oppone, qualcuno lo aiuta; e tutto finisce bene per gli innamorati, come ci si aspetta in una commedia. L'interesse e il divertimento sono dati dalle peripezie – messe in moto dal *miles* – che coinvolgono svariati personaggi in una serie di equivoci e colpi di scena; vi giocano un ruolo fondamentale le coincidenze (il servo di Pleusicle venduto al suo rivale, le contiguità delle case del *miles* e del vecchio amico di famiglia di Pleusicle) e gli scambi di persona (la finta gemella, la finta moglie). La stupidità del *miles* è un fattore decisivo non solo per il ritorno all'equilibrio iniziale ma anche per il prodursi di un'irresistibile comicità che culmina nella burla architettata ai suoi danni e conclusa a suon di randellate.

445

TEATRO: I GENERI

La caratterizzazione dei personaggi

Nella scena iniziale, Pirgopolinice esce dalla porta di casa dando raccomandazioni ad Artotrogo, che gli risponde prima dall'interno della casa (fuori scena) e poi compare in scena a sua volta. I due personaggi si presentano immediatamente come "tipi", le cui caratteristiche fisse si manifestano con spettacolare vivacità fin da queste prime battute di dialogo; alla loro caratterizzazione contribuisce anche un nome "parlante" costituito da parole greche: Pirgopolinice significa "espugnatore di torri e città"; il nome del parassita Artotrogo suona invece come "roditore di pane" ovvero "mangiapagnotte". La loro psicologia sta tutta in questi elementi caratterizzanti, portati al massimo grado di efficacia caricaturale e di comicità; tanto che il personaggio di Pirgopolinice ha ispirato innumerevoli figure teatrali e letterarie di smargiassi e millantatori delle proprie imprese militari e amorose. Allo stesso modo si ritrovano i tratti di Artotrogo nei tanti servi astuti e posseduti da una fame insaziabile che popolano le scene del teatro antico e moderno, e in particolare della Commedia dell'Arte (▶ p. 436).

La comicità

Nell'opera di Plauto la comicità delle situazioni e delle trovate è inscindibile dal "comico della parola": il suo linguaggio è di una ricchezza straordinaria e sfrutta con prodigiosa versatilità termini arcaici, apporti dal greco, volgarità del parlato, doppi sensi, con una capacità inventiva che arriva alla coniazione di spassosi neologismi e di deformazioni geniali. Nel dialogo iniziale, per esempio, le iperboliche adulazioni di Artotrogo riguardo ai nemici uccisi da Pirgopolinice si esprimono non solo con numeri esorbitanti e con un esilarante calcolo al rialzo (PIRGOPOLINICE *Quanto fa in totale?* ARTOTROGO *Settemila*, righe 37-38) ma anche con l'invenzione del nome eroicomico di un paese inesistente (*Scitolatronia*, riga 34). Nel dialogo, inoltre, non si contano le trovate immaginifiche che esprimono comicamente la vanagloria del *miles* (*Poveretta, muore dalla voglia di far salsicce dei nemici*, righe 5-6) e l'astuta determinazione del parassita, che chiama continuamente a testimoni gli dèi (*Per Polluce Per Càstore*) delle proprie surreali esagerazioni, non prive di ironia (*se ce l'avessi messa tutta, col braccio gli avresti sfondato la pelle a quell'elefante...* righe 19-20). In questa scena, infine, si può riscontrare come la comicità del teatro di Plauto sia un gioco brillante e disimpegnato, che mira al puro divertimento.

Che cosa so fare

COMPRENDERE

1. **Il sistema dei personaggi.**

   Indica, in base alle informazioni fornite dalla trama, quale ruolo svolgono nella commedia i seguenti personaggi (ogni personaggio può avere più di un ruolo).

   1. Pleusicle
   2. Artotrogo
   3. Palestrione
   4. Sceledrione
   5. Filocomasio
   6. Pirgopolinice
   7. Periplecomeno

   a. Oggetto
   b. Aiutante
   c. Oppositore
   d. Destinatore
   e. Destinatario
   f. Antagonista
   g. Protagonista

UNITÀ E2 ■ LA COMMEDIA

2. Il dialogo.

Lo scambio iniziale di battute tra Pirgopolinice e Artotrogo ha la funzione di
a. determinare lo sviluppo dell'azione
b. rimuovere gli ostacoli
c. caratterizzare i personaggi
d. presentare l'argomento della commedia

ANALIZZARE

3. Il tipo di battute.

Nel dialogo iniziale sono presenti delle battute "a parte". Dopo averle individuate, spiega che cosa le rende riconoscibili come tali e a che cosa si riferiscono.

4. Le tecniche dell'adulazione.

Il parassita Artotrogo si propone di adulare Pirgopolinice per poter continuare a mangiare alla sua mensa. Quali argomenti adduce per raggiungere il suo intento? Su quali presunte qualità del soldato si sofferma?

5. Le reazioni del soldato.

Alle adulazioni di Artotrogo, Pirgopolinice reagisce in vario modo: ricerca nel testo alcune espressioni che corrispondono ai comportamenti indicati.

Comportamenti	Espressioni del testo
È gratificato dalla presenza dell'adulatore.	
Assume una falsa modestia a cui non riesce a essere coerente.	
Ricompensa l'adulatore.	
Si dimostra credulone e avido di lodi del proprio fascino.	

PRODURRE

6. Scrivere un ritratto dei personaggi.

Descrivi in 10 righe le caratteristiche dei due personaggi, utilizzando i seguenti aggettivi ed espressioni per mettere in risalto i rispettivi comportamenti.
- Pirgopolinice: *borioso, attento all'esteriorità, ingenuo, vanitoso.*
- Artotrogo: *fantasioso, sfrontato, furbo, intelligente, doppio e mentitore, credulone, ingordo.*

7. Laboratorio di scrittura creativa | Trasformare il testo drammatico in testo narrativo.

Trasforma la scena della commedia in un brano narrativo, comprendente descrizioni e dialoghi. Il narratore può essere uno dei personaggi oppure un personaggio esterno alla vicenda, come nei due esempi che seguono.
- Narratore interno (Artotrogo): «Quel giorno, come fa sempre quando si tratta di andare in piazza, quel pallone gonfiato di Pirgopolinice dava ordini perentori ai suoi attendenti, perché gli lustrassero lo scudo: – Fatelo brillare più del sole» (continua tu…)
- Narratore esterno: «Pirgopolinice, ben piantato sulle gambe in atteggiamento marziale, dava ordini perentori ai suoi attendenti dentro casa perché gli lustrassero a perfezione lo scudo» (continua tu…)

447

TEATRO: I GENERI

Terenzio
L'educazione dei figli

da *Il condannato volontario* (II sec. a.C.)

▶ **Commedia**

Quando ▶ Epoca contemporanea alla stesura
Dove ▶ Periferia di Atene

La commedia fu rappresentata a Roma nel 163 a.C. ed è tratta dall'omonimo originale greco di Menandro (IV sec. aC.), rielaborato con altri materiali. La scena rappresenta, sullo sfondo, le case di Cremete e Menedemo. Il brano che segue è tratto dal primo episodio della commedia: al centro del colloquio tra Cremete e Menedemo c'è il tema dell'educazione dei figli.

CREMETE. È vero che questa nostra conoscenza data da poco tempo, precisamente da quando hai comprato il tuo podere qui vicino, né c'è mai stato tra di noi altro di comune; eppure, siano i tuoi meriti, sia il vicinato, che io metto accanto all'amicizia, fatto sta che mi sento il coraggio e la confidenza di darti dei consigli, perché mi pare che tu lavori troppo per la tua età e per quello che richiede la tua condizione. In nome degli dèi e degli uomini! Dove vuoi arrivare? Che cosa vai cercando? Hai sessant'anni o anche più, a giudicare a occhio; da queste parti nessuno possiede un terreno migliore né più ricco del tuo; schiavi ne hai una caterva: e, proprio come se non ne avessi neanche uno, ti metti a fare tu il mestiere loro con tanto accanimento. Non esco mai tanto presto al mattino, non torno a casa tanto tardi la sera, che non ti veda nel tuo fondo a scavare, arare, portar pesi. Insomma, non ti dai un momento di sosta e non ti hai nessun riguardo: sono sicuro che questo lavoro non è per te un divertimento. Tu dirai: «È che mi dispiace vedere quanto poco si lavora qui». Se tutta la fatica che spendi in codesto lavoro, tu la mettessi a tenere sulla breccia[1] gli altri, ci guadagneresti un tanto.

MENEDEMO. Cremete, hai così poco da pensare alle cose tue, da doverti occupare dei fatti degli altri, e di quello che non ti riguarda?

CREMETE. Sono uomo; e di quello che è umano nulla io trovo che non mi riguardi[2]. Fa' conto che il mio sia un consiglio, oppure una domanda; o hai ragione tu, e allora voglio fare anch'io come te; o non hai ragione, e allora ti voglio far cambiare idea.

MENEDEMO. A me fa comodo così; tu regolati come ti conviene.

CREMETE. Ma a un uomo può far comodo di condannarsi ai lavori forzati?

MENEDEMO. A me, sì.

CREMETE. Se tu hai qualche pena, me ne dispiace; ma che disgrazia ti è capitata? Scusa, che male hai fatto a te stesso?

MENEDEMO. Ah!

CREMETE. Non piangere, e, qualunque pena tu abbia, confidala a me. Non metterti zitto, non aver timore; abbi confidenza in me, ti dico; ti sarò vicino con il conforto, con i consigli, con il mio aiuto.

MENEDEMO. Lo vuoi dunque sapere?

CREMETE. Sì, non fosse altro, per la ragione che ti ho detto.

---

1. tenere sulla breccia: far lavorare.
2. Sono uomo...riguardi: le parole esprimono il concetto di "umanità" di Terenzio (*Homo sum: humani nihil a me alienum puto*).

448

UNITÀ E2 ■ LA COMMEDIA

MENEDEMO. Te lo dirò.

35 CREMETE. Ma intanto posa codesti rastrelli, non affaticarti.

MENEDEMO. Questo poi no!

CREMETE. Ma che idea ti ha preso?

MENEDEMO. Lasciami fare; non voglio concedere un istante di sosta alla mia fatica.

40 CREMETE. Non ti lascerò fare, ti dico.

MENEDEMO. Ah, non è ragionevole quello che fai.

CREMETE. Ehi, ma scusa, così pesanti, questi rastrelli?

MENEDEMO. È quello che io mi merito.

CREMETE. Allora parla.

45 MENEDEMO. Ho un figliuolo giovane, l'unico... Ma che dico? Ho un figliuolo? Lo avevo, Cremete; ora non so più se l'ho ancora o no.

CREMETE. Come mai?

MENEDEMO. Senti. C'è qui una povera vecchietta forestiera, venuta da Corinto; e lui si era innamorato perdutamente della figlia di lei, e ormai la teneva quasi

50 come una moglie: tutto di nascosto a me. Quando io lo riseppi, cominciai a trattarlo non con umanità, non come voleva il cuore afflitto di un giovane, ma prendendolo di punta, con le maniere che sono solite ai babbi. Tutti i giorni gli rinfacciavo: «Ehi, credi di poter seguitare così per un pezzo finché sono vivo io, tuo padre, di poterti tenere un'amante quasi come una moglie?

55 Se credi così, Clinia, ti sbagli, e vuol dire che non mi conosci. Io ti riconosco per mio figlio fintanto che andrai per una strada degna di te; se no, troverò io la strada da prendere nei tuoi riguardi. Codesto succede solo perché hai troppo tempo da perdere. Io, alla tua età, non andavo dietro alle donne; dovetti, per bisogno, partire per l'Asia e là, combattendo, nelle armi trovai

60 denaro e gloria insieme». Alla fine si è arrivati a questo punto: il ragazzo, a forza di sentire tante volte gli stessi discorsi fatti a muso duro, ha ceduto; ha pensato che io per l'età mia e per il bene che gli volevo ne sapessi più di lui e pensassi al bene suo più che lui stesso: è partito per l'Asia, Cremete, a fare il soldato del Re[3]!

65 CREMETE. Che cosa mi dici?

MENEDEMO. È partito di nascosto a me; sono tre mesi che è lontano.

CREMETE. Il torto è di tutti e due; a ogni modo, il passo che egli ha compiuto è segno di amor proprio e di forza di carattere.

MENEDEMO. Quando lo riseppi da quelli che erano stati a parte del suo segreto,

70 tornai a casa avvilito e con l'animo come sconvolto e smarrito dal dolore. Mi metto a sedere; accorrono i servi, mi tolgono i calzari. Altri li vedevo darsi d'attorno a stendere il triclinio[4], a imbandire la cena; ognuno metteva tutto lo zelo che stava in lui per lenire la mia infelicità. Quando ci posi mente, cominciai a pensare: «Ah, tanta gente affaccendata per me solo, per accontentare

75 me solo! Tante ancelle per i miei vestiti! Tante spese in casa devo farle io solo! E il mio figliuolo (non avevo che lui), quando avrebbe dovuto godere di questi agi come me e più di me, quel poverino, l'ho cacciato di qui io, colla mia rigidezza! Mi parrebbe di meritare qualunque castigo, se continuassi questa vita: perché, finché il mio figliuolo condurrà la sua così, negli stenti, esule per

80 la mia prepotenza, per tutto questo tempo io voglio offrirgli in espiazione

---

3. è partito...Re: si allude a uno dei principi orientali, successori di Alessandro Magno, a quei tempi in guerra tra loro.
4. triclinio: nella Roma antica erano i letti a tre posti, collocati ai tre lati della tavola, sui quali si disponevano i commensali per pranzare.

449

fatiche, privazioni, economie, tutto per il suo bene». E così faccio, né più né meno: non lascio in casa un pezzo né di vasellame né di tappezzeria: di tutto ho fatto piazza pulita. Ancelle e schiavi, meno quelli che coi lavori agricoli potevano rifondermi il loro costo, tutti li ho portati al mercato e li ho venduti. Su due piedi, ho messo alla casa il cartello per affittarla. Ho raggranellato qualcosa come quindici talenti, ho comprato questo podere, e qui non mi risparmio. Ho pensato, Cremete, che finché duro in questi stenti faccio meno torto a mio figlio, e che qui non ho diritto di prendermi qualche soddisfazione fino a quando lui non sarà tornato, sano e salvo, a dividerla con me.

CREMETE. Io direi che la tua natura sia portata alla tenerezza verso i figli, e la sua all'obbedienza, a saperlo prendere con modi ragionevoli, come si deve; ma né tu avevi ben capito lui, né lui te. Queste cose come succedono? Quando non c'è la franchezza, tu non gli hai mai fatto capire in che conto lo tenevi, e lui non ha avuto con te la confidenza che si deve avere con un padre. Se così fosse stato, tu non saresti arrivato a questo punto.

MENEDEMO. È vero, lo riconosco: la colpa maggiore è stata da parte mia.

CREMETE. Menedemo, io spero bene almeno per l'avvenire, e ho fiducia che presto te lo vedrai qui sano e salvo.

(Terenzio, *Il condannato volontario*, in *Le Commedie*, trad. di A. Ronconi, Le Monnier, Firenze, 1960)

L'autore e l'opera

Publio Terenzio Afro nasce a Cartagine nel 190 ca a.C. e arriva a Roma dalla Libia come schiavo del senatore Terenzio Lucano, presso il quale riceve un'educazione e che infine gli rende la libertà. Stringe rapporti con vari personaggi della nobiltà e comincia giovanissimo a scrivere per il teatro. Di lui ci restano solo sei commedie: *La ragazza di Andro*, *Il condannato volontario*, *La suocera*, *L'eunuco*, *Formione*, *I fratelli*. In tutte spiccano personaggi portatori di sentimenti profondi che, secondo il modello greco di Menandro, inducono alla riflessione e a un malinconico sorriso. Il destinatario della commedia di Terenzio è il cittadino romano del II sec. a.C., orgoglioso di sentirsi signore di un mondo unificato dalla potenza di Roma, ma è anche il cittadino che, in qualsiasi tempo, senta e si comporti da uomo con dignità all'interno della società umana.
I personaggi di Terenzio, anche se gravati dai problemi, sanno guardare alla realtà del prossimo e così riescono a superare i contrasti. L'autore ha fiducia nella natura umana, che attraverso l'educazione può emergere e realizzarsi nei suoi aspetti migliori; in personaggi come quello della cortigiana, per esempio, egli mostra come le doti individuali di umanità possano smentire qualunque stereotipo negativo e qualunque pregiudizio. Muore nel 159 a.C.

La trama di *Il condannato volontario*
Nella famosa commedia *Il condannato volontario* (il titolo originale, in greco, è *Heautontimorúmenos*, letteralmente "il punitore di se stesso"), un padre, Menedemo, si autopunisce per aver rimproverato al figlio Clinia di essersi innamorato di una ragazza senza dote (Antifila), e per averlo quindi costretto a partire soldato. Pentito della propria eccessiva severità, Menedemo ha venduto tutti i suoi beni e si è messo a lavorare senza sosta la terra di un poderetto. Il vicino di casa, Cremete, lo invita a sperare nel ritorno del figlio. Infatti Clinia ritorna ed è ospitato proprio nella casa di Cremete, perché amico del figlio di questi, Clitifone, e che a sua volta è l'amante della prostituta Bacchide. L'intrigo si complica quando, su suggerimento dello schiavo di Clitifone (Siro), i due amici, per poter incontrare le amate e al tempo stesso nascondere a Cremete la costosa relazione del figlio, invitano a casa Bacchide facendo credere che sia Antifila, mentre Antifila l'accompagna travestita da ancella. L'equivoco viene sfruttato dal servo Siro per tentare di estorcere denaro a Cremete. Mentre gli imbrogli complicano ulteriormente la situazione, si scopre che Antifila è figlia di Cremete, e perciò Clinia può sposarla con grande gioia di Menedemo. Clitifone, ravveduto, accetta di prendere in moglie una brava ragazza.

Perché leggiamo *Il condannato volontario*
Perché è una commedia che esprime con grande sensibilità un interesse per la natura umana che valorizza i tratti migliori e più autentici di ogni individuo.

UNITÀ E2 ■ LA COMMEDIA

Analisi del testo

I modelli educativi

Cremete, portavoce degli ideali dell'autore, non teme di apparire inopportuno (*mi sento il coraggio e la confidenza di darti dei consigli*, righe 4-5) e alla risposta brusca e aggressiva di Menedemo esprime, in nome di un superiore ideale di umanità, il modello educativo basato sulla ragionevolezza, sulla solidarietà, sulla condivisione dei dolori e delle gioie del prossimo (*Sono uomo; e di quello che è umano nulla io trovo che non mi riguardi. Fa' conto che il mio sia un consiglio, oppure una domanda; o hai ragione tu, e allora voglio fare anch'io come te; o non hai ragione, e allora ti voglio far cambiare idea*, righe 19-22). Menedemo, dopo la scortesia iniziale, dovuta all'esasperazione e al dolore, confida all'altro il proprio tormento: ha rimproverato aspramente il figlio per essersi innamorato di una ragazza povera e lo ha costretto a fuggire come soldato in Asia. L'errore è stato quello di aver seguito l'antico modello educativo di autorità e di costrizione nei confronti dei figli (*non con umanità...ma prendendolo di punta, con le maniere che sono solite ai babbi*, righe 51-52). Ora vuole punire se stesso, lavorare la terra senza sosta, non solo per scontare la propria colpa, ma anche per condividere realmente i disagi che egli immagina stia soffrendo suo figlio, partito già da tre mesi. In definitiva anche Menedemo si fa portavoce dell'ideale umano della "compassione", ossia del "condividere" i dolori (*non ho diritto di prendermi qualche soddisfazione fino a quando lui non sarà tornato, sano e salvo, a dividerla con me*, righe 88-89).

La struttura

La commedia rispetta le unità di luogo, in quanto i fatti hanno tutti come sfondo la periferia di Atene, dove si trovano le case di Cremete e Menedemo. Viene mantenuta anche l'unità di tempo, poiché l'antefatto (l'allontanamento di Clinia e la decisione di Menedemo di autopunirsi attraverso il lavoro) viene narrato in *flash-back* dallo stesso Menedemo a Cremete all'inizio della rappresentazione. Lo spettatore, quindi, vede svolgersi soltanto le azioni che avvengono a partire dal colloquio fra i due amici, poco prima che Clinia ritorni a casa.

Che cosa so fare

COMPRENDERE

1. **L'interessamento di Cremete.**

   Cremete mostra molto interesse per la situazione di Menedemo. Qual è il motivo di tale atteggiamento? È spinto da curiosità o da un sentimento più nobile?

2. **Il rimorso di Menedemo.**

   Menedemo è tormentato a causa di alcuni atteggiamenti che ha assunto nei confronti del figlio. A tale riguardo, che cosa si rimprovera?

3. **L'incomprensione fra padre e figlio.**

   Quali atteggiamenti hanno generato l'incomprensione fra Menedemo e Clinia?

4. **Le fasi dell'azione.**

   Leggi la trama. Uno degli eventi che fanno parte della fase di *rimozione dell'ostacolo* è
   a. la scoperta che Antifila è figlia di Cremete
   b. il matrimonio di Clitifone
   c. la partenza di Clinia
   d. la sostituzione di Bacchide ad Antifila

451

TEATRO: I GENERI

5. Il carattere di Clinia.
Quale considerazione induce Cremete ad affermare che la scelta di Clinia lo rivela come figlio portato all'obbedienza?

ANALIZZARE

6. Un personaggio a tutto tondo.
Per quale motivo possiamo affermare che Menedemo è un personaggio "individuo"? Rispondi alla domanda, ponendo attenzione alle reali ragioni del suo comportamento, solo apparentemente causato dall'avarizia.

7. I modelli educativi.
Completa la mappa, che visualizza i diversi percorsi attraverso cui Menedemo e Cremete arrivano alla condivisione dei dolori e delle gioie del prossimo.

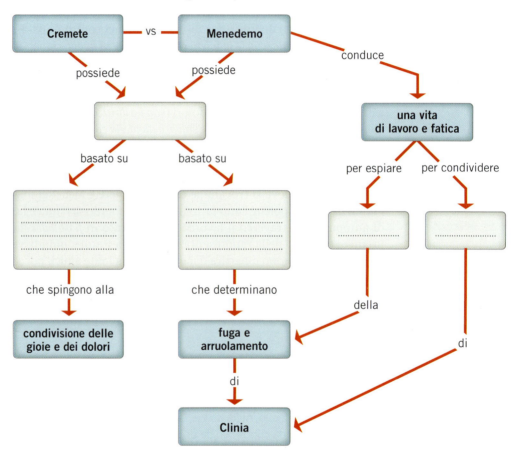

PRODURRE

8. Laboratorio di scrittura creativa | Raccontare un'esperienza personale.
Anche oggi, ovviamente, i rapporti tra genitori e figli spesso provocano conflitti e tensioni. Scrivi un testo narrativo di 2 colonne di foglio protocollo, in cui racconti un episodio in cui ti sei scontrato/a con tua madre o tuo padre. Il testo dovrà esporre:
- le ragioni del conflitto;
- le vicende provocate dal conflitto;
- il modo in cui si è risolto il conflitto;
- le conseguenze determinate dal conflitto nel rapporto.

LABORATORIO DELLE COMPETENZE

UNITÀ E2 — LA COMMEDIA

da *La locandiera* (1753)

▶ Commedia

Quando ▶ Settecento
Dove ▶ Nella locanda di proprietà della protagonista, a Firenze

Carlo Goldoni
La seduzione di Mirandolina

Mirandolina è la proprietaria di una locanda. Tra i suoi clienti ci sono il Marchese di Forlipopoli e il Conte d'Albafiorita, entrambi innamorati di lei, e il Cavaliere di Ripafratta, personaggio caratterizzato, invece, dal disprezzo per le donne. Mirandolina, che ha iniziato un piano di seduzione del Cavaliere, continua la sua opera di conquista e si presenta all'uomo con un piatto di prelibatezze. La scena si svolge nella stanza del Cavaliere di Ripafratta.

Atto II
Scena IV
Mirandolina con un tondo[1] in mano, ed il Servitore, e detto[2].

Mirandolina È permesso?
5 Cavaliere di Ripafratta Chi è di là?
Servitore Comandi.
Cavaliere di Ripafratta Leva là quel tondo di mano.
Mirandolina Perdoni. Lasci ch'io abbia l'onore di metterlo in tavola colle mie mani. (*mette in tavola la vivanda*)
10 Cavaliere di Ripafratta Questo non è offizio[3] vostro.
Mirandolina Oh signore, chi son io? Una qualche signora? Sono una serva di chi favorisce venire[4] alla mia locanda.
Cavaliere di Ripafratta (Che umiltà!). (*da sé*)
Mirandolina In verità, non avrei difficoltà di servire in tavola tutti, ma non lo
15 faccio per certi riguardi: non so s'ella mi capisca. Da lei vengo senza scrupoli, con franchezza.
Cavaliere di Ripafratta Vi ringrazio. Che vivanda è questa?
Mirandolina Egli è un intingoletto[5] fatto colle mie mani.
Cavaliere di Ripafratta Sarà buono. Quando lo avete fatto voi, sarà buono.
20 Mirandolina Oh! troppa bontà, signore. Io non so far niente di bene; ma bramerei saper fare, per dar nel genio[6] ad un cavalier sì compito[7].
Cavaliere di Ripafratta (Domani a Livorno). (*da sé*) Se avete che fare, non istate a disagio[8] per me.
Mirandolina Niente, signore: la casa è ben provveduta[9] di cuochi e servitori.
25 Avrei piacer di sentire, se quel piatto le dà nel genio.
Cavaliere di Ripafratta Volentieri, subito. (*lo assaggia*) Buono, prezioso. Oh che sapore! Non conosco che cosa sia.
Mirandolina Eh, io, signore, ho de' secreti particolari. Queste mani sanno far delle belle cose!
30 Cavaliere di Ripafratta Dammi da bere. (*al Servitore, con qualche passione*)
Mirandolina Dietro[10] questo piatto, signore, bisogna beverlo[11] buono.
Cavaliere di Ripafratta Dammi del vino di Borgogna[12]. (*al Servitore*)

1. **tondo**: piatto.
2. **detto**: il Cavaliere di Ripafratta.
3. **offizio**: compito.
4. **favorisce venire**: ha la compiacenza di venire.
5. **intingoletto**: pietanza con molto sugo.
6. **dar nel genio**: incontrare i gusti.
7. **compito**: ben educato.
8. **non istate a disagio**: non vi disturbate.
9. **provveduta**: provvista.
10. **Dietro**: dopo.
11. **beverlo**: berlo.
12. **vino di Borgogna**: vino pregiato prodotto nella regione della Francia centro-orientale.

453

TEATRO: I GENERI

MIRANDOLINA Bravissimo. Il vino di Borgogna è prezioso. Secondo me, per pasteggiare[13] è il miglior vino che si possa bere. (*Il Servitore presenta la bottiglia in tavola, con un bicchiere*)

CAVALIERE DI RIPAFRATTA Voi siete di buon gusto in tutto.

MIRANDOLINA In verità, che poche volte m'inganno.

CAVALIERE DI RIPAFRATTA Eppure questa volta voi v'ingannate.

MIRANDOLINA In che, signore?

CAVALIERE DI RIPAFRATTA In credere ch'io meriti d'essere da voi distinto[14].

MIRANDOLINA Eh, signor Cavaliere... (*sospirando*)

CAVALIERE DI RIPAFRATTA Che cosa c'è? Che cosa sono questi sospiri? (*alterato*)

MIRANDOLINA Le dirò: delle attenzioni ne uso a tutti, e mi rattristo quando penso che non vi sono che ingrati.

CAVALIERE DI RIPAFRATTA Io non vi sarò ingrato. (*con placidezza*)

MIRANDOLINA Con lei non pretendo di acquistar merito, facendo unicamente il mio dovere.

CAVALIERE DI RIPAFRATTA No, no, conosco benissimo... Non sono cotanto[15] rozzo quanto voi mi credete. Di me non avrete a dolervi. (*versa il vino nel bicchiere*)

MIRANDOLINA Ma... signore... io non l'intendo.

CAVALIERE DI RIPAFRATTA Alla vostra salute. (*beve*)

MIRANDOLINA Obbligatissima; mi onora troppo.

CAVALIERE DI RIPAFRATTA Questo vino è prezioso.

MIRANDOLINA Il Borgogna è la mia passione.

CAVALIERE DI RIPAFRATTA Se volete, siete padrona. (*le offerisce il vino*)

MIRANDOLINA Oh! Grazie, signore.

CAVALIERE DI RIPAFRATTA Avete pranzato?

MIRANDOLINA Illustrissimo sì.

CAVALIERE DI RIPAFRATTA Ne volete un bicchierino?

MIRANDOLINA Io non merito queste grazie.

CAVALIERE DI RIPAFRATTA Davvero, ve lo do volentieri.

MIRANDOLINA Non so che dire. Riceverò le sue finezze.

CAVALIERE DI RIPAFRATTA Porta un bicchiere. (*al Servitore*)

MIRANDOLINA No, no, se mi permette; prenderò questo. (*prende il bicchiere del Cavaliere*)

CAVALIERE DI RIPAFRATTA Oibò. Me ne sono servito io.

MIRANDOLINA Beverò le sue bellezze[16]. (*ridendo*)

(*Il Servitore mette l'altro bicchiere nella sottocoppa*)

CAVALIERE DI RIPAFRATTA Eh galeotta[17]! (*versa il vino*)

MIRANDOLINA Ma è qualche tempo che ho mangiato: ho timore che mi faccia male.

CAVALIERE DI RIPAFRATTA Non vi è pericolo.

MIRANDOLINA Se mi favorisse un bocconcino di pane...

CAVALIERE DI RIPAFRATTA Volentieri. Tenete. (*le dà un pezzo di pane*)

(*Mirandolina col bicchiere in una mano, e nell'altra il pane, mostra di stare in disagio, e non saper come fare la zuppa*)

CAVALIERE DI RIPAFRATTA Voi state in disagio. Volete sedere?

MIRANDOLINA Oh! Non son degna di tanto, signore.

---

13. pasteggiare: bere o mangiare lentamente e assaporando i gusti.

14. distinto: fatto oggetto di attenzioni.

15. cotanto: così.

16. Beverò le sue bellezze: frase galante significa: "bere ciò che resta nel bicchiere dopo che vi ha bevuto un'altra persona".

17. galeotta: seduttrice, ammaliatrice.

LABORATORIO DELLE COMPETENZE

UNITÀ E2 — LA COMMEDIA

CAVALIERE DI RIPAFRATTA Via, via, siamo soli. Portale una sedia. (*al Servitore*)
80 SERVITORE (Il mio padrone vuol morire: non ha mai fatto altrettanto). (*da sé; va a prendere la sedia*)
MIRANDOLINA Se lo sapessero il signor Conte ed il signor Marchese, povera me!
CAVALIERE DI RIPAFRATTA Perché?
85 MIRANDOLINA Cento volte mi hanno voluto obbligare a bere qualche cosa, o a mangiare, e non ho mai voluto farlo.
CAVALIERE DI RIPAFRATTA Via, accomodatevi.
MIRANDOLINA Per obbedirla. (*siede, e fa la zuppa nel vino*)
CAVALIERE DI RIPAFRATTA Senti. (*al Servitore, piano*) (Non lo
90 dire a nessuno, che la padrona sia stata a sedere alla mia tavola).
SERVITORE (Non dubiti). (*piano*) (Questa novità mi sorprende). (*da sé*)
MIRANDOLINA Alla salute di tutto quello che dà piacere al si-
95 gnor Cavaliere.
CAVALIERE DI RIPAFRATTA Vi ringrazio, padroncina garbata.
MIRANDOLINA Di questo brindisi alle donne non ne tocca.
CAVALIERE DI RIPAFRATTA No? perché?
MIRANDOLINA Perché so che le donne non le può vedere.
100 CAVALIERE DI RIPAFRATTA È vero, non le ho mai potute vedere.
MIRANDOLINA Si conservi sempre così.
CAVALIERE DI RIPAFRATTA Non vorrei... (*si guarda dal Servitore*)
MIRANDOLINA Che cosa, signore?
CAVALIERE DI RIPAFRATTA Sentite. (*le parla nell'orecchio*) (Non vorrei che voi mi
105 faceste mutar natura).
MIRANDOLINA Io, signore? Come?
CAVALIERE DI RIPAFRATTA Va via. (*al Servitore*)
SERVITORE Comanda in tavola?
CAVALIERE DI RIPAFRATTA Fammi cucinare due uova, e quando son cotte, portale.
110 SERVITORE Come le comanda le uova?
CAVALIERE DI RIPAFRATTA Come vuoi, spicciati.
SERVITORE Ho inteso. (Il padrone si va riscaldando). (*da sé, parte*)
CAVALIERE DI RIPAFRATTA Mirandolina, voi siete una garbata giovine.
MIRANDOLINA Oh signore, mi burla[18].
115 CAVALIERE DI RIPAFRATTA Sentite. Voglio dirvi una cosa vera, verissima, che ritornerà in vostra gloria.
MIRANDOLINA La sentirò volentieri.
CAVALIERE DI RIPAFRATTA Voi siete la prima donna di questo mondo, con cui ho avuto la sofferenza[19] di trattar con piacere.
120 MIRANDOLINA Le dirò, signor Cavaliere: non già ch'io meriti niente, ma alle volte si danno questi sangui[20] che s'incontrano. Questa simpatia, questo genio[21], si dà anche fra persone che non si conoscono. Anch'io provo per lei quello che non ho sentito per alcun altro.
CAVALIERE DI RIPAFRATTA Ho paura che voi mi vogliate far perdere la mia quiete.

▲ Carla Gravina (Mirandolina), in *La locandiera* di Carlo Goldoni, regia di Giancarlo Cobelli, 1979. Fotografia di Tommaso Le Pera.

18. **mi burla**: mi prende in giro.
19. **sofferenza**: pazienza.
20. **sangui**: caratteri.
21. **genio**: affinità.

PERCORSO E

TEATRO: I GENERI

MIRANDOLINA Oh via, signor Cavaliere, se è un uomo savio, operi da suo pari. 125
Non dia nelle debolezze degli altri[22]. In verità, se me n'accorgo, qui non ci
vengo più. Anch'io mi sento un non so che di dentro, che non ho più sentito; ma non voglio impazzire per uomini, e molto meno per uno che ha in
odio le donne; e che forse forse per provarmi, e poi burlarsi di me, viene ora
con un discorso nuovo a tentarmi. Signor Cavaliere, mi favorisca un altro 130
poco di Borgogna.

CAVALIERE DI RIPAFRATTA Eh! Basta... (*versa il vino in un bicchiere*)

MIRANDOLINA (Stà lì lì per cadere). (*da sé*)

CAVALIERE DI RIPAFRATTA Tenete. (*le dà il bicchiere col vino*)

MIRANDOLINA Obbligatissima. Ma ella non beve? 135

CAVALIERE DI RIPAFRATTA Sì, beverò. (Sarebbe meglio che io mi ubriacassi. Un
diavolo scaccerebbe l'altro). (*da sé, versa il vino nel suo bicchiere*)

MIRANDOLINA Signor Cavaliere. (*con vezzo*)

CAVALIERE DI RIPAFRATTA Che c'è?

MIRANDOLINA Tocchi. (*gli fa toccare il bicchiere col suo*) Che vivano i buoni amici. 140

CAVALIERE DI RIPAFRATTA Che vivano. (*un poco languente*)

MIRANDOLINA Viva... chi si vuol bene... senza malizia tocchi.

CAVALIERE DI RIPAFRATTA Evviva...

> Nelle scene V-VI-VII entra in scena il Marchese di Forlipopoli che offre del vino
> e dichiara ancora una volta il suo amore per Mirandolina. Nelle scene VIII-IX il
> Cavaliere manifesta un interesse sempre crescente per Mirandolina. Nelle sce-
> ne X-XV il Cavaliere è invitato nella stanza del Conte d'Albafiorita, dove stanno
> pranzando due attrici, Ortensia e Dejanira, che stuzzicano il Cavaliere per la sua
> nota avversione nei confronti delle donne. Il Cavaliere risponde con sarcasmo che
> le donne per natura recitano, «in scena e fuori di scena», per non parlare delle
> commedianti che lo fanno per mestiere. Dopo questo colloquio il Cavaliere pren-
> de la decisione di partire al più presto per evitare di innamorarsi di Mirandolina, e
> chiede il conto. Quando Fabrizio gli riferisce che lo sta preparando la locandiera,
> resta ammirato del fatto che una donna sappia «scrivere e far di conto».

SCENA XVI

Il CAVALIERE solo. 145

Tutti sono invaghiti di Mirandolina. Non è maraviglia, se ancor io principiava
a[23] sentirmi accendere. Ma anderò via; supererò questa incognita[24] forza...
Che vedo? Mirandolina? Che vuole da me? Ha un foglio in mano. Mi porterà
il conto. Che cosa ho da fare? Convien soffrire[25] quest'ultimo assalto. Già da
qui a due ore io parto. 150

SCENA XVII

MIRANDOLINA con un foglio in mano, e detto.

MIRANDOLINA Signore. (*mestamente*)

CAVALIERE DI RIPAFRATTA Che c'è, Mirandolina?

MIRANDOLINA Perdoni. (*stando indietro*) 155

CAVALIERE DI RIPAFRATTA Venite avanti.

MIRANDOLINA Ha domandato il suo conto; l'ho servita. (*mestamente*)

CAVALIERE DI RIPAFRATTA Date qui.

---

22. Non dia...altri: non
commetta le stesse debo-
lezze degli altri uomini.
23. principiava a: comin-
ciavo a.
24. incognita: scono-
sciuta.
25. soffrire: sopportare,
affrontare.

456

LABORATORIO DELLE COMPETENZE

UNITÀ E2 ■ LA COMMEDIA

MIRANDOLINA Eccolo. (*si asciuga gli occhi col grembiule, nel dargli il conto*)
CAVALIERE DI RIPAFRATTA Che avete? Piangete?
MIRANDOLINA Niente, signore, mi è andato del fumo negli occhi.
CAVALIERE DI RIPAFRATTA Del fumo negli occhi? Eh! basta... quanto importa il conto? (*legge*) Venti paoli[26]? In quattro giorni un trattamento sì generoso: venti paoli?
MIRANDOLINA Quello è il suo conto.
CAVALIERE DI RIPAFRATTA E i due piatti particolari che mi avete dato questa mattina, non ci sono nel conto?
MIRANDOLINA Perdoni. Quel ch'io dono, non lo metto in conto.
CAVALIERE DI RIPAFRATTA Me li avete voi regalati?
MIRANDOLINA Perdoni la libertà. Gradisca per un atto di... (*si copre mostrando di piangere*)
CAVALIERE DI RIPAFRATTA Ma che avete?
MIRANDOLINA Non so se sia il fumo, o qualche flussione di occhi[27].
CAVALIERE DI RIPAFRATTA Non vorrei che aveste patito, cucinando per me quelle due preziose vivande.
MIRANDOLINA Se fosse per questo, lo soffrirei... volentieri... (*mostra di trattenersi di piangere*)
CAVALIERE DI RIPAFRATTA (Eh, se non vado via!). (*da sé*) Orsù, tenete. Queste sono due doppie[28]. Godetele per amor mio... e compatitemi... (*s'imbroglia*)
MIRANDOLINA (*senza parlare, cade come svenuta sopra una sedia*)
CAVALIERE DI RIPAFRATTA Mirandolina. Ahimè! Mirandolina. È svenuta. Che fosse innamorata di me? Ma così presto? E perché no? Non sono io innamorato di lei? Cara Mirandolina... Cara? Io cara ad una donna? Ma se è svenuta per me. Oh, come tu sei bella! Avessi qualche cosa per farla rinvenire. Io che non pratico donne[29], non ho spiriti, non ho ampolle[30]. Chi è di là? Vi è nessuno? Presto... Anderò io. Poverina! Che tu sia benedetta! (*parte, e poi ritorna*)
MIRANDOLINA Ora poi è caduto affatto[31]. Molte sono le nostre armi, colle quali si vincono gli uomini. Ma quando sono ostinati, il colpo di riserva sicurissimo è uno svenimento. Torna, torna. (*si mette come sopra*)
CAVALIERE DI RIPAFRATTA (*torna con un vaso d'acqua*) Eccomi, eccomi. E non è ancor rinvenuta. Ah, certamente costei mi ama. (*la spruzza, ed ella si va movendo*) Animo, animo. Son qui, cara. Non partirò più per ora.

Atto III

▲ *La locandiera* di Carlo Goldoni, regia di Jacques Lassalle, Compagnia della Comédie Française, 1981.

[Dopo essersi presa gioco del Cavaliere, facendolo innamorare di sé, Mirandolina alla fine dichiara di voler sposare Fabrizio, il servo a cui il padre l'ha promessa in sposa prima di morire. Il Cavaliere, imbestialito, lascia la locanda e maledice la donna per la sua finzione.]

Scena ultima
Il SERVITORE del Cavaliere e detti[32].

26. paoli: monete d'argento.
27. flussione di occhi: perdita di liquido lacrimale dagli occhi infiammati.
28. doppie: monete d'oro.
29. Io che non pratico donne: io che non sono solito frequentare donne.
30. non ho spiriti, non ho ampolle: non possiedo essenze alcoliche o fialette di liquido corroborante che fanno riprendere i sensi.
31. è caduto affatto: è caduto completamente.
32. detti: Mirandolina, Fabrizio, il marchese di Forlipopoli e il Conte d'Albafiorita.

TEATRO: I GENERI

SERVITORE Signora padrona, prima di partire son venuto a riverirvi.

MIRANDOLINA Andate via?

SERVITORE Sì. Il padrone va alla Posta[33]. Fa attaccare: mi aspetta colla roba, e ce ne andiamo a Livorno.

MIRANDOLINA Compatite[34], se non vi ho fatto...

SERVITORE Non ho tempo da trattenermi. Vi ringrazio, e vi riverisco. (*parte*)

MIRANDOLINA Grazie al cielo, è partito. Mi resta qualche rimorso; certamente è partito con poco gusto. Di questi spassi non me ne cavo mai più[35].

CONTE D'ALBAFIORITA Mirandolina, fanciulla o maritata che siate, sarò lo stesso per voi.

MARCHESE DI FORLIPOPOLI Fate pur capitale della[36] mia protezione.

MIRANDOLINA Signori miei, ora che mi marito, non voglio protettori, non voglio spasimanti, non voglio regali. Sinora mi sono divertita, e ho fatto male, e mi sono arrischiata troppo, e non lo voglio fare mai più. Questi è mio marito...

FABRIZIO Ma piano, signora...

MIRANDOLINA Che piano! Che cosa c'è? Che difficoltà ci sono? Andiamo. Datemi quella mano.

FABRIZIO Vorrei che facessimo prima i nostri patti.

MIRANDOLINA Che patti? Il patto è questo: o dammi la mano, o vattene al tuo paese.

FABRIZIO Vi darò la mano... ma poi...

MIRANDOLINA Ma poi, sì, caro, sarò tutta tua; non dubitare di me, ti amerò sempre, sarai l'anima mia.

FABRIZIO Tenete, cara, non posso più. (*le dà la mano*)

MIRANDOLINA (Anche questa è fatta). (*da sé*)

CONTE D'ALBAFIORITA Mirandolina, voi siete una gran donna, voi avete l'abilità di condur gli uomini dove volete.

MARCHESE DI FORLIPOPOLI Certamente la vostra maniera obbliga[37] infinitamente.

MIRANDOLINA Se è vero ch'io possa sperar grazie da lor signori, una ne chiedo loro per ultimo.

CONTE D'ALBAFIORITA Dite pure.

MARCHESE DI FORLIPOPOLI Parlate.

FABRIZIO (Che cosa mai adesso domanderà?). (*da sé*)

MIRANDOLINA Le supplico per atto di grazia, a provvedersi[38] d'un'altra locanda.

FABRIZIO (Brava; ora vedo che la mi vuol bene). (*da sé*)

CONTE D'ALBAFIORITA Sì, vi capisco e vi lodo. Me n'anderò, ma dovunque io sia, assicuratevi della mia stima.

MARCHESE DI FORLIPOPOLI Ditemi: avete voi perduta una boccettina d'oro?

MIRANDOLINA Sì signore.

MARCHESE DI FORLIPOPOLI Eccola qui. L'ho io ritrovata, e ve la rendo. Partirò per compiacervi, ma in ogni luogo fate pur capitale della mia protezione.

MIRANDOLINA Queste espressioni[39] mi saran care, nei limiti della convenienza e dell'onestà. Cambiando stato[40], voglio cambiar costume[41]; e lor signori ancora profittino di quanto hanno veduto, in vantaggio e sicurezza del loro cuore; e quando mai si trovassero in occasioni di dubitare, di dover cedere, di dover cadere, pensino alle malizie imparate, e si ricordino della Locandiera.

(C. Goldoni, *La locandiera*, BUR, Milano, 1997)

---

33. **Posta**: la stazione per il cambio di cavalli delle carrozze.

34. **Compatite**: scusate.

35. **Di questi spassi...più**: non mi divertirò mai più così.

36. **Fate pur capitale della**: contate pure sulla.

37. **la vostra maniera obbliga**: il vostro comportamento fa sentire gli uomini in obbligo.

38. **provvedersi**: ricercare.

39. **espressioni**: offerte.

40. **stato**: condizione (da nubile a sposata).

41. **costume**: abitudini di vita.

LABORATORIO DELLE COMPETENZE

UNITÀ E2 ■ LA COMMEDIA

L'autore e l'opera

Carlo Goldoni nasce a Venezia nel 1707. Già affascinato dal teatro, nel 1721 fugge a Chioggia con una compagnia di attori, in un viaggio avventuroso. Perdonato dal padre, diventa apprendista legale a Venezia nello studio dello zio e nel 1723 frequenta gli studi di giurisprudenza nel collegio Ghislieri di Pavia, continuando, comunque, a scrivere commedie. Nel 1731 si laurea in giurisprudenza a Padova ed è costretto, per l'improvvisa morte del padre, a intraprendere la professione di avvocato a Venezia; trova poi impieghi precari in varie città italiane (Milano, Como, Genova).

L'attività teatrale a Venezia e la riforma della commedia

Nel 1734, ritornato a Venezia, si dedica a tempo pieno all'attività di scrittore teatrale. Come autore comico è al seguito della compagnia che rappresenta il suo repertorio in varie città e comincia a definire la sua ipotesi di riforma del teatro comico. In Italia ha allora gran fortuna la Commedia dell'Arte, un tipo di rappresentazione popolare in maschera, il cui testo viene improvvisato sulla base di una traccia (il cosiddetto *canovaccio*) che indica le linee essenziali dell'azione e l'argomento dei dialoghi. I personaggi sono sempre gli stessi (il servo scaltro, il dottore fanfarone, l'anziano avaro...) e tutto lo spettacolo è costruito sull'abilità degli attori, che ricorrono di volta in volta al loro repertorio di battute e di giochi di parole. Goldoni, partendo dalla Commedia dell'Arte, vuole riportare il teatro alla vita, cioè alla realtà: attinge i personaggi dalle diverse classi sociali, si sofferma sull'analisi della psicologia, del carattere e dei rapporti fra gli esseri umani. Elabora così la "commedia di carattere", non più affidata all'im-

provvisazione degli attori ma basata su un testo scritto, completo di didascalie e battute. I primi segnali di rinnovamento in tal senso si trovano nel *Momolo Cortesan* (1738), di cui mette per iscritto la sola parte del protagonista, mentre per la *Donna di garbo* (1743) scrive il testo completo della rappresentazione. Nel 1744 lascia Venezia perché perseguitato dai creditori e si unisce a una compagnia di attori con la quale raggiunge Rimini, poi Pisa, dove, tra il 1745 e il 1748, intraprende con fortuna l'attività di avvocato. Ma il richiamo del teatro lo riporta a Venezia, dove inizia il periodo più intenso della sua attività: tra il 1748 e il 1753 compone più di trenta commedie tra le quali *La locandiera* (1753).

L'attività teatrale a Parigi

Nel 1762 si trasferisce a Parigi su invito della *Comédie italienne*, ma qui trova un teatro ancorato alla vecchia Commedia dell'Arte, attori impreparati e un pubblico diffidente nei confronti della sua riforma. In seguito si trasferisce a Versailles come insegnante di italiano delle figlie di Luigi XVI, incarico che costituì la sua principale fonte di sostentamento. Muore in miseria nel 1793.

La trama di *La locandiera*

Mirandolina è la padrona di una locanda a Firenze e, dopo la morte del padre, è aiutata dal giovane cameriere Fabrizio. Due clienti della locanda sono innamorati di lei: il nobile squattrinato Marchese di Forlipopoli, che spera di sedurla vantandosi dell'illustre albero genealogico, e il ricco Conte d'Albafiorita, di recente nobilitato (ha comprato il titolo di conte), che la corteggia a suon di costosi regali. La locandiera, astuta nel far innamorare gli uomini, è altrettanto abile nel tenerli a bada. Ma un terzo forestiero, il Cavaliere di Ripafratta, nemico giurato delle donne, è l'unico che non l'ammira,

si compiace di non essere mai stato innamorato e mette in ridicolo la passione degli altri due. Punta sul vivo, Mirandolina affina le armi della seduzione e riesce a fare innamorare il Cavaliere misogino: finge di condividere il suo stesso desiderio di libertà e il disprezzo non solo per le donne che corrono dietro agli uomini, ma anche per quei due forestieri che le ronzano intorno. Caduto nella rete, il Cavaliere finisce per crederla una donna eccezionale e sincera e si innamora di lei, ma la vittoria di Mirandolina è completa solo quando, scatenata la gelosia del Cavaliere, lo induce a confessare il suo amore davanti a tutti. A quel punto annunzia che sposerà Fabrizio, l'unico che potrà aiutarla nel modo migliore a gestire la locanda. Il Cavaliere, disperato, fugge e Mirandolina, con senso pratico tutto borghese, congeda i suoi nobili spasimanti, sposa un uomo della sua condizione sociale e diventa una buona madre di famiglia.

La struttura

La commedia è divisa in tre atti e rispetta le unità classiche di tempo e di luogo, in quanto i fatti si svolgono nell'arco di una giornata e hanno tutti come sfondo la locanda di Mirandolina, a Firenze. Goldoni ambienta *La locandiera* a Firenze e non a Venezia perché, dovendo rivolgersi con le sue opere prevalentemente al pubblico veneziano, temeva di urtare la suscettibilità degli spettatori appartenenti al ceto nobiliare della sua città: infatti nella commedia emergono soprattutto i difetti e l'inettitudine dell'aristocrazia e ciò si sarebbe potuto intendere come una critica generale alla nobiltà veneziana.

Perché leggiamo *La locandiera*

Perché rappresenta l'apice della produzione artistica di Goldoni, dove un personaggio femminile a tutto tondo domina la scena grazie all'arte della parola.

459

TEATRO: I GENERI

ATTIVITÀ

COMPRENDERE E ANALIZZARE

Competenza:
- leggere, comprendere e interpretare testi scritti di vario tipo

1. VERSO LA PROVA INVALSI

Scegli l'opzione.

1. L'azione si svolge
   a. a Firenze
   b. a Venezia
   c. a Livorno
   d. prima a Venezia, poi a Livorno

2. Il Cavaliere è
   a. un ospite della locanda
   b. un amico di famiglia
   c. un ricco proprietario del posto
   d. il padrone della locanda

3. Il Marchese di Forlipopoli è
   a. un nobile decaduto
   b. un arricchito
   c. un produttore di vini pregiati
   d. un falso titolato

4. Nel secondo atto, si ha una distinzione tra la scena XVI e la XVII perché
   a. cambia l'ambiente in cui si svolge l'azione
   b. entra in scena un altro personaggio
   c. tutti i personaggi escono di scena
   d. nell'azione c'è un'ellisi temporale

5. Il Cavaliere parla all'orecchio di Mirandolina perché
   a. teme di non essere ascoltato
   b. vuole confidarle un pettegolezzo
   c. non vuole farsi sentire da altri
   d. finge di desiderare la sua vicinanza

6. Il servitore mantiene nei confronti di Mirandolina un atteggiamento
   a. formale
   b. ostile
   c. ammirato
   d. timoroso

7. Mirandolina vuole conquistare il Cavaliere
   a. per vendicare le donne che egli ha deluso
   b. perché lo trova affascinante
   c. per prendersi gioco di lui
   d. per migliorare la sua condizione sociale

8. Con quale arma Mirandolina fa cadere le ultime difese del Cavaliere?
   a. Con il vino
   b. Con un finto svenimento
   c. Con un bacio
   d. Con un grosso sconto

9. Nell'ultima scena della commedia il Cavaliere non è presente perché
   a. è geloso degli altri corteggiatori
   b. non intende salutare
   c. non vuole pagare il conto
   d. se n'è andato via

10. La richiesta finale di Mirandolina ai suoi nobili corteggiatori è
    a. di voler partecipare al suo matrimonio
    b. di scusare la sua maleducazione
    c. di continuare ad avere dei riguardi per lei
    d. di trasferirsi in un'altra locanda

11. Con la frase *Mi resta qualche rimorso* (riga 206) Mirandolina si riferisce al fatto che
    a. non ha saputo conquistare il Cavaliere
    b. ha ingannato tutti i propri spasimanti
    c. ha azzardato anche troppo
    d. non si è divertita abbastanza

12. Indica l'enunciato in cui non è presente nessun deittico.
    a. *Questo non è offizio vostro.*
    b. *Dammi da bere.*
    c. *Il vino di Borgogna è prezioso.*
    d. *Ma ella non beve?*

13. L'azione si svolge in uno spazio
    a. realistico   c. fantastico
    b. simbolico   d. indeterminato

14. Nel sistema dei personaggi, il ruolo del destinatore è svolto
    a. da Mirandolina
    b. da Fabrizio
    c. dal Cavaliere di Ripafratta
    d. dal servitore

460

LABORATORIO DELLE COMPETENZE

UNITÀ E2 ▪ LA COMMEDIA

■ INTERPRETARE E PRODURRE

Competenze:
- leggere, comprendere e interpretare testi scritti di vario tipo
- produrre testi di vario tipo in relazione ai differenti scopi comunicativi

2. TRATTAZIONE BREVE

La scelta di Mirandolina.
Nell'ultima scena la decisione presa da Mirandolina di sposare Fabrizio non appare dettata unicamente dall'amore. Quali altre motivazioni sono deducibili dal testo? Quale mentalità esprimono?

3. RISPOSTA SINTETICA

Gli "a parte".
In questa commedia, gli "a parte" sono piuttosto frequenti e sono utilizzati in modo particolarmente efficace. Spiega perché, ed esponi la tua interpretazione citando esempi dal testo.

4. SPIEGAZIONE

La "morale".
Le ultime parole pronunciate dalla protagonista sono rivolte agli spettatori e riassumono la "morale" della commedia: *lor signori... pensino alle malizie imparate... e si ricordino della Locandiera* (righe 242-245). Si tratta di un monito a guardarsi dagli inganni delle donne o di un'esaltazione dell'astuzia e della civetteria femminile? O il significato è un altro ancora? Spiega che cosa dimostra, secondo Mirandolina (e nelle intenzioni dell'autore) la vicenda rappresentata e in che cosa consiste il suo messaggio. Poi esponi il tuo giudizio al riguardo, sostenendolo con i necessari argomenti.

5. CONFRONTARE

Mirandolina e Lisistrata.
Confronta i personaggi di Mirandolina e di Lisistrata (► p. 438), riflettendo sulla prova che danno di sé nelle rispettive situazioni, sulle motivazioni da cui sono animate, sui mezzi di cui si servono per raggiungere i loro scopi. Quali analogie e quali differenze rilevi?

6. LABORATORIO DI SCRITTURA CREATIVA

Scene da un matrimonio.
Il futuro coniugale di Mirandolina e Fabrizio appare piuttosto prevedibile, date le premesse. Ma è davvero così? Scrivi tre scene di una nuova commedia dal titolo *I locandieri*, immaginando un dialogo tra loro (in presenza o meno di altri personaggi) a distanza di qualche anno dalle vicende rappresentate da Goldoni.

■ ESPORRE E ARGOMENTARE

Competenze:
- padroneggiare gli strumenti espressivi e argomentativi indispensabili per gestire l'interazione comunicativa verbale in vari contesti
- leggere, comprendere e interpretare testi scritti di vario tipo

7. VERSO IL COLLOQUIO ORALE

Esponi il significato complessivo di un brano dell'unità.

- Precisa la data di composizione o della prima rappresentazione.

461

TEATRO: I GENERI

- Inquadra l'opera nell'insieme della produzione dell'autore.
- Definisci le caratteristiche più significative del testo dal punto di vista strutturale.
- Delinea il tema centrale e mettilo in relazione con la visione dell'esistenza che il testo esprime.
- Poni in rapporto il significato del testo e il periodo storico nel quale fu composto.
- Esponi sinteticamente un'opinione personale opportunamente motivata.

 Per il tuo intervento orale hai a disposizione 10-15 minuti.

PROVA AUTENTICA

Competenze:
- padroneggiare gli strumenti espressivi e argomentativi indispensabili per gestire l'interazione comunicativa verbale in vari contesti
- leggere, comprendere e interpretare testi scritti di vario tipo
- produrre testi di vario tipo in relazione ai differenti scopi comunicativi

Competenze chiave di cittadinanza:
1. Imparare a imparare
2. Progettare
3. Comunicare
4. Collaborare e partecipare
5. Agire in modo autonomo e responsabile
6. Risolvere problemi
7. Individuare collegamenti e relazioni
8. Acquisire e interpretare le informazioni

DAL TESTO ALLA MESSA IN SCENA

Prodotto: *dossier* (progetto di allestimento di alcune scene della commedia *La locandiera*).

Destinatari: preside.

Tempi previsti: 6 ore in classe + altri tempi per la preparazione delle attività a casa.

Consegna: progettate l'allestimento di alcune scene della commedia *La locandiera* e realizzate un *dossier* da consegnare al preside per ottenere la necessaria autorizzazione alla sua effettiva messa in scena. Le scene sono quelle di cui avete letto il testo nell'antologia.

Istruzioni operative (attività in *cooperative learning*):
Dividetevi in gruppi.
Assegnate ai singoli gruppi le diverse funzioni previste per la realizzazione di un allestimento teatrale, assumendo precise informazioni su:
- funzioni artistiche: regista e assistente/i alla regia, scenografo e assistente/i, costumista/i, addetti al *casting* (selezione degli interpreti);
- funzioni tecniche: addetti alle luci, al suono, ai materiali scenici, attrezzisti;
- funzioni organizzative: direttore di produzione e amministratore (per il budget e il reperimento di fondi), addetti alla comunicazione (materiale pubblicitario, rapporti con i media), addetti alla logistica (per le prove e per lo spettacolo).

Preparate un copione (▶ p. 364) per ciascun gruppo o funzione.
Il gruppo-regia si confronta con gli altri sulle idee guida dell'allestimento (fedeltà all'originale o attualizzazione moderna, eventuali adattamenti).
Ciascun gruppo lavora sul proprio specifico copione, eventualmente suddividendo i compiti al proprio interno.
Nel corso del lavoro, si annotano nel copione tutte le soluzioni progettate per l'allestimento, facendo riferimento alla documentazione prodotta via via (bozzetti, schemi, elenchi di materiali e di fornitori, preventivi ecc.) per esplicitarne i dettagli e la fattibilità.
Al termine del lavoro, ogni gruppo stende una relazione sulla propria parte del progetto.
Assemblate le relazioni così prodotte, condividendo le soluzioni per pervenire a un progetto unitario e a un *dossier* comprensivo della necessaria documentazione.

PERCORSO F
Teatro: un autore

UNITÀ F1
Luigi Pirandello

Testo d'esempio — *La finta pazzia di Enrico IV*

Antologia — *Il professor Toti e Giacomino*
La rivelazione della signora Frola

Laboratorio delle competenze — *Arrivano i sei personaggi*

In questa unità:
- leggerai la vita di Luigi Pirandello, scoprirai le sue opere principali e i temi che le attraversano
- analizzerai brani significativi della sua produzione e individuerai figure, situazioni ed elementi espressivi caratteristici dell'autore
- produrrai testi corretti e coerenti di varia tipologia (relazione, riassunto, risposta sintetica, trattazione breve, testo argomentativo)
- produrrai testi creativi, inventando o rielaborando temi e situazioni
- esporrai le caratteristiche di un testo che hai letto
- scriverai un articolo di giornale sull'attualità di Luigi Pirandello

PERCORSO **F**

1

TEATRO: UN AUTORE

Luigi Pirandello

■ La vita

Luigi Pirandello nasce a Girgenti (oggi Agrigento) il 28 giugno 1867. Il padre aveva partecipato all'impresa dei Mille di Garibaldi, nutriva sentimenti patriottici e aveva salutato con entusiasmo l'annessione della Sicilia al Regno d'Italia (1860). Luigi dimostra un precoce interesse per la letteratura e all'età di dodici anni scrive una tragedia in cinque atti che mette in scena in forma privata con le sorelle e gli amici. Nonostante il padre veda in lui un futuro commerciante, dopo un fallimentare tentativo negli studi tecnici, Pirandello si iscrive alla Facoltà di Lettere e Filosofia di Palermo, spostandosi in seguito a Roma per specializzarsi in filologia romanza. Durante il periodo romano pubblica la sua prima raccolta di versi (*Mal giocondo,* 1889). Consigliato dal suo professore Luigi Monaci, e in seguito a dissidi con un professore di latino, nel 1889 Pirandello si trasferisce all'Università di Bonn, sede rinomata per gli studi linguistici e filosofici. Qui si laurea con una tesi in lingua tedesca sui dialetti greco-siculi e inizia a lavorare come insegnante di italiano.

Nel 1892 Pirandello ritorna a Roma. Qui conosce il teorico del Verismo Luigi Capuana (1839-1915) che lo introduce nell'ambiente letterario e facilita la sua collaborazione con diverse riviste, spronandolo a dedicarsi all'attività narrativa.

I PRIMI SUCCESSI. Nel 1894 Pirandello si piega alla volontà familiare sposando Maria Antonietta Portulano, figlia di un socio in affari del padre da cui avrà tre figli. Nello stesso anno pubblica la raccolta di novelle *Amori senza amore.*

Il 1903 segna una frattura nella vita dell'autore. L'allagamento di una zolfara nella quale i Pirandello hanno investito getta la famiglia, una volta molto agiata, in condizioni di povertà. Sempre nello stesso anno, la malattia nervosa della moglie degenera in un grave squilibrio mentale. Il romanzo *Il fu Mattia Pascal* del 1904 nasce probabilmente anche in seguito a queste dure esperienze di vita. Considerato ancora oggi uno dei capolavori italiani novecenteschi, il romanzo riscuote un immediato successo e permette a Pirandello di dedicarsi interamente alla letteratura. A partire dal 1910 inizia a collaborare con il quotidiano "Corriere della Sera", su cui pubblicherà molte delle sue novelle (poi raccolte con il titolo *Novelle per un anno*). Sono anni molto prolifici e di grande successo letterario, ma anche di nuovi drammi familiari. Nel 1915, allo scoppio della guerra, il figlio Stefano (anch'egli scrittore con lo pseudonimo di Stefano Landi)

Verismo. Corrente letteraria di fine Ottocento. Il primo teorizzatore è Luigi Capuana (1839-1915), che in un saggio del 1872 parla di una "poesia del vero" che ritrae la realtà, anche nei suoi aspetti più sgradevoli, come la povertà e le piaghe sociali, nel modo più oggettivo possibile. Principale esponente del Verismo è Giovanni Verga (1840-1922).

464

è fatto prigioniero dagli austriaci; pochi anni dopo anche l'altro figlio, Fausto (pittore), sarà in prima linea. Inoltre, la malattia mentale della moglie peggiora notevolmente, tanto da costringerla a un ricovero in una clinica neurologica. A partire dal 1919 Pirandello si dedica soprattutto al teatro. Dopo anni di successo ininterrotto, nel 1921 conosce il suo primo, clamoroso insuccesso al teatro Valle di Roma con *Sei personaggi in cerca d'autore*. La stessa opera, però, trionferà al teatro Manzoni di Milano e andrà in scena a Londra e a New York.

PIRANDELLO E IL FASCISMO. Pirandello aderisce al movimento fascista nel 1924, immediatamente dopo il delitto Matteotti, in quanto ne apprezza lo spirito antiborghese e la carica anarcoide e vitale. Nonostante l'adesione al movimento, il rapporto tra Pirandello e il regime sarà controverso: se da una parte il fascismo leggerà nelle sue opere un'inaccettabile vena pessimista e disfattista, dall'altra nel 1929 Mussolini lo nominerà Accademico d'Italia.

IL PREMIO NOBEL E LA MORTE. Nel 1934 Pirandello è insignito del premio Nobel per la letteratura; morirà a Roma due anni più tardi, il 10 dicembre 1936. In accordo con le sue volontà testamentarie, Pirandello è sepolto in Sicilia senza onori e senza il funerale di Stato.

> **Delitto Matteotti.**
> Il 30 maggio 1924 Giacomo Matteotti, deputato socialista, denuncia in Parlamento i soprusi del partito fascista nelle precedenti tornate elettorali. Il 10 giugno 1924 viene rapito, picchiato e brutalmente ucciso dai fascisti. Il suo cadavere sarà ritrovato solo alcune settimane dopo.

■ Le opere

Pirandello è stato autore prolifico e molto eclettico. La sua opera tocca infatti tutti i generi, dalla poesia, soprattutto negli anni giovanili, al romanzo e al racconto, fino al teatro e, in misura minore, al cinema.

LE OPERE NARRATIVE. È Luigi Capuana che incoraggia il giovane Pirandello a dedicarsi alla narrativa. Sia *Marta Ajala* del 1893 (pubblicato nel 1908 con il titolo *L'esclusa*) sia il successivo *Il turno* (1902) mostrano insieme l'influenza della poetica verista e un primo approccio ai temi caratteristici dell'opera pirandelliana. In entrambi i romanzi, infatti, Pirandello affronta il motivo dell'imprevedibilità del caso nella vita umana, con una vena umoristica. Tali temi vengono portati a compimento nel romanzo *Il fu Mattia Pascal* (1904). Il romanzo narra le disavventure di Mattia Pascal, bibliotecario di paese spiantato e infelice; da tutti creduto morto, Mattia decide di approfittare dell'occasione per rifarsi una vita lontano dalla moglie che non ha mai amato. Dopo un iniziale periodo di euforia, e dopo aver cambiato il suo nome in Adriano Meis, il protagonista si rende però conto che egli non esiste per la società: privo di documenti e di un'identità ufficiale, egli non può, ad esempio, sposare la donna di cui si è nel frattempo innamorato. Decide così di inscenare il suicidio di Adriano Meis e ritornare a casa come Mattia Pascal. Qui però scopre non solo che la moglie si è già risposata e ha messo al mondo una figlia, ma che la città intera non lo riconosce: egli non è più Adriano Meis e non può più essere Mattia Pascal. Non gli resta così che accettare la sua estraneità al mondo e occupare il tempo portando fiori sulla sua stessa tomba e raccontando la sua storia.

Anche i successivi romanzi *I vecchi e i giovani* (1913) e *Si gira...* (1916, ripubblicato nel 1925 con il titolo *Quaderni di Serafino Gubbio operatore*) riscuotono notevole

René Magritte, *Golconda*, 1953. Houston (Usa), Menil Collection.

successo. La definitiva consacrazione del Pirandello narratore si ha però con *Uno, nessuno e centomila* (1926, ▶ Narrativa, *Il naso di Vitangelo*, p. 497). Qui i temi della perdita di identità e della pazzia toccano il loro culmine. Vitangelo Moscarda, il protagonista, si rende conto che l'immagine che ha di sé è costantemente contraddetta dalle migliaia di immagini che di lui si fanno gli altri: egli è uno e centomila e per questo è anche nessuno. Vitangelo inizia così una ricerca della sua vera identità che lo porta a compiere gesti talmente incoerenti da sfiorare la follia.

> Non è altro che questo, epigrafe funeraria, un nome. Conviene ai morti. A chi ha concluso. Io sono vivo e non concludo. La vita non conclude. E non sa di nomi, la vita. Quest'albero, respiro tremulo di foglie nuove. Sono quest'albero. Albero, nuvola; domani libro o vento: il libro che leggo, il vento che bevo. Tutto fuori, vagabondo.
>
> (L. Pirandello, *Uno, nessuno e centomila*, Mondadori, Milano, 1973)

LA PRODUZIONE TEATRALE. Pirandello si dedica alla scrittura per il teatro durante tutta la sua vita. Le sue numerosissime opere drammatiche sono raccolte a partire dal 1918 con il titolo *Maschere nude*. Tra le produzioni giovanili, in genere ambientate in Sicilia, ricordiamo *Lumìe di Sicilia*, *La morsa* (entrambe del 1910), e soprattutto *Liolà* e *Pensaci, Giacomino!*, rappresentate rispettivamente nel 1916 e nel 1917.

- **La trama di *Pensaci, Giacomino!*** Il tema dominante di questa commedia in tre atti scritta per l'attore siciliano Angelo Musco è la critica delle convenzioni sociali. La commedia è, infatti, tutta giocata sull'opposizione tra la libertà di pensiero del professor Toti, che sfida le norme sociali per fare del bene alla giovane Lillina, e lo sconcerto della comunità che trova scandalosa la loro unione. Il professore vuole che la giovane e spiantata Lillina possa usufruire della sua pensione e quindi condurre una vita dignitosa. Allo stesso modo, non appena ne ha la possibilità, egli procura un impiego in banca a Giacomino, il vero fidanzato di Lillina e padre di Ninì. L'unione tra il vecchio professore e la giovane è tuttavia fonte di inesauribili maldicenze da parte della società (▶ *Il professore Toti e Giacomino*, p. 477). I genitori stessi di Lillina non accettano il matrimonio e, dopo averla ripudiata, si rifiutano persino di conoscere il nipote Ninì. La commedia sembra però avere un lieto fine: nonostante la fortissima pressione sociale, e grazie ai discorsi (e alle minacce) del professor Toti, il giovane Giacomino si assumerà le proprie responsabilità di padre. A questo punto assistiamo a una famiglia riunita, una famiglia certamente anticonvenzionale, nella quale il professor Toti svolge il ruolo di padre della sua sposa e del suo amante.

IL TEATRO GROTTESCO. In un saggio del 1908, *L'umorismo*, Pirandello precisa un aspetto fondamentale della sua poetica distinguendo tra il comico e l'umori-

UNITÀ F1 ■ LUIGI PIRANDELLO

stico. Il comico è l'*avvertimento del contrario* e si ottiene mettendo in risalto l'elemento contrastante e contraddittorio che si manifesta in ogni aspetto della vita. Tali incongruenze sono viste in maniera distaccata e giocosa. L'umorismo invece è il *sentimento del contrario*. Grazie all'intervento fondamentale della riflessione il soggetto non ride delle contraddizioni della realtà, ma ne percepisce il lato tragico e partecipa al dolore che da esse deriva. Pirandello offre un esempio molto concreto del sentimento umoristico attraverso l'immagine di una vecchia signora truccata e vestita come se fosse ancora giovane e bella: fermandosi all'aspetto comico di questa immagine si riderebbe della signora e dell'inadeguatezza del suo abbigliamento, mentre grazie al sentimento del contrario, tipico dell'umorismo, si comprende l'elemento tragico che è alla base del suo comportamento (il disperato bisogno di apparire ancora giovane ed essere vista come tale).

> " Vedo una vecchia signora, coi capelli ritinti, tutti unti non si sa di quale orribile manteca[1], e poi tutta goffamente imbellettata e parata d'abiti giovanili. Mi metto a ridere. *Avverto* che quella vecchia signora è *il contrario* di ciò che una vecchia rispettabile signora dovrebbe essere. Posso così, a prima giunta superficialmente, arrestarmi a questa impressione comica. Il comico è appunto un *avvertimento del contrario*. Ma se ora interviene in me la riflessione, e mi suggerisce che quella vecchia signora non prova forse nessun piacere a pararsi così come un pappagallo, ma che forse ne soffre e lo fa soltanto perché pietosamente s'inganna che, parata così, nascondendo così le rughe e la canizie, riesca a trattenere a sé l'amore del marito molto più giovane di lei, ecco che io non posso più riderne come prima, perché appunto la riflessione, lavorando in me, mi ha fatto andar oltre a quel primo avvertimento, o piuttosto, più addentro: da quel primo *avvertimento del contrario* mi ha fatto passare a questo *sentimento del contrario*. Ed è tutta qui la differenza tra il comico e l'umoristico.

> (L. Pirandello, *L'umorismo*, Mondadori, Milano, 1992)

1. **manteca**: crema per capelli.

Queste idee vengono messe in pratica nelle opere drammatiche che Pirandello compone tra il 1915 e il 1918: *Così è (se vi pare)*, *Il piacere dell'onestà* (entrambi del 1917) e *Il giuoco delle parti* (1918). In questi drammi Pirandello unisce elementi tragici ed elementi comici per dare vita al "**grottesco**": i personaggi sono svuotati della loro verosimiglianza psicologica e sono spesso identificati solo grazie al loro ruolo sociale (Il Padre, La Figlia, Il Professore ecc.) mentre la narrazione enfatizza il contrasto tra l'essere e l'apparire. Una delle caratteristiche fondamentali del grottesco è l'evidente contrasto tra un contenuto tragico e la forma, ironica e quasi leggera, nella quale questo contenuto è espresso.

● **La trama di *Così è (se vi pare)*.** Il signor Ponza, nuovo segretario della Prefettura, arriva con la moglie e la suocera a Valdana. La famiglia dei nuovi arrivati si distingue immediatamente a causa del suo strano comportamento: perché alla suocera non è permesso vedere la figlia? Perché questa non fa, come è d'uso, visite di cortesia ai vicini? La commedia è tutta giocata sulle opposte motivazioni che il signor Ponza e la signora Frola adducono per giustificare il loro strano comportamento. Il signor Ponza sostiene, infatti, che la signora Frola sia pazza e che quella che lei crede sua figlia è in realtà Giulia, la sua seconda moglie, sposata dopo la tragica morte di Lina, la vera figlia della si-

467

gnora Frola. Quest'ultima sostiene però l'esatto contrario: sua figlia – e unica moglie del signor Ponza – è viva; essa era stata ricoverata in una clinica di salute e quindi sottratta alle possessive cure del marito. Per superare lo shock di questo improvviso allontanamento, il signor Ponza – ormai pazzo – si è inventato la storia della morte della prima moglie. Nonostante le ricerche per stabilire quale delle due versioni sia corretta, la verità sulla famiglia del signor Ponza non verrà mai scoperta. Sarà anzi la moglie del signor Ponza, nel terzo e ultimo atto, a sancirne definitivamente l'ambiguità: ella dichiarerà infatti di essere sia Lina, la figlia della signora Frola, sia Giulia, la seconda moglie del signor Ponza (▶ *La rivelazione della signora Frola*, p. 481).

IL RELATIVISMO NEL TEATRO. A partire dal 1917 Pirandello sviluppa un altro elemento importante della sua concezione del teatro e della vita: il relativismo.

Lo scopo di Pirandello è sfumare le barriere tra verità e illusione, attraverso un personaggio che commenta le vicende e la cui voce può essere identificata con quella dell'autore stesso. Tale confusione tra verità e finzione, sanità e follia, caso e necessità è emblematicamente rappresentata nell'opera *Enrico IV* (1922).

- **La trama di *Enrico IV*.** Il protagonista, un nobile umbro, impersona Enrico IV di Germania in un corteo carnevalesco. Caduto da cavallo, egli impazzisce e, assecondato dai suoi servitori, dalla sorella e dal nipote, crede di essere davvero l'imperatore tedesco e vive come tale. Nel castello dove abita ci sono due enormi ritratti: uno di lui stesso che impersona Enrico IV e un altro della donna da lui amata, Matilde Spina, abbigliata come la contessa di Canossa. Dopo vent'anni Matilde, il suo amante Tito Belcredi e Frida, la figlia di primo letto, lo vanno a trovare vestiti da personaggi dell'epoca di Enrico IV, portando con sé lo psichiatra Dionisio Genoni. In realtà però il nobile era rinsavito otto anni prima e dunque riconosce immediatamente i suoi ospiti, senza rivelare tuttavia loro la verità. Credendolo ancora pazzo e su consiglio dello psichiatra, essi mettono in scena una rappresentazione in modo da far rivivere al nobile lo shock che aveva causato la sua pazzia. Quando Frida, vestita da contessa di Canossa si sostituisce al ritratto e chiama a sé il nobile uomo, egli pensa di essere impazzito veramente. Quando si accendono le luci e tutti i personaggi entrano in scena, l'ambiguità è completa: Enrico IV ha finto la sua pazzia per tutti quegli anni come sostengono Belcredi e i servi? Oppure, come sostiene il dottore, egli è solo in quel momento rinsavito? O ancora, come sostiene Matilde, è nuovamente impazzito? Accusato da Belcredi di averli ingannati per tutti quegli anni, Enrico IV, geloso della sua unione con Matilde, lo uccide. A questo punto, la sua unica possibilità per non pagare le conseguenze del suo delitto è fingersi nuovamente pazzo (▶ *La finta pazzia di Enrico IV*, p. 471).

> ENRICO IV. [...] È il loro modo di pensare, il loro modo di vedere, di sentire: ciascuno ha il suo! Avete anche voi il vostro, eh? Certo! Ma che può essere il vostro? Quello della mandra! Misero, labile, incerto... E quelli ne approfittano, vi fanno subire e accettare il loro, per modo che voi sentiate e vediate come loro! O almeno, si illudono! Perché poi, che riescono a imporre? Parole! parole che ciascuno intende e ripete a suo modo. Eh, ma si formano pure così le così dette opinioni correnti!

UNITÀ F1 ■ LUIGI PIRANDELLO

E guai a chi un bel giorno si trovi bollato da una di queste parole che tutti ripetono! Per esempio: «pazzo!» – Per esempio, che so? – «imbecille» – Ma dite un po', si può star quieti a pensare che c'è uno che si affanna a persuadere agli altri che voi siete come vi vede lui, a fissarvi nella stima degli altri secondo il giudizio che ha fatto di voi? – «Pazzo» «pazzo»! – Non dico ora che lo faccio per ischerzo! Prima, prima che battessi la testa cadendo da cavallo...

(L. Pirandello, *Enrico IV*, in *Maschere nude*, a cura di M. Lo Vecchio-Musti, Mondadori, Milano, 1967)

IL TEATRO NEL TEATRO E L'ULTIMO PIRANDELLO. Con *Sei personaggi in cerca d'autore* (scritto tra la fine del 1921 e l'inizio del 1922), e attraverso l'espediente del **teatro nel teatro**, grazie al quale all'interno della rappresentazione teatrale viene messa in scena un'ulteriore rappresentazione non necessariamente collegata alla prima, Pirandello porta a compimento quel processo di dissoluzione dei confini tra rappresentazione teatrale e vita reale già affrontato nell'*Enrico IV*.

- **La trama di *Sei personaggi in cerca d'autore*.** La scena si apre sulle prove che una compagnia teatrale fa per la rappresentazione de *Il giuoco delle parti* (dramma composto dallo stesso Pirandello nel 1918). In questo modo lo spettatore non assiste alla rappresentazione compiuta, ma al teatro nel suo farsi, nel suo diventare teatro. Le prove sono tuttavia presto interrotte da un'intera famiglia: il Padre, la Madre, la Figliastra, il Figlio, il Giovinetto e la Bambina irrompono sulla scena chiedendo a gran voce di poter rappresentare le "sciagurate vicende" della loro vita (► *Arrivano i sei personaggi*, p. 487). Che cosa sono i sei membri della famiglia? Essi non sono persone reali, ma non sono neanche propriamente personaggi, poiché l'autore non ha ritrovato nei loro drammi il valore universale che i personaggi d'arte, per esistere, devono necessariamente avere. Il capocomico accetta di mettere in scena le loro vicende e chiede loro di provare, cioè di mettere in scena gli episodi più significativi della loro storia. La guida del capocomico è però insufficiente e le diverse storie non raggiungono mai l'unità: le voci e le ragioni dei diversi personaggi si confondono e sovrappongono in un caos crescente che degrada la tragedia in farsa.

> *Troveranno gli spettatori, entrando nella sala del teatro, alzato il sipario, e il palcoscenico com'è di giorno, senza quinte né scena, quasi al bujo e vuoto, perché abbiano fin da principio l'impressione d'uno spettacolo non preparato.*

(L. Pirandello, *Sei personaggi in cerca d'autore*, in *Maschere nude*, a cura di M. Lo Vecchio-Musti, Mondadori, Milano, 1967)

Sei personaggi in cerca d'autore è il primo testo di quella che sarà considerata la trilogia pirandelliana dedicata al teatro nel teatro; essa comprende anche *Ciascuno a suo modo* (1924) e *Questa sera si recita a soggetto* (1930).

Tra il 1928 e il 1930 Pirandello cerca una nuova evoluzione del suo teatro attraverso il ricorso al mito, cioè attraverso rappresentazioni allegoriche che servono a illustrare un'idea o un concetto senza tempo perché propri dell'essere umano in ogni epoca. Se i miti *La nuova colonia penale* (1928) e *Lazzaro* (1929) sono fra le produzioni meno riuscite dell'autore, si deve ricordare almeno l'incompiuto *I giganti della montagna* (1930).

Teatro nel teatro. Espediente tecnico usato in maniere e con scopi differenti da diversi autori, a partire da Shakespeare (*Amleto*) fino ai giorni nostri. Esso tocca il suo apice nel teatro novecentesco proprio a partire da Pirandello.

469

TEATRO: UN AUTORE

■ I temi

Tutta la produzione di Pirandello ruota attorno ad alcuni temi ricorrenti, che sono spesso intrecciati nelle singole opere e vengono di volta in volta sviluppati in maniera differente.

- **La differenza tra pazzia e sanità.** Spesso i personaggi delle opere di Pirandello abitano una zona di confine tra la pazzia e la sanità mentale; i due stati non sono, infatti, nettamente separati come vorrebbe il pensiero comune. Un personaggio è dichiarato alternativamente pazzo o sano a seconda del punto di vista dal quale è guardato.
- **La pressione delle convenzioni sociali.** Molte opere di Pirandello enfatizzano il ruolo che le convenzioni sociali esercitano nel determinare le azioni del singolo mostrandone così il lato tragico. C'è, infatti, spesso una differenza insanabile tra ciò che la società vuole che un uomo sia e faccia e ciò che il singolo veramente è o vorrebbe fare.
- **L'indefinibilità dell'io.** Molti personaggi di Pirandello vivono una profonda crisi di identità. L'identità di ciascuno è sempre plurale e per questo alla fine indefinibile. Ciò che ognuno crede di essere è infatti sempre contraddetto dalle mille immagini che gli altri si fanno di lui. Queste immagini cambiano sia in rapporto a chi guarda (ognuno ha un'opinione differente), sia in rapporto al tempo (l'immagine che gli altri hanno di noi cambia in differenti momenti della nostra e della loro vita).
- **Il relativismo.** È impossibile interpretare i fatti in maniera oggettiva, valida per tutti. Non esiste, dunque, una verità definitiva e definitivamente accertabile. La verità su un fatto appare diversa a seconda del punto di vista dell'osservatore.

Che cosa so

Indica se le seguenti affermazioni sono vere o false.   V   F

a. Pirandello ha scritto solo opere teatrali. ☐ ☐
b. L'ultima produzione di Pirandello è caratterizzata da una nuova attenzione verso la dimensione mitica. ☐ ☐
c. L'*Enrico IV* è un'opera che esprime emblematicamente il relativismo di Pirandello. ☐ ☐
d. *Il fu Mattia Pascal* è un'opera teatrale. ☐ ☐
e. Il teatro nel teatro è una tecnica usata per la prima volta da Pirandello. ☐ ☐
f. *Maschere nude* è il titolo della raccolta di novelle di Pirandello. ☐ ☐
g. L'umorismo per Pirandello è il sentimento del contrario. ☐ ☐
h. Uno dei temi principali dell'opera di Pirandello è la disgregazione dell'io. ☐ ☐
i. Belcredi è un personaggio di *Sei personaggi in cerca d'autore*. ☐ ☐
j. In *Sei personaggi in cerca d'autore* una famiglia vuole mettere in scena le sue "sciagurate vicende". ☐ ☐

UNITÀ F1 ■ LUIGI PIRANDELLO

La finta pazzia di Enrico IV
Luigi Pirandello

Testo d'esempio

Enrico IV
(1922)
▶ Dramma moderno

Matilde, la figlia Frida, il barone Belcredi e il Dottore Dioniso Geroni sono andati a visitare Enrico IV travestiti rispettivamente da Adelaide, Matilde di Canossa, il monaco Pietro Damiani e Ugo di Cluny. Nel brano che segue Enrico IV, che ha immediatamente riconosciuto i quattro, rivela ai servi attoniti di aver finto la sua pazzia. Lo sfogo di Enrico IV tocca alcuni dei motivi più caratteristici del teatro e della visione del mondo di Pirandello, quali il labile confine tra pazzia e sanità mentale e il peso delle convenzioni sociali sulla vita di ognuno.

ATTO SECONDO

[...]

Davanti alla soglia della comune[1], fin dove li ha accompagnati, [Enrico IV] li licenzia[2], ricevendone l'inchino. Donna Matilde e il Dottore[3], via. Egli richiude la porta e si volta subito, cangiato[4].

5 Buffoni! Buffoni! Buffoni! – Un pianoforte di colori! Appena la toccavo: bianca, rossa, gialla, verde... E quell'altro là: Pietro Damiani[5]. – Ah! Ah! Perfetto! Azzeccato! – S'è spaventato di ricomparirmi davanti!

Dirà questo con gaja prorompente frenesia[6], movendo di qua, di là i passi, gli occhi, finché all'improvviso non vede Bertoldo[7], più che sbalordito, impaurito
10 *del repentino cambiamento. Gli si arresta davanti e additandolo ai tre compagni anch'essi come smarriti nello sbalordimento:*

Ma guardatemi quest'imbecille qua, ora, che sta a mirarmi a bocca aperta...

Lo scrolla per le spalle.

15 Non capisci? Non vedi come li paro[8], come li concio, come me li faccio comparire davanti, buffoni spaventati! E si spaventano solo di questo, oh: che stracci loro addosso la maschera buffa e li scopra trave-

---

richiude la porta
Questo gesto indica la fine della recita. Enrico IV infatti sta per rivelare di aver finto la sua pazzia.

Appena la toccavo: bianca, rossa, gialla, verde
Enrico IV allude a come il volto di Matilde cambiasse colore (bianca di terrore, rossa di vergogna, gialla di spavento e verde di rabbia) durante il suo discorso.

---

1. **soglia della comune**: la porta che introduce sulla scena.
2. **[Enrico IV] li licenzia**: li congeda, li manda via.
3. **il Dottore**: Dionisio Genoni, lo psichiatra che Matilde, Frida e Belcredi avevano fatto venire al castello per curare Enrico IV.
4. **cangiato**: cambiato in volto.
5. **Pietro Damiani**: monaco camaldolese vissuto nell'XI secolo.
6. **gaja, prorompente frenesia**: in uno stato di grande e allegra eccitazione. La parola "frenesia" allude anche a uno stato delirante di pazzia.
7. **Bertoldo**: uno dei quattro servi di Enrico IV che fingono di essere suoi consiglieri.
8. **come li paro**: come li faccio mascherare.

471

PERCORSO F — TEATRO: UN AUTORE

▶ Glauco Mauri (Enrico IV), in *Enrico IV* di Luigi Pirandello, regia di Maurizio Scaparro, Compagnia Glauco Mauri – Teatro Eliseo, 1998.
Fotografia di Tommaso Le Pera.

stiti; come se non li avessi costretti io stesso a mascherarsi, per questo mio gusto qua, di fare il pazzo!
LANDOLFO, ARIALDO, ORDULFO (*sconvolti, trasecolati*[9], *guardandosi tra loro*). Come! Che dice? Ma dunque?
ENRICO IV (*si volta subito alle loro esclamazioni e grida, imperioso*): Basta! Finiamola! Mi sono seccato!

Poi subito, come se, a ripensarci, non se ne possa dar pace, e non sappia crederci:

Perdio, l'impudenza di presentarsi qua, a me, ora – col suo ganzo[10] accanto... – E avevano l'aria di prestarsi per compassione, per non fare infuriare un poverino già fuori del mondo, fuori del tempo, fuori della vita! – Eh, altrimenti quello là, ma figuratevi se l'avrebbe subìta una simile sopraffazione! – Loro sì, tutti i giorni, ogni momento, pretendono che gli altri siano come li vogliono loro; ma non è mica una sopraffazione, questa! – Che! Che! – È il loro modo di pensare, il loro modo di vedere, di sentire: ciascuno ha il suo! Avete anche voi il vostro, eh? Certo! Ma che può essere il vostro? Quello della mandra[11]! Misero, labile, incerto... E quelli ne approfittano, vi fanno subire e accettare il loro, per modo che voi sentiate e vediate come loro! O almeno, si illudono! Perché poi, che riescono a imporre? Parole! parole che ciascuno intende e ripete a suo modo. Eh, ma si formano pure così le così dette opinioni correnti! E guai a chi un bel giorno si trovi bollato da una di queste parole che tutti ripetono! Per esempio: «paz-

---

Perdio, l'impudenza di presentarsi qua, a me, ora – col suo ganzo accanto
Enrico IV sfoga la rabbia e l'indignazione di ritrovare la sua amata Matilde amante di Belcredi, l'uomo che aveva organizzato la mascherata all'origine della sua pazzia.

È il loro modo di pensare, il loro modo di vedere, di sentire: ciascuno ha il suo! Avete anche voi il vostro, eh?
Enrico IV allude qui al fatto che ognuno vede le cose a suo modo (relativismo di Pirandello), ma, nello stesso momento, ognuno pretende che la propria visione sia oggettiva e quindi da tutti condivisa.

mandra
La vera follia è quella della "mandra", ovvero di tutti coloro che seguono senza discutere le convenzioni della società, modellando la propria identità sulla maschera che viene loro assegnata. Metaforicamente indica tutta la società umana, in cui ognuno si uniforma e si comporta in modo convenzionale, portando la maschera che la società gli assegna.

---

9. **trasecolati**: sbalorditi.
10. **ganzo**: il suo amante (in senso spregiativo).
11. **mandra**: gregge.

UNITÀ F1 ■ LUIGI PIRANDELLO

zo!» – Per esempio, che so? – «imbecille» – Ma dite un po', si può star quieti a pensare che c'è uno che si affanna a persuadere agli altri che voi siete come vi vede lui, a fissarvi nella stima degli altri secondo il giudizio che ha fatto di voi? – «Pazzo» «pazzo»! – Non dico ora che
45 lo faccio per ischerzo! Prima, prima che battessi la testa cadendo da cavallo...

S'arresta d'un tratto, notando i quattro che si agitano, più che mai sgomenti e sbalorditi.

Vi guardate negli occhi?

50   *Rifà smorfiosamente i segni del loro stupore.*

Ah! Eh! Che rivelazione? – Sono o non sono? – Eh, via, sì, sono pazzo!

      Si fa terribile

Ma allora, perdio, inginocchiatevi! inginocchiatevi!

    Li forza a inginocchiarsi tutti a uno a uno:

55 Vi ordino di inginocchiarvi tutti davanti a me – così! E toccate tre volte la terra con la fronte! Giù! Tutti, davanti ai pazzi, si deve stare così!

Alla vista dei quattro inginocchiati si sente subito svaporare la feroce gajezza, e se ne sdegna.

Su, via, pecore, alzatevi! – M'avete obbedito? Potevate mettermi la ca-
60 micia di forza... – Schiacciare uno col peso d'una parola? Ma è niente! Che è? Una mosca! – Tutta la vita è schiacciata così dal peso delle parole! Il peso dei morti – Eccomi qua: potete credere sul serio che Enrico IV sia ancora vivo? Eppure, ecco, parlo e comando a voi vivi. Vi voglio così! – Vi sembra una burla anche questa, che seguitano a farla i
65 morti la vita? – Sì, qua è una burla: ma uscite di qua, nel mondo vivo. Spunta il giorno. Il tempo è davanti a voi. Un'alba. Questo giorno che ci sta davanti – voi dite – lo faremo noi! – Sì? Voi? E salutatemi tutte le tradizioni! Salutatemi tutti i costumi! Mettetevi a parlare! Ripetete tutte le parole che si sono sempre dette! Credete di vivere? Rimastica-
70 te la vita dei morti!

   (L. Pirandello, *Maschere nude*, a cura di M. Lo Vecchio-Musti, Mondadori, Milano, 1967)

Ah! Eh! Che rivelazione? – Sono o non sono? – Eh, via, sì, sono pazzo!
Questa frase, come spesso accade nel brano, è costituita da brevi incisi, da domande retoriche ed esclamazioni che rendono anche dal punto di vista ritmico la concitazione e lo stato di confusione emotiva del personaggio.

Rimasticate la vita dei morti!
Ripetere le parole che *si sono sempre dette* e che sono diventate leggi e tradizioni significa non vivere realmente. Per questo Enrico IV afferma che i quattro servitori – che servono qui da metonimia per tutti coloro che assumono lo stesso atteggiamento – vivono una vita depotenziata, una vita da morti.

473

TEATRO: UN AUTORE

Che cosa so fare

COMPRENDERE

1. **Il riassunto.**
   Riassumi il testo proposto in 10 righe.

2. **Il protagonista.**
   Individua le differenti emozioni di Enrico IV all'interno del brano proposto e indica i passaggi corrispondenti.

3. **I sentimenti dei servi.**
   Lo stato d'animo dei servi di fronte alla rivelazione di Enrico IV è di
   a. gioia
   b. sgomento
   c. terrore
   d. rabbia

4. **La *mandra*.**
   A chi allude Enrico IV con la parola *mandra*?
   a. Ai servi.
   b. Alle persone che pensano con la propria testa.
   c. A un gregge di pecore.
   d. A coloro che seguono passivamente le regole imposte dalla società.

ANALIZZARE

5. **Il relativismo.**
   In quali passaggi del brano proposto emerge il relativismo di Pirandello?

6. **La tecnica narrativa.**
   Le frasi brevi e interrotte da esclamazioni e domande retoriche servono a Pirandello per rendere
   a. la logica precisa del discorso di Enrico IV
   b. l'ansia dei servitori
   c. lo stato di confusione emotiva del protagonista
   d. la rabbia di Enrico IV

7. **La reazione dei servi.**
   Spiega quali aspetti del carattere dei servi sono descritti dalla frase seguente: *Su, via, pecore, alzatevi! – M'avete obbedito? Potevate mettermi la camicia di forza...* (righe 59-60).

8. **L'indignazione.**
   Considera la frase seguente: *Perdio, l'impudenza di presentarsi qua, a me, ora – col suo ganzo accanto* (righe 26-27). Il protagonista esprime così la sua indignazione. Sapresti spiegare il perché?

PRODURRE

9. **Esporre | Il giudizio degli altri.**
   Rifletti sulla frase *Schiacciare uno col peso d'una parola? Ma è niente! Che è? Una mosca! – Tutta la vita è schiacciata così dal peso delle parole!* (righe 60-62). Pensa a un'occasione in cui il giudizio espresso dalla maggioranza ha condizionato il tuo comportamento o quello di una persona di tua conoscenza. Discutine con un compagno.

10. **Laboratorio di scrittura creativa | Scrivere un altro testo.**
    Immagina una reazione diversa dei servi (di rabbia, di gioia, di indignazione) di fronte alla rivelazione di Enrico IV e scrivila in forma di sceneggiatura teatrale o filmica.

UN TEMA DA SCOPRIRE

La follia simulata

Enrico IV e Amleto

È una follia amara e simulata, quella dell'*Enrico IV* di Luigi Pirandello. Caduto da cavallo mentre sfilava in una parata in costume dove rappresentava appunto Enrico IV, un giovane nobile impazzisce e, per molti anni, si crede l'imperatore del Sacro Romano Impero. A causa di questa sua follia, egli è costretto a vivere isolato dal mondo: perde Matilde, la donna che ama, e comincia a vivere in solitudine. Tuttavia, dopo dodici anni, all'improvviso rinsavisce e scopre che Matilde è diventata l'amante di un suo rivale, Tito Belcredi: decide allora, per sfuggire alla realtà, di continuare a fingersi pazzo. È così che "Enrico" si protegge: recitando la commedia della propria pazzia davanti agli altri e, di fatto, fuggendo consapevolmente dal mondo. C'è, nel teatro mondiale, un grande precedente di presunto folle: è Amleto. Nella tragedia che Shakespeare scrisse intorno al 1600, il principe di Danimarca si finge pazzo dopo che lo spettro del padre morto gli rivela di essere stato ucciso dal fratello. La follia simulata gli serve per scoprire la verità sugli intrighi di corte. Amleto è in qualche modo una figura speculare all'Enrico IV di Pirandello: entrambi fingono la follia, ma l'eroe shakespeariano lo fa in nome della ricerca della verità; la finzione pirandelliana, al contrario, oltre che imprigionare per sempre il protagonista, gli serve per sfuggire da una realtà che non sa più accettare: egli fugge dalla vita.

▲ Ben Carlson (Amleto), in *Amleto* di William Shakespeare, regia di Adrian Noble, Stratford Shakespeare Festival, 2008.

Follia e normalità

È dunque per osservare il mondo reale da un'altra prospettiva che, nel teatro e più in generale in letteratura, ci si finge folli. Il mondo, guardato da occhi "normali", è a volte incomprensibile o inaccettabile: fingendosi pazzi ci si chiama fuori. Ma non solo: essere folli significa anche non dover più giocare un ruolo reale nelle vicende della propria vita e di quella di chi ci sta intorno. Un pazzo è qualcuno che si mette ai margini e non ha più responsabilità nei confronti degli altri e delle cose che succedono.

Follia e teatro

Il teatro si è occupato molto spesso di follia e simulazione, e l'ha fatto per ragionare sul ruolo degli attori e sulla realtà: nel 1926, per esempio, il drammaturgo tedesco Georg Kaiser scrisse, insieme al musicista Kurt Weill, un'opera teatrale ambientata (non a caso) nell'Inghilterra di Shakespeare e intitolata *Il protagonista*. In essa, il protagonista è un attore che si identifica a tal punto con i personaggi che deve interpretare da diventare incapace di distinguere la fantasia dalla realtà. Ogni attore sa bene che la sua professione lo fa camminare sul filo della follia: egli, per lavoro, diventa ogni sera *qualcun altro*, simula un diverso carattere e una diversa personalità e, in una parola, *esce da se stesso*. Questo tema ha sempre affascinato i drammaturghi: nel *Protagonista*, l'eroe arriva a uccidere la propria sorella sul palcoscenico. Anche lei recitava con lui e la scena prevedeva un omicidio – che naturalmente avrebbe dovuto essere *finto*. Ma il protagonista ha perso la capacità di distinguere la vita reale da quella recitata: preso nel vortice della rappresentazione, egli contempla la scena dell'omicidio soddisfatto per la sua grande interpretazione e sembra non accorgersi della tragedia che si è abbattuta su di lui e sulla sorella.

TEATRO: UN AUTORE

Dalla simulazione alla realtà

Così, dall'*Amleto* a *Enrico IV* a *Il protagonista*, lo spettro delle follie simulate possibili è quasi completo: la fuga consapevole dalla realtà, la volontà di osservare gli altri per smascherarli e l'incapacità di distinguere la verità dalla finzione. Manca la follia vera, l'ammattimento: in *Shining*, terrificante film che Stanley Kubrick ha tratto nel 1980 da un romanzo di Stephen King, Jack, uno scrittore in crisi, ottiene uno strano lavoro: deve fare il custode, per i mesi invernali, di un hotel in Colorado. Mentre Jack, la moglie e il figlio sono soli nell'albergo, l'uomo – che ha spesso la sensazione di essere già stato in quel posto – scopre che, molti anni prima, un altro guardiano impazzì per la solitudine e sterminò la sua famiglia. Quello sarà anche il suo destino: convincersi di avere una "missione", staccarsi dal mondo reale perdendo totalmente la ragione e cercare di uccidere la moglie e il figlio.

Puoi leggere anche:

Romanzi

Don Chisciotte della Mancia di Miguel de Cervantes (1605-1615)
Memorie di un pazzo di Gustave Flaubert (1838)
Memorie dal sottosuolo di Fëdor Dostoevskij (1862)
Inferno di August Strindberg (1897)
Il giro di vite di Henry James (1898)
Follia di Patrick McGrath (1996)
L'altra verità. Diario di una diversa di Alda Merini (2007)

Poesia

Canti orfici di Dino Campana (1914)

Puoi guardare anche:

La donna che visse due volte di Alfred Hitchcock (1958)
Toby Dammit (episodio contenuto nel film *Tre passi nel delirio*) di Federico Fellini (1968)
Aguirre, furore di Dio di Werner Herzog (1972)
Qualcuno volò sul nido del cuculo di Miloš Forman (1975)
Black Swan di Darren Aronofsky (2010)

◀ Jack Nicholson (Jack), in *Shining*, regia di Stanley Kubrick, 1980.

◀ James Stewart (Scottie), in *La donna che visse due volte*, regia di Alfred Hitchcock, 1958.

476

Luigi Pirandello
Il professor Toti e Giacomino

da *Pensaci, Giacomino!* (1917)

▶ **Commedia**

Quando ▶ Epoca contemporanea alla stesura
Dove ▶ Imprecisata cittadina di provincia

Il protagonista di questa commedia è il professor Toti, un uomo anziano e solo, ma di buon cuore. Egli, infatti, sposa la giovane Lillina, incinta di Giacomino, per offrire a lei e a loro figlio Ninì la possibilità di una vita decorosa e rispettabile. Egli aiuta anche Giacomino trovandogli un lavoro che gli permetta di continuare la relazione con Lillina. Ma Giacomino è esasperato dall'anomalia della situazione che si è venuta a creare: se, infatti, il professore ha beneficato sia lui sia Lillina con la sua protezione, adesso la loro relazione, che deve essere tenuta segreta, è oggetto delle chiacchiere e della riprovazione della gente del paese. Nella scena che segue, assistiamo al tentativo del professor Toti di convincere Giacomino a non lasciare Lillina.

ATTO TERZO

[...]

GIACOMINO (*convulso, come per ribrezzo, e mostrando il viso alterato, sconvolto, per una fiera risoluzione improvvisa*). Non mi tocchi! Non mi s'accosti, professore! Lei mi sta facendo soffrire una pena d'inferno –

TOTI. – io? –

GIACOMINO. – lei, lei – non voglio codesto suo affetto! – per carità, la scongiuro, se ne vada! se ne vada! e si scordi ch'io esisto!

TOTI (*sbalordito*). Ma perché? Che hai?

GIACOMINO. Vuol sapere che ho? Glielo dico subito. Mi sono fidanzato, professore. Ha capito? Mi sono fidanzato.

TOTI (*vacilla, come per una mazzata sul capo; si porta le mani alla testa; casca a sedere quasi stroncato; balbetta*): Fi... fidan... fidanzato?

GIACOMINO. Sì! E dunque, basta! basta per sempre, professore! Capirà che ora non posso più vederla qua, comportare[1] la sua presenza in casa mia.

TOTI (*quasi senza voce, istupidito*). Mi... mi cacci via?

GIACOMINO (*dolente, con rispetto*). No, no... ma se ne vada... è bene che lei... che lei se ne vada, professore.

TOTI (*si leva a stento, per andarsene; s'appressa[2] pian piano a Ninì; lo guarda; gli carezza i capellucci; poi voltandosi a Giacomino*). Quando è stato? Senza... senza dirmene nulla...

GIACOMINO. Già da un mese.

TOTI. Da un mese? E seguitavi a venire a casa mia?

GIACOMINO. Lei sa come ci venivo.

TOTI (*gli fa cenno con la mano di non aggiunger altro. Poi*). Con chi?

E poiché Giacomino tarda a rispondere:

Dimmelo!

GIACOMINO. Con una povera orfana come me, amica di mia sorella.

TOTI (*séguita a guardarlo come inebetito, con la bocca aperta, e non trova più nean-*

---

1. **comportare**: sopportare.
2. **s'appressa**: s'avvicina.

▲ Mario Scaccia (Agostino Toti), in *Pensaci, Giacomino!* di Luigi Pirandello, regia di Marco Maltauro, Compagnia d'Arte della Commedia, 1997. Fotografia di Tommaso Le Pera.

che la voce per parlare). E... e... e si lascia tutto, così?... e... e... e non si pensa più a... a niente? non... non si tien più conto di niente?

GIACOMINO. Ma scusi, professore, mi voleva schiavo?

TOTI. Schiavo?

Ha uno schianto nella voce, e insorge a poco a poco.

Io che t'ho fatto padrone della mia casa? Ah, codesta sì, che è vera ingratitudine! Il bene che t'ho fatto, il bene che t'ho fatto, te l'ho forse fatto per me? E che n'ho avuto io, del bene che t'ho fatto? Le ingiurie, la baja[3] di tutta la gente stupida che non vuol capire il sentimento mio. Ah, dunque, non vuoi più capirlo neanche tu il sentimento di questo povero vecchio che sta per andarsene e che era tranquillo di lasciar tutto a posto, una madre, il bambino, te, uniti, contenti, in buone condizioni? Non so – non so ancora – non voglio sapere chi sia la tua fidanzata. Sarà – se l'hai scelta tu – sarà una giovane per bene. Ma pensa che non è possibile che tu abbia trovato di meglio, Giacomino, della madre di questo bambino. Non ti parlo dell'agiatezza soltanto, bada! Ma tu hai ora la tua famiglia, in cui non ci sono di più che io, ancora per poco, io che non conto per nulla. Che fastidio vi do, io? Sono come il padre di tutti; e posso anche, se tu vuoi, per la vostra pace, posso anche andarmene. Ma dimmi, com'è stato? che cos'è accaduto? come ti s'è voltato così tutt'a un tratto il cervello?

Lo prende per le braccia.

Figliuolo mio... dimmelo dimmelo.

GIACOMINO. Che vuole che le dica? Come non s'accorge, professore, che tutta codesta sua bontà –

TOTI. – questa mia bontà – séguita! che vuoi dire?

GIACOMINO. Mi lasci stare! Non mi faccia parlare!

TOTI. No, parla, anzi! Devi parlare!

GIACOMINO. Vuole che glielo dica? Non comprende dunque da sé che certe cose si possono fare soltanto di nascosto, e non sono possibili alla vista di tutti, con lei che sa, con la gente che ride?

TOTI. Ah, è per la gente? E parli tu della gente che ride? Ma ride di me, la gente, e ride perché non capisce, e io la lascio ridere perché non me n'importa niente! All'ultimo vedrai chi riderà meglio! È l'invidia, credi a me, l'invidia, figliuolo, di vederti a posto, sicuro del tuo avvenire.

GIACOMINO. Se è così – guardi, professore – se è così, lasci star me – ci sono tant'altri giovani che hanno bisogno d'ajuto.

TOTI. (*ferito, con un feroce scatto di indignazione: gli va con le mani sulla faccia, poi gli afferra il bavero della giacca e lo scrolla*). Oh! che cosa... che cosa hai detto? È giovane Lillina; ma è onesta, perdio! E tu lo sai! Nessuno meglio di te lo può sapere! È qua, è qua, il suo male!

Si picchia forte sul petto.[4]

Dove credi che sia? Pezzo d'ingrato! Ah, ora la insulti per giunta! E non ti vergogni? non ne senti rimorso in faccia a me? tu? E per chi l'hai presa? Ah credi che possa passare dall'uno all'altro, così come niente? Madre di questo bambino, che tu sai bene di chi è! Ma che dici? Ma come puoi parlare così?

GIACOMINO. E lei, professore, mi scusi, come può lei piuttosto parlare così?

TOTI (*d'improvviso, come vaneggiando, grattandosi lievemente le tempie*). Hai ragione... hai ragione... hai ragione.

---

3. **baja**: derisione.
4. ***Si picchia forte sul petto***: con questo gesto Toti allude ai forti sentimenti di Lillina.

478

UNITÀ F1 ■ LUIGI PIRANDELLO

Rompe in un pianto disperato, cadendo a sedere sul divano e abbracciando forte forte
il bambino, il quale, sentendolo piangere, sarà accorso a lui.

80 Ah, povero Ninì mio! povero piccino mio! che sciagura! che rovina! E che
ne sarà della tua mammina ora? che ne sarà di te, Ninì, bello mio, con una
mammina come la tua, senza esperienza, senza più chi l'assista e chi la guidi? Che baratro! che baratro!
       Sollevando il capo, rivolto a Giacomino:
Piango, perché mio è il rimorso; piango, perché io t'ho protetto: io t'ho accol-
85 to in casa; io le ho parlato di te in modo da toglierle ogni scrupolo d'amarti! E
ora che t'amava sicura, madre di questo bambino, qua, ora tu...
       Balza in piedi d'improvviso, risoluto, convulso.
Pensaci, Giacomino! Io sono buono, ma appunto perché sono così buono, se
vedo la rovina d'una povera donna, la rovina tua, la rovina di questa creatu-
90 rina innocente, io divento capace di tutto! Pensaci, Giacomino! Io ti faccio
cacciar via dalla Banca! Ti butto di nuovo in mezzo a una strada!

(L. Pirandello, *Maschere nude*, a cura di M. Lo Vecchio-Musti, Mondadori, Milano, 1967)

Analisi del testo

Le due prospettive di Toti e Giacomino

La situazione presentata nella commedia sembra apparentemente senza via di uscita: da
una parte, Lillina e Giacomino non potrebbero mantenersi economicamente senza il costante aiuto del professor Toti; d'altra parte lo strano matrimonio è fonte di continue maldicenze e, soprattutto, impedisce alla coppia di avere un legame riconosciuto all'interno
della società. È per questo che Giacomino, nel brano riportato, afferma polemicamente di
sentirsi schiavo del professor Toti (riga 31). Egli è in realtà schiavo non tanto del professore, quanto delle convenzioni sociali: non solo Lillina è stata ripudiata dalla sua famiglia,
ma egli stesso è in principio convinto da sua sorella ad abbandonare Lillina e suo figlio per
fidanzarsi "onestamente" con un'altra ragazza. Lo scioglimento dell'intrigo avviene attraverso la pressione del professore che, pur consapevole dell'estrema difficoltà della relazione che li lega, convince Giacomino ad assumersi le proprie responsabilità.

Un personaggio ambiguo: il professor Toti

Nonostante il gesto del professor Toti sia senza dubbio a fin di bene, egli ha anche però
altre motivazioni, non del tutto altruistiche.
       Alla base del suo gesto c'è infatti anche il desiderio di vendetta: egli aveva sempre volu-
to costruire una famiglia propria, ma il magro stipendio da professore datogli dallo Stato
non gli permetteva di farlo. Giunto alla pensione e sicuro di non avere ancora molti anni
da vivere, egli vuole che lo Stato paghi la sua pensione ancora per molti anni a Lillina. Inoltre, se è vero che sposando Lillina egli le permette una vita dignitosa, è altrettanto vero
che in questo modo può esercitare un ambiguo potere su di lei e sul suo amante.

L'importanza delle didascalie

Le didascalie non servono solamente a indicare i movimenti scenici dei personaggi, ma acquistano una particolare importanza perché descrivono minuziosamente i sentimenti più
intimi dei personaggi. In modo particolare qui Pirandello descrive le reazioni del professor
Toti al fidanzamento di Giacomino, per esempio la sua disperazione: *vacilla, come per una*
mazzata sul capo; si porta le mani alla testa; casca a sedere quasi stroncato; balbetta (righe 11-12),
o i suoi accessi d'ira: *ferito, con un feroce scatto di indignazione: gli va con le mani sulla faccia,*
poi gli afferra il bavero della giacca e lo scrolla (righe 65-66).

479

Che cosa so fare

COMPRENDERE

1. Giacomino.

Quali sono i sentimenti di Giacomino verso il professor Toti?

2. La discussione.

Qual è l'elemento scatenante dell'animata discussione tra il professor Toti e Giacomino?

3. Il professor Toti.

Spiega le diverse reazioni emotive del professor Toti durante la discussione con Giacomino.

4. Il carattere di Lillina.

Descrivi le qualità fondamentali del carattere di Lillina a partire da queste affermazioni del professor Toti: *Oh! che cosa... che cosa hai detto? È giovane Lillina; ma è onesta, perdio! E tu lo sai! Nessuno meglio di te lo può sapere! È qua, è qua, il suo male!* (righe 66-68).

5. Il gesto del professor Toti.

Sposando Lillina il professor Toti compie un gesto
a. completamente altruistico
b. egoista
c. ambiguo perché dimostra in egual misura il suo altruismo e il suo egoismo
d. di ribellione alla società

ANALIZZARE

6. Il professor Toti e la società.

Individua la battuta nel testo nella quale si capisce che il professor Toti non si cura dell'opinione della gente.

7. Le didascalie.

In questo testo le didascalie servono soprattutto a
a. indicare i movimenti dei personaggi sulla scena
b. individuare i sentimenti e le reazioni emotive dei personaggi
c. indicare quando gli attori devono entrare e uscire dalla scena
d. riflettere sul comportamento dei personaggi

PRODURRE

8. Laboratorio di scrittura creativa | Toti e Ninì.

A partire dalla battuta del professor Toti: *Ah, povero Ninì mio! povero piccino mio! che sciagura! che rovina! E che ne sarà della tua mammina ora? che ne sarà di te, Ninì, bello mio, con una mammina come la tua, senza esperienza, senza più chi l'assista e chi la guidi? Che baratro! che baratro!* (righe 79-82), scrivi un testo di 10 righe in cui rifletti sul rapporto che lega il vecchio e il figlio di Lillina e Giacomino.

9. Esporre | La ragione di Giacomino.

Immagina di perorare le ragioni di Giacomino contro il professor Toti: discuti con un compagno sostenendo che Giacomino non può rompere il fidanzamento e deve quindi abbandonare Lillina e Ninì.

10. Laboratorio di scrittura creativa | Un altro finale.

Prova a immaginare un finale diverso nel quale è Lillina ad abbandonare sia il professore sia Giacomino. Scrivi un testo di 10 righe completo di didascalie.

Luigi Pirandello
La rivelazione della signora Frola

da *Così è (se vi pare)* (1917)

▶ **Commedia**

Quando ▶ Epoca contemporanea alla stesura

Dove ▶ Valdana, immaginaria cittadina di provincia

In quest'opera, Pirandello mette in scena alcuni dei motivi chiave del suo teatro quali la forza delle convenzioni sociali e l'impossibilità di raggiungere una verità univoca. Tutta la vicenda ruota attorno alle opposte versioni che la signora Frola e il signor Ponza danno dell'identità della moglie di quest'ultimo. La signora Frola sostiene, infatti, che questa sia sua figlia, in un primo tempo sottratta al marito in seguito a una tragica vicenda, mentre il signor Ponza sostiene che la sua prima moglie (e figlia della signora Frola) sia morta e che questa sia la sua seconda moglie.

Sia la signora Frola sia il signor Ponza sostengono di dire la verità e che quindi l'altro è il pazzo. Chi ha ragione? Chi è il vero pazzo?

La scena che segue si apre nel salotto di Amalia e del Consigliere suo marito, capo del signor Ponza. Insieme a loro è presente un gruppo di amici.

ATTO PRIMO

SCENA SESTA

Cameriere, Detti[1], *poi la* Signora Frola.

Cameriere (*picchiando all'uscio e presentandosi sulla soglia, turbato*). Permesso?
5   C'è di nuovo la Signora Frola.
Amalia (*con sgomento*). Oh Dio, e adesso? Se non possiamo più levarcela d'addosso?
Signora Sirelli. Eh, capisco: a saperla pazza!
Signora Cini. Dio, Dio! Chi sa che altro verrà a dire adesso? Come vorrei sentirla!
10 Sirelli. Ne avrei anch'io di curiosità. Non ne sono mica persuaso, io, che sia pazza.
Dina. Ma sì, mamma! Non c'è da aver paura: è così tranquilla!
Agazzi. Bisognerà riceverla, certo. Sentiamo che cosa vuole. Nel caso, si provvederà. Ma seduti, seduti. Bisogna star seduti.

15   *Al cameriere:*

Fa' passare.

                 Il cameriere si ritirerà.

Amalia. Ajutatemi, per carità! Io non so più come parlarle adesso!

---

1. Detti: sono i personaggi presenti nelle scene precedenti, e cioè il Consigliere Agazzi, sua moglie Amalia, loro figlia Dina, Lamberto Laudisi – fratello di Amalia – e un gruppo di amici.

TEATRO: UN AUTORE

Rientrerà la Signora Frola. La signora Amalia si alzerà e le verrà incontro; gli altri la guarderanno sgomenti.

SIGNORA FROLA. Permesso?
AMALIA. Venga, venga avanti, signora. Sono qua ancora le mie amiche, come vede –
SIGNORA FROLA *(con mestissima affabilità, sorridendo)*. – che mi guardano... e anche lei, mia buona signora, come una povera pazza, è vero?
AMALIA. No, signora, che dice?
SIGNORA FROLA *(con profondo rammarico)*. Ah, meglio lo sgarbo, signora, di lasciarla dietro la porta, come feci la prima volta! Non avrei mai supposto che lei dovesse ritornare e costringermi a questa visita, di cui purtroppo avevo previsto le conseguenze!
AMALIA. Ma no, creda: noi siamo liete di rivederla.
SIRELLI. La signora s'affligge... non sappiamo di che; lasciamola dire.
SIGNORA FROLA. Non è uscito di qua or ora mio genero?
AGAZZI. Ah, sì.... Ma è venuto... è venuto, signora, per parlare con me di.... certe cose d'ufficio, ecco.
SIGNORA FROLA *(ferita, costernata)*. Eh! codesta pietosa bugia che ella mi dice per tranquillarmi....
AGAZZI. No, no, signora, stia sicura; le dico la verità.
SIGNORA FROLA *(c. s.[2])*. Era calmo, almeno? Ha parlato calmo?
AGAZZI. Ma sì, calmo, calmissimo, è vero?

Tutti annuiscono, confermano.

SIGNORA FROLA. Oh Dio, signori, loro credono di rassicurare me, mentre vorrei io, al contrario, rassicurar loro sul conto di lui!
SIGNORA SIRELLI. E su che cosa, signora? Se le ripetiamo che –
AGAZZI. – ha parlato con me di cose d'ufficio....
SIGNORA FROLA. Ma io vedo come mi guardano! Abbiano pazienza. Non è per me! Dal modo come mi guardano, m'accorgo ch'egli è venuto qua a dar prova di ciò che io per tutto l'oro del mondo non avrei mai rivelato! Mi sono tutti testimoni che poc'anzi io qua, alle loro domande che – credano – sono state per me molto crudeli, non ho saputo come rispondere; e ho dato loro, di questo nostro modo di vivere, una spiegazione che non può soddisfare nessuno, lo riconosco! Ma potevo dirne loro la vera ragione? O potevo dir loro, come va dicendo lui, che la mia figliuola è morta da quattro anni e che io sono una povera pazza che la crede ancora viva e che lui non me la vuol far vedere?
AGAZZI *(stordito dal profondo accento di sincerità con cui la signora Frola avrà parlato)*. Ah... ma come? La sua figliuola?
SIGNORA FROLA *(subito, con ansia)*. Vedono che è vero? Perché vogliono nascondermelo? Ha detto loro così...
SIRELLI *(esitando, ma studiandola)*. Sì.... difatti.... ha detto....
SIGNORA FROLA. Ma se lo so! E so purtroppo che turbamento gli cagiona[3] il ve-

▲ *Così è (se vi pare)* di Luigi Pirandello, regia di Lorenzo Salveti, Teatro Stabile Abruzzese-L'Albero, 1998. Fotografia di Tommaso Le Pera.

2. *c.s.*: significa "come sopra", in riferimento alla didascalia precedente della Signora Frola: *ferita, costernata*.
3. **cagiona**: provoca.

482

dersi costretto a dir questo di me! È una disgrazia, signor Consigliere, che con tanti stenti, attraverso tanti dolori, s'è potuta superare; ma così, a patto di vivere come viviamo. Capisco, sì, deve dar nell'occhio alla gente, provocare scandalo, sospetti. Ma d'altra parte, se lui è un ottimo impiegato, zelante, scrupoloso. Lei lo avrà già sperimentato, certo.

AGAZZI. No, per dir la verità, ancora non ne ho avuto occasione.

SIGNORA FROLA. Per carità non giudichi dall'apparenza! È ottimo; lo hanno dichiarato tutti i suoi superiori! E perché si deve allora tormentarlo con questa indagine della sua vita familiare, della sua disgrazia, ripeto, già superata e che, a rivelarla, potrebbe comprometterlo nella carriera?

AGAZZI. Ma no, signora, non s'affligga così! Nessuno vuol tormentarlo.

SIGNORA FROLA. Dio mio, come vuole che non mi affligga nel vederlo costretto a dare a tutti una spiegazione assurda, via! e anche orribile! Possono loro credere sul serio che la mia figliuola sia morta? che io sia pazza? che questa che ha con sé sia una seconda moglie? — Ma è un bisogno, credano, un bisogno per lui dire così! Gli s'è potuto ridar la calma, la fiducia, solo a questo patto. Avverte lui stesso però l'enormità di quello che dice e, costretto a dire, si eccita, si sconvolge: lo avranno veduto!

AGAZZI. Sì, difatti era... era un po' eccitato....

SIGNORA SIRELLI. O Dio, ma come? ma allora, è lui?

SIRELLI. Ma sì, che dev'esser lui!

Trionfante:

Signori, io l'ho detto!

AGAZZI. Ma via! Possibile?

Viva agitazione in tutti gli altri.

SIGNORA FROLA (*subito, giungendo le mani*). No, per carità, signori! Che credono? È solo questo tasto che non gli dev'esser toccato! Ma scusino, lascerei la mia figliuola sola con lui, se veramente fosse pazzo? No! E poi la prova lei può averla all'ufficio, signor Consigliere, dove adempie a tutti i suoi doveri come meglio non si potrebbe.

AGAZZI. Ah, ma bisogna che lei ci spieghi, signora, e chiaramente, come stanno le cose! Possibile che suo genero sia venuto qua a inventarci tutta una storia?

SIGNORA FROLA. Sissignore, sì, ecco, spiegherò loro tutto! Ma bisogna compatirlo, signor Consigliere!

AGAZZI. Ma come? Non è vero niente che la sua figliuola è morta?

SIGNORA FROLA (*con orrore*). Oh no! Dio liberi!

AGAZZI (*irritatissimo, gridando*). Ma allora il pazzo è lui!

SIGNORA FROLA (*supplichevole*). No, no... guardi...

SIRELLI (*trionfante*). Ma sì, perdio, dev'esser lui!

SIGNORA FROLA. No, guardino! guardino! Non è, non è pazzo! Mi lascino dire! — Lo hanno veduto: è così forte di complessione[4]; violento... Sposando, fu preso da una vera frenesia d'amore. Rischiò di distruggere, quasi, la mia fi-

4. complessione: costituzione fisica, corporatura.

▲ *Così è (se vi pare)* di Luigi Pirandello, regia di Lorenzo Salveti, Teatro Stabile Abruzzese-L'Albero, 1998. Fotografia di Tommaso Le Pera.

gliuola, ch'era delicatina. Per consiglio dei medici e di tutti i parenti, anche dei suoi (che ora, poverini, non sono più!) gli si dovette sottrarre la moglie di nascosto, per chiuderla in una casa di salute. E allora lui, già un po' alterato, naturalmente, a causa di quel suo... soverchio[5] amore, non trovandosela più in casa... – ah, signore mie, cadde in una disperazione furiosa; credette davvero che la moglie fosse morta, non volle sentir più niente, si volle vestir di nero; fece tante pazzie; e non ci fu verso di smuoverlo più da quest'idea. Tanto che, quando (dopo appena un anno) la mia figliuola, già rimessa, rifiorita, gli fu ripresentata, disse di no, che non era più lei: no, no; la guardava – non era più lei. Ah, signore mie, che strazio! Le si accostava, pareva che la riconoscesse, e poi di nuovo, no, no.... E per fargliela riprendere, con l'ajuto degli amici, si dovette simulare un secondo matrimonio....

SIGNORA SIRELLI. Ah, dice dunque per questo che...

SIGNORA FROLA. Sì; ma non ci crede più, certo, da un pezzo, neanche lui! Ha bisogno di darlo a intendere agli altri; non può farne a meno! Per star sicuro, capiscono? Perché forse, di tanto in tanto, gli balena ancora la paura che la mogliettina gli possa essere di nuovo sottratta.

A bassa voce, sorridendo confidenzialmente:

Se la tiene chiusa a chiave, per questo – tutta per sé. Ma l'adora! Sono sicura, e la mia figliuola è contenta.

Si alzerà:

Me ne scappo, perché non vorrei che tornasse subito da me, se è così eccitato.

Sospirerà dolcemente, scotendo le mani giunte:

Ci vuol pazienza! Quella poverina deve figurare di non esser lei, ma un'altra; e io.... eh! Io, d'esser pazza, signore mie! Ma come si fa? Purché stia tranquillo lui! Non s'incomodino, prego, so la via. Riverisco, signori, riverisco.

Salutando e inchinandosi si ritirerà in fretta, per l'uscio comune. Restano tutti in piedi, sbalorditi, come basiti, a guardarsi negli occhi. Silenzio.

LAUDISI (*facendosi in mezzo a loro*). Vi guardate tutti negli occhi? Eh! La verità?

Scoppierà a ridere forte:

Ah! ah! ah! ah!

TELA

(L. Pirandello, *Maschere nude*, a cura di M. Lo Vecchio-Musti, Mondadori, Milano, 1967)

---

5. **soverchio**: eccessivo, esagerato.

UNITÀ F1 ■ LUIGI PIRANDELLO

Analisi del testo

Non credere alle apparenze

La scena si apre nel salotto di casa dei coniugi Agazzi. Immediatamente possiamo notare i segni del benessere, ma anche del formalismo, tipici della società borghese dell'epoca: il cameriere che annuncia la visita della signora Frola e la reazione prima di fastidio e poi di formale cortesia al suo apparire. La pressione esercitata dalle opinioni e dalle regole non scritte della società è evidente in tutto il brano. Innanzitutto, la signora Frola si sente in dovere di giustificare pubblicamente il suo comportamento privato, andando a confessare la pazzia del genero di fronte al suo superiore; essa poi nota gli sguardi di riprovazione e pietà dei suoi interlocutori, ai quali reagisce con atteggiamento di sottomissione (*Ma io vedo come mi guardano! Abbiano pazienza*, riga 47). Quando, infine, la signora Frola invita Agazzi a "non credere alle apparenze" è evidente che la sua preghiera cadrà nel vuoto.

Una verità plurale

Tutto il dramma è giocato sul labile confine che divide sanità e pazzia e, soprattutto, sulla relatività dei punti di vista. La scena si apre dopo la visita del signor Ponza che ha raccontato come la signora Frola sia pazza. Tutti gli hanno creduto. La confessione della signora Frola getta però di nuovo tutti gli ospiti nel dubbio (*Ma allora il pazzo è lui!*, riga 100). Tale indecidibilità sembra inaccettabile a tutti gli ospiti tranne che a Laudisi. La sua risata e le sue parole alla fine dell'atto suggeriscono che la verità – non solo per quanto riguarda questa vicenda particolare, ma in se stessa – non è mai oggettiva. L'atteggiamento scettico di Laudisi è l'atteggiamento dell'umorista: egli non solo vede le contraddizioni della realtà (le versioni opposte dei due protagonisti), ma cerca invece di coglierne il significato più profondo. La verità è, dunque, sempre sfuggente e soggettiva; non c'è mai una sola verità ma la *mia* verità, la *tua, la sua, la loro*, e tutte queste verità sono, spesso, tra loro discordanti.

Tale carattere ambiguo è poi emblematicamente confermato dalla moglie del signor Ponza – vera e propria allegoria di questa verità plurale – quando, al termine del dramma, afferma di essere sia la figlia della signora Frola sia la seconda moglie del signor Ponza.

Comprendere le ragioni dell'altro

Sia la signora Frola sia il signor Ponza ribadiscono per tutto il dramma le loro verità opposte; come è evidente dal brano proposto, tuttavia, la signora Frola è attenta a giustificare la "pazzia" del signor Ponza: egli sembra pazzo, ma la donna invita tutti i "benpensanti" riuniti nel salotto a comprendere – e forse anche giustificare – la sua condotta. Lo stesso comportamento è tenuto lungo tutto il dramma dal signor Ponza. Pirandello enfatizza così come l'atteggiamento umoristico in quanto sentimento del contrario (► p. 467) permetta non solo di vedere le contraddizioni e il punto di vista dell'altro, ma anche di abbracciarli attraverso un umanissimo sentimento di pietà e condivisione (*Sissignore, sì, ecco, spiegherò loro tutto! Ma bisogna compatirlo, signor Consigliere!*, righe 96-97).

485

PERCORSO F TEATRO: UN AUTORE

Che cosa so fare

COMPRENDERE

1. **Le due versioni.**
   Riassumi brevemente le differenti versioni della vicenda del signor Ponza e della signora Frola.

2. **La reazione dei presenti.**
   Qual è la reazione dei presenti all'arrivo della signora Frola? Motiva la tua risposta individuando i passaggi all'interno del brano.

3. **L'atteggiamento della signora Frola.**
   Qual è l'atteggiamento della signora Frola nei confronti dei presenti? Motiva la tua risposta individuando i passaggi all'interno del brano.

4. **Come cambia l'opinione dei presenti.**
   A partire dalla frase del Consigliere Agazzi: *Ma allora il pazzo è lui!* (riga 100), spiega come cambia l'opinione dei presenti nei confronti del signor Ponza.

ANALIZZARE

5. **Il tema.**
   Quale elemento fondamentale della poetica di Pirandello emerge da questa frase di Laudisi: *Vi guardate tutti negli occhi? Eh! La verità?* (riga 139)?
   a. L'ironia
   b. La comicità
   c. Il relativismo
   d. La gioia di vivere

6. **Pietà e condivisione.**
   Individua i passaggi nel testo nei quali emerge il sentimento di pietà della signora Frola verso il signor Ponza, e spiega il significato di questo sentimento.

7. **Il punto di vista.**
   Il punto di vista di Pirandello è rappresentato da
   a. Laudisi
   b. la signora Frola
   c. Agazzi
   d. nessuno di questi personaggi

8. **La pressione sociale.**
   Perché la signora Frola si reca nel salotto del Consigliere Agazzi?
   a. Per giustificare pubblicamente lo strano comportamento della sua famiglia
   b. Per diventare amica dei superiori del genero
   c. Per dichiarare la pazzia del signor Ponza
   d. Per rendere omaggio alla famiglia Agazzi

PRODURRE

9. **Trasformare il discorso diretto.**
   Riscrivi il dialogo da *Sissignore, sì* fino a *Ma allora il pazzo è lui!* (righe 96-100) trasformando il discorso diretto in discorso indiretto.

10. **Esporre | Il commento di Laudisi.**
    Rifletti sulla risata finale di Laudisi e spiega oralmente che cosa significa in relazione alla poetica di Pirandello.

LABORATORIO DELLE COMPETENZE

UNITÀ F1 ■ LUIGI PIRANDELLO

Luigi Pirandello
Arrivano i sei personaggi

da *Sei personaggi in cerca d'autore* (1921)

▶ **Dramma**

Quando ▶ Epoca contemporanea alla stesura

Dove ▶ All'interno di un teatro

Tipico esempio di teatro nel teatro (▶ p. 469), *Sei personaggi in cerca d'autore* (1921) è una delle opere più complesse e innovative di Pirandello. Non c'è più distinzione tra palcoscenico e platea (da dove arrivano i sei personaggi); si tratta del cosiddetto "abbattimento della quarta parete": tutto il mondo è teatro, come aveva già affermato William Shakespeare, e tutti gli uomini sono attori che rappresentano di volta in volta una parte diversa nella tragica commedia della loro vita.

Nel brano che segue, i sei personaggi irrompono sul palcoscenico, spinti da un irresistibile bisogno di vedere messa in scena la loro storia. Per tutto il brano si assiste all'alternanza tra una dimensione comica (l'avvertimento del contrario) e una dimensione umoristica (il sentimento del contrario). Comica è, per esempio, la relazione tra i personaggi e gli attori (che, infatti, scoppiano a ridere *come per una burla*, riga 63), così come è comica – almeno inizialmente – la richiesta dei sei personaggi di trovare un autore *qualunque* (riga 13). Umoristica è invece l'opposizione tra la concezione del teatro come semplice finzione espressa dagli attori, e quella dei sei personaggi, per i quali il teatro rappresenta l'unica possibilità di esistenza.

L'USCERE (*col berretto in mano*). Scusi, signor Commendatore[1].
IL CAPOCOMICO (*di scatto, sgarbato*). Che altro c'è?
L'USCERE (*timidamente*). Ci sono qua certi signori, che chiedono di lei.

Il Capocomico e gli Attori si volteranno stupiti a guardare dal palcoscenico giù
5 *nella sala*[2].

IL CAPOCOMICO (*di nuovo sulle furie*). Ma io qua provo! E sapete bene che durante la prova non deve passar nessuno!
Rivolgendosi in fondo:
Chi sono lor signori? Che cosa vogliono?
10 IL PADRE (*facendosi avanti, seguito dagli altri, fino a una delle due scalette*). Siamo qua in cerca d'un autore.
IL CAPOCOMICO (*fra stordito e irato*). D'un autore? Che autore?
IL PADRE. D'uno qualunque, signore.
IL CAPOCOMICO. Ma qui non c'è nessun autore, perché non abbiamo in prova
15 nessuna commedia nuova.
LA FIGLIASTRA (*con gaja vivacità, salendo di furia la scaletta*). Tanto meglio, tanto meglio, allora, signore! Potremmo esser noi la loro commedia nuova.

---

1. Scusi, signor Commendatore: l'usciere del teatro parla con il Capocomico che sta dirigendo le prove de *Il giuoco delle parti*, opera dello stesso Pirandello.

2. *Il Capocomico...nella sala*: i sei personaggi arrivano dalla platea. In questo modo Pirandello fonde completamente palcoscenico e platea.

TEATRO: UN AUTORE

▶ *Sei personaggi in cerca d'autore* di Luigi Pirandello, regia di Gabriele Lavia, Fondazione Teatro della Pergola, 2014. Fotografia di Tommaso Le Pera.

Qualcuno degli attori (*fra i vivaci commenti e le risate degli altri*). Oh, senti, senti!
Il padre (*seguendo sul palcoscenico la Figliastra*). Già, ma se non c'è l'autore!
Al Capocomico
Tranne che non voglia esser lei...

La Madre, con la Bambina per mano, e il Giovinetto saliranno i primi scalini della scaletta e resteranno lì in attesa. Il Figlio resterà sotto, scontroso.

Il capocomico. Lor signori vogliono scherzare?
Il padre. No, che dice mai, signore! Le portiamo al contrario un dramma doloroso.
La figliastra. E potremmo essere la sua fortuna!
Il capocomico. Ma mi facciano il piacere d'andar via, che non abbiamo tempo da perdere coi pazzi!
Il padre (*ferito e mellifluo*). Oh, signore, lei sa bene che la vita è piena d'infinite assurdità, le quali sfacciatamente non han neppure bisogno di parer verosimili; perché sono vere.
Il capocomico. Ma che diavolo dice?
Il padre. Dico che può stimarsi realmente una pazzia, sissignore, sforzarsi di fare il contrario; cioè, di crearne di verosimili, perché pajano vere. Ma mi permetta di farle osservare che, se pazzia è, questa è pur l'unica ragione del loro mestiere.
Gli Attori si agiteranno, sdegnati.
Il capocomico (*alzandosi e squadrandolo*). Ah sì? Le sembra un mestiere da pazzi, il nostro?
Il padre. Eh, far parer vero quello che non è; senza bisogno, signore: per giuoco... Non è loro ufficio[3] dar vita sulla scena a personaggi fantasticati?
Il capocomico (*subito facendosi voce dello sdegno crescente dei suoi Attori*). Ma io la prego di credere che la professione del comico[4], caro signore, è una nobilis-

---

3. **ufficio**: compito.
4. **comico**: qui sta per attore.

488

LABORATORIO DELLE COMPETENZE

UNITÀ F1 ■ LUIGI PIRANDELLO

sima professione! Se oggi come oggi i signori commediografi nuovi ci dànno da rappresentare stolide[5] commedie e fantocci invece di uomini, sappia che è nostro vanto aver dato vita – qua, su queste tavole – a opere immortali[6]!

Gli Attori, soddisfatti, approveranno e applaudiranno il loro Capocomico.

IL PADRE (*interrompendo e incalzando con foga*). Ecco! benissimo! a esseri vivi, più vivi di quelli che respirano e vestono panni! Meno reali, forse; ma più veri! Siamo dello stessissimo parere!

Gli Attori si guardano tra loro, sbalorditi.

IL DIRETTORE. Ma come! Se prima diceva...

IL PADRE. No, scusi, per lei dicevo, signore, che ci ha gridato di non aver tempo da perdere coi pazzi, mentre nessuno meglio di lei può sapere che la natura si serve da strumento della fantasia umana per proseguire, più alta, la sua opera di creazione.

IL CAPOCOMICO. Sta bene, sta bene. Ma che cosa vuol concludere con questo?

IL PADRE. Niente, signore. Dimostrarle che si nasce alla vita in tanti modi, in tante forme: albero o sasso, acqua o farfalla... o donna. E che si nasce anche personaggi!

IL CAPOCOMICO (*con finto ironico stupore*). E lei, con codesti signori attorno, è nato personaggio?

IL PADRE. Appunto, signore. E vivi, come ci vede.

Il Capocomico e gli Attori scoppieranno a ridere, come per una burla.

IL PADRE (*ferito*). Mi dispiace che ridano così, perché portiamo in noi, ripeto, un dramma doloroso, come lor signori possono argomentare da questa donna velata di nero.

Così dicendo porgerà la mano alla Madre per ajutarla a salire gli ultimi scalini e, seguitando a tenerla per mano, la condurrà con una certa tragica solennità dall'altra parte del palcoscenico, che s'illuminerà subito di una fantastica luce. La Bambina e il Giovinetto seguiranno la Madre; poi il Figlio, che si terrà discosto, in fondo; poi la Figliastra, che s'apparterà anche lei sul davanti, appoggiata all'arcoscenico[7]. Gli Attori, prima stupefatti, poi ammirati di questa evoluzione, scoppieranno in applausi come per uno spettacolo che sia stato loro offerto.

IL CAPOCOMICO (*prima sbalordito, poi sdegnato*) Ma via! Facciano silenzio!

Poi, rivolgendosi ai Personaggi:

E loro si levino! Sgombrino di qua!

Al Direttore di scena:

Perdio, faccia sgombrare!

IL DIRETTORE DI SCENA (*facendosi avanti, ma poi fermandosi, come trattenuto da uno strano sgomento*). Via! Via!

IL PADRE (*al Capocomico*). Ma no, veda, noi...

IL CAPOCOMICO (*gridando*). Insomma, noi qua dobbiamo lavorare!

IL PRIMO ATTORE. Non è lecito farsi beffe così...

---

5. stolide: sciocche.
6. opere immortali: i grandi classici del teatro tradizionale.

7. arcoscenico: è il grande arco che incornicia la parte superiore del palcoscenico dividendo lo spazio destinato agli attori da quello degli

spettatori.

▲ Gabriele Lavia (Il Padre) e Lucia Lavia (La Figliastra), in *Sei personaggi in cerca d'autore* di Luigi Pirandello, regia di Gabriele Lavia, Fondazione Teatro della Pergola, 2014. Fotografia di Tommaso Le Pera.

IL PADRE (*risoluto, facendosi avanti*). Io mi faccio maraviglia[8] della loro incredulità! Non sono forse abituati lor signori a vedere balzar vivi quassù, uno di fronte all'altro, i personaggi creati da un autore? Forse perché non c'è là

indicherà la buca del Suggeritore

un copione che ci contenga?

LA FIGLIASTRA (*facendosi avanti al Capocomico, sorridente, lusingatrice*). Creda che siamo veramente sei personaggi, signore, interessantissimi! Quantunque, sperduti.

IL PADRE (*scartandola*). Sì, sperduti, va bene!

Al Capocomico subito:

Nel senso, veda, che l'autore che ci creò, vivi, non volle poi, o non poté materialmente, metterci al mondo dell'arte. E fu un vero delitto, signore, perché chi ha la ventura di nascere personaggio vivo, può ridersi anche della morte. Non muore più! Morrà l'uomo, lo scrittore, strumento della creazione; la creatura non muore più! E per vivere eterna non ha neanche bisogno di straordinarie doti o di compiere prodigi. Chi era Sancho Panza[9]? Chi era don Abbondio[10]? Eppure vivono eterni, perché – vivi germi – ebbero la ventura di trovare una matrice feconda[11], una fantasia che li seppe allevare e nutrire, far vivere per l'eternità!

IL CAPOCOMICO. Tutto questo va benissimo! Ma che cosa vogliono loro qua?

IL PADRE. Vogliamo vivere, signore!

IL CAPOCOMICO (*ironico*). Per l'eternità?

IL PADRE. No, signore: almeno per un momento, in loro[12].

UN ATTORE. Oh, guarda, guarda!

LA PRIMA ATTRICE. Vogliono vivere in noi!

L'ATTOR GIOVANE (*indicando la Figliastra*). Eh, per me volentieri, se mi toccasse quella lì!

IL PADRE Guardino, guardino: la commedia è da fare;

al Capocomico:

ma se lei vuole e i suoi attori vogliono, la concerteremo[13] subito tra noi!

IL CAPOCOMICO (*seccato*). Ma che vuol concertare! Qua non si fanno di questi concerti! Qua si recitano drammi e commedie!

IL PADRE. E va bene! Siamo venuti appunto per questo qua da lei!

IL CAPOCOMICO. E dov'è il copione?

IL PADRE. È in noi, signore.

Gli Attori rideranno.

Il dramma è in noi; siamo noi; e siamo impazienti di rappresentarlo, così come dentro ci urge[14] la passione.

(L. Pirandello, *Maschere nude,* a cura di M. Lo Vecchio-Musti, Mondadori, Milano, 1967)

---

8. **mi faccio maraviglia**: mi meraviglio.
9. **Sancho Panza**: lo scudiero di Don Chisciotte nell'omonima opera di Miguel de Cervantes.
10. **don Abbondio**: il curato de *I Promessi Sposi* di Alessandro Manzoni.
11. **vivi germi...feconda**: i personaggi sono metaforicamente paragonati a germi che inseminati in un utero (*matrice*) sono poi allevati e nutriti.
12. **No, signore...in loro**: è la contraddizione fondamentale del personaggio: è un essere eterno, ma allo stesso tempo può vivere solo nel momento particolare in cui è messo in scena dagli attori.
13. **concerteremo**: allestiremo insieme, di comune accordo.
14. **urge**: preme.

LABORATORIO DELLE COMPETENZE

UNITÀ F1 ■ LUIGI PIRANDELLO

A T T I V I T À

▮ COMPRENDERE E ANALIZZARE

Competenza:
• leggere, comprendere e interpretare testi scritti di vario tipo

1. VERSO LA PROVA INVALSI

Scegli l'opzione.

1. I sei personaggi irrompono sul palcoscenico perché
- **a.** vogliono parlare con il Capocomico
- **b.** cercano un autore che metta in scena la loro storia
- **c.** vogliono prendere parte alla rappresentazione che il Capocomico sta provando
- **d.** vogliono vedere lo spettacolo

2. Alla proposta dei sei personaggi di essere lui l'autore della loro storia, il Capocomico ha una reazione di
- **a.** collera
- **c.** felicità
- **b.** stupore
- **d.** tristezza

3. L'atteggiamento dei sei personaggi nei confronti del Capocomico è
- **a.** arrogante
- **c.** seccato
- **b.** incredulo
- **d.** insistente

4. Come reagiscono gli attori all'irruzione sul palcoscenico dei sei personaggi?
- **a.** Sono divertiti dalla stranezza del loro comportamento
- **b.** Sono ansiosi di mettere in scena la loro storia
- **c.** Si rifiutano di mettere in scena la loro storia
- **d.** Sono spaventati

5. Qual è la motivazione che i sei personaggi danno al Capocomico per giustificare la loro richiesta?
- **a.** Vogliono diventare famosi
- **b.** Stimano molto il Capocomico
- **c.** Il loro autore non ha voluto o potuto metterli nel mondo dell'arte
- **d.** Ritengono che gli attori della compagnia siano gli unici a poterli interpretare

6. Il Capocomico si arrabbia quando l'usciere lo interrompe perché
- **a.** pensa che l'usciere sia un seccatore
- **b.** è in un momento importante della sua prova
- **c.** conosce già i sei personaggi e non vuole riceverli
- **d.** non vuole essere interrotto mentre fa le prove

7. La scena si svolge
- **a.** tutta sul palcoscenico
- **b.** tutta in platea
- **c.** parte sul palcoscenico e parte in platea
- **d.** fuori dal teatro

8. La storia dei sei personaggi è
- **a.** tragica
- **c.** banale
- **b.** comica
- **d.** grottesca

9. La storia dei sei personaggi è
- **a.** in loro stessi
- **b.** scritta su un copione
- **c.** nella mente del Capocomico
- **d.** nella mente degli attori

10. L'elemento di teatro nel teatro è evidente
- **a.** nell'apparizione dell'usciere
- **b.** nella prova del *Giuoco delle parti*
- **c.** nell'irruzione dei sei personaggi all'interno del dramma
- **d.** nell'uso di lunghe didascalie

11. Le due diverse concezioni di teatro degli attori e dei sei personaggi sono un elemento
- **a.** grottesco
- **c.** ironico
- **b.** comico
- **d.** umoristico

12. Quale concezione della vita emerge da questa frase del Padre: *Oh, signore, lei sa bene che la vita è piena di infinite assurdità, le quali sfacciatamente non han neppure bisogno di parer verosimili; perché sono vere* (righe 29-31)?
- **a.** Relativistica
- **b.** Amara
- **c.** Ironica
- **d.** Comica

13. Nel brano proposto, quale aspetto dei personaggi illustrano maggiormente le didascalie?
- **a.** Fisico
- **b.** Psicologico
- **c.** Emotivo
- **d.** Comportamentale

491

TEATRO: UN AUTORE

14. Il portavoce della famiglia è
  a. il Figlio scontroso
  b. la Figliastra
  c. la Madre
  d. il Padre

15. Nel brano proposto c'è una prevalenza di
  a. dialoghi
  b. monologhi
  c. didascalie
  d. descrizioni

INTERPRETARE E PRODURRE

Competenze:
- leggere, comprendere e interpretare testi scritti di vario tipo
- produrre testi di vario tipo in relazione ai differenti scopi comunicativi

2. TRATTAZIONE BREVE

Dedurre le motivazioni.
Il brano focalizza l'attenzione sul Capocomico e sul Padre. Spiega perché il Capocomico non vuole rappresentare la storia dei sei personaggi. Riferisci la tua interpretazione in cinque/dieci righe.

3. RISPOSTA SINTETICA

Riflettere sulle tecniche.
Che cos'è l'abbattimento della quarta parete? Qual è l'azione che mette in scena questa particolare tecnica? Scrivi un testo di circa cinque righe e cita il passo del brano corrispondente.

4. LABORATORIO DI SCRITTURA CREATIVA

Trasformare in racconto.
Trasforma il brano proposto in racconto attraverso il discorso indiretto.

ESPORRE E ARGOMENTARE

Competenze:
- padroneggiare gli strumenti espressivi e argomentativi indispensabili per gestire l'interazione comunicativa verbale in vari contesti
- leggere, comprendere e interpretare testi scritti di vario tipo

5. VERSO IL COLLOQUIO ORALE

Esponi il significato complessivo di un'opera teatrale tra quelle proposte in questa unità.
- Precisa il titolo del testo.
- Sintetizza la trama o il contenuto.
- Individua le specificità del testo teatrale.
- Delinea le caratteristiche dei personaggi.
- Metti in evidenza le relazioni con altri testi.

- Esponi sinteticamente un'opinione personale opportunamente motivata sul tuo coinvolgimento emotivo di lettore/lettrice.

 Per il tuo intervento orale hai a disposizione 10-15 minuti.

6. ARGOMENTAZIONE

All'interno dell'opera di Pirandello ricorre il tema dell'umorismo come sentimento del contrario. Ripensando alle tue esperienze personali e all'episodio della vecchia signora (▶ p. 467), riportato nel profilo d'autore e compreso nel saggio *L'umorismo*, scrivi un testo di due colonne di foglio protocollo e usando un episodio di esempio esprimi:
– come un elemento fuori dalla norma ci colpisca immediatamente da un punto di vista comico;
– come attraverso una riflessione più profonda si possa avere verso lo stesso elemento un atteggiamento di tipo umoristico.

492

LABORATORIO DELLE COMPETENZE

UNITÀ F1 ■ LUIGI PIRANDELLO

■ PROVA AUTENTICA

Competenze:
- padroneggiare gli strumenti espressivi e argomentativi indispensabili per gestire l'interazione comunicativa verbale in vari contesti
- leggere, comprendere e interpretare testi scritti di vario tipo
- produrre testi di vario tipo in relazione ai differenti scopi comunicativi

Competenze chiave di cittadinanza:
1. Imparare a imparare
2. Progettare
3. Comunicare
4. Collaborare e partecipare
5. Agire in modo autonomo e responsabile
6. Risolvere problemi
7. Individuare collegamenti e relazioni
8. Acquisire e interpretare le informazioni

L'ATTUALITÀ DEL TEATRO DI PIRANDELLO

Prodotto: articolo di giornale.

Destinatari: gli studenti della scuola.

Tempi previsti: 3 ore in classe più altri tempi per la preparazione delle attività a casa.

Consegna: Scrivete un articolo di giornale sull'attualità del teatro di Pirandello, utilizzando i testi affrontati in classe e integrando con ricerche e approfondimenti.

Istruzioni (attività in *cooperative learning*):
- Dividetevi in gruppi e nominate un referente che tenga il diario di bordo delle attività.
- Individuate i nuclei fondamentali dell'articolo.
- Condividete e discutete le idee.
- Attribuite a ciascun gruppo un nucleo tematico da elaborare e approfondire.
- Riunitevi per dare al testo coerenza e organicità.

493

Dalla lettura alla scrittura

1. **La parafrasi**
2. **L'analisi e il commento di un testo poetico**
3. **L'articolo di giornale e il saggio breve**

1. La parafrasi

La parafrasi (dal gr. *pará*, "accanto", e *phrázein*, "parlare") è la riscrittura semplificata di un testo poetico allo scopo di renderlo più comprensibile, mantenendo però il contenuto e il significato inalterati. È evidente che per ogni poesia non esiste una sola parafrasi possibile, poiché ciascuno ne riscrive il contenuto con lo stile che gli è proprio. È importante ricordare che fare la parafrasi non significa riassumere il testo, ma riscriverlo con altre parole, in una prosa attuale e scorrevole.

■ Fare la parafrasi di una poesia: le fasi del lavoro

La composizione della parafrasi si articola in **tre fasi**:

1. Si raccolgono alcune **informazioni sulla biografia** dell'autore. Queste sono generalmente fornite dalle antologie. Conoscere le esperienze vissute dal poeta aiuta infatti, in molti casi, a comprendere il messaggio del componimento.

2. Si **legge attentamente** il testo della poesia per comprenderne il senso; in seguito:
   - si cercano i **termini difficili, antichi e non usuali** e si sostituiscono con sinonimi o perifrasi (giri di parole). Se ci sono parole che non si capiscono, si utilizza il dizionario.

   La difficoltà nel comprendere una poesia, infatti, può essere causata dalle scelte lessicali del poeta, in particolare se si tratta di un autore del passato. La lingua si trasforma continuamente adattandosi ai cambiamenti della so-

cietà: parole nuove ne sostituiscono altre che cadono in disuso e che diventano di difficile comprensione per un lettore moderno;
- si sciolgono e si spiegano le **figure retoriche di significato** presenti nel testo (metafore, metonimie ecc.); si eliminano gli **iperbati** e le altre **figure retoriche dell'ordine**.

3. Si procede lavorando sulla sintassi della poesia:
   - si riordina la **successione delle parole e dei sintagmi** (articolo + sostantivo, preposizione + sostantivo, aggettivo + sostantivo), secondo le regole della sintassi (soggetto, predicato, complementi);
   - si riconoscono le **frasi principali, coordinate** e **subordinate** all'interno di un periodo. È necessario stabilire le esatte relazioni fra le proposizioni e disporle nell'ordine che rende più scorrevole la lettura;
   - si completa la parafrasi aggiungendo la **punteggiatura** o modificandola secondo le esigenze del testo, risolvendo i casi di **elisione e troncamento** quando ciò contribuisce a rendere la lettura più semplice e scorrevole.

In questo modo si crea un testo in prosa attuale e coerente. La parafrasi ottenuta sarà così più facilmente comprensibile rispetto al testo poetico originale, poiché formulata secondo le regole della lingua comune.

Lo schema seguente riassume gli elementi da considerare nella stesura della parafrasi.

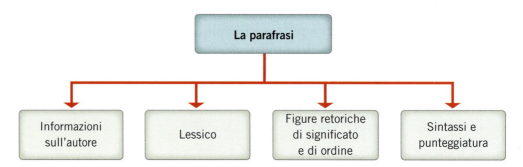

■ LA PARAFRASI

LA PARAFRASI

Il sabato del villaggio

Giacomo Leopardi 🎧

Testo d'esempio

Canti
(1829)

▶ Lirica

Per esemplificare le fasi che portano alla stesura di una parafrasi, applichiamo il metodo alla poesia *Il sabato del villaggio* di Giacomo Leopardi (1798-1837; ▶ *L'autore*, p. 181).

Fase 1
Informazioni sulla biografia dell'autore.
Leggi la biografia dell'autore (▶ p. 181) e le seguenti informazioni relative al componimento.

Il sabato del villaggio di Giacomo Leopardi (1798-1837) fa parte dei "grandi idilli". Fu composta nel 1829 durante il suo ultimo periodo a Recanati, il paese natale e "villaggio" della poesia, amato e odiato al tempo stesso per i limiti e la ristrettezza di orizzonti che gli imponeva. Il poeta, un sabato pomeriggio qualsiasi, osserva le azioni dei suoi compaesani che si preparano con gioia alla festa della domenica. Secondo lui però, il giorno di festa non porterà la serenità e il riposo sperati, perché tutti finiranno per pensare ai doveri che li aspettano il lunedì. Il poeta associa il sabato alla giovinezza, età piena di speranza per quello che verrà, e la domenica all'età adulta, in cui spesso queste speranze vengono deluse.

Fase 2
Lettura, lavoro su lessico e figure retoriche.
Sostituisci i termini difficili, antichi e non usuali con sinonimi o perifrasi. Cerca il significato delle parole sconosciute. Sciogli le figure retoriche.

Nel testo che segue, con il colore rosso sono stati inseriti, in corrispondenza di termini difficili o caduti in disuso, sinonimi o perifrasi. Le figure retoriche sono spiegate in nota.

    fanciulla, giovane donna

La donzelletta vien dalla campagna,

    verso il

In sul calar del sole,

                   ha, tiene

Col suo fascio dell'erba; e reca in mano

Un mazzolin di rose e di viole,

    con cui   **come**   **è solita**

5 Onde,   siccome suole,

Ornare ella si appresta

    domani   **i capelli**

Dimani, al dì di festa, il petto e il crine.

Siede con le vicine

Su la scala a filar la vecchierella,

    rivolta, verso

10 Incontro là dove si perde il giorno;

E novellando vien del suo buon tempo,

       giorni

Quando ai dì della festa ella si ornava,

Ed ancor sana e snella

9. filar: filare, tessere.
11. E novellando...tempo: e racconta della sua giovinezza (metafora).

497

DALLA LETTURA ALLA SCRITTURA

era solita　　　**con**

Solea danzar la sera intra di quei

15　Ch'ebbe compagni dell'età più bella.

ormai　　　**si fa scura**

Già tutta l'aria imbruna,

Torna azzurro il sereno, e tornan l'ombre

Giù da' colli e da' tetti,

Al biancheggiar della recente luna.

　　　campana

20　Or la squilla dà segno

Della festa che viene;

Ed a quel suon diresti

　　　cuore

Che il cor si riconforta.

I fanciulli gridando

　　　gruppo

25　Su la piazzuola in frotta,

E qua e là saltando,

　　　rumore allegro

Fanno un lieto romore:

　　　torna

E intanto riede alla sua parca mensa,

　　　contadino

Fischiando, il zappatore,

tra sé e sé　　　**giorno**

30　E seco pensa al dì del suo riposo.

　　　luce

Poi quando intorno è spenta ogni altra face,

　　　il resto

E tutto l'altro tace,

Odi il martel picchiare, odi la sega

　　　falegname

Del legnaiuol, che veglia

　　　lampada a olio

35　Nella chiusa bottega alla lucerna,

　　　si adopera

E s'affretta, e s'adopra

　　finire il lavoro

Di fornir l'opra anzi il chiarir dell'alba.

Questo di sette è il più gradito giorno,

　　　speranza

Pien di speme e di gioia:

domani

40　Diman tristezza e noia

Recheran l'ore, ed al travaglio usato

14-15. quei...bella: quelli che erano giovani come lei (metafora).

17. sereno: cielo (metonimia).

17-19. tornan l'ombre...luna: le ombre tornano giù dai colli e dalle case (sineddoche) al biancheggiare della luna appena sorta.

28. parca mensa: povera cena.

33. Odi...odi: senti... senti... (anafora)

35. Nella chiusa bottega alla lucerna: nella bottega chiusa davanti alla luce della lampada a olio.

37. anzi il chiarir dell'alba: prima dell'alba.

38. Questo di sette è il più gradito giorno: questo è il giorno più gradito della settimana (riferendosi al sabato).

40-41. tristezza e noia...l'ore: le ore porteranno tristezza e noia.

■ LA PARAFRASI

Ciascuno in suo pensier farà ritorno.

giovanotto allegro
Garzoncello scherzoso,

questa
Cotesta età fiorita

allegria
45 È come un giorno d'allegrezza pieno,

luminoso
Giorno chiaro, sereno,

precede la
Che precorre alla festa di tua vita.

condizione beata
Godi, fanciullo mio; stato soave,
Stagion lieta è cotesta.

voglio
50 Altro dirti non vo'; ma la tua festa
Ch'anco tardi a venir non ti sia grave.

(G. Leopardi, Tutte le opere, a cura di F. Flora, Mondadori, Milano, 1968)

41-42. al travaglio usato...ritorno: ciascuno tornerà con il pensiero alle fatiche di tutti i giorni.
44. età fiorita: giovinezza (metafora).
45. è come un giorno d'allegrezza pieno: è come un giorno pieno d'allegria (similitudine).
47. festa di tua vita: età matura (metafora).
49. Stagion lieta è cotesta: questa è un'età gioiosa (metafora).
50. Altro dirti non vo': non voglio dirti altro.
50-51. ma la tua festa...grave: ma non ti dispiaccia che l'età matura tardi ad arrivare.

Fase 3
Lavoro sulla sintassi.
Riordina la successione delle parole e dei sintagmi, riconosci all'interno di ogni periodo le frasi principali, le coordinate e le subordinate.

La costruzione sintattica de *Il sabato del villaggio* è semplice: è prevalentemente paratattica, a volte con coordinate. Tale costruzione può essere generalmente rispettata nella parafrasi.

Parafrasi
La fanciulla torna dalla campagna al tramonto con un fascio d'erba; tiene in mano un mazzolino di rose e di viole, con cui domani, giorno di festa, come è solita si ornerà il petto e i capelli.
Intanto la vecchierella siede a filare sulle scale con le vicine, rivolta verso il punto in cui tramonta il sole, e racconta della sua giovinezza, quando si preparava alla domenica e ancora giovane e bella era solita andare a ballare con quelli che erano giovani come lei. Ormai comincia a imbrunire, il cielo torna azzurro e le ombre tornano giù dai colli e dalle case al biancheggiare della luna appena sorta. Ora la campana annuncia la festa che sta arrivando e si direbbe che a quel suono il cuore si consoli.
I fanciulli gridando in gruppo sulla piazzola, e saltando di qua e di là, fanno un rumore allegro; e intanto il contadino torna fischiettando alla sua povera cena, e fra sé e sé pensa al giorno di riposo che lo aspetta.

Poi, quando intorno tutte le luci sono spente e tutto è in silenzio, senti il martello picchiare, senti la sega del falegname che sveglio nella sua bottega chiusa, alla luce della lampada a olio, si affretta e si adopera per finire il lavoro prima dell'alba.
Questo è il giorno più gradito della settimana, pieno di speranza e di gioia: domani le ore porteranno tristezza e noia, e ognuno tornerà con il pensiero alle fatiche di tutti i giorni.

Giovanotto allegro, questa giovinezza è come un giorno pieno di allegria, luminoso, sereno, che precede la maturità. Goditi la giovinezza, fanciullo. Questa è una condizione beata, un'età gioiosa. Non voglio dirti altro; ma non ti dispiaccia che l'età matura tardi ad arrivare.

499

DALLA LETTURA ALLA SCRITTURA

Che cosa so fare

Leggi la biografia (▶ p. 133) e la seguente lirica di Umberto Saba e svolgi le attività.

Goal

Il portiere caduto alla difesa
ultima vana, contro terra cela
la faccia, a non veder l'amara luce.
Il compagno in ginocchio che l'induce,
5 con parole e con mano, a rilevarsi,
scopre pieni di lacrime i suoi occhi.

La folla – unita ebbrezza – par trabocchi
nel campo. Intorno al vincitore stanno,
al suo collo si gettano i fratelli.
10 Pochi momenti come questo belli,
a quanti l'odio consuma e l'amore,
è dato, sotto il cielo, di vedere.

Presso la rete inviolata il portiere
– l'altro – è rimasto. Ma non la sua anima,
15 con la persona vi è rimasta sola.
La sua gioia si fa una capriola,
si fa baci che manda di lontano.
Della festa – egli dice – anch'io son parte.

(U. Saba, *Canzoniere*, Einaudi, Torino, 1978)

13. rete inviolata: rete in cui nessun giocatore avversario ha fatto goal.

1. **Informazioni sulla biografia dell'autore.**

   Si racconta che un amico di Saba gli avesse ceduto il biglietto per la partita della Triestina contro la fortissima Ambrosiana perché non poteva andarci; Saba accettò per soddisfare la curiosità della figlia, anche se non aveva simpatia per i tifosi di questo sport, al quale però poi dedicherà cinque poesie. Spiega in che modo questo aneddoto biografico è collegato al testo.

2. **Lessico.**

   Abbina le parole nella colonna di sinistra al loro significato più usuale nella colonna di destra.

1. *vana*	a. triste, dolorosa
2. *cela*	b. spinge
3. *amara*	c. inutile
4. *induce*	d. si riversi
5. *rilevarsi*	e. nasconde
6. *ebbrezza*	f. entusiasmo
7. *trabocchi*	g. rialzarsi

3. **Figure retoriche.**

   Indica se le seguenti figure retoriche sono un'anastrofe (A), un'antitesi (AN), un iperbato (I) o una sinestesia (S). Poi scioglile e spiegale nel contesto in cui si trovano.

   amara luce (v. 3); *scopre pieni di lacrime i suoi occhi* (v. 6); *al suo collo si gettano i fratelli* (v. 9); *a quanti l'odio consuma e l'amore* (v. 11); *Presso la rete inviolata il portiere / – l'altro – è rimasto* (v. 13-14); *Della festa – egli dice – anch'io son parte* (v. 18).

4. **Troncamento, figure retoriche dell'ordine e sintassi.**

   Sottolinea i casi di troncamento nella poesia, indica quali figure retoriche dell'ordine sono presenti ai versi 10-12 e ricostruisci l'ordine sintattico standard della frase.

5. **Scrivere la parafrasi.**

   Infine, scrivi la parafrasi della poesia.

500

■ L'ANALISI E IL COMMENTO DI UN TESTO POETICO

2. L'analisi e il commento di un testo poetico

Analizzare una poesia significa farne una lettura approfondita per analizzarne il **significante** (la struttura e la forma del testo) e il **significato** (ciò che il poeta comunica). Dopo aver fatto la parafrasi della poesia (► p. 495) per meglio comprenderne il senso, infatti, si prendono in considerazione **le parole chiave** e **le aree di significato, le figure retoriche e gli aspetti metrici e fonici** sotto forma di brevi appunti di lettura. Si produce quindi un **testo espositivo** in cui si presentano in maniera articolata i **risultati dell'analisi** e in cui si include un **commento** della poesia. L'analisi e il commento sono raramente separati: il testo espositivo è infatti il risultato dell'unione di entrambi.

■ Analizzare e commentare un testo poetico: le fasi del lavoro

Per procedere nel lavoro di analisi e commento, è necessario prendere in considerazione i seguenti aspetti.

ANALISI DEL SIGNIFICATO. In questa fase si considerano gli aspetti relativi al contenuto e al senso globale del componimento. Si può procedere per strofe, gruppi di strofe, per versi ecc. In particolare, è necessario:

- attraverso le **parole chiave** e **le aree di significato**, individuare il **messaggio** del poeta.

  Le parole chiave sono i termini ripetuti più volte, anche in forma variata, o di significato simile che, nel loro insieme, rivelano il **tema centrale** della poesia.

  Per identificarle bisogna prestare attenzione alle **immagini** (descrizioni di luoghi, cose e persone), ai **fatti** (azioni, eventi), alle **sensazioni** (percepite dai cinque sensi) e agli **stati d'animo** espressi nella poesia;

- mettere in evidenza le **figure retoriche di significato** (► p. 66), cioè le espressioni figurate che conferiscono ai versi un valore diverso da quello letterale (in particolare similitudine, metafora, analogia, sinestesia, metonimia, sineddoche, iperbole, antitesi, ossimoro), e di **ordine** (climax, anticlimax, anafora, inversione ecc., ► p. 74);

Non tutti gli elementi citati saranno necessariamente presenti in tutte le poesie e, di conseguenza, nell'analisi.

ANALISI DEL SIGNIFICANTE. In questa fase si prendono in esame gli aspetti strutturali e formali del componimento e se ne analizzano le caratteristiche foniche e ritmiche. In particolare, bisogna:

- descrivere lo **schema metrico** della poesia (► p. 26), il **tipo di componimento** (sonetto, canzone...), la struttura delle **strofe** (gruppi di versi separati) e la **misura dei versi** in base al numero di sillabe (senario, endecasillabo ecc.);
- descrivere la **struttura** del testo dal punto di vista **fonico**: individuare la **corrispondenza di suoni** (► *I diversi tipi di rime*, p. 23) e le **caratteristiche foniche**

501

DALLA LETTURA ALLA SCRITTURA

generali (le figure retoriche di suono: consonanza, assonanza, onomatopea ecc. ► *Le figure di suono*, p. 62); inoltre considerare il **ritmo della lirica** (► *Gli accenti ritmici e l'ictus*, p. 17);

- specificare la **relazione tra significato e significante** (per esempio, suoni aspri e duri possono comunicare l'idea del dolore).

COMMENTO. Nel commento si danno **informazioni sull'autore** e **sulla poesia**. Si può, per esempio:

- indicare l'autore, l'opera di cui fa parte la poesia e, se si conoscono, le circostanze in cui è stata scritta (un evento nella vita del poeta, il contesto storico, una ricorrenza...);
- fornire informazioni sul mondo interiore del poeta (idee, paure, certezze...) e sulle esperienze di vita a cui il testo allude.

Inoltre fanno parte del commento tutti gli aspetti utili a esprimere un **giudizio personale** sul testo; si può considerare, per esempio:

- se la si trova attuale o storicamente determinata;
- a quali altre poesie dell'autore si può paragonare;
- a quali altre poesie sullo stesso tema si può paragonare;
- se si condividono il messaggio del poeta, i valori e gli ideali che vuole trasmettere;
- se il testo trasmette il messaggio in modo efficace;
- a quali esperienze personali può essere ricondotta;
- che sensazioni suscita ecc.

■ Il testo: la struttura

Il testo espositivo che segue le operazioni di analisi e commento può essere strutturato come segue.

INTRODUZIONE. Nell'introduzione si danno le **informazioni sull'autore e l'opera** da cui è tratto il componimento, in modo da contestualizzarlo, e se ne specifica l'**argomento generale**.

SVILUPPO. In questa sezione del testo si espongono in maniera articolata tutti gli elementi raccolti nel corso dell'**analisi del significante e del significato**:

- l'analisi degli aspetti metrici e fonici;
- l'individuazione del messaggio del poeta e del tema centrale della poesia attraverso le parole chiave e le aree di significato;
- la rilevazione delle figure retoriche;
- la relazione tra significante e significato ecc.

CONCLUSIONE. Nella sezione conclusiva si espongono gli aspetti a supporto del proprio **giudizio personale** sulla poesia, e la si **confronta** eventualmente con altre poesie dello stesso autore o altri componimenti che trattano lo stesso argomento.

L'ANALISI E IL COMMENTO

Il sabato del villaggio
Giacomo Leopardi

Testo d'esempio

Canti
(1829)
▶ Lirica

Applichiamo il metodo di lavoro a *Il sabato del villaggio* di Giacomo Leopardi (▶ *L'autore*, p. 181), di cui è stata già eseguita la parafrasi (▶ p. 497).

La donzelletta vien dalla campagna,
In sul calar del sole,
Col suo fascio dell'erba; e reca in mano
Un mazzolin di rose e di viole,
5   Onde, siccome suole,
Ornare ella si appresta   } assonanza
Dimani, al dì di festa, il petto e il crine.   ⤴ enjambement
Siede con le vicine
Su la scala a filar la vecchierella,
10 Incontro là dove si perde il giorno;
E novellando vien del suo buon tempo,
Quando ai dì della festa ella si ornava,
Ed ancor sana e snella
Solea danzar la sera intra di quei   } alliterazione (s)
15 Ch'ebbe compagni dell'età più bella.
Già tutta l'aria imbruna,
Torna azzurro il sereno, e tornan l'ombre   } alliterazione (r)
Giú da' colli e da' tetti,
Al biancheggiar della recente luna.
20 Or la squilla dà segno
Della festa che viene;
Ed a quel suon diresti
Che il cor si riconforta.
I fanciulli gridando   } alliterazione (c e r)
25 Su la piazzuola in frotta,
E qua e là saltando,
Fanno un lieto romore:
E intanto riede alla sua parca mensa,
Fischiando, il zappatore,
30 E seco pensa al dì del suo riposo.

Poi quando intorno è spenta ogni altra face,
E tutto l'altro tace,   } rima baciata
Odi il martel picchiare, odi la sega

ANALISI DEL SIGNIFICATO

Strofa 1
Immagini: descrizione di persone, paesaggi e luoghi: il sole sta calando, l'aria imbruna, il cielo torna azzurro e tornano le ombre, ci sono case, scale, una piazza e la campana della chiesa.
Fatti: le persone si preparano al giorno di festa: la donzelletta torna dalla campagna con un fascio d'erba e fiori; la vecchierella siede a filare e rievoca la sua giovinezza; i fanciulli gridano e fanno rumore; il contadino fischietta tornando a casa, allegro per l'imminente giorno di riposo.
Sensazioni: visive (il tramonto, il cielo che cambia colore, la luce della luna), uditive (la vecchierella che racconta, la campana, le grida e il rumore dei fanciulli, il fischiettare del contadino).
Stati d'animo: conforto, gioiosa attesa.
Campi semantici e parole chiave: campo semantico della vita campestre (*campagna, fascio dell'erba, colli, mazzolin di rose e di viole, zappatore*), campo semantico della festa (*ornare/ornava, festa, riposo, danzar, gridando, saltando, romore, fischiando*), campo semantico della giovinezza (*buon tempo, età più bella*).

Figure retoriche:
- Iperbato: *ornare...il crine* (vv. 6-7)
- Anastrofe: *novellando vien* (v. 11)
- Metafora: *buon tempo* (v. 11)
- Metonimia: *il sereno* (v. 17)

503

DALLA LETTURA ALLA SCRITTURA

▶ **Filippo Salizzi**, *Monelli*, 1872. Firenze, Palazzo Pitti, Galleria d'Arte Moderna.

Strofa 2
Immagini: falegname al lavoro; ambiente circostante: buio e silenzio, lampada a olio.
Fatti: il falegname usa i suoi strumenti e lavora in fretta per finire il lavoro prima dell'alba.
Sensazioni: visive (l'immagine del falegname al lavoro, la progressiva oscurità, la luce della lampada), uditive (il rumore del martello e della sega).
Stati d'animo: fretta di terminare il lavoro nell'anticipazione del giorno che verrà.
Campi semantici e parole chiave: campo semantico del lavoro artigianale (*martel, sega, legnaiuol, bottega, opra*), campo semantico della luce (*face, lucerna, alba*), campo semantico del suono (*picchiare, odi*).

Figure retoriche:
- Anafora: *odi...odi...* (v. 33)

Strofa 3
Fatti: riflessione sul sabato come giorno più bello, in cui si pensa al giorno di festa, mentre la domenica è triste.
Stati d'animo: gioia e speranza contrapposte a tristezza, noia, delusione.
Campi semantici e parole chiave: campo semantico del tempo (*giorno, diman, ore*); campo semantico degli stati d'animo (*speme, gioia, tristezza, noia*).

Figure retoriche:
- Iperbato: *al travaglio usato ciascuno in suo pensier farà ritorno* (vv. 41-42)

Strofa 4
Fatti: riflessione sulla giovinezza, paragonata a un giorno pieno di allegria.
Stati d'animo: allegria, serenità.
Campi semantici e parole chiave: campo semantico della festa e della gioia (*scherzoso, allegrezza, godi, lieta, festa*), campo semantico del tempo propizio (*età fiorita, giorno d'allegrezza pieno, festa di tua vita, stagion lieta*).

Figure retoriche:
- Apostrofe: *garzoncello scherzoso* (v. 43), *fanciullo mio* (v. 48)
- Metafora: *età fiorita* (v. 44), *festa di tua vita* (v. 47), *stagion lieta* (v. 49)
- Similitudine: *...come un giorno...* (vv. 44-45)
- Anastrofe: *d'allegrezza pieno* (v. 45)
- Iperbato: *ma la tua festa...non ti sia grave* (vv. 50-51)

Del legnaiuol, che veglia
35 Nella chiusa bottega alla lucerna,
E s'affretta, e s'adopra
Di fornir l'opra anzi il chiarir dell'alba.   } rimalmezzo

Questo di sette è il più gradito giorno,
Pien di speme e di gioia:
40 Diman tristezza e noia
Recheran l'ore, ed al travaglio usato
Ciascuno in suo pensier farà ritorno.

Garzoncello scherzoso,
Cotesta età fiorita
45 È come un giorno d'allegrezza pieno,
Giorno chiaro, sereno,
Che precorre alla festa di tua vita.
Godi, fanciullo mio; stato soave,
Stagion lieta è cotesta.
50 Altro dirti non vo'; ma la tua festa
Ch'anco tardi a venir non ti sia grave.   } rima incrociata

(G. Leopardi, *Tutte le opere*, a cura di F. Flora, Mondadori, Milano, 1968)

■ L'ANALISI E IL COMMENTO DI UN TESTO POETICO

ANALISI DEL SIGNIFICANTE

Tipo di componimento: canzone libera.

Struttura delle strofe: quattro strofe di lunghezza diversa.

Tipo di versi: settenari ed endecasillabi.

Tipi di rime: non c'è uno schema di **rime** fisso. Sono presenti, per esempio, rime baciate (es. vv. 4-5, 7-8, 31-32), rime incrociate (es. vv. 48-51), rimalmezzo (es. vv. 6-7, 36-37).

Caratteristiche foniche generali: Sono presenti **assonanze** (es. *rose/viole*, v. 4; *snella/sera*, vv. 13-14) ecc., e **allitterazioni** (es. in *c*: *che, cor, riconforta* v. 23; in *s*: *sana, snella, solea, sera*, vv. 13-14; in *r*: *aria, imbruna, torna, azzurro, sereno, tornan, ombre*, vv. 16-17; ecc.).

Il ritmo: la prima parte della poesia, che è descrittivo-narrativa, è caratterizzata da un ritmo veloce e incalzante. Il poeta ottiene questo effetto attraverso l'uso dei settenari. La conclusione, più meditativa, è invece caratterizzata da un ritmo più lento, ottenuto con l'uso prevalente degli endecasillabi. Il ritmo è dilatato anche grazie alla presenza di *enjambement* (vv. 6-7, 14-15, 17-18, 20-21, 22-23, 33-34, 36-37, 41-42).

La relazione tra significante e significato: l'uso dei diminutivi e dei vezzeggiativi (*donzelletta, mazzolin, vecchierella, piazzuola, garzoncello*) denota affetto da parte del poeta nei confronti dei suoi personaggi e del contesto in cui si trovano. Il ritmo incalzante della prima parte è adatto a descrivere l'atmosfera festosa e l'alacrità con cui i personaggi si affrettano a concludere le attività della giornata, mentre il ritmo più lento della seconda parte invita a soffermarsi sulle riflessioni contenute nella conclusione della poesia.

Analisi e commento

Introduzione

Il sabato del villaggio è un componimento di Giacomo Leopardi del 1829. Fa parte dei "grandi idilli", che il poeta scrisse all'epoca in cui, fallito il tentativo di restare lontano da Recanati, vi tornò nell'ultima parte della sua vita. Il ritorno al paese natio coincide con il ritorno ai luoghi, ai personaggi e alle consuetudini della sua giovinezza. Nello stesso tempo, il poeta sembra aver preso consapevolezza della fine delle speranze e delle illusioni coltivate prima di lasciare Recanati. La poesia si apre con una scena esemplare di vita paesana, i cui personaggi sono intenti a concludere con trepidazione le loro consuete attività per prepararsi alla domenica. Il poeta afferma che tuttavia quando l'agognato giorno di festa arriverà, essi non gioiranno come sperato, e non potranno godere del meritato riposo perché già preoccupati dal pensiero delle attività che dovranno riprendere lunedì. Da ciò segue un parallelismo con la giovinezza e la maturità, la cui opposizione è il tema centrale della poesia. L'autore paragona il sabato alla giovinezza e la domenica alla maturità (*festa di tua vita*, v. 47) e invita a non riporre le proprie speranze nel futuro, perché queste sono destinate a essere deluse. La felicità, di per sé irraggiungibile, non sta infatti nel raggiungere un obiettivo sperato, ma nel fatto stesso di avere qualcosa in cui sperare. Il componimento si chiude con un monito: non bisogna aver fretta di raggiungere un momento futuro, ma godere con leggerezza dell'attesa.

Sviluppo

Il componimento è una canzone libera composta da quattro strofe di varia lunghezza, costituite da versi settenari ed endecasillabi. Trattandosi di una canzone libera, non c'è uno schema di rime fisso. Sono presenti, rime baciate (es. vv. 4-5, 7-8, 31-32), rime incrociate (vv. 48-51), rimalmezzo (es. vv. 6-7, 36-37).

505

DALLA LETTURA ALLA SCRITTURA

A livello fonico, sono presenti assonanze (es. *campagna/ornava, rose/viole, scala/sana, incontro/riposo/intorno/giorno, recente/sette/speme* ecc.), consonanze (es. *reca/seco, onde/ quando, azzurro/precorre* ecc.) e allitterazioni (es. in *c: campagna, calar, col, reca*; in *s: sul, sole, suo, rose, siccome, suole*; in *v: vicine, vecchierella, dove, novellando, vien, ornava* ecc.), che nel loro insieme conferiscono musicalità al testo. Questa rete di assonanze, inoltre, collega alcuni termini chiave, che ne risultano correlati anche semanticamente.

La poesia si può dividere in due parti, la prima descrittivo-narrativa (vv. 1-37), la seconda riflessivo-meditativa (vv. 38-51). La prima parte è caratterizzata da un ritmo veloce e incalzante, ottenuto attraverso l'uso prevalente dei settenari. La seconda parte, invece, è contraddistinta da un ritmo più lento, ottenuto con l'uso prevalente degli endecasillabi. Sono presenti numerosi *enjambement*, che dilatano il ritmo della poesia (per esempio, vv. 6-7, 14-15, 20-21, 33-34, 36-37, 40-41). Il ritmo incalzante della prima parte è adatto a descrivere l'atmosfera festosa e l'alacrità con cui i personaggi si affrettano a concludere le attività della giornata, mentre il ritmo più lento della seconda parte invita a soffermarsi sulle riflessioni contenute nella conclusione della poesia. Inoltre, l'uso di diminutivi e vezzeggiativi (*donzelletta, mazzolin, vecchierella, piazzuola, garzoncello*) denota affetto da parte del poeta nei confronti dei suoi personaggi e del contesto in cui si trovano.

In tutta la poesia dominano le sensazioni visive e uditive. Per esempio nella prima strofa, la più lunga, le sensazioni visive sono prodotte dal tramonto del sole, dal cielo che cambia colore e dalla luce della luna. Quelle uditive sono invece prodotte dal racconto della vecchietta, dalla campana, dalle grida e dai rumori dei fanciulli che giocano e dal fischiettare del contadino. Sono presenti figure retoriche di significato come la metafora (per riferirsi alla giovinezza: *buon tempo*, v. 11, *età fiorita*, v. 44, *stagion lieta*, v. 49, e all'età matura: *festa di tua vita*, v. 47), la similitudine (*cotesta età fiorita è come un giorno...*, vv. 44-45), la metonimia (*il sereno*, v. 17) e l'apostrofe (*garzoncello scherzoso*, v. 43 e *fanciullo mio*, v. 48); sono inoltre presenti figure retoriche di ordine come l'anafora (*odi...odi*, v. 33), l'iperbato (*al travaglio usato ciascun in suo pensier farà ritorno*, vv. 41-42; *ma la tua festa ch'anco tardi a venir non ti sia grave*, vv. 50-51) e l'anastrofe (*novellando vien*, v. 11; *d'allegrezza pieno*, v. 45).

Le parole chiave della prima parte, descrittivo-narrativa, si riferiscono ai personaggi (*donzelletta, vecchierella, fanciulli, zappatore* nella prima strofa, *legnaiuol* nella seconda) e alle loro azioni (*vien, reca, suole ornare, fila, novellando, ornava, gridando, saltando, fanno rumore, riede, fischiando, s'affretta, s'adopra*), ai mutamenti di tempo (dal calar del sole al buio completo: *in sul calar del sole*, v. 2; *già tutta l'aria imbruna*, v. 16; *torna azzurro il sereno, e tornan l'ombre*, v. 17; *al biancheggiar della recente luna*, v. 19; *è spenta ogni altra face*, v. 31) e a uno stato d'animo allegro, sereno e gioioso. Nella seconda parte, invece, lo stato d'animo cambia e si fa triste e cupo per la delusione e la noia che procurerà l'arrivo della domenica (*diman tristezza e noia..., al travaglio usato ciascuno in suo pensier farà ritorno*, vv. 40-42), e il poeta ci invita a riflettere sul fatto che la felicità non sta nel giorno di festa, ma nell'attesa del giorno stesso. Per esprimere tale esortazione ricorre alla figura retorica dell'apostrofe (*garzoncello scherzoso*, v. 43, e *fanciullo mio*, v. 48). Nell'ultima strofa tornano anche, però, diversi termini per riferirsi alla giovinezza (*età fiorita*, v. 44; *stato soave*, v. 48; *stagion lieta*, v. 49), di cui il poeta si serve per sottolineare l'importanza di godere di questa età della vita e di non pensare al futuro come portatore di felicità.

Conclusione

Il linguaggio e lo spaccato di vita che questa poesia descrive sono caratteristici dell'epoca in cui è stata scritta. Tuttavia, il componimento è ancora attuale nella tematica e nelle riflessioni che il poeta invita a fare. In primo luogo, è un'esperienza comune quella di sentirsi allegri alla vigilia di un giorno atteso, per poi non goderne pienamente perché il pensiero del ritorno alla routine quotidiana incombe sul giorno di festa. Sotto questo punto di vista si può quindi essere d'accordo con la riflessione del poeta, che ci invita a riflettere sul fatto che non è l'oggetto del desiderio, in questo caso il giorno di festa, a procurarci felicità, quanto piuttosto l'attesa e la speranza che precedono il raggiungimento della cosa desiderata. In

L'ANALISI E IL COMMENTO DI UN TESTO POETICO

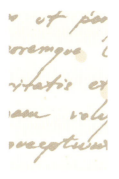

secondo luogo, la riflessione generale proposta dal poeta attraverso il parallelismo con la giovinezza e l'età adulta, e il successivo invito a non aver fretta che quest'ultima arrivi, veicola un messaggio universale e quindi estremamente attuale. Dal punto di vista della struttura, questa poesia ricorda un'altra poesia di Leopardi scritta nello stesso periodo, *La quiete dopo la tempesta* (1829). Entrambe le poesie si aprono con una descrizione che suscita in seguito una riflessione. Dal punto di vista del contesto campestre, il componimento ricorda le *Bucoliche* di Virgilio, mentre il tema del "cogliere l'attimo" e godere appieno della giovinezza fanno pensare all'ode del *carpe diem* di Orazio (I secolo a.C.) e alla *Canzona di Bacco* (ca 1490) di Lorenzo de' Medici, che, pur in tono e con esiti diversi da quelli del poeta di Recanati, invita a godere del momento presente.

Che cosa so fare

Leggi la poesia di Eugenio Montale (▶ p. 150) *Prima del viaggio* ed esegui le attività.

Prima del viaggio

Prima del viaggio si scrutano gli orari,
le coincidenze, le soste, le pernottazioni
e le prenotazioni (di camere con bagno
o doccia, a un letto o due o addirittura un *flat*);
5 si consultano
le guide Hachette e quelle dei musei,
si scambiano valute, si dividono
franchi da escudos, rubli da copechi;
prima del viaggio s'informa
10 qualche amico o parente, si controllano
valige e passaporti, si completa
il corredo, si acquista un supplemento
di lamette da barba, eventualmente
si dà un'occhiata al testamento, pura
15 scaramanzia perché i disastri aerei
in percentuale sono nulla;
                              prima
del viaggio si è tranquilli ma si sospetta che
il saggio non si muova e che il piacere
20 di ritornare costi uno sproposito.
E poi si parte e tutto è O.K. e tutto
è per il meglio e inutile.
....
                 E ora che ne sarà
25 del *mio* viaggio?
Troppo accuratamente l'ho studiato
senza saperne nulla. Un imprevisto
è la sola speranza. Ma mi dicono
ch'è una stoltezza dirselo.

(E. Montale, *Tutte le poesie*, Mondadori, Milano, 1984)

4. *flat*: appartamento (inglese).
6. guide Hachette: manuali per viaggiatori pubblicati in Francia dalla casa editrice Hachette a partire dal 1840.
8. franchi da escudos, rubli da copechi: valute della Francia prima dell'euro e della Svizzera (franchi), del Portogallo prima dell'euro (escudos) e della Russia (rubli e copechi; i copechi sono una suddivisione del rublo, come i centesimi lo sono dell'euro).

507

DALLA LETTURA ALLA SCRITTURA

1. **La raccolta.**

Completa il seguente testo sulla raccolta in cui è contenuta la poesia con le parole nel riquadro.

> ▪ composte ▪ genere ▪ ironico ▪ quotidiana ▪ ricordo ▪ sezioni

La poesia fa parte della raccolta *Satura*, che raccoglie le poesie .... tra il 1962 e il 1970. La raccolta è divisa in quattro .... : *Xenia I, Xenia II, Satura I* e *Satura II* (*Prima del viaggio* appartiene a quest'ultima). Le prime due si concentrano sul .... della moglie, mentre le ultime due trattano temi di vita .... e hanno spesso un tono .... , come suggerisce il titolo (che richiama il .... della satira). Lo stile è a cavallo tra la poesia e la prosa ed è quindi scorrevole alla lettura.

2. **Il lessico.**

Nel testo della poesia trova le parole che corrispondono ai seguenti significati. Le parole non sono nell'ordine in cui compaiono nella poesia.

- pernottamenti ....
- si studiano con attenzione ....
- insieme di capi di abbigliamento e oggetti personali ....
- biglietti e monete di uno Stato ....
- somma di denaro eccessiva ....
- brevi fermate ....
- sciocchezza ....
- in maniera attenta ....
- si compra ....

3. **Lo schema metrico e delle rime.**

Completa le informazioni riguardo lo schema metrico e delle rime della poesia.

Strofe: ....

Versi: ....

Rime: ....

4. **Il ritmo della lirica e gli *enjambement*.**
- Da che tipo di ritmo è caratterizzata la lirica?
- Individua gli *enjambement* nel componimento.

5. **Le forme verbali.**

Evidenzia le forme verbali nel testo. Poi rispondi alle domande seguenti.
- Quale differenza noti tra la prima parte della poesia e la sua conclusione?
- Che funzione hanno le diverse forme verbali che hai evidenziato?
- Quali altri elementi, secondo te, confermano il cambiamento prodotto dall'uso di forme verbali diverse?

6. **Le parole chiave, il tema e il messaggio.**
- Sottolinea le parole chiave relative al tema del *viaggio* e del *soggiorno in una destinazione*.
- Quali dei cinque sensi è presente prevalentemente in questa poesia? Individua i verbi che lo confermano.
- Quali stati d'animo caratterizzano, rispettivamente, la prima e la seconda parte della poesia?

■ L'ANALISI E IL COMMENTO DI UN TESTO POETICO

- A che cosa si riferisce il poeta con l'espressione *mio viaggio* (v. 25)?
  a. Alla sua vita.
  b. Alla prossima vacanza.
  c. Al suo mondo interiore.

- Fa' una sintesi del contenuto della poesia ed esponi il messaggio dell'autore completando le seguenti affermazioni.
  Nella prima parte della poesia... (continua tu...)
  Nella seconda parte... (continua tu...)
  Nella conclusione... (continua tu...)
  Il poeta vuole dirci che... (continua tu...)

7. **Le figure retoriche.**
   - Qual è la metafora centrale in questa poesia?
   - Individua i versi in cui si trovano rispettivamente una metonimia, un'iperbole e un'anastrofe.

8. **La relazione tra significante e significato.**
   Leggi la poesia ad alta voce. Che effetto producono i numerosi *enjambement*? Scegli tra le seguenti risposte tutte quelle corrette.

   ☐ Contribuiscono ad avvicinare la poesia a un testo in prosa dando continuità al testo.
   ☐ Presentano degli ostacoli alla lettura rendendola difficoltosa.
   ☐ Rendono la lettura più veloce.
   ☐ Mettono in evidenza delle parole chiave.
   ☐ Sono un atto di ribellione verso la poesia tradizionale.

9. **Giudizio personale.**
   - Questa poesia ti sembra attuale o storicamente determinata? Quali elementi nel testo giustificano la tua risposta? Fa' riferimento al contenuto e al lessico usato.
   - In che modo ti identifichi o non ti identifichi con il contenuto della poesia? Hai mai programmato un viaggio?
   - Hai letto altre poesie di questa raccolta o di altre raccolte di Montale? Che cosa hanno in comune con questa?
   - Sei d'accordo con il messaggio della poesia? Motiva la tua risposta.

10. **Analisi e commento.**
    Utilizza tutti gli elementi raccolti attraverso le precedenti attività per produrre un testo espositivo in cui presenti l'analisi e il commento della poesia.

509

3. L'articolo di giornale e il saggio breve

L'**articolo di giornale** è solitamente un testo **espositivo** (▶ Narrativa, *Il testo espositivo e l'articolo di giornale*, p. 652), cioè un testo che fornisce informazioni e dati. Tuttavia, l'articolo può anche essere di tipo **argomentativo**, come nel caso dell'articolo di opinione. L'autore, in questo caso, oltre a riportare dati concreti espone anche una tesi o un punto di vista che sostiene con argomenti validi (argomentazione), formulati attraverso l'esame di documenti inerenti l'argomento.

Il **saggio breve** è un testo prevalentemente **argomentativo**; tuttavia, anch'esso può contenere **sezioni informative** ed **espositive**. In questo caso l'autore partirà da dati concreti. In un saggio sono comunque sempre presenti una **tesi** su un dato argomento e le **prove** che la sostengono, ottenute attraverso l'analisi di documenti appropriati. L'autore potrà inoltre individuare eventuali argomentazioni contrarie a quella sostenuta (**antitesi**) e confutarle.

La struttura di un testo argomentativo prevede di regola i seguenti elementi.

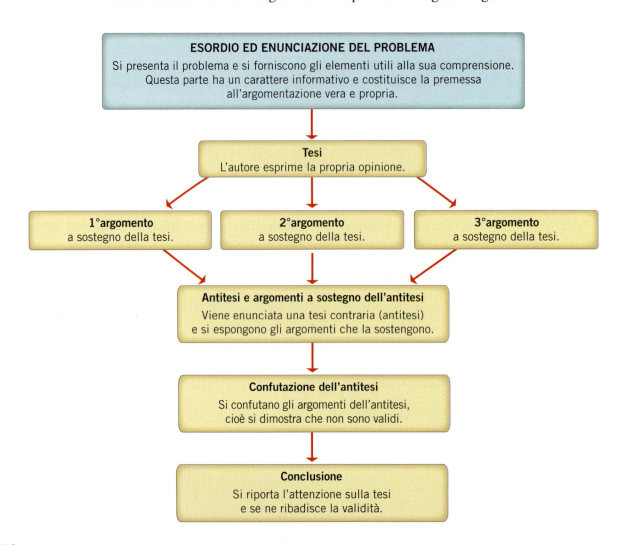

L'ARTICOLO DI GIORNALE E IL SAGGIO BREVE

Non sempre tutti gli elementi di un testo argomentativo sono presenti o lo sono in quest'ordine; tuttavia, saranno sempre riconoscibili l'**argomento/problema** di cui si parla, la **tesi**, cioè l'opinione che l'autore vuole sostenere, e le **prove** portate a sostegno.

■ Le caratteristiche

Di seguito, esaminiamo le caratteristiche dell'**articolo di giornale di tipo argomentativo** e del **saggio breve**.

	Articolo di giornale	Saggio breve
Caratteristiche formali e di contenuto	L'articolo di giornale in forma argomentativa contiene un'**opinione**, documentata a partire da un dossier di documenti forniti su tali fatti e sul tema a cui si riferiscono, oltre a presentare **parti informative**. Il suo scopo è **informare** ma anche **convincere** il lettore.	È un testo che tratta un **argomento specifico**. È in forma prevalentemente argomentativa, ma può anche contenere parti informative. Può infatti partire da fatti recenti, ma contiene sempre un'opinione su tali fatti e sul tema a cui si riferiscono. Chi scrive si informa a partire da un *dossier* di documenti forniti, da cui trae prove e dati a sostegno della tesi sostenuta. Lo scopo del saggio breve è **informare** e **stimolare il dibattito** tra lettori esperti.
Il contesto comunicativo-editoriale	Si trova in **quotidiani** e **riviste**. Il suo pubblico varia in base al tipo di pubblicazione (generica o specialistica, nazionale, locale o di categoria) e alla sezione in cui è pubblicato (prima pagina, cultura, sport ecc.).	Si trova su **riviste specialistiche**, siti Internet, supplementi tematici ecc. Il suo pubblico è interessato all'argomento e competente riguardo al tema trattato.
Le caratteristiche linguistiche	Lo **stile** è **semplice** e **immediato**, i periodi brevi, il registro linguistico medio e la sintassi prevalentemente paratattica. Il lessico è costituito da parole di uso comune, nel quale si inseriscono termini settoriali o stranieri, che rendono la lettura interessante ma che sono comprensibili a un vasto pubblico. Il tempo verbale prevalente è il presente. Anche quando si offre un'opinione personale, si evita la prima persona singolare, per dare obiettività al testo. Un articolo di giornale è inoltre caratterizzato da essenzialità, chiarezza e accuratezza nella forma.	Il **linguaggio** è **formale**, il registro linguistico medio/alto. Il lessico è chiaro ma specialistico, adeguato al tema e alla competenza del lettore sull'argomento. La sintassi è prevalentemente ipotattica con ampio uso dei connettivi.

511

DALLA LETTURA ALLA SCRITTURA

Scrivere un testo argomentativo: le fasi del lavoro

Ripercorriamo le tappe che portano alla produzione di un testo argomentativo (articolo di giornale o saggio breve).

RIFLESSIONE SULL'ARGOMENTO. Si riflette sull'**argomento**, sul quale si possono avere già delle idee e delle esperienze. Si pensa, per esempio, al **lessico** che si conosce in relazione al tema, alle **esperienze personali**, a ciò che si è **letto** sull'argomento, agli interrogativi che bisogna porsi ecc. Le idee possono essere raccolte attraverso varie tecniche, come la mappa o la scrittura libera (▶ Narrativa, *Il tema,* p. 664).

DOCUMENTI: LETTURA E SCHEDATURA. Per scrivere un articolo o un saggio è importante **documentarsi** sull'argomento. Normalmente, si ha a disposizione un *dossier* di **documenti**, di cui è necessario fare un'**attenta lettura** per passare, successivamente, alla loro **schedatura**. Nella documentazione possono esserci brani letterari o altri testi letti in classe, articoli, dati statistici, immagini ecc.

Si seguono queste tappe:

- **si sottolineano** le informazioni principali e le parole chiave;
- **si sintetizzano** le informazioni e **si integrano** con elementi che provengono dalle proprie conoscenze ed esperienze;
- **si confrontano** i documenti per trovare punti di contatto e differenze e si individuano i diversi punti di vista proposti;
- **si individuano** gli argomenti a favore o contro le tesi esposte;
- **si selezionano** i testi, che si possono utilizzare tutti o in parte: per l'elaborazione del saggio si prenderà in considerazione la maggior parte dei documenti forniti, mentre per quella dell'articolo di giornale basterà utilizzarne circa la metà.

È importante tenere sempre davanti la documentazione e farvi riferimento, inserendo opportune citazioni nell'articolo o nel saggio.

PIANIFICAZIONE E STESURA. Una volta analizzati i documenti a disposizione, si procede con la **pianificazione** della scrittura. Per prima cosa si definiscono la **destinazione** del proprio scritto (giornalino scolastico, rivista specialistica ecc.) e il conseguente **registro linguistico** (colloquiale, medio, alto) da utilizzare. Bisogna ricordare che il registro linguistico del saggio breve è più alto perché si rivolge a un pubblico esperto. Inoltre, si definisce un **titolo** (che può essere scelto anche successivamente alla stesura del testo).

Si organizzano quindi le idee in una **scaletta** secondo un ordine logico. Nel caso dell'articolo di giornale, la scaletta sarà costruita intorno alla notizia o all'avvenimento oggetto dell'articolo. Nel caso del saggio la scaletta sarà più articolata e strutturata in paragrafi distinti. Si elaborano poi i punti della scaletta e si compone il testo suddividendolo nelle diverse sezioni.

Articolo di giornale	Saggio breve
Destinazione: quotidiano nazionale, giornalino scolastico ecc.	**Destinazione:** rivista specialistica, sito dedicato ecc.
Titolo: scritto in caratteri grandi, contiene il messaggio centrale (*chi* e *cosa*) e ha il compito di attirare l'attenzione del lettore. Può essere "caldo" (quando contiene una frase a effetto) o "freddo" (quando si limita a dare l'informazione). Sopra il titolo, si può collocare l'**occhiello** (scritto in caratteri più piccoli), che introduce il titolo. Sotto il titolo, sempre in caratteri più piccoli, si può collocare il **sommario**, che riassume la notizia. Solo il titolo è obbligatorio, ma se si decide di inserirli tutti e tre, bisogna ricordarsi che nell'occhiello, nel titolo e nel sommario non c'è mai una parola ripetuta.	**Titolo:** anticipa l'argomento e stimola la curiosità del lettore.
Introduzione: si enuncia l'argomento che si vuole trattare per invogliare il lettore a continuare a leggere. È consuetudine seguire la cosiddetta regola delle "5 W + 1 H", ereditata dal giornalismo britannico, cioè l'indicazione di: *Who* (chi); *What* (che cosa); *Where* (dove); *When* (quando); *Why* (perché); *How* (come). **Corpo:** in **paragrafi** distinti, si elaborano e si interpretano **dati**, si fanno **confronti**, si riportano **opinioni** e **posizioni** diverse, si analizzano aspetti particolari. **Conclusione:** si tirano le somme, si esprime un giudizio o un auspicio.	**Introduzione:** si presenta il problema che viene trattato nel saggio. **Corpo:** • introduzione della **tesi**, in cui si esprime la propria opinione; • introduzione degli **argomenti** a sostegno della tesi, in **paragrafi** distinti; • eventuale introduzione di opinioni contrarie (**antitesi**) e degli argomenti a loro sostegno. **Conclusione:** si riprende la tesi e se ne conferma la validità, confutando le prove a sostegno dell'antitesi. Se lo si ritiene opportuno, il testo si può dividere in **paragrafi**.

REVISIONE. Completata la stesura dell'articolo o del saggio, si fa una **revisione** di quanto si è scritto per verificare:

- la **completezza** del testo, cioè che siano presenti la tesi e gli argomenti che la sostengono;
- l'**essenzialità** del testo, cioè che gli argomenti siano presentati in modo sintetico, senza dettagli irrilevanti;
- la **sintassi**, che deve essere corretta e scorrevole alla lettura;
- che l'**ortografia** e la **punteggiatura** siano corrette;
- il **lessico**, che deve essere preciso e appropriato;
- che l'**interesse** del lettore sia mantenuto: titolo efficace, introduzione invogliante, sequenza chiara degli avvenimenti, conclusione efficace;
- che la **lunghezza** non superi quella indicata (solitamente cinque colonne di metà di foglio protocollo).

DALLA LETTURA ALLA SCRITTURA

Testo d'esempio | L'ARTICOLO DI GIORNALE E IL SAGGIO BREVE

▶ Stesura guidata di articolo e saggio breve

IL *DOSSIER*: LETTURA E SCHEDATURA DEI DOCUMENTI

Ci cimenteremo con la stesura guidata dell'articolo di giornale e del saggio breve partendo dagli stessi documenti, anche se da due argomenti diversi. La parte di schedatura e confronto dei documenti sarà quindi la stessa per entrambi i testi.

DOCUMENTO 1: NOTIZIA ANSA

Testo	Sintesi	Integrazioni
Giovani sempre 'connessi' mangiano male Studio Università del Minnesota punta il dito contro i genitori (ANSA) - ROMA, 3 GEN 2014 Se i ragazzi giocano con smartphone, tablet, guardano la tv o ascoltano musica, a tavola mangiano male e parlano poco in famiglia. Il problema però non dipende solo dai figli, ma dai genitori che offrono loro spesso cibi poco salutari, usano loro stessi gli smartphone a tavola e accettano il silenzio della prole. La relazione fra uso dei media e abitudini ai pasti è approfondita dall'Università del Minnesota [...] (da *www.ansa.it*, 3 gennaio 2014)	L'associazione tra l'uso dei mezzi di comunicazione e la scarsa comunicazione in famiglia e la cattiva alimentazione. La colpa è anche dei genitori.	Le cose cambiano nel rapporto con i nonni, che accettano meno l'interferenza così pesante dei mezzi di comunicazione.

DOCUMENTO 2: NOTIZIA DA UN QUOTIDIANO

Testo	Sintesi	Integrazioni
NEW YORK **"Sei in classe?"** **Mamma potrà chiamare i figli sul cellulare** Quando mamma chiama, bisogna rispondere. Ed è così che da marzo nelle scuole di New York sarà possibile portare in classe e utilizzare il telefono cellulare per consentire ai ragazzi di restare sempre in contatto con i genitori. A stabilirlo è il sindaco italo-americano Bill De Blasio. Il motivo? È giusto che mamma e papà possano chiamare i figli in qualunque orario, compreso quello scolastico di norma riservato alla matematica o alla letteratura. Il sindaco, infatti, proprio in campagna elettorale promise di abolire il divieto di telefonino a scuola: anche il figlio, per sua ammissione, violava la regola parlando con il papà durante le lezioni. Una rivoluzione mal digerita da presidi e prof che hanno evidenziato come, senza regole, sarà possibile usare gli smartphone anche per foto o filmati inappropriati all'ambiente scolastico. (L. Loi.) (da "Leggo", 13 gennaio 2014)	Il sindaco di New York permette l'uso dei telefonini a scuola. I genitori possono contattare i figli in qualunque momento. Promessa a scopo elettorale. Gli insegnanti non sono d'accordo.	È un caso raro, le scuole italiane di solito hanno un regolamento ben preciso e piuttosto severo. Almeno ci provano...

514

■ L'ARTICOLO DI GIORNALE E IL SAGGIO BREVE

DOCUMENTO 3: RECENSIONE DI UN LIBRO

Testo	Sintesi	Integrazioni
# #Generazione 2.0, il manuale per capire e dialogare con i giovani sempre connessi Il libro che offre una prospettiva molto originale sui consumatori di domani **Svogliati, incompetenti, incapaci di reagire, tutto il giorno su Facebook**: sarebbero queste le principali valutazioni fatte da genitori, amici e parenti riferendosi alle **generazioni più giovani**. Qualcuno le ha addirittura definite **senza speranza**, altri non hanno esitato a vedere in **Internet** lo strumento della 'rovina'. Ma è davvero così? **Assolutamente no**, a leggere "**#Generazione 2.0** [...]", il nuovo libro di **Federico Capeci** [...] edito da **FrancoAngeli** [...]. Il quadro sulla *Net Generation* delineato nell'opera è molto più ottimista e roseo rispetto ai tanti luoghi comuni che [...] si stanno diffondendo con insistenza tra i più e non solo in Italia. **I giovani tra i 16 e i 30 anni** sono la prima generazione *Less is More*, che vive **sempre connessa** e – pertanto – **non risente dei limiti spazio-fisici e sociali**. Seppur con qualche rischio di effetti collaterali legati alla privacy, non ha paura di **creare e difendere la propria immagine online**, purché coerente con ciò che sono realmente. [...] (da *www.ninjamarketing.it*, febbraio 2015)	Ci sono molti luoghi comuni sui giovani che stanno tutto il giorno su Facebook. Secondo molti non c'è più speranza di tornare indietro: Internet è una rovina. Secondo l'autore del libro non è vero e il quadro è più ottimista. I giovani tra i 16 e i 30 anni vivono sempre connessi. Non hanno paura di esporre la loro immagine, se corrisponde a quello che sono realmente.	Esiste anche il fenomeno del cyber-bullismo, è inutile negarlo.

DOCUMENTO 4: DATI STATISTICI DEL CENSIS

Testo	Sintesi	Integrazioni
Gli utenti di **Internet** [...] si assestano al 63,5 per cento della popolazione [...]. La percentuale cresce in maniera considerevole nel caso dei giovani di età compresa tra i 14 e i 29 anni (90,4 per cento), delle persone più istruite, diplomate o laureate (84,3 per cento) e dei residenti nelle grandi città con più di 500 mila abitanti (83,5 per cento).	Dati e percentuali sull'uso che i giovani tra i 14 e i 29 anni fanno dei mezzi di comunicazione e dei social network.	Come social viene menzionato Facebook, ma ce ne sono anche altri, che sono anche più usati da questa fascia d'età.
La diffusione dei **social network** aumenta soprattutto tra i giovani: è iscritto a Facebook il 75,6 per cento dei ragazzi tra i 14 e i 29 anni, mentre il 68,2 per cento usa YouTube. Cresce anche il pubblico della web tv, in particolare tra gli under 30 (49,4 per cento), l'uso dei cellulari, soprattutto grazie agli smartphone sempre connessi in rete (i giovani tra i 14 e i 29 anni che li usano sono il 66,1 per cento), e l'utilizzo dei tablet (nel caso dei giovani la percentuale è salita al 20,6 per cento).	Social network diffusi tra i giovani.	Un'altra fonte riporta un dato ulteriore: la percentuale di ragazzi sempre connessi allo smartphone da scuola è pari al 60%.
Il rapporto individua **tre profili di internauti**: i "connessi tradizionali", che usano Internet tutti i giorni, ma lo fanno in modo funzionale ai loro interessi, sfruttandone le potenzialità, specie per motivi di lavoro e di studio; i "connessi mobili", che usano le connessioni wifi e strumenti come tablet e smartphone per un periodo di tempo che arriva fino alle tre ore giornaliere; i "connessi supermobili", che fanno ricorso alla connessione mobile da tablet e smartphone per oltre tre ore ogni giorno. Appartiene a questi ultimi due gruppi il 19,6 per cento degli internauti italiani. Una parte consistente di "connessi supermobili" (il 19,7 per cento) ha un'età compresa tra i 14 e i 29 anni. (da *www.minori.it*, febbraio 2015)	Tipo di utenti e tempo di connessione giornaliera. Tipi di *device* con cui ci si connette.	

515

DALLA LETTURA ALLA SCRITTURA

DOCUMENTO 5: VIGNETTA

Testo	Sintesi	Integrazioni
 (da *www.paginainizio.com*, febbraio 2015)	Lo scambio tra madre e figlio gioca sul concetto di uscire con gli amici, cosa sempre successa, anche se in questo caso si tratta di un'uscita virtuale.	Lo scambio tra madre e figlio non deve essere molto diverso da quello di trent'anni fa o anche di più. I genitori di oggi possono per certi versi stare più tranquilli di un tempo.

DOCUMENTO 6: TESTO LETTERARIO

Testo	Sintesi	Integrazioni
Classe italiana delle superiori. Il professore spiega Giovanni Pascoli – il suo sentimento della vita e della poesia, il nido e i morti, il fanciullino e l'uso nuovissimo delle onomatopee. Davanti al professore venti ragazzi con almeno trenta telefonini posati sui banchi. Ogni tanto ne squilla uno, anche se squillare è un verbo che significa poco o niente: sono mozziconi di canzoni, frenate brusche, basi elettroniche, inni da curva sud che segnalano una chiamata in arrivo. Lo studente afferra il cellulare e si piega sotto il banco, parlotta a mezza voce, ridacchia. Il professore è avvilito, non sa come riprendere la sua lezione, non sa nemmeno se deve tollerare o fare una piazzata. Il suo orgoglio ferito lo spinge alla piazzata. «Ma come ti permetti, —urla, — questa è una scuola, qui si studia, si impara, qui si entra in contatto con la grande poesia, non stiamo mica al bar o alla stazione! Che schifo è mai questo, non si può andare avanti così, nella deconcentrazione assoluta, nell'attesa della telefonata dell'amico o della fidanzata! Spegni quel telefonino prima che te lo sequestri per tre mesi, prima che mi salga il sangue al cervello e te lo distrugga contro il muro!» Il professore avanza furibondo e impotente verso l'alunno, gli strappa il cellulare dalle mani, rischiando una denuncia, e grida in quella scatoletta metallica: «Ma chi è questo scemo che telefona in classe?» Dall'altra parte gli arriva una voce seccata: «Sono il padre, e non si permetta più di parlare in questo modo». Il professore è sbalordito. Riconsegna il cellulare al ragazzetto. Pascoli era un uomo molto solo, mormora, ma nessuno lo ascolta. (M. Lodoli, *Il rosso e il blu*, Einaudi, Torino, 2009)	Gli studenti tengono il telefonino acceso in classe e non si vergognano di usarlo mentre il professore spiega. I genitori difendono il comportamento dei figli. L'insegnante non ha strumenti per far valere la propria autorevolezza.	Certi comportamenti indicano mancanza di rispetto. Molte scuole hanno un regolamento riguardo al telefonino. Spesso i genitori non intervengono nel modo opportuno in aiuto dei professori e giustificano comportamenti inappropriati dei figli.

516

■ L'ARTICOLO DI GIORNALE E IL SAGGIO BREVE

In questa fase si confrontano i dati e i punti di vista espressi nei differenti documenti, rilevando **analogie**, **differenze** e **relazioni** tematiche.

> CONFRONTARE
> I DOCUMENTI

- I documenti 1 e 2 esprimono timore e rammarico per i ragazzi connessi.
- Il documento 2 riporta un caso in cui l'uso del telefonino in classe è concesso.
- Il documento 3, al contrario, offre un quadro più positivo della situazione.
- Il documento 4 si limita a riportare dei dati statistici, mantenendo un atteggiamento neutrale. Tuttavia, emerge che la tendenza dei giovani è comunque in linea con un utilizzo sempre maggiore dei mezzi di comunicazione, di Internet e dei social network in Italia da parte di tutte le fasce d'età.
- Il documento 5 prende atto del nuovo modo di socializzare dei giovani. Se dietro c'è preoccupazione, la situazione viene però presentata con ironia.
- Il documento 6 descrive un caso in cui lo smartphone disturba a tutti gli effetti l'andamento della lezione. Se ne possono però anche vedere gli aspetti positivi dal punto di vista didattico.
- I documenti 2 e 6 esprimono la contrarietà degli insegnanti all'uso del telefonino in classe.

L'articolo

Applichiamo in primo luogo le fasi del lavoro alla stesura di un articolo per il giornalino scolastico.

Argomento: Giovani sempre connessi attraverso lo smartphone.

> RIFLESSIONE
> SULL'ARGOMENTO

Quali parole e concetti associo all'argomento? Dipendenza, generazione, evoluzione della tecnologia, comunicazione, accuse, cambiamento ecc.

Quali esperienze ho avuto? Lo smartphone è sempre acceso, anche a scuola; a scuola c'è un regolamento per moderare l'uso degli smartphone; anche gli adulti usano lo smartphone ecc.

Che cosa ho letto o sentito sull'argomento? Media, scuola e famiglia lanciano sempre più spesso l'allarme sugli effetti negativi legati all'uso degli smartphone e al loro essere sempre connessi; a scuola possono avere una funzione didattica ecc.

Quali interrogativi dobbiamo porci? Cosa pensano di noi gli adulti e la stampa? Quali sono le ragioni che portano all'uso smodato dello smartphone? I dati statistici non si riferiscono solo ai giovani? Siamo l'unica generazione a essere diversa da quella precedente? Quali sono i rischi di essere sempre collegati?

Destinazione: giornalino scolastico.

> PIANIFICAZIONE DEL
> TESTO

Registro: medio.

Scaletta:

Presentazione dell'argomento:
I giovani sono spesso accusati di usare troppo lo smartphone.
Corpo principale:
- che cosa dicono le statistiche;
- la diffusione della tecnologia è un dato di fatto in tutta Italia;
- ragioni che spiegano l'uso massiccio degli smartphone: chiave di accesso al mondo, bisogno di comunicare sempre e subito;

DALLA LETTURA ALLA SCRITTURA

- critiche mosse dagli adulti e dalla stampa ai giovani che usano troppo gli smartphone: non comunicano in famiglia, mangiano male, si sottopongono a gravi rischi, mancano di rispetto agli insegnanti usandolo a scuola;
- tuttavia: i modi di comunicare cambiano da una generazione all'altra; c'è la consapevolezza dei rischi, bisogna considerare la responsabilità dei genitori.

Conclusione:
- collegamento a opinione iniziale;
- riflessione da parte di tutte le parti coinvolte;
- non giudicare quello che non si conosce a fondo; i giovani sono giudicati troppo superficialmente e in modo affrettato da chi non conosce il loro mondo.

STESURA E REVISIONE

Occhiello

Titolo

Sommario

Introduzione:
presentazione dell'argomento; opinione di chi scrive

Corpo principale:
i dati CENSIS e la diffusione della tecnologia

Origini e motivazioni di una tendenza

La posizione degli adulti

TECNOLOGIA E SOCIETÀ

Generazione *smart*

L'uso del telefonino a scuola preoccupa genitori e stampa. Ma anche i giovani hanno qualcosa da dire.

Non è la prima volta che ci serviamo di queste pagine per parlare di argomenti che riguardano il mondo giovanile di cui tanto si discute ~~parla~~ (e non sempre con toni positivi). Nella stampa spesso si legge che noi giovani facciamo un uso smodato e scriteriato dello smartphone. Si percepisce una critica di fondo ~~su~~ verso noi ragazzi da parte di chi non conosce e non capisce il nostro mondo e ~~che~~ non dovrebbe dunque giudicarlo con toni tanto negativi quanto superficiali. Invece di incoraggiarci a veleggiare verso la maturità, sembrano piuttosto ~~volerci~~ colpevolizzarci perché, da figli del nostro tempo, ~~facciamo un uso massiccio degli~~ utilizziamo di frequente gli smartphone. D'altra parte, è d'obbligo una riflessione sui limiti del loro uso in ambito scolastico.

In primo luogo l'impennata che il ~~dati statistici~~ CENSIS ha recentemente registrato ~~un'impennata~~ nell'uso dei social tra i giovani (anche se si riferisce solo a Facebook)~~, ma dai dati risulta anche evidente che ciò~~ è in linea con la crescente diffusione della tecnologia tra gli italiani. Detto questo, è vero che stiamo molto con lo smartphone in mano, ma questa è la nostra chiave di accesso al mondo e alla comunicazione; ogni generazione ha la sua.

Ma vediamo a chi o a che cosa dobbiamo questa abitudine tanto criticata. All'inarrestabile progresso della tecnologia? Senza dubbio. Alla civiltà dei consumi? Certamente. Ma, soprattutto, questa rassicurante scatoletta ~~che portiamo in tasca~~ ci dà una garanzia: ci permette di *comunicare*, di raccontarci per conoscere e farci conoscere. E lo facciamo subito, senza i "limiti spazio-fisici e sociali" di una volta, come sostiene giustamente Federico Capeci, autore di una recente pubblicazione, *#Generazione 2.0*. La comunicazione è essenziale per noi nel percorso verso la maturità. Tuttavia, questo concetto per gli adulti sembra inafferrabile.

Dicono che siamo "sempre connessi", che "parliamo poco in famiglia", addirittura che a causa degli smartphone "mangiamo male", e che non siamo consapevoli dei rischi che corriamo. Bene, spezziamo qualche lancia a favore dei giovani.

518

L'ARTICOLO DI GIORNALE E IL SAGGIO BREVE

In casa, ~~non sempre si ha la sensazione di maturare nel clima ottimale.~~ qualche volta si ha l'impressione che i genitori e gli adulti in genere non parlino la nostra stessa lingua~~, per non parlare di quando si va a pranzo dei nonni!~~.

È vero, ~~in situazioni di noia abbiamo tirato~~ spesso tiriamo fuori ~~dalla tasca~~ l'amico smartphone e ~~abbiamo contattato~~ contattiamo gli amici chattando nel *nostro* idioma. I nostri genitori conoscono un po' la tecnologia; all'inizio la usavano solo per lavoro, mentre ora si destreggiano un po' anche tra i social, ma diversamente da noi. Noi con essi comunichiamo, ci raccontiamo, ci esprimiamo. Loro da giovani andavano ai collettivi politici e si radunavano da qualche parte con la chitarra e, forse, i loro genitori li hanno criticati per questo. ~~Questa è~~ La verità è che ogni generazione critica il modo di comunicare di quella successiva. C'è una vignetta in cui un figlio dice alla madre che la sera andrà con gli amici su Facebook e lei gli raccomanda di non fare tardi in un paradosso creato dall'incomprensione generazionale. Lo scambio non deve essere molto diverso da quello di trent'anni fa. ~~o anche di più.~~

Inoltre, i genitori di oggi possono per certi versi stare più tranquilli di quelli un tempo, dato che possono contattarci (e in alcuni casi controllarci!) in qualsiasi momento, con buona pace dei professori che vorrebbero bandire i telefonini a scuola, ma che, come recentemente successo a New York, incontrano il parere contario dei genitori. E poi, probabilmente anche noi crescendo cambieremo e non avremo più lo smartphone sempre in mano, come sono cambiati loro.

~~Infine, non è vero che non~~ Siamo al corrente dei tanti rischi legati a un uso offensivo e scorretto dei social, ~~per esempio. Il~~ come il cyberbullismo. ~~esiste, è inutile negarlo. È vero che~~ Il senso per la privacy è senz'altro cambiato, ma molti più giovani di quanto si pensi stanno attenti a pubblicare un profilo che li rappresenti, d'altro canto, è coerente con ciò che sono realmente. D'altra parte, bisogna essere informati dei rischi che si corrono e in questo frangente anche la famiglia e la scuola hanno un ruolo importante.

D'altro canto, è necessario fare un *mea culpa*, poiché in effetti certi comportamenti indicano mancanza di rispetto, come quello descritto da Lodoli in un capitolo del suo libro *Il rosso e il blu,* in cui un insegnante sfoga la sua frustrazione per la disinvoltura con cui uno studente risponde al telefono durante la lezione. Tralasciamo casi come quello di New York (dove il sindaco ha autorizzato l'uso del telefonino a scuola perché i genitori possano sempre reperire i figli), che restano isolati, e hanno il sapore della classica promessa da campagna elettorale. Al momento tutte le scuole sono dotate di un numero di telefono che i genitori possono chiamare se hanno un bisogno irrinunciabile di contattare i loro pargoli. Le scuole italiane provano ad arginare il problema con un regolamento ben preciso, scritto però in linguaggio fortemente burocratico. Ma come facciamo a dialogare, e quindi a trovare un rispettoso accordo, se non *comunichiamo* in un linguaggio comune?

In conclusione, sarebbe il caso che tutti facessimo una riflessione. I giovani devono senz'altro meditare sull'uso talvolta inopportuno degli smartphone, ma anche gli adulti, e con loro la stampa, dovrebbero evitare di emettere giudizi affrettati su un mondo che forse non capiscono o non tentano di capire fino in fondo.

Risposta alla posizione degli adulti

Ripresa di un punto espresso all'inizio dell'articolo

Conclusione

DALLA LETTURA ALLA SCRITTURA

Il saggio

Ora applichiamo le fasi del lavoro alla stesura di un saggio breve per una rivista dedicata alla scuola.

RIFLESSIONE SULL'ARGOMENTO

Argomento: L'uso degli smartphone a scuola: da vietare o incoraggiare?

Quali parole e concetti associo all'argomento? Aula, ambito scolastico, lezione, funzione didattica, capacità di concentrazione, educativo/diseducativo, insegnamento, strumento di apprendimento, uditorio...

Di quali altre informazioni sono in possesso? Il 60% dei ragazzi è sempre connesso anche a scuola; lo smartphone potrebbe avere un utile scopo pedagogico.

Quali fattori devo tenere in considerazione? Dati statistici sull'utilizzo degli smartphone a scuola; lo smartphone come strumento di apprendimento; lo smartphone come distrattore ed elemento di disturbo; il nuovo modo di comunicare dei giovani; i regolamenti scolastici; esperienze di permesso o divieto di usare lo smartphone a scuola.

Destinazione: una rivista specialistica dedicata alla scuola.

Registro: medio-alto.

Scaletta:

PIANIFICAZIONE DEL TESTO

> **Introduzione:**
>
> > Il 60% dei ragazzi è sempre connesso allo smartphone, anche a scuola.
>
> **Tesi:** L'entrata dello smartphone a scuola dipende dall'uso che se ne fa.
> - Argomenti a sostegno della tesi:
>   1. se gli smartphone si usano durante le lezioni per scopi diversi da quelli dell'apprendimento, il loro uso è inappropriato;
>   2. le cause di tale comportamento; la responsabilità dei genitori; iniziative fondate sull'opportunismo e sul timore;
>   3. gli smartphone possono essere strumenti di apprendimento.
>
> **Conclusione:**
> - conferma dell'opinione iniziale;
> - necessità di non generalizzare.

STESURA E REVISIONE

Smartphone a scuola: sì o no?

Introduzione:
presentazione dell'argomento

Un dato statistico molto importante, che si aggiunge a quelli forniti recentemente dal CENSIS, è che il 60% dei ragazzi è sempre connesso allo smartphone anche a scuola, dove non può fare a meno di restare ~~essere~~ in costante contatto con la sua "community", che può trovarsi nella stessa aula o al di fuori e può essere popolata tanto dai coetanei quanto dai genitori.

Si tratta di uno scenario triste, forse, ma, detto questo, bisogna distinguere tra due funzioni ben distinte che lo smartphone può ricoprire ~~avere~~ in ambito scolastico.

Tesi

La prima è la funzione di distrattore ~~quella del telefonino~~, di elemento di disturbo della lezione: questa è senz'altro da condannare. Bisognerebbe tuttavia esplorarne le cause, spesso riconducibili al comportamento degli stessi adulti da cui parte la critica ai ragazzi. La seconda funzione è quella didattica, che dovrebbe invece essere incoraggiata, anche se bisogna riconoscere che non lo è a sufficienza.

1° argomento
a sostegno della tesi

La prima funzione, ~~la più menzionata e criticata,~~ indebolisce senza dubbio le capacità di concentrazione fino a un punto di non ritorno ed è fortemente dise-

520

■ L'ARTICOLO DI GIORNALE E IL SAGGIO BREVE

ducativa. Lo scrittore Marco Lodoli, che è anche insegnante, in un capitolo de *Il rosso e il blu* per esempio racconta l'esperienza frustrante di essere interrotto da uno studente che risponde al telefono durante la lezione. Il ragazzo lo fa con assoluta disinvoltura e indifferenza e l'autore della telefonata si rivela essere addirittura il padre, che solidarizza con la condotta del figlio. Pur narrato con ironia, è l'episodio fa emergere almeno due comportamenti da condannare. Il primo è la mancanza di rispetto per il professore, non perché adulto, ma in quanto persona che sta parlando con un uditorio di cui fa parte anche il ragazzo ~~che si permette di rispondere al telefono senza neanche scusarsi~~. Il secondo è quello del padre del ragazzo, che si permette di telefonare al figlio pur sapendo che è in classe e che, non contento, ~~si permette di rispondere~~ risponde al professore con tono seccato, trovando addirittura strano che quest'ultimo si opponga alla condotta del figlio. Tale padre tale figlio si potrebbe dire, e non ci si dovrebbe quindi sorprendere che i ragazzi si comportino così, avendo un modello genitoriale di questo tipo. Sul perché, poi, molti genitori difendano i figli anche quando il loro comportamento è ~~da condannare~~ inaccettabile si è scritto e discusso molto in sedi ben più autorevoli, ma è senz'altro un interrogativo su cui riflettere. Il finale del testo di Lodoli esprime tutta la desolazione, frustrazione e rassegnazione dell'insegnante che "sbalordito" deve restituire il cellulare al ragazzo mentre nessuno lo ascolta.

La decisione del sindaco di New York di consentire l'uso del telefonino a scuola è anch'essa emblematica di una degenerazione, e viene il sospetto che, oltre alla classica promessa da campagna elettorale, dietro questa decisione ci sia la volontà di far contenti tutti, genitori e ragazzi, per evitare seccature. La notizia avrebbe avuto ripercussioni ben diverse se il sindaco avesse dato il permesso di usare gli smartphone esclusivamente per scopi didattici. Si ha l'impressione che alla base di simili comportamenti da parte degli adulti e iniziative da parte delle autorità ci sia il timore: dei genitori verso i figli e dei dirigenti verso i genitori.

~~Torneremo su questo aspetto più avanti, Tuttavia, bisogna anche~~ Veniamo ora ~~alla~~ seconda funzione del telefonino, quella didattica, ~~che~~ educativa, ~~insegna a imparare~~ che permette di imparare con modalità più vicine ~~al modo di apprendere~~ agli stili di apprendimento dei giovani di oggi. Pensiamo alle potenzialità di SMS, email, video e foto, siti web e social network nell'insegnamento e nell'apprendimento, e chiediamoci quanto vengano sfruttate nella scuola del XXI secolo. Che i ragazzi abbiano il telefonino in mano è un dato di fatto, dunque si potrebbe trasformarlo in uno strumento produttivo di apprendimento, in modo che i ragazzi non desiderino ~~tirarlo fuori~~ usarlo ~~il telefonino~~ per altri scopi, essendo troppo impegnati ad imparare. Se ~~usato~~ utilizzato per questa sua funzione positiva, dobbiamo necessariamente dire sì al telefonino, a scuola. Se da gadget diventasse strumento, potremmo davvero essere tutti d'accordo con l'autore della recensione di #Generazione 2.0 che, in una visione molto più ottimistica verso i giovani d'oggi, li definisce la prima generazione *Less is More*, quella generazione cioè che è sempre connessa e per questo meno vincolata al possesso materiale delle cose, perché meno "costretta" da limiti sociali e spazio-temporali.

Per concludere, dovremmo dunque dire: "smartphone? Sì e no". Sì allo strumento di apprendimento, no allo strumento di distrazione e alla maleducazione. Come in tutte le cose, non bisogna generalizzare, ma distinguere l'utile dal deleterio, che definisce in ultima istanza, o quanto meno dovrebbe definire, il lecito dall'illecito.

2° argomento
a sostegno della tesi

3° argomento
a sostegno della tesi

Conclusione

DALLA LETTURA ALLA SCRITTURA

Che cosa so fare

Leggi i documenti del *dossier* ed esegui le attività.

DOCUMENTI

Documento 1: Stralcio di intervista

"Con altri giovani come loro si confidano subito ma è solo il primo passo"
LAURA MONTANARI
Non ci vuole molto, nell'adolescenza, a rompere la solitudine che in certi giorni sembra un muro e invece è soltanto una membrana, un diaframma leggero: «A volte basta mettersi in chat, trovare qualcuno con cui parlare, non importa se non lo conosci di persona, dentro Youngle i ragazzi si mettono in contatto con altri ragazzi per parlare, confidarsi o soltanto confrontarsi» dice Federica Gamberale, 38 anni, psicologa e psicoterapeuta [...].

Di che cosa parlano i giovani che entrano in chat?
«Ci hanno sorpreso. Noi ci aspettavamo temi tradizionali legati ai problemi in famiglia, a scuola o con gli amici. Invece hanno un raggio molto più largo. Ci confidano senza paura anche cose più delicate [...]».

Confidarsi a uno sconosciuto sembra un azzardo, almeno da fuori.
«Ho visto dialoghi che cominciano proprio con questa domanda: "Perché dovrei fidarmi di te?" ma si esaurisce subito con le parole che sgorgano. Perché molti di quelli che si rivolgono a Youngle hanno soprattutto bisogno di parlare e di essere ascoltati. Da diversi mesi seguo queste chat e la cosa che mi colpisce è la spontaneità, come i «peer» entrano subito in sintonia con i loro coetanei che sono in difficoltà o che hanno soltanto bisogno di confrontarsi su qualche problema».

(da *www.repubblica.it*, 3 giugno 2014)

Documento 2: Portale sulle relazioni interpersonali

Essere adolescenti e giovani oggi
Mentre cerchiamo di prendere le distanze dalla famiglia troviamo per fortuna dei compagni di strada: l'amico del cuore, il gruppo di coetanei, l'insieme della classe, gli insegnanti più interessanti e coinvolgenti. Molto spesso ci capita di cercare sicurezza e sostegno e ci rivolgiamo ad un amico o a un'amica per scambiare con loro idee, sogni, aspirazioni o per confidare loro le nostre gioie, i nostri dolori, i nostri desideri. Adesso è un po' difficile da spiegare ma credo che sia i ragazzi, sia le ragazze abbiano queste stesse ansie ed incertezze. Ansie molto spesso banali ma per noi molto importanti, per un compito andato male o per doversi esprimere con il timore di essere giudicati. L'ansia di perdere tutto e tutti con un solo gesto, con una parola inopportuna.

(da *www.relazioniinarmonia.it*, febbraio 2015)

Documento 3: Interventi su un blog

Perché al giorno d'oggi gli adolescenti non parlano più con i genitori?
Molti adolescenti non si confidano molto con i genitori, preferendo parlare con i propri amici dei propri problemi, relazioni sentimentali ecc. Quali potrebbero essere i motivi di ciò?

Giada
Forse il fatto di vedere i genitori troppo "grandi" rispetto a loro... Poi alla nostra età si tende a fare molto affidamento sugli amici. Anche se non tutti sono così... Ad esempio alcune cose le dico ai miei, anche se non tutte... Non mi chiudo ma nemmeno mi confido del tutto... Anche perché poi i loro pareri sono sempre gli stessi: "Lascia stare, cosa vuoi che sia, abbi pazienza..." Bellissimo, eh? -.-"
Relazioni sentimentali, poi, non ne parliamo... Sono contentissimi del fatto di avere una figlia che in questo campo è un disastro... La verità è che mi vedono come una bambina e non lo capiscono...

L'ARTICOLO DI GIORNALE E IL SAGGIO BREVE

Quindi, certe volte è meglio parlare con i tuoi amici, perché anche loro stanno passando più o meno quello che stai passando tu, avendo la stessa età.

la Riccia

Ma guarda non sono assolutamente d'accordo con quello che dici tu, io sono in piena adolescenza e ti posso dire che con tutti e 2 i miei genitori ho un bellissimo rapporto basato sulla fiducia e amore.

Certo abbiamo qualche lite ogni tanto, ma loro per me sono fondamentali [...].

(da *it.answers.yahoo.com*, febbraio 2015)

Documento 4: Dati statistici

Con chi si confidano di più i ragazzi?

Con i coetanei, ma i genitori hanno un ruolo di primo piano per affrontare alcuni argomenti. Emerge da una ricerca della Link Campus University di Roma su un campione di 2.500 giovani iscritti agli ultimi due anni delle superiori. La mamma batte tutti quando si tratta di condividere ciò che avviene a scuola (43,3%), seguita dagli amici (16,1%) e dal papà (6,7%).

I genitori sono i preferiti anche per parlare del futuro: la mamma è in vantaggio ma il papà la segue a ruota (rispettivamente il 25,9% e il 22,1%). I problemi in generale vengono condivisi più spesso con gli amici (30,5%), poi con la mamma (19,8%), con il/la fidanzato/a (10,3%) e con fratelli e sorelle (5,8%), considerati interlocutori pari al papà (5,6%). Gli amici sono scelti anche per parlare dei propri sogni (23%), condivisi anche con mamma (19,6%) e papà (10,6%). I ragazzi in casa parlano poco delle storie d'amore: la mamma è al secondo posto con il 9,7% ma è nettamente preceduta dagli amici (53,2%). [...] Ben il 19,3% dei giovani, infine, non dice a nessuno delle proprie paure, condivise soprattutto con gli amici (23,9%) e con la mamma (18,4%). [...] Gli amici online sono poco o nulla considerati: per tutti gli argomenti vanno dallo 0,4 allo 0,8%.

(da "Focus D&R", autunno 2014)

Documento 5: Estratto da libro

In questo estratto di un racconto, un padre si prepara a confidare al figlio che lui e la madre del ragazzo hanno deciso di prendersi una pausa di riflessione e di separarsi temporaneamente.

Disse: «Non abbiamo mai parlato di donne, noi due».

«Non mi pare».

«È che volevo arrivarci più tardi. Uno rimanda e rimanda, pensando che avrà sempre tempo per affrontare certe cose, e va a finire che non le affronta mai. Ma forse adesso sei abbastanza grande, che ne dici?»

Ecco come cominciava a fregarti. Non per niente di mestiere faceva il venditore. Ti lasciava annusare un grande affare e tu subito abbassavi le difese.

«Credo di sì», dissi. «Credo di essere pronto».

«Allora 'scolta. Le donne hanno un loro linguaggio. Quello che dicono con le parole è molto meno importante di quello che comunicano con gli occhi, o con i vestiti che si mettono, o facendo le cose di tutti i giorni. Mi segui?»

«Sì», dissi. In qualche modo confuso l'avevo notato anch'io.

«La mamma adesso è in una di queste fasi. Parla poco, fa rumore spostando le sedie. Gli occhiali da sole li ha sempre odiati, ti ricordi? Sembra triste o arrabbiata, ma in realtà ci sta mandando un messaggio. *Ehi ragazzi! Guardate qui! Da questa parte, guardate, ci sono anch'io! Ho bisogno di un po' d'attenzione!*»

«Sei sicuro?»

«Sicuro. Io la conosco bene. E sono tranquillo, perché in questa famiglia per fortuna siamo in due. Se sto via per un po' puoi pensarci tu, giusto?»

«Penso di sì», dissi. Non ero del tutto convinto. Sapevo che la stava mettendo giù troppo facile, ma sotto sotto forse mi piaceva crederci.

«Me lo prometti?»

«Promesso».

DALLA LETTURA ALLA SCRITTURA

«Qua la mano», disse lui. Questo era il colpo finale. Io e mio padre non ci baciavamo più dal mio ultimo compleanno. Uomini e donne si baciano. Donne e donne pure. Uomini e uomini si danno la mano, ed è una cosa che, se fatta bene, stringendo con tutte le dita e guardandosi dritti negli occhi, vale anche più di un bacio.

(P. Cognetti, *La stagione delle piogge*, in *Una piccola cosa che sta per esplodere*, minimum fax, Roma, 2007)

ATTIVITÀ

1. **Riflessione sull'argomento.**

   Rispondi alle seguenti domande e integrale sulla base delle tue conoscenze e idee.
   - Nella tua esperienza, con chi si confidano i giovani? Perché?
   - I genitori come accolgono le confidenze dei figli?
   - I genitori dovrebbero confidarsi con i figli?

2. **Lettura e schedatura dei documenti.**
   - Leggi attentamente ciascun documento, quindi:
     - sottolinea le parole chiave;
     - riassumine il contenuto;
     - copia la tabella qui sotto sul tuo quaderno; trova i punti di contatto e le differenze tra i documenti e riportali nella tabella indicando i diversi elementi di confronto e segnando con una crocetta i documenti in cui è reperibile.

ELEMENTO DI CONFRONTO	DOCUMENTO 1	DOCUMENTO 2	DOCUMENTO 3	DOCUMENTO 4	DOCUMENTO 5

   - Quale tesi emerge dai testi, secondo te? E quali sono gli argomenti a favore e contro?
   - Seleziona i documenti che userai per scrivere il testo finale.

3. **Pianificazione e stesura.**

   Sviluppa l'argomento "confidenze fra adolescenti e genitori" in forma di articolo di giornale o di saggio breve, utilizzando in tutto o in parte, e nei modi che ritieni opportuni, i documenti e i dati forniti.
   - Definisci la destinazione del tuo testo.
   - Indica quale registro linguistico userai.
   - Definisci la tua opinione (o tesi) e individua gli argomenti che la sostengono, partendo da testi e dalle tue conoscenze ed esperienze personali. Poi, identifica eventuali opinioni contrarie (o antitesi). Infine, organizza le idee raccolte in una scaletta.
   - Se scegli la forma dell'«articolo di giornale», indica il titolo dell'articolo e il tipo di giornale sul quale lo pubblicheresti. Se scegli l'articolo in forma argomentativa, fai riferimento a quanto hai imparato in questo capitolo. Se scegli invece l'articolo in forma espositiva, segui le fasi di lavoro di *Il testo espositivo e l'articolo di giornale* (▶ Narrativa, p. 652).
   - Se scegli la forma del «saggio breve» argomenta la tua trattazione, anche con opportuni riferimenti alle tue conoscenze ed esperienze di studio. Da' un titolo al saggio e, se vuoi, suddividilo in paragrafi.

   Per entrambe le forme di scrittura non superare cinque colonne di metà di foglio protocollo.

Materiale per le prove autentiche

■ Scheda progetto

È uno strumento che consente di pianificare e annotare gli elementi centrali di un progetto, per esempio l'organizzazione di un evento. Deve contenere i seguenti elementi:

1. **Titolo dell'evento o dell'attività**
2. **Data e luogo**
3. **Destinatari**
4. **Risorse tecniche e materiali di supporto**
5. **Risorse umane** (interne ed esterne)
6. **Tempi per la pianificazione del lavoro e per la realizzazione dell'attività**
7. **Ancillari** (es. materiale divulgativo e per la pubblicizzazione dell'evento)

■ Diario di bordo

È uno strumento di monitoraggio dell'attività che consente anche di autovalutarsi. Deve essere compilato alla fine di ogni momento dell'attività di gruppo (per esempio un'ora scolastica o un pomeriggio a casa).

CONSEGNA			
....			
DATA/TEMPI (numero di ore)			
....			
GRUPPO (numero dei componenti/nome e cognome)			
....			
REFERENTE (il diario è curato da tutto il gruppo, il referente raccoglie e trascrive le riflessioni)			
....			
CHI? (nome e cognome del componente del gruppo)	**CHE COSA FA?** (dettaglio dell'attività svolta, che deve essere descritta con cura)	**CHE COSA PROPONE?** (elencare le proposte)	**LIVELLO DI COINVOLGIMENTO** (autovalutazione del componente, non del referente)
1.			☐ Poco ☐ Sufficiente ☐ Molto
2.			☐ Poco ☐ Sufficiente ☐ Molto
3.			☐ Poco ☐ Sufficiente ☐ Molto
...			☐ Poco ☐ Sufficiente ☐ Molto
Punti di forza del gruppo		Criticità rilevate	
....		....	

Le parole della letteratura e del teatro

A

Adversus: termine latino che significa "contro", è usato per indicare opposizione. Vi corrisponde l'abbreviazione vs. Esempio: luce vs. buio.

Allegoria: dal greco *állei* e *agoréuo* "altrimenti parlo". Figura retorica consistente nell'esprimere un significato astratto con una o più frasi o elementi narrativi di significato letterale diverso. Esempio: in *X Agosto* di Pascoli, l'immagine della rondine diventa l'allegorica trasposizione della figura paterna e altri termini della poesia come *becco, insetto, rondinini, verme, nido*, corrispondono a *mano, sostentamento del nucleo familiare, figli, cibo, casa*.

Allitterazione: figura retorica che consiste nella ripetizione di una lettera o di una sillaba all'inizio o all'interno di più parole. Esempio: *Ognuno sta solo sul cuore della terra / trafitto da un raggio di sole / ed è subito sera* (Quasimodo).

Anafora: dal greco *anaphérein* "ripetere". Figura retorica che consiste nella ripetizione di una parola o di un gruppo di parole all'inizio di frasi o di versi successivi, allo scopo di enfatizzare l'espressione. Esempio: *Piove dalle nuvole sparse. Piove su le tamerici salmastre ed arse, piove su i pini scagliosi ed irti, piove su i mirti divini* (D'Annunzio).

Analessi: retrospezione; v. *flashback*; vs. prolessi o profezia o anticipazione.

Analogia: dal greco *analogía* "corrispondenza". Figura retorica che accosta immagini diverse, prive di legame logico-razionale, mediante termini solitamente adoperati con un significato diverso. Esempio: "strisce di pioggia" che fanno pensare alle "sbarre di una prigione" (Baudelaire).

Anastrofe: dal greco *anastrophé* "inversione". Inversione del corretto ordine delle parole nella proposizione. Esempio: *fatti non foste a viver come bruti* (Dante).

Anticipazione: v. prolessi o profezia; vs. *flashback* o analessi o retrospezione.

Anticlimax: vs. climax. Successione di parole o frasi in ordine di progressiva attenuazione. Esempio: *Che pace, la sera! / nell'umida sera / nell'ultima sera / mia limpida sera! / sul far della sera* (Pascoli).

Antitesi: dal greco *anti* "contro" e *thésis* "collocazione", "contrapposizione". Figura retorica consistente nell'accostamento di termini e concetti di senso opposto all'interno di una stessa frase; v. ossimoro. Esempio: *sento nel mezzo de le fiamme un gelo* (Petrarca).

Apostrofe: dal greco *apostréphein*, "volgere altrove". Figura retorica che consiste nel rivolgersi direttamente a qualcuno, sia esso reale o immaginario, usando la seconda persona.

Arcaismo: uso di una parola caduta in disuso o nel suo significato antiquato. Esempio: *d'in su i veroni del paterno ostello* (Leopardi), dove "ostello" sta per "casa".

Asindeto: dal greco *asyndetos* "non legato" vs. polisindeto. Figura retorica che consiste nella soppressione delle congiunzioni coordinative o disgiuntive (sostituite dai segni di interpunzione) tra più parole di un verso. Può creare l'effetto di rapidità: *Dagli atrii muscosi, dai fòri cadenti, / dai boschi, dall'arse fucine stridenti, / dai solchi bagnati di servo sudor, / un volgo disperso repete si desta* (Manzoni); oppure una pausa tra le parole, ponendole in risalto: *Appisolarmi là / solo / in un caffè remoto / con la luce fievole / come questa / di questa luna* (Ungaretti).

Assonanza: è determinata dalla uguaglianza di vocali, a partire dall'accento tonico, in due parole; si tratta di una rima imperfetta (v.) data dalla somiglianza di suono e non dalla perfetta corrispondenza. Esempio: *frasca / rimasta* (Pascoli).

Atono: senza accento.

Atto: unità in cui è suddiviso un testo drammatico che distingue gli episodi principali della vicenda (corrisponde al capitolo o alla macrosequenza del testo narrativo).

B

Battuta: enunciato pronunciato da un personaggio in un testo teatrale, è preceduta dal nome del personaggio che la pronuncia e informa su:
– svolgimento delle vicende;
– antefatto cioè episodi precedenti all'azione drammatica;
– eventi non messi in scena o fuori scena;
– caratteristiche dei personaggi, loro comportamento, carattere, stato d'animo.

Bisdrucciolo: indica l'accento sulla quartultima sillaba.

Bisillabo: verso di due sillabe.

C

Campo semantico: insieme di parole che rinviano a uno stesso concetto o a una stessa realtà. I principali campi semantici sono i seguenti: campo semantico del tempo (passato, presente, futuro), dello spazio (spazi aperti, chiusi, luoghi reali, irreali, figurati), del movimento (quiete, dinamicità, ripetitività), delle percezioni sensoriali (visiva, sonora, tattile, olfattiva, gustativa), della sfera affettivo-emotiva (amore, odio, dolore, gioia, ammirazione, disprezzo).

Caratterizzazione (del personaggio): insieme dei tratti distintivi di un personaggio.

Cesura: pausa all'interno del verso funzionale al ritmo.

Chiasmo: figura retorica formata dalla disposizione incrociata (dalla lettera "chi" dell'alfabeto greco, χ) di due o più parole o di elementi di frasi corrispondenti. Esempio: *Odi greggi belar, muggire armenti* (Leopardi); *la luce si fa avara — amara l'anima* (Montale).

LE PAROLE DELLA LETTERATURA E DEL TEATRO

Circonlocuzione: v. perifrasi.

Climax: dal greco *klimax* "scala" vs. *anticlimax*. Procedimento retorico che consiste nel disporre frasi, sostantivi e aggettivi in una progressione "a scala", cioè una gradazione ascendente, per creare un effetto o significato o tono progressivamente più intenso. Esempio: *La terra ansante, livida, in sussulto* (Pascoli).

Commedia: testo e spettacolo teatrale che rappresenta situazioni e personaggi della vita comune contraddistinta dal lieto fine e da un linguaggio colloquiale con lo scopo di suscitare il riso degli spettatori. La commedia anticamente era scritta in versi e comprendeva il *prologo* (che in Plauto informa sull'antefatto e sui personaggi; in Terenzio invece propone al pubblico argomentazioni e polemiche sulle scelte dell'autore), la *parodo* (v.), i cinque *episodi* (atti), l'*esodo* (v.).

Connotazione: vs. denotazione (v.). È l'insieme delle proprietà che conferiscono a una parola, a un discorso oppure anche a un'intera pagina, un valore allusivo, evocativo, più ampio di quello consueto.

Consonanza: uguaglianza delle consonanti nella terminazione di due parole. Esempio: *ludica / caduco*.

Coppia oppositiva: consiste nel creare una situazione o un'immagine basata su una coppia di elementi in opposizione. Esempio: alto-basso, interno-esterno, male-bene.

Correlativo oggettivo: evoca un concetto attraverso oggetti reali. *Spesso il male di vivere ho incontrato: / era il rivo strozzato che gorgoglia* (Montale).

Decasillabo: verso di dieci sillabe.

Deissi: (etimologicamente da "indicare") in teatro definisce espressioni interpretabili solo sulla base del contesto comunicativo, e si concretizza, per esempio, indicando i gesti dei personaggi, il tempo e il luogo dell'azione mediante pronomi personali (io, tu), aggettivi e pronomi possessivi e dimostrativi (mio, tuo / questo, quello), avverbi (qui, là, allora, ora).

Denotazione: vs. connotazione (v.). Indica il valore informativo-referenziale di un termine linguistico, che corrisponde al valore che il termine ha nell'uso generale, senza che lo scrittore aggiunga un sovrasenso, un significato particolare o elementi di giudizio personale.

Dialèfe: vs. sinalèfe (v.). Consiste nel considerare separate, ai fini del calcolo delle sillabe di un verso, due vocali di parole contigue.

Didascalia: in un testo teatrale dicitura in corsivo e tra parentesi indicante la scenografia, gli atteggiamenti e le espressioni del volto degli attori, il tono della voce, l'uscita e l'entrata dei personaggi in scena ecc.

Dieresi: lettura in due sillabe distinte delle vocali di un dittongo.

Distico: strofa o coppia di versi in rima baciata.

Ditirambo: nato nell'antica Grecia, consiste nella successione di versi di varia misura senza schema fisso di rime.

Dittongo: unione di due vocali pronunciate come un'unica sillaba.

Dramma: in senso generale indica l'azione teatrale. In senso più ristretto indica il genere teatrale moderno che elimina, a partire dal secondo Ottocento, la distinzione tra tragedia e commedia per indicare una rappresentazione seria della vita nei suoi molteplici aspetti.

Ellissi: dal greco *élleipsis*: "mancanza". In genere si indica con questo termine l'eliminazione, all'interno di un enunciato, di alcuni elementi che restano sottintesi.

Emistichio: una delle due parti del verso divise da cesura.

Endecasillabo: verso di undici sillabe.

Enjambement: o inarcatura, dal francese *enjamber* "scavalcare". Sfasatura tra metrica e sintassi: la frase, continuando oltre la fine del verso, determina la non coincidenza tra il periodo metrico e il periodo sintattico. Svolge la funzione di legare sintatticamente il verso a quello successivo e di dare risalto alle parole finali e iniziali dei versi. Esempio: *Poeta fui, e cantai di quel giusto / figliuol d'Anchise che venne di Troia* (Dante).

Enumerazione: elencazione di termini (persone, oggetti, luoghi) coordinati per asindeto cioè senza uso di congiunzioni (v.) o per polisindeto cioè ripetendo la congiunzione tra parole o frasi (v.). Nel primo caso l'enumerazione crea un effetto di rapidità: *Legna, carbone e brace, / segatura, /grandi e piccole fascine / fascinotti, / forme, pine* (Palazzeschi); nel secondo caso di lentezza: *E pianto ed inni e delle Parche il canto* (Foscolo).

Epentesi (dal greco *epénthesis* "inserimento", "aggiunta") aggiunta di una consonante o di una vocale eufonica per facilitare la pronuncia. Per esempio, nel passaggio dal latino al volgare *Mantua* è diventata Mantova per evitare lo iato.

Episodio: atto della tragedia moderna, costituito da dialoghi o monologhi degli attori.

Epitesi (o paragoge): aggiunge una vocale alla fine della parola (*tornoe* per *tornò*; *fue* per *fu*).

Esodo: il canto che il Coro esegue uscendo.

Eufemismo: dal greco *eu* "buone" e *phémai* "parole". Figura retorica affine alla litote (v.) che attenua un pensiero sgradevole o una espressione ritenuta troppo aspra: *quanti dolci pensier, quanto disio / menò costoro al doloroso passo!* (Dante). Qui è detta "doloroso passo" la scelta d'amore di Paolo e Francesca ("costoro") che condusse entrambi alla morte.

Excipit: si usa per indicare il verso finale di un testo poetico; vs. incipit (v.).

Figura retorica: modo di esprimersi che si allontana dalla diretta espressione di un'idea.

Flashback: v. analessi. vs. profezia o prolessi. In inglese "immagine indietro". Il termine, ripreso dal linguaggio tecnico cinematografico, indica l'evocazione di un avvenimento, o della vicenda di un personaggio, anteriore rispetto al momento cronologico della storia in cui viene inserito.

Ictus: coincide con l'accento ritmico.

527

LE PAROLE DELLA LETTERATURA E DEL TEATRO

In medias res: nel cuore della vicenda, senza preliminari.

Incipit: dal latino *incipere* "cominciare", composto di *in* "dentro", *capere* "prendere". Si usa per indicare l'inizio di un testo poetico; vs. *excipit*.

Inno: nella lirica greca antica era un componimento dedicato a una divinità.

Inversione: figura retorica che consiste nell'invertire il corretto ordine delle parole nei versi. Esempio: *Questa voce sentiva* (Saba), dove lo spostamento del complemento oggetto che precede il verbo, diversamente dall'uso comune, vuole dare rilievo particolare al termine "voce".

Iperbato: dal gr. *hypérbaton*, "trasposizione". Consiste nel variare il naturale ordine logico delle parole di una frase attraverso l'inserimento di uno o più elementi fra altri due che dovrebbero essere sintatticamente uniti, o l'anticipazione di un elemento della frase. Esempio: *l'acque / cantò fatali* (Foscolo), invece di "cantò l'acque fatali".

Iperbole: amplificazione del significato di un'espressione. Esempio: *ho sceso ... un milione di scale* (Montale).

Ipermetro: verso composto da un numero eccedente di sillabe. Esempio: il verso sdrucciolo.

Ipotassi: vs. paratassi (v.). Legame sintattico di subordinazione logica tra le frasi.

Iterazione: dal latino *iteratio* "ripetizione". Consiste nel ripetere le stesse parole in versi successivi al fine di ottenere particolari effetti espressivi. Esempio: *San Lorenzo, io lo so perché tanto / di stelle per l'aria tranquilla / arde e cade, perché sì gran pianto / nel concavo cielo sfavilla* (Pascoli).

Lirica: poesia che esprime la soggettività del poeta, in componimenti di solito brevi e in sé conclusi.

Litote: dal greco *litós* "semplice" è il contrario dell'iperbole (v.) e consiste nell'esprimere un concetto in forma attenuata, negando il concetto opposto: *e non torceva li occhi / da la sembianza lor ch'era non buona* (Dante).

Metafora: dal greco *metá* "altrove", *phérein* "portare", "trasferire". Figura retorica che consiste nel sostituire un termine con un altro, in base a un rapporto di somiglianza tra i due termini. È di solito definita una similitudine abbreviata, di cui risulti taciuto ogni elemento di comparazione (v. similitudine). Esempio: *Le spighe ondeggiano* ossia le spighe si muovono come le onde del mare.

Metonimia: dal greco *metá* "altrove", *ónymia* "il denominare", "scambio di nome". Figura retorica che consiste nel sostituire un termine con un altro che ha col primo un rapporto di contiguità logica o materiale. La sostituzione può avvenire fra:
– effetto-causa: *la paura ch'uscia di sua vista* (Dante) cioè la minaccia che sprigionava dal suo aspetto;
– causa-effetto: "guadagnarsi da vivere col sudore della fronte" cioè con un lavoro che fa sudare;
– astratto-concreto: *perdei la speranza de l'altezza* (Dante) cioè di raggiungere la cima del colle;
– contenente-contenuto: *e il suo nido è nell'ombra, che attende* (Pascoli) dove il "nido" sta per i rondinini;
– materia-oggetto: "tela di Picasso" cioè un quadro di Picasso dipinto su tela;
– mezzo-persona: "il primo violino della Scala" cioè colui che suona il primo violino dell'orchestra;
– autore-opera: "leggere Foscolo" cioè leggere un'opera di Foscolo.

Metrica: disciplina che studia le norme regolanti la composizione dei versi.

Metro: misura del verso.

Nominale: si dice dello stile, per indicare frasi in cui i sostantivi e gli aggettivi prevalgono sui verbi.

Novenario: verso di nove sillabe.

Onomatopea: si realizza quando le parole rappresentano il rumore prodotto dall'oggetto cui si riferiscono, creando un fenomeno di armonia imitativa (*don, don*) oppure quando ne evocano il suono tipico (*garrula, sibilo, cuculo*).

Ossimoro: dal greco *oxymoros* "acuto e sciocco". Figura retorica consistente nell'accostare nella stessa espressione termini antitetici dal punto di vista concettuale, tali da costituire un paradosso (v. antitesi). Esempio: *Allegria di naufragi* (Ungaretti) dove al 'naufragio' degli ideali il poeta contrappone la volontà di ripresa per l'uomo, testimoniando una sorta di consolazione.

Ottava: strofa di otto versi.

Ottonario: verso di otto sillabe.

P

Parafrasi: dal gr. *pará*, "accanto", e *phrázein*, "parlare"; è la riscrittura semplificata di un testo poetico allo scopo di renderlo più comprensibile, attraverso l'uso di sinonimi, riformulazioni o altri espedienti.

Paratassi: vs. ipotassi (v.). Organizzazione sintattica per frasi coordinate.

Parodia: imitazione a scopo caricaturale o dissacratorio di un testo o di una situazione da cui l'autore vuole prendere le distanze.

Parodo: dal greco *párodos*, da *pará* e *hodós*, il canto che il Coro esegue entrando.

Pausa: rallenta il ritmo narrativo mediante descrizioni, analisi di stati d'animo dei personaggi oppure commenti del narratore.

Performatività: è tipica del linguaggio teatrale e indica un'azione con funzione conativa. Esempio: "Vieni qua".

Perifrasi: giro di parole per indicare una persona o un concetto. Esempio: nei *Sepolcri* di Foscolo, Michelangelo è detto colui che con la cupola di San Pietro ha progettato a Roma un nuovo Olimpo (*l'arca di colui che nuovo Olimpo / alzò in Roma a' Celesti*).

Personificazione: figura retorica (v.) che consiste nell'attribuire a elementi della natura o oggetti caratteristiche proprie degli esseri umani.

Poliptoto: dal greco *polýptotos*, "dai molti casi". Consiste nella ripetizione a breve distanza di una parola, con funzioni grammaticali differenti.

Polisemia: dal greco *polýs*, "moltepli

528

LE PAROLE DELLA LETTERATURA E DEL TEATRO

ce" e *semáinein*, "significare". È la coesistenza all'interno di una stessa parola di più significati.

Polisindeto: dal greco *polysýndetos* "che ha molte congiunzioni". Consiste nella ripetizione della congiunzione di coordinazione tra parole o frasi. Esempio: *Benedetto sia 'l giorno e 'l mese, et l'anno* (Petrarca); vs. asindeto (v.).

Preterizione: dal latino *praeteritus*, "taciuto". Consiste nel passare sotto silenzio ciò che invece si dice, per mettere particolarmente in risalto quella affermazione: *Cesare taccio che per ogni piaggia / fece l'erbe sanguigne* (Petrarca).

Prosodia: il termine indica tutto ciò che regola, in poesia e in prosa, timbro dei suoni, intensità, intonazione, accento ecc. Ad esempio la punteggiatura è funzionale all'intonazione della voce nella lettura.

Registro: in linguistica, termine usato per definire la varietà di lingua che un parlante utilizza sulla base del contesto e della situazione comunicativa in cui avviene lo scambio verbale.

Retorica: nasce nell'antica Grecia e si diffonde a Roma. Deriva dall'oratoria, l'arte del discorso pubblico. In seguito i suoi princìpi e concetti furono applicati anche alla composizione dei testi letterari, nei quali ha trovato largo sviluppo lo studio degli artifici usati per abbellire la forma linguistica del testo, detti "figure retoriche". Il termine "retorico" in senso dispregiativo indica un'espressione troppo artificiosa.

Rima: identità del suono finale di due versi.

Rima baciata: tipo di rima, secondo lo schema AABB.

Rima equivoca: rima tra parole di uguale suono e scrittura ma di significato diverso.

Rima imperfetta: rima tra parole con un'identità di suono non perfetta; v. assonanza e consonanza.

Rima incatenata: rime legate fra loro a catena in quanto i versi rimano a due a due, ripetendosi nella coppia successiva.

Rima interna: rima che si realizza quando una delle parole in rima non è a fine verso ma all'interno. Esempio: *Passata è la tempesta: / odo augelli far festa, e la gallina...* (Leopardi).

Rimalmezzo: rima tra la parola finale di un verso e una parola posta al mezzo di un altro verso, in cui coincide con la cesura.

Ritmo: dal greco *rytmós* "successione". Cadenza di suoni nel verso, scandita dagli accenti.

Saffica: strofa attribuita a Saffo, metro classico usato da Carducci e Pascoli.

Scena: nella scena dialogata c'è identità tra il tempo della storia e il tempo del racconto. Nel testo teatrale ogni atto si suddivide in *scene* scandite dall'entrata o dall'uscita di un personaggio (corrispondono alle sequenze del testo narrativo, essendo anch'esse unità minime di contenuto).

Sdrucciolo: verso il cui ultimo accento è sulla terzultima sillaba.

Semantico: relativo al significato delle parole. La semantica è la parte della linguistica che si occupa del significato.

Senario: verso di sei sillabe.

Sequenza: in narrativa, consiste nell'insieme degli eventi che si riferiscono a una situazione, che si verificano in uno spazio di tempo che può essere considerato unitario e che hanno una loro autonomia narrativa.

Settenario: verso di sette sillabe.

Similitudine: dal latino *similitudo* "somiglianza". Figura retorica che istituisce un paragone tra oggetti, immagini, persone e situazioni, attraverso connettivi (avverbi di paragone o locuzioni avverbiali: così... come; tale... quale; a somiglianza di).

Sinalèfe: fusione in un'unica sillaba della vocale finale e della vocale iniziale di due parole contigue.

Sineddoche: dal greco *synekdékhomai*, "prendo insieme". È affine alla metonimia (v.) e consiste nella sostituzione di un termine con un altro, avente col primo un rapporto di contiguità, nel senso di maggiore o minore estensione del significato. Ad esempio:
- la parte per il tutto: *e se da lunge i miei tetti saluto* (Foscolo) dove "i miei tetti" cioè la mia casa indicano la mia patria;
- il tutto per la parte: una borsa di coccodrillo invece di una borsa fatta di pelle di coccodrillo;
- il singolare per il plurale e viceversa: l'italiano è molto sportivo;
- il genere per la specie e viceversa: mortale invece di uomo oppure *o animal grazïoso e benigno* (Dante), "animal" invece di "uomo".

Sinestesia: dal greco *synáisthesis*, "percezione simultanea". È lo spostamento di una facoltà di senso da una parola all'altra determinando un'associazione di sensazioni di diversa provenienza sensoriale. Esempio: tra una sensazione olfattiva (*profumi*) e sensazioni di origine tattile (*freschi come / carni di bimbo*), acustica (*dolci come gli òboi*) e visiva (*verdi come praterie*) nella poesia *Corrispondenze* di Baudelaire.

Sintagma: dal greco *syntagma* "riunione ordinata". Indica i gruppi di elementi linguistici che costituiscono parte di una frase ed hanno unità logica e di significato all'interno di una struttura, ad esempio sostantivo e aggettivo, oppure verbo e complemento.

Stasimo: dal greco *stásmon (mélos)* "canto a piè fermo". Canto che il Coro esegue nello spazio antistante la scena; separa un episodio dall'altro; è tripartito in *strofe, antistrofe, epodo* cui corrispondevano le evoluzioni della danza (verso destra, verso sinistra, al centro).

Stilema: una particolare forma espressiva — parola, frase, costrutto — ricorrente nella scrittura letteraria di un autore.

Strofa: sequenza di versi che in un componimento poetico formano un'unità ritmica. Nella metrica tradizionale presenta un numero fisso di versi che ripetono uno schema di rime (terzina, quartina, ottava), invece nella canzone libera da Leopardi in poi e nel verso libero del Novecento il numero e la disposizione dei versi sono variabili.

529

LE PAROLE DELLA LETTERATURA E DEL TEATRO

Tema: in un senso generale indica l'argomento ispiratore di un'opera o di una sua parte, di solito si ricollega ai valori su cui si fondano la cultura e la morale dello scrittore.

Topos: dal greco "luogo" (pl. *tópoi*). Indica un particolare tema ricorrente in testi di epoche e culture diverse, si parla quindi di "luoghi comuni".

Tragedia: testo teatrale con personaggi importanti del mito e della storia alle prese con gravi conflitti morali e problemi dell'esistenza. La conclusione è di solito luttuosa con eventi catastrofici. Nata nella Grecia antica, è quasi sempre in versi e di stile elevato.

Trama: detta anche *fabula*, è l'insieme degli eventi narrati, dei personaggi e delle situazioni nella loro sequenza cronologica, indipendentemente dall'intreccio con cui l'autore può averli elaborati.

Traslato: genericamente il parlare figurato per metafore, metonimie ecc.

Trimetro giambico: verso greco e latino composto da tre metri, ciascuno di sillaba lunga e sillaba breve.

Tronco: verso accentato sull'ultima sillaba.

Tropo: sinonimo di figura retorica (v.).

Verso: unità metrica fondamentale della poesia.

Verso libero: verso che non rispetta la metrica tradizionale e quindi varia in lunghezza e non è rimato. È il verso più usato dalla poesia del Novecento.

Verso sciolto: verso di lunghezza predeterminata, secondo le regole della metrica tradizionale, ma che non rima con gli altri versi della strofa.

Vs.: v. *adversus*.

530

Referenze iconografiche

p. 5 – Photo Centre Pompidou, MNAM-CCI, Dist. RMN-Grand Palais/Georges Meguerditchian/Réunion des Musées Nationaux/Alinari; p. 7 – Bridgeman Images/Archivi Alinari; p. 13 – Christie's Images, London/Scala, Firenze; p. 21 – Foto Austrian Archives/Scala, Firenze; p. 25 – Foto Scala, Firenze; p. 33 – The Stapleton Collection, Bridgeman Images/Archivi Alinari; p. 34 – © Lady Lever Art Gallery/National Museums Liverpool/Bridgeman Images/Archivi Alinari; p. 36 – Mondadori Portfolio/Giorgio Lotti; p. 46 – Christie's Images, London/Scala, Firenze; p. 51 – Photo Michael Herling/Aline Gwose © 2015, Foto Scala, Firenze/BPK, Bildagentur für Kunst, Kultur und Geschichte, Berlin; p. 53 – Foto Scala, Firenze; p. 55 – Digital image, The Museum of Modern Art, New York/Scala, Firenze; p. 57 – Christie's Images, London/Scala, Firenze; p. 60 – Foto Scala, Firenze; p. 63 – Coconino Press 2005; p. 64 – Bridgeman Images/Archivi Alinari; p. 68 – Musée Rodin, Parigi; p. 71 – Foto Scala, Firenze; p. 72 – Paramount Pictures/Webphoto; pp. 78-79 – Gianluigi Toccafondo/Bononia University Press-Bologna; p. 82 – Bridgeman Images/Archivi Alinari; p. 85 – Photo Centre Pompidou, MNAM-CCI, Dist. RMN-Grand Palais/Adam Rzepka/Réunion des Musées Nationaux/Alinari; p. 88 – Photo © Lefevre Fine Art Ltd. London/Bridgeman Images/Archivi Alinari; p. 92 – Foto Fine Art Images/Heritage Images/Scala, Firenze; p. 95 – Bridgeman Images/Archivi Alinari; p. 98 – Foto di R. Serra; p. 99 – Foto di Guido Harari/Contrasto; p. 100 – White Images/Scala, Firenze; p. 103 Lefevre Fine Art Ltd., London/Bridgeman Images/Archivi Alinari; p. 107 – Christie's Images/ Bridgeman Images/Archivi Alinari; p. 110 – Christie's Images / Bridgeman Images /Archivi Alinari; p. 113 –Bridgeman Images/Archivi Alinari; p. 121 – Foto Scala, Firenze/bpk, Bildagentur für Kunst, Kultur und Geschichte, Berlin; p. 126 – Mallett Gallery, London, UK/Bridgeman Images/Archivi Alinari; p. 127 – Centre Pompidou, MNAM-CCI, Dist. RMN-Grand Palais/Jean-Claude Planchet Réunion des Musées Nationaux/distr. Alinari; p. 128 – Scala, Firenze; p. 131 – Christie's Images, London/Scala, Firenze; p. 132 – White Images/Scala, Firenze; pp. 142, 143, 148 – Scala, Firenze; p. 154 – Scala, Firenze; p. 157 – Bridgeman Images/Archivi Alinari; p. 163 – The Barnes Foundation, Philadelphia, Pennsylvania, USA/Bridgeman Images/Archivi Alinari; p. 166 – DeAgostini Picture Library/Scala, Firenze; p. 174 – Foto Austrian Archives/Scala, Firenze; p. 177 – Scala, Firenze; p. 180 – Digital image, The Museum of Modern Art, New York/Scala, Firenze; p. 185 – The Metropolitan Museum of Art/Art Resource/Scala, Firenze; p. 186 – Bridgeman Images/Archivi Alinar; p. 190 – Mucha Trust / Bridgeman Images/Archivi Alinari; p. 196 – Christie's Images, London/Scala, Firenze; p. 199 – DeA Picture Library, concesso in licenza ad Alinari; p. 203 – DeA Picture Library, concesso in licenza ad Alinari; p. 208 – Bridgeman Images/Archivi Alinari; p.214 – Christie's Images, London/Scala, Firenze; p. 215 – Commons/Foto Quinok; p. 218 – Bridgeman Images/Archivi Alinari; p. 219 – Finsiel/Archivi Alinari, per concessione del Ministero per i Beni e le Attività Culturali; p. 220 – DeA Picture Library, concesso in licenza ad Alinari; p. 223 – Scala, Firenze; p. 227 – Bridgeman Images/Archivi Alinari; p. 237 – Bridgeman Images/Archivi Alinari; p. 243 – Scala, Firenze; p. 256 – Spectrum/Heritage Images/Scala, Firenze; p. 257 – Bridgeman Images /Archivi Alinari; p. 263 – Artothek Images/Archivi Alinari; p. 269 – The Jewish Museum/Art Resource/Scala, Firenze; p. 270 – Scala, Firenze/bpk, Bildagentur für Kunst, Kultur und Geschichte, Berlin; p. 277 – Bridgeman Images/Archivi Alinari; p. 279 – Digital image, The Museum of Modern Art, New York/Scala, Firenze; p. 283 – © Digital Image, The Museum of Modern Art, New York/Scala, Firenze; p. 285 – DeAgostini Picture Library/Scala, Firenze; p. 289 – DeAgostini Picture Library/Scala, Firenze; p. 293 – Bridgeman Images/Archivi Alinari; p. 296 – Foto Scala, Firenze; p. 300 – White Images/Scala, Firenze; pp. 303-304 – DeAgostini Picture Library/Scala, Firenze; p. 305 – Bridgeman Images/Archivi Alinari; p. 308 – Christie's Images, London/Scala, Firenze; p. 312 – DeAgostini Picture Library/Scala, Firenze; p. 316 – Foto di A. Dagli Orti/Scala, Firenze; p. 320 – DeAgostini Picture Library/Scala, Firenze; p. 351 – Archives Charmet/Bridgeman Images/Archivi Alinari; p. 361 – Foto di Tommaso Le Pera; p. 363 – Foto di Tommaso Le Pera; p. 367 – Foto di Tommaso Le Pera; p. 368 – Foto di Tommaso Le Pera; p. 371 – Foto di Tommaso Le Pera; p. 373 – Foto di Tommaso Le Pera; p. 374 – Nils Gude, *Ritratto di Henrik Ibsen*, 1891; p. 377 – Foto di Tommaso Le Pera; p. 382 – Foto di Tommaso Le Pera; p. 384 – Foto di Tommaso Le Pera; p. 386 – *Ritratto di Samuel Beckett*, Album-Oronoz/Album/Contrasto; p. 390 – Foto di Tommaso Le Pera; p. 400 – Foto di Tommaso Le Pera; p. 405 – Foto di Tommaso Le Pera; p. 411 – Foto di Tommaso Le Pera; p. 412 – Foto di Tommaso Le Pera; p. 427 – Foto di Tommaso Le Pera; p. 428 – Foto di Tommaso Le Pera; p. 429 – Gisele Freud, *Ritratto di T.S. Eliot*; p. 436 – Giraudon/The Bridgeman Art Library/Alinari, Firenze; p. 440 – Olycom; p. 444 – Foto di Tommaso Le Pera; p. 455 – Foto di Tommaso Le Pera; p. 457 – P. Coqueux; p. 466 – Archivio Scala, Firenze; p. 459 – Alessandro Longhi, *Ritratto di Carlo Goldoni*, Venezia, Casa di Carlo Goldoni; p. 472 – Foto di Tommaso Le Pera; p. 476 – Warner Bros/Webphoto, Paramount Pictures/Webphoto; p. 478 – Foto di Tommaso Le Pera; p. 482 – Foto di Tommaso Le Pera; p. 484 – Foto di Tommaso Le Pera; p. 488 – Foto di Tommaso Le Pera; p. 490 – Foto di Tommaso Le Pera.

Didascalie delle immagini di apertura:

p. 5   Raymond Hains, *Senza titolo*, 1950. Parigi, Centre Pompidou – Musée National de L'Art Moderne – Centre de Création Industrielle.
p. 7   Vasilij Kandinskij, *Successione*, 1935. Washington D.C., The Phillips Collection.
p. 57 René Magritte, *L'Invitation au Voyage/Invito al viaggio*, 1961. Londra, Collezione privata.
p. 103 Vincent Van Gogh, *The novel reader*, 1988. Collezione privata.
p. 105 Marc Chagall, *L'anniversario*, 1915. New York, Museum of Modern Art (MoMA).
p. 163 Edmond Cross, *Paesaggio con due donne*, 1895. Philadelphia, The Barnes Foundation.
p. 203 Lucio Fontana, *Concetto spaziale, Attese, 1959*. Monaco, Sammlung Moderne Kunst in der Pinakothek der Moderne, Bayerische Staatsgemaeldesammlungen.
p. 243 Kasimir Malevic, *L'avanzata della cavalleria rossa, 1928-1932*. San Pietroburgo, Museo Statale Russo.
p. 283 Sonia Delaunay Terk, *Ritmo colorato*, 1953. New York, Museum of Modern Art (MoMA).
p. 285 *Ritratto di Giovanni Pascoli*. Fotografia scattata nel giardino di casa nel 1903. Barga, Casa Museo Giovanni Pascoli.
p. 325 Umberto Boccioni, *La città che sale*, 1910-1911. Milano, Pinacoteca di Brera.
p. 355 Alexandre Benois, disegno per scenografia di *Giselle*, Atto II, scena dell'incontro con il fantasma di Giselle, 1910. Balletto di Théophile Gautier, Jules-Henry Vernoy e Adolphe Adam. Coreografie di Marius Petipa, Nijinsky nella parte di Albrecht.
p. 395 René Magritte, *Le Prêtre Marié/Il prete sposato*, 1950. Collezione privata.
p. 397 Alexandra Exter, Disegno per la scenografia di Romeo e Giulietta: *La tomba di Giulietta*, Teatro Kamerny, Mosca, 17 Maggio 1921. Mosca, Tretjakov Gallery.
p. 433 Vladimir Majakovskij, Disegni per i costumi del *Misterija-Buff*, 1919. Mosca, Majakovskij State Museum.
p. 463 Luigi Pirandello con i nipoti nello studio di via Bosio a Roma, 1934.

© SIAE, 2015:
N. Altman, G. Balla, J. Beuys, C. Boltanski, C. Brancusi, A. Burri, C. Carrà, M. Chagall, S. Delaunay, F. Depero, J. Dine, O. Dix, L. Fontana, A. Gadha, R. Hains, P. Klee, R. Magritte, J. Miró, E. Morlotti, P. Picasso, L. Russolo, G. Segal, G. Severini, G. Sutherland, K. Van Dongen.

INDICE DEGLI AUTORI E DELLE OPERE

Indice degli autori

Achmatova Anna, 128
Alcmane, 171
Anacreonte, 211
Aristofane, 438
Bachmann Ingeborg, 270
Basho Matsuo, 177
Baudelaire Charles, 186
Beaumarchais Pierre-Augustin (de), 366
Beckett Samuel, 381
Bertolucci Attilio, 196
Caproni Giorgio, 64, 239
Cardarelli Vincenzo, 21
Carducci Giosue, 78
Catullo Gaio Valerio, 116, 174
Čechov Anton, 376
D'Annunzio Gabriele, 31, 190
De Luca Erri, 273
Eliot Thomas Stearns, 425
Euripide, 409
Fortini Franco, 146, 199
Foscolo Ugo, 100
Goldoni Carlo, 453
Govoni Corrado, 72, 337, 341
Groto Luigi, 82
Hikmet Nazim, 140
Ibsen Henrik, 371
Ionesco Eugène, 388
Kavafis Costantino, 207
Lamarque Vivian, 152
Leopardi Giacomo, 45, 180, 214, 497, 503
Levi Primo, 266
Luzi Mario, 231
Majakovskij Vladimir, 260
Marinetti Filippo Tommaso, 331
Masters Edgar Lee, 95
Merini Alda, 154
Montale Eugenio, 13, 92, 149, 235
Neruda Pablo, 109
Palazzeschi Aldo, 346, 351
Pascoli Giovanni, 52, 286-324
Penna Sandro, 193
Pessoa Fernando, 223
Petrarca Francesco, 42, 121
Pirandello Luigi, 463-493
Plauto, 443
Porta Antonio, 60
Prévert Jacques, 137
Quasimodo Salvatore, 36, 249
Rebora Clemente, 85, 257
Saba Umberto, 39, 132
Saffo, 113
Sereni Vittorio, 263
Shakespeare William, 417
Sofocle, 403
Szymborska Wisława, 156
Tagore Rabindranath, 220
Terenzio, 448
Turoldo David Maria, 237
Ungaretti Giuseppe, 88, 226, 252, 278
Zanzotto Andrea, 168

Indice delle opere

Alcyone, 31
Allegria (L'), 252, 278
Antigone, 403
Antologia di Spoon River, 95
Aspettando Godot, 381
Assassinio nella cattedrale, 425
Cantatrice calva (La), 388
Canti, 45, 180, 214, 497, 503
Canti di Castelvecchio, 52, 312, 316
Canto novo, 190
Canzoniere (Petrarca), 42, 121
Canzoniere (Saba), 39, 132
Carmi (Catullo), 116, 174
Casa di bambola, 371
Condannato volontario (Il), 448
Così è (se vi pare), 481
Diario d'Algeria, 263
Diario del '71 e del '72, 235
Dietro il paesaggio, 168
Dolore (Il), 226
Ed è subito sera, 36
Enrico IV, 471
Fiore di poesia, 154
Fiori del male (I), 186
Frammenti (Alcmane), 171
Frammenti (Anacreonte), 211
Frammenti (Saffo), 113
Frammenti lirici, 85
Giardino dei ciliegi (Il),
Giorno dopo giorno, 249
Gitanjali, 220
Guerra e l'universo (La), 260
Haiku, 177
Incendiario (L'), 346
Lettera da casa, 196
Lisistrata, 438
Locandiera (La), 453
Matrimonio di Figaro (Il), 366
Medea, 409
Myricae, 296, 300, 304, 308, 320
O sensi miei, 237
Ogni caso, 156
Onore del vero, 231
Opera in versi (L'), 239
Opera sull'acqua, 273
Ossi di seppia, 13, 92
Parole, 137
Passi passaggi, 60
Pensaci, Giacomino!, 477
Poemi, 351
Poesie (Cardarelli), 21
Poesie (Foscolo), 100
Poesie (Kavafis), 207
Poesie d'amore, 140
Poesie elettriche, 337
Poesie sparse, 257
Quaderno dei sogni e delle stelle (Il), 72
Rarefazioni e parole in libertà, 341
Rime, 82
Rime nuove, 78
Romeo e Giulietta, 416
Satura, 149
Se questo è un uomo, 266
Sei personaggi in cerca d'autore, 487
Seme del piangere (Il), 64
Sentimento del tempo, 88
Sera, 128
Signore d'oro (Il), 152
Soldato fanfarone (Il), 443
Tempo dilazionato (Il), 270
Tutte le poesie, 193
Venti poesie d'amore e una canzone disperata, 109
Violinista pazzo (Il), 223
Volta per sempre (Una), 146, 199
Zang Tumb Tumb, 331

532